Ludwig Jurgeit

Bewertung von Optionen und bonitätsrisikobehafteten Finanztiteln

Schriftenreihe des
Instituts für Geld- und Kapitalverkehr
der Universität Hamburg

Herausgegeben von Prof. Dr. Hartmut Schmidt

Band 1

Ludwig Jurgeit

Bewertung von Optionen und bonitätsrisikobehafteten Finanztiteln

Anleihen, Kredite und Fremdfinanzierungsfazilitäten

DUV Springer Fachmedien Wiesbaden GmbH

CIP-Titelaufnahme der Deutschen Bibliothek

Jurgeit, Ludwig:
Bewertung von Optionen und bonitätsrisikobehafteten Finanztiteln: Anleihen, Kredite und Fremdfinanzierungsfazilitäten/
Ludwig Jurgeit. - Wiesbaden: Dt. Univ.-Verl., 1989
(Schriftenreihe des Instituts für Geld und Kapitalverkehr der Universität Hamburg; Bd. 1)
Zugl.: Hamburg, Univ., Diss., 1988
ISBN 978-3-8244-0021-8 ISBN 978-3-322-89774-9 (eBook)
DOI 10.1007/978-3-322-89774-9
NE: Institut für Geld- und Kapitalverkehr <Hamburg> :Schriftenreihe des Instituts...

Der Deutsche Universitäts-Verlag ist ein Unternehmen der Verlagsgruppe Bertelsmann

Geleitwort

Die Optionstheorie, noch vor 15 Jahren ein obskures Nebengebiet der Kapitalmarktforschung, hat sich seither schnell entwickelt. Nach den entscheidenden Anstößen von Merton und Black und Scholes sind bis heute in rascher Folge Optionsbewertungsmodelle entstanden und sehr verfeinert worden. Immer mehr Verträge und Vertragselemente werden als Optionspositionen interpretiert. Das hat vor allem Bedeutung für die Praxis. Es wird wohl zu Recht behauptet, daß die Finanzinnovationen der letzten Jahre ohne den Fortschritt in der Optionstheorie nicht möglich gewesen wären. Der aktuelle praktische Bezug wird auch durch das Entstehen und das rasante Wachstum von Optionsmärkten in wichtigen Industrieländern unterstrichen, eine Entwicklung, an der man mit der Deutschen Terminbörse jetzt auch in der Bundesrepublik teilhaben will.

Jurgeit ordnet die Optionstheorie von einem speziellen Blickwinkel her. Ausgangspunkt seiner Arbeit ist der Gedanke, daß Bonitätsänderungen auf Änderungen des Unternehmensvermögens beruhen. Optionstheoretisch gesehen wird das Unternehmensvermögen zum "underlying asset". Damit stellt sich die Frage, welche Verträge und Vertragselemente, bei denen die Bonität eine Rolle spielt, sich als Optionspositionen interpretieren und bewerten lassen. Mangel daran, das zeigt die Arbeit, gibt es nicht. Unternehmensanleihen und Firmenkredite lassen sich als Zwei-Komponenten-Portefeuille aus einer risikofreien Forderung und einer Stillhalterposition bei einer Verkaufsoption interpretieren,

Kündigungsrechte als Puts oder Calls, Revolving Underwriting Facilities als Verkaufsoption, die gleichzeitige Finanzierung mit vor- und nachrangigem Fremdkapital als risikofreie Verbindlichkeit plus Vertical Spread, und natürlich liegt es auch nahe, an Sicherheiten und Wandelschuldverschreibungen zu denken. Bevor Jurgeit für diese Fälle zeigen kann, wie fruchtbar seine Sichtweise ist, muß er die Frage behandeln, wie Aktienoptionen zu bewerten sind. Wer eine sorgfältige und präzise Einführung in die Bewertung von Aktienoptionen sucht, findet sie hier in deutscher Sprache.

Wenn mit der Arbeit von Jurgeit die Schriftenreihe des Instituts für Geld- und Kapitalverkehr der Universität Hamburg eröffnet wird, so heißt das nicht, daß sie der erste Beitrag zur Kapitalmarktforschung ist, den das Institut geleistet hat. Sie schließt sich an eine Reihe von Monographien an, die verstreut veröffentlicht und vielleicht deshalb erst spät beachtet wurden. Alle beschäftigen sich mit dem Aktienmarkt. Reuter behandelte zentrale Informationsaspekte, Mildenstein die Kurspolitik des Marketmakers, Sahling und Rischbieth die Kursentwicklung bei wesentlichen Ausschüttungsänderungen, Domke den Small-Firm-Effekt, und Thümmel ging der Frage nach, ob Mündelgeld auch in Aktien angelegt werden sollte. Mit der Gründung des Deutschen Universitätsverlags ist ein Forum geschaffen worden, das für Veröffentlichungen zu Kapitalmarktfragen besonders attraktiv ist, für die Arbeit von Jurgeit gerade zur rechten Zeit.

Hartmut Schmidt

Vorwort

Die vorliegende Arbeit wurde am Fachbereich Wirtschaftswissenschaften der Universität Hamburg als Dissertation eingereicht. Dies wäre nicht ohne die mir von verschiedenen Seiten zuteil gewordene Unterstützung möglich gewesen.

Ich danke besonders meinem Doktorvater, Herrn Professor Dr. Hartmut Schmidt, der mich bei der Themenwahl und der Anfertigung der Arbeit stets mit wertvollen Anregungen und Hinweisen förderte und die Arbeit in seine Schriftenreihe aufnahm, und auch Herrn Professor Dr. Helmut Lipfert für die Übernahme des Korreferats.

Dankbar bin ich meinen Freunden und Kollegen Dipl.-Kfm. Andreas Döhrmann, der mit mir jederzeit engagiert und intensiv über den Aufbau der Arbeit und Detailfragen diskutierte, Dipl.-Kfm.Dipl.-Hdl. Wolfgang Beßler, M.B.A., der mich bei der Themensuche und dem Literaturstudium unterstützte, sowie Dipl.-Kfm. Axel-Michael Schröder und Dipl.-Kfm. Heinrich Brakmann, die Teile des Manuskripts lasen und kompetent kommentierten.

Eine finanzielle Förderung der Dissertation verdanke ich der Stiftung des Vereins der Mitglieder der Wertpapierbörse in Hamburg.

Ganz herzlich danke ich aber meiner Frau Susanne, die den Großteil der Schreibarbeiten übernahm und mir in schwierigen Phasen immer wieder Zuversicht gab, sowie meinen Eltern und Schwiegereltern für ihre tatkräftige und finanzielle Unterstützung.

Ludwig Jurgeit

Inhaltsverzeichnis

Graphikenverzeichnis XIX

Tabellenverzeichnis XXII

Abkürzungsverzeichnis XXIII

Symbolverzeichnis XXV

1. Teil: Einleitung 1

A. Problemstellung 1

B. Grundbegriffe 6

I. Bonitätsrisikobehaftete Anleihen, Kredite und Fremdfinanzierungsfazilitäten 6

II. Optionen 9

C. Überblick und kritische Würdigung der Verfahren zur Bewertung bonitätsrisikobehafteter Anleihen, Kredite und Fremdfinanzierungsfazilitäten 15

I. Entscheidungsorientierte Verfahren 17

1. Einzelanalyse 17

a) Traditionelle Verfahren 17

b) Ratings und Bonitätsindikatoren 18

c) Quantitativ-statistische Prognoseverfahren 19

d) Investitionstheoretische Verfahren 20

α) Sensitivitätsanalysen 21

β) Verfahren auf der Basis der Wahrscheinlichkeitsrechnung 21

2. Programmanalyse 23

a) Traditionelle Verfahren 23

b) Sensitivitätsanalysen 24

c) Portefeuilletheoretische Verfahren 24

d) Chance-constrained programming 28

e) Flexible Programmplanung 29

II. Marktorientierte Verfahren 29

1. State-Preference-Modelle 30

2. Capital-Asset-Pricing-Modelle 32

3. Optionstheoretische Verfahren 34

a) Grundidee 34

b) Beispiel 36

c) Komparative Vor- und Nachteile 43

4. Arbitrage-Pricing-Modelle 46

III. Zusammenfassung 47

D. Gang der Untersuchung 49

2. Teil: Verfahren der Bewertung einfacher Aktienoptionen 50

A. Allgemeine Restriktionen bei der Bewertung einfacher Aktienoptionen 52

I. Grundlagen und Annahmen 52

II. Restriktionen bei der Bewertung von Kaufoptionen 58

1. Möglicher Wertebereich einer Option 58

2. Wertbeziehungen zwischen Optionen mit unterschiedlichem Basispreis 67

3. Wertbeziehung zwischen Optionen unterschiedlicher Restlaufzeit 70

III. Restriktionen bei der Bewertung von Verkaufsoptionen 71

1. Möglicher Wertebereich einer Option 72

a) Amerikanische Option 72

b) Europäische Option 74

2. Wertbeziehungen zwischen Optionen mit unterschiedlichem Basispreis 76

a) Amerikanische Optionen 76

b) Europäische Optionen 78

3. Wertbeziehung zwischen Optionen unterschiedlicher Restlaufzeit 80

a) Amerikanische Optionen 80

b) Europäische Optionen 81

4. Bedingungen für eine vorzeitige Ausübung amerikanischer Optionen 81

IV. Wertbeziehungen zwischen Verkaufs- und Kaufoptionen 84

a) Europäische Verkaufsoptionen und Kaufoptionen 84

b) Amerikanische Verkaufsoptionen und Kaufoptionen 87

V. Zusammenfassung 88

B. Spezielle Bewertungsmodelle 90

I. Überblick 90

II. Bewertung von Kaufoptionen 98

1. Modelle ohne spezifizierte Risikopräferenzen - Duplikationsmodelle 98

a) Binomialmodelle 101

α) Einperiodiges Modell 102

(1) Darstellung des Modells 102

(2) Beispiel 107

β) Zweiperiodiges Modell 108

(1) Darstellung des Modells 108

(2) Beispiel 110

γ) Modell mit beliebiger Periodenanzahl 112

b) Black-Scholes-Modell 115

α) Herleitung als Grenzfall des Binomialansatzes 119

β) Anwendung des Modells 122

γ) Veränderung des Optionswertes bei Variation der Parameterwerte 125

c) Modelle mit alternativen Kursverlaufshypothesen 133

2. Modelle ohne genau spezifizierte Risikopräferenzen 143

3. Modelle mit genau spezifizierten Risikopräferenzen: Trinomialansatz unter Risikoneutralität 148

III. Bewertung von Verkaufsoptionen 153
1. Europäische Verkaufsoptionen 153
a) Black-Scholes-Modell 153
b) Beispiel zum Black-Scholes-Modell 155
c) Veränderung des Black-Scholes-Optionswertes bei Variation der Parameterwerte 155
2. Amerikanische Verkaufsoptionen 162
a) Spezielle Bewertungsprobleme 162
b) Binomialansatz 164
α) Darstellung des Ansatzes 164
β) Beispiel 166
γ) Veränderung des Optionswertes und der Ausübungsstrategie bei Variation der Parameterwerte 167
IV. Zusammenfassung 170

3. Teil: Bewertung bonitätsrisikobehafteter Anleihen, Kredite und Fremdfinanzierungsfazilitäten aus optionstheoretischer Sicht 174

A. Grundmodell 175
I. Darstellung des Modells 177
1. Der Fremdkapitalwert 179
2. Der Risikoprämiensatz 182
II. Beispiel 185
III. Veränderung des Fremdkapitalwertes bei Variation der Parameterwerte 185
IV. Veränderung des Risikoprämiensatzes bei Variation der Parameterwerte 192

B. Berücksichtigung dinglicher Sicherheiten 199
I. Vorbemerkungen 199
II. Ein Gläubiger oder homogene Gläubigerparten 202

1. Das Unternehmensvermögen als dingliche Sicherheit 202

2. Andere Objekte als dingliche Sicherheit 203

a) Der Wert des Sicherungsobjektes deckt bei Endfälligkeit mit Sicherheit die Anleihe- oder Kreditforderung 205

α) Darstellung des Bewertungsmodells 205

β) Beispiel 206

b) Der Wert des Sicherungsobjektes deckt bei Endfälligkeit die Anleihe- oder Kreditforderung nicht mit Sicherheit 206

α) Risikofreie Sicherungsobjekte 206

(1) Darstellung des Bewertungsmodells 206

(2) Beispiel 211

(3) Veränderung des Fremdkapitalwertes bei Variation der Parameterwerte 211

β) Risikobehaftete Sicherungsobjekte 215

(1) Darstellung des Bewertungsmodells 215

(2) Beispiel 218

(3) Veränderung des Fremdkapitalwertes bei Variation der Parameterwerte 220

(4) Modellvarianten 221

III. Heterogene Gläubigerparten 222

1. Voll vorrangige Parten und voll nachrangige Parten 222

a) Darstellung des Bewertungsmodells 222

b) Beispiel 228

c) Veränderung der Fremdkapitalwerte bei Variation der Parameterwerte 229

2. Teilweise vorrangige, teilweise gleichrangige Parten und teilweise nachrangige, teilweise gleichrangige Parten 233

a) Darstellung des Bewertungsmodells 234

b) Beispiel 239

c) Veränderung der Fremdkapitalwerte bei Variation der Parameterwerte 241

3. Teilweise vorrangige, teilweise nachrangige Parten 242

a) Darstellung des Bewertungsmodells 243

b) Beispiel 247

c) Veränderung der Fremdkapitalwerte bei Variation der Parameterwerte 249

4. Modellvarianten 249

C. <u>Berücksichtigung gesetzlicher Vorränge</u> 252

I. Vorbemerkungen 252

II. Gesetzlich vorrangiges Fremdkapital und unbesichertes Fremdkapital 253

III. Gesetzlich vorrangiges Fremdkapital und dinglich besichertes Fremdkapital 254

D. <u>Berücksichtigung von Haftungszusagen Dritter</u> 256

I. Vorbemerkungen 256

II. Sichere Haftungszusagen 258

1. Unlimitierte Haftungszusagen 258

2. Limitierte Haftungszusagen 259

a) Darstellung des Bewertungsmodells 259

b) Beispiel 262

c) Verändung des Fremdkapitalwertes bei Variation der Parameterwerte 263

III. Risikobehaftete Haftungszusagen 264

1. Unlimitierte Haftungszusagen 265

2. Limitierte Haftungszusagen 267

a) Darstellung des Bewertungsmodells 267

b) Veränderung des Fremdkapitalwertes bei Variation der Parameterwerte 276

IV. Modellvarianten 276

E. Berücksichtigung von Gläubigerkündigungsrechten 277

I. Vorbemerkungen 277

II. Darstellung des Bewertungsmodells 279

III. Beispiele 286

IV. Veränderung des Fremdkapitalwertes bei Variation der Parameterwerte 289

V. Modellvarianten 290

F. Berücksichtigung von Wandlungs- und Bezugsrechten 291

I. Vorbemerkungen 291

II. Rechte auf Eigenkapitaltitel 297

1. Wandlungsrechte ohne Zuzahlung 297

a) Darstellung des Bewertungsmodells 297

b) Beispiel 305

c) Veränderung des Anleihe- oder Kreditwertes bei Variation der Parameterwerte 306

2. Wandlungsrechte mit Zuzahlung 309

a) Darstellung des Bewertungsmodells 310

b) Beispiel 315

c) Veränderung des Anleihe- oder Kreditwertes bei Variation der Parameterwerte 316

3. Bezugsrechte 319

a) Die Bezugsfrist endet mit Ablauf der Fremdkapitallaufzeit 319

α) Darstellung des Bewertungsmodells 319

β) Beispiel 325

γ) Veränderung des Anleihe- oder Kreditwertes bei Variation der Parameterwerte 325

b) Die Bezugsfrist endet vor Ablauf der Fremdkapitallaufzeit 327 α) Vorbemerkungen 327

β) Darstellung des Bewertungsmodells 329

γ) Beispiel 336

∂) Veränderung der Anleihe- oder Kreditwerte bei Variation der Parameterwerte 338

4. Modellvarianten 340

III. Rechte auf Fremdkapitaltitel 340

G. Berücksichtigung von Schuldnerkündigungsrechten 342

I. Vorbemerkungen 342

II. Darstellung des Bewertungsmodells 344

III. Beispiel 348

IV. Veränderung des Fremdkapitalwertes bei Variation der Parameterwerte 349

V. Modellvarianten 351

H. Bewertung von Fremdfinanzierungsfazilitäten 352

I. Vorbemerkungen 352

II. Darstellung des Bewertungsmodells 357

III. Beispiel 365

IV. Variation der Parameterwerte und ihre Auswirkungen auf den Wert der Fazilität und die optimale Strategie bei der Inanspruchnahme der Fazilität 367

V. Modellvarianten 369

J. Berücksichtigung vereinbarter Zins- und Tilgungszahlungen vor Endfälligkeit 370

I. Vorbemerkungen 370

II. Risikofreie Zins- und Tilgungszahlungen 378

1. Finanzierung durch Verkauf von Teilen des Unternehmensvermögens 378

a) Darstellung des Bewertungsmodells 378

b) Beispiel 381

c) Veränderung des Fremdkapitalwertes bei Variation der Parameterwerte 382

d) Modellvarianten 384

2. Finanzierung durch Begebung von Eigenkapitaltiteln 384

a) Darstellung des Bewertungsmodells 385

b) Beispiel 390

c) Veränderung des Fremdkapitalwertes bei Variation der Parameterwerte 393

d) Modellvarianten 393

III. Risikobehaftete Zins- und Tilgungszahlungen 393

1. Finanzierung durch Verkauf von Teilen des Unternehmensvermögens 393

a) Darstellung des Bewertungsmodells 394

b) Beispiel 398

c) Veränderung des Fremdkapitalwertes bei Variation der Parameterwerte 400

d) Modellvarianten 400

2. Finanzierung durch Begebung von Eigenkapitaltiteln 401

a) Darstellung des Bewertungsmodells 401

b) Beispiel 404

c) Veränderung des Fremdkapitalwertes bei Variation der Parameterwerte 405

d) Modellvarianten 406

IV. Alternative Klauseln 407

K. Berücksichtigung der Möglichkeit eines Schuldnerkonkurses vor Fälligkeit von Zins- und Tilgungszahlungen 412

L. Berücksichtigung von Marktunvollkommenheiten 415

M. Zusammenfassung 422

4. Teil: Schlußbetrachtung 429

Anhang 439

A. Konsistenter zeitkontinuierlicher Duplikationsansatz zur Herleitung der Black-Scholes-Kaufoptionsformel 440

B. Inkonsistenzen bei der Herleitung der Black-Scholes-Kaufoptionsformel 452

I. Inkonsistenzen bei der originalen Herleitung 452

II. Inkonsistenzen bei der Herleitung von Smith 458

C. Inkonsistenzen im Binomialansatz von Sharpe sowie Rendleman und Bartter 460

D. Partielle Ableitungen 469

I. Erste Ableitung des Kaufoptionswertes nach der Standardabweichung der Aktienrendite und zweite Ableitungen des Kaufoptionswertes nach dem Aktienkurs und dem Basispreis im Black-Scholes-Modell 469

II. Ableitungen des Risikoprämiensatzes im Grundmodell 471

III. Ableitungen des Fremdkapitalwertes im Modell mit risikofreien Sicherungsobjekten, die zum Vermögen Dritter zählen 474

IV. Ableitungen des Fremdkapitalwertes im Modell mit risikofreien limitierten Haftungszusagen Dritter 482

V. Ableitungen des Anleihe- oder Kreditwertes im Modell mit Wandlungsrechten auf Eigenkapital ohne Zuzahlungen 486

VI. Ableitungen des Anleihe- oder Kreditwertes im Modell mit Wandlungsrechten auf Eigenkapital gegen Zuzahlungen 491

VII. Ableitungen des Anleihe- oder Kreditwertes im Modell mit Bezugsrechten auf Eigenkapital, deren Laufzeit mit Ablauf der Fremdkapitallaufzeit endet 497

Literaturverzeichnis 503

Graphikenverzeichnis

Graphik 1.1: Endwerte einer risikobehafteten Null-Kupon-Anleihe oder eines entsprechenden Kredites als Funktion des Unternehmenswertes bei Endfälligkeit 39

Graphik 1.2: **Endwerte eines Portefeuilles aus einer risikofreien Null-Kupon-Anleihe oder einem entsprechenden Kredit und aus einer einfachen Verkaufsoption (Stillhalterposition) als Funktion des Unternehmenswertes bei Endfälligkeit** 40

Graphik 2.1: Möglicher Wertebereich einer einfachen Aktienkaufoption 62

Graphik 2.2: Werte einfacher Aktienkaufoptionen in Abhängigkeit vom Basispreis 69

Graphik 2.3: Möglicher Wertebereich einer einfachen amerikanischen Aktienverkaufsoption 73

Graphik 2.4: Möglicher Wertebereich einer einfachen europäischen Aktienverkaufsoption 75

Graphik 2.5: Werte einfacher amerikanischer Aktienverkaufsoptionen in Abhängigkeit vom Basispreis 78

Graphik 2.6: Werte einfacher europäischer Aktienverkaufsoptionen in Abhängigkeit vom Basispreis 79

Graphik 2.7: Graphische Darstellung der Kursverlaufshypothese des Black-Scholes-Modells 116

Graphik 2.8: Black-Scholes-Aktienkaufoptionswerte als Funktion des Aktienkurses 128

Graphik 2.9: Black-Scholes-Aktienkaufoptionswerte als Funktion des Aktienkurses und der Restlaufzeit 132

Graphik 2.10:	Werte einfacher europäischer Aktienverkaufsoptionen nach Black und Scholes als Funktion des Aktienkurses	156
Graphik 2.11:	Werte einfacher europäischer Aktienverkaufsoptionen nach Black und Scholes in Abhängigkeit vom Aktienkurs und von der Restlaufzeit	161
Graphik 2.12:	Werte einfacher europäischer Aktienverkaufsoptionen nach Black und Scholes und entsprechender amerikanischer Verkaufsoptionen als Funktion des Aktienkurses	168
Graphik 3.1:	Werte einer unbesicherten unkündbaren Null-Kupon-Anleihe oder eines entsprechenden Kredites in Abhängigkeit vom Unternehmenswert	187
Graphik 3.2:	Werte einer unbesicherten unkündbaren Null-Kupon-Anleihe oder eines entsprechenden Kredites in Abhängigkeit vom Unternehmenswert und der Restlaufzeit	191
Graphik 3.3:	Werte einer unkündbaren Null-Kupon-Anleihe mit risikofreiem Sicherungsobjekt, das zum Vermögen Dritter zählt, oder eines entsprechenden Kredites in Abhängigkeit vom Unternehmenswert	214
Graphik 3.4:	Werte einer voll nachrangigen unkündbaren Null-Kupon-Anleihe oder eines entsprechenden Kredites in Abhängigkeit vom Unternehmenswert	233
Graphik 3.5:	Werte einer unbesicherten unkündbaren Null-Kupon-Anleihe mit dem Recht zur Wandlung ohne Zuzahlung oder eines entsprechenden Kredites in Abhängigkeit vom Unternehmenswert	308
Graphik 3.6:	Werte einer unbesicherten unkündbaren Null-Kupon-Anleihe mit dem Recht zur Wandlung mit Zuzahlung oder eines entsprechenden Kredites in Abhängigkeit vom Unternehmenswert	318

Graphik 3.7: Werte einer unbesicherten Null-Kupon-Anleihe mit Schuldnerkündigungsrecht oder eines entsprechenden Kredites in Abhängigkeit vom Unternehmenswert 350

Graphik 3.8: Werte einer unbesicherten unkündbaren Anleihe mit einer risikofreien Zins- und Tilgungszahlung vor Endfälligkeit oder eines entsprechenden Kredites in Abhängigkeit vom Wert des risikobehafteten Unternehmensvermögens 383

Tabellenverzeichnis

Tabelle 2.1: Werte einfacher europäischer Aktienverkaufsoptionen nach Black und Scholes in Abhängigkeit von der Restlaufzeit und vom Aktienkurs 160

Tabelle 3.1: Risikoprämiensätze unbesicherter unkündbarer Null-Kupon-Anleihen oder entsprechender Kredite in Abhängigkeit von der Restlaufzeit und vom vereinbarten Rückzahlungsbetrag 196

Tabelle 3.2: Werte unbesicherter unkündbarer Null-Kupon-Anleihen oder entsprechender Kredite und Werte ihrer risikofreien Komponenten und der Optionskomponenten in Abhängigkeit von der Restlaufzeit und vom vereinbarten Rückzahlungsbetrag 197

Abkürzungsverzeichnis

AdENS	Annales de l'Ecole Normale Supérieure
AER	American Economic Review
AktG	Aktiengesetz
BCH	Burroughs Clearing House
BGB	Bürgerliches Gesetzbuch
BGH	Bundesgerichtshof
BI	Bankinformation für Volks- und Raiffeisenbanken
BJoEMS	Bell Journal of Economics and Management Science
BoISI	Bulletin of the International Statistical Institute
BörsG	Börsengesetz
CF	Corporate Finance
CFQ	Chase Financial Quarterly
ECPFs	Euro commercial paper facilities
ES	Economies et Sociétés
FAJ	Financial Analysts Journal
FAZ	Frankfurter Allgemeine Zeitung
FM	Financial Management
FR	Financial Review
FRBoNYQR	Federal Reserve Bank of New York Quarterly Review
FT	Financial Times
GenG	Gesetz betreffend die Erwerbs- und Wirtschaftsgenossenschaften
GmbHG	Gesetz betreffend die Gesellschaften mit beschränkter Haftung
HB	Handelsblatt
HdF	Handwörterbuch der Finanzwirtschaft
HGB	Handelsgesetzbuch
IFLR	International Financial Law Review
IMR	Industrial Management Review
JfS	Jahrbuch für Sozialwissenschaft
JoB	Journal of Business
JoBF	Journal of Banking and Finance

JoEP	Journal of Economic Perspectives
JoET	Journal of Economic Theory
JoF	Journal of Finance
JoFE	Journal of Financial Economics
JoFQA	Journal of Financial and Quantitative Analysis
JoFR	Journal of Financial Research
JoMCB	Journal of Money, Credit and Banking
JoME	Journal of Monetary Economics
JoPE	Journal of Political Economy
KO	Konkursordnung
KPRA	konstante proportionale Risikoaversion
KuK	Kredit und Kapital
LIBOR	London interbank offered rate
MS	Management Science
NIFs	note issuance facilities
ÖBA	Österreichisches Bank-Archiv
RoES	Review of Economic Studies
RoEStat	Review of Economics and Statistics
RoRiFM	Review of Research in Futures Markets
RUFs	revolving underwriting facilities
SPtA	Stochastic Processes and their Applications
VuB	Volks- und Betriebswirt
WA	Weltwirtschaftliches Archiv
Wisu	Wirtschaftsstudium
WM	Wertpapier-Mitteilungen
Wp	Wertpapier
WSJ	Wall Street Journal
ZfB	Zeitschrift für Betriebswirtschaft
ZfbF	Schmalenbachs Zeitschrift für betriebswirtschaftliche Forschung

Symbolverzeichnis

A_t	Ablösebetrag von DBC in t
a	kleinste nichtnegative ganze Zahl, für die $a > \ln\{K/(d^n S_t)\}/\ln(u/d)$ gilt
a, a'	Anzahl der vor Wandlung bzw. Ausübung umlaufenden reinen Eigenkapitalparten des Unternehmens
B(a, n, q), B(a, n, q')	komplementäre Binomialverteilungsfunktion oder kumulierte binomialverteilte Dichtefunktion von j für $n \geq j \geq a$ mit Wahrscheinlichkeitsparameter q bzw. q'
BC	Schuldnerkündigungsrecht von DBC; Wert des Kündigungsrechts
b, b'	Anzahl der Anleiheparten des Unternehmens bzw. der begebenen Optionsscheine
C	einfache Aktienkaufoption mit Basispreis K; Wert der Option
C(K)	C als Funktion von K
$C(K_1)$, $C(K_2)$, $C(K_3)$	einfache Aktienkaufoption mit Basispreis K_1, K_2 bzw. K_3; Wert der Option
$C(S^1)$, $C(S^2)$	einfache Aktienkaufoption auf eine Aktie der Gesellschaft 1 bzw. 2; Wert der Option
$C(S_t)$	C als Funktion von S_t
$C(S_t, \tau_1)$, $C(S_t, \tau_2)$	C mit Restlaufzeit τ_1 bzw. τ_2 als Funktion von S_t
C(V), $C(V; X/\psi)$, $C(V; X_S)$, $C(V; X_J + X_S)$	einfache Kaufoption auf V mit Basispreis X, X/ψ, X_S bzw. $X_J + X_S$; Wert der Option
C(V + Z')	einfache Kaufoption auf V und Z' mit Basispreis X; Wert der Option
$C(\psi V)$; $C\{\psi V; X+XZ(1-\psi)\}$	einfache Kaufoption auf ψV mit Basispreis X bzw. $X + XZ(1-\psi)$; Wert der Option

$C\{\psi'V;\ XW(1-\psi)+\psi'X\}$	einfache Kaufoption auf $\psi'V$ mit Basispreis $XW(1-\psi') + \psi'X$
$C(\tau_1)$, $C(\tau_2)$	C mit Restlaufzeit τ_1 bzw. τ_2; Wert der Option
CV	Wandlungsrecht von DCV; Wert des Wandlungsrechtes
CVXZ	Wandlungsrecht von DCVXZ; Wert des Wandlungsrechtes
c, c'	Anzahl reiner Eigenkapitalparten, die man bei Wandlung pro Anleiheparte bzw. bei Ausübung eines Optionsscheines erhält
D	unbesicherte, unkündbare Null-Kupon-Anleihe mit vereinbartem Rückzahlungsbetrag X oder entsprechender Kredit; Wert des Titels
$D(R;\ X_T)$	endfällige Komponente von DC; Wert der Komponente
$D(V_t)$	D als Funktion von V_t
$D(V_t,\ \tau_1)$, $D(V_t,\ \tau_2)$	D mit Restlaufzeit τ_1 bzw. τ_2 als Funktion von V_t
$D(X_S + X_J)$, $D(X_S' + X_S'')$	gesamtes Fremdkapital in den Modellen mit heterogen besicherten Titeln; Wert des Fremdkapitals
$D(X_T)$	endfällige Komponente von DC', DCE oder DCE'; Wert der Komponente
$D(X_T)°$	$D(X_T)$ unter der Bedingung, daß die Zins- und Tilgungszahlung vor Endfälligkeit erfolgt; Wert der Komponente
DBC	unbesicherte Null-Kupon-Anleihe mit vereinbartem Rückzahlungsbetrag X und Schuldnerkündigungsrecht oder entsprechender Kredit; Wert des Titels
DBC°	ungekündigte DBC; Wert des Titels
DC, DC'	dinglich nicht besicherte Kupon-Anleihe mit risikofreier bzw. risikobehafteter, durch Aktivaverkäufe zu finanzierender Zins- und Tilgungszahlung X_t, und endfälliger Zahlung X_T oder entsprechender Kredit; Wert des Titels

$DC(R_t)$	DC als Funktion von R_t
DCE, DCE'	dinglich nicht besicherte Kupon-Anleihe mit risikofreier bzw. risikobehafteter, durch Eigenkapitalbegebung zu finanzierender Zins- und Tilgungszahlung $X_{t'}$ und endfälliger Zahlung X_T oder entsprechender Kredit; Wert des Titels
DCV	unbesicherte, unkündbare Null-Kupon-Anleihe mit vereinbartem Rückzahlungsbetrag X und dem Recht zur Wandlung in Eigenkapital ohne Zuzahlung oder entsprechender Kredit; Wert des Titels
DCVXZ	unbesicherte, unkündbare Null-Kupon-Anleihe mit vereinbartem Rückzahlungsbetrag X und dem Recht zur Wandlung in Eigenkapital gegen Zuzahlung oder entsprechender Kredit; Wert des Titels
DE	Anleiheemissionserlös oder Kreditauszahlungsbetrag bei Ausnutzung einer Fazilität; Anschaffungsauszahlung der bei Ausnutzung der Fazilität beschafften Objekte
DF	risikofreie Null-Kupon-Anleihe mit Rückzahlungsbetrag X oder entsprechender Kredit; Wert des Titels
$DF(X_J)$	risikofreie Null-Kupon-Anleihe mit Rückzahlungsbetrag X_J oder entsprechender Kredit; Wert des Titels
$DF(X_{t'})$	risikofreie Komponente von DC oder DCE; Wert der Komponente
DG	unkündbare Null-Kupon-Anleihe mit vereinbartem Rückzahlungsbetrag X und risikofreier unlimitierter Haftungszusage oder entsprechender Kredit; Wert des Titels
DG(Y)	unkündbare Null-Kupon-Anleihe mit vereinbartem Rückzahlungsbetrag X und risikobehafteter unlimitierter Haftungszusage oder entsprechender Kredit; Wert des Titels

$DG(Y; \gamma X)$	unkündbare Null-Kupon-Anleihe mit vereinbartem Rückzahlungsbetrag X und risikobehafteter limitierter Haftungszusage in Höhe von γX oder entsprechender Kredit; Wert des Titels
$DG(\gamma)$	unkündbare Null-Kupon-Anleihe mit vereinbartem Rückzahlungsbetrag X und risikofreier limitierter Haftungszusage in Höhe von γX oder entsprechender Kredit; Wert des Titels
DGLC	Null-Kupon-Anleihe mit vereinbartem Rückzahlungsbetrag X, unlimitierter risikofreier Haftungszusage und Gläubigerkündigungsrecht oder entsprechender Kredit; Wert des Titels
DJ	voll nachrangige, unkündbare Null-Kupon-Anleihe mit vereinbartem Rückzahlungsbetrag X_J oder entsprechender Kredit; Wert des Titels
$DJ(\beta)$	teilweise nachrangige, teilweise gleichrangige, unkündbare Null-Kupon-Anleihe mit vereinbartem Rückzahlungsbetrag X_J oder entsprechender Kredit; Wert des Titels
DJLC	voll nachrangige Null-Kupon-Anleihe mit vereinbartem Rückzahlungsbetrag X_J und Gläubigerkündigungsrecht; Wert des Titels
DLC, $DLC(X_S+X_J)$, $DLC(X_S)$	Null-Kupon-Anleihe mit vereinbartem Rückzahlungsbetrag X, $X_S + X_J$ bzw. X_S und Gläubigerkündigungsrecht oder entsprechender Kredit; Wert des Titels
DLC°	vergleichbare, aber nicht gekündigte DLC; Wert des Titels
DN	reine Anleihe von DNWV; Wert des Titels
DN^m, DN°	reine Anleihe von DNWV, wenn am Ende der Optionsscheinlaufzeit die Optionsscheinausübung erfolgt, bzw. reine Anleihe von DNWV, wenn am Ende der Optionsscheinlaufzeit keine Optionsscheinausübung erfolgt, oder entsprechender Kredit; Wert des Titels

DNWV	unkündbare Null-Kupon-Anleihe mit vereinbartem Rückzahlungsbetrag X und Eigenkapitalbezugsrecht, dessen Laufzeit vor Ablauf der Anleihelaufzeit endet, oder entsprechender Kredit; Wert des Titels
DS	voll vorrangige, unkündbare Null-Kupon-Anleihe mit vereinbartem Rückzahlungsbetrag X_S oder entsprechender Kredit; Wert des Titels
DS(β)	teilweise vorrangige, teilweise gleichrangige, unkündbare Null-Kupon-Anleihe mit vereinbartem Rückzahlungsbetrag X_S oder entsprechender Kredit; Wert des Titels
DS(β)', DS(β)"	teilweise vorrangige, teilweise nachrangige, unkündbare Null-Kupon-Anleihe mit vereinbartem Rückzahlungsbetrag X_S' bzw. X_S'' und vorrangigem Zugriff auf Vβ bzw. V(1-β) oder entsprechender Kredit; Wert des Titels
DSLC	voll vorrangige Null-Kupon-Anleihe mit vereinbartem Rückzahlungsbetrag X_S und Gläubigerkündigungsrecht; Wert des Titels
DW	unbesicherte, unkündbare Null-Kupon-Anleihe mit vereinbartem Rückzahlungsbetrag X und Eigenkapitalbezugsrecht, das die gleiche Laufzeit hat wie die reine Anleihe, oder entsprechender Kredit; Wert des Titels
DZ	dinglich besicherte, unkündbare Null-Kupon-Anleihe mit vereinbartem Rückzahlungsbetrag X oder entspechender Kredit; Wert des Titels
DZ', DZ"	dinglich besicherte, unkündbare Null-Kupon-Anleihe mit vereinbartem Rückzahlungsbetrag X und Sicherungsobjekt Z' bzw. Z" oder entsprechender Kredit; Wert des Titels

$d - 1$	einperiodige Rendite bei ungünstiger Kursentwicklung und diskreter Verzinsung für $t < T$ oder $t < t'$ ohne Index: konstante Aktienrendite mit Titelindex: konstante Rendite des jeweiligen Titels mit Zeitpunktindex: aktienkursabhängige Rendite
$d' - 1$	konstante einperiodige Aktienrendite bei ungünstiger Kursentwicklung und diskreter Verzinsung für $t \geq t'$ im Binomialmodell mit von der Zeit abhängigen Wertänderungsparametern
E	reines Eigenkapital im Grundmodell und im Modell mit voll vorrangigen Parten; Wert des Eigenkapitals
E°	altes und neues Eigenkapital unter der Bedingung, daß die Zins- und Tilgungszahlung vor Endfälligkeit erfolgt; Wert des Eigenkapitals
Erw( )	Erwartungswert einer absoluten Größe
e	Euler'sche Zahl
F	europäische Fremdfinanzierungsfazilität oder Finanztitel; Wert der Fazilität oder des Titels
f, f°	amerikanische Fremdfinanzierungsfazilität bzw. nicht in Anspruch genommene amerikanische Fremdfinanzierungsfazilität; Wert der Fazilität
G	risikofreie unlimitierte Haftungszusage zugunsten der Gläubiger von DG; Wert der Haftungszusage
$G(\gamma)$	risikofreie limitierte Haftungszusage von γX zugunsten der Gläubiger von $DG(\gamma)$; Wert der Haftungszusage
GLC	risikofreie unlimitierte Haftungszusage zugunsten der Gläubiger von DGLC; Wert der Haftungszusage

g	Risikoprämiensatz bei kontinuierlicher Verzinsung
H	Komponente des kritischen Wertes $H\phi^{-\tau}$
$H\phi^{-\tau}$	kritischer Wert, den der Unternehmenswert erreichen oder unterschreiten muß, damit die Gläubiger von DLC ein Kündigungsrecht besitzen oder damit die Unternehmung überschuldet ist.
h	im äquivalenten Portefeuille zu haltende Stückzahl des zugrundeliegenden Titels ohne Titelindex: Aktie als zugrundeliegender Titel einer Kaufoption mit Titelindex: jeweiliger Titel als zugrundeliegender Titel eines Finanztitels
h'	im äquivalenten Portefeuille zu haltende Stückzahl der Aktie, die einer einfachen amerikanischen Verkaufsoption zugrunde liegt
i	Periodenzinssatz für risikofreie Anlagen bei kontinuierlicher Verzinsung
i*	Effektivzinssatz pro Periode bei kontinuierlicher Verzinsung ohne Index: Aktienrendite mit Titelindex: Effektivzinssatz des jeweiligen Titels
J	Finanztitel; Wert des Titels
K	Basispreis einer Aktienoption
k	Tag
LC	Gläubigerkündigungsrecht von DLC; Wert des Kündigungsrechtes
ln	natürlicher Logarithmus

m	Anzahl der Zins- und Tilgungszahlungen vor Endfälligkeit; in Binomialmodellen: Anzahl der im äquivalenten Portefeuille zu haltenden Null-Kupon-Anleihen mit Rückzahlungsbetrag von Eins und Endfälligkeit T ohne Titelindex: Aktie als zugrundeliegender Titel einer Kaufoption mit Titelindex: jeweiliger Titel als zugrundeliegender Titel eines Finanztitels
m'	Anzahl der im äquivalenten Portefeuille zu haltenden risikofreien Null-Kupon-Anleihen mit Rückzahlungsbetrag von Eins und Endfälligkeit T bei einfachen amerikanischen Aktienverkaufsoptionen
m - 1	einperiodige Rendite bei mittlerer Kursentwicklung und diskreter Verzinsung ohne Index: Aktienrendite mit Titelindex: Rendite des jeweiligen Titels
max(a; b; c), min(a; b; c)	der größte bzw. kleinste der Werte a, b und c oder, wenn a = b = c, einen beliebigen dieser Werte
N(d), N(d')	kumulierte Dichtefunktion der standardnormalverteilten Zufallsvariablen x im Bereich $-\infty$ bis d bzw. $-\infty$ bis d'
N'(d), N'(d')	Wert der Dichtefunktion der standardnormalverteilten Zufallsvariablen x für x = d bzw. x = d'
w	Restlaufzeitperiodenanzahl; Anzahl der in einer Stichprobe enthaltenen historischen Aktien-Tagesrenditen
n'	Restlaufzeitperiodenanzahl der vor Endfälligkeit fälligen Zins- und Tilgungszahlung
n_1	Restlaufzeitperiodenanzahl einer Fazilität oder eines Optionsscheins
n_2	Restlaufzeitperiodenanzahl des reinen Fremdkapitals; Laufzeitperiodenanzahl der über eine Fazilität begebenen Fremdkapitaltitel

P	einfache europäische Aktienverkaufsoption mit Basispreis K; Wert der Option
$P(K)$	P als Funktion von K
$P(K_1)$, $P(K_2)$, $P(K_3)$	einfache europäische Aktienverkaufsoption mit Basispreis K_1, K_2 bzw. K_3; Wert der Option
$P\{\min(F; J)\}$, $P\{\min(V+\gamma X; V+Y)\}$	einfache europäische Verkaufsoption mit Basispreis X auf das Minimum von F und J bzw. $V + \gamma X$ und $V + Y$; Wert der Option
$P(S_t)$	P als Funktion von S_t
$P(V)$	einfache europäische Verkaufsoption auf V mit Basispreis X; Wert der Option
$P(V; X_S)$, $P(V; X_J + X_S)$	einfache europäische Verkaufsoption auf V mit Basispreis X_S bzw. $X_J + X_S$; Wert der Option
$P(V+Z)$, $P(V+Z')'$, $P(V+Z'')$	einfache europäische Verkaufsoption auf V und Z, V und Z' bzw. V und Z'' mit Basispreis X; Wert der Option
p, p°	einfache amerikanische Aktienverkaufsoption mit Basispreis K bzw. nicht ausgeübte, einfache amerikanische Aktienverkaufsoption mit Basispreis K; Wert der Option
$p(\tau_1)$, $p(\tau_2)$	p mit Restlaufzeit τ_1 bzw. τ_2; Wert der Option
$p(K)$	p als Funktion von K
$p(K_1)$, $p(K_2)$, $p(K_3)$	einfache amerikanische Aktienverkaufsoption mit Basispreis K_1, K_2 bzw. K_3; Wert der Option
$p(S_t)$	p als Funktion von S_t
q	Pseudowahrscheinlichkeitsparameter
q'	Wahrscheinlichkeitsparameter
q'', q'''	Pseudowahrscheinlichkeitsparameter im Binomialmodell mit aktienkursabhängigen Werteänderungsparametern

R	risikobehaftete Komponente des Unternehmensvermögens in den Modellen mit risikofreier, vor Endfälligkeit zu leistender Zins- und Tilgungszahlung; Wert der Komponente
r	Einperiodenaufzinsungsfaktor für risikofreie Zahlungen bei diskreter Verzinsung
$r^* - 1$	Effektivzinssatz pro Periode bei diskreter Verzinsung ohne Index: Aktienrendite mit Titelindex: Effektivzinssatz des jeweiligen Titels
S	zugrundeliegende Aktie; Kurs der Aktie
t, t'	Bewertungszeitpunkte
T	Ablaufzeitpunkt der Optionsfrist oder der Fremdkapitallaufzeit
$u - 1$	einperiodige Rendite bei günstiger Kursentwicklung und diskreter Verzinsung für $t < T$ oder $t < t'$ ohne Index: konstante Aktienrendite mit Titelindex: konstante Rendite des jeweiligen Titels mit Zeitpunktindex: aktienkursabhängige Rendite
$u' - 1$	konstante einperiodige Aktienrendite bei günstiger Kursentwicklung und diskreter Verzinsung für $t \geq t'$ im Binomialmodell mit von der Zeit abhängigen Wertänderungsparametern
V	Unternehmensvermögen; Unternehmensvermögen ohne den Nettokapitalzufluß bei Ablauf der Optionsscheinlaufzeit; Unternehmensvermögen ohne den Emissionserlös bei Begebung von Fremdkapitaltiteln über eine Fazilität; Unternehmensvermögen ohne Zuzahlung; Wert des Vermögens
W	Bezugsrecht von DW; Wert des Bezugsrechts
WV	Bezugsrecht von DNWV; Wert des Bezugsrechts

w	Eintrittswahrscheinlichkeit; Verhältnis des mit dem risikofreien Zinssatz diskontierten Rückzahlungsbetrages X zum Unternehmenswert
X	vereinbarter Rückzahlungsbetrag von D, DBC, DBC°, DCV, DCVXZ, DF, DG, DG(Y), DG(Y; γX), DG(γ), DGLC, DLC, DLC°, DN, DN^{m}, DN°, DNWV, DW, DZ, DZ', DZ"; Basispreis einer einfachen Option auf V; risikofreie Komponente des Unternehmensvermögens in den Modellen mit risikofreier, vor Endfälligkeit zu leistender Zins- und Tilgungszahlung; Wert der Komponente
X_J	vereinbarter Rückzahlungsbetrag von DF(X_J), DJ, DJ(β), DJLC
$X_J + X_S$	Basispreis einer einfachen Option auf V
X_S	vereinbarter Rückzahlungsbetrag von DS, DSLC, DS(β); Basispreis einer einfachen Option auf V
X_S', X_S''	vereinbarter Rückzahlungsbetrag von DS(β)' bzw. DS(β)"
XW	Summe der Zahlungen, die die Optionsscheininhaber bei Ausübung insgesamt an das Unternehmen leisten müssen, kurz: Bezugspreis; Wert der bei Ausübung investierten Mittel
XZ	Summe der Zuzahlungen, die von den Anleihegläubigern im Wandlungsfall insgesamt zu leisten ist, kurz: Zuzahlung
x	standardnormalverteilte Zufallsvariable
Y	Haftungspotential des Haftungszusagegebers; Wert des Potentials
y	Verhältnis des kritischen Wertes zum Wert des Unternehmensvermögens
Z	Sicherungsobjekt, das zum Vermögen Dritter zählt; Wert des Objektes
Z', Z"	risikofreies bzw. risikobehaftetes Sicherungsobjekt, das zum Vermögen Dritter zählt; Wert des Objektes
α, α'	Anteil von V am Wert des Portefeuilles aus V und Z' bzw. V und Z"
β	prozentualer Anteil an V

γ	Verhältnis des limitierten Haftungszusagebetrages zum vereinbarten Rückzahlungsbetrag
Δ	absolute Wertänderung eines Parameters
∂	infinitesimal kleine absolute Wertänderung eines Parameters
ζ	Standardabweichungskoeffizient im Boyle-Modell
θ	Hilfsparameter im Modell mit Gläubigerkündigungsrechten
λ	Gewichtungsfaktor, der das Verhältnis von Basispreisdifferenzen angibt
μ	erwartete Aktienrendite pro Periode bei kontinuierlicher Verzinsung
$\hat{\mu}$	erwartete Aktienrendite pro Tag bei kontinuierlicher Verzinsung
ρ	Korrelationskoeffizient von Periodenrenditen
σ, σ^2	Standardabweichung bzw. Varianz der Periodenrendite bei kontinuierlicher Verzinsung ohne Index: Aktienrendite mit Titelindex: Rendite des jeweiligen Titels
$\hat{\sigma}$, $\hat{\sigma}^2$	Schätzwert der Standardabweichung bzw. der Varianz der Aktienrendite p.a. bei kontinuierlicher Verzinsung
τ, τ'	Restlaufzeit in Perioden der Länge $T - t$ bzw. $t' - t$
ϕ	Komponente des kritischen Wertes $H\phi^{-\tau}$
ψ, ψ'	Verhältnis der jungen Eigenkapitalparten zu den jungen und alten Eigenkapitalparten bei vollständiger Wandlung bzw. Ausübung

Einige Symbole werden auch als Index verwendet.

Weitere Symbole, die nur im Anhang verwendet werden oder nur dort eine bestimmte Bedeutung haben, werden im Anhang erläutert.

1. Teil: Einleitung

A. Problemstellung

Die Bewertung von Anleihen, Krediten und Fremdfinanzierungsfazilitäten ist ein Problem, das sich von der Konditionengestaltung vor Begebung dieser Finanztitel bis zur Endfälligkeit fortwährend stellt. Beispielsweise kommt es darauf an, die Anleiheemissionsbedingungen so festzulegen, daß sie den Präferenzen des Emittenten und der potentiellen Anleger entsprechen. Dabei sollte man den Wert einzelner Konditionen möglichst gut quantifizieren können. Nur dann kann man alternative Konditionenbündel sachgerecht vergleichen und die optimale Alternative ermitteln. Für beide, Emittenten und Anleger, ist es gleichermaßen wichtig, die Auswirkungen verschiedener Zins- und Tilgungsvereinbarungen und Besicherungen zu kennen. Sollen dem Emittenten oder den Anlegern darüber hinaus spezielle Rechte, wie Wandlungs-, Bezugs- oder Kündigungsrechte, eingeräumt werden, so ist auch zu prüfen, ob und wann es vorteilhaft ist, sie auszuüben. Nach der Emission werden Anleger ihre Portefeuilles umschichten, wenn sie eine Über- oder Unterbewertung feststellen. Möglicherweise wird auch der Emittent seine Finanzplanung nach der Emission revidieren wollen. Auch hier besteht Bedarf an geeigneten Bewertungsverfahren. Bewertungsfragen treten also bei der Konditionengestaltung und während der gesamten Anleihelaufzeit auf. Das gilt ähnlich auch für Kreditgeschäfte und Fremdfinanzierungsfazilitäten.

Die Einführung verdeutlicht bereits den Stellenwert von Bewertungsfragen auf Anleihe- und Kreditmärkten. Allerdings hat man bislang noch keine voll befriedigenden Antworten in Form von geeigneten Bewertungsmodellen finden können, was sicher an der Vielzahl der auf diesen

Märkten zu beobachtenden Finanzinnovationen, mehr aber noch an der Komplexität der Bewertung liegt. Solche Modelle müßten nämlich alle bewertungsrelevanten Risiken berücksichtigen. Hierzu zählen Bonitäts-, Zins-, Währungs- und auch Geldwertrisiken, wobei die einzelnen Risiken interdependent sein können. Daneben sind Transaktions- und Informationskosten sowie Kosten finanzieller Anspannung zu beachten.[1] Diese Arbeit befaßt sich mit einem Teilaspekt der Bewertungsproblematik, und zwar mit der Bewertung bonitätsrisikobehafteter Titel. Dabei bleiben Probleme unberücksichtigt, die aus Zins-,[2] Währungs-[3] oder Geldwertrisiken[4] resultieren.

In der Literatur findet man zahlreiche Bewertungsmodelle, die sich auch zur Bewertung bonitätsrisikobehafteter Anleihe- und Kredittitel sowie Fazilitäten heranziehen lassen,[5] darunter in jüngerer Zeit auch optionstheoretische

---

1) Vgl. hierzu Abschnitt L des dritten Teils.

2) Vgl. B. J. Bartter und R. J. Rendleman, Jr., Fee-based pricing of fixed rate loan commitments, in: FM, Vol. 8 (1979), Nr. 1, S. 13 - 20; H. Schmidt, Liquidität von Finanztiteln als integrierendes Konzept der Bankbetriebslehre, in: ZfB, 49. Jg. (1979), S. 710 - 722; ders., Wege zur Ermittlung und Beurteilung der Marktzinsrisiken von Banken, in: KuK, 14. Jg. (1981), S. 249 - 286; H. Uhlir und P. Steiner, Wertpapieranalyse, Heidelberg - Wien 1986, insb. S. 50 - 54, 66 - 95; H. Rothacker, Zeitstetige Bewertungsmodelle für Tilgungsanleihen - eine empirische Studie des deutschen Kapitalmarktes, Heidelberg, 1986; H. E. Büschgen, Finanzinnovationen - Neuerungen und Entwicklungen an nationalen und internationalen Finanzmärkten, in: ZfB, 56. Jg. (1986), S. 301 - 336; G. Damm, G. Friedla und R. H. Schmidt, Eine Effizienzanalyse zinsvariabler Finanzierungsinstrumente, in: ZfbF, 39. Jg. (1987), S. 146 - 162; W. Beßler, Das Management von Zinsrisiken in Kreditinstituten, unveröffentl. Diss., Hamburg 1987.

3) Vgl. H. E. Büschgen, Finanzinnovationen, 1986; G. Altrogge, Investition, München - Wien 1988, S. 180 - 189 und die dort genannte Literatur.

4) Vgl. H. Uhlir und P. Steiner, Wertpapieranalyse, 1986, S. 62 - 66 und die dort genannte Literatur.

5) Siehe Abschnitt C dieses Teils.

Modelle. Black und Scholes sowie Merton hatten als erste die Idee, optionstheoretische Ansätze auf die Bewertung von Eigen- und Fremdkapitaltiteln zu übertragen.[1)] Derartige Ansätze sollen im Mittelpunkt der Arbeit stehen, und zwar aus zwei Gründen:

Zum einen, weil andere Verfahren bisher wenig überzeugen konnten. Das wird im Abschnitt C dieses Teils noch zu zeigen sein.

Zum anderen gibt es bislang noch keine Monographie, die auch komplexe Bewertungsfragen aus optionstheoretischer Sicht sachgerecht behandelt.

In der englischsprachigen Literatur findet man zahlreiche Modelle, und zwar zu unbesicherten unkündbaren Anleihen ebenso wie zu besicherten kündbaren Anleihen, zu Anleihen mit Wandlungs- und Bezugsrechten oder zu Fremdfinanzierungsfazilitäten. Teilweise werden allerdings sehr restriktive und nicht immer konsistente Annahmen getroffen.[2)]

Deutschsprachige Monographien und Veröffentlichungen in Periodika hingegen konzentrieren sich auf die Bewertung von unbesicherten unkündbaren Anleihen in der Form der Null-Kupon-Anleihen und der Wandel- oder Optionsanleihen.

---

1) Siehe F. Black und M. Scholes, The pricing of options and corporate liabilities, in: JoPE, Vol. 81 (1973), insb. S. 649 - 652; R. C. Merton, On the pricing of corporate debt: The risk structure of interest rates, in: JoF, Vol. 29 (1974), S. 449. Der Artikel von Black und Scholes wurde bereits im November 1970 zur Veröffentlichung eingereicht; Merton hat im Dezember 1970 ein Arbeitspapier vorgelegt, in dem er Unternehmensfinanztitel in Optionskomponenten und Nicht-Optionskomponenten zerlegt; siehe R. C. Merton, Dynamic general equilibrium model of the asset market and its application to the pricing of the capital structure of the firm, Arbeitspapier, Massachusetts Institute of Technology, Sloan School of Management, Nr. 449 - 70, Cambridge, Mass. Dezember 1970, zitiert nach: H. Weddige, Optionsrechte - eine theoretische Untersuchung, Diss., Berlin 1973, S. 157.

2) Vgl. die im dritten Teil genannte Literatur.

Ausführungen zu dinglich besicherten oder zu verbürgten Anleihen sind selten und eher grundlegend; Anleihen mit Zins- und Tilgungszahlungen vor Endfälligkeit werden unter restriktiven und teilweise inkonsistenten Annahmen behandelt. Modelle für Anleihen mit Kündigungsrechten oder für Fazilitäten trifft man in der deutschsprachigen Literatur nicht an.[1)] Bei der Modellentwicklung lehnen sich die Autoren zumeist an die englischsprachige Literatur an, eigene Wege gehen nur wenige.[2)]

---

1) Vgl. D. P. Ernst, Aktienpreisverlaufshpyothesen und Optionsscheinmodelle - eine Darstellung, Diss., Berlin 1973, S. 66 - 178; H. Weddige, Optionsrechte, 1973, S. 147 - 157; P. Swoboda und M. Kamschal, Die Bewertung deutscher Wandelanleihen und die Optimierung des Umwandlungstermins bei steigenden Zuzahlungen (unter Anwendung der Black-Scholes-Methode), in: ZfbF, 31. Jg. (1979), S. 295 - 321; D. Schneider, Investition und Finanzierung, 5., neu bearb. Aufl., Wiesbaden 1980, S. 599 - 608; N. Senghas, Präferenzfreie Bewertung von Kapitalanlagen mit Options-Charakter, Königstein i.Ts., 1981; V. Kjer, Optionsanleihen, Analyse und Gestaltung einer Finanzierungs- und Anlageform, Berlin 1981, S. 14 - 136; D. Schneider, Allgemeine Betriebswirtschaftslehre, 3., neu bearb. und erw. Aufl. der "Geschichte betriebswirtschaftlicher Theorie", München - Wien 1987, S. 364 - 367 (1. Aufl., 1981, S. 363 - 366); M. Klug, Die Bewertung von Optionen und optionsgleichen Ansprüchen mit Hilfe des diskreten Optionsmodells, Frankfurt a.M. 1982; J. Wilhelm, Finanztitelmärkte und Unternehmensfinanzierung, Berlin - Heidelberg - New York 1983, S. 128 - 131, 143 - 151, 206 - 217; ders., Die Bereitschaft der Banken zur Risikoübernahme im Kreditgeschäft, in: KuK, 15. Jg. (1982), insb. S. 576 - 582 (dort wurde die vorstehende Quelle bereits zitiert); J. Wilhelm, Die Risikostruktur der Zinssätze - eine Anwendung der Theorie der Finanztitelmärkte, in: Marktorientierte Unternehmensführung, Hrsg. J. Mazanec und F. Scheuch, Wien 1983, insb. S. 115 - 118; G. Sieger, Die Finanzierung deutscher Industrieaktiengesellschaften bei vollkommenem und unvollkommenem Kapitalmarkt, Bonn 1984, S. 34 - 36, 71; L. Perridon und M. Steiner, Finanzwirtschaft der Unternehmung, 4., überarb. Aufl., München 1986, S. 453 - 456; M. Klug, Zur Ableitung von Kapitalkosten aus dem diskreten Optionspreismodell, Berlin 1985; H. Uhlir und P. Steiner, Wertpapieranalyse, Heidelberg - Wien 1986, S. 223 - 249.

2) Vgl. S. 175, Fußnote 3.

Diese Arbeit soll die in der Literatur bekannten optionstheoretischen Modelle zur Bewertung bonitätsrisikobehafteter Anleihen, Kredite und Fremdfinanzierungsfazilitäten behandeln und auch neue Modellvarianten entwickeln, indem einige der expliziten oder impliziten Annahmen aufgehoben werden.[1)]

---

1) Es soll darauf verzichtet werden, die Modellvarianten hier im einzelnen aufzuzählen. Im dritten Teil der Arbeit, der sich mit der Bewertung von Anleihen, Krediten und Fazilitäten aus optionstheoretischer Sicht befaßt, wird in den Vorbemerkungen der einzelnen Abschnitte kurz auf die in der Literatur bekannten Modelle und ihre Annahmen eingegangen,und es werden so die Gründe für die Entwicklung von Modellvarianten deutlich.

B. Grundbegriffe

Vor dem Überblick der möglichen Bewertungsverfahren sollen hier noch einige Grundbegriffe näher bestimmt werden.

I. Bonitätsrisikobehaftete Anleihen, Kredite und Fremdfinanzierungsfazilitäten

Anleihen und Kredite sind in dieser Arbeit Forderungstitel in verbriefter oder unverbriefter Form, die in Geldeinheiten denominiert sind.[1]

Unter einer Fremdfinanzierungsfazilität wird eine Vereinbarung zwischen zwei Parteien verstanden, in der sich die eine Partei[2] verpflichtet, auf Verlangen der anderen Partei Anleihe- oder Kredittitel zu plazieren und gegebenenfalls zu übernehmen,[3] oder in der sie sich verpflichtet, die Titel nur zu plazieren.[4][5]

Schuldner und Fazilitätennehmer sind Unternehmen mit

---

1) Forderungstitel, die dem Inhaber einen Anspruch auf Waren gewähren, werden vernachlässigt, so z.B. auch T. R. Fischer, Entscheidungskriterien für Gläubiger, Wiesbaden 1986, S. 1 f. Kredite, die lediglich Haftungszusagen und keine in Geldeinheiten denominierten Forderungstitel darstellen, wie z.B. Aval- und Akzeptkredite, werden hier zu den Haftungszusagen Dritter gezählt.

2) Der Fazilitätengeber ist üblicherweise ein Bankenkonsortium.

3) Unter einer Übernahme wird der Kauf für eigene Rechnung verstanden.

4) So z.B. R. Beaumont, Documentation and legal aspects, in: Euronotes, RUFs, TRUFs, NIFs, SNIFs and BONUSes, Hrsg. L. Bankson und M. Lee, London 1985, S. 63 f.; ders., The differences between NIFs and RUFs, in: IFLR, o. Jg. (1985), Nr. 6, S. 32; G. Damm, G. Friedla und R. H. Schmidt, Effizienzanalyse, 1987; Dresdner Bank, Instrumente des Eurowertpapiermarktes, 8. Aufl., o. O. 1987, S. 9 - 11. Büschgen versteht unter Fazilitäten allgemeiner auch die Fremdfinanzierung (oder Anlage) selbst; siehe H. E. Büschgen, Finanzinnovationen, 1986, S. 328 - 335.

5) Fazilitäten können auch Bestandteil eines Kreditvertrages sein; hier werden jedoch Fazilitäten und Kredittitel getrennt betrachtet.

beschränkter Haftung, Gläubiger und Fazilitätengeber sind stets solvent.[1)]

Anleihen, Kredite und Fremdfinanzierungsfazilitäten sind nicht zins-, währungs- oder geldwertrisikobehaftet, sondern allein bonitätsrisikobehaftet.

Die Begriffe Bonität und Bonitätsrisiko lassen sich nicht einheitlich definieren, da die Definitionen vom verwendeten Bewertungsmodell abhängen.

Bonität wird, abgesehen von Abschnitt C dieses Teils, als die Qualität von Anleihe- und Kredittiteln verstanden, die auf der Bereitschaft und Fähigkeit des Schuldners beruht, die jeweiligen Verbindlichkeiten vereinbarungsgemäß zu erfüllen, wobei jede Einzelfälligkeit zu berücksichtigen ist. Die Fähigkeit des Schuldners soll hier auch seine Fähigkeit einschließen, Sicherungsobjekte und Haftungszusagen Dritter zu beschaffen. Abschnitt C gibt einen Überblick der Verfahren zur Bewertung bonitätsrisikobehafteter Titel. Dort wird Bonität auch als Qualität des Schuldners verstanden, da einige Verfahren diese Definition zugrunde legen.[2)] Sie ist jedoch wenig hilfreich, wenn man die Qualität unterschiedlich ausgestatteter Anleihe- und Kredittitel ein und desselben Schuldners beurteilen möchte.

Das Bonitätsrisiko wird mit Ausnahme in Abschnitt C dieses Teils als Risiko einer Bonitätsverschlechterung ange-

---

1) Dadurch wird der Fall ausgeschlossen, daß durch Insolvenz von Gläubigern und Fazilitätengebern bestehende Vereinbarungen nicht erfüllt werden können und neue Verträge nur zu schlechteren Konditionen vereinbar sind. Die Annahme ist in der Literatur zumeist nur implizit enthalten, explizit z.B. bei D. Stahlschmidt, Schutzbestimmungen in Kreditverträgen, Wiesbaden 1982, S. 21, Fußnote 87.

2) Siehe z.B. M. Hein, Einführung in die Bankbetriebslehre, München 1981, S. 151 - 153.

sehen.[1] Es kann zufallsbedingt oder durch absichtliche Schädigung seitens des Schuldners steigen. Die Definition stellt auf vereinbarte Zahlungen ab. Einige der in Abschnitt C dargestellten Verfahren verwenden einen anderen Risikobegriff. Sie definieren Risiko als Abweichungen von Erwartungswerten.[2] Dieser Begriff wäre mit Blick auf die optionstheoretischen Modelle nicht sinnvoll, da diese Modelle - mit einer Ausnahme - unabhängig von Erwartungswerten sind.[3]

Anleihen, Kredite und Fazilitäten enthalten oft Klauseln, die die Gläubigeransprüche gegen Bonitätsrisiken schützen. Man kann sie aus Gläubigersicht als Schutzklauseln bezeichnen.[4] Zu ihnen zählen dingliche Besicherungen, Haftungszusagen Dritter, sicherungsähnliche Vereinbarungen - wie beispielsweise Restriktionen für die Investitions- und Fi-

---

1) Häufig werden in der Literatur das Ausfall- oder Verlustrisiko i.e.S. (Zahlungen erfolgen überhaupt nicht oder nur teilweise), das Liquiditätsrisiko (Zahlungen erfolgen verspätet) sowie das Besicherungsrisiko (die zur Besicherung vereinbarten Rechte erweisen sich als wertlos oder mangelhaft) unterschieden; siehe z.B. M. Hein, Einführung, 1981, S. 152 f. Das Liquiditätsrisiko ist finanzmathematisch gesehen ein Ausfallrisiko, da eine verspätete Zahlung, auf den Fälligkeitszeitpunkt bezogen, einer rechtzeitigen, aber geringeren Zahlung entspricht. Das Liquiditätsrisiko ist folglich als Teil des Ausfallrisikos zu bezeichnen; siehe auch H. Schmidt, Liquidität, 1979, S. 711, Fußnote 6. Das Ausfallrisiko läßt sich mit dem Besicherungsrisiko zum Bonitätsrisiko zusammenfassen.

2) Vgl. auch H. Schmidt, Liquidität, 1979, S. 711, insb. Fußnote 6; M. Hein, Einführung, 1981, S. 151 - 153; H. Uhlir und P. Steiner, Wertpapieranalyse, 1986, S. 55 - 59 und die jeweils genannte Literatur.

3) Siehe den zweiten und dritten Teil.

4) Vgl. C. W. Smith, Jr. und J. B. Warner, On financial contracting: An analysis of bond covenants, in: JoFE, Vol. 7 (1979), S. 117 - 161; C. W. Smith, Jr., On the theory of financial contracting: The personal loan market, in: JoME, Vol. 6 (1980), S. 342 - 345; R. H. Schmidt, Ein neo-institutionalistischer Ansatz der Finanzierungstheorie, in: Unternehmensführung aus finanz- und bank-

nanzplanung, Informationspflichten und Gläubigerkündigungsrechte - sowie Wandlungs- und Bezugsrechte.[1)2)]

II. Optionen

Optionen sind Wahlrechte. In der juristischen Literatur spricht man aus dogmatischen Gründen nur dann von Optionen, wenn sich das Wahlrecht auf den Abschluß oder die Verlängerung von Verträgen bezieht, wie z.B. im Zusammenhang mit Wertpapiergeschäften, Miet-, Pacht-, Leasing- oder Dienstleistungsvereinbarungen.[3)] Ökonomisch gesehen kann man

---

Fortsetzung Fußnote 4, S. 8: wirtschaftlicher Sicht, Hrsg. E. Rühli und J.-P. Thommen, Stuttgart 1981, S. 135 - 154; D. Stahlschmidt, Schutzbestimmungen, 1982, J. Drukarczyk, Kreditverträge, Mobiliarsicherheiten und Vorschläge zu ihrer Reform im Konkursrecht, in: ZfB, 53. Jg. (1983), S. 330 - 333; B. Rudolph, Kreditsicherheiten als Instrumente zur Umverteilung und Begrenzung von Kreditrisiken, in: ZfbF, 36. Jg. (1984), S. 22 - 30; J. Wilhelm, Risikostruktur, 1983; J. Drukarczyk, Kreditverträge, Mobiliarsicherheiten und Vorschläge zu ihrer Reform im Konkursrecht - Stellungnahme, in: ZfB, 54. Jg. (1984), S. 284 - 293. Außerdem verringern sie Transaktions- und Informationskosten sowie Kosten finanzieller Anspannung; vgl. C. W. Smith, Jr. und J. B. Warner, Financial contracting, 1979; C. W. Smith, Jr., Financial contracting, 1980, S. 345 - 352; J. Drukarczyk, Kreditverträge, 1983, S. 329 f., 332 f.; B. Rudolph, Kreditsicherheiten, 1984, S. 30 - 38. Die Klauseln werden weiter unten noch ausführlicher behandelt; siehe 3. Teil, Abschnitt B - F.

1) Wandlungs- und Bezugsrechte stellen in erster Linie potentielle Vermögensvorteile für die Gläubiger dar.

2) Manche Autoren sehen auch Vereinbarungen bezüglich der vor Endfälligkeit zu leistenden Zins- und Tilgungszahlungen als Schutzbestimmungen an, da dadurch das Risiko der endfälligen Forderungen sinkt und die Gläubiger zusätzliche Möglichkeiten zur Auslösung des Konkursverfahrens erhalten, wenn die Zahlungen nicht vereinbarungsgemäß erfolgen; siehe C. W. Smith, Jr. und J. B. Warner, Financial contracting, 1979, S. 139 f.; D. Stahlschmidt, Schutzbestimmungen, 1982, S. 36. Das gilt aber nicht, wenn die Zahlungen durch risikofreie Objekte voll abgesichert sind und nur durch Aktivaverkäufe finanziert werden dürfen; siehe 3. Teil, Abschnitt J.

3) Vgl. H. von Einem, Die Rechtsnatur der Option, Berlin 1974, insb. S. 11 - 16; H. Köhler, Vorvertrag, Optionsvertrag und Festofferte, in: Jura, 1. Jg. (1979), S. 467 - 470; S. Kümpel und F. Häuser, Börsentermingeschäfte, Termin- und Differenzeinwand, Frankfurt a.M. 1986, S. 150 - 170.

jedoch auch von Optionen sprechen, wenn innerhalb einer bestehenden Verpflichtung einer der Vertragspartner - oder mehrere Vertragspartner - andere Wahlrechte besitzen; beispielsweise können die Gläubiger oder der Schuldner einer Anleihe ein Wahlrecht auf Laufzeitverkürzung oder ein Wahlrecht hinsichtlich der Rückzahlung besitzen.[1] Hier wird der ökonomischen Sichtweise gefolgt. Die genannten Wahlrechte sind Optionen im weiten Sinne.

Im engeren Sinne versteht man darunter nur Optionen zum Kauf oder Verkauf von Finanztiteln und Vermögensobjekten nach Börsenusance - wie Aktien, Anleihen, Futures, Indizes, Devisen und Edelmetalle. Auf sie beziehen sich die folgenden Ausführungen. Optionen im engeren Sinn zählt man zu den Termingeschäften;[2] Termingeschäfte unterscheiden sich von Kassageschäften durch eine erheblich längere Erfüllungsfrist.[3] Von den Optionen im engeren Sinn sind für diese Arbeit nur solche relevant, die auf Kassapositionen lauten. Nur sie sind gemeint, wenn im weiteren von Optionen im engeren Sinn die Rede ist. Man spricht hier von Kauf- oder Verkaufsoptionen (englisch: call bzw. put), je nachdem, ob der

---

1) Vgl. W. Bühler, Rationale Bewertung von Optionsrechten auf Anleihen, Arbeitspapier, Universität Dortmund, 2. Fassung, Dortmund 1987, S. 1 - 4. Siehe auch K. Spremann, Finanzierung, 2., unwesentl. veränd. Aufl., München - Wien 1986, S. 264. Anders H. von Einem, Rechtsnatur, 1974, S. 15.

2) Vgl. J. Welcker und J. W. Kloy, Professionelles Optionsgeschäft - alles über Optionen auf Aktien, Renten, Devisen, Waren, Terminkontrakte, Zürich 1988, S. 13 f., 23 f.; H. Schmidt, Termingeschäfte, in: Bank-Lexikon, 10., völlig neu bearb. und erw. Aufl., Wiesbaden, im Druck; ders., Wertpapierbörsen, München 1988, S. 60 - 68; vgl. auch S. Kümpel und F. Häuser, Börsentermingeschäfte, 1986, S. 150 - 158.

3) Bei einem Kassageschäft entspricht die Frist zwischen dem Abschluß und seiner Erfüllung der Zeit, die zur Vorbereitung und Durchführung der Erfüllung benötigt wird. In der Bundesrepublik sind es zwei Börsentage, im Ausland bis zu fünf Börsentage; vgl. H. Schmidt, Termingeschäfte, im Druck; ders., Wertpapierbörsen, 1988, S. 48.

Erwerber einer Option ein Kauf- oder ein Verkaufsrecht hat.[1] Die Option lautet auf eine bestimmte Menge oder Stückzahl des zugrundeliegenden Objektes. Der Basispreis, auch Ausübungspreis genannt, bezeichnet den Preis, zu dem bei Ausübung der Option gekauft bzw. verkauft wird.[2]

---

1) Indizes sind fiktive Objekte, da sie nicht direkt ge- oder verkauft werden können. Ähnliches gilt für einige Anleihen. Optionen auf fiktive Objekte sind daher nicht durch Lieferung oder Andienung, sondern nur durch Zahlung von Kursdifferenzen erfüllbar. Vgl. hierzu sowie zum börslichen Optionsgeschäft allgemein J. C. Cox und M. Rubinstein, Options markets, Englewood Cliffs, N. J. 1985, S. 23 - 32, 63 - 126, 446 - 458; (die Quelle wurde schon als Manuskript in der Fassung von 1978 zitiert; siehe z.B. N. Senghas, Präferenzfreie Bewertung, 1981, S. 20); R. A. Jarrow und A. Rudd, Option pricing, Homewood, Ill. 1983, S. 3 f., 228 - 234; M. Brenner, G. Courtadon und M. Subrahmanyam, Options on the spot and options on futures, in: JoF, Vol. 40 (1985), S. 1303 f.; o.V., The world's futures and options contracts, in: CF, Nr. 40 (März 1988), Ergänzungsheft, S. 14 - 32; J. Welcker und J. W. Kloy, Optionsgeschäft , 1988, S. 13 f., 23 - 27; H. Schmidt, Termingeschäfte, im Druck.

2) Der Basispreis ist stets nichtnegativ. In der Literatur wird gelegentlich der Eindruck erweckt, der Basispreis sei konstant; siehe beispielsweise T. E. Copeland und J. F. Weston, Financial theory and corporate policy, 3. Aufl., Reading, Mass. 1988, S. 241, 243, 245; R. Brealey und S. Myers, Principles of corporate finance, 3. Aufl., New York 1988, S. 481 f.; J. F. Weston und T. E. Copeland, Managerial finance, 8. Aufl., Hinsdale, Ill. 1986, S. 479, 487, Fußnote 7. Das ist in vielen Fällen auch zutreffend, allerdings kann sich der Basispreis auch deterministisch oder stochastisch ändern. So wird in der Bundesrepublik beispielsweise bei Aktienoptionen der Basispreis ermäßigt, wenn den Aktionären Bezugsrechte während der Optionsfrist eingeräumt werden (§ 11 der Besonderen Bedingungen für Optionsgeschäfte an den deutschen Wertpapierbörsen). Bis März 1987 wurde so auch bei der Ausschüttung von Dividendenzahlungen und Boni verfahren, seit April 1987 erfolgt hier keine Korrektur (§ 10 der Besonderen Bedingungen). Am US-amerikanischen over-the-counter market vermindert sich der Basispreis um die während der Optionsfrist erfolgten Ausschüttungen und um die eingeräumten Bezugsrechte. Der Wert von Bezugsrechten und die Höhe von Ausschüttungen können ex ante ungewiß sein und folglich auch der Basispreis. Siehe R. C. Merton, Theory of rational option pricing, in: BJoEMS, Vol. 4 (1973), S. 151 - 156; C. W. Haley und L. D. Schall, The theory of financial decisions, 2. Aufl., New York 1979, S. 246. Zu den Korrekturverfahren vgl. auch J. C. Cox und M. Rubinstein, Options,

Der Verfallzeitpunkt bezeichnet den Zeitpunkt, in dem die Option verfällt. Man unterscheidet Optionen, die verfallen, sobald der Kurs des zugrundeliegenden Objektes einen bestimmten Wert unterschreitet oder aber überschreitet (am US-amerikanischen over-the-counter market gehandelte down-and-out calls[1] bzw. up-and-out puts[2]), und Optionen ohne diese Klauseln.

Die Optionsfrist beginnt meist mit Abschluß des Optionsgeschäftes und endet unmittelbar vor dem Verfallzeitpunkt. Optionen können während der Optionsfrist verkauft werden; bei ihrer Bewertung kommt es dann auf die jeweilige Restlaufzeit an.[3] Ist die Ausübung innerhalb der Optionsfrist jederzeit möglich, so spricht man von "amerikanischen" Optionen. Besteht dieses Recht nur bei Ablauf der Optionsfrist, so handelt es sich um "europäische" Optionen.[4] Es kommen auch Zwischenformen vor.

Daneben gibt es am over-the-counter market trading-range options, die man nur ausüben kann, wenn der Kurs des

---

Fortsetzung Fußnote 2, S. 11: 1985, S. 28; J. Welcker und J. W. Kloy, Optionsgeschäft, 1988, S. 25 - 26; H. Schmidt, Wertpapierbörsen, 1988, S. 83; ders., Termingeschäfte, im Druck. Daneben gibt es am over-the-counter market look-back calls. Das sind Aktienkaufoptionen, bei denen zum geringsten Aktienkurs während der Laufzeit bezogen werden kann; P. Ritchken, Options: Theory, strategy, and applications, Glenview, Ill. - London 1987, S. 207; auch hier schwankt der Basispreis also.

1) Vgl. R. C. Merton, Rational option pricing, 1973, S. 175 f.; J. C. Cox und M. Rubinstein, Options, 1985, S. 408 - 411.

2) Siehe J. C. Cox und M. Rubinstein, Options, 1985, S. 409 und 411.

3) Siehe N. Senghas, Präferenzfreie Bewertung von Kapitalanlagen mit Options-Charakter, Königstein i.Ts. 1981, S. 7, 21; R. A. Jarrow und A. Rudd, Option pricing, 1983, insb. S. 52.

4) Die Bezeichnungen sind irreführend, da derartige Optionen weltweit existieren. Manche Autoren behaupten, daß sich die Begriffe historisch begründen lassen; vgl. J. C. Cox und M. Rubinstein, Options, 1985, S. 21; R. A. Jarrow und A. Rudd, Option pricing, 1983, S. 5; J. Welcker und J. W. Kloy, Optionsgeschäft, 1988, S. 16; H. Schmidt, Wertpapierbörsen, 1988, S. 69; ders., Termingeschäfte, im Druck.

zugrundeliegenden Titels innerhalb bestimmter Grenzen liegt.[1)]

Bei neu zu begebenden Optionen wird der Verkäufer auch als Stillhalter bezeichnet. Er muß gewöhnlich bestimmte Sicherheiten leisten.[2)]

Der Optionspreis ist der Betrag, den der Käufer dem Verkäufer für die Einräumung oder Überlassung des Optionsrechts zahlt.

Optionen auf Wertpapiere oder Waren können aufgrund des Termin- oder Differenzeinwandes nach den §§ 50 - 70 BörsG und §§ 762, 764 BGB unwirksam oder nur eingeschränkt wirksam sein.[3)]

Im weiteren wird von einfachen Optionen gesprochen, wenn

---

1) P. Ritchken, Options, 1987, S. 207.

2) Vgl. J. C. Cox und M. Rubinstein, Options, 1985, insb. S. 98 - 109; H. Schmidt, Wertpapierbörsen, 1988, S. 68.

3) Von Termineinwand spricht man, da diese Optionen wie auch andere Termingeschäfte den genannten Vorschriften zufolge grundsätzlich unvollkommene Verbindlichkeiten darstellen. Sie sind somit Spiel und Wette gleichgestellt. Das heißt, daß Forderungen nicht klagbar, aber immerhin ein Erwerbsgrund sind. Geleistetes ist also nicht rückforderbar. Der Differenzeinwand gründet sich auf § 764 BGB. Danach ist ein auf Lieferung von Waren oder Wertpapieren lautender Vertrag als Spiel anzusehen, wenn er in der Absicht geschlossen wird, daß eine Erfüllung nicht durch Lieferung und Zahlung des vereinbarten Preises, sondern durch Zahlung der Differenz zwischen dem vereinbarten Preis und dem Börsen- oder Marktpreis zum Lieferzeitpunkt erfolgen soll. Das ist typischerweise bei Optionen auf Indizes der Fall. Den Termineinwand und den Differenzeinwand können Personen, die nach § 53 BörsG termingeschäftsfähig sind (eingetragene Vollkaufleute, Börsenbesucher, Ausländer), nur in Ausnahmefällen geltend machen. In jüngerer Zeit ist insbesondere die Problematik des Termineinwandes stärker diskutiert worden. Aufgrund der Rechtsprechung des Bundesgerichtshofs in den Jahren 1983 bis 1985 gilt die Belastung von Optionspreisen auf einem von einer Bank als Stillhalter geführten, debitorischen Konto nicht als Leistung im rechtlichen Sinne. Der Optionskäufer kann demnach gegen

die Option auf einen einzelnen Finanztitel lautet, einen festen Basispreis und Verfallzeitpunkt hat und wenn sie keine trading-range option ist. Einfache Optionen können amerikanischen und europäischen Typs sein.

Fortsetzung Fußnote 3, S. 13: Forderungen der Bank den Termineinwand erheben. Das ist immer lohnenswert, wenn sich bei Endfälligkeit herausstellt, daß eine Ausübung der Option nicht vorteilhaft ist. Banken sind deshalb dazu übergegangen, strikt kreditorische Options-Sonderkonten einzurichten, Vgl. S. Kümpel und F. Häuser, Börsentermingeschäfte, 1986, S. 150 - 170; J. Welcker und J. W. Kloy, Optionsgeschäft, 1988, S. 23 f.; H. Schmidt, Wertpapierbörsen, 1988, S. 61 f., 83.

C. Überblick und kritische Würdigung der Verfahren zur Bewertung bonitätsrisikobehafteter Anleihen, Kredite und Fremdfinanzierungsfazilitäten

Dieser Abschnitt verfolgt drei Ziele. Er soll dem Leser einen Überblick der in der Literatur bekannten Verfahren geben, die sich auch heranziehen lassen, um bonitätsrisikobehaftete Anleihen, Kredite und Fazilitäten zu bewerten. Die Verfahren werden systematisiert und kurz dargestellt, um dem Leser die grundlegenden Unterschiede der Verfahren und die Neuartigkeit des optionstheoretischen Ansatzes zu verdeutlichen. Die Literatur liefert hierzu bislang keine entsprechend breiten Ausführungen.[1] Außerdem wird zu zeigen versucht, daß optionstheoretische Verfahren im Vergleich zu den anderen Verfahren besonders vorteilhaft sind. Dabei ist neben dem Aussagegehalt der Bewertungsergebnisse besonders auf den Daten-, Prognose- und Rechenbedarf zu achten, da die Beschaffung und Verarbeitung von Daten und Prognosen gewöhnlich nicht kostenlos ist.

Man kann die Bewertungsverfahren in entscheidungsorientierte und in marktorientierte Verfahren unterteilen.[2] Entscheidungsorientierte Verfahren sind dadurch gekennzeichnet, daß individuelle Entscheidungsparameter des Emittenten auf der einen Seite und des Anlegers oder

---

1) Die nachstehenden Quellen präsentieren jeweils nur einen Teil der Verfahren: D. Stahlschmidt, Schutzbestimmungen, 1982, S. 21 - 25; J. Wilhelm, Finanztitelmärkte, 1983, S. 226 - 236; ders., Bereitschaft, 1982; ders., Risikostruktur, 1983, S. 114 - 118; M. Klug, Bewertung, 1982, S. 3 - 5; G. Sieger, Finanzierung, 1984, S. 1 - 36; M. Klug, Ableitung, 1985, S. 12 - 14; T. R. Fischer, Entscheidungskriterien, 1986, S. 8 - 31.

2) In Anlehnung an Wilhelm; vgl. J. Wilhelm, Finanztitelmärkte, 1983, S. 226 - 231 in Verbindung mit dems., Risikostruktur, 1983, S. 114 f.

Übersicht 1.1: <u>Systematik der Verfahren zur Bewertung bonitätsrisikobehafteter Anleihen, Kredite und Fremdfinanzierungsfazilitäten</u>

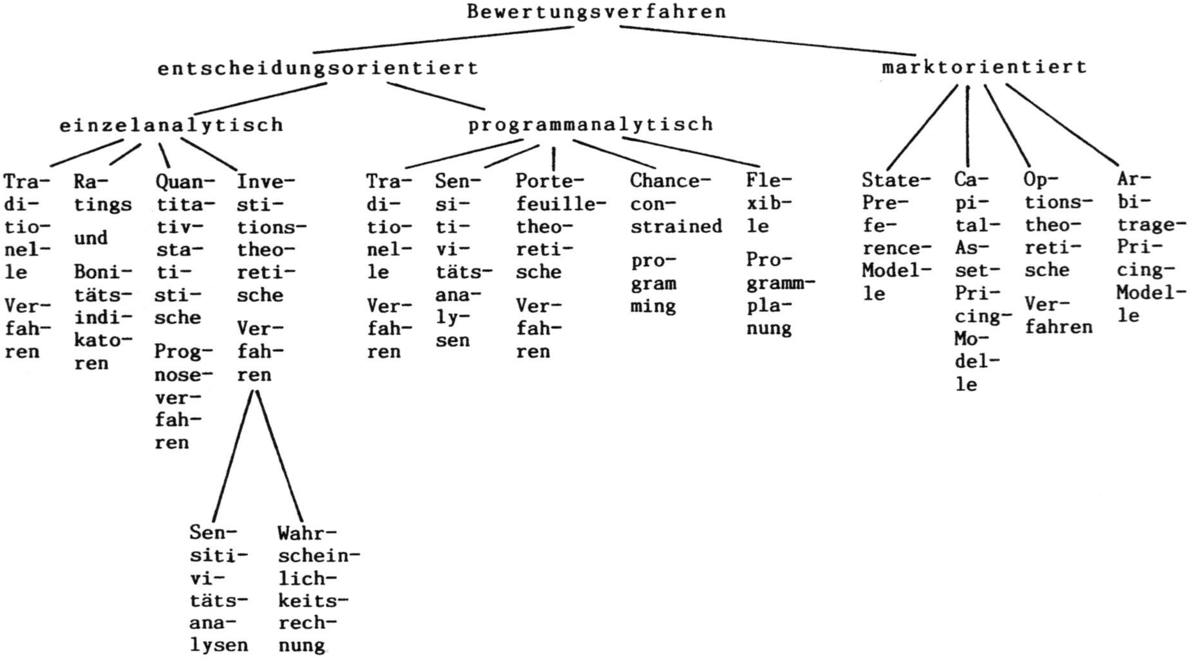

Financiers auf der anderen Seite im Mittelpunkt der Analyse stehen.[1] Sie lassen sich weiter untergliedern in einzelanalytische und programmanalytische Verfahren. In der Einzelanalyse steht der einzelne Titel im Mittelpunkt, in der Programmanalyse wird dagegen der einzelne Titel in die Gesamtplanung des Anlegers oder Financiers einbezogen. Marktorientierte Verfahren berücksichtigen die Konkurrenz, die zwischen den am Markt verfügbaren Anlagen und unter den Marktteilnehmern existiert. Individuelles Entscheidungsverhalten tritt bei diesen Verfahren in den Hintergrund.[2]

I. Entscheidungsorientierte Verfahren

1. Einzelanalyse

a) Traditionelle Verfahren

Traditionelle Bewertungsverfahren bestehen in der Prüfung der wirtschaftlichen Verhältnisse des Unternehmens durch Bilanz-, Finanzplanungs- und Sicherheitenanalysen und in der Prüfung der persönlichen Merkmale des Managements. Dabei werden Ursachen des Bonitätsrisikos und Wege zu seiner Steuerung untersucht.[3]

---

1) Wilhelm betrachtet hier nur das Entscheidungsverhalten der Financiers; vgl. die in Fußnote 2, S. 15 genannten Quellen.

2) Man kann die Ansätze noch weiter danach unterteilen, ob vollkommene oder unvollkommene Märkte und ob ein konkretes Verhaltensmuster unterstellt wird; vgl. J. Wilhelm, Finanztitelmärkte, 1983, S. 227 - 244. Die Unterteilung wird hier nicht vorgenommen, so auch Wilhelm an anderer Stelle; vgl. ders., Risikostruktur, 1983, S. 114 f.

3) Vgl. beispielsweise O. Fischer, Kreditwürdigkeitsprüfung, in: Management-Enzyklopädie, Bd. 6, München 1975, insb. S. 2034 - 2038; K. F. Hagenmüller, Kreditwürdigkeitsprüfung, in: HdF, Hrsg. H. E. Büschgen, Stuttgart 1976, Sp. 1224 - 1234; H. Strack, Beurteilung des Kreditrisikos, Erweiterung der traditionellen Kreditbewertung durch prognoseorientierte Entscheidungshilfen, 2. Aufl., Berlin 1978, S. 43 - 47; J. J. O'Rourke, Training commercial loan

Es bleibt allerdings offen, wie die Gewichtung und Bewertung erfolgen soll. Deshalb sind die Bewertungsergebnisse in starkem Maße von der Qualifikation des Bewertenden abhängig und interpersonell schwer nachprüfbar.[1] Derartige Verfahren sind daher für Bewertungszwecke wenig geeignet.

b) Ratings und Bonitätsindikatoren

Ratings und Bonitätsindikatoren stellen eine Weiterentwicklung traditioneller Verfahren dar. Forderungstitel oder Schuldner werden hier anhand von Ausfallwahrscheinlichkeiten oder Punktbewertungssystemen in Bonitätsklassen eingeteilt. Bewertungsgrundlagen sind ähnliche Analysen wie bei den traditionellen Verfahren; auf den Einsatz quantitativ-statistischer Analysen wird verzichtet. Man geht dabei so vor, daß man die Titel oder Schuldner zunächst anhand zahlreicher Kriterien bewertet; dann transformiert und gewichtet man die Ausprägungen, um die Ausfallwahrscheinlichkeiten oder Punktziffern zu bestimmen. Abschließend erfolgt die Zuordnung zu den Bonitätsklassen, die meist durch bestimmte Buchstaben gekennzeichnet sind.[2]

Fortsetzung Fußnote 3, S. 17: officers, in: BCH, Vol. 63 (1979), Nr. 4, S. 14 f.; A. Schmoll, Theorie und Praxis der Kreditprüfung unter besonderer Berücksichtigung der Klein- und Mittelbetriebe, in: ÖBA, 31. Jg. (1983), S. 92 - 104, 166 - 187, 190 f.

1) H. Strack, Beurteilung, S. 42, 88 f.

2) Vgl. J. Süchting, Risikoüberlegungen bei der Kreditfinanzierung von Unternehmen, in: BI, o. Jg. (1976), Heft 2, S. 26 f., Heft 3, S. 20 - 25; G. Weinrich, Kreditwürdigkeitsprognosen, Steuerung des Kreditgeschäfts durch Risikoklassen, Wiesbaden 1978, S. 38 - 42; D. Stahlschmidt, Schutzbestimmungen, 1982, S. 23; A. Schmoll, Kreditprüfung, 1983, insb. S. 224 - 228; E. Mattern, Rating im internationalen Kreditgeschäft, in: Bank, o. Jg. (1984), S. 374 - 378; A. Peers, Increasing research casts doubt on the value of U.S. bond ratings, in: WSJ, Nr. 161 vom 18.9.1987; W. Händel, US-Rating für deutsche Unternehmen?, in: Wp, 35. Jg. (1987), S. 857 - 859.

Die beiden Verfahren unterscheiden sich im wesentlichen dadurch, daß Ratings der Bewertung von Anleihen und kapitalmarktfähigen Schuldnern dienen, Bonitätsindikatoren dagegen der Bewertung von Kredittiteln und nicht kapitalmarktfähigen Schuldnern.

Im Vergleich zu den traditionellen Verfahren ist die Vorgehensweise zwar organisierter und standardisierter, allerdings sprechen einige Gründe auch gegen die Verfahren. Erstens zieht der umfangreiche Kriterienkatalog eine aufwendige Bewertungsprozedur nach sich, die nicht für alle Titel und Unternehmen sachgerecht erscheint. Zweitens unterliegen auch diese Analysen subjektiven Einflüssen, und drittens sind die Analysen oft unscharf.[1)] Mit den Verfahren kann man zwar die besten Titel und Schuldner stets zuverlässig von der Gesamtheit der guten, weniger guten oder schlechten abgrenzen - das dürfte allerdings sogar mit den traditionellen Verfahren möglich sein -, zu Fehlbewertungen kommt es dagegen häufig bei der Klassifizierung der guten, weniger guten und schlechten Titel oder Schuldner.[2)]

c) Quantitativ-statistische Prognoseverfahren

Quantitativ-statistische Prognoseverfahren verwenden ebenfalls ein Kennzahlensystem. Im Unterschied zum vorhergehenden Verfahren werden allerdings nur Kennzahlen herangezogen, die sich als besonders aussagekräftig (trennfähig) erwiesen haben. Grundlage der Analyse sind Stichproben aus gut und schlecht verlaufenen Geschäftsbeziehungen. Als statistisches Instrumentarium dienen häufig multivariate

---

1) Vgl. zum zweiten Argument z.B. G. Weinrich, Kreditwürdigkeitsprognosen, 1978, S. 38 - 42; S. Peers, Increasing research, 1987; siehe auch D. Stahlschmidt, Schutzbestimmungen, 1982, S. 23.

2) Vgl. S. Peers, Increasing research, 1987.

Verfahren wie die Diskriminanz- oder die Faktorenanalyse.[1] Sie objektivieren die Analyse.

Einer Anwendung stehen allerdings im wesentlichen zwei Gründe entgegen: Zum einen sind vollkommen trennfähige Kennzahlen nicht bekannt, und zum anderen ist die Analyse vergangenheitsbezogen und vernachlässigt daher Veränderungen der Umweltbedingungen.[2] Die Nachteile ließen sich zwar bis zu einem bestimmten Grad beseitigen, die Verfahren würden dann aber sehr aufwendig.[3]

d) Investitionstheoretische Verfahren

Gegen die Bewertung mit Kennzahlensystemen läßt sich grundsätzlich einwenden, daß die Bewertungskennzahlen verschiedener Titel keine präzisen Aussagen über das Niveau der Bewertungsunterschiede erlauben. Grundsätzlich überzeugender erscheint es deshalb, Bewertungsunterschiede in Geldeinheiten oder über Zinssätze auszudrücken. Diesen Weg beschreiten investitionstheoretische Verfahren, zu denen Sensitivitätsanalysen und Verfahren auf der Basis der Wahrscheinlichkeitsrechnung zählen.[4]

---

1) Vgl. H. Strack, Beurteilung, 1978, S. 48 - 81; G. Weinrich, Kreditwürdigkeitsprognosen, 1978, S. 43 - 151; Nick Rischbieth, Zur Eignung von Finanzkennzahlen für die Prognose von wesentlichen Ausschüttungsänderungen, Bern - Frankfurt a.M. - New York 1987. Siehe auch T. R. Fischer, Entscheidungskriterien, 1986, S. 18 f. und die dort genannte Literatur.

2) Vgl. H. Strack, Beurteilung, 1978, S. 87 - 97; G. Weinrich, Kreditwürdigkeitsprognosen, 1978, insb. S. 126 f., 149 - 153, 183 f.

3) Vgl. G. Weinrich, Kreditwürdigkeitsprognosen, 1978, S. 127 - 153, 184 f.

4) Andere Verfahren wie die sogenannten Korrekturverfahren werden hier nicht behandelt, weil die Investitionstheorie sie aufgrund mangelnder theoretischer Fundierung nur am Rande behandelt; vgl. H. Blohm und K. Lüder, Investition, 6., überarb. und erw. Aufl. München 1988, S. 218 - 220; G. Altrogge, Investition, 1988, S. 383 f.

α) Sensitivitätsanalysen

Sensitivitätsanalysen untersuchen die Auswirkungen von Parameterwertänderungen in einer Investitionsrechnung unter Sicherheit oder unter Quasi-Sicherheit. Im weiteren Sinne zählt auch das Verfahren der kritischen Werte zu den Sensitivitätsanalysen. Bei ihm ermittelt man die Modellparameterwerte, bei deren Überschreitung das jeweilige Investitionsprojekt vorteilhaft oder unvorteilhaft wird.[1)]

Der Wert von Sensitivitätsanalysen ist in der Literatur umstritten. Um brauchbare Ergebnisse zu erzielen, wird empfohlen, jeweils nur einen Parameterwert zu variieren. Bei gleichzeitiger Variation mehrerer Parameterwerte ist die Analyse kaum noch überschaubar.[2)] Außerdem erscheint die Analyse nicht gut strukturiert, wenn man Eintrittsmöglichkeiten und Eintrittswahrscheinlichkeiten vernachlässigt. Es ist daher nicht zu empfehlen, dieses Bewertungsverfahren auf die Bewertung von Fremdkaptialtiteln zu übertragen.

β) Verfahren auf der Basis der Wahrscheinlichkeitsrechnung

Eine besser strukturierte Bewertungsprozedur ist gewährleistet, wenn man die Wahrscheinlichkeitsrechnung in die Investitionsrechnung einbezieht. Man ermittelt dabei zunächst die Wahrscheinlichkeitsverteilungen der zukünfti-

---

1) Vgl. H. Blohm und K. Lüder, Investition, 1988, S. 220 - 225. Altrogge subsumiert das Verfahren der kritischen Werte nicht unter die Sensitivitätsanalysen; vgl. G. Altrogge, Investition, 1988, S. 384 - 389.

2) Vgl. die in Fußnote 1 genannten Quellen.

gen Zahlungen und wendet dann eine der bekannten Vermögenswert- oder Zinssatzmethoden an.[1)2)]

Diese investitionstheoretischen Verfahren eignen sich

---

1) Einen Überblick der Investitionstheorie unter Anwendung der Wahrscheinlichkeitsrechnung findet man bei H. Blohm und K. Lüder, Investition, 1988, S. 233 - 259; G. Altrogge, Investition, 1988, S. 390 - 397, in Verbindung mit R. Brealey und S. Myers, Principles, 1984, S. 203 - 218, 416 - 420. Zur Anwendung auf Fremdkapitaltitel vgl. z.B. H. Strack, Beurteilung, 1978, S. 15 - 27, 88 - 115.

2) Zu den investitionstheoretischen Verfahren auf der Basis der Wahrscheinlichkeitsrechnung lassen sich auch die einzelanalytischen Kreditrationierungsmodelle zählen. Kreditrationierungsmodelle sind der Oberbegriff für eine Vielzahl von Modellen, welche die These begründen, daß Kreditgeber ihr Angebot oder Kreditnehmer ihre Nachfrage rationieren und damit den vom Geschäftspartner gewünschten Geschäftsabschluß ablehnen. Bei einigen Modellen handelt es sich um Marktgleichgewichtsmodelle, allerdings sind die Anlagemöglichkeiten und die Konkurrenz der Marktteilnehmer sehr begrenzt oder es bestehen strenge Präferenzannahmen, so daß die Verfahren eher entscheidungs- als marktorientiert sind. Einen Überblick der Modelle geben E. Baltensberger und T. M. Devinney, Credit rationing theory: A survey and synthesis, Diskussionsbeitrag, Volkswirtschaftliche Abteilung der Hochschule St. Gallen, Nr. 32, St. Gallen 1984; A. M. Santomero, Modeling the banking firm: A survey, in: JoMCB, Vol. 16 (1984), S. 599 - 602. Den einzelanalytischen Kreditrationierungsmodellen kann man auch die unter Berücksichtigung eines Gläubigerrisikohorizonts entwickelten Modelle zuordnen; vgl. H. Arnold, Risikentransformation, Diss., Saarbrücken 1964, insb. S. 147 f., S. 223 f.; H. J. Krümmel, Finanzierungsrisiken und Kreditspielraum, in: ZfB, 36. Jg. (1966), Ergänzungsheft 1, S. 134 - 157; ders., Finanzierungsrisiken und Kreditspielraum, in: HdF, 1974, Sp. 495 - 503; B. Rudolph, Die Kreditvergabeentscheidung der Banken, Opladen 1974, S. 30 - 39; J. Wilhelm, Risikohorizont und Kreditspielraum, in: ZfbF, 29. Jg. (1977), S. 117 - 127; H. Rödl, Kreditrisiken und ihre Früherkennung, Düsseldorf - Frankfurt a.M., 1979, S. 34 - 53. Über den Gläubigerrisikohorizont können implizit auch programmanalytische Modellüberlegungen in das Modell eingehen, wie z.B. portefeuilletheoretische Überlegungen; vgl. H.-J. Krümmel, Die Begrenzung des Kreditrisikos im Kreditwesen aus der Sicht der Kredittheorie, in: ÖBA, 24. Jg. (1976), S. 194; ders., Finanzierungsrisiken, 1976, Sp. 499 f.; B. Rudolph, Betriebswirtschaftliche Überlegungen bei der Risikoplanung im Kreditgeschäft der Banken, in: VuB, 46. Jg. (1976), S. 265; H. Schmidt, Einzelkredit und Kreditportefeuille, in: Bankpolitik, finanzielle Unternehmensführung und die Theorie der Finanzmärkte, Festschrift für Hans-Jacob Krümmel zur Vollendung des 60. Lebensjahres, Berlin 1988, S. 248 f. Trotzdem sind diese Verfahren eher einzelanalytisch. Die programmanalytischen Kreditrationierungsmodelle lassen sich den im folgenden Abschnitt genannten Ansätzen zuordnen.

auch, um komplexe Konditionen zu bewerten. Allerdings sind sie teilweise zu aufwendig. Zudem beruhen die Modellparameterwerte auf subjektiven Einschätzungen und Präferenzen des Bewertenden und sind damit letzlich ähnlich angreifbar wie Ratings und Bonitätsindikatoren.[1)]

2. Programmanalyse

Den einzelanalytischen Verfahren wird häufig vorgeworfen, sie vernachlässigten die Auswirkungen des einzelnen Titels auf das bestehende und zukünftige Anlageprogramm des Anlegers oder Financiers und stellten deshalb allein kein geeignetes Bewertungsinstrument dar.[2)] Derartige Interdependenzen lassen sich aber bei der Programmanalyse berücksichtigen.

a) Traditionelle Verfahren

Traditionelle Verfahren liefern Anlegern und Financiers Wege, um das Risiko ihres gesamten Anlageprogramms zu verringern. Die einzelnen Titel sind hier danach zu beurteilen, ob sie Großausfallrisiken darstellen und wie sie das Risiko des gleichzeitigen Ausfalls mehrerer Titel beeinflussen.[3)]

---

1) Vgl. auch H.-J. Krümmel, Finanzierungsrisiken, 1976, Sp. 497 - 503; C. W. Haley und L. D. Schall, Financial decisions, 1979, S. 193 f.; R. Brealey und S. Myers, Principles, 1984, S. 207 f., 218; J. Wilhelm, Finanztitelmärkte, 1983, insb. S. 12 f.; ders., Bereitschaft, 1982, S. 574 f.; E. Baltensberger und T. M. Devinney, Credit rationing, 1984, S. 8; A. M. Santomero, Survey, 1984, S. 600.

2) Vgl. auch T. R. Fischer, Entscheidungskriterien, 1986, S. 9, 22; H. Schmidt, Einzelkredit und Kreditportefeuille, 1988, S. 248 f.; und die jeweils genannte Literatur. Fischer zieht daraus aber die falsche Konsequenz, da er ausschließlich einzelanalytische Verfahren näher verfolgt.

3) Vgl. K. F. Hagenmüller, Der Bankbetrieb, Bd. III: Rechnungswesen - Bankpolitik, 4., überarb. Aufl., Wiesbaden 1977, S. 359, 411 - 414; B. Rudolph, Kreditvergabeentscheidung, 1974, S. 13 - 17.

Allerdings sind diese Verfahren hier nur bedingt brauchbar, da sie lediglich die Richtung der Anlagepolitik bestimmen, ohne quantitative Aussagen zu treffen,[1] und da sie wie die traditionellen Verfahren der Einzelanalyse sehr subjektiv sind.

b) Sensitivitätsanalysen

Das Konzept der Sensitivitätsanalyse für einzelne Objekte läßt sich direkt auf Investitionsprogramme übertragen. Demnach kann man untersuchen, wie sich Parameterwertschwankungen auf die Zusammensetzung eines gegebenen Programms auswirken, oder man kann den kritischen Wertebereich von Modellparametern untersuchen.[2]

Die bereits oben genannten Kritikpunkte hinsichtlich der Struktur der Analyse und der Interpretierbarkeit der Ergebnisse gelten hier aber in noch stärkerem Maße.[3]

c) Portefeuilletheoretische Verfahren

Die portefeuilletheoretischen Ansätze kombinieren die traditionellen Verfahren (C.I.1.a)) mit den einzelinvestitionstheoretischen Verfahren auf der Basis der Wahrscheinlichkeitsrechnung (C.I.1.d)ß)). Die Portefeuilletheorie wurde ursprünglich für die optimale Zusammensetzung von Aktienportefeuilles entwickelt.[4] Später hat man erkannt, daß

1) Vgl. B. Rudolph, Kreditvergabeentscheidung, 1974, S. 17 f.

2) Vgl. H. Blohm und K. Lüder, Investition, 1988, S. 292 - 294; R. Schmidt, Neuere Entwicklungen der modellgestützten Gesamtplanung von Banken, in: ZfB, 53. Jg. (1983), S. 310.

3) Vgl. S. 21 und die in Fußnote 2 dieser Seite genannten Quellen.

4) Vgl. H. M. Markowitz, Portfolio selection, in: JoF, Vol. 7 (1952), S. 77 - 91; ders., Portfolio selection, New Haven - London 1959.

sich die Theorie auch bei ähnlichen Problemstellungen heranziehen läßt, also auch für die Strukturierung von Fremdkapitalportefeuilles.[1)] Sie hat daher die Finanzierungstheorie und -praxis wesentlich beeinflußt. Die Portefeuilletheorie zeigt, wie sich die Risiken einzelner Titel im Portefeuillezusammenhang teilweise oder ganz vernichten lassen.[2)] Dabei kommt es auf die Korrelation der Renditen oder Kursentwicklungen und auf die Anteile der im Portefeuille enthaltenen Titel an. Das Risiko eines einzelnen Titels ist weniger relevant. Unter Effizienzgesichtspunkten werden Anleger und Financiers nur solche Portefeuilles halten, die bei gegebenem Erwartungswert der Rendite (oder bei gegebenem erwarteten Endwert) das geringste Risiko oder aber bei gegebenem Risiko den höchsten Erwartungswert aufweisen. Bei der Bewertung eines

---

1) Vgl. H. Arnold, Risikentransformation, 1964, insb. S. 87 f., 90, 101 - 103; G. Schneider, Zur Planung von Bankportefeuilleentscheidungen, Frankfurt a.M. 1970, insb. S. 147 - 170; H.-J. Jarchow, Der Bankkredit in einer Theorie der "portfolio selection", in: WA, Bd. 104, (1970), S. 189 - 210; M. Parkin, Discount house portfolio and debt selection, in: RoES, Vol. 37 (1970), S. 469 - 497; J. Fried, Bank Portfolio selection, in: JoFQA, Vol. 5 (1970), S. 203 - 227; K.-H. Pitz, Die Anwendungsmöglichkeit der Portfolio-Selection-Theorie auf die optimale Strukturierung des Banksortiments, Bochum 1977, insb. S. 99 - 102, 105 - 156; H. Lipfert, Optimale Risikopolitik für das Gesamtengagement von Genossenschaftsbanken im Kreditgeschäft, in: Schriftenreihe des Bundesverbandes der deutschen Volksbanken und Raiffeisenbanken, Bd. 4: Bankpraxis '78, S. 122 - 132; W. Fuhrmann, Der Mean-Variance-Ansatz des Kreditinstitutes, in: ZfB, 50. Jg. (1980), S. 244 - 267; M. Hein, Einführung, 1981, S. 139; H. Schmidt, Einzelkredit und Kreditportefeuille, 1988, S. 249 - 255. Auf das internationale Kreditgeschäft bezogen vgl. L. S. Goodman, Bank lending to non-OPEC LDCs: Are risks diversifiable?, in: FRBoNYQR, Vol. 6 (1981), Nr. 2, S. 10 - 20; I. Walter, Country risk, portfolio decisions and regulations in international bank lending, in: JoBF, Vol. 5 (1981), S. 77 - 92; P. Bennett, Applying portfolio theory to global bank lending, in: JoBF, Vol. 8 (1984), S. 153 - 169.

2) Üblicherweise wird das Risiko in der Portefeuilletheorie als Streuung um einen Mittelwert verstanden und nicht als negative Abweichung von einem vereinbarten Wert wie in der oben erfolgten Definition des Bonitätsrisikos (siehe S. 7 f.) oder als negative Abweichung von einer vereinbarten Verzinsung.

einzelnen Titels interessiert dann vor allem das Risiko, das sich durch Aufnahme in ein effizientes Portefeuille nicht reduzieren läßt.[1]

Die Kritik an den portefeuilletheoretischen Ansätzen konzentriert sich auf drei Punkte. Bereits im einperiodigen Modell treten Probleme hinsichtlich der Verteilungsannahme auf. Arbeitet man mit der Normalverteilungshypothese für die Renditen oder Kurse der einzelnen Titel, so hat das den Vorteil, daß auch die Rendite oder der Wert des Portefeuilles normalverteilt ist. Denn die Summe normalverteilter Größen ist ebenfalls normalverteilt. Der Nachteil dieser Hypothese liegt darin, daß sie einen Wertebereich von $- \infty$ bis $+ \infty$ impliziert. Anleihe- und Kredittitel und Fazilitäten wie auch Aktien können aber keine negativen Kurse haben oder Renditen von weniger als - 100 % aufweisen. Fremdkapitaltitel und Fazilitäten können außerdem auch keine unendlich hohen Werte annehmen, da die Zins- und Tilgungszahlungen fest vereinbart sind und eine Fazilität nie mehr wert sein kann als der vereinbarte Kurs, zu dem der Fazilitätennehmer die Anleihe- oder Kredittitel an den Fazilitätengeber verkaufen kann.[2][3]

---

1) So hat u.a. Schmidt gezeigt, wie Banken durch Vergabe kleinerer, unkorrelierter Kredite ein quasi risikofreies Kreditportefeuille zusammenstellen können. Unkorrelierte Kredite treffen sie am ehesten an, wenn die Ausfallwahrscheinlichkeiten der Einzelkredite gering sind. Unter diesen Voraussetzungen entwickelt er einen Ansatz, der die Zinssätze liefert, die Banken mindestens mit ihren Kreditnehmern vereinbaren sollten. Vgl. H. Schmidt, Einzelkredit und Kreditportefeuille, 1988, S. 248 - 257.

2) Vgl. H. Arnold, Risikentransformation, 1964, S. 150 f.; H.-J. Jarchow, Bankkredit, 1970, S. 191; K.-H. Pitz, Anwendungsmöglichkeit, 1977, S. 99 - 102, 162 f.; R. Brealey, S. D. Hodges und M. J. P. Selby, The risk of bank-loan portfolios, in: Option pricing: Theory and applications, Hrsg.: M. Brenner, Lexington, Mass. - Toronto 1983, S. 163; M. J. P. Selby, The application of option theory to the evaluation of risky debt, Diss., London 1983, S. 93; P. Bennett, Applying portfolio theory, 1984, S. 156.

3) Die Normalverteilung wird durch den Erwartungswert und die

Die Möglichkeit negativer Kurse und Renditen unterhalb von - 100 % ließe sich durch die Annahme logarithmisch normalverteilter Kurse ausschließen, da diese Verteilung nur für positive Werte definiert ist. Allerdings dürfte dann der Wert des Portefeuilles nicht logarithmisch normalverteilt sein, da eine Summe logarithmisch normalverteilter Größen nicht logarithmisch normalverteilt ist.[1)] Außerdem bliebe auch hier das Problem der Wertobergrenze bestehen. Als Alternative bietet sich daher auch die Hypothese abgeschnittener Verteilungen an. Auf diese Weise lassen sich auch Wertobergrenzen sachgerecht abbilden. Allerdings wird dadurch die Bewertungsprozedur sehr komplex. Zusätzliche Probleme treten bei mehrperiodigen Modellen auf. Dort ist damit zu rechnen, daß sich die Verteilungsparameter und Korrelationen im Planungszeitraum ändern,[2)] bedingt durch Zins- und Tilgungszahlungen vor Endfälligkeit[3)] sowie Zu- und Verkäufe von Titeln.[4)5)]

Fortsetzung Fußnote 3, S. 26: Standardabweichung vollkommen charakterisiert. Es erscheint fragwürdig, der Verteilungsproblematik dadurch zu begegnen, daß man die Normalverteilungsannahme aufhebt, aber zugleich unterstellt, die Anlegerpräferenzen ließen sich durch Nutzenfunktionen beschreiben, die allein die ersten beiden Momente von Verteilungen, den Erwartungswert und die Standardabweichung berücksichtigen. Derartige Anlegerpräferenzen lassen sich empirisch offensichtlich nicht bestätigen, vgl. z.B. K.-H. Pitz, Anwendungsmöglichkeit, 1977, S. 54 - 57, 162; S. A. Ross, Mutual fund separation in financial theory - The separating distributions, in: JoET, Vol. 17 (1978), S. 255 f.

1) Vgl. J. Aitchison und J. A. C. Brown, The lognormal distribution, Cambridge 1957, insb. S. 7 - 12.

2) K.-H. Pitz, Anwendungsmöglichkeit, 1977, S. 152 f., 166.

3) Vgl. R. Brealey, S. D. Hodges und M. J. P. Selby, Bank-loan portfolios, 1983, insb. S. 161 und 172; M. J. P. Selby, Application, 1983, S. 98 - 100, 105.

4) Vgl. die in Fußnote 3 genannten Quellen und P. Bennett, Applying portfolio theory, 1984, S. 156, 159, 163 - 167.

5) Die folgenden Autoren führen deshalb statt des analytischen Portefeuilleansatzes eine Simulation durch: R. Brealey, S. D. Hodges und M. J. P. Selby, Bank-loan portfolios, 1983, S. 153, 171 f.; M. J. P. Selby, Application, 1983, S. 85, 104 - 106.

Der zweite Kritikpunkt ist die Vielzahl der bereits im einperiodigen Modell zu schätzenden Parameter, und der dritte Kritikpunkt ist der sehr hohe Rechenaufwand. Diese beiden letzten Kritikpunkte wiegen besonders schwer, wenn man als Financiers Finanzunternehmen, wie beispielsweise Banken, betrachtet, die Finanztitel nicht in einer zentralen Abteilung, sondern dezentral bewerten.[1)]

d) Chance-constrained programming

Das chance-constrained programming beruht auf Ansätzen der Investitionsprogrammentscheidung bei sicheren Erwartungen unter Beachtung bestimmter Nebenbedingungen. Risikoaspekte werden hier berücksichtigt, indem die Nebenbedingungen mit einer vorzugebenden Mindestwahrscheinlichkeit einzuhalten sind.[2)] Nebenbedingungen können gesetzliche und aufsichtsrechtliche Vorschriften oder geschäftspolitische Restriktionen sein.[3)]

Der Anwendbarkeit dieser Verfahren stehen im wesentlichen vier Gründe entgegen: Zum einen werden Einzelrisiken nur grob erfaßt, da Risiken allein über die Mindestwahrscheinlichkeit der Nebenbedingungen berücksichtigt werden. Zum anderen bleiben Alternativplanungen für den Fall, daß die Nebenbedingungen ex post tatsächlich verletzt werden, außer Betracht. Drittens enthalten die Verfahren wie die portefeuilletheoretischen Ansätze eine Vielzahl

1) B. Rudolph, Kreditvergabeentscheidung, 1974, S. 20 - 23; M. Hein, Einführung, 1981, S. 139 f.; K.-H. Pitz, Anwendungsmöglichkeit, 1977, S. 180 - 183; P. Bennett, Applying portfolio theory, 1984, S. 167 f.; siehe auch H. Schmidt, Einzelkredit und Kreditportefeuille, 1988, S. 249.

2) Vgl. zu einem Überblick H. Blohm und K. Lüder, Investition, 1988, S. 294 - 297 und die dort genannte Literatur.

3) Vgl. R. Schmidt, Neuere Entwicklungen, 1983, S. 307 und 310 f. und die dort genannte Literatur.

von Schätzparametern, und viertens erfordern sie einen hohen Rechenaufwand.[1)]

e) Flexible Programmplanung

Mit der flexiblen Programmplanung wird das chance-constrained programming weiterentwickelt, indem alternative Zukunftslagen explizit berücksichtigt werden und Alternativplanungen bereitliegen, wenn bestimmte Umweltsituationen eintreten.

Der Nutzen des Verfahrens ist allerdings zweifelhaft, da es wesentlich aufwendiger ist als das chance-constrained programming und auch hier Einzelrisiken nur sehr grob erfaßt werden.[2)]

II. Marktorientierte Verfahren

Im vorhergehenden Abschnitt wurde gezeigt, daß sich entscheidungsorientierte Verfahren für quantitative Bewertungszwecke wenig eignen. Einzelanalytische Verfahren liefern, abgesehen von den investitionstheoretischen Ansätzen auf der Basis der Wahrscheinlichkeitsrechnung, keine präzisen Aussagen über das Niveau von Bewertungsunterschieden. Darüber hinaus vernachlässigen sie die Interdependenzen zwischen dem betrachteten Titel und dem gegenwärtigen und zukünftigen Programm des Anlegers oder Financiers. Diese Interdependenzen lassen sich zwar durch programmanalytische Verfahren vollständig berücksichtigen, allerdings nur auf Kosten einer sehr hohen Komplexität. Grundsätzlich böte sich hier die Möglichkeit, die Bewertungsprozedur in mehrere Phasen zu zerlegen. Man könnte dann in einer ersten

---

1) Vgl. die in den Fußnoten 2, 3, S. 28 genannten Quellen. Siehe auch B. Rudolph, Kreditvergabeentscheidung, 1974, S. 20 - 23.

2) Vgl. die in den Fußnoten 2, 3, S. 28 genannten Quellen.

Phase mit weniger detaillierten Programmansätzen arbeiten, um anschließend detailliertere programm- und einzelanalytische Ansätze anzuwenden.[1] Diesem Gedanken wird hier nicht weiter gefolgt, denn entscheidungsorientierte Verfahren richten den Blick zwar auf das individuelle Entscheidungsverhalten der beteiligten Parteien, wie z.B. bisher übernommene Risiken, subjektive Schätzungen und Risikopräferenzen, es bleibt jedoch offen, inwieweit die Bewertungsergebnisse realistisch sind, wenn man die Konkurrenz der am Markt existierenden Anlagen und der Marktteilnehmer untereinander stärker berücksichtigt.[2] Als Alternative bieten sich daher die marktorientierten Verfahren an.

1. State-Preference-Modelle

Die State-Preference-Theorie ist eine sehr allgemeine Bewertungstheorie.[3] Ihre Grundidee besteht darin, daß am Markt sogenannte "primitive Wertpapiere" existieren. Ein primitives Wertpapier ist so ausgestattet, daß es den

---

1) Vgl. T. R. Fischer, Entscheidungskriterien, 1986, S. 21 - 31; siehe auch H. Schmidt, Einzelkredit und Kreditportefeuille, 1988, S. 248 f., 252 und die dort genannte Literatur.

2) Vgl. auch J. Wilhelm, Finanztitelmärkte, 1983, S. 230; ders., Risikostruktur, 1983, S. 114 f.

3) Der Ansatz geht auf Arrow und Debreu zurück; vgl. K. J. Arrow, The role of securities in the optimal allocation of risk bearing, in: RoES, Vol. 31 (1964), S. 91 - 96 (eine erste Fassung wurde bereits 1953 vorgelegt); G. Debreu, The theory of value, New Haven - London 1959, insb. S. 98 - 102; vgl. auch C. W. Haley und L. D. Schall, Financial decisions, 1979, S. 186 - 189, 218 - 238; J. Wilhelm, Finanztitelmärkte, 1983, insb. S. 18 - 20, 109; G. Sieger, Finanzierung, 1984, S. 5 - 34 sowie die jeweils genannte Literatur. Eine Anwendung zur Bewertung von Fremdkapitaltiteln findet man z.B. bei A. Kraus und R. Litzenberger, A state-preference model of optimal financial leverage, in: JoF, Vol. 28 (1973), S. 911 - 922; T. E. Copeland und J. F. Weston, Financial theory, 1988, S. 140 - 144; B. Rudolph, Kreditsicherheiten, 1984, insb. S. 38 - 43; G. Sieger, Finanzierung, 1984.

Anspruch auf Zahlung einer Geldeinheit allein für den Fall verbrieft, daß zu einem bestimmten Zeitpunkt ein bestimmter Zustand eintritt. Für alle anderen Zeitpunkt-Zustand-Kombinationen verbrieft es keinen Anspruch.[1] Die Theorie unterstellt, daß derartige Titel für jede Zeitpunkt-Zustand-Kombination am Markt existieren. Folglich lassen sich Finanztitel durch Portefeuilles primitiver Wertpapiere duplizieren. Der Marktwert eines Finanztitels ergibt sich, indem man die zu den verschiedenen Zeitpunkten möglichen Ein- und Auszahlungen mit den Marktwerten der jeweiligen primitiven Wertpapiere multipliziert und anschließend addiert.[2]

Die Vorzüge des Ansatzes liegen darin, daß er sich auch bei komplexen Verteilungsannahmen anwenden läßt und daß er bei gegebenen Marktwerten der primitiven Wertpapiere unabhängig von speziellen Risikopräferenzen und auch unabhängig von der Wahrscheinlichkeit ist, mit der eine bestimmte Zeitpunkt-Zustand-Kombination eintritt.[3] Folglich sind Erwartungswerte hier keine Modellparameter.[4] Der wesentliche Nachteil besteht darin, die Marktwerte für primitive Wertpapiere zu bestimmen. Da solche Wertpapiere nicht gehandelt werden und man kaum Anhaltspunkte für ihre Bewertung hat, ist dieser Ansatz wenig praktikabel.[5] Man

1) Man spricht daher auch von state-contingent claims; vgl. z.B. J. Wilhelm, Finanztitelmärkte, 1983, S. 109; G. Sieger, Finanzierung, 1984, S. 7.

2) Bei Wahlrechten sind die Zahlungen zu den optimalen Ausübungszeitpunkten zu berücksichtigen.

3) Vgl. C. W. Haley und L. D. Schall, Financial decisions, 1979, S. 219 - 221; J. Wilhelm, Finanztitelmärkte, 1983, S. 109.

4) Risikopräferenzen, Wahrscheinlichkeitsschätzungen und Erwartungswerte schlagen sich aber in den Marktwerten für primitive Wertpapiere nieder, so daß ein indirekter Einfluß auf das Bewertungsergebnis besteht; siehe auch C. W. Haley und L. D. Schall, Financial decisions, 1979, S. 189.

5) Siehe ebda., S. 189, 228 f.; J. Wilhelm, Finanztitelmärkte, 1983, S. 109.

kann aber zeigen, daß sich die folgenden marktorientierten Ansätze alle auf die State-Preference-Theorie zurückführen lassen; sie sind damit Varianten ein und desselben Ansatzes.[1]

2. Capital-Asset-Pricing-Modelle

Mit den Capital-Asset-Pricing-Modellen wurde die Portefeuilletheorie zu einer Marktgleichgewichtstheorie weiterentwickelt. In ihrer Grundform, dem einperiodigen Modell von Treynor, Sharpe, Lintner und Mossin,[2] führt sie zu dem Ergebnis, daß im Gleichgewicht alle Anleger Zwei-Komponenten-Portefeuilles halten, wobei die eine Komponente risikofrei und die andere risikobehaftet ist.

Die risikobehaftete Komponente entspricht einem Anteil an einem Portefeuille, das alle am Markt existierenden, risikobehafteten Titel im Verhältnis ihrer Marktwerte

---

1) Vgl. z.B. A. Beja, The structure of the cost of capital under uncertainty, in: RoES, Vol. 38 (1971), S. 359 - 368 in Verbindung mit T. E. Copeland und J. F. Weston, Financial theory, 1988, S. 126 - 128, 413 , Fußnote 6. Siehe auch G. Sieger, Finanzierung, 1984, S. 5, 34 - 36.

2) Vgl. J. L. Treynor, Toward a theory of the market value of risky assets, unveröffentlichtes Manuskript, o.O. 1961, zitiert nach: T. E. Copeland und J. F. Weston, Financial theory, 1988, S. 193; W. F. Sharpe, Capital asset prices: A theory of market equilibrium under conditions of risk, in: JoF, Vol. 19 (1964), S. 425 - 442; J. Lintner, The valuation of risk assets and the selection of risky instruments in stock portfolios and capital budgets, in: RoEStat, Vol. 47 (1965), S. 13 - 37; ders., Security prices, risk, and maximal gains from diversification, in: JoF, Vol. 20 (1965), S. 587 - 615; J. Mossin, Equilibrium in a capital asset market, in: Econometrica, Vol. 34 (1966), S. 768 - 783. Eine gute Darstellung des Modells findet man bei C. W. Haley und L. D. Schall, Financial decisions, 1979, S. 143 - 155; B. Rudolph, Kapitalkosten bei unsicheren Erwartungen, Berlin - Heidelberg - New York 1979, S. 60 - 125; J. Wilhelm, Finanztitelmärkte, 1983, S. 13 - 17.

enthält. Das Portefeuille wird deshalb auch als Marktportefeuille bezeichnet. Den individuellen Risikopräferenzen entsprechend ist der Anteil der risikobehafteten Komponente bei den Anlegern verschieden. Im Marktgleichgewicht gelingt es, die erwartete Marktrendite oder den Marktwert eines Titels zu Periodenbeginn herzuleiten.

Wie in der Portefeuilletheorie ist vom gesamten Risiko eines Titels nur der Teil bewertungsrelevant, der sich durch Aufnahme in ein effizientes Portefeuille nicht vernichten läßt. Man spricht hier vom "systematischen Risiko" eines Titels; das eliminierbare Risiko wird als "unsystematisches Risiko" bezeichnet. Will man einen Titel bewerten, sind die Renditeverteilung (oder die Verteilung des Periodenendwertes) für den Titel und das Marktportefeuille und die Korrelation zu schätzen.[1] In der Literatur finden sich zahlreiche Varianten dieser Grundform der Theorie.[2]

---

1) Zur Übertragung auf die Bewertung von Fremdkapitaltiteln vgl. beispielsweise J. J. Pringle, The capital decision in commercial banks, in: JoF, Vol. 29 (1974), S. 783 f.; J. Friend, R. Westerfield und M. Granito, New evidence on the capital asset pricing model, in: JoF, Vol. 33 (1978), S. 903 - 917; C. W. Haley und L. D. Schall, Financial decisions, 1979, S. 160 - 163, 173 - 175, B. Rudolph, Kapitalkosten, 1979, S. 212 - 229, P. Swoboda, Betriebliche Finanzierung, 1981, S. 178 f.; M. I. Weinstein, The systematic risk of corporate bonds, in: JoFQA, Vol. 16 (1981), S. 257 - 278; R. M. Duvall und J. M. Cheney, Bond beta and default risk, in: JoFR, Vol. 7 (1984), S. 243 - 254 sowie die dort genannte Literatur; auf das internationale Kreditgeschäft bezogen J. N. Morse, Banking in a volatile world: Setting country lending limits, in: Essays and surveys on multiple criteria decision making, Hrsg. P. Hansen, Berlin - Heidelberg - New York 1983, S. 274 - 276.

2) Vgl. J. Wilhelm, Finanztitelmärkte, 1983, S. 17 - 108 und die dort genannte Literatur.

Die Capital-Asset-Pricing-Modelle sind ähnlich angreifbar wie die portefeuilletheoretischen Ansätze. Auch hier besteht in einperiodigen und verstärkt in mehrperiodigen Modellen das Problem der realistischen Verteilungsannahme.[1] Grundsätzlich ziehen die Modelle zwar einen geringeren Daten- und Rechenbedarf nach sich als portefeuilletheoretische Ansätze, da nur die Rendite- oder Kursverteilungen des zu bewertenden Titels und des Marktportefeuilles - und nicht aller im Portefeuille enthaltenen Titel - sowie die Korrelationen der Verteilungen zu ermitteln sind. Ein zusätzliches Problem besteht aber darin, daß das Marktportefeuille kein am Markt gehandelter Titel ist. Man müßte also strenggenommen die Verteilungen aller am Markt existierenden Titel schätzen. Substituiert man dagegen das Marktportefeuille durch einen Index, so hängt die Aussagekraft der Bewertungsergebnisse davon ab, wie repräsentativ der Index ist.[2] Deshalb kann man Bewertungsfragen mit Capital-Asset-Pricing-Modellen nicht zufriedenstellend beantworten.

3. Optionstheoretische Verfahren

a) Grundidee

Ausgangspunkt der optionstheoretischen Verfahren ist die Idee von Black und Scholes sowie Merton, Finanztitel

---

1) Siehe S. 26 f. und vgl. G. Constantinides, Admissible uncertainty in the intertemporal asset pricing model, in: JoFE, Vol. 8 (1980), S. 71 - 86; M. I. Weinstein, Systematic risk, 1981, S. 263 - 271.

2) Vgl. D. Galai und R. Masulis, The option pricing model and the risk factor of stock, in: JoFE, Vol. 4 (1976), S. 74; R. Roll, A critique of the asset pricing theory's tests - Part I: On past and potential testability of the theory, in: JoFE, Vol. 4 (1977), S. 129 - 176; M. I. Weinstein, Systematic risk, 1981, S. 260 - 262.

einer Unternehmung ganz oder teilweise als Optionen zu interpretieren.[1] Die optionstheoretische Literatur kennt zwei methodisch verschiedene Wege zur Bewertung von Anleihen und Krediten. Beide sollen hier dargestellt werden.

Um Null-Kupon-Anleihen oder entsprechende Kredite zu bewerten, schlagen Black und Scholes vor, zunächst das Eigenkapital der jeweiligen Unternehmung zu bewerten. Im zweiten Schritt ermitteln sie den Wert des Fremdkapitals als Differenz des Unternehmenswertes und des Eigenkapitalwertes. Dabei stellt der Unternehmenswert den Wert des Unternehmensvermögens, d.h. aller dem Unternehmen gehörenden Aktiva, dar. Sie zeigen, daß sich das Eigenkapital als einfache Kaufoption auf das Unternehmensvermögen interpretieren läßt. Diese Sichtweise impliziert, daß die Eigner im Zeitpunkt der Fremdkapitalaufnahme das Unternehmensvermögen an die Gläubiger verkaufen und gleichzeitig eine einfache Kaufoption auf das Unternehmensvermögen erwerben.[2] Diesen Weg weisen sie auch für die Bewertung von Tilgungs- und Kupon-Anleihen oder Anleihen mit Schuldnerkündigungsrechten.[3] Er ist in der Literatur zwar vielfach aufgegriffen worden,[4] scheint aber aus zwei Gründen ökonomisch wenig überzeugend zu sein.

Erstens erweckt die Bewertung des Fremdkapitals als Restgröße gelegentlich den Anschein, als sei das Fremdkapital dem Eigenkapital gegenüber nachrangig.[5] Tatsächlich haben

1) Vgl. Fußnote 1, S. 3.

2) Vgl. F. Black und M. Scholes, Pricing of options, 1973, S. 649 - 651.

3) Vgl. ebda., S. 652.

4) Vgl. die im dritten Teil genannte Literatur.

5) So sieht beispielsweise Klug das ".. Fremdkapital als Residualgröße des Unternehmenswertes und des Wertes des Eigenkapitals ..." an; M. Klug, Bewertung, 1982, S. 54; dies., Ableitung, 1985, S. 58.

die Gläubiger natürlich Vorrang bei der Erfüllung ihrer Ansprüche auf die vereinbarten Zins- und Tilgungszahlungen, so daß sich die Eigenkapitalgeber mit dem Restvermögen begnügen müssen.[1] Zweitens sind die Gläubiger nicht die Eigner des Unternehmens. Aus beiden Gründen mag sich mancher Leser gegen dieses Vorgehen sträuben.

Überzeugender erscheint es deshalb, zunächst das Fremdkapital zu bewerten und anschließend den Wert des Eigenkapitals als Restgröße des Unternehmenswertes und des Fremdkapitalwertes zu ermitteln. Dieser - vom Ergebnis her gleichwertige[2] - Weg wird hier verfolgt. Das Kernproblem, das deshalb zu lösen ist, besteht darin, ausfallbedrohte Forderungstitel zu bewerten. Der Ansatz hierzu beruht darauf, daß der Zahlungsstrom einer Anleihe oder eines Kredites unter bestimmten Bedingungen dem Zahlungsstrom eines Portefeuilles entspricht, das aus risikofreien Titeln und aus einer oder mehreren Optionen besteht. Um diesen Grundgedanken zu verdeutlichen, sei die Fremdkapitalbewertung an einem Beispiel erläutert.[3]

b) Beispiel

Ein vollkommen eigenfinanziertes Unternehmen, dessen Haftung beschränkt ist, plant, eine unbesicherte unkündbare Anleihe mit endfälliger Zins- und Tilgungszahlung (X) von 90 (Null-Kupon-Anleihe mit Rückzahlungsbetrag 90) zu begeben oder einen entsprechenden Kredit aufzunehmen. Während der Laufzeit will das Unternehmen keine weiteren Finanztitel emittieren und keine Ausschüttungen an die Eigenkapitalgeber oder Eigenkapitalrückkäufe vornehmen. Am

---

1) Siehe auch H. Schmidt, Anteilsmärkte und Kreditmärkte - gegenseitige Ergänzung oder Substitute?, in: JfS, Bd. 37 (1986), S. 357.

2) Vgl. S. 185.

3) In Anlehnung an J. C. Cox und M. Rubinstein, Options, 1985, S. 376 - 384.

Ende der Laufzeit soll die Zins- und Tilgungszahlung durch zusätzliche Eigen- oder Fremdkapitalaufnahme erfolgen. Mißlingt die Anschlußfinanzierung am Ende der Laufzeit, so tritt ein Konkurs durch Zahlungsunfähigkeit ein. Es sei unterstellt, daß eine Überschuldung vor Fälligkeit der Zins- und Tilgungszahlung nicht zum Konkurs vor Fälligkeit führen kann.[1] Diese Annahme wird in optionstheoretischen Ansätzen zur Bewertung von Finanztiteln

---

1) Das geltende bundesdeutsche Insolvenzrecht kennt zwei Konkursgründe, Zahlungsunfähigkeit und Überschuldung. Danach liegt Zahlungsunfähigkeit vor, wenn der Schuldner dauerhaft unfähig ist, seine fälligen Geldschulden ganz oder teilweise zu erfüllen. Erwartungen über den Ausfall noch nicht fälliger Forderungen begründen z.Zt. keine Zahlungsunfähigkeit, so daß es zur Eröffnung eines Konkursverfahrens wegen Zahlungsunfähigkeit frühestens dann kommt, wenn der Schuldner fällige Zahlungen tatsächlich nicht leistet. (Vgl. §§ 102, 103, 105 KO, BGH-Urteil vom 5.11.56, in: WM, 6. Jg. (1957), S. 69). Für Unternehmen mit beschränkter Haftung sieht das geltende Insolvenzrecht bei Überschuldung die Auslösung eines Vergleichs- oder Konkursverfahrens vor. Derartige Unternehmen gelten als überschuldet, wenn das Vermögen die Schulden nicht mehr deckt. Die Rechtsvorschriften bieten jedoch Ermessenspielräume bei der Bewertung des Vermögens und der Schulden, so daß eine Überschuldung möglicherweise verdeckt wird, vgl. §§ 130a, 177a HGB, §§ 207, 209 KO, § 92 AktG, § 64 GmbHG und §§ 98 f. GenG. - Es kann grundsätzlich keine Überschuldung geben, wenn man Vermögen und Schulden zu Marktwerten mißt, denn der Marktwert der Schulden kann stets höchstens so groß sein wie der Marktwert des Vermögens. Andernfalls bestünden Arbitragemöglichkeiten. Mißt man aber das Vermögen über Marktwerte und setzt die Schulden nicht zu Marktwerten, sondern in Höhe des Tilgungsbetrages zuzüglich aufgelaufener Zinsen an, so ist eine Überschuldung vor Fälligkeit von Zins- und Tilgungszahlungen möglich, siehe auch S. 412 dieser Arbeit. - Im Zuge der Insolvenzrechtsreform ist geplant, den Tatbestand der Zahlungsunfähigkeit so zu definieren, daß er auch einen Konkurs vor Fälligkeit von Forderungen ermöglicht. Ferner sieht die Reform vor, den Tatbestand der Überschuldung durch eine Liquiditätsprognose in Kombination mit einer Überschuldungsbilanz auf Basis von Liquidationswerten prüfen zu lassen. Vgl. zur Diskussion des geltenden Insolvenzrechts und der Reformvorschläge aus juristischer und ökonomischer Sicht J. Drukarczyk, Betriebswirtschaftliche Aspekte der Insolvenzrechtsreform, in: ZfbF, 38. Jg. (1986), S. 164 - 176, S. 1046 - 1054; ders., Was kann der Tatbestand der Überschuldung leisten?, in: ZfbF, 38. Jg. (1986), S. 207 - 234 sowie die jeweils genannte Literatur.

gewöhnlich nur implizit unterstellt.[1)2)] Ferner seien Steuern, Transaktions- und Informationskosten sowie Kosten finanzieller Anspannung vernachlässigt.

Wenn der Unternehmenswert bei Fälligkeit weniger als 90 beträgt, dann werden sich keine neuen Eigen- oder Fremdkapitalgeber finden lassen, die bereit sind, einen Betrag von 90 in ein Unternehmen zu investieren, das weniger als 90 wert ist. Die bisherigen Eigenkapitalgeber könnten in dem Fall zwar zusätzliches Kapital bereitstellen, aufgrund der beschränkten Haftung sind sie dazu aber nicht verpflichtet. Da es sich für sie auch nicht lohnt, werden sie das zusätzliche Kapital eher zur Gründung einer neuen Unternehmung verwenden, deren Vermögen nicht dem Gläubigerzugriff unterliegt. Die Eigner werden also die Zahlung verweigern und den Konkurs des Unternehmens in Kauf nehmen. Die Gläubiger erhalten dann statt der vereinbarten Zahlung das Eigentum am Unternehmensvermögen.[3)]

---

1) Ausnahmen sind Ernst sowie Brennan und Schwartz; vgl. D. P. Ernst, Aktienpreisverlaufshypothesen, 1974, S. 167; M. J. Brennan und E. S. Schwartz, Analyzing convertible bonds, in: JoFQA, Vol. 15 (1980), S. 913 f.; darauf weist auch Wilhelm hin, siehe J. Wilhelm, Finanztitelmärkte, 1983, S. 130 f., 207; ders., Risikostruktur, 1983, S. 116. Diesen Aspekt übersehen u.a. Cox und Rubinstein; siehe J. C. Cox und M. Rubinstein, Options, 1985, S. 376 - 412 sowie die im dritten Teil der Arbeit genannten Quellen.

2) Welche Konsequenzen sich ergeben, wenn man die Annahme aufhebt, wird noch im dritten Teil der Arbeit, Abschnitt K, gezeigt.

3) Die Gläubiger könnten mit den bisherigen Eignern auch einen Aufschub der Zins- und Tilgungszahlung vereinbaren, in der Hoffnung, die Unternehmenslage werde sich so verbessern, daß die Tilgungszahlung zuzüglich Zinseszinsen vollständig geleistet werden kann. Höhere Ausfälle als im sofortigen Unternehmenskonkurs treten aber dann ein, wenn die Unternehmenskrise anhält oder sich verschärft. Unter den genannten Annahmen werden die Gläubiger aber auch dann den sofortigen Unternehmenskonkurs vorziehen, wenn sie am Fortbestand der Unternehmung interessiert sind. Nach dem Unternehmenskonkurs können die Gläubiger wahlweise das Unternehmensvermögen liquidieren oder das Unternehmen weiterführen. Bei Weiterführung besteht c.p. zwar die gleiche Verlustgefahr wie bei der Prolongation, mögliche Gewinne müssen aber nicht mit den bisherigen Eignern geteilt werden. Insofern werden die Gläubiger hier den Unternehmenskonkurs einer Prolongation vorziehen.

Ist der Wert der Unternehmung bei Fälligkeit der Zins- und Tilgungszahlung größer oder gleich 90, so erhalten die Gläubiger die Zahlung in vereinbarter Höhe, da nun eine Anschlußfinanzierung möglich ist.

Graphisch läßt sich der Wert der gesamten Forderung bei Endfälligkeit (D_T)[1], in Abhängigkeit vom Unternehmenswert bei Endfälligkeit (V_T), folgendermaßen darstellen:

Graphik 1.1: Endwerte einer risikobehafteten Null-Kupon-Anleihe oder eines entsprechenden Kredites als Funktion des Unternehmenswertes bei Endfälligkeit

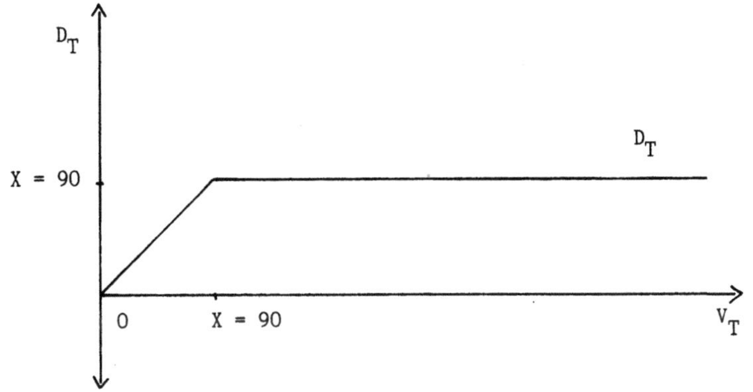

Quelle: In Anlehnung an C. W. Smith, Jr., Applications of option pricing analysis, in: Handbook of financial economics, Hrsg. J. L. Bicksler, Amsterdam - New York - Oxford 1979, S. 87; J. C. Cox und M. Rubinstein, Options, 1985, S. 380.

Die gleiche Funktion ergibt sich, wenn das Unternehmen eine risikofreie Null-Kupon-Anleihe mit Rückzahlungsbetrag

---

1) In diesem Teil der Arbeit sowie auch im dritten Teil werden Finanztitel zu Gesamtpositionen zusammengefaßt, sofern es sich um homogene Finanztitel handelt. Der Wert des einzelnen Finanztitels läßt sich leicht über den Anteil an der Gesamtposition ermitteln.

90 oder einen entsprechenden Kredit aufnimmt (DF) und von den Gläubigern eine einfache europäische Verkaufsoption auf das Unternehmensvermögen (P(V)) mit entsprechender Restlaufzeit und Basispreis (X) von 90 kauft.[1] Am Ende der Restlaufzeit lohnt es sich für die Unternehmenseigner, die Option auszuüben, sofern der Unternehmenswert den Basispreis unterschreitet. Die Unternehmenseigner werden in diesem Fall das Unternehmensvermögen gegen Zahlung des Basispreises verkaufen und den Erlös für die Zins- und Tilgungszahlung verwenden. Ist dagegen am Ende der Restlaufzeit der Unternehmenswert größer oder gleich 90, so werden die Eigner die Rückzahlung leisten, die Option aber verfallen lassen. Graphisch läßt sich der Wert der Gläubiger- und Stillhalterposition am Ende der Restlaufzeit in Abhängigkeit von V_T wie folgt veranschaulichen:

Graphik 1.2: Endwerte eines Portefeuilles aus einer risikofreien Null-Kupon-Anleihe oder einem entsprechenden Kredit und aus einer einfachen Verkaufsoption (Stillhalterposition) als Funktion des Unternehmenswertes bei Endfälligkeit

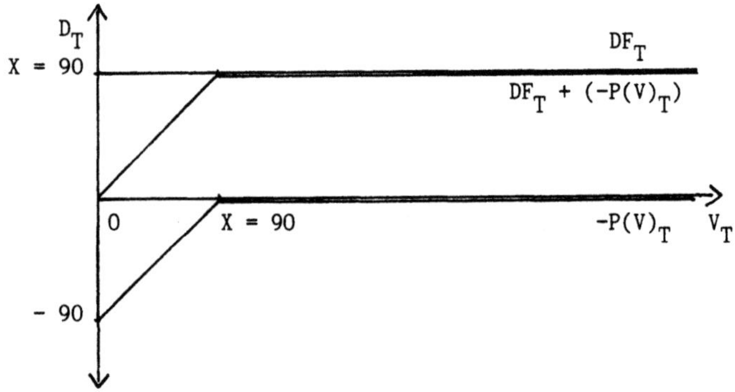

Quelle: Eigene Darstellung

---

1) Hier wird implizit unterstellt, daß der Schuldner die Option bis zur Endfälligkeit hält. Sonst ist DF möglicherweise risikobehaftet.

Ein Vergleich der Graphiken 1.1 und 1.2 zeigt, daß sich die Gesamtfunktion genau mit der Funktion der risikobehafteten Null-Kupon-Anleihe deckt. Es gilt also am Ende der Laufzeit

(1.1) $D_T = DF_T - P(V)_T$

Unter den genannten Annahmen muß deshalb auch vor Ablauf der Restlaufzeit, in t, gelten

(1.2) $D_t = DF_t - P(V)_t$

Der Wert einer risikobehafteten Null-Kupon-Anleihe läßt sich demnach ermitteln, indem man von dem Wert einer entsprechenden risikofreien Anleihe den Preis einer einfachen europäischen Verkaufsoption auf das Unternehmensvermögen mit entsprechender Restlaufzeit und mit einem Basispreis in Höhe des vereinbarten Anleiherückzahlungsbetrages abzieht. Die Bonität der Anleihe schlägt sich demnach allein im Preis der Option nieder.

Den Wert einer risikofreien Null-Kupon-Anleihe kann man stets relativ einfach durch Diskontierung des Rückzahlungsbetrages mit dem Zinssatz für vergleichbare risikofreie Anlagen bestimmen; schwieriger ist der Marktpreis der Verkaufsoption zu berechnen.

Dazu bieten sich eine Reihe von Optionsmodellen an. Nicht relevant sind Modelle zur Bewertung von Optionen auf zinsrisikobehaftete, aber bonitätsrisikofreie Anleihen[1], da Gegenstand dieser Arbeit nur die Bewertung bonitätsrisikobehafteter Titel sein soll. Relevant sind hingegen Modelle zur Bewertung einfacher Aktienoptionen. Sie lassen sich zur Bewertung der betrachteten Option heranziehen und auch für die Lösung komplexerer Bewertungsprobleme erweitern, wenn z.B. Schutzklauseln, Fremdfinanzierungsfazilitäten und die Möglichkeit des Konkurses

---

1) Vgl. R. Schöbel, Zur Theorie der Rentenoption, Berlin 1987; W. Bühler, Rationale Bewertung, 1987; P. Ritchken, Options, 1987, S. 286 - 327 sowie die jeweils genannte Literatur.

vor Fälligkeit von Zins- und Tilgungszahlungen zu berücksichtigen sind. Sie sind deshalb Gegenstand des zweiten Teils der Arbeit.

Hier sei angemerkt, daß in dieser Arbeit unter Optionsmodellen nur solche Modelle verstanden werden, die einen Bewertungszusammenhang zwischen der Option, den zugrundeliegenden Objekten und risikofreien Titeln herstellen, ohne zusätzliche Annahmen über die Charakteristika anderer Titel und Objekte zu treffen[1)] - im Fall der Bewertung einfacher Aktienoptionen also nur Modelle, die einen Wertzusammenhang zwischen der Option, der zugrundeliegenden Aktie und risikofreien Titeln unterstellen, ohne beispielsweise Annahmen über die Wertentwicklung eines Marktportefeuilles zu treffen. Modelle, die den Marktzusammenhang stärker berücksichtigen,[2)] ordnet der Autor den State-Preference-Modellen, Capital-Asset-Pricing-Modellen oder Arbitrage-Pricing-Modellen zu.[3)]

---

1) Ähnlich auch K. Egle und S. Trautmann, On preference-dependent pricing of contingent claims, in: Geld, Banken und Versicherungen, Bd. I, Hrsg. H. Göppl und R. Henn, Königstein i.Ts. 1981, S. 400 - 403.

2) Vgl. beispielsweise R. C. Merton, Option pricing when underlying stock returns are discontinuous, in: JoFE, Vol. 3 (1976), S. 125 - 144; J. Wilhelm, Zur Bewertung von Optionen und Optionsscheinen (warrants), in: KuK, 11. Jg. (1978), S. 497 - 516; W. Y. Lee, R. K. S. Rao und J. F. G. Auchmuty, Option pricing in a lognormal securities market with discrete trading, in: JoFE, Vol. 9 (1981), S. 75 - 101; S.-K. Chang, Option pricing - Valuing derived claims in complete security markets, Diss., Houston 1982, S. 60 - 90; J. Wilhelm, Arbitrage theory, Berlin - Heidelberg - New York - Tokio 1985, insb. S. 92 - 95; S. Müller, Arbitrage pricing of contingent claims, Berlin - Heidelberg - New York - Tokio, insb. S. 109 - 126.

3) Anders R. C. Merton, Stock returns, 1976; C. W. Smith, Jr., Option pricing: A review, in: JoFE, Vol. 3 (1976), insb. S. 31; J. C. Cox und S. A. Ross, A survey of some new results in financial option pricing theory, in: JoF, Vol. 31 (1976), insb. S. 396; R. K. S. Rao, Modern option pricing models: A dichotomous classification, in: JoFR, Vol. 4 (1981), S. 38 f., 43; N. Senghas,

c) Komparative Vor- und Nachteile

In der Literatur findet man im wesentlichen zwei Gründe, die für optionstheoretische Bewertungsmodelle sprechen.

Optionsmodelle enthalten im Vergleich zu Capital-Asset-Pricing-Modellen Parameter, deren Werte sich leichter ermitteln und schätzen lassen. Die Modelle berücksichtigen nur Charakteristika der zugrundeliegenden Objekte und risikofreier Titel; andere Anlagen sind nicht bewertungsrelevant. Damit entfällt auch die problematische Schätzung der Korrelation zwischen der Wertentwicklung der Option und der Wertentwicklung eines Marktportefeuilles, die Capital-Asset-Pricing-Modelle stets erfordern.[1] Zudem kommen Optionsbewertungsmodelle meist auch ohne Schätzungen von Eintrittswahrscheinlichkeiten oder Erwartungswerten sowie ohne zusätzliche Präferenzannahmen aus.[2] Unter Anwendungsaspekten ist das vorteilhaft,

---

Fortsetzung Fußnote 3, S. 42: Präferenzfreie Bewertung, 1981, S. 31; J. C. Cox und M. Rubinstein, A survey of alternative option-pricing models, in: Option pricing: Theory and applications, Hrsg. M. Brenner, Lexington, Mass. - Toronto 1983, S. 21 - 27; M. Rubinstein, Nonparametric tests of alternative option pricing models using all reported trades and quotes on the 30 most active CBOE option classes from August 23, 1976 through August 31, 1978, in: JoF, Vol. 40 (1985), S. 455 - 480; J. C. Cox und M. Rubinstein, Options, 1985, insb. S. 368 - 371; R. A. Jarrow und A. Rudd, Option pricing, 1983, S. 164 - 175; M. Klug, Ableitung, 1985, S. 51, Fußnote 23; R. Geske und S. Trautmann, Option valuation: Theory and empirical evidence, in: Capital market equilibria, Hrsg. G. Bamberg und K. Spremann, Berlin - Heidelberg - New York - Tokio 1986, S. 89, 90 - 93; T. J. O'Brien, A discrete time option model dependent on expected return: A note, in: JoF, Vol. 41 (1986), S. 515 - 520; T. J. O'Brien und M. J. P. Selby, Option pricing theory and asset expectations: A review and discussion in tribute to James Boness, in: FR, Vol. 21 (1986), insb. S. 407 - 416.

1) Siehe S. 33 f.; vgl. R. C. Merton, On the pricing of contingent claims and the Modigliani-Miller theorem, in: JoFE, Vol. 5 (1977), S. 241 - 243.

2) Siehe Abschnitt B des zweiten Teils. Wie oben ausgeführt, gelten alle diese Eigenschaften auch für State-Preference-Modelle; siehe S. 31.

weil es gewöhnlich Kosten verursacht, Daten zu beschaffen und zu verarbeiten.

Im Mehrperiodenfall birgt darüber hinaus die Wahl einer adäquaten Verteilungsannahme besondere Probleme; denn selbst wenn die Rendite des zugrundeliegenden Objekts einem stationären Prozeß[1)] folgt, so wird der Prozeß der Optionsrendite gewöhnlich nichtstationär sein.[2)] Das gilt entsprechend für Fremdkapitaltitel, da sich ihre Wertentwicklung durch die Wertentwicklung von Optionen und risikofreien Titeln duplizieren läßt. Capital-Asset-Pricing-Modelle wie auch State-Preference-Modelle sind dann schnell komplex, da sie direkt an die Verteilungen zukünftiger Renditen oder Werte anknüpfen. Das erschwert ihre Anwendbarkeit.[3)] Optionsbewertungsmodelle lösen diese Problematik, indem sie Optionen auf der Basis von Hypothesen über die Wertentwicklung der zugrundeliegenden Objekte bewerten. Hier kann man mit Standardhypothesen arbeiten, die auch das Problem der Nichtstationarität (der Rendite bzw. Werte des zugrundeliegenden Objekts) leichter bewältigen.[4)]

---

1) Man spricht von einem streng stationären Prozeß, wenn sich die gemeinsame Verteilung der Zufallsvariablen einer Zeitreihe bei Verschiebungen entlang der Zeitachse nicht ändert; bei schwach stationären Prozessen sind die Zufallsvariablen nur mittelwert-, varianz- und kovarianzstationär, d.h., daß Mittelwerte und Varianzen konstant sind und daß die Kovarianzfunktion des Prozesses nur von dem jeweils betrachteten Zeitraum abhängt. Vgl. R. Schlittgen und B. H. J. Streitberg, Zeitreihenanalyse, München - Wien 1984, S. 70 - 83. Folgt die Periodenrendite einem Prozeß mit voneinander unabhängigen Zufallsvariablen, deren Erwartungswerte und Varianzen konstant sind, so ist der Prozeß schwach und streng stationär; vgl. ebda., S. 83. Sofern das der Fall ist, wird im weiteren nur von einem stationären Prozeß gesprochen.

2) Vgl. J. C. Cox und M. Rubinstein, Options, 1985, S. 187 - 195; R. Brealey und S. Myers, Principles, 1984, S. 445; S. 130 f. dieser Arbeit. In bestimmten Fällen lassen sich die Wertentwicklungen von Optionen und zugrundeliegenden Objekten nur durch stochastische Prozesse beschreiben, die sich nicht nur hinsichtlich der Parameter, sondern auch hinsichtlich der Art des Prozesses unterscheiden; siehe R. C. Merton, Pricing of contingent claims, 1977, S. 247.

3) Siehe S. 31, 33.

4) Vgl. auch C. W. Haley und L. D. Schall, Financial decisions, S. 184 - 277, insb. S. 239 - 241; Abschnitt B des zweiten Teils.

Die Kritik an der Optionsbewertungstheorie konzentriert sich auf den partialanalytischen Charakter der Optionsmodelle. Wie im zweiten Teil der Arbeit noch gezeigt wird,[1] unterstellen diese Modelle, daß die Existenz eines Optionsmarktes die Preisbildung anderer Märkte nicht beeinflußt und daß Optionen Anlage- oder Diversifikationsmöglichkeiten eröffnen, für die Marktteilnehmer keine besonderen Präferenzen haben. Demnach würden Optionen die Märkte nicht vollständiger machen und wären überflüssig.[2]

Dieser Einwand sollte jedoch nicht zu dem Schluß führen, daß Optionsmodelle für Bewertungszwecke ungeeignet sind. Sie können zwar die Marktverhältnisse nicht vollständig abbilden und erklären,[3] empirische Untersuchungen zeigen aber, daß tatsächlich festgestellte Optionspreise von den modelltheoretischen Werten oft nur unerheblich abweichen und daß die Abweichungen durch Modifikation der Kursverlaufsannahmen verringert werden konnten.[4][5]

---

1) Siehe Abschnitt B des zweiten Teils.

2) J. C. Cox und S. A. Ross, Survey, 1976, S. 399; J. Wilhelm, Bewertung von Optionen, 1978, S. 497, 504, 511 - 513; N. H. Hakansson, The fantastic world of finance progress and the free lunch, in: JoFQA, Vol. 14 (1979), S. 722 f.; C. W. Smith, Jr., Applications, 1979, S. 80, insb. Fußnote 2; M. Klug, Bewertung, 1982, S. 71; dies., Ableitung, 1985, S. 51 f.; S. Müller, Arbitrage pricing, 1985, S. 10 f.

3) Siehe P. Swoboda, Betriebliche Finanzierung, 1981, S. 242 f.; M. Klug, Bewertung, 1982, S. 71; dies., Ableitung, 1985, S. 52. Siehe auch J. C. Cox und M. Rubinstein, Options, 1985, insb. S. 190, Fußnote 18; S. Müller, Arbitrage pricing, 1985, S. 11 f., 125 f.

4) Vgl. M. Rubinstein, Nonparametric tests, 1985; J. C. Cox und M. Rubinstein, Options, 1985, insb. S. 338 - 342, 424 - 426; R. Geske und S. Trautmann, Option valuation, 1986.

5) Wilhelm kritisiert an den Optionsbewertungsmodellen, daß sie sich nicht für die Bewertung von Optionen eigneten, denen mehrere Objekte zugrundeliegen. Dieser Einwand ist nicht stichhaltig, da derartige Modelle entwickelt wurden, wie weiter unten noch gezeigt wird;

4. Arbitrage-Pricing-Modelle

Die Arbitrage-Pricing-Theorie baut auf der Capital-Asset-Pricing-Theorie und der Optionsbewertungstheorie auf und berücksichtigt die Kritik an beiden Theorien, indem sie allgemeinere Modelle entwickelt.[1] Allerdings sind die Modelle auch komplexer und erfordern z.T. restriktivere Verteilungsannahmen und aufwendigere Lösungsverfahren, so daß ihr Wert im Schrifttum umstritten ist.[2] Das dürfte

---

Fortsetzung Fußnote 5, S. 45: siehe J. Wilhelm, Risikostruktur, 1983, S. 117 f.; 3. Teil Abschnitte B, D dieser Arbeit. Wilhelm zitiert an anderer Stelle zwei derartige Modelle; siehe J. Wilhelm, A consistent model for the pricing of derivative assets in a discrete time framework, in: Lecture notes in economics and mathematical systems, Vol. 227: Risk and capital, Hrsg. G. Bamberg und K. Spremann, Berlin - Heidelberg - New York - Tokio 1984, S. 123, 135. Wenig überzeugend ist es auch, wenn er einerseits die Übertragung optionstheoretischer Modelle auf die Bewertung von Kredittiteln mit der Begründung ablehnt, daß es "... für Kredittitel wie sie im Kreditgeschäft der Banken vorherrschen, im allgemeinen keinen Marktpreis ..." gibt, "... der auch noch die Informationen der Bank adäquat widerspiegelt." - J. Wilhelm, Bereitschaft, 1982, S. 582 -, andererseits ein Modell "arbitragefreier" Finanztitelmärkte zur Bewertung von Kredittiteln heranzieht, das einen Kreditmarkt unterstellt, auf dem derartige Titel bewertet und gehandelt werden können; siehe J. Wilhelm, Finanztitelmärkte, 1983, insb. S. 181 - 225; ders., Risikostruktur, 1983, insb. S. 114 - 122.

1) Die Arbitrage-Pricing-Theorie wurde maßgeblich von Ross entwikkelt; vgl. S. A. Ross, The arbitrage theory of capital asset pricing, in: JoET, Vol. 13 (1976), S. 341 - 360; ders., Return, risk and arbitrage, in: Risk and return in finance, Bd. 1, Hrsg. I. Friend und J. L. Bicksler, Cambridge, Mass. 1977, S. 189 - 218; ders., A simple approach to the valuation of income streams, in: JoB, Vol. 51 (1978), S. 453 - 475. Zur Erweiterung der Theorie vgl. J. Wilhelm, Finanztitelmärkte, 1983, S. 109 - 157, 181 - 225; ders., Arbitrage theory, 1985, S. 40 - 107 und die dort genannte Literatur. Vgl. auch J. C. Cox, J. E. Ingersoll, Jr. und S. A. Ross, An intertemporal general equilibrium model of asset prices, in: Econometrica, Vol. 53 (1985), S. 363 - 384; A. Bick, On the consistency of the Black-Scholes model with a general equilibrium framework, in: JoFQA, Vol. 22 (1987), S. 259 - 275.

2) Vgl. J. Wilhelm, Finanztitelmärkte, 1983, S. 109 - 157, 181 - 225; ders., Arbitrage theory, 1985, S. 40 - 107 und die dort genannte Literatur.

auch erklären, weshalb Arbitrage-Pricing-Modelle bisher selten auf die Bewertung risikobehafteter Fremdfinanzierungstitel übertragen wurden.[1)]

III. Zusammenfassung

In diesem Abschnitt wurden Verfahren überblicksmäßig dargestellt und gewürdigt, die sich zur Bewertung bonitätsrisikobehafteter Anleihen, Kredite und Fremdfinanzierungsfazilitäten heranziehen lassen. Die unterschiedlichen Vorgehensweisen der einzelnen Verfahren wurden herausgearbeitet, und es zeigte sich, daß entscheidungsorientierte Verfahren nur bedingt für Bewertungszwecke geeignet sind, da sie insgesamt zu stark subjektiven Einflüssen unterliegen. Marktorientierte Verfahren, zu denen State-Preference-Modelle, Capital Asset-Pricing-Modelle, optionstheoretische Verfahren und Arbitrage-Pricing-Modelle zählen, berücksichtigen die Marktverhältnisse stärker und sind deshalb aussagekräftiger. Berücksichtigt man zusätzlich den Daten-, Prognose- und Rechenaufwand, dann erscheinen die optionstheoretischen Verfahren am vorteilhaftesten.

Sie beruhen auf der Idee, daß sich Unternehmensfinanztitel ganz oder teilweise als Optionen interpretieren lassen. So läßt sich der Wert eines Anleihe- oder Kredittitels in eine risikofreie Komponente und eine Optionskomponente zerlegen, die im Fall einer unbesicherten unkündbaren Null-Kupon-Anleihe eine einfache europäische Verkaufsoption auf das Unternehmensvermögen darstellt, sofern ein Konkurs vor Endfälligkeit ausgeschlossen ist. Die Bonität der Anleihe schlägt sich folglich nur im Wert der Option nieder. Nach Black und Scholes kann man das Eigenkapital als Kaufoption auf das Unternehmensvermögen darstellen und das Fremdkapital als Restgröße des Unternehmenswertes und des Eigenkapitalwertes ermitteln.

---

1) Vgl. beispielsweise J. Wilhelm, Finanztitelmärkte, 1983, S. 181 - 225; ders., Consistent model, 1984, S. 134 - 136; ders., Risikostrukur, 1983, S. 118 - 122; ders., Arbitrage theory, 1985, S. 99 f.; S. A. Ross, Debt and taxes and uncertainty, in: JoF, Vol. 40 (1985), S. 637 - 657.

Dieser Vorgehensweise schließt sich der Verfasser nicht an, da sie impliziert, daß die Gläubiger Eigner der Unternehmung sind, und dazu verleitet, das Fremdkapital gegenüber dem Eigenkapital als nachrangig anzusehen.

Der relative Vorteil der Verfahren rührt vor allem daher, daß sie nur den Bewertungszusammenhang zwischen dem jeweiligen Fremdkapitaltitel, den zugrundeliegenden Titeln (Unternehmensvermögen, Sicherungsobjekte) und risikofreien Anlagen berücksichtigen, daß sie nur selten spezielle Präferenzannahmen erfordern und daß sie nicht an die Renditeverteilungen des jeweiligen Fremdkapitaltitels,sondern an die entsprechenden Verteilungen der zugrundeliegenden Titel anknüpfen. Dadurch ergeben sich nur wenige Schätzparameter, die sich relativ leicht bestimmen lassen, und es lassen sich nichtstationäre Fremdkapitalrenditen endogen berücksichtigen. Es können zudem auch komplexere Fälle, in denen die Renditen der zugrundeliegenden Titel ebenfalls nichtstationär sind, leicht berücksichtigt werden. Deshalb ist eine direkte Schätzung der Verteilungen der Fremdkapitalrenditen oder -werte, wie sie andere marktorientierte Verfahren erfordern, unvorteilhaft. Folglich ist der Daten-, Prognose- und Rechenaufwand der optionstheoretischen Verfahren vergleichsweise gering. Vom Aussagegehalt her entsprechen sie in etwa den State-Preference-Modellen und den Capital-Asset-Pricing-Modellen; sie sind allerdings nicht so aussagekräftig wie die Arbitrage-Pricing-Modelle. Insgesamt überwiegen die Vorzüge, so daß optionstheoretische Verfahren am vorteilhaftesten sind.

Aus diesem Grund und da noch keine umfassende Monographie zu den optionstheoretischen Verfahren vorliegt, ist die Bewertung bonitätsrisikobehafteter Anleihen, Kredite und Fremdfinanzierungsfazilitäten aus optionstheoretischer Sicht Gegenstand dieser Arbeit.

D. Gang der Untersuchung

Der zweite Teil führt in die Optionstheorie am Beispiel einfacher Aktienoptionen ein. Zunächst werden allgemeine Restriktionen hergeleitet, die bei der Bewertung einfacher Aktienoptionen zu beachten sind. Dann werden Bewertungsmodelle behandelt, denen spezielle Kursverlaufshypothesen und teilweise auch spezielle Präferenzannahmen zugrunde liegen.

Der dritte Teil zeigt, wie sich die Optionstheorie zur Bewertung unterschiedlich ausgestatteter Anleihe- und Kredittitel und zur Bewertung von Fremdfinanzierungsfazilitäten heranziehen läßt. Zunächst wird an das Bewertungsproblem im Beispiel des Abschnitts C dieses Teils angeknüpft, das man mit dem Instrumentarium des zweiten Teils leicht lösen kann. Dabei wird auch gezeigt, wie sich marktgerechte Risikoprämiensätze bestimmen lassen. Darauf aufbauend werden dingliche Sicherheiten, gesetzlich bedingte Vorrangstellungen, Haftungszusagen, Kündigungsrechte und Wandlungs- und Bezugsrechte berücksichtigt. Es folgen dann Modelle zur Bewertung von Fremdfinanzierungsfazilitäten. Ferner werden Zins- und Tilgungszahlungen vor Endfälligkeit und die Möglichkeit eines Schuldnerkonkurses vor Fälligkeit von Zahlungen in die Analyse einbezogen. Abschließend werden Wege zur Berücksichtigung von Marktunvollkommenheiten dargestellt.

Der vierte Teil faßt die Untersuchungsergebnisse zusammen.

2. Teil: Verfahren der Bewertung einfacher Aktienoptionen

Einfache Aktienoptionen[1] lassen sich bei Ablauf der Optionsfrist eindeutig bewerten, wenn der Wert der zugrundeliegenden Aktie bekannt ist. Bei gegebenem Basispreis steht eindeutig fest, ob es sich lohnt, die Option auszuüben, und wieviel dem Ausübenden netto verbleibt. Vor Ablauf der Optionsfrist läßt sich der Optionswert ohne detaillierte Annahmen über die künftige Aktienkursentwicklung und/oder die Präferenzen der Marktteilnehmer meist nicht sicher bestimmen, und es ist unklar, ob es sich lohnt, die Option im jeweiligen Bewertungszeitpunkt oder möglicherweise erst später auszuüben.[2]

Bevor nun derartige spezielle Bewertungsverfahren behandelt werden, sollen im Abschnitt A Restriktionen präsentiert werden, die es erlauben, Optionswertebereiche mit möglichst schwachen Verteilungs- und Präferenzannahmen einzugrenzen. Diese Restriktionen stecken somit Bereiche ab, in denen die Werte liegen müssen, die speziellere Bewertungsmodelle liefern. Außerdem werden in Abschnitt A Bedingungen genannt, unter denen eine vorzeitige Ausübung amerikanischer Optionen grundsätzlich vorteilhaft ist. Die Restriktionen für Optionswertebereiche wurden von Merton zusammengestellt und entwickelt.[3] Cox und Ru-

---

1) In diesem Teil der Arbeit auch kurz Optionen genannt.

2) Ausnahmefälle enthält der folgende Abschnitt A; siehe S. 63, 74, 76, 82 - 86, 88.

3) Vgl. R. C. Merton, Rational option pricing, 1973, S. 141 - 160. Merton stützt sich dabei insbesondere auf Artikel von Samuelson und Stoll sowie einen eigenen Artikel; vgl. P. A. Samuelson, Rational theory of warrant pricing, in: IMR, Vol. 6 (1965), Nr. 2, S. 13 - 32; H. R. Stoll, The relationship between put and call prices, in: JoF, Vol. 24 (1969), S. 802 - 824; R. C. Merton, The relationship between put and call prices, Comment, in: JoF, Vol. 28 (1973), S. 183 f.

binstein überarbeiteten und erweiterten sie insbesondere für amerikanische Verkaufsoptionen und für den Fall ungewisser Dividendenzahlungen; außerdem entwickelten sie Restriktionen hinsichtlich der vorzeitigen Ausübung von Optionen.[1] In der deutschsprachigen Literatur sind die Restriktionen meist unter Vernachlässigung von Dividendenzahlungen und auch dann nur unvollständig dargestellt worden.[2] Hier werden die Restriktionen nach Cox und Rubinstein vollständig für den Fall ohne Dividendenzahlungen behandelt, da Grundlage des dritten Teils der Arbeit spezielle Modelle auf dividendenlose Titel sein sollen.

In Abschnitt B werden eine Reihe spezieller Bewertungsmodelle ausführlich behandelt und voneinander abgegrenzt. Dabei zeigt der Autor deutlich auf, weshalb er im dritten Teil der Arbeit nur einige der Modelle verwendet. Auch hier lehnt er sich an die englischsprachige Literatur an.[3] In der deutschsprachigen Literatur findet man bislang noch keine entsprechend umfassenden Ausführungen.[4]

---

1) Vgl. J. C. Cox und M. Rubinstein, Options, 1985, S. 2 - 4, 39 - 44, 127 - 163.

2) Vgl. H. Weddige, Optionsrechte, 1973, S. 34 - 40, 67 - 70, 144 f.; V. Kjer, Optionsanleihen, 1981, S. 26 - 40; N. Senghas, Präferenzfreie Bewertung, 1981, S. 20 - 25; M. Klug, Bewertung, 1982, S. 7 - 10; L. Kruschwitz und R. Schöbel, Die Bewertung europäischer und amerikanischer puts, in: Wisu, 13. Jg. (1984), S. 378, 380 - 382; M. Klug, Ableitung, 1985, S. 15 - 17, 30 f.; B. Jentzsch, Optionspreise in der Bundesrepublik Deutschland, Frankfurt a.M. 1985, S. 23 - 31, 76 - 81; H. Uhlir und P. Steiner, Wertpapieranalyse, 1986, S. 175 - 184; H. Schmidt, Wertpapierbörsen, 1988, S. 77 - 80. Welcker und Kloy sowie Steiner haben in jüngerer Zeit auch sichere Dividendenzahlungen einbezogen; Welcker und Kloy haben zusätzliche Restriktionen entwickelt; vgl. J. Welcker und J. W. Kloy, Optionsgeschäft, 1988, S. 59 - 70, 118 - 123, 126 - 130; P. Steiner, Wertgrenzen bei geschützten Kaufoptionen, in ZfB, 58. Jg. (1985), S. 373 - 380.

3) Vgl. die in Abschnitt B genannte Literatur.

4) Vgl. die in Abschnitt B genannten Quellen.

A. Allgemeine Restriktionen bei der Bewertung einfacher Aktienoptionen

I. Grundlagen und Annahmen

Grundlage der folgenden Untersuchungen ist die These, daß auf einem funktionierenden Markt, auf dem Arbitrage unbeschränkt zulässig ist, keine unausgenutzten Arbitragemöglichkeiten bestehen.[1] Es darf also z.B. keine Anlage (Einzelanlage oder Portefeuille) geben, die durch einen Einzahlungsüberschuß am Periodenbeginn und durch einen mit Sicherheit nichtnegativen Zahlungsüberschuß am Ende der Anlageperiode gekennzeichnet ist. Wäre diese Bedingung nicht erfüllt, bestünde ein Anreiz zur Arbitrage.[2] Der zulässige Wertbereich von Aktienoptionen[3] und die Bedingungen für eine vorzeitige Ausübung amerikanischer Optionen sollen nun so festgelegt werden, daß derartige risikofreie Gewinnmöglichkeiten ausgeschlossen sind.[4]

---

1) Man spricht auch von arbitragefreien Märkten, vgl. J. Wilhelm, Zum Verhältnis von capital asset pricing model, arbitrage pricing theory und Bedingungen der Arbitragefreiheit, in: Zfbf, 33. Jg. (1981), S. 891 - 905.

2) Ebda., S. 898 - 901; J. C. Cox und M. Rubinstein, Options, 1985, S. 127 f.

3) In diesem Abschnitt der Arbeit wird der Optionswert stets als Marktwert einer Option verstanden, so daß Optionswert und Optionspreis hier Synonyme sind. Das gilt entsprechend auch für Aktien und Anleihen. Das ergibt sich auch aus den noch folgenden Annahmen.

4) Merton begründet seine Restriktionen mit einfachen Dominanzüberlegungen; vgl. R. C. Merton, Rational option pricing, 1973, S. 141 - 160. Die Ergebnisse ändern sich dadurch aber nicht; siehe auch Fußnote 1 , S. 56 dieser Arbeit.

Es gelten folgende Annahmen:[1]

1. Es existiert ein Markt, auf dem Aktien, Anleihen sowie Aktienoptionen des amerikanischen und europäischen Typs begeben und gehandelt werden. Alle Geschäfte in Aktien und Anleihen sind sofort zu erfüllen.

2. Der Marktzugang ist für alle Anleger und Emittenten frei. Es existieren keine Steuern, Transaktionskosten, Informationskosten und Kosten finanzieller Anspannung. Die Finanztitel sind beliebig teilbar, wobei eine ganze Option auf ein Stück des jeweils zugrundeliegenden Titels lautet. Die Preisbildung wird nicht durch gesetzliche Vorschriften beeinträchtigt. Die Stillhalter erfüllen stets ihre Verpflichtungen aus Optionsgeschäften und müssen keine Sicherheiten bereitstellen.

3. Die Marktteilnehmer sind bereit, risikobehaftete Titel zu übernehmen.[2] Sie sind Nutzenmaximierer und verhalten sich rational in dem Sinne, daß sie von zwei Titeln, die in jeder Zukunftslage den gleichen Wert aufweisen, denjenigen mit dem gegenwärtig niedrigeren Preis kaufen und/oder den anderen Titel verkaufen.

---

1) Vgl. J. C. Cox und M. Rubinstein, Options, 1985, S. 128; N. Senghas, Präferenzfreie Bewertung, 1981, S. 20 f.

2) Darauf weist Rothacker hin; er spricht deshalb von Risikotoleranz; vgl. H. Rothacker, Zeitstetige Bewertungsmodelle, 1986, S. 41, 76.

4. Leerverkäufe sind uneingeschränkt zulässig.[1] Die Leerverkäufer erfüllen stets ihre Verpflichtungen und müssen keine Sicherheiten bereitstellen.

5. Risikofreie Geldanlagen und Geldaufnahmen können in unbeschränkter Höhe erfolgen. Der Anlagezinssatz ist positiv[2], im Zeitablauf konstant und entspricht dem Aufnahmezinssatz. Es herrscht Geldwertstabilität, und es existiert nur eine Währung.

6. Es erfolgen keine Ausschüttungen an die Aktionäre.

Dieser Annahmenkatalog enthält einige Verteilungs- und Präferenzannahmen, um die Darstellung von Detailproblemen freizuhalten, die für den weiteren Gang der Untersuchung nicht oder nur von geringer Bedeutung sind. Annahme 3 enthält eine schwache Präferenzbeschränkung.[3] Verteilungsannahmen sind insofern getroffen, als die Problematik des Zins-, Geldwert- und Währungsrisikos durch Annahme 5[4], die Problematik von Ausschüttungswir-

---

1) Bei einem Leerverkauf leiht man sich Finanztitel und verkauft sie unmittelbar, in der Hoffnung, die Titel später günstig zurückkaufen zu können; vgl. auch S. Kümpel und F. Häuser, Börsentermingeschäfte, 1986, S. 71 - 75 und die dort genannte Literatur.

2) Senghas läßt auch einen Zinssatz von Null zu. Das erschwert allerdings die Argumentation; so ist es beispielsweise etwas ungenau, dann stets eine stärkere Diskontierung bei längerer Restlaufzeit zu folgern; siehe N. Senghas, Präferenzfreie Bewertung, 1981, S. 20, 24.

3) Vgl. auch R. C. Merton, Rational option pricing, 1973, S. 141 - 143; T. E. Copeland und J. F. Weston, Financial theory, 1988, S. 4 f., 85.

4) Die Ergebnisse dieses Abschnitts bleiben unbeeinflußt, wenn man stochastische Zinssätze betrachtet und lassen sich auch modifizieren, wenn der Geldaufnahmezinssatz den Anlagezinssatz übersteigt; siehe J. C. Cox und M. Rubinstein, Options, 1985, S. 128, 153 f. in Verbindung mit S. 40. Modifiziert man Annahme 5 in der Form, daß auch negative Zinssätze und Geldwertinstabilitäten möglich sind, so würden sich die Ergebnisse ändern; vgl. ebda., S. 149, Fußnote 11.

kungen durch Annahme 6[1] und das Risiko des Termin- oder Differenzeinwandes und der Insolvenz des Stillhalters oder Leerverkäufers durch die Annahmen 2 und 4 ausgegrenzt werden.[2] Auch die übrigen Annahmen[3] ermöglichen

1) Die nachfolgenden Aussagen gelten auch für ausschüttungsgeschützte Optionen. Optionen sind ausschüttungsgeschützt, wenn die Optionsvertragsbedingungen für den Fall von Ausschüttungen während der Optionsfrist so formuliert sind, daß der Optionswert ausschüttungsunelastisch ist; vgl. R. C. Merton, Rational option pricing, 1973, S. 151; J. C. Cox und M. Rubinstein, Options, 1985, S. 41, 141, 154, 157 - 159; P. Steiner, Wertgrenzen, 1988, S. 373. Die Börsenusancen in den USA und in der Bundesrepublik sehen keinen perfekten Ausschüttungsschutz vor; vgl. R. C. Merton, Rational option pricing, 1973, S. 151 - 156; J. C. Cox und M. Rubinstein, Options, 1985, S. 159; R. Geske, R. Roll und K. Shastri, Over-the counter option market dividend protection and "biases" in the Black-Scholes model: A note, in: JoF, Vol. 38 (1983), S. 1271 - 1277; P. Steiner, Wertgrenzen, 1988, S. 373 - 379 in Verbindung mit den in Fußnote 2, S. 11 genannten Quellen. Die Aussagen dieses Abschnitts lassen sich auch unter Berücksichtigung der Ausschüttungsproblematik im Zusammenhang mit nichtausschüttungsgeschützten Optionen entsprechend modifizieren; vgl. J. C. Cox und M. Rubinstein, Options, 1985, S. 43 f., 128 - 154, 161 - 163; R. A. Jarrow und A. Rudd, Option pricing, 1983, S. 47 - 80; R. Geske und K. Shastri, The effects of the payouts on the rational pricing of American options, Arbeitspapier, University of California, Nr. 12/82, Los Angeles 1982, zitiert nach dens., The stockholder-bondholder conflict regarding corporate investment and payout policy, Diskussionspapier, präsentiert auf dem 3. Symposium Geld, Banken und Versicherungen an der Universität Karlsruhe vom 12. - 15. Dez. 1984, Karlsruhe 1984; J. Welcker und J. W. Kloy, Optionsgeschäft, 1988, S. 59 - 70; P. Steiner, Wertgrenzen, 1988, S. 374 - 376.

2) Vgl. S. 13. Einen Ansatz zur Berücksichtigung der Insolvenz des Stillhalters entwickeln H. E. Johnson und R. M. Stulz, The pricing of options with default risk, in: JoF, Vol. 42 (1987), S. 267 - 280. Leerverkäufe unterliegen dem Differenzeinwand nach §§ 762 Absatz 2 , 764 BGB; vgl. S. Kümpel und F. Häuser, Börsentermingeschäfte, 1986, S. 54, Fußnote 2, S. 72 - 75.

3) Strenggenommen könnte man Annahme 2 als Verteilungsannahme im weiteren Sinn bezeichnen, denn Steuern, Kosten, gesetzliche Vorschriften und andere Regelungen beeinflussen Aktienkurse und Optionspreise. Leland beispielsweise berücksichtigt Transaktionskosten bei der Optionsbewertung als Zufallsvariable; siehe H. E. Leland, Option pricing and replication with transactions costs, in: JoF, Vol. 40 (1985), insb. S. 1284, 1288 - 1301. Meist geht man dabei allerdings von sicheren Parametern aus, um die Datenbeschaffung und Bewertung nicht zusätzlich zu komplizieren; siehe S. 417 - 420 dieser Arbeit.

es, die Argumentation zu vereinfachen.[1]

Im weiteren werden Symbole verwendet, die folgende Bedeutung haben:[2]

- t Bewertungszeitpunkt, wobei $0 \leq t \leq T$
  mit 0 = Beginn der Optionsfrist oder Laufzeit
  T = Ablauf der Optionsfrist oder Laufzeit
- C_t Wert oder Preis einer europäischen oder amerikanischen Kaufoption in t[3]
- P_t Wert oder Preis einer europäischen Verkaufsoption in t

---

1) Die weiteren Ausführungen lassen sich auch modifizieren, wenn man diese Annahmen aufhebt; siehe auch J. C. Cox und M. Rubinstein, Options, 1985, S. 39 f. und 128. Hier sei noch besonders darauf hingewiesen, daß man die Zulässigkeit von Leerverkäufen gemäß Annahme 4 beschränken könnte, ohne daß sich die nachfolgenden Ausführungen im Kern ändern würden. Die Durchführung von Arbitragetransaktionen wäre dann zwar behindert, Ungleichgewichte im Sinne einer Verletzung der noch folgenden Restriktionen könnten aber auch nicht von Dauer sein, da für Anleger, die sich gemäß Annahme 3 verhalten, ein Anlagetitel den anderen dominiert; vgl. R. C. Merton, Rational option pricing, 1973, insb. S. 143; J. C. Cox und M. Rubinstein, Options, 1985, S. 128. Auch die Aufhebung von Annahme 1 mit der Folge, daß der Handel der Finanztitel auch fiktiv erfolgen kann, ändert die Ergebnisse dieses Abschnitts c.p. nicht. Im Zusammenhang mit den speziellen Modellen des Abschnitts B dieses Teils E. Thorp, Extensions of the Black-Scholes option model, in: BoISI, Vol. 45 (1973), Nr. 2, S. 525 f.; B. Jentzsch, Optionspreise, 1985, S. 70 f.

2) Ähnlich C. W. Smith, Jr., Review, 1976, S. 6 f.; J. C. Cox und M. Rubinstein, Options, 1985, S. 3 f., 41; N. Senghas, Präferenzfreie Bewertung, 1981, S. 21; R. A. Jarrow und A. Rudd, Option pricing, 1983, S. 13, 48 - 52. Die Symbole basieren überwiegend auf den entsprechenden englischsprachigen Begriffen: call (Kaufoption), put (Verkaufsoption), stock (Aktie) sowie time to expiration (Restlaufzeit).

3) Wie weiter unten noch zu zeigen ist, lohnt es sich unter den gegebenen Annahmen nicht, amerikanische Kaufoptionen vorzeitig auszuüben. Europäische und amerikanische Kaufoptionen sind deshalb c.p. äquivalent, so daß eine einheitliche Bezeichnungsweise hier ausreicht; siehe S. 60 f.

p_t	Wert oder Preis einer amerikanischen Verkaufsoption in t[1)]
S_t	Kurs der zugrundeliegenden Aktie in t
K	Basispreis (oder Ausübungspreis) einer Option
τ	T - t = Restlaufzeit in Perioden
r	Einperioden-Aufzinsungsfaktor für risikofreie Zahlungen bei diskreter (= diskontinuierlicher) Verzinsung

Es lassen sich folgende Restriktionen unterscheiden:[2)]

Die erste Restriktion grenzt den Wertebereich aus, in dem die Werte einer Option grundsätzlich nicht liegen können, und legt so den möglichen Wertebereich einer Option fest. Er resultiert aus der Wertbeziehung der Option, der zugrundeliegenden Aktie und risikofreien Anlagen mit endfälliger Zins- und Tilgungszahlung (risikofreie Null-Kupon-Anleihen).

---

1) Abweichend von der in der Literatur üblichen Schreibweise werden für amerikanische Aktienoptionen kleine Symbole und für europäische Aktienoptionen große Symbole verwendet; siehe z.B. C. W. Smith, Jr., Review, 1976, S. 6 f.; T. E. Copeland und J. F. Weston, Financial theory, 1988, S. 252. Der Verfasser entschied sich für diese Schreibweise, da im dritten Teil der Arbeit überwiegend Optionen des europäischen Typs behandelt werden und eine Großschreibung das Lesen der Bewertungsgleichungen erleichtert; so auch J. F. Weston und T. E. Copeland, Managerial finance, 1986, S. 488, 500 - 504, 519 f. In der Literatur ist die Schreibweise nicht immer konsistent. So verwenden die obengenannten Autoren bei der Bewertung von Finanztiteln aus optionstheoretischer Sicht auch große Symbole, obgleich Modelle zur Bewertung europäischer Optionen verwendet werden; siehe C. W. Smith, Jr., Review, 1976, S. 6 f., 41 - 46; T. E. Copeland und J. F. Weston, Financial theory, 1988, S. 252, 464 - 471, 473 - 478, 694 - 696.

2) In Anlehnung an J. C. Cox und M. Rubinstein, Options, 1985, S. 127.

Die zweite Restriktion bestimmt die Wertbeziehungen von zwei und drei Optionen, die sich nur hinsichtlich des Basispreises unterscheiden.

Die dritte Restriktion legt die Wertbeziehung von zwei Optionen fest, die sich nur hinsichtlich der Restlaufzeit unterscheiden.

Die vierte Restriktion formuliert Bedingungen, unter denen eine vorzeitige Ausübung amerikanischer Optionen grundsätzlich vorteilhaft ist.

Eine weitere Restriktion bestimmt die Wertbeziehung zwischen vergleichbaren Verkaufsoptionen und Kaufoptionen unter Berücksichtigung der zugrundeliegenden Aktie und risikofreier Null-Kupon-Anleihen.

Der folgende Abschnitt II behandelt die ersten drei Restriktionen für Kaufoptionen. Im Zusammenhang mit der ersten Restriktion läßt sich zeigen, daß unter den genannten Annahmen eine vorzeitige Ausübung amerikanischer Kaufoptionen auszuschließen ist, so daß die vierte Restriktion für Kaufoptionen entfällt. Anschließend werden in Abschnitt III die Restriktionen für Verkaufsoptionen hergeleitet. Abschnitt IV behandelt die Restriktion zwischen Verkaufs- und Kaufoptionen. Eine Zusammenfassung der Ergebnisse folgt in Abschnitt V.

II. Restriktionen bei der Bewertung von Kaufoptionen

1. Möglicher Wertebereich einer Option

Der mögliche Wertebereich einer Kaufoption ergibt sich aus folgender Abgrenzung:

Eine Kaufoption ist zu keinem Zeitpunkt weniger wert als Null oder weniger wert als der jeweilige Aktienkurs abzüglich des diskontierten Basispreises und ist niemals mehr wert als der jeweilige Aktienkurs.

Es sei nun zunächst die Wertuntergrenze in zwei Schritten begründet. Ein Kaufoptionspreis unter Null ließe unberücksichtigt, daß der Käufer einer Option das Recht hat, die Option verfallen zu lassen. Erwirbt ein Arbitrageur eine Kaufoption zu einem negativen Preis, so erzielt er unmittelbar einen Einzahlungsüberschuß. Er kann nun die Option verfallen lassen oder während der Optionsfrist ausüben, sofern die Ausübung lohnt, und realisiert dabei einen nichtnegativen Zahlungsüberschuß.

Hat die Option einen nichtnegativen Wert, der kleiner ist als der jeweilige Aktienkurs abzüglich des diskontierten Basispreises, so bietet sich eine Arbitrage an, indem man eine Kaufoption (C) und risikofreie Null-Kupon-Anleihen mit vereinbartem Rückzahlungsbetrag K und Restlaufzeit τ kauft und die der Option zugrundeliegende Aktie (S) leer verkauft. Da $C_t < S_t - Kr^{-\tau}$ ist, erzielt der Erwerber dieses Portefeuilles sofort einen Einzahlungsüberschuß. Wird das Portefeuille bis zum Ablauf der Optionsfrist gehalten, so ergibt sich in dem Fall, daß der Aktienkurs den Basispreis nicht übersteigt ($S_T \leq K$)[1], ein nichtnegativer Zahlungsüberschuß von ($+ K - S_T$)[2]. Die Ausübung der Option lohnt sich nicht und unterbleibt folglich, während die Rückzahlung der Anleihe in Höhe von K zumindest den Rückkauf der leerverkauften Aktie zu S_T erlaubt. Im Fall, daß der Aktienkurs den Basispreis übersteigt ($S_T > K$), lohnt es sich, die Option auszuüben. Die Aktie wird dann zu K

---

1) S_T bezeichnet den Aktienkurs am Ende der Restlaufzeit; siehe S. 56 f.

2) Symbole mit positiven oder negativen Vorzeichen bezeichnen hier, anders als in der obigen Symbolerläuterung (S. 56 f.), die aus den Transaktionen resultierenden Zahlungen. Ein positives Vorzeichen steht für Einzahlungen, ein negatives für Auszahlungen. Das gilt auch für die nachfolgende Übersicht.

bezogen und sofort zu S_T verkauft. Es verbleibt ein Betrag von $(+S_T - K)$[1], der aber durch Glattstellen der übrigen Positionen genau kompensiert wird. Der Zahlungsüberschuß ist in T also in keinem Fall negativ. Die nachstehende Übersicht faßt diese Ergebnisse zusammen.

Übersicht 2.1: Arbitragebeweis zur Untergrenze des möglichen Wertebereichs einer Kaufoption

Bewertungszeitpunkt (t)		Ablauf der Optionsfrist (T)	
		$S_T \leq K$	$S_T > K$
Käufe			
- Kaufoption	$- C_t$	0	$+ S_T - K$
- Null-Kupon-Anleihen	$- Kr^{-\tau}$	$+ K$	$+ K$
Leerverkauf			
- Aktie	$+ S_t$	$- S_T$	$- S_T$
Σ	$-C_t-Kr^{-\tau}+S_t>0$	$+ K - S_T \geq 0$	0

Betrachtet man die Übersicht näher, so fällt auf, daß es nicht lohnend ist, die Option vor Ablauf der Optionsfrist auszuüben. Andernfalls ergäbe sich, abgesehen vom Fall K = 0, ein Auszahlungsüberschuß, da ein Verkauf der Anleihen vor Endfälligkeit nur zu Kursen unterhalb des Rückzahlungsbetrages K möglich ist. Amerikanische Kaufoptionen wird man deshalb hier nicht vorzeitig ausüben, europäische Optionen können nicht vorzeitig ausgeübt werden.[2] Das gilt nicht nur für diese Arbitrage, sondern allgemein,

1) Siehe Fußnote 3, S. 56.

2) Zu diesem Ergebnis gelangt man auch bei einem Basispreis von Null. Der Arbitrageur erzielt dann in jedem beliebigen Ausübungszeitpunkt netto einen Betrag von Null. Eine vorzeitige Ausübung bringt ihm also auch dann keine Vorteile und wird aufgrund von Annahme 3 auch unterbleiben.

da $\max(0; S_t - Kr^{-\tau}) \geq \max(0; S_t - K)$[1] (= Ausübungswert[2] einer amerikanischen Kaufoption) ist, d.h. der Wert der "lebenden" amerikanischen Kaufoption ist größer oder gleich dem Ausübungswert. Das Recht der vorzeitigen Ausübung ist daher wertlos, mit der Folge, daß amerikanische und entsprechende europäische Kaufoptionen äquivalent sind.[3][4] In diesem Teil der Arbeit werden deshalb europäische und amerikanische Kaufoptionen vereinfacht als Kaufoption bezeichnet.

Nachdem die Wertuntergrenze begründet ist, bleibt noch die Wertobergrenze zu diskutieren. Der Kaufoptionspreis darf den jeweiligen Aktienkurs nicht übersteigen, denn ist der Optionspreis höher als der Aktienkurs, so kann man durch Kauf der Aktie und Verkauf der Kaufoption sofort einen Einzahlungsüberschuß erzielen. Bei Ausübung

---

1) Max(a; b; c) ist eine übliche Kurzschreibweise. Sie bezeichnet den größten Wert der Werte a, b und c oder, wenn a = b = c ist, einen beliebigen dieser Werte, bei $\max(0; S_t - K)$ also 0 oder $S_t - K$; 0 für $S_t \leq K$, $S_t - K$ für $S_t > K$. Siehe auch J. C. Cox und M. Rubinstein, Options, 1985, S. 3.

2) Zum Begriff Ausübungswert siehe ebda., S. 3 f.

3) Merton und Smith ziehen diese Schlußfolgerung, indem sie behaupten, daß für $\tau > 0$ $\max(0; S_t - Kr^{-\tau})$ stets größer als $\max(0; S_t - K)$ ist. In den Fällen $S_t = 0$ oder $K = 0$, die die Autoren an anderer Stelle behandeln, sind die Ausdrücke aber gleich groß: $\max(0; S_t - Kr^{-\tau}) = \max(0; S_t - K)$ für $S_t = 0$ oder $K = 0$; siehe R. C. Merton, Rational option pricing, 1973, S. 144; C. W. Smith, Jr., Review, 1976, S. 9 - 11. Auch dann lohnt sich eine vorzeitige Ausübung nicht und unterbleibt aufgrund von Annahme 3; siehe J. C. Cox und M. Rubinstein, Options, 1985, S. 139; etwas ungenau sind aber auch Cox und Rubinstein; siehe Fußnote 2, S. 63 dieser Arbeit.

4) J. C. Cox und M. Rubinstein, Options, 1985, S. 139 - 141. Siehe auch H. R. Varian, The arbitrage principle in financial economics, in: JoEP, Vol. 1 (1987), Nr. 2, S. 63 f. An dieser Stelle sei darauf hingewiesen, daß im Fall von Ausschüttungen an die Aktionäre (Aufhebung der Annahme 6) eine vorzeitige Ausübung unmittelbar vor dem Ausschüttungszeitpunkt lohnend sein kann und somit eine amerikanische Kaufoption mehr wert sein kann als eine vergleichbare europäische Option; vgl. z.B. R. C. Merton, Rational option pricing, 1973, S. 151 - 156; J. C. Cox und M. Rubinstein, Options, 1985, S. 141 - 144; R. Geske und K. Shastri, Rational option pricing, 1982.

der Option liefert der Arbitrageur die Aktie und erhält den Basispreis. Unterbleibt die Ausübung, so besitzt er die Aktie, deren Wert nicht negativ werden kann.[1)]

Insgesamt muß daher für den Wert einer Kaufoption (C_t) gelten:

$$S_t \geq C_t \geq \max(0; S_t - Kr^{-\tau}) \tag{2.1}$$

Bei Ablauf der Optionsfrist ist

$$C_T = \max(0; S_T - K) \tag{2.2}$$

Graphik 2.1 veranschaulicht diese Aussagen. Die darge-

Graphik 2.1: Möglicher Wertebereich einer einfachen Aktienkaufoption

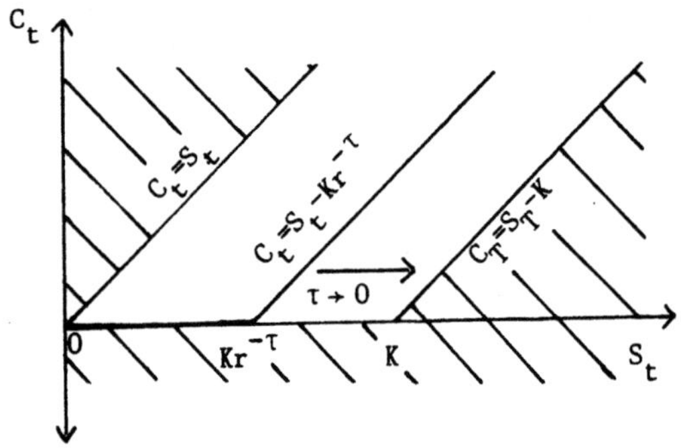

Quelle: J. C. Cox und M. Rubinstein, Options, 1985, S. 131; eigene Darstellung.

stellte Option hat einen positiven Basispreis und eine positive Restlaufzeit. Ihre Werte können nur im nicht-

1) Plausibel ist die Obergrenze, da man durch Erwerb einer Kaufoption nicht mehr Rechte erhält als durch Kauf der zugrundeliegenden Aktie und bei Ausübung noch den Basispreis zu zahlen hat.

schraffierten Bereich liegen. Werte links von der Winkelhalbierenden $C_t = S_t$ sind unzulässig, da Kaufoptionswerte nie den jeweiligen Kurs der zugrundeliegenden Aktie übersteigen. Der Bereich unterhalb der Abzisse ist nicht zulässig, da Optionen keine negativen Werte haben. Ist eine Ausübung bei Ablauf der Optionsfrist lohnend, so liegt der Optionswert auf der durch $C_T = S_T - K$ gekennzeichneten Geraden. Vor Verfall liegen die Werte der Option links von dieser Geraden. Im Zeitpunkt $t (t < T)$ muß der Optionswert in dem Bereich liegen, der nach unten durch $\max(0; S_t - Kr^{-\tau})$ begrenzt wird. Die Gerade $C_t = S_t - Kr^{-\tau}$ verschiebt sich mit abnehmender Restlaufzeit parallel nach rechts, bis sie $C_T = S_T - K$ erreicht.

Mit diesen Arbitrageüberlegungen läßt sich eine Kaufoption bei Ablauf der Restlaufzeit eindeutig bewerten, vor Ablauf der Restlaufzeit aber nur dann, wenn $S_t = 0$ oder $K = 0$ ist. Aus (2.1) folgt

(2.3) $\quad C_t = 0$, wenn $S_t = 0$

(2.4) $\quad C_t = S_t$, wenn $K = 0$ [1)2)]

1) J. C. Cox und M. Rubinstein, Options, 1985, S. 131. Für $K = 0$ reduziert sich der mögliche Wertebereich. Die Wertobergrenze ist dann zugleich Wertuntergrenze, so daß entsprechend Graphik 2.1 die Optionswerte stets auf der Winkelhalbierenden $C_t = S_t$ liegen. Praktisch gilt das auch für sehr lange Restlaufzeiten ($\tau \to \infty$), dann nähert sich der Optionswert dem jeweiligen Aktienkurs an. Aus (2.1) folgt

$$\lim_{\tau\to\infty} \{S_t \geq C_t \geq \max(0; S_t - Kr^{-\tau})\}$$
$$=\{S_t \geq C_t \geq \max(0; S_t - 0)\}$$
$$=\{S_t \geq C_t \geq S_t\}.$$

Es gilt daher $C_t \to S_t$ für $\tau \to \infty$.

2) Cox und Rubinstein leiten noch eine weitere Restriktion her, wobei sie behaupten, daß $C_t > S_t - K$ für $t < T$, vgl. ebda., S. 139. Sie übersehen dabei, daß diese Beziehung nicht für $K = 0$ gilt, denn dann ist nach (2.1) und (2.4) $C_t = S_t - K = S_t$. Siehe auch Fußnote 4, S. 61 dieser Arbeit.

In der Literatur findet man oft noch Ausführungen oder entsprechende Graphiken, die den Kaufoptionswert als nichtnegative konvexe Funktion des Aktienkurses oder als nichtnegative Funktion der Streuung der erwarteten Aktienrendite darstellen. Um nun derartige Zusammenhänge anhand von Arbitrageüberlegungen oder entsprechenden Dominanzüberlegungen zu beweisen, sind im Unterschied zum bisherigen Vorgehen mindestens zwei vergleichbare Optionen auf verschiedene Aktien heranzuziehen, die sich nur hinsichtlich der Kurshöhe oder nur hinsichtlich der Streuung der erwarteten Rendite unterscheiden.

Am Beispiel der Restriktion $C(S^2)_t \geq C(S^1)_t$ für $S_t^2 > S_t^1$ erkennt man, daß zur Beweisführung verschiedene Aktien erforderlich sind, da unter den gegebenen Annahmen eine Aktie in einem Zeitpunkt (t) nur einen Kurs haben kann. Bei der Beweisführung übersehen nun einige Autoren, daß die Optionen dann nur mit zusätzlichen detaillierten Annahmen über die zukünftige Aktienkursentwicklung oder mit zusätzlichen Präferenzrestriktionen vergleichbar sind[1] und des-

---

1) Siehe zum Zusammenhang zwischen Aktienkurs und Kaufoptionswert beispielsweise F. Black und M. Scholes, Pricing of options, 1973, S. 638 f.; T. E. Copeland und J. F. Weston, Financial theory, 1988, S. 241 f.; R. M. Bookstaber, Option pricing and strategies in investing, Reading,Mass., 1981, S. 26 f., 30; R. Brealey und S.Myers, Principles, 1988, S. 480 - 482; J. F. Weston und T. E. Copeland, Managerial finance, 1986, S. 485, 490; H. Uhlir und P. Steiner, Wertpapieranalyse, 1986, S. 178 in Verbindung mit S. 174. Siehe zum Zusammenhang zwischen der Streuung der erwarteten Aktienrendite und dem Kaufoptionswert beispielsweise T. E. Copeland und J. F. Weston, Financial theory, 1988, S. 243 - 245; R. M. Bookstaber, Option pricing, 1981, S. 33; R. Brealey und S. Myers, Principles, 1988 S. 482 - 484; J. F. Weston und T. E. Copeland, Managerial finance, 1986, S. 486 f., 490; H. Uhlir und P. Steiner, Wertpapieranalyse 1986, S. 178 in Verbindung mit S. 174.

halb bei $C(S^2)_t < C(S^1)_t$ mit $S_t^2 > S_t^1$ nicht unbedingt ein Ungleichgewicht vorliegen muß. Das gilt auch für andere derartige Restriktionen (Kaufoptionswert als konvexe Funktion des Aktienkurses oder als nichtnegative Funktion der Streuung der erwarteten Aktienrendite).[1)]

Andere Autoren haben deshalb gezeigt, daß sich für bestimmte Verteilungs- und/oder Präferenzannahmen nichtnegative Zusammenhänge und für andere Annahmen negative Zusammenhänge der beschriebenen Art ergeben.[2)] Die Wirkungsrichtung einer Aktienkursänderung oder einer Änderung der Streuung der erwarteten Aktienrendite auf den Optionswert ist also ohne zusätzliche Annahmen über den zukünftigen Aktienkursverlauf nicht eindeutig bestimmbar,[3)] so daß ent-

---

1) Siehe Fußnote 1, S. 64.

2) Die Auswirkungen einer Aktienkursänderung auf den Kaufoptionswert untersuchen R. C. Merton, Rational option pricing, 1973, S. 147 - 150, 179 f.; J. C. Cox und M. Rubinstein, Options, 1985, S. 154 - 159; J. Wilhelm, Zur Bewertung von Optionen und Optionsscheinen (warrants), in: KuK, 11. Jg. (1978), S. 506 f., 513; R. A. Jarrow und A. Rudd, Option pricing, 1983, S. 84 f. 107. Die Wirkung einer Änderung der Aktienrenditestreuung auf den Kaufoptionswert behandeln J. C. Cox und M. Rubinstein, Options, 1985, S. 159 f.; R. Jagannathan, Call options and the risk of underlying securities, in: JoFE, Vol. 13 (1984), S. 425 - 434.

3) Das gilt auch für Verkaufsoptionen; siehe J. C. Cox und M. Rubinstein, Options, 1985, S. 157.

sprechende Ausführungen und Darstellungen im Rahmen spezieller Optionsbewertungsmodelle zu diskutieren sind.[1)2)]

Nachdem der mögliche Wertebereich einer einzelnen Kaufoption bestimmt ist, sollen die beiden folgenden Restriktionen Wertbeziehungen zwischen mehreren Optionen festlegen, die sich nur hinsichtlich des Basispreises oder der Restlaufzeit unterscheiden.

---

1) Etwas mißverständlich ist deshalb das Vorgehen von Cox und Rubinstein. Die Autoren beschreiben derartige Zusammenhänge in dem mit "general arbitrage relationships" bezeichneten Teil ihres Buches "Options markets", die sie selbst für nicht allgemeingültig halten; vgl. J. C. Cox und M. Rubinstein, Options, 1985, S. 127 - 163, insb. S. 157 - 160; ähnlich auch H. Weddige, Optionsrechte, 1973, S. 31 - 40, insb. S. 37 f.; V. Kjer, Optionsanleihen, 1981, S. 26 - 46, insb. S. 26 f., 42 - 46; B. Jentzsch, Optionspreise, 1985, S. 23 - 34, insb. S. 30, 32 - 34; R. Geske und S. Trautmann, Option valuation, 1986, S. 85 f.

2) Entsprechendes gilt auch für die Auswirkung einer Zinssatzänderung auf den Optionswert. Da unter den gegebenen Annahmen in einem Zeitpunkt nur ein Zinssatz existieren kann, sind Aussagen über die Wirkungsrichtung einer Zinssatzänderung auf den Optionswert abhängig von Hypothesen über die Entwicklung zukünftiger Zinssätze und Aktienkurse; siehe auch J. C. Cox und M. Rubinstein, Options, 1985, S. 35, Fußnote 4. Deshalb leiten diese Autoren keine derartigen Restriktionen her; vgl. ebda., S. 127 - 163. Anders R. C. Merton, Rational option pricing, 1973, S. 235; R. M. Bookstaber, Option pricing, 1981, S. 31 - 33; R. Brealey und S. Myers, Principles, 1988, S. 482, 484; J. F. Weston und T. E. Copeland, Managerial finance, 1986, S. 487, 490; V. Kjer, Optionsanleihen, 1981, S. 37 f.; H. Uhlir und P. Steiner, Wertpapieranalyse, 1986, S. 179 in Verbindung mit S. 174. Dieser Zusammenhang ist hier nicht näher zu betrachten, da im dritten Teil der Arbeit die Auswirkungen von Zinssatzänderungen nicht behandelt werden sollen.

2. Wertbeziehungen zwischen Optionen mit unterschiedlichem Basispreis

Die zweite Restriktion läßt sich in drei Sätzen zusammenfassen:

(1) Unterscheiden sich zwei Kaufoptionen nur hinsichtlich des Basispreises, so kann die Option mit dem niedrigeren Basispreis (K_1) nicht den geringeren Wert aufweisen.

(2) Die Wertdifferenz darf dabei niemals größer sein als die diskontierte Differenz der Basispreise.

(3) Der Kaufoptionswert ist eine konvexe Funktion des Basispreises: Unterscheiden sich drei Kaufoptionen nur hinsichtlich des Basispreises, so ist der Wert der Option mit dem mittleren Basispreis (K_2) niemals größer als ein gewichteter Durchschnitt der beiden anderen Optionswerte, wenn man für den Wert der Option mit dem niedrigsten Basispreis (K_1) den Gewichtungsfaktor $(K_3 - K_2)/(K_3 - K_1)$ und für den Wert der Option mit dem höchsten Basispreis (K_3) den Gewichtungsfaktor $(K_2 - K_1)/(K_3 - K_1)$ festlegt.

Ist der erste Satz der Restriktion nicht erfüllt, so bietet sich eine Arbitrage durch Kauf der Option mit K_1 und Verkauf der Option mit K_2 an.[1)] Ist der zweite Satz nicht erfüllt, so verkaufe man die Option mit K_1 und

1) Eine derartige Strategie, bei der man eine Option kauft und eine andere Option verkauft, die sich nur hinsichtlich des Basispreises unterscheiden, wird als vertical spread bezeichnet; siehe J. C. Cox und M. Rubinstein, Options, 1985, S. 12 - 14, 133.

kaufe die Option mit K_2 sowie risikofreie Null-Kupon-Anleihen zu einem Kurs von $(K_2 - K_1)\ r^{-\tau}$. Es ergibt sich jeweils unmittelbar ein Einzahlungsüberschuß und am Ende der Optionsfrist ein nichtnegativer Zahlungsüberschuß.[1)] Die beiden Sätze der Restriktion sind plausibel, da c.p. die Kaufoption mit dem niedrigeren Basispreis im Ausübungsfall mehr erbringt. Die Wertdifferenz der beiden Kaufoptionen muß dabei natürlich auch den unterschiedlichen Zeitwert der relevanten Zahlungen berücksichtigen.[2)]

Ist der dritte Satz der Restriktion nicht erfüllt, so erzielt man einen sofortigen Einzahlungsüberschuß durch Verkauf einer Option mit K_2 und Kauf von λ Optionen mit K_1 sowie von $(1 - \lambda)$ Optionen mit K_3, wobei $\lambda = (K_3 - K_2)/(K_3 - K_1)$ ist. Bei Ablauf der Optionsfrist wird dieses Portefeuille keinen negativen Wert aufweisen.[3)] Dieser Teil der Restriktion ist nicht leicht zugänglich. Folgende Überlegungen sind aber hilfreich. Liegt der Aktienkurs weit oberhalb des Basispreises einer Kaufoption, so ist eine Ausübung sehr wahrscheinlich. Eine Erhöhung des Basispreises um eine Einheit würde nun den Kaufoptionswert deutlich verringern. Erhöht man den Basispreis sukzessiv um eine Einheit, so wird der Optionswert weiter sinken, allerdings mit abnehmender Tendenz, da eine Ausübung nun immer weniger wahrscheinlich ist. Folglich ist der Kaufoptionswert eine konvexe Funktion des Basispreises.

---

1) Die Arbitragebeweise sind analog zu Restriktion 1 zu führen; vgl. J. C. Cox und M. Rubinstein, Options, 1985, S. 133 f., 137.

2) Senghas vernachlässigt den unterschiedlichen Zeitwert der Zahlungen; siehe N. Senghas, Präferenzfreie Bewertung, 1981, S. 23; anders R. C. Merton, Rational option pricing, 1973, S. 146 f. in Verbindung mit S. 144; J. C. Cox und M. Rubinstein, Options, 1985, S. 133 f., 137, 141.

3) Den vollständigen Arbitragebeweis findet der Leser bei Cox und Rubinstein; vgl. J. C. Cox und M. Rubinstein, Options, 1985, S. 134-138.

Aufgrund der zweiten Restriktion gilt also

(2.5) $(K_2 - K_1)r^{-\tau} \geq C(K_1)_t - C(K_2)_t \geq 0$

für $K_2 > K_1$

(2.6) $C(K_2)_t \leq \lambda C(K_1)_t + (1 - \lambda)C(K_3)_t$

für $K_3 > K_2 > K_1$ und $\lambda = \frac{K_3 - K_2}{K_3 - K_1}$

Graphik 2.2 veranschaulicht diese Aussagen.

Graphik 2.2: Werte einfacher Aktienkaufoptionen in Abhängigkeit vom Basispreis

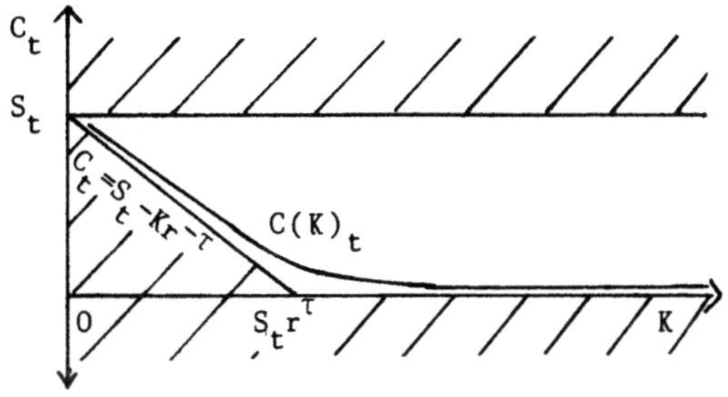

Quelle: In Anlehnung an J. C. Cox und M. Rubinstein, Options, 1985, S. 136.

Es handelt sich dabei um Kaufoptionen mit positiver Restlaufzeit, deren Werte in t nicht im schraffierten Bereich liegen können, da nach Ungleichung (2.1) $S_t \geq C_t \geq \max(0; S_t - Kr^{-\tau})$ gilt.[1] Aus Satz 1 und 2 der zweiten

1) Bei höherem Zins oder längerer Restlaufzeit verläuft $C_t = S_t - Kr^{-\tau}$ c.p. flacher, bei niedrigerem Zins oder kürzerer Restlaufzeit c.p. steiler.

Restriktion ergibt sich, daß der Kaufoptionswert keine positive Funktion des Basispreises sein kann und daß er höchstens um $r^{-\tau}$ sinkt, wenn man den Basispreis um eine Einheit erhöht. Daher sollte die Steigung der eingezeichneten Kurve $C(K)_t$ nicht kleiner als $-r^{-\tau}$ oder größer als Null sein. Satz 3 der Restriktion erklärt, warum diese Kurve konvex verläuft. Im Zeitablauf verschieben sich die Wertgrenzen, wenn der Aktienkurs steigt oder sinkt.

3. Wertbeziehung zwischen Optionen unterschiedlicher Restlaufzeit

Bisher ist durch die erste Restriktion zwar der mögliche Wertebereich einer einzelnen Kaufoption festgelegt worden. Um nun aber auch Aussagen über den Einfluß der Restlaufzeit auf den Optionswert zu machen, sind zwei vergleichbare Optionen heranzuziehen, die lediglich unterschiedliche Restlaufzeiten aufweisen. Die dritte Restriktion läßt sich wie folgt formulieren:

Unterscheiden sich zwei Kaufoptionen nur hinsichtlich der Restlaufzeit, dann kann die Option mit der längeren Restlaufzeit nicht den kleineren Wert aufweisen.

Ist diese Restriktion verletzt, so kaufe man die Option mit der längeren Restlaufzeit und verkaufe die Option mit der kürzeren Restlaufzeit.[1] Es läßt sich sofort ein Einzahlungsüberschuß realisieren und bei Ablauf der kürzeren Optionsfrist ein nichtnegativer Zahlungsüberschuß.

---

1) Eine derartige Strategie, bei der entgegengesetzte Positionen in zwei Optionen eingenommen werden, welche sich nur in der Restlaufzeit unterscheiden, wird als horizontal spread bezeichnet; siehe J. C. Cox und M. Rubinstein, Options, 1985, S. 12 f.

Die Restriktion ist plausibel, da die längerfristige Option mindestens die gleichen Chancen bietet wie die kürzerfristige Option.

Es gilt also stets

(2.7) $$C(\tau_2)_t \geq C(\tau_1)_t \quad \text{für } \tau_2 > \tau_1$$

Detailliertere Aussagen darüber, wie groß die Wertunterschiede bei Variation der Restlaufzeit ausfallen, lassen sich mit spezielleren Optionsbewertungsmodellen machen.[1)2)]

III. Restriktionen bei der Bewertung von Verkaufsoptionen

Die für Kaufoptionen gewonnenen Ergebnisse lassen sich nicht uneingeschränkt auf Verkaufsoptionen übertragen. Wie in diesem Abschnitt zu zeigen ist, bestehen zwischen amerikanischen und europäischen Optionen Bewertungsunterschiede. Eine vorzeitige Ausübung kann bei amerikanischen Verkaufsoptionen auf dividendenlose Aktien - im Gegensatz zu entsprechenden Kaufoptionen -[3)] vorteilhaft sein. Das Recht der vorzeitigen Ausübung hat möglicherweise also einen positiven Wert, so daß amerikanische Verkaufsoptionen c.p. mehr wert sein können als europäische Verkaufsoptionen. Deshalb sind die ersten drei Restrik-

---

1) Siehe J. C. Cox und M. Rubinstein, Options, 1985, S. 138.

2) Diese Restriktion gilt im Fall von Dividendenzahlungen nur bedingt; vgl. ebda., S. 138; R. Geske und K. Shastri, Rational option pricing, 1982. Sie ist damit nicht so robust wie die ersten beiden Restriktionen.

3) Siehe S. 60 f.

tionen bei Verkaufsoptionen, anders als bei Kaufoptionen, für amerikanische und europäische Optionen verschieden, und es ergibt sich eine zusätzliche Restriktion für die vorzeitige Ausübung amerikanischer Verkaufsoptionen.

1. Möglicher Wertebereich einer Option

a) Amerikanische Option

Der mögliche Wertebereich einer amerikanischen Verkaufsoption ergibt sich aus folgender Abgrenzung:

Eine amerikanische Verkaufsoption ist zu keinem Zeitpunkt weniger wert als Null oder weniger wert als der Basispreis abzüglich des jeweiligen Aktienkurses und ist niemals mehr wert als der Basispreis.

Die Wertuntergrenze von Null ergibt sich aus dem Recht des Käufers einer Option, auf die Ausübung zu verzichten. Der Optionswert darf zudem nicht kleiner sein als der Basispreis abzüglich des jeweiligen Aktienkurses, weil man eine amerikanische Verkaufsoption jederzeit ausüben kann; ist die Ausübung vorteilhaft, so fließt dem Ausübenden ein Einzahlungsüberschuß von Basispreis minus jeweiligem Aktienkurs zu. Der Basispreis ist die Wertobergrenze, da die zugrundeliegende Aktie schlechtestenfalls wertlos sein kann.[1)] Zusammenfassend kann man für den Wert einer amerikanischen Verkaufsoption (p_t) schreiben:

---

1) Arbitragebeweise werden hier und im weiteren nicht erbracht, da die Beweisführung analog zu Abschnitt A.II. verläuft; siehe zur ersten Restriktion J. C. Cox und M. Rubinstein, Options, 1985, S. 145 f.; R. A. Jarrow und A. Rudd, Option pricing, 1983, S. 63 f.

(2.8) $K \geq p_t \geq \max(0; K - S_t)$[1]

Bei Ablauf der Optionsfrist ist

(2.9) $p_T = \max(0; K - S_T)$

Graphisch kann man die erste Restriktion wie folgt darstellen.

Graphik 2.3: Möglicher Wertebereich einer einfachen amerikanischen Aktienverkaufsoption

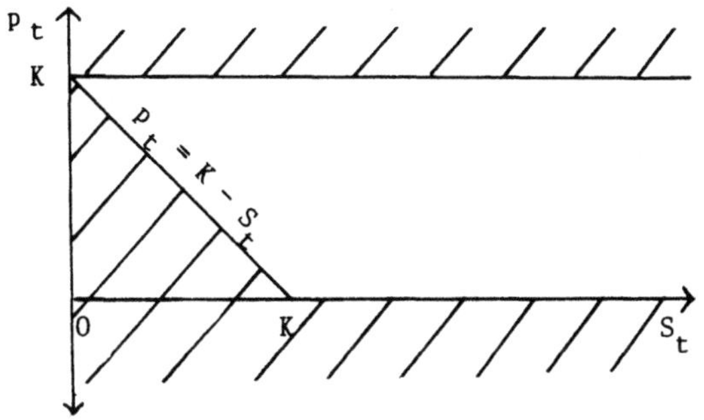

Quelle: In Anlehnung an J. C. Cox und M. Rubinstein, Options, 1985, S. 147.

Dargestellt ist wiederum eine Option mit positivem Basispreis und positiver Restlaufzeit. Die Werte der amerikanischen Verkaufsoption sollten nur im nichtschraffierten Bereich von Graphik 2.3 liegen, da vor Ablauf der Optionsfrist der Basispreis die Wertobergrenze und der Aus-

1) $p_t = \max(0; K - S_t)$ ist der Ausübungswert einer amerikanischen Verkaufsoption; siehe J. C. Cox und M. Rubinstein, Options, 1985, S. 3 f.

übungswert die Wertuntergrenze einer amerikanischen Verkaufsoption ist. Mit diesen Überlegungen lassen sich Verkaufsoptionen bei Ablauf der Restlaufzeit eindeutig bewerten, vor Ablauf der Restlaufzeit aber nur, wenn $S_t = 0$ oder $K = 0$ ist. Aus (2.8) folgt dann

(2.10) $p_t = K$, wenn $S_t = 0$

(2.11) $p_t = 0$, wenn $K = 0$[1][2]

b) Europäische Option

Die für amerikanische Verkaufsoptionen formulierte Restriktion gilt entsprechend für europäische Verkaufsoptionen, wenn man den Basispreis jeweils durch den diskontierten Basispreis ersetzt. Die Änderung resultiert daraus, daß man europäische Optionen erst am Ende der Optionsfrist ausüben kann. Insgesamt gilt deshalb für den Wert einer europäischen Verkaufsoption (P_t)

(2.12) $Kr^{-\tau} \geq P_t \geq \max(0; Kr^{-\tau} - S_t)$

Bei Ablauf der Restlaufzeit sind europäische und amerikanische Verkaufsoptionen c.p. äquivalent, so daß nach Gleichung (2.9) $P_T = p_T = \max(0; K - S_T)$ ist.[3] Graphisch läßt sich die Restriktion wie folgt veranschaulichen:

---

1) Bei sehr langen Restlaufzeiten gilt für amerikanische Verkaufsoptionen weiterhin Ungleichung (2.8).

2) Eine stärkere Eingrenzung des Wertbereichs in Abhängigkeit vom Aktienkurs oder von der Streuung erwarteter Aktienkurse ist ohne zusätzliche Verteilungs- oder Präferenzannahmen nicht möglich und wird deshalb hier nicht vorgenommen; siehe auch S. 64 - 66, insb. Fußnote 3, S. 65.

3) $P_T = \max(0; K - S_T)$ ist der Ausübungswert einer europäischen Verkaufsoption.

Graphik 2.4: Möglicher Wertebereich einer einfachen europäischen Aktienverkaufsoption

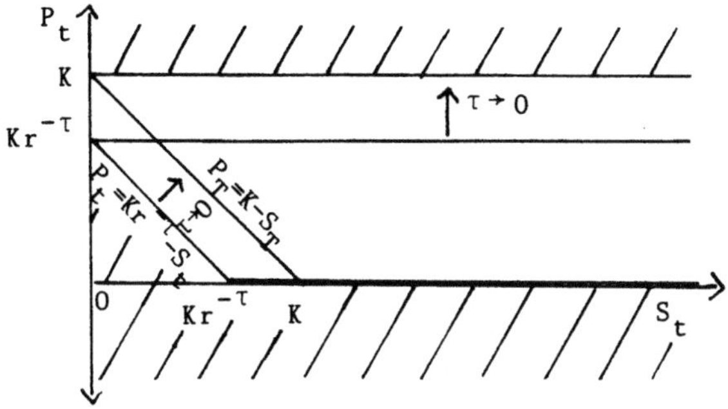

Quelle: Eigene Darstellung.

Hier handelt es sich wieder um eine Option mit positivem Basispreis und positiver Restlaufzeit, deren Werte nicht im schraffierten Bereich der Graphik liegen dürfen. Im Bewertungszeitpunkt t sollten sie zudem nicht die Wertobergrenze $P_t = Kr^{-\tau}$ überschreiten.[1] Mit abnehmender Restlaufzeit verschiebt sich die Obergrenze parallel nach oben, und die Untergrenze nähert sich dem Ausübungswert $P_T = \max(0; K - S_T)$. Bei Ablauf der Optionsfrist entspricht der Optionswert dem Ausübungswert.

Wie die amerikanische Option, so läßt sich auch die europäische Option bei Ablauf der Restlaufzeit eindeutig bewerten und vor Ablauf der Restlaufzeit nur in den Fällen

1) Bei gegebenem Basispreis verläuft die Wertuntergrenze näher zum Ursprung, wenn der Zinssatz höher oder die Restlaufzeit länger ist. Das gilt auch für die Wertobergrenze $P_t = Kr^{-\tau}$.

$S_t = 0$ oder $K = 0$. Dann folgt aus (2.12)

(2.13) $P_t = Kr^{-\tau}$, wenn $S_t = 0$

(2.14) $P_t = 0$, wenn $K = 0$ [1)2)]

2. Wertbeziehungen zwischen Optionen mit unterschiedlichem Basispreis

a) Amerikanische Optionen

Die zweite Restriktion läßt sich für amerikanische Verkaufsoptionen wie folgt formulieren:[3)]

(1) Unterscheiden sich zwei amerikanische Verkaufsoptionen nur hinsichtlich des Basispreises, so kann die Option mit dem höherem Basispreis (K_2) nicht den geringeren Wert aufweisen.

(2) Die Wertdifferenz darf dabei niemals größer sein als die Differenz der Basispreise.

(3) Der Wert einer amerikanischen Verkaufsoption ist eine konvexe Funktion des Basispreises: Unterscheiden sich drei amerikanische Verkaufsoptionen nur hinsichtlich des Basispreises, so ist der Wert der Option mit dem mittleren Basispreis (K_2) niemals größer als ein gewichteter Durchschnitt der beiden anderen Optionswerte, wenn man für den Wert der Option mit dem niedrigsten Basispreis (K_1) den Gewichtungsfaktor

---

1) Bei sehr langen Restlaufzeiten strebt der Wert einer europäischen Verkaufsoption gegen Null, denn aus (2.12) folgt

$$\lim_{\tau \to \infty} \{Kr^{-\tau} \geq P_t \geq \max(0; Kr^{-\tau} - S_t)\}$$
$$= \{0 \geq P_t \geq \max(0; 0 - S_t)\}$$
$$= \{0 \geq P_t \geq 0\}.$$

Es gilt daher $P_t \to 0$ für $\tau \to \infty$.

2) Siehe Fußnote 2, S. 74.

3) Vgl. J. C. Cox und M. Rubinstein, Options, 1985, S. 145 f.

$(K_3 - K_2)/K_3 - K_1)$ und für den Wert der Option mit dem höchsten Basispreis (K_3) den Gewichtungsfaktor $(K_2 - K_1)/(K_3 - K_1)$ festlegt.

Anders als bei Kaufoptionen kann die Wertdifferenz von zwei amerikanischen Verkaufsoptionen mit unterschiedlichem Basispreis größer sein als die diskontierte Differenz der Basispreise,[1] da amerikanische Verkaufsoptionen im Unterschied zu entsprechenden Kaufoptionen möglicherweise vor Ablauf der Optionsfrist ausgeübt werden.

Aufgrund der Restriktion gilt also für amerikanische Verkaufsoptionen[2]

(2.15) $$K_2 - K_1 \geq p(K_2)_t - p(K_1)_t \geq 0$$

$$\text{für } K_2 > K_1$$

(2.16) $$p(K_2)_t \leq \lambda p(K_1)_t + (1 - \lambda)p(K_3)_t$$

$$\text{für } K_3 > K_2 > K_1 \text{ und } \lambda = \frac{K_3 - K_2}{K_3 - K_1}$$

Graphik 2.5 veranschaulicht diese Aussagen für Optionen mit positiver Restlaufzeit.

1) Siehe S. 67 - 69.

2) J. C. Cox und M. Rubinstein, Options, 1985 S. 145.

Graphik 2.5: Werte einfacher amerikanischer Aktienverkaufsoptionen in Abhängigkeit vom Basispreis

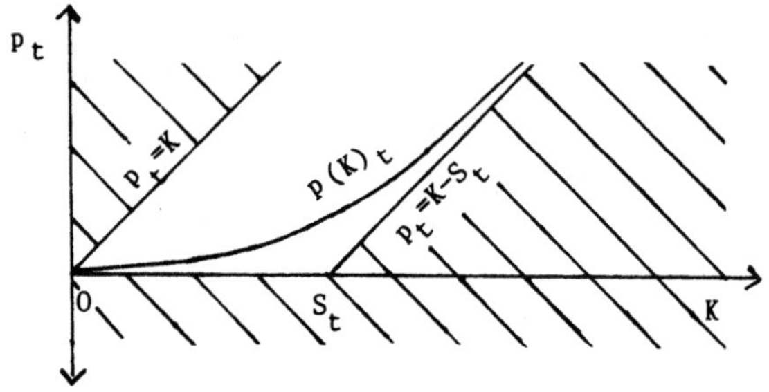

Quelle: In Anlehnung an J. C. Cox und M. Rubinstein, Options, 1985, S. 148.

Die Werte amerikanischer Verkaufsoptionen dürfen in t gemäß Ungleichung (2.8) nicht im schraffierten Bereich der Graphik liegen. Aus Ungleichung (2.15) und (2.16) folgt, daß die eingezeichnete Kurve konvex verlaufen muß mit einer maximalen Steigung von Eins. Die Wertuntergrenze verschiebt sich im Zeitablauf, wenn der Aktienkurs steigt oder sinkt.

b) Europäische Optionen

Die für amerikanische Optionen aufgestellte Restriktion gilt entsprechend mit einer Änderung: Die Wertdifferenz zweier europäischer Verkaufsoptionen darf niemals größer sein als die diskontierte Differenz der Basispreise (Satz 2). Diese Änderung resultiert daraus, daß eine vorzeitige Ausübung vorteilhaft sein kann, bei europäischen Optionen aber definitionsgemäß ausgeschlossen ist. Die Restriktion ist damit das Gegenstück zur zweiten Restriktion für Kaufoptionen und läßt sich analog begründen.[1)]

Für europäische Verkaufsoptionen gilt daher

(2.17) $(K_2 - K_1)r^{-\tau} \geq P(K_2)_t - P(K_1)_t \geq 0$
für $K_2 > K_1$

(2.18) $P(K_2)_t \leq \lambda P(K_1)_t + (1 - \lambda)P(K_3)_t$
für $K_3 > K_2 > K_1$ und $\lambda = \dfrac{K_3 - K_2}{K_3 - K_1}$

Graphik 2.6 veranschaulicht die Restriktion für Optionen mit positiver Restlaufzeit.

Graphik 2.6: Werte einfacher europäischer Aktienverkaufsoptionen in Abhängigkeit vom Basispreis

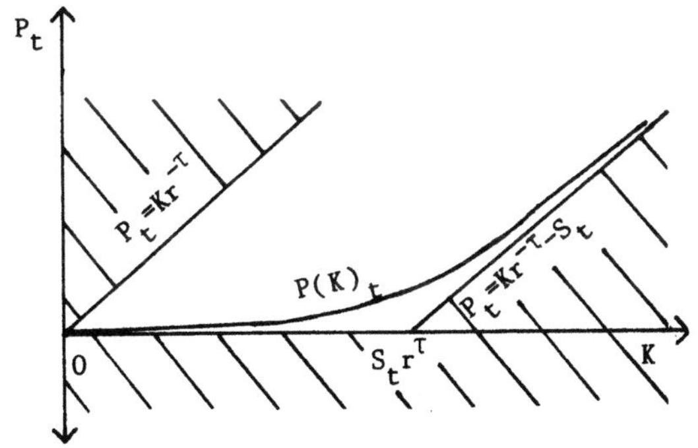

Quelle: Eigene Darstellung.

1) J. C. Cox und M. Rubinstein, Options, 1985, S. 145, Fußnote 8; siehe auch S. 67 - 70 dieser Arbeit.

Verlaufen die Wertgrenzen europäischer Verkaufsoptionen gemäß Graphik 2.6, dann liegen die Optionswerte in t aufgrund von Ungleichung (2.12) nur im nichtschraffierten Bereich.[1] Aus den Ungleichungen (2.8), (2.12), (2.15) und (2.17) ergibt sich im Vergleich zu Graphik 2.5 ein flacherer Kurvenverlauf und ein flacherer Verlauf der Wertgrenzen. Außerdem wird die Wertuntergrenze erst bei größeren Basispreisen positiv (hier für $K > S_t r^{\tau}$ statt $K > S_t$). Wie im Fall der amerikanischen Optionen ändert sich auch hier die Wertuntergrenze im Zeitablauf, wenn der Aktienkurs steigt oder fällt.

3. Wertbeziehung zwischen Optionen unterschiedlicher Restlaufzeit

a) Amerikanische Optionen

Betrachtet man den Einfluß der Restlaufzeit auf amerikanische Verkaufsoptionen, so gilt folgender Satz:

Unterscheiden sich zwei amerikanische Verkaufsoptionen nur hinsichtlich der Restlaufzeit, so kann die Option mit der längeren Restlaufzeit nicht den kleineren Wert aufweisen.

Diese Restriktion läßt sich analog zu Restriktion 3 für Kaufoptionen beweisen[2] und folgt auch daraus, daß die Option mit der längeren Restlaufzeit mindestens die gleichen Chancen bietet wie die Option mit der kürzeren Restlaufzeit.

---

1) Bei höherem Zinssatz und längerer Restlaufzeit oder niedrigerem Zinssatz und kürzerer Restlaufzeit verlaufen die Wertgrenzen c.p. flacher bzw. steiler.

2) Siehe J. C. Cox und M. Rubinstein, Options, 1985, S. 145 f.; siehe auch S. 70 f. dieser Arbeit.

Für amerikanische Verkaufsoptionen gilt daher stets

$$(2.19) \quad p(\tau_2)_t \geq p(\tau_1)_t \text{ für } \tau_2 > \tau_1$$

Detailliertere Aussagen darüber, wie groß die Wertunterschiede bei Variation der Restlaufzeit ausfallen, lassen sich mit spezielleren Optionsbewertungsmodellen machen.[1)]

b) Europäische Optionen

Es gibt keine entsprechende Restriktion für europäische Verkaufsoptionen, da sich der Einfluß der Restlaufzeit auf europäische Verkaufsoptionen aus zwei meist gegenläufigen Effekten zusammensetzt. Eine längere Restlaufzeit führt einerseits zu einer stärkeren Diskontierung des Basispreises und deshalb tendenziell zu einem Wertrückgang, andererseits kann es zu Werterhöhungen kommen, wenn damit zu rechnen ist, daß der Aktienkurs am Ende der längeren Optionsfrist niedriger sein kann als bei Ablauf der kürzeren Optionsfrist. Die Wirkungsrichtung einer längeren Restlaufzeit ist hier ohne zusätzliche Annahmen über den zukünftigen Aktienkursverlauf nicht eindeutig bestimmbar[2)] und wird daher in dieser Arbeit erst weiter unten im Zusammenhang mit den speziellen Optionsbewertungsmodellen näher behandelt.[3)]

4. Bedingungen für eine vorzeitige Ausübung amerikanischer Optionen

Im Unterschied zu amerikanischen Kaufoptionen kann es

1) Siehe S. 169.
2) J. C. Cox und M. Rubinstein, Options, 1985,S. 37, 146.
3) Siehe S. 159 - 161.

unter den gegebenen Annahmen vorteilhaft sein, eine amerikanische Verkaufsoption vor Ablauf der Optionsfrist auszuüben. Es gelten folgende Sätze:[1]

(1) Wird die zugrundeliegende Aktie vor Ablauf der Optionsfrist wertlos, dann sollte man eine amerikanische Verkaufsoption mit positivem Basispreis in dem jeweiligen Zeitpunkt unverzüglich ausüben.

(2) Unterscheiden sich zwei amerikanische Verkaufsoptionen nur hinsichtlich des Basispreises oder nur hinsichtlich der Restlaufzeit und wird die Option mit dem niedrigeren Basispreis bzw. der längeren Restlaufzeit vorzeitig ausgeübt, so ist die andere Option spätestens dann ebenfalls auszuüben.

Die beiden Sätze lassen sich folgendermaßen begründen. Wird eine Aktie vor Ablauf der Optionsfrist wertlos, dann gilt für eine amerikanische Verkaufsoption auf diese Aktie nach Gleichung (2.10) $p_t = K$. Die Gleichung impliziert aber, daß eine Option mit $K > 0$ dann unverzüglich ausgeübt wird, denn die Aktie bleibt auch in Zukunft wertlos, mit der Folge, daß der Ausübungswert bis zum Ablauf der Optionsfrist stets K beträgt. Schiebt der Halter einer Option mit $K > 0$ nun die Ausübung auf den Zeitpunkt t' hinaus ($t' > t$), so ist der Wert der in t nicht ausgeübten amerikanischen Verkaufsoption (p_t°) kleiner als $p_t =$ K: $p_t^\circ = Kr^{-\tau'} < p_t = K$ für $K > 0$ und $0 < \tau' = T - t' \leq \tau$. Bietet der Halter seine Option in t zu einem Preis zwischen p_t° und p_t zum Verkauf an, so erzielt ein Arbitra-

1) Ähnlich auch J. C. Cox und M. Rubinstein, Options, 1985, S. 147 - 149 in Verbindung mit R. A. Jarrow und A. Rudd, Option pricing, 1983, S. 65 f.

geur einen risikolosen Gewinn, indem er die Option kauft und unverzüglich ausübt.[1)]

Die Frage, ob eine amerikanische Verkaufsoption bei einem positiven Aktienkurs vorzeitig ausgeübt wird, läßt sich hier nicht abschließend beantworten, da die Antwort abhängig ist von den übrigen Optionswertparametern, bei gegebenem Zinssatz also vom Basispreis, der Restlaufzeit und insbesondere vom erwarteten Aktienkursverlauf. Allgemein gilt jedoch der zweite Satz der Restriktion.

Wenn eine Verkaufsoption vorzeitig ausgeübt wird, so ist eine Verkaufsoption mit höherem Basispreis c.p. spätestens dann ebenfalls auszuüben. Falls $0 < p°(K_1)_t < K_1 - S_t$ ist, dann muß für $K_2 > K_1$ c.p. $0 < p°(K_2)_t < K_2 - S_t$ sein: Aus den Ungleichungen (2.15) $\{K_2 - K_1 \geq p(K_2)_t - p(K_1)_t \geq 0$ für $K_2 > K_1\}$ und (2.17) $\{(K_2 - K_1)r^{-\tau} \geq P(K_2)_t - P(K_1)_t \geq 0$ für $K_2 > K_1\}$ folgt zunächst, daß die Wertdifferenz zwischen den nicht ausgeübten Optionen positiv ist, $p°(K_2)_t - p°(K_1)_t > 0$, da $p°(K_1)_t$ positiv ist und die Option mit dem höheren Basispreis folglich den höheren Wert aufweisen muß.[2)] Da zudem $p°(K_1)_t < K_1 - S_t$ ist, kann die Wertdifferenz zwischen $p°(K_2)_t$ und $p°(K_1)_t$ auch nur kleiner sein als die Differenz der Ausübungsgegenwerte: $p°(K_2)_t - p°(K_1)_t < K_2 - S_t - (K_1 - S_t)$. Insgesamt folgt also $0 < p°(K_2)_t < K_2 - S_t$. Aus dieser Ungleichung ergibt sich, daß Arbitragemöglichkeiten bestehen, wenn man die Option mit dem höheren Basispreis nicht spätestens in t ausübt.[3)]

---

1) Siehe auch R. A. Jarrow und A. Rudd, Option pricing, 1983, S. 65.

2) $p°(K_2)_t - p°(K_1)_t = 0$ wäre nur für $p°(K_1)_t = 0$ möglich; hier ist annahmegemäß $p°(K_1)_t > 0$.

3) Möglicherweise lohnt es sich, die Option bereits vor t auszuüben.

Auch bei einer Option mit kürzerer Restlaufzeit (τ_1, $\tau_1 < \tau_2$) würde ein Hinausschieben des Ausübungszeitpunktes c.p. eine entsprechende Arbitragemöglichkeit eröffnen. Wenn $0 < p°(\tau_2)_t < K - S_t$ ist, dann muß aufgrund von Ungleichung (2.8) $\{K \geq p_t \geq \max(0; K - S_t)\}$ $p(\tau_2)_t = K - S_t$ gelten. Den gleichen Wert muß c.p. eine Option mit kürzerer Restlaufzeit aufweisen: Nach Ungleichung (2.19) $\{p(\tau_2)_t \geq p(\tau_1)_t$ für $\tau_2 > \tau_1\}$ kann die Option mit der kürzeren Restlaufzeit nicht den höheren Wert aufweisen, d.h. $p(\tau_2)_t = K - S_t \geq p(\tau_1)_t$. Da aber nach Ungleichung (2.8) die Wertuntergrenze $\max(0; K - S_t)$ ist, muß hier $p(\tau_1)_t = p(\tau_2)_t = K - S_t$ gelten. C.p. kann deshalb aus $0 < p°(\tau_2)_t < K - S_t$ nur $0 < p°(\tau_1)_t < K - S_t$ folgen, so daß auch die Option mit der kürzeren Laufzeit auszuüben ist.[1)]

IV. Wertbeziehungen zwischen Verkaufsoptionen und Kaufoptionen

Nachdem die Restriktionen für Kaufoptionswerte und für Verkaufsoptionswerte jeweils isoliert formuliert wurden, ist nun noch auf die Wertbeziehung zwischen vergleichbaren Verkaufs- und Kaufoptionen einzugehen, da diese aufgrund von Arbitrageüberlegungen in einem ganz bestimmten Verhältnis zueinander stehen müssen.

a) Europäische Verkaufsoptionen und Kaufoptionen

Der Wert einer europäischen Verkaufsoption entspricht dem Wert einer Kaufoption auf die gleiche Aktie mit gleichem

---

1) Siehe auch J. C. Cox und M. Rubinstein, Options, 1985, S. 147 - 149 in Verbindung mit S. 140 f., 143 f., 249 f. Der Fall $p°(\tau_1)_t = K - S_t$ kann hier nicht auftreten, denn dann wäre $p°(\tau_2)_t < p°(\tau_1)_t$, was unter den genannten Annahmen unzulässig ist, da die Option mit der längeren Restlaufzeit mindestens die gleichen Chancen bietet wie die andere Option.

Basispreis und gleicher Restlaufzeit abzüglich des jeweiligen Aktienkurses und zuzüglich des diskontierten Basispreises.

Diese Beziehung läßt sich begründen, indem man durch Kauf der europäischen Verkaufsoption, Verkauf einer entsprechenden Kaufoption, Kauf der zugrundeliegenden Aktie und Verkauf risikofreier Null-Kupon-Anleihen zum Kurs von $Kr^{-\tau}$ ein Portefeuille mit einem sicheren Endwert (perfekte Hedge) von Null bildet. Bestehen am Markt keine unausgenutzten Arbitragemöglichketien mehr, dann darf der Erwerb dieses Portefeuilles nur zu einem Auszahlungsüberschuß von Null möglich sein.[1)] Übersicht 2.2. verdeutlicht diese Aussagen.[2)]

Für den Wert einer europäischen Verkaufsoption muß deshalb gelten:

$$(2.20) \qquad P_t = C_t - S_t + Kr^{-\tau}$$

Die Gleichung läßt sich umformen zu

---

1) Vgl. J. C. Cox und M. Rubinstein, Options, 1985, S. 41 f.

2) Siehe Fußnote 2, S. 59.

$$(2.21) \quad P_t - C_t = Kr^{-\tau} - S_t$$

$$(2.22) \quad C_t = P_t + S_t - Kr^{-\tau}$$ 1) 2)

Übersicht 2.2: Perfekte Hedge aus einer europäischen Verkaufsoption, einer Kaufoption, der zugrundeliegenden Aktie und risikofreien Titeln

Bewertungszeitpunkt (t)		Ablauf der Optionsfrist (T) $S_T \leq K$	Ablauf der Optionsfrist (T) $S_T > K$
Käufe			
- Europ. Verkaufsoption	$-P_t$	$+K-S_T$	0
- Aktie	$-S_t$	$+S_T$	$+S_T$
Verkäufe			
- Kaufoption	$+C_t$	0	$+K-S_T$
- Null-Kupon-Anleihen	$+Kr^{-\tau}$	$-K$	$-K$
Σ	$-P_t-S_t+C_t+Kr^{-\tau} \stackrel{!}{=} 0$	0	0

1) Im Fall von Ausschüttungen während der Optionsfrist ergibt sich für nichtausschüttungsgeschützte europäische Optionen eine entsprechende Parität nur, wenn die Summe der Ausschüttungen bekannt ist. Andernfalls ergibt sich nur ein Wertebereich; vgl. J. C. Cox und M. Rubinstein, Options, 1985, S. 43 f., 150.

2) Welcker und Kloy haben zusätzliche Restriktionen für Optionen mit zwei oder drei verschiedenen Basispreisen entwickelt. Sie sind für den dritten Teil der Arbeit nicht relevant und werden deshalb hier nicht dargestellt; vgl. J. Welcker und J. W. Kloy, Optionsgeschäft, 1988, S. 118 - 123, 126 - 130.

b) Amerikanische Verkaufsoptionen und Kaufoptionen

Wie oben erläutert, ist eine amerikanische Verkaufsoption mindestens so viel wert wie eine entsprechende europäische Option.[1] Für amerikanische Verkaufsoptionen ist daher die eben hergeleitete Beziehung nur die Untergrenze eines Wertebereichs, der nach oben durch den Wert einer vergleichbaren Kaufoption abzüglich des jeweiligen Aktienkurses und zuzüglich des Basispreises begrenzt wird. Zur Begründung der Obergrenze nehme man an, der Preis einer amerikanischen Verkaufsoption läge oberhalb des Wertebereichs. Dann ließe sich durch Verkauf der Verkaufsoption, Kauf der Kaufoption, Verkauf der Aktie und Kauf risikofreier Null-Kupon-Anleihen zum Kurs von K sofort ein Einzahlungsüberschuß realisieren. Wird die Verkaufsoption unverzüglich ausgeübt, so verbleibt dem Arbitrageur netto die Kaufoption, deren Wert nicht negativ werden kann. Zu späteren Ausübungszeitpunkten oder bei Verfall der Verkaufsoption erzielt er mindestens einen Überschuß in Höhe der aufgelaufenen Anleihezinsen.[2]

Für den Wert einer amerikanischen Verkaufsoption gilt daher

$$(2.23) \qquad C_t - S_t + K \geq p_t \geq P_t = C_t - S_t + Kr^{-\tau} \text{ 3)}$$

---

1) Siehe S. 71.

2) Vgl. J. C. Cox und M. Rubinstein, Options, 1985, S. 151; H. Schmidt, Wertpapierbörsen, 1988. S. 78 f.

3) Mit Margrabe ließe sich zeigen, daß die linke Seite der Ungleichung einer europäischen Verkaufsoption mit Basispreis Kr^{τ} entspricht; vgl. W. Margrabe, The value of an option to exchange one asset for another, in: JoF, Vol. 33 (1978), S. 181; siehe auch P. Ritchken, Options, 1987, S. 169.

Bei Ablauf der Optionsfrist gilt folgende Gleichung:

(2.24) $p_T = P_T = C_T - S_T + K$

Wie oben ausgeführt, ergibt sich vor Ablauf der Optionsfrist eine eindeutige Bewertung nur, wenn $S_t = 0$ ($C_t = 0$ und $p_t = K$) oder $K = 0$ ($C_t = S_t$ und $p_t = 0$) ist.[1)]

V. Zusammenfassung

In den vorangegangenen drei Abschnitten wurden allgemeine Restriktionen für die Bewertung von Optionen auf Aktien ohne Ausschüttungen entwickelt. Die Restriktionen stützen sich auf Arbitrageüberlegungen, die weitgehend verteilungs- und präferenzunabhängig sind. Es konnten Wertober- und Wertuntergrenzen hergeleitet werden, außerdem wurde der Einfluß des Basispreises und der Restlaufzeit auf den Optionswert untersucht. Mit Ausnahme des Einflusses der Restlaufzeit auf den Wert europäischer Verkaufsoptionen ließen sich dabei stets allgemeingültige Aussagen über die Wirkungsrichtung treffen. Ferner wurden Aussagen zur Ausübungsstrategie für amerikanische Verkaufsoptionen und zur Beziehung zwischen Verkaufs- und Kaufoptionen gewonnen.

Es zeigte sich insgesamt, daß eine eindeutige Bewertung vor Ablauf der Optionsfrist nur in Ausnahmefällen möglich ist und zwar

- wenn die zugrundeliegende Aktie wertlos ist,
- wenn der Basispreis Null beträgt oder
- wenn der Wert einer europäischen Verkaufsoption gesucht und der Wert einer entsprechenden Kaufoption bereits gegeben ist oder umgekehrt.

---

1) Siehe S. 63, 74.

Man könnte nun die hergeleiteten Restriktionen, wie oben bereits angedeutet, durch strengere Verteilungs- und Präferenzannahmen schrittweise enger formulieren[1], bis man schließlich zu stets eindeutigen Bewertungsergebnissen gelangt. Derartige Zwischenschritte sollen hier nicht dargestellt werden. Vielmehr werden im folgenden Abschnitt spezielle Aktienkursverlaufshypothesen und teilweise auch Präferenzrestriktionen formuliert, mit denen man direkt zu einer eindeutigen Optionsbewertung und zu detaillierteren Aussagen über die Optionswertdeterminanten gelangt.

---

1) Siehe S. 64 - 66 und vgl. S. Perrakis und P. J. Ryan, Option pricing bounds in discrete time, in: JoF, Vol. 39 (1984), S. 519 - 525; H. Levy, Upper and lower bounds of put and call option value: Stochastic dominance approach, in: JoF, Vol. 40 (1985), S. 1197 - 1217; P. Ritchken, On option pricing bounds, in: JoF, Vol. 40 (1985), S. 1219 - 1233; S. Perrakis, Option bounds in discrete time: Extensions and the pricing of the American put, in: JoB, Vol. 59 (1986), S. 119 - 141; A. W. Lo, Semi-parametric upper bounds for option prices and expected payoffs, in: JoFE, Vol. 19 (1987), S. 373 - 387; siehe auch P. Steiner, Wertgrenzen, 1988, S. 373, 376 - 379.

B. Spezielle Bewertungsmodelle

I. Überblick

Dieser Abschnitt behandelt Modelle mit speziellen Kursverlaufshypothesen und/oder Präferenzannahmen, die zusammen mit den in Abschnitt A formulierten Restriktionen eine stets eindeutige Bewertung von Optionen ermöglichen. Man kann folgende drei grundlegende Modelltypen unterscheiden: Modelle ohne spezifizierte Risikopräferenzen, Modelle ohne genau spezifizierte Risikopräferenzen[1)] und Modelle mit genau spezifizierten Risikopräferenzen.[2)]

Nur bei dem ersten Modelltyp haben unterschiedliche Risikopräferenzen keinen Einfluß auf die Bewertungsgleichung. Das ergibt sich dadurch, daß man unter bestimmten Kursverlaufsannahmen die Wertentwicklung einer Option exakt duplizieren kann durch die Wertentwicklung eines

---

1) Die englischsprachige Literatur spricht hier auch von "risk neutral valuation relationships", da Modelle ohne spezifizierte oder ohne genau spezifizierte Risikopräferenzen Bewertungsgleichungen liefern, die strukturell den Gleichungen entsprechen, die man unter Risikoneutralität ableitet; vgl. M. J. Brennan, The pricing of contingent claims in discrete time models, in: JoF, Vol. 34 (1979), S. 53; K. Egle und S. Trautmann, Preference-dependent pricing, 1981, S. 400 - 403; R. K. S. Rao, Modern option pricing, 1981, S. 33 - 44; R. C. Stapleton und M. G. Subrahmanyam, The valuation of options when asset returns are generated by a binomial process, in: JoF, Vol. 39 (1984), S. 1525 - 1528; T. J. O'Brien und M. J. P. Selby, Option pricing, 1986, S. 399 - 418.

2) Ähnlich auch R. C. Merton, Theory of finance from the perspective of continuous time, in: JoFQA, Vol. 10 (1975), S. 672; K. Egle und S. Trautmann, Preference-dependent pricing, 1981, S. 400 - 403, 409, 411, 414.

Portefeuilles, das aus der zugrundeliegenden Aktie und risikofreien Titeln besteht.[1)]

Übersicht 2.3: Systematik der speziellen Optionsbewertungsmodelle

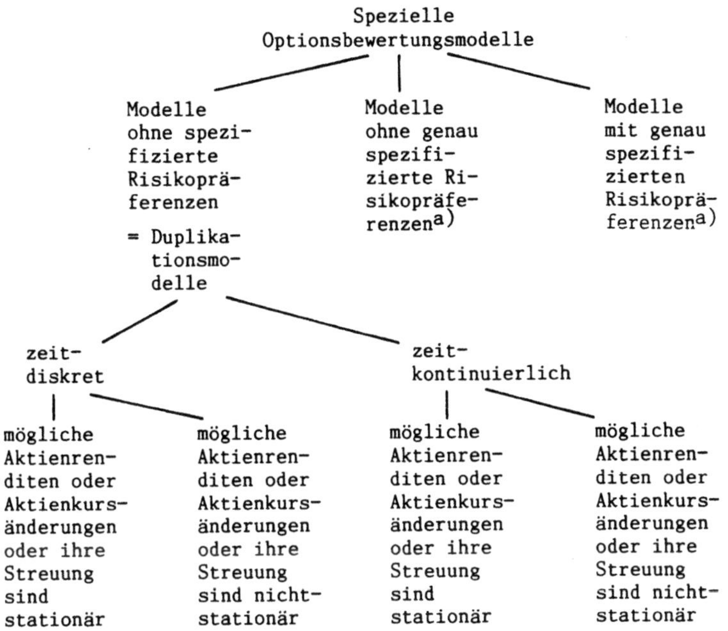

a) Diese Modelle lassen sich analog zu den Duplikationsmodellen aufgliedern.

Bei gegebenem Aktienkurs ist die Bewertung unabhängig von speziellen Risikopräferenzen. Wesentliche Voraussetzung hierfür ist also, daß eine Bewertung durch Duplikation erfolgen kann. Folglich lassen sich die Modelle auch als Duplikationsmodelle bezeichnen (im weiteren auch: Dupli-

---

1) In diesem Abschnitt wird, wie schon im Abschnitt A, der Wert eines Finanztitels stets als Marktwert des Finanztitels verstanden, so daß Wert und Preis hier Synonyme sind; siehe Fußnote 3, S. 52.

kationsansatz)[1]. Viele Autoren behaupten, daß sich die Modellgleichungen auch herleiten lassen, indem man eine risikofreie Anlage durch ein Portefeuille aus der Option und der zugrundeliegenden Aktie dupliziert. Sie sprechen deshalb von Perfect-Hedge-Modellen oder Hedge-Modellen.[2] Diese Sichtweise gründet sich auf Black und Scholes, die ihr Modell auf diese Weise herleiteten.[3] Wie weiter unten noch gezeigt wird, ist die Black-Scholes-Herleitung nicht widerspruchsfrei,[4] und selbst wenn man die Widersprüche

---

1) Siehe auch R. C. Merton, Theory of finance, 1975, S. 671 f.; ders., Pricing of contingent claims, 1977, S. 247; J. C. Cox, S. A. Ross und M. Rubinstein, Option pricing: A simplified approach, in: JoFE, Vol. 7 (1979), S. 233 - 239, 250 - 255, 262 f.; M. Rubinstein und H. E. Leland, Replicating options with positions in stock and cash, in: FAJ. Vol. 37 (1981), Nr. 4, S. 63 - 72; J. C. Cox und M. Rubinstein, Survey, 1983, S. 3 - 33; dies., Options, 1985, S. 46 f., 165 - 174, 205, 212, 245 - 247, 360 - 366; L. Kruschwitz und R. Schöbel, Eine Einführung in die Optionstheorie, Teil I, in: Wisu, 13. Jg. (1984), S. 70, 72; S. P. Mason und R. C. Merton, The role of contingent claims analysis in corporate finance, in: Recent advances in corporate finance, Hrsg. E. I. Altman und M. G. Subrahmanyam, Homewood, Ill. 1985, S. 11, 21 f., 26 f.

2) Siehe beispielsweise die in Fußnote 1, S. 90 genannten Quellen sowie R. Geske und S. Trautmann, Option valuation, 1986.

3) Vgl. F. Black und M. Scholes, Pricing of options, 1973, S. 637 - 645. Die Anregung hierzu haben die Autoren von Merton erhalten; siehe ebda., S. 641, Fußnote 3.

4) Darauf haben zuerst Harrison und Pliska hingewiesen; siehe J. M. Harrison und S. R. Pliska, Martingales and stochastic integrals in the theory of continuous trading, in: SPtA, Vol. 11 (1981), S. 218. Ausführlich werden die Inkonsistenzen von Bergman und Jacquillat behandelt; vgl. Y. Z. Bergman, A characterization of self-financing portfolio strategies, Diskussionspapier, School of Business Administration, University of California, Berkeley 1981, zitiert nach: R. A. Jarrow und A. Rudd, Option pricing, 1983, S. 100; B. Jacquillat, Les processus de diffusion et leur utilisation dans l'évaluation des actifs financiers conditionels, in: ES, Vol. 15 (1981), S. 1489 - 1503; Y. Z. Bergman, Pricing of contingent claims in perfect and imperfect markets, Diss., Berkeley, Ca. 1982, S. 1 - 44. Vgl. auch S. Müller, Arbitrage pricing, 1985, S. 9, 99 - 108.

aufhebt, ist dieser Weg nicht für alle Duplikationsmodelle konsistent gangbar. Der Verfasser zieht deshalb den anderen Weg und damit auch den Begriff Duplikationsmodell vor. Die Duplikationsmodelle lassen sich weiter unterteilen, je nachdem ob unterstellt wird, daß die Finanztitel nur zu diskreten Zeitpunkten oder kontinuierlich begeben und gehandelt werden.[1] Hier kann man die Modelle weiter nach der verwendeten Kursverlaufshypothese unterscheiden. Zweckmäßig ist eine Unterteilung danach, ob die Hypothesen implizieren, daß die pro Periode möglichen Aktienrenditen oder Aktienkursänderungen oder auch ihre Streuung über die Perioden stationär oder nichtstationär sind.[2]

Einige der mit dem Duplikationsansatz gewonnenen Bewertungsgleichungen sowie zusätzliche Bewertungsgleichungen kann man mit Modellen des zweiten Typs herleiten, und zwar unter Bedingungen, unter denen sich die Option durch ein Portefeuille aus der zugrundeliegenden Aktie und risikofreien Titeln nicht perfekt durplizieren läßt. Hierfür ist es erforderlich, daß sich die Nutzenfunktionen der Marktteilnehmer einer bestimmten Klasse zuordnen lassen, welche impliziert, daß die Marktteilnehmer gegenüber zukünftigen Portefeuilleumstrukturierungen indifferent sind. So sind die Risikopräferenzen klassifiziert, aber nicht genau spezifiziert.[3]

Sind die Bedingungen der Modelle des ersten und zweiten

---

1) Wie schon in Abschnitt A, so soll auch in diesem Abschnitt der Einfachheit halber davon ausgegangen werden, daß die Finanztitel tatsächlich gehandelt und begeben werden (Annahme 1), siehe S. 53, 56, Fußnote 1.

2) Ähnlich auch die in Fußnote 1, S. 90 genannten Autoren.

3) Vgl. die in Fußnote 1, S. 90 genannten Quellen sowie R. Geske und S. Trautmann, Option valuation, 1986, S. 94 f. Diese Modelle lassen sich analog zu den Duplikationsmodellen weiter untergliedern.

Typs nicht erfüllt, so bietet sich die Bewertung mit Modellen des dritten Typs an. Diese sind abhängig von einer genau festgelegten Risikopräferenz[1] und stehen der Entscheidungstheorie deshalb besonders nahe. Sie sind somit von entscheidungsorientierter Art. Man kann sie aber auch zu marktorientierten Bewertungsansätzen[2] zählen, da unter bestimmten Voraussetzungen die individuelle Risikopräferenz an Bedeutung verliert und die Modelle Bewertungsgleichungen liefern, die den Gleichungen von Duplikationsmodellen entsprechen.[3]

Im folgenden werden die speziellen Modelle zunächst für die Bewertung von Kaufoptionen herangezogen (B.II.). Dabei folgt die Untergliederung weitgehend dem vorgestellten Aufriß. Diese Einteilung ist aber nicht zwingend, denn zwischen einigen Modellen lassen sich die Grenzen nicht oder nicht in jedem Fall so scharf ziehen, wie es zunächst erscheinen mag. Insbesondere sei angemerkt:

1. Das Black-Scholes-Modell ist ein zeitkontinuierliches Duplikationsmodell, dessen Bewertungsgleichung von manchen Autoren als Spezialfall eines zeitdiskreten Duplikationsmodells mit binomialem Kursverlauf, kurz: Bi-

1) Siehe die in Fußnote 2, S. 90 genannten Quellen sowie C. W. Smith, Jr., Review, 1976, S. 15 - 20.

2) Zu entscheidungsorientierten Ansätzen und marktorientierten Ansätzen bei der Bewertung bonitätsrisikobehafteter Anleihen, Kredite und Fremdfinanzierungsfazilitäten siehe Abschnitt C des ersten Teils.

3) Auch diese Modelle lassen sich analog zu den Duplikationsmodellen weiter untergliedern.

nomialmodell, hergeleitet wird,[1] weil dann das zugrundeliegende Bewertungsprinzip besser erkennbar ist und die Herleitung weniger formal erscheint.[2]

2. Duplikationsmodelle mit alternativen Kursverlaufshypothesen lassen sich ebenfalls aus diesem Modell entwickeln und anschaulich interpretieren.[3]

Deshalb beginnt die Darstellung der Duplikationsmodelle mit einer ausführlichen Behandlung von Binomialmodellen - im weiteren auch kurz: Binomialansatz - (B.II.1.a)). Das Black-Scholes-Modell, das auch Bewertungsgrundlage für den dritten Teil der Arbeit ist, wird dann als Spezialfall des Binomialansatzes hergeleitet und ausführlich diskutiert (B.II.1.b)).

Wie erwähnt, ist die ursprüngliche Herleitung des Modells widersprüchlich.[4] Smith hat eine ähnliche Herleitung ent-

---

1) Der Binomialansatz wurde entwickelt von W. F. Sharpe, Investments, 3. Aufl., Englewood Cliffs, N. J. 1985, S. 493 - 500 (1. Aufl., 1978, S. 366 - 371); J. C. Cox, S. A. Ross und M. Rubinstein, Option pricing, 1979, S. 229 - 263; R. J. Rendleman, Jr. und B. J. Bartter, Two-state option pricing, in: JoF, Vol. 34 (1979), S. 1093 - 1110.

2) Vgl. beispielsweise J. C. Cox, S. A. Ross und M. Rubinstein, Option pricing, S. 229 f., 250 - 254; J. C. Cox und M. Rubinstein, Survey, 1983, S. 3 - 8; dies., Options, 1985, S. 165 f., 201 - 208; C.-C. Hsia, On binomial option pricing, in: JoFR, Vol. 6 (1983), S. 41 - 44, 46; R. A. Jarrow und A. Rudd, Option pricing, 1983, S. 179 - 192.

3) Vgl. J. C. Cox, S. A. Ross und M. Rubinstein, Option pricing, 1979, S. 261 - 263; J. C. Cox und M. Rubinstein, Survey, 1983; dies., Options, 1985, S. 360 - 366.

4) Siehe S. 92.

wickelt,[1] die ebenfalls Inkonsistenzen aufweist.[2] Auch Sharpe sowie Rendleman und Bartter lehnten sich bei der Herleitung des Binomialansatzes an Black und Scholes sowie Smith an.[3] Folglich sind diese Herleitungen in der Literatur weit verbreitet.[4] Das ist ein weiterer Grund dafür, den Binomialansatz hier konsistent darzustellen. Die genannten Inkonsistenzen sollen in dieser Arbeit ausführlich diskutiert und korrigiert werden, da sie bislang

---

1) Vgl. C. W. Smith, Review, 1976, S. 20 - 22; ders., Applications, 1979, S. 80 - 84.

2) Vgl. Y. Z. Bergman, Pricing of contingent claims, 1982, S. 10 - 15, 67 f.

3) Vgl. W. F. Sharpe, Investments, 3. Aufl., 1985, S. 493 - 500 (1. Aufl., 1978, S. 366 - 371); R. J. Rendleman, Jr. und B. J. Bartter, Two-state option pricing, 1979, S. 1093 - 1110.

4) Siehe in der englischsprachigen Literatur auch C. W. Haley und L. D. Schall, Financial decisions, 1979, S. 274 - 276; R. M. Bookstaber, Option pricing, 1981, S. 41 - 44, 55 - 72, 89 f., 99, 107; T. E. Copeland und J. F. Weston, Financial theory, 1988, S. 257 - 269, 296 - 299; J. F. Weston und T. E. Copeland, Managerial finance, 1986, S. 490 - 494, 498 - 500; in der französischsprachigen Literatur z.B. M. Levasseur und Y. Simon, Marchés de capitaux: Options et nouveaux contrats à terme, Paris 1980, S. 33 - 38; O. Tabatoni, Modèle opérationnel d'évaluation de contrats conditionnels, in: ES, Vol. 15 (1981), S. 1519 - 1536; in der deutschsprachigen Literatur H. Weddige, Optionsrechte, 1973, S. 115 - 131; W. Ludwig, Der Börsenterminhandel in der Bundesrepublik Deutschland, Wiesbaden 1978, S. 170 - 172; L. Grünwald, Optionsmarkt und Kapitalmarkteffizienz, Diss., Augsburg 1979, S. 183 - 189; P. Swoboda und M. Kamschal, Bewertung deutscher Wandelanleihen, 1979, S. 308 - 311; E. Frauenfelder, Optionen in Wertpapieren und Waren, Bern - Stuttgart 1980, S. 61; V. Kjer, Optionsanleihen, 1981, S. 46 - 56; D. Schneider, Investition und Finanzierung, 5., neu bearb. Aufl., Wiesbaden 1980, S. 602 - 605; P. Swoboda, Betriebliche Finanzierung, Würzburg - Wien 1981, S. 238 - 241; N. Senghas, Präferenzfreie Bewertung, 1981, S. 31 - 38; M. Klug, Bewertung, 1982, S. 10 - 13; dies., Ableitung, 1985, S. 17 - 20; B. Jentzsch, Optionspreise, 1985, S. 59 - 61, 71 - 74, 85 - 87, 310 - 312; G. Weger, Optionsscheine als Anlagealternative, Wiesbaden 1985, S. 216 - 219; H. Uhlir und P. Steiner, Wertpapieranalyse, 1986, S. 185 - 221.

nur in der englisch- und französischsprachigen Literatur, und dort auch nur hinsichtlich des Black-Scholes-Modells, behandelt wurden.[1] Mit Rücksicht auf die Überschaubarkeit der weiteren Untersuchung befinden sich die Ausführungen allerdings im Anhang der Arbeit.

Im Anschluß an das Black-Scholes-Modell werden Duplikationsmodelle mit alternativen Kursverlaufshypothesen vorgestellt, um die breiten Anwendungsmöglichkeiten und die Flexibilität des Duplikationsansatzes zu dokumentieren (B.II.1.c)). Der darauffolgende Abschnitt (B.II.2.) beleuchtet das Bewertungsprinzip der Modelle des zweiten Typs, Modelle ohne genau spezifizierte Risikopräferenzen, und stellt es dem Duplikationsprinzip gegenüber. Es soll untersucht werden, ob die Modelle den Duplikationsansatz sinnvoll ersetzen und ergänzen. Daran schließt sich die Darstellung des Trinomialansatzes unter Risikoneutralität an, ein Ansatz, der zu den Modellen des dritten Typs, Modellen mit genau spezifizierten Risikopräferenzen, zählt (B.II.3.).[2] Der Ansatz liefert Bewertungsgleichungen, die sich unter bestimmten Bedingungen in die Black-Scholes-Modellgleichung überführen lassen,[3] und ist bei der Bewältigung spezieller Bewertungsprobleme im dritten Teil der Arbeit hilfreich. Eine derart umfassende Darstellung der drei Modelltypen ist in der englisch- und in der deutschsprachigen Literatur bislang nicht zu finden.[4]

---

1) Siehe die in Fußnote 4, S. 92 und Fußnoten 1 - 4, S. 96 genannten Quellen.

2) P. P. Boyle, A lattice framework for option pricing with two state variables, Arbeitspapier, University of Waterloo, Ontario 1986.

3) Vgl. ebda.

4) Vgl. die in diesem Abschnitt genannten Quellen.

Im Anschluß an die Bewertung von Kaufoptionen werden Modifikationen aufgezeigt, die bei der Bewertung von Verkaufsoptionen zu beachten sind (B.III.). Abschließend werden die Ergebnisse zusammengefaßt (B.IV.).

II. Bewertung von Kaufoptionen

1. Modelle ohne spezifizierte Risikopräferenzen - Duplikationsmodelle

Um das Bewertungsprinzip der Duplikationsmodelle zu verdeutlichen, sei eine Kaufoption mit einperiodiger Restlaufzeit betrachtet,[1] die gegen Zahlung des Basispreises von 50 zum Bezug einer Aktie berechtigt. Die Aktie wird in t zum Kurs von 50 gehandelt. Man rechnet damit, daß sich der Aktienkurs bei Ablauf der Optionsfrist (T) entweder verdoppelt oder halbiert hat. Risikofreie Null-Kupon-Anleihen können in beliebiger Stückzahl gekauft oder verkauft werden und verzinsen sich über die Restlaufzeit mit 25 % ($r - 1 = 0,25$). Unter den Annahmen des Abschnitts A[2] kann man nun zeigen, daß sich durch Verkauf von drei Optionen ($+ 3C_t$)[3] sowie risikofreier Null-Kupon-Anleihen mit Rückzahlungsbetrag 50 zum Kurs von 40 (+ 40) und Kauf von zwei Aktien (- 100) ein Portefeuille zusammenstellen läßt, das bei Ablauf der Optionsfrist einen sicheren Zahlungsüberschuß von Null erbringt. Bestehen zum Zeitpunkt t am Markt keine unausgenutzten Arbitragemöglichkeiten, dann kann die Zahlung zum Erwerb dieser perfekten Hedge nur Null sein: $+ 3C_t + 40 - 100 \stackrel{!}{=} 0$.

---

1) In Anlehnung an J. C. Cox, S. A. Ross und M. Rubinstein, Option pricing, 1979, S. 231; siehe auch J. C. Cox und M. Rubinstein, Options, 1985, S. 166 f.

2) Siehe S. 53 f.

3) Siehe Fußnote 2, S. 59.

Folglich darf die Kaufoption in t nur einen Wert von $C_t = 20$ haben. Die aus den Transaktionen resultierenden Zahlungen und das Bewertungsergebnis verdeutlicht Übersicht 2.4.

Übersicht 2.4: Perfekte Hedge aus Kaufoptionen, risikofreien Titeln und Aktien

Bewertungszeitpunkt (t)		Ablauf der Optionsfrist (T) $S_T=25<K=50$	$S_T=100>K=50$
Verkauf			
- 3 Kaufoptionen	$+ 3C_t$	0	- 150
- 50 risikofreie Null-Kupon-Anleihen	+ 40	- 50	- 50
Kauf			
- 2 Aktien	- 100	+ 50	+ 200
Σ	$+3C_t+40-100\overset{!}{=}0$	0	0

Die Übersicht zeigt auch, daß sich die mit einer Kaufoption verbundenen Zahlungen exakt durch die Zahlungsüberschüsse eines Portefeuilles aus der zugrundeliegenden Aktie und risikofreien Titeln duplizieren lassen. Man hat hier de facto eine Option wenn man 2/3 Aktien hält und eine Minusposition von risikofreien Null-Kupon-Anleihen mit Rückzahlungsbetrag 16 2/3 eingeht, vorausgesetzt, die Finanztitel sind gemäß Annahme 2 beliebig teilbar. Aufgrund von Arbitrageüberlegungen müssen beide Anlageformen, Option und De-Facto-Option, den gleichen Wert aufweisen: $C_t \overset{!}{=} 50 \cdot \frac{2}{3} - \frac{16\frac{2}{3}}{1,25} = 20$. Die De-Facto-Option wird deshalb in der Literatur als äquivalentes Portefeuille bezeichnet.[1)] Der Verfasser schließt sich dieser Bezeichnungsweise an. Da Risikopräferenzen bei der Bewertung keine Rolle spielen, sollten Marktteilnehmer mit unterschiedlichen Risikopräferenzen c.p. zum gleichen Optionswert gelangen.[2)] Dieses Bewertungsprinzip kennzeichnet alle Duplikationsmodelle.

---

1) Siehe J. C. Cox und M. Rubinstein, Options, 1985, S. 46 f., 167, 172; L. Kruschwitz und R. Schöbel, Einführung, 1984, S. 70.

2) Siehe J. C. Cox, S. A. Ross und M. Rubinstein, Option pricing, 1979, S. 235 f.; J. C. Cox und M. Rubinstein, Options, 1985, S. 173 f.; L. Kruschwitz und R. Schöbel, Einführung, 1984, S. 72.

a) Binomialmodelle[1)]

Es gelten die Annahmen 1 - 6 des Abschnitts A[2)] sowie folgende ergänzende Annahme 7a:

7.a) Der Handel von Finanztiteln erfolgt zu diskreten, äquidistanten Zeitpunkten. Die Marktteilnehmer haben homogene Erwartungen hinsichtlich des zukünftigen Aktienkursverlaufs, der einem multiplikativen Binomialprozeß mit konstanten Wertänderungsparametern u und d entspricht.[3)4)]

---

1) Die Darstellung erfolgt in Anlehnung an Cox, Ross und Rubinstein; vgl. J. C. Cox, S. A. Ross und M. Rubinstein, Option pricing, 1979. Entsprechend auch M. Rubinstein und H. Leland, Replicating options, 1981; J. C. Cox und M. Rubinstein, Survey, 1983, S. 3 - 7; dies., Options, 1985, S. 165 - 178; R. A. Jarrow und A. Rudd, Option pricing, 1983, S. 179 - 187; P. Ritchken, Options, 1987, S. 186 - 199. Wie erwähnt, orientieren sich Sharpe sowie Rendleman und Bartter bei der Modellherleitung an der inkonsistenten Herleitung von Black und Scholes; diesem Vorgehen folgen auch andere Autoren; siehe S. 96, insb. Fußnoten 3, 4. Bemerkenswert erscheint, daß Senghas behauptet, den Binomialansatz nach Cox, Ross und Rubinstein zu entwickeln, tatsächlich aber der Vorgehensweise von Sharpe sowie Rendleman und Bartter folgt; vgl. N. Senghas, Präferenzfreie Bewertung, 1981, S. 31 - 38. Manche Autoren verwenden beide Methoden, ohne sich der Inkonsistenzen bewußt zu sein; vgl. beispielsweise R. K. S. Rao, Modern option pricing, 1981; M. Klug, Bewertung, 1982, S. 10 - 13; L. Kruschwitz und R. Schöbel, Einführung, 1984, S. 170 - 173, insb. S. 172 f.; M. Klug, Ableitung, 1985, S. 17 - 20; B. Jentzsch, Optionspreise, 1985, S. 56 - 73; J. F. Weston und T. E. Copeland, Managerial Finance, 1986, S. 490 - 494, 855 - 858; H. Uhlir und P. Steiner, Wertpapieranalyse, 1986, S. 185 - 192.

2) Siehe S. 53 f.

3) Siehe J. C. Cox, S. A. Ross und M. Rubinstein, Option pricing, 1979, S. 231, 261 - 263; L. Kruschwitz und R. Schöbel, Einführung, 1984, S. 69, 116. Die Annahme zeitdiskreter Handelszeitpunkte ist unter der Annahme kostenloser Transaktionen (Annahme 3) ökonomisch wenig plausibel, da bei kostenlosen Transaktionen Finanztitel ohne Mehraufwand kontinuierlich gehandelt werden könnten. Trotzdem ist dieses Vorgehen vertretbar, da der Binomialansatz sich in zeitkontinuierliche Modelle überführen läßt und das Bewertungsprinzip transparenter macht als zeitkontinuierliche Ansätze.

4) Senghas fordert neben konstanten Wertänderungsparametern auch konstante Eintrittswahrscheinlichkeiten, so daß die Periodenrenditen

α) Einperiodiges Modell

(1) Darstellung des Modells

Gemäß den Annahmen 1 - 7a steigt der in t festgestellte Aktienkurs (S_t) mit Wahrscheinlichkeit w am Periodenende auf uS_t und beträgt mit der Gegenwahrscheinlichkeit 1 - w am Periodenende dS_t:

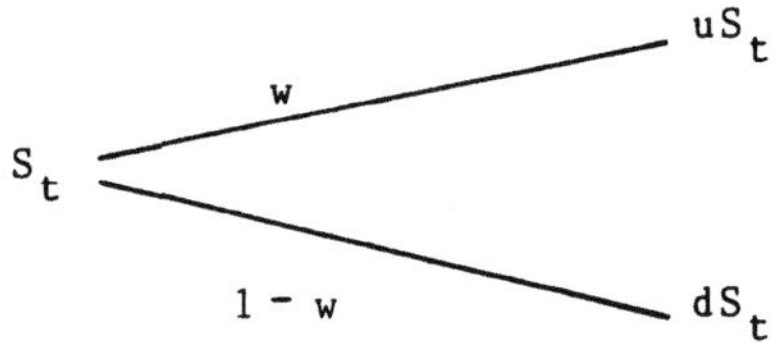

Dabei entspricht u - 1 der einperiodigen Aktienrendite bei günstiger Kursentwicklung und d - 1 der einperiodigen Aktienrendite bei ungünstiger Kursentwicklung, unter der Annahme diskreter Verzinsung. Für d muß d ≥ 0 gelten, weil Aktienkurse nicht negativ sein können.[1] Da unter den genannten Annahmen am Markt keine unausgenutzte Arbitrage

---

Fortsetzung Fußnote 4, S. 101: voneinander unabhängig sind sowie konstante Erwartungswerte und Varianzen aufweisen. Der Prozeß der Rendite ist folglich stationär (siehe Fußnote 1, S. 44). Wie sich im mehrperiodigen Binomialmodell aber noch zeigt, sind die Eintrittswahrschinlichkeiten keine Parameter der Bewertungsgleichung. Sie könnten folglich auch stochastisch sein, ohne daß dies c.p. Auswirkungen auf die Bewertung hätte. Der Renditeprozeß wäre dann nicht erwartungsstationär und damit auch nicht stationär; siehe R. Schlittgen und B. H. Streitberg, Zeitreihenanalyse, 1984, S. 80 f. Die Hypothese von Senghas ist damit restriktiver als erforderlich. Entsprechend verfahren auch andere Autoren. Vgl. N. Senghas, Präferenzfreie Bewertung, 1981, S. 27 - 32, 109; J. C. Cox, S. A. Ross und M. Rubinstein, Option pricing, 1979, S. 231, 261 - 263, in Verbindung mit J. C. Cox und M. Rubinstein, Options, 1985, S. 166 - 170.

1) Darauf weisen Copeland und Weston hin; siehe T. E. Copeland und J. F. Weston, Financial theory, 1988, S. 257; J. F. Weston und T. E. Copeland, Managerial finance, 1986, S. 491.

bestehen darf, muß außerdem zwischen u, d und dem Einperiodenaufzinsungsfaktor für risikofreie Anlagen (r) folgende Beziehung bestehen: $u > r > d$[1][2]. Für eine Kaufoption mit einperiodiger Restlaufzeit lassen sich nun unmittelbar die möglichen Endwerte C_u und C_d ermitteln. Unbestimmt ist dagegen der Optionswert C_t.

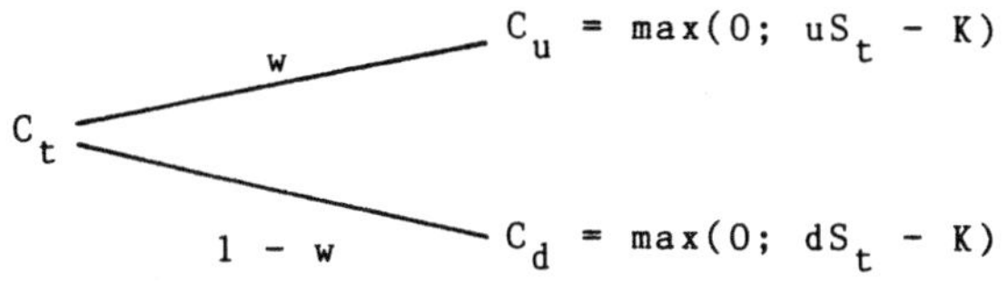

Das oben dargestellte Beispiel[3] zeigte, wie man durch Kombination von Kaufoptionen, Aktien und risikofreien Titeln ein Portefeuille mit einem sicheren Endwert von Null bilden kann, so daß aus Arbitragegründen auch der gegenwärtige Portefeuillewert Null sein muß. Diese Erkenntnis impliziert, daß sich die Kaufoption durch ein Portefeuille aus der zugrundeliegenden Aktie und risikofreien Titeln duplizieren läßt. Es gilt deshalb

$$(2.25) \qquad 0 = C_t - S_t h - \frac{m_t}{r} \qquad \text{oder}$$

---

1) Siehe T. E. Copeland und J. F. Weston, Financial theory, 1988, S. 257; J. F. Weston und T. E. Copeland, Managerial finance, 1986, S. 491. Wird diese Bedingung z.B. durch $u > d > r$ verletzt, so läßt sich ein sicherer Einzahlungsüberschuß am Periodenende bei einem Auszahlungsüberschuß von Null zu Periodenbeginn erzielen, indem man den Kauf einer Aktie durch Geldaufnahme zu r finanziert. Aus $u > r > d$ muß aber nicht zwangsläufig $d < 1$ folgen, wie Copeland und Weston behaupten; siehe T. E. Copeland und J. F. Weston, Financial theory, 1988, S. 257 ; J. F. Weston und T. E. Copeland, Managerial finance, S. 491. Es kann auch $u > r > d \geq 1$ gelten, da $r > 1$ ist und $r > d$ sein soll.

2) Im Fall $w = 0$ oder $w = 1$ und $u = d = r$ liegt kein Binomialprozeß vor, ebenso auch nicht, wenn die Aktie zu Beginn der Restlaufzeit wertlos ist ($S_t = 0$); nach Gleichung (2.3) gilt dann stets $C_t = 0$.

3) Siehe S. 98 - 100.

(2.26) $$C_t = S_t h_t + \frac{m_t}{r}$$

mit h_t = Anzahl der Aktien
m_t = Anzahl der risikofreien Null-Kupon-Anleihen mit Rückzahlungsbetrag von Eins und Endfälligkeit T[1]

Die zur Bestimmung des gesuchten Optionswertes erforderlichen Größen h_t und m_t lassen sich ermitteln, indem man die entsprechenden Gleichungen bei positiver und negativer Kursentwicklung am Periodenende löst:

(2.27) $$C_u = uS_t h_t + \cancel{r}\frac{m_t}{\cancel{r}}$$

(2.28) $$C_d = dS_t h_t + r\frac{m_t}{r}$$

(2.27) abzüglich (2.28) ergibt nach Umformung

(2.29) $$h_t = \frac{C_u - C_d}{(u - d)S_t}$$

Setzt man Gleichung (2.29) in (2.27) oder (2.28) ein und formt die Gleichung um, so erhält man

(2.30) $$m_t = \frac{uC_d - dC_u}{u - d}$$

Gleichung (2.26) liefert also zusammen mit den Gleichungen (2.29) und (2.30) den Kaufoptionswert C_t. Einsetzen von (2.29) und (2.30) in (2.26) führt zu

(2.31) $$C_t = \frac{C_u - C_d}{u - d} + \frac{uC_d - dC_u}{(u - d)r}$$

(2.32) $$C_t = \{(\frac{r - d}{u - d})C_u + (\frac{u - r}{u - d})C_d\}/r$$

1) Sind h_t oder m_t positiv, so handelt es sich um Pluspositionen, bei negativen h_t oder m_t liegen Minuspositionen vor.

sowie zur Formel in Kurzschreibweise[1)2)]

$$(2.33) \quad C_t = \{qC_u + (1 - q)C_d\}/r$$

$$\text{mit } q = \frac{r - d}{u - d} \text{ und } 1 - q = \frac{u - r}{u - d}$$

Der Kaufoptionswert ist also im Einperiodenfall unter den gegebenen Annahmen eindeutig durch S_t, K, u, d und r bestimmt.

Die Bewertungsgleichung (2.33) ist in verschiedener Hinsicht bemerkenswert. Zum einen tauchen die Eintrittswahrscheinlichkeiten w und 1 - w nicht in der Gleichung auf. Folglich könnten sich unterschiedliche, subjektive Wahrscheinlichkeiten für den Eintritt von u und d nicht auf den Kaufoptionswert auswirken, wenn die Marktteilnehmer

1) Siehe beispielsweise J. C. Cox, S. A. Ross und M. Rubinstein, Option pricing, 1979, S. 234; J. C. Cox und M. Rubinstein, Options, 1985, S. 173. Bei Hsia findet man eine falsche Formel. In der Schreibweise dieser Arbeit ist nach Hsia $C_t = uS_t \cdot \frac{q}{r} - K \cdot \frac{q}{r}$; siehe C.-C. Hsia, Binomial option pricing, 1983, S. 45 in Verbindung mit S. 41. Die Gleichung widerspricht der ersten Restriktion, da sie die Wertuntergrenze $C_t = \max(0; S_t - Kr^{-\tau})$ verletzt. Für $K > uS_t$ ergeben sich negative Optionswerte und für $K < dS_t$ erhält man positive Optionswerte, die aber kleiner als $S_t - Kr^{-\tau}$ sind. Ersetzt man im obigen Zahlenbeispiel ($S_t = 50$, u = 2, d = 0,5 und r = 1,25) K = 50 durch einen Basispreis, der größer als 100 ist, so errechnet sich ein negativer Optionswert, z.B. für K = 110: $C_t = -4$. Nach Gleichung (2.33) ergibt sich der richtige Wert von $C_t = 0$. Senkt man im Beispiel den Basispreis von 50 auf 20, so errechnet sich nach Hsia $C_t = 32$, während die Option nach Gleichung (2.33) tatsächlich $C_t = 34$ wert ist. Für K = 0 muß $C_t = S_t = 50$ sein, nach Hsias Formel ergibt sich $C_t = 40$. Seine Formel gilt also nur für $uS_t \geq K \geq dS_t$.

2) Die Bewertungsgleichung unterliegt nicht der Restriktion $uS_t > K > dS_t$, wie Klug behauptet; siehe M. Klug, Bewertung, 1982, S. 20; dies., Ableitung, 1985, S. 26. In Fußnote 1 dieser Seite wurde gezeigt, daß die Formel auch für $K > uS_t > dS_t$ und für $uS_t > dS_t > K$ gilt. Die Restriktion $uS_t > K > dS_t$ wendet die Autorin auch bei den partiellen Ableitungen der Formel nach den Modellparametern an, die deshalb nicht allgemeingültig sind; vgl. M. Klug, Bewertung, 1982, S. 34 - 38; dies., Ableitung, 1985, S. 39 - 43.

homogene Erwartungen hinsichtlich der Werte von u und d haben.[1] Ferner waren, wie erwartet, zur Herleitung der Formel keine zusätzlichen Annahmen über die Risikopräferenzen der Marktteilnehmer oder über die Charakteristika anderer Titel als der zugrundeliegenden Aktie und der risikofreien Titel erforderlich.[2] Interessant ist schließlich eine nähere Betrachtung von q. Aufgrund der Beziehung $u > r > d$ gilt $1 > q > 0$, so daß q Wahrscheinlichkeitscharakter hat.[3] Man kann q deshalb auch als Pseudowahrscheinlichkeit bezeichnen.[4] Auf einem risikoneutralen Markt müßte unter den genannten Annahmen $w = q$ gelten, da auf einem solchen Markt die erwartete Gleichgewichtsrendite für alle risikobehafteten Titel der Rendite risikofreier Anlagen entspricht und folglich auch für die betrachtete Kaufoption

$$(2.34) \qquad w\,\frac{C_u - C_t}{C_t} + (1 - w)\,\frac{C_d - C_t}{C_t} = \frac{rC_t - C_t}{C_t} \quad \text{oder}$$

1) Gemäß Annahme 7a haben alle Marktteilnehmer homogene Erwartungen hinsichtlich des zukünftigen Kursverlaufs, also auch hinsichtlich der Eintrittswahrscheinlichkeiten, was in einer Welt ohne Transaktions- und Informationskosten (Annahme 2) auch plausibel ist. Allerdings sollte eine (2.33) entsprechende Bewertungsformel auch in einer Welt mit Transaktions- und Informationskosten gelten, wenn sich die Marktteilnehmer hinsichtlich der Eintrittswahrscheinlichkeiten uneinig sind, aber homogene Erwartungen hinsichtlich der Werte der Parameter u und d besitzen. Unter Anwendungsaspekten ist es dann zudem vorteilhaft, nur diese Parameter schätzen zu müssen.

2) Siehe S. 98 - 100. Subjektive Wahrscheinlichkeiten, Risikopräferenzen und Charakteristika anderer Titel können sich aber indirekt über die genannten Modellparameter auf den Optionswert auswirken; siehe J. C. Cox, S. A. Ross und M. Rubinstein, Option pricing, 1979, S. 235 f.; J. C. Cox und M. Rubinstein, Options, 1985, S. 174.

3) Siehe J. C. Cox, S. A. Ross und M. Rubinstein, Option pricing, 1979, S. 235; J. C. Cox und M. Rubinstein, Options, 1985, S. 174.

4) Siehe R. J. Rendleman, Jr. und B. J. Bartter, Two-state option pricing, 1979, S. 1101, 1107; L. Kruschwitz und R. Schöbel, Einführung, 1984, S. 72; K. Spremann, Finanzierung, 1986, S. 265 f. in Verbindung mit S. 260. Als Synonyme finden sich in der Literatur "hedge probability" - siehe z.B. T. E. Copeland und J. F. Weston, Financial theory, 1988, S. 259; J. F. Weston und T. E. Copeland, Managerial finance, 1986, S. 493 - oder "modellendogene Wahrscheinlichkeit" - siehe N. Senghas, Präferenzfreie Bewertung, 1981, S. 35.

(2.35) $\{qC_u + (1 - q)C_d\}/r = C_t$ mit $q = w$

ist. Aus diesem Grund kann man den nach (2.33) ermittelten Kaufoptionswert auch als Gegenwartswert der auf einem risikoneutralen Markt erwarteten Zahlungsüberschüsse interpretieren.[1] Entsprechendes gilt für die noch folgenden Duplikationsmodelle und die Modelle ohne genau spezifizierte Risikopräferenzen.[2]

(2) Beispiel

Im genannten Zahlenbeispiel ($S_t = K = 50$, $u = 2$, $d = 0{,}5$ und $r = 1{,}25$) ergibt sich, wie erwartet, ein Kaufoptionswert von 20. Nach Gleichung (2.33) ist $C_t = (0{,}5 \cdot 50 + 0{,}5 \cdot 0)/1{,}25 = 20$. Ebenfalls erwartungsgemäß ist $h_t = 2/3$ und $m_t = -16\ 2/3$. Der Kauf einer Kaufoption entspricht also einer teilweise fremdfinanzierten Aktienanlage, wenn man 2/3 der zugrundeliegenden Aktie kauft und einperiodige risikofreie Null-Kupon-Anleihen mit Rückzahlungsbetrag 16 2/3 begibt. Der Nettoeinsatz in t ist dann

$$50 \cdot \frac{2}{3} - \frac{16\frac{2}{3}}{1{,}25} = 20$$

Bei Ablauf der Restlaufzeit ist das Portefeuille entweder

1) J. C. Cox, S. A. Ross und M. Rubinstein, Option pricing, 1979, S. 235 f.; J. C. Cox und M. Rubinstein, Options, 1985, S. 174. Sind die Marktteilnehmer nicht risikoneutral, so handelt es sich um einen Pseudoerwartungswert, da die möglichen Zahlungsüberschüsse nicht mit den Eintrittswahrscheinlichkeiten, sondern mit den Pseudowahrscheinlichkeiten gewichtet werden; siehe K. Spremann, Finanzierung, 1986, S. 265 f. Kruschwitz und Schöbel sprechen von einem fiktiven Erwartungswert, siehe L. Kruschwitz und R. Schöbel, Einführung , 1984, S. 116.

2) Siehe S. 90 , Fußnote 1 .

$$2 \cdot 50 \cdot \frac{2}{3} - 1{,}25 \cdot \frac{16\frac{2}{3}}{1{,}25} = 50 = C_u \quad \text{oder}$$

$$0{,}5 \cdot 50 \cdot \frac{2}{3} - 1{,}25 \cdot \frac{16\frac{2}{3}}{1{,}25} = 0 = C_d \quad \text{wert.}$$

β) Zweiperiodiges Modell

(1) Darstellung des Modells

Das einperiodige Modell läßt sich leicht auf den mehrperiodigen Fall übertragen. Betrachtet man zunächst eine zweiperiodige Restlaufzeit und unterstellt $d > 0$, so gilt

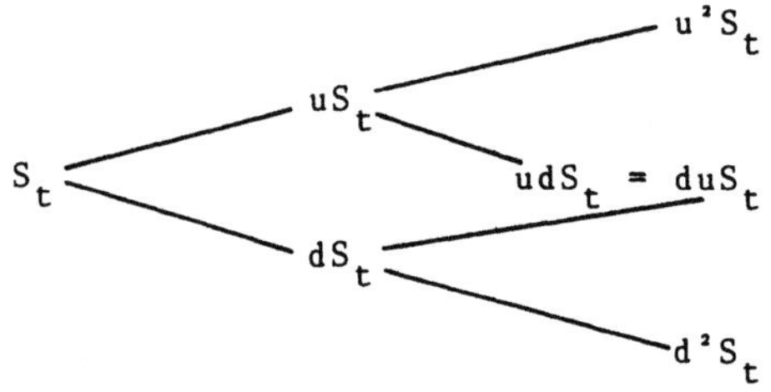

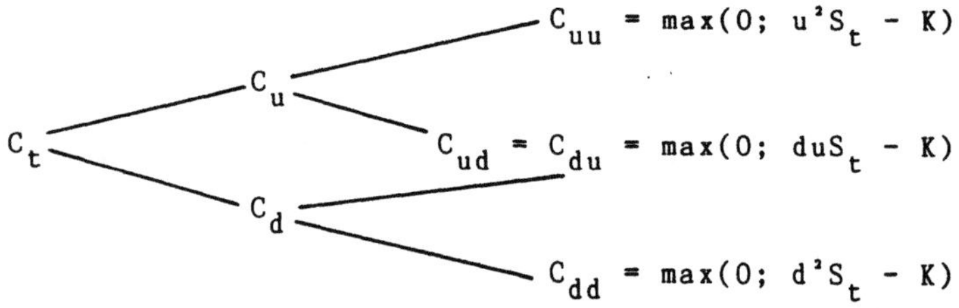

Durch rekursive Anwendung des einperiodigen Modells erhält man am Ende der ersten Periode

(2.36) $C_u = \{qC_{uu} + (1 - q)C_{ud}\}/r$

(2.37) $C_d = \{qC_{du} + (1 - q)C_{dd}\}/r$

Der gegenwärtige Optionswert C_t ergibt sich dann durch Einsetzen dieser Gleichungen in (2.33):

$$(2.38) \quad C_t = \{q^2 C_{uu} + 2q(1-q)C_{ud} + (1-q)^2 C_{dd}\}/r^2$$

$$(2.39) \quad C_t = \{q^2 \max(0;\ u^2 S_t - K) + 2q(1-q)\max(0;\ duS_t - K) + (1-q)^2 \max(0;\ d^2 S_t - K)\}/r^2$$

Um das Bewertungsprinzip zu verdeutlichen, kann man auch diese Option durch ein Portefeuille aus der zugrundeliegenden Aktie und risikofreien Titeln duplizieren. Hier gilt in allgemeiner Schreibweise[1)]

$$(2.40) \quad C_t = S_t h_t + \frac{m_t}{r^2}$$

$$\text{mit } h_t = \frac{C_u - C_d}{(u-d)S_t}, \qquad m_t = \frac{(uC_d - dC_u)r}{u-d},$$

$$C_u = uS_t h_u + \frac{m_u}{r}, \qquad C_d = dS_t h_d + \frac{m_d}{r},$$

$$h_u = \frac{C_{uu} - C_{ud}}{(u-d)uS_t}, \qquad h_d = \frac{C_{du} - C_{dd}}{(u-d)dS_t},$$

$$m_u = \frac{uC_{ud} - dC_{uu}}{u-d}, \qquad m_d = \frac{uC_{dd} - dC_{du}}{u-d}$$

Da die Wertentwicklung der Option exakt dupliziert werden soll, darf am Ende der ersten Periode kein zusätzlicher Mitteleinsatz und kein vorzeitiger Rückfluß erfolgen. Die

---

1) Die Gleichungen lassen sich analog zum einperiodigen Modell herleiten; vgl. R. A. Jarrow und A. Rudd, Option pricing, 1983, S. 180 - 186.

Aktientransaktion am Ende der ersten Periode $\{(h_u - h_t)uS_t$ oder $(h_d - h_t)dS_t\}$ und die Transaktion in risikofreien Titeln $\{(m_u - m_t)/r$ oder $(m_d - m_t)/r\}$ müssen folglich einen Zahlungsüberschuß von Null ergeben:

$$(h_u - h_t)uS_t + (m_u - m_t)/r = 0$$

$$(h_d - h_t)dS_t + (m_d - m_t)/r = 0$$

(2) Beispiel

Erweitert man das obige Zahlenbeispiel (S_t = K = 50, u = 2, d = 0,5 und r = 1,25) um eine Periode, so ergeben sich folgende Kurs- und Wertentwicklungen:

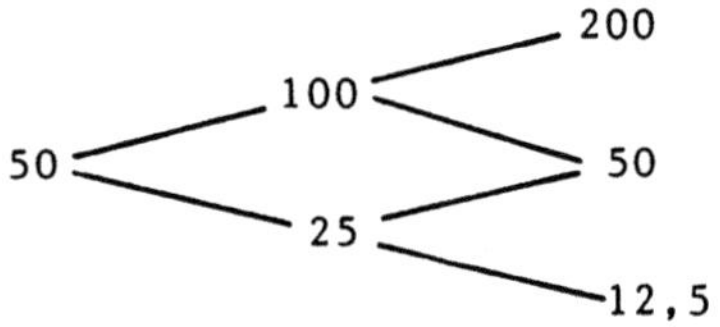

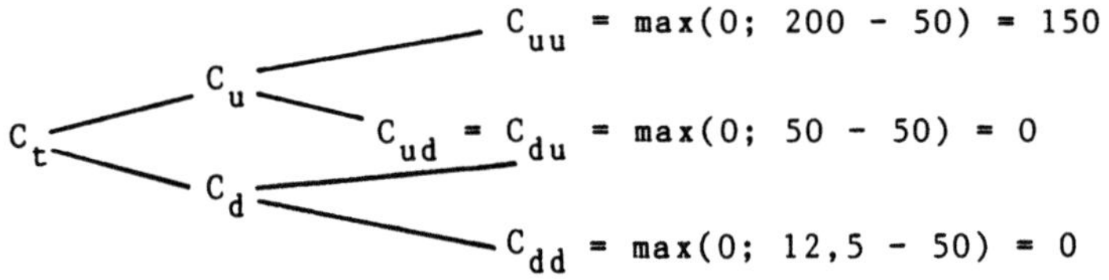

Anwendung von Formel (2.38) mit q = (1,25 - 0,5)/(2 - 0,5) = 0,5 ergibt $C_t = (0{,}5^2 \cdot 150 + 2 \cdot 0{,}5 \cdot 0{,}5 \cdot 0 + 0{,}5^2 \cdot 0)/1{,}25^2 = 24$. Nach den Gleichungen (2.36) und (2.37) sind $C_u = 60$ und $C_d = 0$.

Das Duplikationsprinzip läßt sich verdeutlichen, indem man Gleichung (2.40) anwendet. Es errechnen sich hier

$h_t = 0{,}8$ und $m_t = -25$, $h_u = 1$ und $m_u = -50$ sowie $h_d = 0$ und $m_d = 0$.

Zu Beginn der ersten Periode sind demnach 0,8 Aktien zu $S_t = 50$ zu kaufen und gleichzeitig zweiperiodige risikofreie Null-Kupon-Anleihen mit Rückzahlungsbetrag 25 zu verkaufen, wodurch sich eine Nettoposition von

$$50 \cdot 0{,}8 - \frac{25}{1{,}25^2} = 24$$

ergibt.

Am Ende der ersten Periode kann das Portefeuille folgende Werte annehmen:

$$2 \cdot 50 \cdot 0{,}8 - 1{,}25 \cdot \frac{25}{1{,}25^2} = 60 = C_u$$

$$0{,}5 \cdot 50 \cdot 0{,}8 - 1{,}25 \cdot \frac{25}{1{,}25^2} = 0 = C_d$$

Bei günstiger Kursentwicklung ($uS_t = 100$) weist das Portefeuille also einen Wert von 60 auf und wird durch Zukauf von 0,2 Aktien ($100 \cdot 0{,}2 = 20$) und gleichzeitigem Verkauf von einperiodigen risikofreien Titeln mit Rückzahlungsbetrag 25 ($-\frac{25}{1{,}25} = -20$) so umstrukturiert, daß es eine Aktie enthält, die durch Verkauf von einperiodigen risikofreien Titeln mit Rückzahlungsbetrag 50 fremdfinanziert ist ($h_u = 1$, $m_u = -50$). Die Nettoposition beträgt dann

$$100 \cdot 1 - \frac{50}{1{,}25} = 60$$

Entsprechend verfährt man bei ungünstigem Kursverlauf ($dS_t = 25$).

Am Ende der Restlaufzeit ist das Portefeuille bei günstiger Kursentwicklung in der ersten Periode

$$2 \cdot 100 \cdot 1 - 1{,}25 \cdot \frac{50}{1{,}25} = 150 = C_{uu} \quad \text{oder}$$

$$0{,}5 \cdot 100 \cdot 1 - 1{,}25 \cdot \frac{50}{1{,}25} = 0 = C_{ud}$$

wert. Im anderen Fall ist es wertlos.

Das Beispiel zeigt also, daß sich bei zweiperiodiger Restlaufzeit die Wertentwicklung einer Kaufoption mit einer dynamischen Anlagestrategie exakt duplizieren läßt, indem man die zugrundeliegende Aktie und risikofreie Titel in einem bestimmten Verhältnis kombiniert und entsprechend der Aktienkursentwicklung ohne zusätzlichen Kapitaleinsatz oder vorzeitige Rückflüsse am Ende der ersten Periode umschichtet.

Da annahmegemäß am Markt keine unausgenutzten Arbitragemöglichkeiten bestehen können, muß die Kaufoption in t genauso viel wert sein wie das betrachtete Portefeuille:

$$C_t = S_t h_t + \frac{m_t}{r^2} = 50 \cdot 0{,}8 - \frac{25}{1{,}25^2} = 24$$ [1)]

γ) Modell mit beliebiger Periodenanzahl

Um nun das zweiperiodige Modell für n-periodige Restlauf-

---

1) Siehe auch J. C. Cox, S. A. Ross und M. Rubinstein, Option pricing, 1979, S. 236 f.; M. Rubinstein und H. E. Leland, Replicating options, 1981, S. 66 f., 70 f.; J. C. Cox und M. Rubinstein, Survey, 1983, S. 6; dies., Options, 1985, S. 174, 176; R. A. Jarrow und A. Rudd, Option pricing, 1983, S. 183 - 186.

zeiten anzuwenden, schreibe man Gleichung (2.39) in der Form

$$(2.41) \qquad C_t = \frac{1}{r^2} \sum_{j=0}^{2} \frac{2!}{j!(2-j)!} q^j (1-q)^{2-j} \cdot \max(0;\ u^j d^{2-j} S_t - K)^{1)}$$

Folglich gilt bei n-periodiger Restlaufzeit

$$(2.42) \qquad C_t = \frac{1}{r^n} \sum_{j=0}^{n} \frac{n!}{j!(n-j)!} q^j (1-q)^{n-j} \cdot \max(0;\ u^j d^{n-j} S_t - K)^{2)}$$

Diese Gleichung läßt sich noch vereinfachen, da alle am Ende der Restlaufzeit möglichen Aktienkurse, die nicht über dem Basispreis liegen ($u^j d^{n-j} S_t \leq K$), keinen Wertbeitrag leisten und deshalb vernachlässigt werden können. Hierzu definiere man a als kleinste nichtnegative ganze Zahl, für die $u^a d^{n-a} S_t > K$ oder $a > \ln\{K/(d^n S_t)\}/\ln(u/d)$ mit $K > 0$, $S_t > 0$ und $d > 0$ gilt. Dann läßt sich Gleichung (2.42) vereinfachen zu[3]

1) $x! = x \cdot (x-1) \cdot (x-2) \cdot \ldots \cdot 2 \cdot 1$ und $0! = 1$.

2) Siehe Fußnote 1.

3) Diese Schreibweise ist nur für positive K, S_t und d zulässig, da der natürliche Logarithmus für Null nicht definiert ist. Etwas ungenau daher Copeland und Weston; siehe T. E. Copeland und J. F. Weston, Financial theory, 1988, S. 257, 265 - 267. Im Fall $S_t = 0$ kann der zukünftige Aktienkurs nicht binomialverteilt sein, da die Aktie dann auch weiterhin wertlos bleibt. Nach Gleichung (2.3) gilt hier $C_t = 0$. Für $K = 0$ gilt gemäß Gleichung (2.4) $C_t = S_t$, und für $d = 0$ gilt $C_t = \frac{q^n}{r^n} \max(0;\ u^n S_t - K)$.

$$(2.43) \quad C_t = \frac{1}{r^n} \sum_{j=a}^{n} \frac{n!}{j!(n-j)!} q^j (1-q)^{n-j} \cdot \max(0;\ u^j d^{n-j} S_t - K)$$

$$(2.44) \quad C_t = S_t \sum_{j=a}^{n} \frac{n!}{j!(n-j)!} (q\frac{u}{r})^j \{(1-q)\frac{d}{r}\}^{n-j} - K \frac{1}{r^n} \sum_{j=a}^{n} \frac{n!}{j!(n-j)!} q^j (1-q)^{n-j}$$

Die zweite Summe in Gleichung (2.44) entspricht der komplementären Binomialverteilungsfunktion B(a, n, q)[1]. Folglich ist die erste Summe eine entsprechende Verteilungsfunktion B(a, n, q') mit $q' = qu/r$ und $1-q' = (1-q) d/r$. Es gilt deshalb

$$(2.45) \quad C_t = S_t B(a, n, q') - K r^{-n} B(a, n, q)$$

mit $q = \frac{r - d}{u - d}$, $q' = \frac{qu}{r}$ und

a = kleinste nichtnegative ganze Zahl, für die $a > \ln\{K/(d^n S_t)\} / \ln(u/d)$ gilt.

Zusammenfassend ist festzuhalten, daß sich unter den genannten Annahmen die Wertentwicklung einer Option durch eine dynamische Anlagestrategie aus der zugrundeliegenden Aktie und risikofreien Titeln exakt duplizieren läßt. Diese Erkenntnis führt zu einer Kaufoptionswertformel, die nur von S_t, K, u, d, r und n abhängt. Eintrittswahrscheinlichkeiten, individuelle Risikopräferenzen sowie Charakteristika anderer Finanztitel als der zugrundelie-

1) Die komplementäre Binomialverteilungsfunktion B(a, n, q) ist die kumulierte binomialverteilte Dichtefunktion von j für $n \geq j \geq a$.

genden Aktie und risikofreier Titel beeinflussen den Optionswert nicht direkt.[1]

b) Black-Scholes-Modell[2]

Um nun das Black-Scholes-Modell herzuleiten, ist von den genannten Annahmen Annahme 7a[3] durch Annahme 7b zu ersetzen.

7.b) Der Handel von Finanztiteln erfolgt kontinuierlich. Die Marktteilnehmer haben homogene Erwartungen hinsichtlich des zukünftigen Aktienkursverlaufs, der einem Itô-Prozeß mit konstanter Standardabweichung der Aktienrendite pro Periode entspricht.[4]

---

1) Der Kaufoptionswert läßt sich deshalb auch als Barwert der auf einem risikoneutralen Markt erwarteten Zahlungsüberschüsse oder als Barwert des Pseudoerwartungswertes interpretieren, siehe S. 106 f.

2) Das Modell wurde entwickelt von F. Black und M. Scholes, Pricing of options, 1973, S. 640 - 645. Die Darstellung des Modells folgt Merton sowie Cox, Ross und Rubinstein; vgl. R. C. Merton, Rational option pricing, 1973, S. 162 - 169; J. C. Cox, S. A. Ross und M. Rubinstein, Option pricing, 1979, S. 246 - 254; siehe auch J. C. Cox und M. Rubinstein, Options, 1985, S. 196 - 209; Zu den Annahmen siehe auch R. C. Merton, Pricing of contingent claims, 1977, S. 243 f.; S. P. Mason und R. C. Merton, Contingent claims, 1985, S. 20.

3) Siehe S. 101.

4) R. C. Merton, Rational option pricing, 1973, S. 162 f., 167 - 169. Black und Scholes unterstellen, daß der Aktienkursverlauf einem zeitkontinuierlichen Prozeß entspricht, bei dem die Standardabweichungen und auch die Erwartungswerte der Periodenrenditen konstant und außerdem voneinander unabhängig sind. Danach ist der Renditeprozeß stationär (siehe Fußnote 1, S. 44 dieser Arbeit), und der Aktienkurs folgt einem speziellen Itô-Prozeß, der auch als geometrisch Brown'sche Bewegung bezeichnet wird. Unter dieser Kursverlaufshypothese sind die Kurse am Ende eines beliebigen Zeitintervalls logarithmisch normalverteilt; vgl. F. Black und M. Scholes, Pricing of options, 1973, S. 640; R. C. Merton, Rational option pricing, 1973, S. 162 f., 168 f.; C. W. Smith, Jr., Review, 1976, S. 15; C. W. Haley und L. D. Schall, Financial decisions, 1979, S. 249, 271; N. Senghas, Präferenzfreie Bewertung, 1979, S. 27 f., 105 - 107; R. C. Merton, On the mathematics, economics assumptions of continuous-time models, in: Financial economic essays in honour of Paul Cootner, Hrsg. W. F. Sharpe, Englewood Cliffs,

Unter dieser Annahme folgen die zukünftigen Aktienkurse einem in Graphik 2.7 dargestellten Zufallspfad ohne Sprungstellen.[1)]

Graphik 2.7: Graphische Darstellung der Kursverlaufshypothese des Black-Scholes-Modells

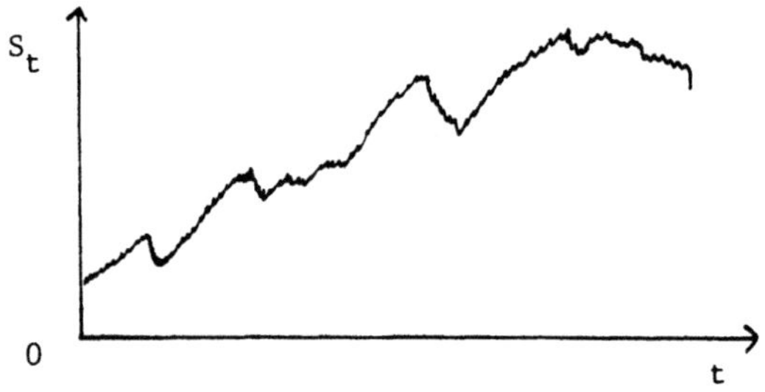

Quelle: In Anlehnung an R. C. Merton, Mathematics, 1982, insb. S. 28.

Die beschriebene Duplikationsstrategie ist anwendbar, wobei man hier die Portefeuillekomponenten kontinu-

---

Fortsetzung Fußnote 4, S. 115: N. J. 1982, insb. S. 37 - 39. Diese Annahme ist aber, wie Merton gezeigt hat und was in Annahme 7b berücksichtigt wird, restriktiver als erforderlich, da sich das Black-Scholes-Modell auch bei stochastischem Erwartungswert herleiten läßt; vgl. R. C. Merton, Rational option pricing, 1973, S. 162 - 169; siehe auch D. P. Ernst, Aktienpreisverlaufshypothesen , 1973, S. 143. (Deshalb wird im weiteren vereinfachend auch von der Black-Scholes-Kursverlaufshypothese gesprochen, wenn die weniger restriktive Annahme 7b gemeint ist.) Da das Black-Scholes-Modell weiter unten noch als Grenzfall des Binomialansatzes dargestellt wird (siehe S. 119 - 121), läßt sich diese Feststellung auch durch die im Binomialansatz gewonnenen Erkenntnisse untermauern. Dort wurde deutlich, daß sich die Eintrittswahrscheinlichkeiten der möglichen Aktienrenditen nicht direkt in der Bewertungsgleichung niederschlagen, so daß die Annahme eines stationären Renditeprozesses bereits dort als zu restriktiv gelten muß; siehe Fußnote 4, S. 101 dieser Arbeit.

1) Vgl. R. C. Merton, Rational option pricing, 1973, S. 162; ders., Mathematics, 1982, S. 19 - 39 sowie die dort genannte Literatur.

ierlich anpaßt. Es ergibt sich so folgende Kaufoptionsformel:[1)]

(2.46) $$C_t = S_t N(d_1) - Kr^{-\tau} N(d_2)$$

$$\text{mit } N(d_i) = \int_{-\infty}^{d_i} (1/\sqrt{2\pi}) e^{-x^2/2} \quad \text{für } i = 1,2$$

= kumulierte Dichtefunktion der standardnormalverteilten Zufallsvariablen x im Bereich $-\infty$ bis d_i,

$$d_1 = \frac{\ln\left(\frac{S_t}{Kr^{-\tau}}\right)}{\sigma\sqrt{\tau}} + \frac{1}{2}\sigma\sqrt{\tau}^{2)}$$

$$d_2 = d_1 - \sigma\sqrt{\tau}$$

σ = Standardabweichung der Aktien-

---

1) R. C. Merton, Rational option pricing, 1973, S. 160 - 169; ders., Theory of finance, 1975, S. 671. Siehe unter der restriktiven Kursverlaufshypothese von Black und Scholes auch J. C. Cox, S. A. Ross und M. Rubinstein, Option pricing, 1979, S. 250 - 254; J. C. Cox und M. Rubinstein, Survey, 1983, S. 7 f.; dies., Options, 1985, S. 204 - 208. Ähnlich L. Kruschwitz und R. Schöbel, Einführung, 1984, S. 172 f.; unglücklicherweise interpretieren die beiden Autoren die Formel sowohl im Sinne der Duplikationsstrategie als auch im Sinne der widersprüchlichen Black-Scholes-Methode.

2) Da das Black-Scholes-Modell ein zeitkontinuierliches Modell ist, wird meist der Abzinsungsfaktor bei kontinuierlicher Verzinsung verwendet: $e^{-i\tau}$ mit i = Periodenzinssatz für risikofreie Anlagen bei kontinuierlicher Verzinsung. In dieser Arbeit wird das Modell aber als Grenzfall des (zeitdiskreten) Binomialansatzes hergeleitet; daher taucht hier der Abzinsungsfaktor bei diskreter (= diskontinuierlicher) Verzinsung $r^{-\tau}$ auf. Wählt man r so, daß $e^i = r$ oder i = ln r gilt, dann führen beide Wege zum gleichen Bewertungsergebnis. r - 1 ist demnach der Zinssatz bei diskreter Verzinsung, der dem Zinssatz i äquivalent ist; siehe zur Beziehung zwischen r - 1 und i auch K. Lohmann, Finanzmathematische Wertpapieranalyse, Göttingen 1978, S. 40 - 45, G. Altrogge, Investition, 1988, S. 60.

rendite pro Periode bei kontinuierlicher Verzinsung.[1)]

Wie oben angedeutet, ist die Herleitung dieser Gleichung nach Black und Scholes nicht sehr transparent und teilweise widersprüchlich[2)], weshalb hier die Herleitung als Grenzfall des Binomialansatzes vorgezogen wird.[3)]

---

1) Bei kontinuierlicher Verzinsung gilt für den Aktienkurs am Ende einer Periode (in t') $S_{t'} = S_t e^{i^*}$ mit i* = Aktienrendite pro Periode bei kontinuierlicher Verzinsung. Auflösung nach i* ergibt $i^* = \ln(\frac{S_{t'}}{S_t})$. σ ist als Standardabweichung von $\ln(\frac{S_{t'}}{S_t})$ zu ermitteln; vgl. J. C. Cox und M. Rubinstein, Options, 1985, S. 256 - 261; H. Levy und M. Sarnat, Capital investment and financial decisions, 3. Aufl., Englewood Cliffs, N. J. 1986, S. 658. Es soll auch hier $e^{i^*} = r^*$ oder $i^* = \ln r^*$ mit $r^* - 1$ = Aktienrendite pro Periode bei diskreter Verzinsung gelten; siehe auch Fußnote 2, S. 117 dieser Arbeit.

2) Siehe S. 92 und zur ausführlichen Diskussion und Aufhebung der Widersprüche Anhänge B, C dieser Arbeit.

3) Cox und Ross haben eine andere Form der Herleitung entdeckt. Sie nutzen die Beobachtung, daß man unter dem Duplikationsansatz den Optionswert auch als Barwert des Pseudoerwartungswertes bestimmen kann, was auch im Binomialansatz deutlich wurde (siehe S. 106 f.) Sie bestimmen deshalb gemäß der jeweiligen Kursverlaufshypothese den Pseudoerwartungswert der Option am Ende der Optionsfrist und diskontieren den Wert mit dem risikofreien Zinssatz, vgl. J. C. Cox und S. A. Ross, The pricing of options for jump processes, Diskussionspapier, Rodney L. White Center for Financial Research, University of Pennsylvania, Wharton School, Nr. 2 - 75, Philadelphia 1975, S. 8 - 15; dies., The valuation of options for alternative stochastic processes, in: JoFE, Vol. 3 (1976), S. 145 - 166; dies., Survey, S. 391 - 396. Dieser Weg ist in der Literatur auch von anderen Autoren aufgegriffen worden; vgl. C. W. Smith, Jr., Review, 1976, S. 22 f., 26 - 28, 30; ders., Applications, 1979, S. 83 f., 86; R. K. S. Rao, Modern option pricing, 1981, S. 41 - 43; R. A. Jarrow und A. Rudd, Option pricing, 1983, insb. S. 88 f., 92 - 94, 105 f., 118, 187; M. J. P. Selby, Application, 1983, insb. S. 30 f.; P. Ritchken, Options, 1987, S. 165 - 168. Der Weg ist allerdings komplex, wenn, anders als bei den hier betrachteten Optionen, eine vorzeitige Ausübung vorteilhaft sein kann.

α) Herleitung als Grenzfall des Binomialansatzes

Ein Vergleich des Binomialansatzes in der Form

$$C_t = S_t B(a, n, q') - Kr^{-n} B(a, n, q)$$

mit dem Black-Scholes-Modell

$$C_t = S_t N(d_1) - Kr^{-\tau} N(d_2)$$

ergibt, daß sich die Gleichungen hinsichtlich der Gewichtsfaktoren des gegenwärtigen Aktienkurses und des diskontierten Basispreises sowie hinsichtlich des Abzinsungsfaktors unterscheiden. Das mehrperiodige Binomialmodell läßt sich nun in das Black-Scholes-Modell überführen, indem man die Perioden zwischen aufeinanderfolgenden Handelszeitpunkten so verkürzt, daß man einem kontinuierlichen Aktienhandel sehr nahe kommt, und zeigt, daß sich die Gleichungen unter bestimmten Bedingungen entsprechen.[1)] Hierzu ist zunächst die gegebene Restlaufzeit τ in n Teilperioden der Länge τ/n aufzuspalten. Der Abzinsungsfaktor pro Teilperiode τ/n beträgt dann $r^{-\tau/n}$ und folglich für n Teilperioden, $2 \leq n < \infty$, $r^{-(\tau/n)n} = r^{-\tau}$. Um nun die Bewertungsgleichungen einander anzupassen, ist das Grenzwerttheorem von DeMoivre und Laplace hilfreich. Danach läßt sich eine Binomialverteilung in eine Normalverteilung überführen läßt, wenn für $n \to \infty$ $nq \to \infty$ strebt. Ergeben sich für die Parameter u und d Werte, die diese Bedingung erfüllen, dann konvergiert B(a, n, q) gegen $N(d_2)$ und,

1) Ähnlich schon W. F. Sharpe, Investments, 1. Aufl., 1978, S. 374, Fußnote 11.

analog für $nq' \rightarrow \infty$, $B(a, n, q')$ gegen $N(d_1)$.[1] Neben diesem allgemeinen Weg begegnet man in der Literatur auch vier spezielleren Varianten des Grenzwerttheorems.

Sie wurden von Cox, Ross und Rubinstein,[2] Rendleman und Bartter,[3] Jarrow und Rudd[4] sowie Omberg[5] entwickelt. Die Verfahren wurden teilweise auch bereits empirisch getestet. Es liegt aber bislang noch keine umfassende Untersuchung aller vier Verfahren vor, so daß hier kein abschließendes Urteil darüber möglich ist, welches Verfahren das beste ist. Bisherige Untersuchungen haben lediglich gezeigt, daß das Cox-Ross-Rubinstein-Verfahren nicht so gut konvergiert wie das Verfahren von Rendleman und Bartter sowie Jarrow und Rudd.[6]

---

1) Vgl. C.-C. Hsia, Binomial option pricing, 1983, S. 43 f.; H. Uhlir und P. Steiner, Wertpapieranalyse, 1986, S. 196 f.

2) Vgl. J. C. Cox, S. A. Ross und M. Rubinstein, Option pricing, 1979, S. 246 - 254; entsprechend auch J. C. Cox und M. Rubinstein, Survey, 1983, S. 7f.; dies., Options, 1985, S. 196 - 208.

3) Vgl. R. J. Rendleman, Jr. und B. J. Bartter, Two-state option pricing, S. 1098, 1107 - 1109.

4) Vgl. R. A. Jarrow und A. Rudd, Option pricing, 1983, S. 187 - 192.

5) Vgl. E. Omberg, A note on the convergence of binomial-pricing and compound-option models, in: JoF, Vol. 42 (1987), S. 463 - 469.

6) Vgl. J. C. Cox, S. A. Ross und M. Rubinstein, Option pricing, 1979, S. 249 f., 253, insb. Fußnote 11; J. C. Cox und M. Rubinstein, Options, 1985, S. 200 f., 207, insb. Fußnote 22; R. A. Jarrow und A. Rudd, Option pricing, 1983, S. 188, 190; T. S. Assaf, The valuation of contingent claims by approximation, Diss., Wisconsin, Madison 1984, S. 79 f., 109 - 121; E. Omberg, Convergence, 1987.

Zusammenfassend gilt also für $n \to \infty$ und $nq \to \infty$ sowie $nq' \to \infty$

$$C_t = S_t B(a, n, q') - Kr^{-(\tau/n)n} B(a, n, q)$$

$$= S_t N(d_1) - Kr^{-\tau} N(d_2)$$

$$\text{mit } q = (r^{\tau/n} - d)/(u - d)$$

$$q' = qu/(r^{\tau/n})$$

$$a > \ln\{K/(d^n S_t)\}/\ln(u/d)$$

$$d_1 = \frac{\ln(\frac{S_t}{Kr^{-\tau}})}{\sigma\sqrt{\tau}} + \frac{1}{2}\sigma\sqrt{\tau}$$

$$d_2 = d_1 - \sigma\sqrt{\tau}$$

Das Black-Scholes-Modell läßt sich deshalb analog zum n-periodigen Binomialmodell interpretieren; insbesondere ist die Bewertungsgleichung unabhängig von Erwartungswerten, individuellen Risikopräferenzen sowie den Charakteristika anderer Finanztitel außer der zugrundeliegenden Aktie und risikofreien Titeln.[1] Im Sinne der Duplikationsstrategie bestimmen $N(d_1)$ die Anzahl der im äquivalenten Portefeuille zu haltenden Aktien und $KN(d_2)$ den Rückzahlungsbetrag der zu begebenden risikofreien Null-Kupon-Anleihen. Die Komponenten werden entsprechend der Kursentwicklung und der Restlaufzeit kontinuierlich angepaßt.[2]

---

1) Siehe S. 114 f. und R. C. Merton, Rational option pricing, 1973, S. 163 - 169; R. Geske und S. Trautmann, Option valuation, 1986, S. 90.

2) Siehe auch J. C. Cox, S. A. Ross und M. Rubinstein, Option pricing, 1979, S. 254, Fußnote 12; J. C. Cox und M. Rubinstein, Survey, 1983, S. 7 f.; dies., Options, 1985, S. 205; R. Geske und S. Trautmann, Option valuation, 1986, S. 90.

β) Anwendung des Modells

Um die Black-Scholes-Formel anzuwenden, betrachte man folgendes Beispiel:

Es ist eine Kaufoption mit sechsmonatiger Restlaufzeit und einem Basispreis von 90 zu bewerten. Der Kurs der zugrundeliegenden Aktie beträgt gegenwärtig 90. Während der Restlaufzeit erfolgen keine Ausschüttungen an die Aktionäre.

Aus diesen Angaben ist direkt ersichtlich, daß $S_t = K = 90$ gilt. Um die Werte für die übrigen Variablen der Black-Scholes-Formel τ, σ und r zu ermitteln, sind zusätzliche Informationen und Berechnungen erforderlich. Die Größen τ und r lassen sich relativ einfach bestimmen. Definiert man eine Periode als ein Kalenderjahr mit 30 Tagen pro Monat, so ergibt sich hier $\tau = 0{,}5$.[1)] Der Aufzinsungsfaktor r läßt sich aus den Konditionen für risikofreie Anlagen ermitteln. Es sei hier davon ausgegangen, daß risikofreie Null-Kupon-Anleihen mit Rückzahlungsbetrag 1000 und sechsmonatiger Restlaufzeit gegenwärtig zum Kurs (DF_t) von 953,46 gehandelt werden. Der Abzinsungsfaktor für die Teilperiode τ, $r^{-\tau}$, errechnet sich aus dem Verhältnis des gegenwärtigen Kurses zum Rückzahlungsbetrag (X): $r^{-\tau} = DF_t/X$. Formt man die Gleichung um und setzt die gegebenen Werte ein, so erhält man $r = (DF_t/X)^{-1/\tau} = (953{,}46/1000)^{-1/0{,}5} = 1{,}1$.

Schwieriger gestaltet sich die Ermittlung von σ. Man könnte z.B. die zukünftige Schwankung der Aktienkurse bis zum

1) Cox und Rubinstein rechnen mit 365 Tagen pro Jahr; vgl. J. C. Cox und M. Rubinstein, Options, 1985, S. 254. In der Bundesrepublik rechnet man üblicherweise mit 360 Tagen pro Jahr; siehe K. Lohmann, Finanzmathematische Wertpapieranalyse, 1978, S. 6.

Ablauf der Optionsfrist direkt schätzen und daraus σ berechnen. Als Ausgangspunkt hierfür bietet sich die Schätzung von σ aus vergangenen Kursreihen an. Ein einfaches Schätzverfahren besteht dann darin, eine Stichprobe von n + 1 vergangenen Tageskursen zu ziehen und bei durchschnittlich 252 Börsentagen pro Jahr den Streuungsparameter mit folgender Gleichung zu berechnen:[1]

$$(2.47) \qquad \hat{\sigma} = \sqrt{\hat{\sigma}^2}$$

$$\text{mit } \hat{\sigma}^2 = 252 \frac{1}{n-1} \sum_{k=1}^{n} (\ln r_k^* - \hat{\mu})^2$$

$$r_k^* = \frac{S_k}{S_{k-1}}$$

$$\hat{\mu} = \frac{1}{n} \sum_{k=1}^{n} \ln r_k^*$$

An dieser Stelle wird sich der Leser vielleicht wundern, daß zur Bestimmung von $\hat{\sigma}$ die Ermittlung von $\hat{\mu}$ ($\hat{=}$ erwartete Aktienrendite pro Tag bei kontinuierlicher Verzinsung) erforderlich ist, obwohl weiter oben gezeigt wurde, daß die Binomialmodelle und entsprechend das Black-Scholes-Modell unabhängig von Schätzungen der erwarteten Aktienrendite sind.[2] Es soll deshalb kurz gezeigt werden, daß dieses Schätzverfahren trotzdem mit den Modellen konsistent ist, da $\hat{\sigma}$ für $n \to \infty$ unabhängig von $\hat{\mu}$ ist. Schreibt man

---

1) J. C. Cox und M. Rubinstein, Options, 1985, S. 256 f., 259, 276, Fußnote 8. Unterstellt man, daß die Aktienkurse in der Vergangenheit logarithmisch normalverteilt waren, dann ist $\hat{\sigma}^2$ eine unverzerrte Schätzfunktion, $\hat{\sigma}$ dagegen nicht. Allerdings ist die Verzerrung für große Stichprobenumfänge zu vernachlässigen; vgl. ebda., S. 256 - 258, insb. Fußnote 2; P. Ritchken, Options, 1987, S. 213 f. Die Annahme logarithmisch normalverteilter Aktienkurse ist allerdings eine strengere Verteilungsannahme als Annahme 7a, siehe Fußnote 4, S. 115 dieser Arbeit.

2) Siehe S. 101 - 121.

Gleichung (2.47) zu diesem Zweck in anderer Form

$$(2.48) \qquad \hat{\sigma} = \sqrt{\hat{\sigma}^2}$$

$$\text{mit } \hat{\sigma}^2 = 252 \frac{1}{n-1} \sum_{k=1}^{n} (\ln r_k^*)^2 - 252 \frac{1}{n-1} \sum_{k=1}^{n} \hat{\mu}^2,$$

so erkennt man, daß für $n \to \infty$ der zweite Summand stärker gegen Null strebt als der erste Summand.[1] Auch bei Stichprobenumfängen zwischen n = 90 und n = 180, wie sie in der Literatur vorgeschlagen werden,[2] ist $\hat{\sigma}$ quasi unabhängig von $\hat{\mu}$.[3] Abschließend zu den Ausführungen zur Schätzung von σ sei hier auf ausgefeiltere Schätzmethoden verwiesen, die versuchen, insbesondere Schwankungen der Verteilungsparameter im Zeitablauf besser zu berücksichtigen.[4]

---

1) J. C. Cox und M. Rubinstein, Options, 1985, S. 258 f. Die Umformung von Gleichung (2.47) in (2.48) ergibt sich, da aus (2.47) folgt: $\hat{\sigma}^2 = \frac{252}{n-1} \sum_{k=1}^{n} \{(\ln r_k^*)^2 - 2 \ln r_k^* \hat{\mu} + \hat{\mu}^2\}$. Auflösung und Umformung der Gleichung ergibt $\hat{\sigma}^2 = \frac{252}{n-1} \sum_{k=1}^{n} (\ln r_k^*)^2 - 2 \frac{252}{n-1} \hat{\mu} \sum_{k=1}^{n} \ln r_k^* + \frac{252}{n-1} n \hat{\mu}^2$. Da $\sum_{k=1}^{n} \ln r_k^* = \hat{\mu} n$ ist, läßt sich diese Gleichung zusammenfassen zu Gleichung (2.48).

2) Siehe beispielsweise R. A. Jarrow und A. Rudd, Option pricing, 1983, S. 139; J. C. Cox und M. Rubinstein, Options, 1985, S. 258 f.

3) J. C. Cox und M. Rubinstein, Options, 1985, S. 259 f.

4) Vgl. R. A. Jarrow und A. Rudd, Option pricing, 1983, S. 139 f.; S. Beckers, Variances of security price returns based on high, low, and closing prices, in: JoB, Vol. 56 (1983), S. 97 - 112; J. C. Cox und M. Rubinstein, Options, 1985, S. 276 - 285; B. Jentzsch, Optionspreise, 1985, S. 114 - 124, 198 - 219; J. S. Buttler und B. Schachter, Unbiased estimation of the Black/Scholes formula, in:JoFE, Vol. 15 (1986), S. 341 - 357; T. A. Marsh und E. R. Rosenfeld, Non-trading, market making, and estimates of stock price volatility, in: JoFE, Vol. 15 (1986), S. 359 - 372; A. W. Lo, Statistical tests of contingent-claims-asset-pricing models: A new methodology, in: JoFE, Vol. 17 (1986), S. 147 - 152; P. Ritchken, Options, 1987, S. 214 f.

Im genannten Zahlenbeispiel wird von $\sigma = 0{,}3$ ausgegangen, so daß mit $S_t = K = 90$, $\tau = 0{,}5$, $r = 1{,}1$ und

$$C_t = S_t N(d_1) - Kr^{-\tau} N(d_2)$$

$$\text{mit } d_1 = \frac{\ln\left(\frac{S_t}{Kr^{-\tau}}\right)}{\sigma\sqrt{\tau}} + \frac{1}{2}\sigma\sqrt{\tau}$$

$$d_2 = d_1 - \sigma\sqrt{\tau}$$

$C_t = 90 \cdot N(0{,}3307) - 90 \cdot 0{,}9535 \cdot N(0{,}1186)$ folgt. Mit Hilfe der Tabellen für die kumulierte Standardnormalverteilung[1] errechnet sich ein Kaufoptionswert von $C_t = 90 \cdot 0{,}6296 - 90 \cdot 0{,}9535 \cdot 0{,}5472 = 9{,}71$.

γ) Veränderung des Optionswertes bei Variation der Parameterwerte

Interessante Aufschlüsse lassen sich gewinnen, wenn man untersucht, in welcher Weise Änderungen der Parameterwerte den Optionswert beeinflussen. Auf diesem Weg ließe sich auch die Wertdifferenz zweier Optionen ermitteln, die sich nur hinsichtlich eines Parameterwertes unterscheiden. Ferner zeigt sich dabei, daß Optionswerte innerhalb der Bereiche liegen, die durch die Restriktionen in Abschnitt A abgesteckt wurden, und daß sich diese Restriktionen unter den Annahmen des Black-Scholes-Modells weiter eingrenzen lassen.

---

1) Beispielsweise J. Bleymüller und G. Gehlert, Statistische Formeln und Tabellen, 2., überarb. Aufl., München 1982, S 134.

Betrachtet man zunächst den Einfluß von Aktienkursänderungen auf den Optionswert, so sei daran erinnert, daß mit den Arbitrageüberlegungen des Abschnitts A keine eindeutige Wirkungsrichtung nachzuweisen war.[1] Im Black-Scholes-Modell läßt sich nun ein positiver Zusammenhang zwischen Aktienkurs und Optionswert feststellen. Die partielle Ableitung von C_t nach S_t ist größer als Null:[2][3]

$$(2.49) \qquad \frac{\partial C_t}{\partial S_t} = N(d_1) > 0$$[4][5]

---

1) Siehe S. 64 - 66.

2) Im Black-Scholes-Modell wird der mögliche Aktienkurs am Ende eines beliebigen Zeitraums durch eine stetige Verteilung beschrieben. Selbst wenn der Aktienkurs in t weit unterhalb des Basispreises liegt, so besteht stets noch eine positive Wahrscheinlichkeit dafür, daß der Aktienkurs bei Ablauf der Optionsfrist den Basispreis übersteigt. Folglich gilt hier $(\partial C_t/\partial S_t) > 0$. Anders im Binomialmodell: Dort wird eine diskrete Aktienkursverteilung unterstellt, so daß auch der Fall eintreten kann, daß eine Aktienkurserhöhung c.p. den Optionswert nicht erhöht. Liegt der Aktienkurs nämlich in t sehr weit unterhalb des Basispreises, so kann die Option auch im Fall einer Aktienkurserhöhung bei Ablauf der Optionsfrist mit Sicherheit wertlos sein. Im Binomialansatz muß deshalb $(\partial C_t/\partial S_t) \geq 0$ gelten. Entsprechendes gilt auch für die noch folgenden partiellen Ableitungen und Elastizitäten von Kauf- und Verkaufsoptionen; J. C. Cox und M. Rubinstein, Options, 1985, S. 186 - 188, 193 f., 221, 228 f., 235.

3) Ausführliche Darstellungen findet der Leser bei B. Jentzsch, Optionspreise, 1985, S. 315. Die Autorin verwendet die Symbole e^r mit r = risikofreier Zinssatz bei kontinuierlicher Verzinsung, K und KO, die den Symbolen r, S_t und C_t dieser Arbeit entsprechen. Siehe auch H. Levy und M. Sarnat, Portfolio and investment selection: Theory and practice, Englewood Cliffs, N. J. 1984, S. 607, Fußnote 10.

4) Da $N(d_1)$ nur Werte zwischen Null und Eins annehmen kann, bestätigt sich hier die erste Restriktion, nach der C_t S_t nicht übersteigen darf, siehe S.61 f . Außerdem zeigt sich, daß der Black-Scholes-Kaufoptionswert gegen Null strebt, wenn der Aktienkurs sehr niedrig wird; siehe J. C. Cox und M. Rubinstein, Options, 1985, S. 215.

5) $\frac{\partial C_t}{\partial S_t} = N(d_1)$ wird in der Literatur häufig als perfect hedge ratio, hedge ratio oder Hedgeverhältnis bezeichnet. Gemäß der Black-Scholes-Strategie, aus der Aktie und der Kaufoption eine risikofreie Anlage zu duplizieren, gibt sie die Anzahl der pro verkauften Kaufoption zu

Man könnte deshalb Graphik 2.1 (möglicher Wertebereich einer einfachen Aktienkaufoption)[1] variieren, indem man hier (unter der Black-Scholes-Kursverlaufshypothese) mehrere Kaufoptionen betrachtet, die sich nur hinsichtlich des Aktienkurses in t unterscheiden, und in die Graphik eine Kurve mit positivem Verlauf einzeichnet. Nähere Informationen darüber, ob die Kurve konkav, linear oder konvex verläuft, liefert die zweite Ableitung von C_t nach S_t:

$$(2.50) \quad \frac{\partial^2 C_t}{\partial S_t^2} = \frac{1}{S_t \sigma \sqrt{\tau}} N'(d_1) > 0$$

$$\text{mit } N'(d_1) = \frac{1}{\sqrt{2\pi}} e^{-d_1^2/2}$$

= Wert der Dichtefunktion der standardnormalverteilten Zufallsvariablen x für $x = d_1$

Da diese Ableitung positiv ist, verläuft die Kurve konvex.[2]

Fortsetzung Fußnote 5, S. 126: haltenden Aktien an; vgl. F. Black und M. Scholes, Pricing of options, 1973, S. 645; R. A. Jarrow und A. Rudd, Option pricing, 1983, S. 107 f.; B. Jentzsch, Optionspreise, 1985, S. 73, 91. Wie angedeutet, ist die Black-Scholes-Strategie nicht widerspruchsfrei. Im Anhang wird gezeigt, daß man eine risikofreie Position mit Restlaufzeit τ und Rückzahlungsbetrag von Eins bilden kann, indem man $\frac{1}{KN(d_2)}$ Optionen verkauft und $\frac{N(d_1)}{KN(d_2)}$ Aktien kauft und die Komponenten entsprechend der Kursentwicklung und den damit einhergehenden Änderungen von $N(d_1)$ und $N(d_2)$ ohne zusätzlichen Mitteleinsatz oder vorzeitige Rückflüsse umschichtet; vgl. S. 457 f. ; vgl. auch Y. Z. Bergman, Pricing of contingent claims, 1982, S. 5 f., 21 - 38, 69 - 77; R. A. Jarrow und A. Rudd, Option pricing, 1983, S. 106 - 109 in Verbindung mit S. 119 - 121. Bei der Herleitung des Black-Scholes-Modells über den Binomialansatz wurde deutlich, daß $N(d_1)$ die Anzahl der im äquivalenten Portefeuille zu haltenden Aktien bezeichnet, siehe S. 121 dieser Arbeit; R. A. Jarrow und A. Rudd, Option pricing, 1983, S. 106 f. in Verbindung mit S. 119 - 121, 183 - 192.

1) Siehe S. 62.

2) R. A. Jarrow und A. Rudd, Option pricing, 1983, S. 120. Eine ausführliche Herleitung befindet sich im Anhang dieser Arbeit; vgl. S. 470.

Graphik 2.8: Black-Scholes-Aktienkaufoptionswerte als Funktion des Aktienkurses

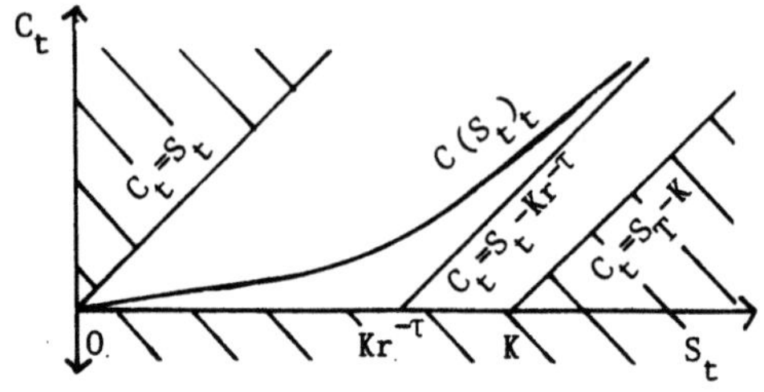

Quelle: In Anlehnung an C. W. Smith, Jr., Review, 1976, S. 25.

Im Unterschied zu Abschnitt A lassen sich hier auch Aussagen darüber machen, wie sich der Optionswert ändert, wenn sich die Streuung der Aktienrendite verändert.[1] Die partielle Ableitung von C_t nach σ ist positiv:[2]

$$(2.51) \quad \frac{\partial C_t}{\partial \sigma} = S_t \sqrt{\tau}\, N'(d_1) > 0$$

---

1) Siehe S. 64 - 66.

2) Siehe J. C. Cox und M. Rubinstein, Options, 1985, S. 218, 221 sowie R. A. Jarrow und A. Rudd, Option pricing, 1983, S. 119. Zur ausführlichen Herleitung vgl. S. 469 f. dieser Arbeit. In der Literatur wird auch die partielle Ableitung von C_t nach σ angegeben; sie lautet $\frac{\partial C_t}{\partial \sigma^2} = \frac{Kr^{-\tau}\sqrt{\tau}}{2\sigma} N'(d_2) > 0$; siehe C. W. Smith, Jr., Review, 1976, S. 24 und ausführlich B. Jentzsch, Optionspreise, 1985, S. 320 unter Berücksichtigung von Fußnote 3, S. 126 dieser Arbeit. Durch andere Substitution bei der Ableitung (d_1 wird durch d_2 ersetzt) gelangt man entsprechend der obigen Schreibweise zu $\frac{\partial C_t}{\partial \sigma^2} = \frac{S_t\sqrt{\tau}}{2\sigma} N'(d_1) > 0$.

Dieser Zusammenhang läßt sich folgendermaßen erklären. Eine größere Standardabweichung der Rendite kann bei Ablauf der Optionsfrist zu höheren und niedrigeren Aktienkursen führen. Während höhere Aktienkurse auch höhere Optionswerte nach sich ziehen, verliert die Möglichkeit niedrigerer Aktienkurse für den Optionshalter an Bedeutung, da er die Option verfallen lassen kann, wenn sich eine Ausübung nicht lohnt.

Eine interessante Kennzahl ist in diesem Zusammenhang die Elastizität des Optionswertes in Bezug auf Aktienkursänderungen $(\partial C_t/C_t)/(\partial S_t/S_t)$. Wie schon im Binomialansatz gezeigt wurde, entspricht die Wertentwicklung einer Kaufoption der einer fremdfinanzierten Aktienanlage. Kaufoptionen werden daher gewöhnlich nicht so starke absolute Wertschwankungen erfahren wie die zugrundeliegende Aktie. Die relativen Schwankungen fallen hingegen bei der Option wegen der Hebelwirkung gewöhnlich stärker aus.[1] Im Black-Scholes-Modell fallen die relativen Schwankungen stets stärker aus, da die Elastizität größer als Eins ist:[2]

$$(\partial C_t/C_t)/(\partial S_t/S_t) > 1$$

---

1) Siehe S. 98 - 115.

2) Aus (2.46) folgt $S_t N(d_1) > C_t$, so daß mit (2.49) gilt: $(S_t/C_t) \cdot (\partial C_t/\partial S_t) = (\partial C_t/C_t)/(\partial S_t/S_t) > 1$; siehe im Zusammenhang mit Fragen der Bewertung von Unternehmensfinanztiteln D. Galai und R. Masulis, Option pricing, 1976, S. 58 f.; C. W. Smith, Jr., Review, 1976, S. 44, Fußnote 34. Siehe auch J. C. Cox und M. Rubinstein, Options, 1985, S. 186 f.; R. A. Jarrow und A. Rudd, Option pricing, 1983, S. 121.

Der Optionswert ist um so elastischer, je weiter der gegenwärtige Aktienkurs unterhalb des Basispreises liegt, weil dann die im äquivalenten Portefeuille zu haltenden Aktien relativ stark fremdfinanziert sind.[1] Liegt der gegenwärtige Aktienkurs weit oberhalb des Basispreises, so ist der entsprechende Anteil der Fremdfinanzierung gering,[2] und die relative Wertänderung der Option ($\partial C_t/C_t$) entspricht dann eher der relativen Wertänderung einer reinen Aktienanlage ($\partial S_t/S_t$), so daß die Elastizität der Option näher bei Eins liegt.[3]

Die Ausführungen legen den Schluß nahe, daß hier auch die Standardabweichung σ kleiner sein muß als die entsprechende Standardabweichung der Kaufoption σ_C. Es läßt sich folgende Beziehung herleiten: $\sigma_C = \frac{S_t}{C_t}\frac{\partial C_t}{\partial S_t}\sigma$. Da hier $\frac{S_t}{C_t}\frac{\partial C_t}{\partial S_t} > 1$ ist, folgt $\sigma < \sigma_C$.[4]

Darüber hinaus erkennt man, daß σ_C im Black-Scholes-Modell eine Zufallsvariable ist, weil die Elastizität eine Zufallsvariable darstellt und σ annahmegemäß konstant ist.

Folglich kann selbst bei stationärer Aktienrendite (die Periodenrenditen weisen das gleiche σ und das gleiche μ

---

1) Das wurde auch im Zahlenbeispiel zum zweiperiodigen Binomialmodell deutlich; siehe S. 110 - 112.

2) Siehe Fußnote 1.

3) Formal läßt sich zeigen, daß die partielle Ableitung der Elastizität nach S_t negativ ist; siehe J. C. Cox und M. Rubinstein, Options, 1985, S. 228 f.

4) Vgl. im Zusammenhang mit Fragen der Unternehmensbewertung D. Galai und R. Masulis, Option pricing, 1976, S. 58 f., Fußnoten 16 und 17; C. W. Smith, Jr., Review, 1976, S. 44 f. Siehe auch J. C. Cox und M. Rubinstein, Options, 1985, S. 186 f., 190; R. A. Jarrow und A. Rudd, Option pricing, 1983, S. 121 in Verbindung mit S. 109 f.

auf und sind voneinander unabhängig) die Rendite der Kaufoption nicht ebenfalls stationär sein.[1] Die Kursverlaufsparameter der Option sind deshalb schwer direkt zu schätzen. Wie im ersten Teil der Arbeit bereits ausgeführt wurde, ist daher das Bewertungsprinzip der Optionsmodelle, Optionen auf Basis von Aktienkursverlaufshypothesen zu bewerten, überzeugender als das Prinzip der State-Preference-Modelle, der Capital-Asset-Pricing-Modelle oder der Arbitrage-Pricing-Theorie direkt an die Verteilungen zukünftiger Optionswerte anzuknüpfen.[2]

Wie schon die zweite Restriktion zeigte, kann aufgrund von Arbitrageüberlegungen nachgewiesen werden, daß der Kaufoptionswert eine konvexe Funktion des Basispreises ist mit einer Steigung im Bereich von Null bis einschließlich $-r^{-\tau}$.[3] Im Black-Scholes-Modell gilt

(2.52) $$\frac{\partial C_t}{\partial K} = -r^{-\tau} N(d_2) < 0$$ [4]

(2.53) $$\frac{\partial^2 C_t}{\partial K^2} = \frac{r^{-\tau}}{K\sigma\sqrt{\tau}} N'(d_2) > 0.$$ [5]

---

1) Siehe die in Fußnote 4, S. 130 genannten Quellen.

2) Siehe S. 31, 34, 43 f.

3) Siehe S. 67-70. Im Black-Scholes-Modell bestätigt sich auch $C_t \to S_t$ für $K \to 0$; siehe J. C. Cox und M. Rubinstein, Options, 1985, S. 215.

4) Ausführlich B. Jentzsch, Optionspreise, 1985, S. 316 unter Berücksichtigung von Fußnote 3, S. 126 dieser Arbeit. Da $0 < N(d_2) < 1$ ist, gilt $-r^{-\tau} < \frac{\partial C_t}{\partial K} < 0$.

5) Eine ausführliche Herleitung befindet sich im Anhang der Arbeit, vgl. S. 470.

Die dritte Restriktion ergab, daß sich eine längere Restlaufzeit auf den Kaufoptionswert nicht negativ auswirken kann.[1] Im Black-Scholes-Modell weist die partielle Ableitung von C_t nach τ ein positives Vorzeichen auf:[2]

$$(2.54)\qquad \frac{\partial C_t}{\partial \tau} = \{S_t\sigma/(2\sqrt{\tau})\}N'(d_1)+Kr^{-\tau}(\ln r)N(d_2) > 0$$

Mit abnehmender Restlaufzeit sinkt daher c.p. der Optionswert, so daß man die in Graphik 2.8 eingezeichnete Kurve und die Wertuntergrenze $\max(0;\ S_t - Kr^{-\tau})$ mit abnehmender Restlaufzeit ($\tau \rightarrow 0$) nach rechts verschieben muß.[3]

Graphik 2.9: Black-Scholes-Aktienkaufoptionswerte als Funktion des Aktienkurses und der Restlaufzeit

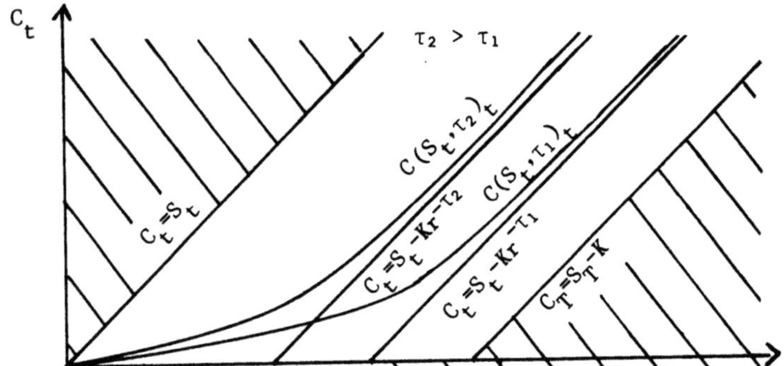

Quelle: In Anlehnung an C. W. Smith, Review, 1976, S. 25.

---

1) Siehe S. 70 f.

2) In der Literatur wird die Ableitung auch angegeben als $\frac{\partial C_t}{\partial \tau} = Kr^{-\tau}\{(\ln r)N(d_2) + \{\sigma/(2\sqrt{\tau})\}\ N'(d_2)\}$; siehe C. W. Smith, Jr., Review, 1976, S. 24 und ausführlich B. Jentzsch, Optionspreise, 1985, S. 317 f. unter Berücksichtigung von Fußnote 3, S. 126 dieser Arbeit. Die Ausführungen in Fußnote 2, S. 128 dieser Arbeit zeigen, daß $Kr^{-\tau}N'(d_2) = S_tN'(d_1)$ ist. Die Ableitungen sind deshalb äquivalent.

3) Siehe S. 128. Im Black-Scholes-Modell bestätigt sich auch, daß sich

In der Literatur untersucht man üblicherweise auch den Einfluß einer Zinssatzänderung auf den Optionswert. Darauf soll hier nicht weiter eingegangen werden,[1] da Fragen des Zinsrisikos nicht Gegenstand dieser Arbeit sind.

c) Modelle mit alternativen Kursverlaufshypothesen

Dieser Unterabschnitt gibt einen Überblick, wie sich die Kursverlaufsannahmen des Binomialansatzes und des Black-Scholes-Modells variieren lassen, ohne auf das Bewertungsprinzip der Duplikation verzichten zu müssen. Damit wird die Flexibilität und breite Anwendbarkeit des Duplikationsansatzes dokumentiert. Ähnliche Ausführungen trifft man auch in der englischsprachigen Literatur an;[2] die deutschsprachige Literatur liefert bislang keinen entsprechenden Überblick.[3]

Fortsetzung Fußnote 3, S. 132: der Kaufoptionswert für sehr lange Restlaufzeiten ($\tau \to \infty$) dem Aktienkurs annähert; siehe J. C. Cox und M. Rubinstein, Options, 1985, S. 215; S. 63, Fußnote 1 dieser Arbeit.

1) Zur partiellen Ableitung von C_t nach r vgl. J. C. Cox und M. Rubinstein, Options, 1985, S. 221. Eine ausführliche Ableitung von C_t nach ln r findet der Leser bei B. Jentzsch, Optionspreise, 1985, S. 319.

2) Vgl. z.B. J. C. Cox und M. Rubinstein, Survey, 1983; R. Geske und S. Trautmann, Option valuation, 1986, S. 89 - 95; verkürzt auch J. C. Cox und M. Rubinstein, Options, 1985, S. 360 - 371. Die Autoren behandeln hier aber auch präferenzabhängige Ansätze, die in dieser Arbeit erst in den folgenden Unterabschnitten diskutiert werden.

3) Einige der im folgenden angesprochenen Modelle behandelt N. Senghas, Präferenzfreie Bewertung, 1981, S. 29 - 31.

Grundsätzlich läßt sich das Duplikationsprinzip auch anwenden, wenn die Aktienkurse einem additiven statt einem multiplikativen Zufallsprozeß folgen. So wurde ein Modell entwickelt, in dem der zugrundeliegende Aktienkurs einem additiven Binomialprozeß folgt.[1] Dabei ist jedoch die Kursverlaufshypothese so zu formulieren, daß sie nicht die Möglichkeit negativer Aktienkurse impliziert. Sonst könnten Optionswerte den Kurs der zugrundeliegenden Aktie übersteigen, was der ersten Restriktion des Abschnitts A (Gleichung (2.1)) widersprechen würde. Deshalb wäre es beispielsweise nicht zulässig, Kursverlaufshypothesen zu wählen, die normalverteilte Aktienkurse unterstellen,[2] denn die Normalverteilung enthält eine positive Wahrscheinlichkeit für den Eintritt negativer Aktienkurse.[3] Derartige Modelle sind also teilweise nicht konsistent mit den Restriktionen des Abschnitts A und deshalb in der Literatur nur selten anzutreffen.[4] In diesem Teilabschnitt werden nun nur noch Duplikationsmodelle mit multiplikativem Ak-

---

1) Vgl. T. S. Assaf, Valuation, 1984, S. 80 - 92.

2) Der Aktienkurs ist am Ende eines beliebigen Zeitraums normalverteilt, wenn man beispielsweise unterstellt, daß die Aktienkurse einer arithmetisch Brown'schen Bewegung mit endlicher Varianz folgen; vgl. C. W. Smith, Jr., Review, 1976, S. 15, 47 - 49. Ähnlich auch G. Güttler und U. Hielscher, Aktienoptionspreise und ihre Komponenten, in: ZfbF, 29. Jg. (1977), S. 134 - 136. Normalverteilte Aktienkurse unterstellen Bachelier sowie Güttler und Hielscher; vgl. L. Bachelier, Théorie de la spéculation, in: AdENS, Vol. 17 (1900), S.21 - 86, englische Übersetzung: Theory of speculation, in: The random character of stock market prices, Hrsg. P. Cootner, Cambridge, Mass. 1964, S. 17 - 78; G. Güttler und U. Hielscher, Aktienoptionspreise, 1977, insb. S. 136 - 140. Siehe auch die in Fußnote 4, S. 146 genannten Quellen.

3) Vgl. C. W. Smith, Jr., Review, 1976, S. 47 - 49; B. Jentzsch, Optionspreise 1985, S. 49. Auch Güttler und Hielscher erkennen diese Problematik, unterstellen aber trotzdem normalverteilte Aktienkurse; siehe G. Güttler und U. Hielscher, Aktienoptionspreise, 1977, S. 134, 136 - 140.

4) Siehe die in Fußnote 4, S. 146, und Fußnote 3 dieser Seite genannten Quellen.

tienkursverlauf behandelt, obwohl die Ausführungen analog auch für (konsistente) Duplikationsmodelle mit additivem Aktienkursverlauf gelten.

Der Binomialansatz und das Black-Scholes-Modell sind leicht übertragbar, wenn sich die Parameter u und d sowie σ im Zeitablauf in deterministischer Weise ändern.[1] Denkbar wäre z.B. eine geplante Änderung des Investitionsprogramms der betrachteten Aktiengesellschaft im Zeitpunkt t', so daß gilt

$$u_t = \begin{cases} u & \text{für } t < t' \\ u' & \text{für } t \geq t' \end{cases}$$

sowie

$$d_t = \begin{cases} d & \text{für } t < t' \\ d' & \text{für } t \geq t' \end{cases}$$

Hier ließe sich der Binomialansatz anwenden, indem man die Restlaufzeit in zwei Teilabschnitte zerlegt. Die zum Zeitpunkt t' möglichen Optionswerte sind mit dem n-Perioden-

1) Vgl. R. C. Merton, Rational option pricing, 1973, S. 163, 169; J. C. Cox, S. A. Ross und M. Rubinstein, Option pricing, 1979, S. 261 f.; J. C. Cox und M. Rubinstein, Survey, 1983, S. 4, Fußnote 1, S. 10 f.; dies., Options, 1985, S. 212, 276, 361. Hinsichtlich des Binomialansatzes auch R. J. Rendleman, Jr. und B. J. Bartter, Two-state option pricing, 1979, S. 1098.

2) In Anlehnung an J. C. Cox und M. Rubinstein, Survey, 1983, S. 10; dies., Options, 1985, S. 361.

Modell mit u' und d' als Wertänderungsparametern zu bestimmen. Ausgehend von diesen Werten ermittelt man dann den Optionswert zu Beginn der Restlaufzeit, indem man das n-Perioden-Modell mit u und d als Wertänderungsparametern anwendet. Im Black-Scholes-Modell könnte man die konstante Standardabweichung durch die durchschnittliche Standardabweichung ersetzen.[1)]

Wenn die Parameter u und d bzw. σ stochastisch schwanken, dann läßt sich das Duplikationsprinzip nur in Ausnahmefällen aufrechterhalten. Hier bieten sich grundsätzlich zwei Wege an:

Zum einen kann man unterstellen, daß man die möglichen Parameteränderungen im voraus kennt.[2)] Zum anderen kann man einen Finanztitel unterstellen, der mit dem stochastischen Prozeß der Parameter u und d bzw. σ perfekt positiv korreliert[3)], d.h. vereinfacht auch, daß die Parameter u und d bzw. σ selbst marktgängige Finanztitel sind.[4)] Der

---

1) J. C. Cox und M. Rubinstein, Options, 1985, S. 212.

2) Siehe J. C. Cox, S. A. Ross und M. Rubinstein, Option pricing, 1979, S. 261 f.; J. C. Cox und M. Rubinstein, Survey, 1983, S. 10 f., 20 f.; dies., Options, 1985, S. 360 f., 367.

3) Vgl. H. E. Johnson, Three topics in option pricing, Diss., Los Angeles, Ca., 1981, S. 1 - 17.

4) Vgl. J. Hull und A. White, The pricing of options on assets with stochastic volatilities, in: JoF, Vol. 42 (1987), S. 281 - 300; vgl. auch H. E. Johnson und D. Shanno, Option pricing when the variance is changing, in: JoFQA, Vol. 22 (1987), S. 143 - 151; L. O. Scott, Option pricing when the variance changes randomly: Theory, estimation, and an application, in JoFQA, Vol. 22 (1987), S. 419 - 438; J. B. Wiggins, Option values under stochastic volatility: Theory and empirical, in: JoFE, Vol. 19 (1987) S. 351 - 372.

zweite Weg wird in dieser Arbeit nicht weiter verfolgt, der erste Weg sei nun näher betrachtet.

Hier wurden Varianten des Binomialansatzes und des Black-Scholes-Modells für den Fall entwickelt, daß die Parameter stets in einem bestimmten Verhältnis zum jeweiligen Aktienkurs stehen. Empirischen Untersuchungen zufolge steigen u und d bzw. σ gewöhnlich mit sinkendem Aktienkurs und sinken gewöhnlich mit steigendem Aktienkurs. Begründet wird der Zusammenhang mit Financial-Leverage- und Operational-Leverage-Effekten. Bei sinkenden Aktienkursen wird der Marktwert des Eigenkapitals tendenziell stärker sinken als der Marktwert des Fremdkapitals, so daß der Verschuldungsgrad (in Marktwerten) steigt und somit auch u und d bzw. σ. Ein ähnlicher Effekt kann selbst bei unverschuldeten Unternehmen beobachtet werden: Der Wert des Eigenkapitals sinkt, wenn sich die Ertragserwartungen für das laufende Investitionsprogramm bei gegebenen Fixkosten verschlechtern, so daß tendenziell u und d bzw. σ steigen.[1)]

Man könnte deshalb z.B. unterstellen, daß die Wertänderungsparameter u und d in folgender Weise vom Aktienkurs zu Periodenbeginn (S_t) abhängen:[2)]

---

1) Vgl. F. Black, Studies of stock price volatility changes, in: Proceedings of the 1976 meetings of the American Statistical Association, Business and Economic Statistics Section, o. Jg. (1976), S. 177-181; S. Beckers, The constant elasticity of variance model and its implications for option pricing, in: JoF, Vol. 35 (1980), S. 661 f. und die dort genannte Literatur; siehe auch J. C. Cox und M. Rubinstein, Options, 1985, S. 280 f. 363.

2) In Anlehnung an J. C. Cox und M. Rubinstein, Survey, 1983, S. 11 f.; dies., Options, 1985, S. 361 f.

(2.55) $$u_{t+1} = 1 + \frac{1}{\sqrt{S_t}} \text{ und } d_{t+1} = 1 - \frac{1}{\sqrt{S_t}}$$

Hier läßt sich das n-Perioden-Binomialmodell nicht heranziehen, da die Wertänderungsparameter über die Perioden voneinander abhängen. Den Optionswert kann man aber bestimmen, indem man das einperiodige Binomialmodell rekursiv anwendet.[1)] Folgendes Beispiel soll das Vorgehen verdeutlichen: Der gegenwärtige Aktienkurs betrage 100, die Kursentwicklung verlaufe in der durch (2.55) beschriebenen Weise, und es gelte r = 1,02, n = 2 sowie K = 90. Für die Kursentwicklung der Aktie ergibt sich

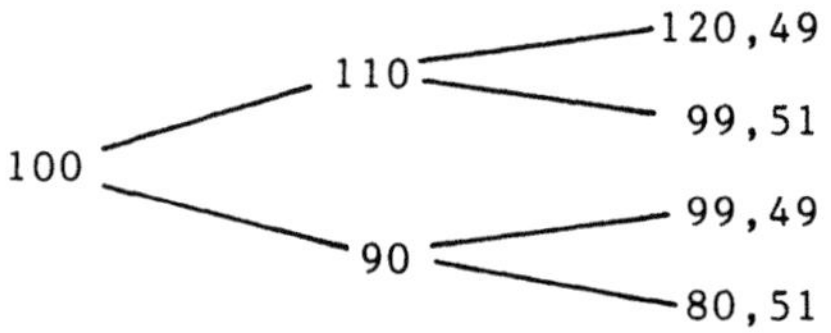

Es errechnen sich folgende vier Optionswerte bei Ablauf der Optionsfrist:

max(120,49 - 90; 0) = 30,49
max(99,51 - 90; 0) = 9,51
max(99,49 - 90; 0) = 9,49
max(80,51 - 90; 0) = 0

Durch Anwendung des einperiodigen Modells lassen sich die zu Beginn der letzten Periode möglichen Werte bestimmen:

1) Siehe die in Fußnote 2, S. 137 genannten Quellen.

$$\{30{,}49q'' + 9{,}51(1-q'')\}/1{,}02 = 21{,}77$$

$$\text{mit } q'' = \frac{1{,}02 - (99{,}51/110)}{(120{,}49/110) - (99{,}51/100)} = 0{,}605$$

$$\{9{,}49q''' + 0(1-q''')\}/1{,}02 = 5{,}54$$

$$\text{mit } q''' = \frac{1{,}02 - (80{,}51/90)}{(99{,}49/90) - (80{,}51/90)} = 0{,}595$$

Der Optionswert zu Beginn der Restlaufzeit beträgt dann

$$\{21{,}77q + 5{,}54(1-q)\}/1{,}02 = 14{,}98$$

$$\text{mit } q = \frac{1{,}02 - (90/100)}{(110/100) - (90/100)} = 0{,}6$$

Bei einer nach (2.55) beschriebenen Kursverlaufshypothese ist allerdings zu beachten, daß die Arbitragerestriktion $u_{t+1} > r > d_{t+1} \geq 0$ verletzt werden kann. So ist hier $u_{t+1} \leq r$, wenn $S_t \geq (\frac{1}{r-1})^2$ ist[1] - im Zahlenbeispiel mit r = 1,02 also für S_t = 2500, bei einem Zinssatz von 10 Prozent pro Periode (r = 1,1) schon für S_t = 100 -, und d_{t+1} wird negativ für $S_t < 1$.[2] In diesen Fällen ist die Kursverlaufshypothese so zu formulieren, daß sie nicht gegen die genannte Arbitragerestriktion verstößt.[3]

Der beschriebene Ansatz läßt sich auch verallgemeinern[4]

---

1) Diese Ungleichung ergibt sich durch Auflösung von $1 + \frac{1}{\sqrt{S_t}} \leq r$ nach S_t.

2) Auflösen von $1 - \frac{1}{\sqrt{S_t}} < 0$ nach S_t ergibt $S_t < 1$. Diese Problematik deuten auch Cox und Rubinstein an; siehe J. C. Cox und M. Rubinstein, Options, 1985, S. 361, Fußnote 1.

3) Assaf schlägt eine alternative Kursverlaufshypothese vor, bei der diese Probleme nicht auftreten; vgl. T. S. Assaf, Valuation, 1984, S. 153 f.

4) J. C. Cox und M. Rubinstein, Survey, 1983, S. 10 f; dies,. Options, 1985, S. 361 f.

und in die zeitkontinuierlichen "Constant-Elasticity-Of-Variance"-Modelle überführen, in denen unterstellt wird, daß der Aktienkursverlauf einem Itô-Prozeß mit stochastischer Varianz der Aktienrendite entspricht, wobei die Varianz so schwankt, daß ihre Elastizität in Bezug auf Aktienkursänderungen negativ und konstant ist.[1)2)]

Eine weitere Variante unterstellt, daß der Aktienkursverlauf Sprungstellen aufweist. Hier läßt sich die Duplikationsstrategie anwenden, wenn der zukünftige Kursverlauf einem Poissonprozeß mit multiplikativer Sprungkomponente entspricht und die Höhe und Richtung des Kurssprungs deterministisch ist.[3)] Auch diesen Ansatz kann man über den

---

1) Zu diesen Modellen vgl. J. C. Cox, Notes on option pricing I: Constant elasticity of variance diffusions, Arbeitspapier, Stanford University, Stanford, Ca. 1975, zitiert nach: S. Beckers, Constant elasticity, 1980, S. 661; J. C. Cox und S. A. Ross, Alternative stochastic processes, 1976, S. 148 - 151, 159 - 163; S. Beckers, Constant elasticity, 1980, S. 661 - 673, R. A. Jarrow und A. Rudd, Option pricing, 1983, S. 153 - 163; J. C. Cox und M. Rubinstein, Survey, 1983, S. 10 - 13; dies., Options, 1985, S. 362 - 364. Zum Übergang des Binomialansatzes in Constant-Elasticity-Of-Variance-Modelle vgl. J. C. Cox und M. Rubinstein, Survey, 1983, S. 11 f.; dies., Options, 1985, S. 361 - 363; T. S. Assaf, Valuation, 1984, S. 149 - 154. Assaf behandelt auch den Fall einer positiven, konstanten Elastizität; vgl. T. S. Assaf, Valuation, 1984, S. 155 - 161.

2) Die Abhängigkeit der Parameter u und d bzw. σ vom Aktienkursverlauf läßt sich auch mit der zuvor beschriebenen Abhängigkeit von der Zeit (siehe S. 135 f.) kombinieren; vgl. J. C. Cox und M. Rubinstein, Survey, 1983, S. 10 f., 20 f.; dies., Options, 1985, S. 362 f. Ebenso möglich wäre auch eine Abhängigkeit der Parameter von Zufallsvariablen, die mit dem Aktienkursverlauf perfekt korrelieren; siehe J. C. Cox, S. A. Ross und M. Rubinstein, Option pricing, 1979, S. 262; J. C. Cox und M. Rubinstein, Survey, 1983, S. 20 f.; dies., Options, 1985, S. 367.

3) Ist die Höhe und Richtung des Kurssprungs stochastisch, so läßt sich in bestimmten Fällen ein Duplikationsansatz entwickeln; vgl. hierzu sowie zum Ansatz mit deterministischer Höhe und Richtung des Kurssprungs J. C. Cox und S. A. Ross, Jump processes, 1975; dies., Alternative stochastic processes, 1976, insb. S. 147 - 151, 155 - 159.

Binomialansatz herleiten.[1)2)3)]

Die bisher behandelten Modelle lassen sich noch erweitern,

---

1) Vgl. J. C. Cox, S. A. Ross und M. Rubinstein, Option pricing, 1979, S. 254 f.; J. C. Cox und M. Rubinstein, Survey, 1983, S. 17, 19; dies., Options, 1985, S. 365 f.; C.-C. Hsia, Binomial option pricing, 1983, S. 43.

2) In der Literatur findet man noch einen Ansatz, der auf der Annahme basiert, daß sich der zukünftige Aktienkursverlauf durch eine Kombination aus Itō- und Poissonprozeß beschreiben läßt, bei dem Höhe und Richtung der Sprungkomponente stochastisch sind. Unter dieser komplexen Kursverlaufshypothese kann man allerdings die Option durch ein Portefeuille aus Aktie und risikofreien Titeln nicht exakt duplizieren, so daß zusätzliche Annahmen über die Charakteristika anderer Finanztitel getroffen werden. Vgl. R. C. Merton, Stock returns, 1976, S. 125 - 144; R. A. Jarrow und A. Rudd, Option pricing, 1983, S. 164 - 175; J. C. Cox und M. Rubinstein, Survey, 1983, S. 21 - 29; dies., Options, 1985, S. 368 - 371. Insofern erfordert dieser Ansatz einen umfassenderen Bewertungszusammenhang und ist damit kein Duplikationsansatz im Sinne dieser Arbeit, sondern eher den Capital-Asset-Pricing-Modellen oder den Arbitrage-Pricing-Modellen zuzuordnen; siehe S. 42 dieser Arbeit. Nicht überzeugend Geske und Trautmann, die diesen Ansatz zu den "hedging models" (Duplikationsmodelle) zählen, obwohl sie selbst sagen, daß es kein reines "hedging model" sei; vgl. R. Geske und S. Trautmann, Option valuation, 1986, S. 86 - 93, insb. S. 92 f. in Verbindung mit S. 87. Cox, Ross und Rubinstein weisen darauf hin, daß die Bewertungsgleichung von Merton auch unter Präferenzrestriktionen herleitbar ist; siehe J. C. Cox, S. A. Ross und M. Rubinstein, Option pricing, 1979, S. 262 f., Fußnote 21. Yoo stellt fest, daß eine Herleitung unter der Annahme einer bestimmten Nutzenfunktionenklasse möglich sei; siehe T. H. Yoo, A gamma-based alternative for pricing options given a multistate mixture of normal return distributions, Diss., Tallahassee, 1984, S. 112; S. 146 f. dieser Arbeit.

3) Bookstaber und McDonald haben im Zuge der Bewertung von Rentenoptionen ein Aktienoptionsmodell für den Fall entwickelt, daß die Verteilung der zugrundeliegenden Aktie einer verallgemeinerten Betaverteilung zweiter Ordnung entspricht. Die Autoren weisen aber nicht nach, daß ihre Modellgleichung auf dem Duplikationsprinzip basiert und damit unabhängig von speziellen Risikopräferenzen ist; vgl. R. M. Bookstaber und J. B. McDonald, A generalized option valuation model for the pricing of bond options, in: RoRiFM, Vol. 4 (1985), insb. S. 62 - 68; S. Figlewski, Discussion, in: RoRiFM, Vol. 4 (1985), S. 81 f.; R. M. Bookstaber, Discussion, in: RoRiFM, Vol. 4 (1985), S. 82. Das Modell scheint auch die Vorteilhaftigkeit einer vorzeitigen Ausübung amerikanischer Optionen zu vernachlässigen; siehe J. F. Meisner, Commentary, in: RiRiFM, Vol. 4 (1985), S. 77.

wenn man die Bewertung von Aktienoptionen mit der Bewertung von Unternehmensanteilen verknüpft. Es ergeben sich dann auch alternative Wege zur Berücksichtigung stochastischer Kursverlaufsparameter. In den "Compound-Option"-Modellen wird die zugrundeliegende Aktie selbst als Kaufoption auf den Unternehmenswert interpretiert, so daß die Aktienoption wie eine Option auf eine Option ("compound option") bewertet wird.[1] Dieses Prinzip liegt auch den "Displaced-Diffusion"-Modellen zugrunde.[2] Derartige Modelle werden hier nicht weiter diskutiert, da die Übertragung des optionstheoretischen Konzeptes auf die Bewertung von Unternehmensanteilen erst im dritten Teil näher angesprochen werden soll.

1) Geske entwickelte ein derartiges Modell auf der Grundlage des Black-Scholes-Modells; vgl. R. Geske, The valuation of complex options, Diss., Berkeley, Ca. 1977, S. 31 - 54; ders., The valuation of compound options, in: JoFE, Vol. 7 (1979), insb. S. 65 - 69, 71 - 81. Siehe auch R. A. Jarrow und A. Rudd, Option pricing, 1983, S. 143 f.; J. C. Cox und M. Rubinstein, Survey, 1983, S. 13, 15 f.; dies., Options, 1985, S. 412, 414 f.; R. Geske und S. Trautmann, Option valuation, 1986, S. 91 f. Geske sowie Geske und Trautmann verwenden eine mißverständliche Schreibweise, anders die anderen Autoren. Cox und Rubinstein erweiterten den Binomialansatz für die Bewertung von compound options; vgl. J. C. Cox und M. Rubinstein, Survey, 1983, S. 14 f.; dies., Options, 1985, S. 413 f. Zur Weiterentwicklung des Geske-Modells vgl. M. J. P. Selby und S. D. Hodges, On the evaluation of compound options, in: MS, Vol. 33 (1987), S. 347 - 353. Zum Übergang vom Binomialansatz zu zeitkontinuierlichen Compound-Option-Modellen vgl. E. Omberg, Convergence, 1987.

2) Rubinstein entwickelte ein Displaced-Diffusion-Modell auf der Grundlage des Black-Scholes-Modells; vgl. M. Rubinstein, Displaced diffusion option pricing, in: JoF, Vol. 38 (1983), S. 213 - 217. Siehe auch J. C. Cox und M. Rubinstein, Survey, 1983, S. 16 f.; J. J. Evnine, Three essays in the use of option pricing theory, Diss., Berkeley, Ca. 1983, S. 43 - 108; R. A. Jarrow und A. Rudd, Option pricing, 1983, S. 130 - 132; R. Geske und S. Trautmann, Option valuation, 1986, S. 92. Cox und Rubinstein zeigten, wie sich der Binomialansatz entsprechend erweitern läßt; vgl. J. C. Cox und M. Rubinstein, Survey, 1983, S. 17 f.

2. Modelle ohne genau spezifizierte Risikopräferenzen

In diesem Abschnitt sollen Modelle des zweiten Typs diskutiert werden. Mit den Modellen lassen sich einige der zuvor behandelten Bewertungsgleichungen auch dann herleiten, wenn man die Option durch ein Portefeuille aus Aktien und risikofreien Titeln nicht vollkommen duplizieren kann. Dieser Weg ist grundsätzlich von besonderem Interesse, da er mögliche Kritik an der Duplikationsidee entschärfen könnte. Außerdem ergeben sich zusätzliche Bewertungsgleichungen, die sich nicht unter dem Duplikationsansatz herleiten lassen. Ausführungen hierzu findet man bislang in der englischsprachigen, nicht aber in der deutschsprachigen Literatur.

Das grundlegende Vorgehen kann man wie folgt beschreiben.[1)] Es gelten die Annahmen 1 - 6 mit der Einschränkung, daß sich aufgrund bestimmter Aktienkursverläufe und Marktunvollkommenheiten (wie z.B. die Annahme zeitdiskreter Handelszeitpunkte oder die Annahme, daß der Markt unvollständig ist) die Duplikationsstrategie nicht anwenden läßt.[2)]

---

1) In Anlehnung an K. Egle und S. Trautmann, Preference-dependent pricing, 1981, S. 401 - 414. Der Ansatz beruht auf den Modellen von Merton, Rubinstein und Brennan und hebt einige der dort enthaltenen restriktiven Annahmen auf; vgl. R. C. Merton, Rational option pricing, 1973, S. 161 f.; M. Rubinstein, The valuation of uncertain income streams and the pricing of options, in: BJoEMS, Vol. 7 (1976), S. 407 - 425; M. J. Brennan, Pricing of contingent claims, 1979, S. 53 - 68; J. C. Cox und M. Rubinstein, Options, 1985, S. 212 - 215; K. Egle und S. Trautmann, Preference-dependent pricing, 1981, S. 402 - 414. Siehe auch T. H. Yoo, Gamma-based alternative, 1984, S. 112; R. Geske und S. Trautmann, Option valuation, 1986, S. 94 f.

2) Vgl. K. Egle und S. Trautmann, Option valuation, 1986, S. 406; J. C. Cox und M. Rubinstein, Survey, 1983, S. 20; dies., Options, 1985, S. 366 f.; R. C. Stapleton und M. G. Subrahmanyam, Binomial process, 1984, S. 1525 - 1527; siehe auch S. 93 dieser Arbeit.

Das ist zum Beispiel bei trinomialverteilten Aktienkursen und diskreten Handelszeitpunkten der Fall. Ein Portefeuille aus Aktien und risikofreien Titeln kann dann höchstens in zwei Umweltsituationen die gleichen Zahlungsüberschüsse wie die Option liefern, nicht dagegen bei Eintritt der dritten Umweltsituation.

Hinsichtlich der Risikopräferenzen wird dann davon ausgegangen, daß sich die Nutzenfunktionen der Marktteilnehmer einer bestimmten Klasse zuordnen lassen, die impliziert, daß die Marktteilnehmer gegenüber zukünftigen Portefeuilleumstrukturierungen indifferent sind. So sind also die Risikopräferenzen klssifiziert, aber nicht genau spezifiziert.

Im Schrifttum werden drei spezielle Fälle behandelt, in denen man den Duplikationsmodellen entsprechende Bewertungsgleichungen herleiten kann:

- Ist der Aktienkurs am Ende der Restlaufzeit logarithmisch normalverteilt und weisen die Nutzenfunktionen konstante proportionale Risikoaversion (KPRA)[1)] auf, so läßt sich die Black-Scholes-Modellgleichung herleiten.[2)]

- Läßt sich die Aktienkursverteilung bei Ablauf der Optionsfrist aus einem multiplikativen Binomialprozeß mit konstanten Wertänderungsparametern und konstanten Ein-

1) KPRA liegt vor, wenn ein Anleger konstante Risikoaversion gegenüber einem proportionalen Verlust zeigt, auch wenn der absolute Verlust mit zunehmendem Vermögen steigt; vgl. J. W. Pratt, Risk aversion in the small and in the large, in: Econometrica, Vol. 32 (1964), S. 122 - 136; K. J. Arrow, Aspects of the theory of risk-bearing, Helsinki 1965, S. 28 - 44.

2) Siehe die in Fußnote 3, S. 93 genannten Quellen.

trittswahrscheinlichkeiten ableiten, so erhält man bei Annahme KPRA die Bewertungsgleichungen der mehrperiodigen Binomialmodelle.[1)]

- Ist der Aktienkurs am Ende der Restlaufzeit logarithmisch poissonverteilt, so kann man bei Annahme KPRA die Bewertungsgleichung des Modells mit einfachem Poissonprozeß[2)] herleiten.[3)]

In diesen Fällen sind die Investoren aufgrund der Annahme KPRA indifferent gegenüber zukünftigen Portefeuilleumstrukturierungen, auch wenn sie sie später vornehmen, so daß sie Optionen genauso bewerten, als könnten sie unter den entsprechenden Kursverlaufshypothesen der Duplikationsmodelle die Option durch eine dynamische Portefeuillestrategie mit der zugrundeliegenden Aktie und risikofreien Titeln duplizieren.

Black und Scholes unterstellen in ihrem Modell, daß der Kurs der zugrundeliegenden Aktie einem Itō-Prozeß mit stationären Renditeparametern μ und σ folgt, so daß der Kurs am Ende eines beliebigen Zeitraumes logarithmisch normal-

---

1) Vgl. R. C. Stapleton und M. G. Subrahmanyam, Binomial process, 1984, S. 1525 - 1533, 1536 - 1538. Analog zum Duplikationsansatz läßt sich auch dieses Modell in das Modell mit logarithmisch normalverteilten Aktienkursen überführen; vgl. ebda., insb. S. 1534. Die Autoren orientieren sich bei den Modellprämissen an Brennan und Rubinstein. Auch hier dürfte eine Herleitung unter weniger restriktiven Annahmen nach Egle und Trautmann möglich sein; siehe die in Fußnote 1, S. 143 dieser Arbeit genannten Quellen.

2) Die Höhe und die Richtung der multiplikativen Sprungkomponente ist bekannt und konstant; siehe die in Fußnote 3, S. 140 genannten Quellen.

3) Dieses Modell ist in der Literatur bisher nicht explizit hergeleitet worden. Stapleton und Subrahmanyam stellen aber fest, daß sich ihr Modell in das Modell mit einfachem Poissonprozeß überleiten läßt; siehe R. C. Stapleton und M. G. Subrahmanyam, Binomial process, 1984, S. 1534, Fußnote 8.

verteilt ist.[1] Wie oben gezeigt, läßt sich ihr Modell unabhängig von speziellen Risikopräferenzen herleiten.[2] Man könnte die Bewertungsergebnisse deshalb auch aus Sicht der Duplikationsmodelle begründen, denn das Black-Scholes-Modell liefert auch für solche Marktteilnehmer richtige Optionswerte, die gegenüber Portefeuilleumstrukturierungen und damit gegenüber Veränderungen des Ausgangsrisikos indifferent sind. Entsprechendes gilt für andere Duplikationsmodelle.[3)4]

Entgegen der herrschenden Meinung[5] läßt sich der Ansatz mit der Annahme KPRA[6] auch für komplexere Aktienkursverteilungen mit nichtstationären Parametern anwenden.[7] Er liefert dann auch Bewertungsgleichungen, die sich nicht nach dem Duplikationsprinzip herleiten lassen. Es

---

1) Vgl. Fußnote 4, S. 115.

2) Siehe S. 119 - 121.

3) Siehe auch K. Egle und S. Trautmann, Preference-dependent pricing, 1981, S. 414; R. K. S. Rao, Modern option pricing, 1981, S. 37 f.; R. Geske und S. Trautmann, Option valuation, 1986, S. 95.

4) Sind die Kurse des zugrundeliegenden Objektes normalverteilt oder läßt sich die Verteilung aus einem additiven Binomialprozeß mit konstanten Wertänderungsparametern und konstanten Eintrittswahrscheinlichkeiten ableiten, dann kann man unter der Annahme konstanter absoluter Risikoaversion alternative Modelle herleiten; vgl. M. J. Brennan, Pricing of contingent claims, 1979; K. Egle und S. Trautmann, Preference-dependent pricing, 1981, S. 402 - 414; R. C. Stapleton und M. G. Subrahmanyam, Binomial process, 1984, insb. S. 1534. Wie oben ausgeführt, ist aber für Aktien die Annahme normalverteilter Kurse abzulehnen, da diese Verteilung auch eine positive Wahrscheinlichkeit für den Eintritt negativer Kurse enthält, siehe S. 134. Dieses Problem kann auch unter der Annahme auftreten, daß sich die Aktienkursverteilung aus einem additiven Binomialprozeß ableiten läßt; siehe S. 134. Sie sollen deshalb hier nicht weiter behandelt werden.

5) Im weiteren kurz KPRA-Ansatz.

6) Siehe J. C. Cox und S. A. Ross, Survey, 1976, S. 400; R. C. Stapleton und M. G. Subrahmanyam, Notes on multiperiod valuation and the pricing of options: A comment, in: JoF, Vol. 39 (1984), S. 305 - 307; S. Bhattacharya, Notes on multiperiod valuation and the pricing of options: A reply, in: JoF, Vol. 39 (1984), S. 309 f.

7) Vgl. T. H. Yoo, Gamma-based alternative, 1984, S. 110 - 160.

bliebe deshalb auch noch zu prüfen, ob die angesprochenen KPRA-Modelle unter weniger restriktiven Verteilungsannahmen Bestand haben[1] und ob sich die Bewertungsgleichungen der übrigen Duplikationsmodelle unter dem KPRA-Ansatz herleiten lassen. Das kann aber nicht Aufgabe dieser Arbeit sein.[2]

Drei Gründe sprechen gegen den KPRA-Ansatz.

Zum einen stellt die Annahme KPRA eine starke Einschränkung des Anlageverhaltens dar, da Anleger vermutlich gegenüber zukünftigen Risikoveränderungen und Portefeuilleumschichtungen nicht indifferent sind.[3]

Zum anderen ist der Ansatz nicht sachgerecht, wenn bei amerikanischen Optionen nicht auszuschließen ist, daß vorzeitiges Ausüben lohnt, wie z.B. bei einfachen amerikanischen Aktienverkaufsoptionen[4] oder bei entsprechenden nichtausschüttungsgeschützten Kaufoptionen auf Dividendentitel.[5] Aufgrund der Präferenzrestriktion sind Anleger gegenüber zukünftigen Portefeuilleumstrukturierungen und somit auch gegenüber einer vorzeitigen Ausübung indifferent, so daß in diesen Modellen vergleichbare amerikanische und europäische Optionen stets

---

1) Vgl. zum Beispiel die weniger restriktiven Annahmen der behandelten Duplikationsmodelle, S. 101, 115, 140.

2) Yoo weist darauf hin, daß man unter der Annahme KPRA auch die Bewertungsgleichung von Merton erhält, die sich wegen der komplexen Verteilungsannahme nicht unter dem Duplikationsansatz herleiten läßt; vgl. T. H. Yoo, Gamma-based alternative, 1984, S. 112; R. C. Merton, Stock returns, 1976; siehe Fußnote 2, S. 141 dieser Arbeit.

3) Siehe auch R. K. S. Rao, Modern option pricing, 1981, S. 38 und die dort genannte Literatur.

4) J. C. Cox und S. A. Ross, Survey, 1976, S. 400, insb. Fußnote 12; siehe auch 2. Teil, Abschnitt A.III. dieser Arbeit.

5) Siehe Fußnote 1, S. 55; Fußnote 4, S. 61.

den gleichen Wert haben. Das ist aber ökonomisch nicht sinnvoll und widerspricht den Arbitrageüberlegungen des Abschnitts A[1].

Schließlich sind die Modellannahmen hinsichtlich der Marktunvollkommenheiten in Verbindung mit der Annahme kostenloser Transaktionen und Informationen ökonomisch wenig plausibel.[2] Die Marktunvollkommenheiten führen aber zusammen mit den genannten Verteilungsannahmen dazu, daß sich die Option durch Aktie und risikofreie Titel nicht perfekt duplizieren läßt, während dies unter den konsistenteren Annahmen der Duplikationsmodelle der Fall ist. Überzeugender wäre deshalb der KPRA-Ansatz unter expliziter Berücksichtigung von Transaktions- und Informationskosten.

3. Modelle mit genau spezifizierten Risikopräferenzen: Trinomialansatz unter Risikoneutralität

Sind nun die Bedingungen für eine perfekte Duplikation der Option durch die zugrundeliegende Aktie und risikofreie Titel oder für die beschriebene Klassifizierung der Nutzenfunktionen nicht erfüllt und damit die Modelle ohne spezifizierte oder ohne genau spezifizierte Risikopräferenzen nicht sachgerecht anwendbar, so bieten sich Optionsbewertungsmodelle an, die auf genau festgelegten Risikopräferenzen beruhen.[3] Für den dritten Teil der

---

1) Siehe S. 71 - 84.

2) Darauf wurde bereits oben im Binomialansatz hingewiesen; siehe S. 101, Fußnote 3.

3) Vgl. zu derartigen Modellen allgemein C. W. Smith, Jr., Review, 1976, S. 15 - 20; K. Egle und S. Trautmann, Preference-dependent pricing, 1981. Siehe auch G. Güttler und U. Hielscher, Aktienoptionspreise, 1977, insb. S. 133, Fußnote 10; diese Autoren unterstellen der Einfachheit halber Risikoneutralität.

Arbeit ist der Trinomialansatz mit der Annahme nützlich, daß sich die Marktteilnehmer risikoneutral verhalten. Dieser Ansatz liefert unter bestimmten Voraussetzungen die Black-Scholes-Modellgleichung. Er wurde von Boyle entwickelt und bisher nicht in der deutschsprachigen Literatur behandelt.[1]

Wie oben erwähnt, kann man bei zeitdiskretem Handel von Finanztiteln und trinomialverteilten Aktienkursen die Duplikationsstrategie nicht anwenden,[2] so daß hier neben Annahme 1 - 6 die folgende zusätzliche Kursverlaufs- und Präferenzannahme gilt:

7.c) Der Handel von Finanztiteln erfolgt zu diskreten, äquidistanten Zeitpunkten, und der zukünftige Aktienkursverlauf entspricht einem multiplikativen Trinomialprozeß mit konstanten Wertänderungsparametern. Die Marktteilnehmer haben homogene Erwartungen und verhalten sich risikoneutral.

Betrachtet man eine Kaufoption mit einperiodiger Restlaufzeit, so ergeben sich für Aktie und Option folgende Kursverlaufsmöglichkeiten:

---

1) Vgl. P. P. Boyle, Lattice framework, 1986. Wie im dritten Teil der Arbeit noch gezeigt wird, läßt sich dieser Ansatz auch für den Fall einer Option auf mehrere Titel erweitern; siehe S. 271 - 276 dieser Arbeit. Auf diese Weise lassen sich auch Optionen auf Aktien mit stochastischer Renditestreuung bewerten, für die die oben behandelten Duplikationsansätze nur in Ausnahmefällen sachgerecht anwendbar sind. Entsprechend kann man auch die bisher nur schwer zu handhabende Ausschüttungsproblematik bewältigen; vgl. P. P. Boyle, Lattice framework, 1986, S. 21, 25; S. 136 - 140 dieser Arbeit sowie die jeweils genannte Literatur.

2) Siehe S. 144.

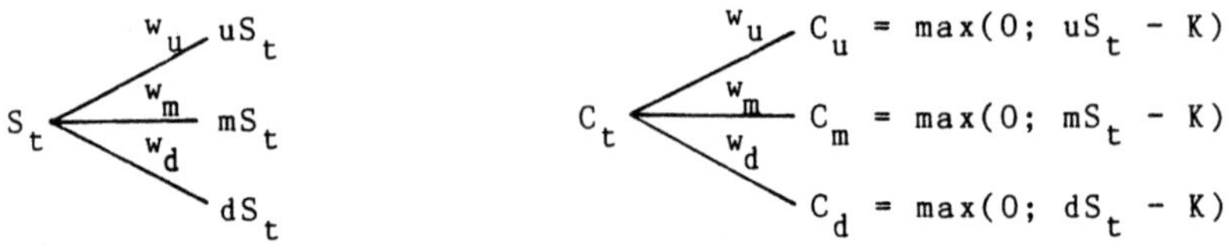

mit $u - 1$ = einperiodige Aktienrendite bei günstiger Kursentwicklung und diskreter Verzinsung

$m - 1$ = einperiodige Aktienrendite bei mittlerer Kursentwicklung und diskreter Verzinsung

$d - 1$ = einperiodige Aktienrendite bei ungünstiger Kursentwicklung und diskreter Verzinsung

w_u = Wahrscheinlichkeit der günstigen Kursentwicklung

w_m = Wahrscheinlichkeit der mittleren Kursentwicklung

w_d = Wahrscheinlichkeit der ungünstigen Kursentwicklung

Aufgrund von Arbitrageüberlegungen müssen folgende Bedingungen erfüllt sein. Erstens muß $d \geq 0$ sein, zweitens dürfen nicht die nachstehenden Beziehungen gelten, $u > m > d \geq r$ oder $r \geq u > m > d$,[1] und drittens muß in Verbindung mit der Annahme der Risikoneutralität die erwartete Rendite für alle risikobehafteten Finanztitel der risikofreien Rendite entsprechen. Daraus resultiert für den erwarteten Aktienkurs am Ende der Restlaufzeit ($Erw(S_T)$) folgende Gleichung: $Erw(S_T) = S_t r$.

Der Kaufoptionswert C_t errechnet sich dann als mit dem risikoreien Zinssatz diskontierter Erwartungswert der Option am Ende der Restlaufzeit:

---

1) Siehe S. 103.

$$(2.56) \quad C_t = (C_u w_u + C_m w_m + C_d w_d)/r$$ [1]

Im Unterschied zu der entsprechenden Gleichung des Binomialansatzes werden die möglichen Rückflüsse aus der Kaufoption mit den Eintrittswahrscheinlichkeiten anstelle der Pseudowahrscheinlichkeiten gewichtet, da eine perfekte Duplikation im Trinomialansatz nicht möglich ist. Hier läßt sich ein Optionswert nur bei Kenntnis der vollständigen Aktienkursverteilung bestimmen, denn neben den Erwartungen hinsichtlich der Höhe der möglichen Rückflüsse sind auch die Schätzungen der Eintrittswahrscheinlichkeiten erforderlich.[2][3]

Der Trinomialansatz läßt sich auch für Optionen mit mehrperiodiger Restlaufzeit entwickeln, indem man das einperiodige Modell rekursiv anwendet. Verringert man die Länge der Perioden und die Höhe der möglichen Aktienrenditen pro Periode, so nimmt der Einfluß der Risikopräferenz und der Eintrittswahrscheinlichkeiten auf den Optionswert ab. Unter bestimmten Voraussetzungen kann man das Modell dann in die Black-Scholes-Gleichung überführen:

Nach Cox und Rubinstein gehen Trinomialmodelle unabhängig von speziellen Präferenzannahmen in die Black-Scholes-

---

1) Siehe S. 106 f.

2) Wie oben erläutert, kennt man in einer Welt ohne Transaktions- und Informationskosten ohnehin die vollständige Verteilung, nicht dagegen unbedingt in einer Welt mit derartigen Kosten. Dieser Ansatz ist deshalb dem Duplikationsansatz hinsichtlich der Anwendung unterlegen; siehe S. 106, Fußnote 1.

3) Auf ein Zahlenbeispiel wird hier aus Platzgründen verzichtet.

Gleichung über für

$$u = e^{\sigma\sqrt{2\tau/n}} \qquad d = 1/u$$

$$w_u = \frac{1}{4} + \frac{1}{4}(\mu/\sigma)\sqrt{2\tau/n} \qquad w_d = \frac{1}{4} - \frac{1}{4}(\mu/\sigma)\sqrt{2\tau/n}$$

$$w_m = 1 - w_u - w_d \text{ und } n \rightarrow \infty$$ [1]

Eine bessere Konvergenz bei Überführung in die Black-Scholes-Gleichung bietet das von Boyle vorgeschlagene Verfahren:

$$u = e^{\zeta\sigma\sqrt{\tau/n}} \text{ mit } \zeta > 1 \quad d = 1/u$$

$$w_u = \frac{u(v + r^{2\tau/n} - r^{\tau/n}) - (r^{\tau/n} - 1)}{(u - 1)(u^2 - 1)}$$

$$w_d = \frac{u^2(v + r^{2\tau/n} - r^{\tau/n}) - u^3(r^{\tau/n} - 1)}{(u - 1)(u^2 - 1)}$$

$$w_m = 1 - w_u - w_d$$

$$v = r^{2\tau/n}\{e^{(\sigma^2\tau/n)} - 1\} \text{ und } n \rightarrow \infty$$ [2]

Der Trinomialansatz ist wegen der Präferenzrestriktion und der Notwendigkeit detaillierterer Kursverlaufshypothesen den Duplikationsansätzen grundsätzlich unterlegen.[3] Er

---

1) J. C. Cox und M. Rubinstein, Survey, 1983, S. 20 f.; dies., Options, 1985, S. 366 f.

2) Vgl. P. P. Boyle, Lattice framework, 1986, S. 7 - 9 in Verbindung mit den in Fußnote 6, S. 120 dieser Arbeit genannten Quellen. Untersuchungen von Boyle haben ergeben, daß die Konvergenz besonders gut ist, wenn man ζ so wählt, daß die Eintrittswahrscheinlichkeiten w_u, w_m und w_d in etwa gleich groß sind; vgl. P. P. Boyle, Lattice framework, 1986, S. 9 f.

3) Dem KPRA-Ansatz ist er insofern überlegen, als er für die Bewertung amerikanischer Optionen, bei denen eine vorzeitige Ausübung lohnend sein kann, sachgerechter ist; siehe S. 147 f.

wird deshalb in dieser Arbeit nur dann herangezogen, wenn sich Bewertungsprobleme mit dem zeitkontinuierlichen Bewertungsansatz nach Black und Scholes, nicht dagegen mit dem Binomialansatz zufriedenstellend lösen lassen. Dann ist der Trinomialansatz gewöhnlich viel einfacher und bietet gute Näherungswerte.[1)]

III. Bewertung von Verkaufsoptionen

1. Europäische Verkaufsoptionen

Die Ansätze zur Bewertung von Kaufoptionen lassen sich analog auch für europäische Verkaufsoptionen entwickeln. Einfacher ist es jedoch, die entsprechenden Bewertungsformeln indirekt über die Beziehung zwischen vergleichbaren Kauf- und Verkaufsoptionen herzuleiten. Dieser Weg soll hier exemplarisch für das Black-Scholes-Modell beschritten werden. Anschließend wird untersucht, wie sich Änderungen der Parameterwerte auf den Black-Scholes-Optionswert auswirken.

a) Black-Scholes-Modell

Im Abschnitt A wurde aufgrund von Arbitrageüberlegungen eine Gleichung zwischen einer europäischen Verkaufsoption und einer vergleichbaren Kaufoption hergeleitet. Sie lautete[2)]:

$$(2.20) \qquad P_t = C_t - S_t + Kr^{-\tau}$$

Setzt man nun für C_t die im Black-Scholes-Modell gewonnene Bewertungsgleichung (2.46) ein, so erhält man

---

1) Vgl. Abschnitt D.III.2. des dritten Teils.

2) Siehe S. 85.

$$(2.57) \quad P_t = S_t N(d_1) - Kr^{-\tau} N(d_2) - S_t + Kr^{-\tau}$$

$$\text{mit } d_1 = \frac{\ln\left(\frac{S_t}{Kr^{-\tau}}\right)}{\sigma\sqrt{\tau}} + \frac{1}{2}\sigma\sqrt{\tau}$$

$$d_2 = d_1 - \sigma\sqrt{\tau}$$

Zusammengefaßt ergibt sich

$$(2.58) \quad P_t = Kr^{-\tau}\{1 - N(d_2)\} - S_t\{1 - N(d_1)\}$$

oder, da wegen der Symmetrie der Normalverteilung $1 - N(d) = N(-d)$ gilt,

$$(2.59) \quad P_t = Kr^{-\tau} N(-d_2) - S_t N(-d_1)$$

Es liegt nahe, Gleichung (2.59) wie die entsprechende Kaufoptionsformel zu interpretieren, da beiden Formeln das gleiche Bewertungsprinzip zugrundeliegt. Analog zur Kaufoption läßt sich auch die Wertentwicklung einer Verkaufsoption über die gesamte Restlaufzeit durch eine dynamische Portefeuillestrategie mit der zugrundeliegenden Aktie und risikofreien Titeln exakt duplizieren. Hierfür sind zu Beginn der Restlaufzeit, in t, $N(-d_1)$ Aktien leer zu verkaufen und risikofreie Null-Kupon-Anleihen mit Rückzahlungskurs $KN(-d_2)$ und Restlaufzeit τ zu kaufen. Kontinuierliche Anpassung der Portefeuillekomponenten ohne zusätzlichen Mitteleinsatz oder -rückfluß, entsprechend der Entwicklung der Zufallsvariablen d_1 und d_2, garantiert, daß die Wertentwicklungen des Portefeuilles und der Verkaufsoption jederzeit übereinstimmen. Da annahmegemäß am Markt keine unausgenutzten Arbitragemöglichkeiten bestehen können, sollte die Verkaufsoption auch zu Beginn der Restlaufzeit dem Wert des betrachteten Portefeuilles entsprechen, so daß Gleichung (2.59) gilt.[1)]

b) Beispiel zum Black-Scholes-Modell

Greift man auf das Zahlenbeispiel zum Black-Scholes-Kaufoptions-Modell zurück (S_t = K = 90, σ = 0,3, τ = 0,5, r = 1,1 und C_t = 9,71),[2)] so errechnet sich für eine europäische Verkaufsoption nach Gleichung (2.20) oder (2.59) ein Wert von P_t = 5,52.[3)]

c) Veränderung des Black-Scholes-Optionswertes bei Variation der Parameterwerte

Analog zum Vorgehen bei der Bewertung von Kaufoptionen kann man den Einfluß von Parameterwertänderungen auf den Black-Scholes-Verkaufsoptionswert untersuchen. Wählt man als Ausgangspunkt Gleichung (2.20), so ergibt sich bei partieller Ableitung von P_t nach S_t

$$(2.60) \qquad \frac{\partial P_t}{\partial S_t} = \frac{\partial C_t}{\partial S_t} - 1 = N(d_1) - 1 < 0$$

Ein höherer Aktienkurs zieht somit c.p. einen niedrigeren Verkaufsoptionswert nach sich.[4)] Da die zweite Ableitung von P_t nach S_t mit der zweiten Ableitung von C_t nach S_t

---

1) Der Verkaufsoptionswert ist deshalb bei gegebenem Aktienkurs auch unabhängig von Erwartungswerten, individuellen Risikopräferenzen sowie den Charakteristika anderer Finanztitel außer der zugrundeliegenden Aktie und den risikofreien Titeln.

2) Siehe S. 125.

3) Nach Gleichung (2.20) ist $P_t = 9{,}71 - 90 + 90 \cdot 1{,}1^{-0{,}5} = 5{,}52$.

4) Siehe auch B. Jentzsch, Optionspreise, 1985, S. 322; S. 126 dieser Arbeit. Da $0 < N(d_1) < 1$ ist, gilt $-1 < \frac{\partial P_t}{\partial S_t} < 0$. Bei stark fallenden Aktienkursen ($S_t \rightarrow 0$) nähert sich der Wert einer europäischen Verkaufsoption nach Black und Scholes der Wertobergrenze $Kr^{-\tau}$.

übereinstimmt und somit ein positives Vorzeichen aufweist,[1]

$$(2.61) \qquad \frac{\partial^2 P_t}{\partial S_t^2} = \frac{\partial^2 C_t}{\partial S_t^2} = \frac{1}{S_t \sigma \sqrt{\tau}} N'(d_1) > 0$$

ließe sich nun Graphik 2.4 variieren, indem man (unter der Black-Scholes-Kursverlaufshypothese) mehrere europäische Verkaufsoptionen betrachtet, die sich nur hinsichtlich des Aktienkurses in t unterscheiden, und in die Graphik eine fallende konvexe Kurve einzeichnet.[2]

Graphik 2.10: Werte einfacher europäischer Aktienverkaufsoptionen nach Black und Scholes als Funktion des Aktienkurses

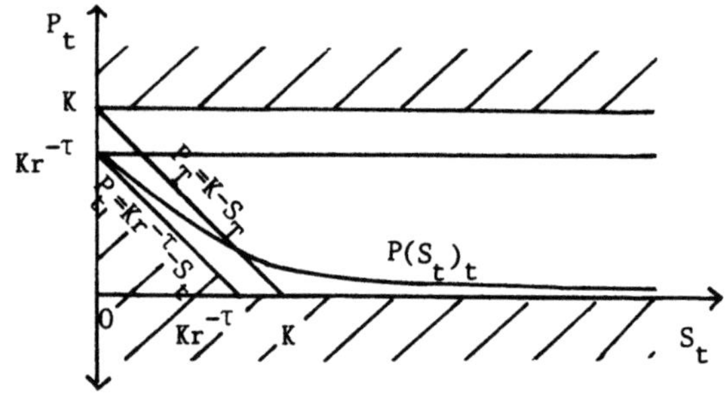

Quelle: In Anlehnung an R. A. Jarrow und A. Rudd, Option pricing, 1983, S. 219 f.

Verkaufsoptionen und Kaufoptionen stimmen auch hinsichtlich der Sensitivität auf Änderungen der Standardabweichung überein. Eine höhere Standardabweichung erhöht den Wert von Verkaufsoptionen und Kaufoptionen c.p. in glei-

---

1) R. A. Jarrow und A. Rudd, Option pricing, 1983, S. 214 in Verbindung mit S. 85; siehe auch S. 127 dieser Arbeit.

2) Siehe S. 75.

cher Weise:

$$(2.62) \quad \frac{\partial P_t}{\partial \sigma} = \frac{\partial C_t}{\partial \sigma} = S_t\sqrt{\tau}N'(d_1) > 0$$ [1]

Erwartungsgemäß negativ ist die Elastizität der Verkaufsoption auf Aktienkursänderungen:

$$\frac{\partial P_t/P_t}{\partial S_t/S_t} = \frac{S_t}{P_t}\cdot\frac{\partial P_t}{\partial S_t} = \frac{S_t}{P_t}\{N(d_1) - 1\} < 0$$

Die Verkaufsoption ist relativ unelastisch, wenn der gegenwärtige Aktienkurs sehr weit unterhalb des Basispreises liegt. Dann entspricht die Wertentwicklung der Verkaufsoption eher der Wertentwicklung einer risikofreien Anlage, da der Anteil der risikofreien Titel am äquivalenten Portefeuille sehr hoch und der Anteil der leerverkauften Aktien sehr gering ist. Folglich bewirken Aktienkursänderungen bei der Verkaufsoption nur relativ geringe Wertänderungen. Die Verkaufsoption ist um so elastischer, je höher der gegenwärtige Aktienkurs c.p. ist, da dann der Anteil risikofreier Titel abnimmt und der Anteil der leerverkauften Aktien zunimmt.[2]

---

1) J. C. Cox und M. Rubinstein, Options, 1985, S. 229; S. 128 dieser Arbeit. Für die Ableitung von P_t nach σ^2 gilt
$\frac{\partial P_t}{\partial \sigma^2} = \frac{\partial C_t}{\partial \sigma^2} = \frac{S_t\sqrt{\tau}}{2\sigma} N'(d_1) > 0$; siehe B. Jentzsch, Optionspreise, 1985, S. 92, in Verbindung mit Fußnote 3, S. 126 dieser Arbeit.

2) Vgl. J. C. Cox und M. Rubinstein, Options, 1985, S. 188, 190, 229, 235; R. A. Jarrow und A. Rudd, Option pricing, 1983, S. 214. Analog zum Vorgehen bei Kaufoptionen läßt sich zwischen der Standardabweichung σ und der entsprechenden Standardabweichung der europäischen Verkaufsoption σ_P folgende Beziehung herleiten:
$\sigma_P = -(S_t/P_t)(\partial P_t/\partial S_t)\sigma$. Da $(S_t/P_t)(\partial P_t/\partial S_t) < 0$ ist, gilt $\sigma_P \lesseqgtr \sigma$. Damit bestätigt sich, daß eine europäische Verkaufsoption, auf den Kapitaleinsatz bezogen, risikoärmer oder risikobehafteter als die zugrundeliegende Aktie sein kann. Wie σ_C, so ist auch σ_P nichtstationär, da die Elastizität eine Zufallsvariable und σ hier annahmegemäß konstant ist; vgl. J. C. Cox und M. Rubinstein, Options, 1985, S. 188, 190; R. A. Jarrow und A. Rudd, Option pricing, 1983, S. 214; S. 130 dieser Arbeit.

Die zweite Restriktion für europäische Verkaufsoptionen zeigte bereits, daß der Wert einer europäischen Verkaufsoption eine konvexe Funktion des Basispreises mit einer Steigung im Bereich von Null bis einschließlich $r^{-\tau}$ ist.[1] Die partiellen Ableitungen von P_t nach K ergeben daher im Black-Scholes-Modell

$$(2.63)\qquad \frac{\partial P_t}{\partial K} = \frac{\partial C_t}{\partial K} + r^{-\tau} = r^{-\tau}\{1 - N(d_2)\} > 0^{2)}$$

$$(2.64)\qquad \frac{\partial^2 P_t}{\partial K^2} = \frac{\partial^2 C_t}{\partial K^2} + \frac{\partial r^{-\tau}}{\partial K} = \frac{\partial^2 C_t}{\partial K^2} = \frac{r^{-\tau}}{K\sigma\sqrt{\tau}} N'(d_2) > 0^{3)}$$

Ebenfalls bestätigt werden die Aussagen in Abschnitt A zum Einfluß der Restlaufzeit auf den Wert einer europäischen Verkaufsoption. Dort wurde mit Hilfe von Plausibilitätsüberlegungen begründet, daß eine längere Restlaufzeit den Optionswert verringern oder erhöhen kann. Bei längerer Restlaufzeit sinkt der Optionswert tendenziell, da der Basispreis stärker diskontiert wird (erster Effekt). Andererseits steigt der Optionswert tendenziell, wenn innerhalb der längeren Restlaufzeit niedrigere Aktienkurse möglich sind, welche den Ausübungswert der Option erhöhen (zweiter Effekt). Der Verkaufsoptionswert sinkt demnach, wenn der erste Effekt dominiert, und er steigt, wenn der zweite Effekt dominiert.[4] Da auch das Black-Scholes-Modell in seiner allgemeinen Form diese

---

1) Siehe S. 78 - 80.

2) J. C. Cox und M. Rubinstein, Options, 1985, S. 229. In anderer Schreibweise B. Jentzsch, Optionspreise, 1985, S. 322. Da $0 < \{1 - N(d_2)\} < 1$ ist, gilt $0 < \frac{\partial P_t}{\partial K} < r^{-\tau}$. Im Black-Scholes-Modell bestätigt sich auch $P_t \rightarrow 0$ für $K \rightarrow 0$ (siehe S. 76).

3) Siehe S. 131.

4) Siehe S. 81.

Determinanten nicht spezifiziert, ergibt die partielle Ableitung des Black-Scholes-Verkaufsoptionswertes P_t nach τ kein eindeutiges Vorzeichen:[1]

$$(2.65)\quad \frac{\partial P_t}{\partial \tau} = \frac{\partial C_t}{\partial \tau} - (\ln r)Kr^{-\tau}$$

$$= \{S_t\sigma/(2\sqrt{\tau})\}N'(d_1)+Kr^{-\tau}(\ln r)\{N(d_2)-1\} \lesseqgtr 0$$

Nähere Untersuchungen haben ergeben, daß es vor allem vom Verhältnis des Aktienkurses zum Basispreis, aber auch von der Standardabweichung und dem risikofreien Zinssatz abhängt, ob der Optionswert mit zunehmender Restlaufzeit sinkt oder steigt. Je niedriger der Aktienkurs relativ zum Basispreis, je niedriger die Standardabweichung und je höher der risikofreie Zinssatz, desto eher wird der erste Effekt überwiegen und der Optionswert mit steigender Restlaufzeit sinken.[2]

Die nachstehenden Berechnungen zeigen, daß der Wert einer europäischen Verkaufsoption bei einem Basispreis von 40 und einer Standardabweichung von 0,2 mit zunehmender Restlaufzeit steigt, wenn der Aktienkurs in t 40 oder 45 beträgt. Der Optionswert verändert sich nicht bei einem Aktienkurs von 35, da sich dann die beiden Effekte genau ausgleichen, und er sinkt, wenn der Aktienkurs gegen Null strebt.

---

1) Siehe auch B. Jentzsch, Optionspreise, 1985, S. 322.

2) Vgl. J. C. Cox und M. Rubinstein, Options, 1985, S. 231; R. A. Jarrow und A. Rudd, Option pricing, 1983, S. 214; A. Döhrmann, Die Bewertung von Verkaufsoptionen, Dipl.-Arb., Universität Hamburg, Institut für Geld- und Kapitalverkehr, Hamburg 1986, S. 45 - 47.

Tabelle 2.1: Werte einfacher europäischer Aktienverkaufsoptionen nach Black und Scholes in Abhängigkeit von der Restlaufzeit und vom Aktienkurs[a)]

τ \ S_t	25	30	35	40	45
1/3	14,35	9,37	4,70	1,52	0,30
7/12	13,88	8,97	4,70	1,88	0,57

a) $K = 40$, $\sigma = 0{,}2$, $r = 1{,}05$

Quelle: J. C. Cox und M. Rubinstein, Options, 1985, S. 248; A. Döhrmann, Verkaufsoptionen, 1986, S. 46; eigene Berechnungen.

Graphik 2.11[1] veranschaulicht diese Ergebnisse.[2)3)]

Graphik 2.11: Werte einfacher europäischer Aktienverkaufsoptionen nach Black und Scholes in Abhängigkeit vom Aktienkurs und der Restlaufzeit

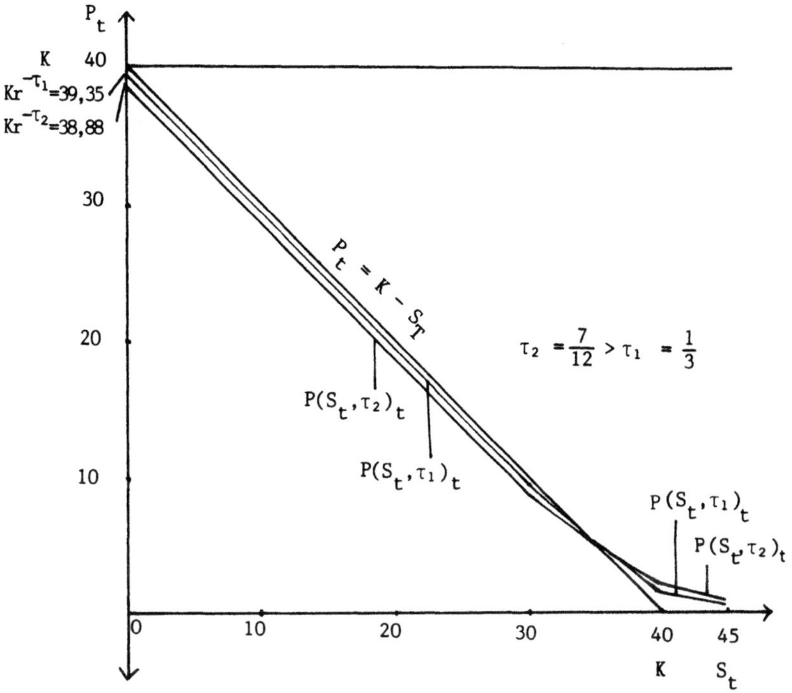

Quelle: In Anlehnung an A. Döhrmann, Verkaufsoptionen, 1986, S. 47.

---

1) Die Darstellung wiederspricht der graphischen Darstellung von Jarrow und Rudd, in der sich Optionswertkurven in Abhängigkeit vom Aktienkurs für unterschiedliche Restlaufzeiten nicht schneiden; siehe R. A. Jarrow und A. Rudd, Option pricing, 1983, S. 219.

2) Im Black-Scholes-Modell bestätigt sich auch, daß europäische Verkaufsoptionen sehr langer Restlaufzeit nur wenig wert sind ($P_t \to 0$ für $\tau \to \infty$; siehe auch S. 76, Fußnote 1).

3) Aus den obengenannten Gründen wird der Einfluß einer Zinssatzänderung auf den Optionswert in dieser Arbeit nicht untersucht, siehe zur Ableitung von P_t nach r J. C. Cox und M. Rubinstein, Options, 1985, S. 229. Eine Ableitung von P_t nach ln r findet der Leser bei B. Jentzsch, Optionspreise, 1985, S. 322.

2. Amerikanische Verkaufsoptionen

a) Spezielle Bewertungsprobleme

Während europäische Verkaufsoptionen nur am Ende der Restlaufzeit ausgeübt werden können, besteht bei amerikanischen Verkaufsoptionen die Möglichkeit zur vorzeitigen Ausübung, die, wie Abschnitt A zeigte, für den Optionshalter vorteilhaft sein kann. Amerikanische Verkaufsoptionen sind deshalb meist mehr wert als vergleichbare europäische Optionen.[1] Um nun amerikanische Verkaufsoptionen sachgerecht zu bewerten, genügt es deshalb nicht mehr, einen Erwartungswert der bei Ablauf der Optionsfrist möglichen Zahlungsüberschüsse zu ermitteln und auf den Bewertungszeitpunkt zu diskontieren, wie es in den Ansätzen zur Bewertung europäischer Optionen geschieht.[2] Vielmehr ist stets zu prüfen, ob eine Ausübung sofort oder möglicherweise erst später erfolgen soll, um auf dieser Grundlage den Wert der amerikanischen Verkaufsoption zu bestimmen. Hierzu ermittelt man jeweils den Wert der nicht ausgeübten amerikanischen Option p_t° und prüft, ob die nicht ausgeübte Option weniger wert ist als die ausgeübte Option ($p_t^\circ < K - S_t$). Ist das der Fall, so wird sofort ausgeübt.
Würde die Option nicht ausgeübt, so bestünde ein Ungleichgewicht, da nach den Arbitrageüberlegungen des Abschnitts A eine amerikanische Verkaufsoption mindestens so viel wert ist wie ihr Ausübungswert $\{p_t \geq \max(0; K - S_t)\}$.[3] Ist die nicht ausgeübte Option dagegen mehr oder genauso viel wert wie die ausgeübte Option ($p_t^\circ \geq K - S_t$), so besteht sie

1) Siehe S. 71 f.

2) Siehe Abschnitte B.II. und B.III.1. dieses Teils.

3) Siehe S. 72 f.

weiterhin, bis es sich lohnt, sie auszuüben, oder bis sie verfällt. Der Wert einer amerikanischen Verkaufsoption ist daher stets $p_t = \max(p_t^\circ; K - S_t)$.

Versucht man nun, die Modelle zur Bewertung europäischer Optionen auch für amerikanische Verkaufsoptionen nutzbar zu machen, indem man das Problem der optimalen Ausübungsstrategie berücksichtigt, so ist zunächst festzuhalten, daß dieses Vorgehen, wie oben angedeutet, bei KPRA-Ansätzen ausgeschlossen ist, da diese Ansätze implizieren, daß Anleger gegenüber Portefeuilleumstrukturierungen vor Ablauf der Restlaufzeit indifferent sind und folglich auch gegenüber einer vorzeitigen Ausübung amerikanischer Verkaufsoptionen.[1)] Alle anderen Modelle lassen sich grundsätzlich auf die Bewertung amerikanischer Verkaufsoptionen übertragen. Unglücklicherweise erhält man bei zeitkontinuierlichen Modellen keine geschlossenen Bewertungsgleichungen, so daß es dort zusätzlicher numerischer Näherungsverfahren bedarf. Eine exakte Bewertung ist dagegen bei zeitdiskreten Modellen möglich, indem man das einperiodige Binomial- oder Trinomialmodell rekursiv anwendet.[2)] Im folgenden soll exemplarisch gezeigt werden, wie man den Binomialansatz zur Bewertung amerikanischer Verkaufsoptionen heranziehen kann.[3)]

---

1) Vgl. S. 147 f.

2) Wie oben gezeigt, lassen sich beide Modelle auch in zeitkontinuierliche Modelle überführen und sind daher auch als Näherungsverfahren für die Bewertung amerikanischer Verkaufsoptionen in zeitkontinuierlichen Modellen anzuwenden; siehe S. 119 - 121, 151 f.; vgl. zur Optionsbewertung mit Näherungsverfahren R. A. Jarrow und A. Rudd, Option pricing, 1983, S. 202 - 208; R. Geske und K. Shastri, Valuation by approximation: A comparison of alternative option valuation techniques, in: JoFQA, Vol. 20 (1985), S. 45 - 71; T. S. Assaf, Valuation, 1984; G. Barone-Adesi und R. E. Whaley, Efficient analytic approximation of American option values, in: JoF, Vol. 42 (1987), S. 301 - 320 sowie die jeweils angegebene Literatur.

3) Vgl. J. C. Cox, S. A. Ross und M. Rubinstein, Option pricing, 1979, S. 258 - 261; J. C. Cox und M. Rubinstein, Options, 1985, S. 246 f.

b) Binomialansatz

α) Darstellung des Ansatzes

Betrachtet man eine amerikanische Verkaufsoption mit zweiperiodiger Restlaufzeit unter den Annahmen 1 - 7a[1], so läßt sich der Optionswert p_t ermitteln, indem man den einperiodigen Binomialansatz rekursiv anwendet und dabei berücksichtigt, daß eine vorzeitige Ausübung vorteilhaft sein kann. Der Wert der amerikanischen Option zu Beginn der zweiten Periode läßt sich bestimmen, indem man zunächst die Werte der nicht ausgeübten Option (p_u° und p_d°) errechnet. Hierzu läßt sich analog zum Vorgehen bei der Kaufoptionsbewertung ein äquivalentes Portefeuille aus der zugrundeliegenden Aktie und risikofreien Titeln bilden und die Verkaufsoptionswertformel ableiten. Es ergeben sich dann

(2.66) $$p_u^\circ = \{q p_{uu} + (1-q) p_{ud}\}/r$$

$$\text{mit } p_{uu} = \max(0;\ K - u^2 S_t)$$

$$p_{ud} = \max(0;\ K - udS_t)$$

$$q = \frac{r - d}{u - d}$$

1) Siehe S. 53 f., 101.

(2.67) $$p_d^\circ = \{qp_{du} + (1-q)p_{dd}\}/r$$

$$\text{mit } p_{du} = p_{ud}$$

$$p_{dd} = \max(0; K - d^2S_t)$$

Dem Halter der amerikanischen Option steht aber das Recht zu, sofort auszuüben, was er in Anspruch nehmen wird, wenn $p_u^\circ < K - uS_t$ oder $p_d^\circ < K - dS_t$ ist. Die Werte der amerikanischen Option zu Beginn der zweiten Periode ergeben sich damit aus

(2.68) $$p_u = \max(p_u^\circ; K - uS_t)$$

(2.69) $$p_d = \max(p_d^\circ; K - dS_t)$$

Ausgehend von diesen Werten läßt sich dann der Wert der amerikanischen Verkaufsoption zu Beginn der Restlaufzeit p_t bestimmen:

(2.70) $$p_t = \max(p_t^\circ; K - S_t)$$

$$\text{mit } p_t^\circ = \{qp_u + (1-q)p_d\}/r$$ [1]

Der hier beschriebene Ansatz läßt sich auch entsprechend für eine größere Periodenanzahl ($n > 2$) anwenden. Im Grenzfall ($n \to \infty$) läßt er sich analog zum Ansatz für Kaufoptionen in zeitkontinuierliche Modelle überführen.[2]

---

1) Das der amerikanischen Verkaufsoption p_u äquivalente Portefeuille ist daher $uS_t h_u' + \frac{m_u'}{r} = p_u$ mit $h_u' = (p_{uu} - p_{ud})/\{(u - d)uS_t\}$ und $m_u' = (up_{ud} - dp_{uu})/(u - d)$. Entsprechendes gilt für die Option p_d. Vgl. auch J. C. Cox, S. A. Ross und M. Rubinstein, Option pricing, 1979, S. 258 - 261; J. C. Cox und M. Rubinstein, Options, 1985, S. 246 f.; L. Kruschwitz und R. Schöbel, Die Bewertung europäischer und amerikanischer puts, in: Wisu, 13. Jg. (1984), S. 382 - 384.

2) Siehe S. 119 - 121.

ß) Beispiel

Zur Veranschaulichung diene das oben beschriebene Zahlenbeispiel zum zweiperiodigen Binomialmodell für Kaufoptionen mit $S_t = K = 50$, $u = 2$, $d = 0,5$, $r = 1,25$ und $n = 2$.[1)2)] Es errechnet sich hier ein Optionswert von $p_t = 10$:

p_{uu}=max(0; 50-200)=0

p_u=max(0; 50-100)=0

p_t=max(10; 50-50)=10

p_{ud}=p_{du}=max(0; 50-50)=0

p_d=max(15; 50-25)=25

p_{dd}=max(0; 50-12,5)=37,5

Die Berechnungen zeigen, daß die Option am Ende der ersten Periode bei gefallenem Aktienkurs ($dS_t = 25$) ausgeübt wird, da $p_d^\circ = 15 < K - dS_t = 25$ ist. Bei gestiegenem Aktienkurs am Ende der ersten Periode ($uS_t = 100$) übt der Halter seine Option nicht vorzeitig aus und läßt sie am Ende der Optionsfrist verfallen. Eine vergleichbare europäische Option hätte in t einen Wert von 6,[3)] so daß die Anleger dem Recht zur vorzeitigen Ausübung einen Wert von 4 beimessen.

---

1) Siehe S. 110 - 112.

2) p_d° errechnet sich durch Einsetzen der Werte in Gleichung (2.67): $p_d^\circ = (0,5 \cdot 0 + 0,5 \cdot 37,5)/1,25 = 15$; p_u° ist Null, da $p_{uu} = p_{ud} = 0$ ist. p_t° erhält man, indem man die Zwischenergebnisse in Gleichung (2.70) einsetzt: $p_t^\circ = (0,5 \cdot 0 + 0,5 \cdot 25)/1,25 = 10$.

3) Der Wert der entsprechenden Kaufoption beträgt $C_t = 24$ (siehe S. 110), so daß sich mit Gleichung (2.20) $P_t = C_t - S_t + Kr^{-\tau} = 24 - 50 + 32 = 6$ ergibt.

γ) Veränderung des Optionswertes und der Ausübungsstrategie bei Variation der Parameterwerte

Untersucht man die Auswirkungen einer Änderung des Aktienkurses, des Basispreises oder der Renditestreuung auf den Wert amerikanischer Verkaufsoptionen, so wird man c.p. die gleichen Wirkungsrichtungen feststellen wie bei europäischen Verkaufsoptionen: $\frac{\partial p_t}{\partial S_t} \leq 0$, $\frac{\partial p_t}{\partial K} \geq 0$ und, sofern der Binomialansatz im Grenzfall in das Black-Scholes-Modell übergeht: $\frac{\partial p_t}{\partial \sigma} > 0$.[1] Wie bereits im Abschnitt A deutlich wurde, kann der Wert einer amerikanischen Verkaufsoption im Unterschied zur europäischen Verkaufsoption bei längerer Restlaufzeit c.p. nicht sinken.[2] Verändert man also die Restlaufzeitperiodenanzahl n, so gilt $\frac{\Delta p_t}{\Delta n} \geq 0$.[3]

Graphik 2.12 veranschaulicht den typischen Kurvenverlauf des Wertes einer europäischen Verkaufsoption als Funktion des Aktienkurses im Black-Scholes-Modell sowie den Kurvenverlauf einer entsprechenden amerikanischen Option. Rationale Anleger werden die amerikanische Verkaufsoption ausüben, sobald der Aktienkurs den kritischen Kurs $\overline{S}_t$ unterschreitet.[4][5]

---

1) Siehe S. 155, 157 f.

2) Siehe S. 80 f.

3) Siehe J. C. Cox und M. Rubinstein, Options, 1985, S. 37, 154 - 161. Absolut sind die Wertänderungen bei europäischen und amerikanischen Verkaufsoptionen c.p. allerdings meist verschieden; siehe z.B. zur Auswirkung von Basispreisänderungen auf den Wert vergleichbarer europäischer und amerikanischer Verkaufsoptionen die zweite Restriktion für Verkaufsoptionen, S. 76 - 80.

4) Nicht typisch für amerikanische Verkaufsoptionen ist daher die graphische Darstellung von Jarrow und Rudd, bei der die Optionswertkurven den Abschnitt $K - S_t$ der Wertuntergrenze $\max(0; K - S_t)$ erst bei $S_t = 0$ tangieren; vgl. R. A. Jarrow und A. Rudd, Option pricing, 1983, S. 85.

5) In Graphik 2.13 kann sich deshalb $p(S_t)_t$ bei längerer Restlaufzeit nicht nach unten verschieben.

Graphik 2.12: Werte einfacher europäischer Aktienverkaufsoptionen nach Black und Scholes und entsprechender amerikanischer Verkaufsoptionen als Funktion des Aktienkurses

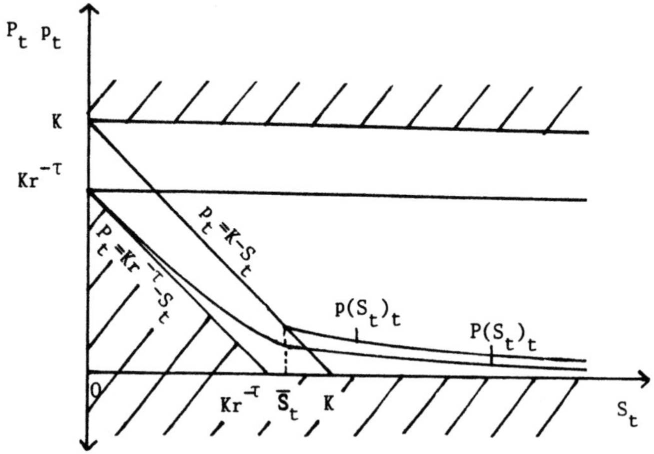

Quelle: In Anlehnung an R. C. Merton, Rational option pricing, 1973, S. 174; R. A. Jarrow und A. Rudd, Option pricing, 1983, S. 220.

Hier lassen sich auch die Aussagen der vierten Restriktion bestätigen, nach der amerikanische Verkaufsoptionen, die einen höheren Basispreis oder eine kürzere Restlaufzeit als eine vergleichbare Option aufweisen, spätestens dann vorzeitig ausgeübt werden, wenn die vergleichbare Option ausgeübt wird.[1] Erhöht man im vorhergehenden Beispiel den Basispreis von 50 auf 60, so errechnet sich für die Option ein Wert von p_t = 15,6. Auch diese Option wird am Ende der ersten Periode bei gesunkenem Aktienkurs

---

1) Siehe S. 81 - 84.

ausgeübt, da $p_d^\circ = 23 < K - dS_t = 60 - 25 = 35$ ist.[1)] Verlängert man dagegen nur die Restlaufzeit um eine Periode ($n = 3$), so erhält man einen Optionswert von $p_t = 11{,}6$. Diese Option wird man am Ende der ersten Periode bei gefallenem Aktienkurs ausüben, da $p_d^\circ = 19 < K - dS_t = 50 - 25 = 25$ ist.[2)] Im Beispiel mit kleinerer Periodenanzahl ($n = 2$) wird dann ebenfalls ausgeübt.[3)]

---

1) Am Ende der Restlaufzeit gilt
$p_{uu} = \max(0;\ 60 - 200) = 0$, $p_{ud} = p_{du} = \max(0;\ 60 - 50) = 10$ und
$p_{dd} = \max(0;\ 60 - 12{,}5) = 47{,}5$.
Daraus folgt für die Bewertung am Ende der ersten Periode
$p_u^\circ = (0{,}5 \cdot 0 + 0{,}5 \cdot 10)/1{,}25 = 4$, $p_u = \max(4;\ 60 - 100) = 4$,
$p_d^\circ = (0{,}5 \cdot 10 + 0{,}5 \cdot 47{,}5)/1{,}25 = 23$ und $p_d = \max(23;\ 60 - 25) = 35$.
Für die Bewertung in t gilt
$p_t^\circ = (0{,}5 \cdot 4 + 0{,}5 \cdot 35)/1{,}25 = 15{,}6$ und $p_t = \max(15{,}6;\ 60-50) = 15{,}6$.

2) Am Ende der Restlaufzeit gilt
$p_{uuu} = \max(0;\ 50 - 400) = 0$,
$p_{uud} = p_{udu} = \max(0;\ 50 - 100) = 0$,
$p_{udd} = p_{ddu} = \max(0;\ 50 - 25) = 25$
$p_{ddd} = \max(0;\ 50 - 6{,}25) = 43{,}75$.
Es folgt für die Bewertung am Ende der zweiten Periode
$p_{uu}^\circ = 0$, $p_{uu} = \max(0;\ 50 - 200) = 0$,
$p_{ud}^\circ = p_{du}^\circ = (0{,}5 \cdot 0 + 0{,}5 \cdot 25)/1{,}25 = 10$,
$p_{ud} = p_{du} = \max(10;\ 50 - 50) = 10$,
$p_{dd}^\circ = (0{,}5 \cdot 25 + 0{,}5 \cdot 43{,}75)/1{,}25 = 27{,}5$,
$p_{dd} = \max(27{,}5;\ 50 - 12{,}5) = 37{,}5$.
Am Ende der ersten Periode ist
$p_u^\circ = (0{,}5\ 0 + 0{,}5\ 10)/1{,}25 = 4$, $p_u = \max(4;\ 50 - 100) = 4$,
$p_d^\circ = (0{,}5 \cdot 10 + 0{,}5 \cdot 37{,}5)/1{,}25 = 19$, $p_d = \max(19;\ 50 - 25) = 25$
In t gilt
$p_t^\circ = (0{,}5 \cdot 4 + 0{,}5 \cdot 25)/1{,}25 = 11{,}6$,
$p_t = \max(11{,}6;\ 50 - 50) = 11{,}6$.

3) Siehe S. 166.

IV. Zusammenfassung

In diesem Abschnitt wurden Optionsmodelle mit speziellen Kursverlaufsannahmen und teilweise auch speziellen Präferenzrestriktionen behandelt, die eine eindeutige Bewertung vor Ablauf der Optionsfrist in den Fällen erlauben, in denen die in Abschnitt A formulierten Restriktionen den möglichen Optionswertebereich nur eingrenzen können. Am meisten überzeugen die Modelle, in denen sich die Option unabhängig von speziellen Risikopräferenzen durch ein Portefeuille aus der zugrundeliegenden Aktie und risikofreien Titeln duplizieren läßt. Sie sind deshalb bei gegebenem Aktienkurs unabhängig von Erwartungswerten und den Charakteristika anderer Titel außer der Aktie und risikofreien Anlagen und ziehen folglich einen vergleichsweise geringen Daten-, Prognose- und Rechenbedarf nach sich. Weniger gelungen sind die Modelle ohne genau spezifizierte Risikopräferenzen. Sie gehen von bestimmten Verteilungsannahmen oder Marktunvollkommenheiten aus, unter denen eine Duplikation nicht möglich ist und unterstellen,daß sich die Risikopräferenzen der Marktteilnehmer zwar unterscheiden, aber einer bestimmten Klasse zuzuordnen sind, die impliziert, daß sich die Marktteilnehmer gegenüber zukünftigen Portefeuilleumstrukturierungen indifferent verhalten. Diese Annahmen sind nicht sehr plausibel und inkonsistent, da sie teilweise gegen die allgemeinen Restriktionen des Abschnitts A verstoßen. Die Modelle mit genau spezifizierten Risikopräferenzen sind zwar konsistent, aber wegen ihrer Präferenzrestriktion nachteilig. Diese Modelle sind zudem auch abhängig von Erwartungswerten, was unter Anwendungsaspekten unvorteilhaft ist, da der Daten- Prognose- und Rechenaufwand steigt. Unter bestimmten Voraussetzungen verliert aber die Präferenzrestriktion an Bedeutung, so daß die Modellgleichungen in die Gleichungen von Duplikationsmodellen übergehen. In diesem Teil wurde der Trinomialansatz unter Risikoneutralität vorgestellt. Er läßt sich unter bestimmten Bedingungen in die Black-Scholes-Modellgleichung überführen und ist für Bewertungsfälle von Bedeutung, in denen eine Duplikation zwar nach dem Black-Scholes-Modell, nicht dagegen nach dem Binomialansatz möglich ist.

Von den Duplikationsmodellen wurden die Binomialmodelle mit konstanten Wertänderungsparametern und das Black-Scholes-Modell ausführlich behandelt. Die Vorzüge des Binomialansatzes zeigten sich zum einen bei der Herleitung der Black-Scholes-Modellgleichung für Kaufoptionen, die wesentlich transparenter ist als die Herleitung nach Black und Scholes - die Black-Scholes-Herleitung und ähnliche auf ihr basierende Modellherleitungen sind zudem widersprüchlich, wie im Anhang der Arbeit gezeigt wird. Zum anderen zeigten sie sich bei der Bewertung amerikanischer Verkaufsoptionen. Hier liefert die Black-Scholes-Methode keine geschlossene Bewertungsgleichung und erfordert den Einsatz von Näherungsverfahren, während man mit dem Binomialansatz zum genauen Ergebnis unter Berücksichtigung der optimalen Ausübungsstrategie gelangt. Ähnliche Problemstellungen ergeben sich auch bei der Bewertung bonitätsrisikobehafteter Anleihen, Kredite und Fremdfinanzierungsfazilitäten. Außerdem lassen sich die Binomialmodelle in die Duplikationsmodelle mit alternativen Kursverlaufshypothesen überführen. Diese Modelle hat der Verfasser schließlich überblickartig vorgestellt, um die breiten Anwendungsmöglichkeiten des Duplikationsansatzes zu dokumentieren.

Die Darstellung der Duplikationsmodelle wurde durch Zahlenbeispiele begleitet. Bei der Analyse der Auswirkungen von Parameterwertänderungen auf Optionswerte wurden die in Abschnitt A gewonnenen Ergebnisse bestätigt und ergänzt. Es wurde gezeigt, daß, im Unterschied zu Abschnitt A, unter der speziellen Kursverlaufsannahme des Black-Scholes-Modells Kaufoptionswerte eine positive Funktion des Aktienkurses und der Aktienrenditestandardabweichung und Verkaufsoptionswerte eine negative Funktion des Aktienkurses und eine positive Funktion der Standardabweichung sind. Ausführlich behandelte der Verfasser auch den Einfluß der Restlaufzeit auf den Wert europäischer Verkaufsoptionen. Es wurde deutlich, unter welchen Bedingungen eine Restlaufzeitverlängerung werterhöhend und unter welchen Bedingungen sie wertmindernd wirkt.

Ferner bestätigte sich, daß die Optionsmodelle relativ einfach strukturiert sind, da sie exogen nur die Renditeparameter der zugrundeliegenden Aktie und risikofreier Anlagen und gegebenenfalls bestimmte Risikopräferenzen berücksichtigen und endogen die Verteilungsparameter anderer Titel. Es zeigte sich auch, daß die Streuung der Optionsrendite gewöhnlich nichtstationär ist, selbst wenn die Renditestreuung der zugrundeliegenden Aktie stationär ist. Optionsmodelle berücksichtigen also nichtstationäre Optionsrenditen bereits endogen. Sie können zudem auch komplexere Fälle, in denen die Aktienrenditen ebenfalls nichtstationär sind, leicht berücksichtigen. Deshalb ist eine direkte Schätzung der Optionsrenditeverteilungen, wie sie andere Bewertungsmodelle erfordern, unvorteilhaft. Damit wurde der im ersten Teil genannte Vorteil der optionstheoretischen Verfahren hinsichtlich des Daten-, Prognose- und Rechenaufwandes unterstrichen.

Ausgangspunkt der nun folgenden Analyse sollen der Binomialansatz und das Black-Scholes-Modell sein. Sie werden gegebenenfalls ergänzt durch Duplikationsmodelle mit alternativen Kursverlaufshypothesen sowie den Trinomialansatz. Alle anderen konsistenten Modelle ließen sich grundsätzlich auch berücksichtigen, sie werden hier aber nicht weiter verfolgt, um die Darstellung von zuviel Details freizuhalten.

3. Teil: Bewertung bonitätsrisikobehafteter Anleihen, Kredite und Fremdfinanzierungsfazilitäten aus optionstheoretischer Sicht

Im ersten Teil der Arbeit wurde bereits gezeigt, daß man eine unbesicherte, unkündbare Null-Kupon-Anleihe oder einen vergleichbaren Kredit mit Hilfe von optionstheoretischen Überlegungen bewerten kann. Allerdings ließen sich vor Ablauf der Restlaufzeit ohne spezielle Optionsbewertungsmodelle keine eindeutigen Bewertungsergebnisse erzielen.[1] Abschnitt A soll daher zeigen, wie man mit dem optionstheoretischen Instrumentarium des zweiten Teils der Arbeit zu konkreten Bewertungsergebnissen gelangt. In der Folge werden einige Modellannahmen aufgehoben, um auch komplexere Bewertungsprobleme zu lösen. Um eine methodisch klare Darstellung zu gewährleisten, behandelt der Verfasser zunächst im Abschnitt B dingliche Sicherheiten. Abschnitt C zeigt, daß man den Fall gesetzlich vorrangiger Forderungstitel als Spezialfall der Modelle für dinglich besicherte Titel auffassen kann. Abschnitt D berücksichtigt Haftungszusagen Dritter, Abschnitt E Gläubigerkündigungsrechte und Abschnitt F Wandlungs- und Bezugsrechte. Abschnitt G präsentiert Ansätze zur Bewertung von Schuldnerkündigungsrechten, und Abschnitt H zeigt, wie man Fremdfinanzierungsfazilitäten bewerten kann. In Abschnitt J werden vereinbarte Zins- und Tilgungszahlungen vor Endfälligkeit in die Analyse einbezogen, und Abschnitt K zeigt, wie sich die Möglichkeit eines Schuldnerkonkurses vor Fälligkeit von Zins- und Tilgungszahlungen berücksichtigen läßt. Abschnitt L behandelt Wege zur Berücksichtigung von Marktunvollkommenheiten, und Abschnitt M faßt die Untersuchungsergebnisse zusammen.

---

1) Siehe S. 36 - 41.

Wie erwähnt, gibt es zu diesem Themenbereich noch keine umfassende Monographie.[1] Die in den einzelnen Abschnitten angesprochenen Bewertungsprobleme sind in der englischsprachigen Literatur, teilweise nur unter sehr restriktiven und nicht immer konsistenten Annahmen, behandelt worden. In der deutschsprachigen Literatur trifft man nur einige der aus der englischsprachigen Literatur bekannten Modelle wieder. Man findet dort keine Ausführungen zu Gläubiger- und Schuldnerkündigungsrechten sowie Fazilitäten.[2] Nur wenige deutschsprachige Autoren gehen eigene, wenn auch nicht immer konsistente, Wege bei der Modellgestaltung.[3] Dieser Teil der Arbeit behandelt die zu den einzelnen Problemkreisen bekannten Modelle und hebt einige der expliziten oder impliziten Modellannahmen auf, um neue Modellvarianten zu liefern.

A. Grundmodell

Das im folgenden entwickelte Modell beruht im wesentlichen auf Ansätzen von Black und Scholes sowie Merton.[4]

---

1) Siehe S. 3 f.

2) Vgl. S. 3 f. und die in diesem Teil genannte Literatur.

3) Vgl. bei der Bewertung unbesicherter, unkündbarer Null-Kupon-Anleihen H. Weddige, Optionsrechte, 1973, S. 151 - 156; im Zusammenhang mit der Bewertung dinglich besicherter oder verbürgter Anleihen M. Klug, Ableitung, 1985, S. 71 - 78; im Zusammenhang mit der Bewertung von Wandel- und/oder Optionsanleihen P. Swoboda und M. Kamschal, Bewertung deutscher Wandelanleihen, 1979; N. Senghas, Präferenzfreie Bewertung, 1981, S. 53 - 63; V. Kjer, Optionsanleihen, 1981, insb. S. 98 - 119; L. Kruschwitz und R. Schöbel, Bewertung von Wandel- und Optionsanleihen, 1985; H. Uhlir und P. Steiner, Wertpapieranalyse, 1986, insb. S. 223 - 233.

4) Vgl. F. Black und M. Scholes, Pricing of options, 1973, S. 649 f.; R. C. Merton, Risk structure, 1974, S. 449 - 467.

Wie im ersten Teil bereits erläutert wurde, haben Black und Scholes gezeigt, daß man das Eigenkapital einer Unternehmung wie eine einfache Kaufoption auf das Unternehmensvermögen bewerten kann, wenn das Unternehmen unkündbare, unbesicherte Null-Kupon-Anleihen mit gleicher Fälligkeit begeben hat. Sie schlagen daher vor, den Fremdkapitalwert als Differenz des Unternehmenswertes und des Eigenkapitalwertes zu ermitteln. Merton hat die Idee von Black und Scholes formalisiert und erweitert, indem er eine explizite Modellgleichung herleitet und Risikoprämiensätze bestimmt. Weddige und andere Autoren haben gezeigt, daß man das Fremdkapital hier auch als Kombination einer risikofreien Null-Kupon-Anleihe und einer Minusposition von einer einfachen europäischen Verkaufsoption auf das Unternehmensvermögen interpretieren kann.[1] Im ersten Teil der Arbeit wurde bereits deutlich, daß dieser Weg aus zwei Gründen vorzuziehen ist.[2] Der Verfasser folgt ihm daher auch bei der Herleitung des Grundmodells und seiner Varianten.

Der Abschnitt ist wie folgt aufgebaut. Zunächst wird das Modell mit seinen Gleichungen für den Fremdkapitalwert und den Risikoprämiensatz dargestellt. Darauf folgt ein Zahlenbeispiel, und abschließend werden die Auswirkungen von Parameterwertänderungen auf den Fremdkapitalwert und den Risikoprämiensatz untersucht.

---

1) Vgl. H. Weddige, Optionsrechte, 1973, S. 151; R. Brealey und S. Myers, Principles, 3. Aufl., 1988, S. 476 f. (1. Aufl., 1981, S. 431); R. A. Jarrow und A. Rudd, Option pricing, 1983, S. 230 f.; J. C. Cox und M. Rubinstein, Options, 1985, S. 378 f.; S. P. Mason und R. C. Merton, Contingent claims, 1985, S. 17 f.; P. Ritchken, Options, 1987, S. 322 f.

2) Vgl. S. 35 f.

I. Darstellung des Modells

Es gelten die Annahmen 2 - 5 des zweiten Teils der Arbeit[1] sowie folgende Annahmen[2]:

1'. Es existiert ein Markt, auf dem Finanztitel beliebiger Art, einschließlich der Unternehmensaktiva und anderer Aktiva, begeben und gehandelt werden. Alle Geschäfte in Unternehmensfinanztiteln und in Vermögensobjekten sind sofort zu erfüllen.

6'. Die jeweiligen Schuldner sind Unternehmen mit beschränkter Haftung. Sie leisten keine Ausschüttungen an ihre Eigenkapitalgeber und dürfen die Eigenkapitaltitel nicht zurückkaufen.

7.b') Der Handel von Finanztiteln erfolgt kontinuierlich. Die Marktteilnehmer besitzen homogene Erwartungen hinsichtlich der zukünftigen Wertentwicklung des jeweiligen Unternehmensvermögens. Sie entspricht einem Itō-Prozeß mit kon-

---

1) Siehe S. 53 f.

2) Ähnlich auch R. C. Merton, Risk structure, 1974, S. 450 - 452 f.; H. Weddige, Optionsrechte, 1973, insb. S. 147 - 151; S. P. Mason und R. C. Merton, Contingent claims, 1985, S. 21, 26 - 28; J. C. Cox und M. Rubinstein, Options, 1985, S. 376, 382; J. F. Weston und T. E. Copeland, Managerial finance, 1986, S. 504 f.; zu den Annahmen siehe auch R. C. Merton, Pricing of contingent claims, 1977, S. 243 - 249. Unter dem Binomialansatz G. R. Courtadon und J. J. Merrick, The option pricing model and the valuation of corporate securities, in: CFQ, Vol. 1, Fall 1983, S. 43 - 56, zitiert nach: J. F. Weston und T. E. Copeland, Managerial finance, 1986, S. 855, 871; J. F. Weston und T. E. Copeland, Managerial finance, 1986, S. 858 - 860. Neben der Arbeit von Weddige behandeln zahlreiche deutschsprachige Arbeiten das Modell, vgl. die in Fußnote 1, S. 4 genannten Quellen.

stanter Standardabweichung der Unternehmensrendite pro Periode.[1]

8.a) Die Passiva des betrachteten Unternehmens bestehen aus Eigenkapital und einer unbesicherten, unkündbaren Null-Kupon-Anleihe oder einem entsprechenden Kredit.[2][3] Während der Restlaufzeit begibt das Unternehmen keine Finanztitel.

9.a) Der Konkurs eines Schuldners erfolgt, wenn er eine fällige Zahlung nicht leistet. Ein Konkurs vor Fälligkeit einer vereinbarten Zahlung ist nicht möglich.

Annahme 9a formuliert explizit, daß ein Konkurs nicht vor Fälligkeit einer vereinbarten Zahlung erfolgen kann, während optionstheoretische Modelle zur Bewertung von Finanztiteln die Annahme üblicherweise nur implizit enthalten.[4] In Abschnitt K wird gezeigt, welche Konsequenzen sich ergeben, wenn man die Annahme aufhebt. In Verbindung mit Annahme 8a folgt aus ihr, daß der Rückzahlungstermin für das gesamtfällige Fremdkapital genau feststeht. Da außerdem das Unternehmensvermögen nach Annahme 6' nicht

1) Die Unternehmensrendite ist hier - wie auch die Aktienrendite im zweiten Teil der Arbeit - eine Marktrendite; sie errechnet sich unter Annahme 7b' als natürlicher Logarithmus des Quotienten aus dem Marktwert des Unternehmensvermögens am Periodenende und dem Marktwert des Unternehmensvermögens am Periodenbeginn; vgl. auch S. 118, Fußnote 1.

2) Eingeschlossen ist hier auch der Fall, daß das Fremdkapital im Bewertungszeitpunkt t gerade emittiert wird. Der Bewertungszeitpunkt ($0 \leq t \leq T$) ist dann zugleich Emissionszeitpunkt: $t = 0$.

3) Gemäß § 609a Abs. 1 BGB können Schuldner Festzinsdarlehen generell nach Ablauf von zehn Jahren unter Einhaltung einer sechsmonatigen Frist kündigen; endet die Zinsbindungsfrist vor Ablauf der Darlehenslaufzeit, so besteht ein Schuldnerkündigungsrecht - mit einmonatiger Kündigungsfrist - frühestens zum Ende der Zinsbindungsfrist, bei Zinsbindungsfristen von bis zu einem Jahr nur zum Ende der Zinsbindungsfristen. Eine vertragliche Einschränkung dieser Kündigungsrechte ist nach § 609a Abs. 3 BGB nur möglich, wenn der Schuldner der Bund, ein Sondervermögen des Bundes, ein Land, eine Gemeinde oder ein Gemeindeverband ist. In dieser Arbeit wird davon ausgegangen, daß derartige Kündigungsrechte nicht bestehen.

4) Siehe die in diesem Teil genannten Quellen. Zu den Ausnahmen siehe die in Fußnote 1, S. 38 genannten Autoren.

durch Ausschüttungen an die Eigenkapitalgeber oder durch Eigenkapitalrückkäufe geschmälert wird, sind die im zweiten Teil behandelten Modelle zur Bewertung einfacher europäischer Aktienoptionen anwendbar.[1] Von den Modellen wird - da hier keine ausführlichen Modellherleitungen erforderlich sind - das Black-Scholes-Modell betrachtet: Annahme 7b' überträgt die Black-Scholes-Kursverlaufshypothese[2] auf den Wert des jeweiligen Unternehmensvermögens. Genauso gut hätte man auch die entsprechende Annahme des Binomialansatzes oder eines anderen Optionsmodells[3] verwenden können, ohne daß sich das weitere Vorgehen grundlegend ändert.

1. Der Fremdkapitalwert

Analog zum ersten Teil der Arbeit entspricht unter den genannten Annahmen der Wert des gesamten Fremdkapitals einer Unternehmung (D) dem Wert eines Portefeuilles, das aus risikofreiem Fremdkapital (DF) und einer Minusposition von einer einfachen europäischen Verkaufsoption auf das Unternehmensvermögen (P(V)) besteht. Bei Endfälligkeit gilt

$$(1.1) \qquad D_T = DF_T - P(V)_T$$

da $D_T = \min(X; V_T) = X - \max(0; V_T - X)$ ist. Der Wert in t ergibt sich aus[4]

$$(1.2) \qquad D_t = DF_t - P(V)_t$$

Die Bonität des Fremdkapitals findet folglich allein im Wert der Verkaufsoption ihren Niederschlag.

Aufgrund von Annahme 7b' kann hier die Verkaufsoption und damit auch das Fremdkapital eindeutig nach Black und Scholes bewertet werden. Ersetzt man in der Black-Scholes-

---

1) Siehe Abschnitt B des zweiten Teils.

2) Siehe S. 115.

3) Siehe S. 101, 133 - 142.

4) Siehe S. 41.

Formel zur Bewertung einfacher europäischer Aktienkaufoptionen[1)]

$$(2.57) \quad P_t = Kr^{-\tau}\{1-N(d_2)\} - S_t\{1-N(d_1)\}$$

$$\text{mit } d_1 = \frac{\ln(\frac{S_t}{Kr^{-\tau}})}{\sigma\sqrt{\tau}} + \frac{1}{2}\,\sigma\sqrt{\tau}$$

$$d_2 = d_1 - \sigma\sqrt{\tau}$$

die Symbole S_t, K und σ durch

V_t = Wert des Unternehmensvermögens in t

X = vereinbarter Rückzahlungsbetrag oder vereinbarte Zins- und Tilgungszahlung[2)]

σ_V = Standardabweichung der Unternehmensrendite pro Periode bei kontinuierlicher Verzinsung[3)]

so erhält man die Gleichung für den Wert von $P(V)_t$ nach Black und Scholes:

$$(3.1) \quad P(V)_t = Xr^{-\tau}\{1-N(d_2')\} - V_t\{1-N(d_1')\}$$

$$\text{mit } d_1' = \frac{\ln(\frac{V_t}{Xr^{-\tau}})}{\sigma_V\sqrt{\tau}} + \frac{1}{2}\sigma_V\sqrt{\tau}$$

$$d_2' = d_1' - \sigma_V\sqrt{\tau}$$

---

1) Siehe S. 154.

2) Die Tilgungskomponente entspricht hier dem Fremdkapitalemissionskurs D_0, die Zinskomponente ergibt sich aus der Differenz des vereinbarten Rückzahlungsbetrages und der Tilgungskomponente.

3) Siehe Fußnote 1, S. 118.

Einsetzen von Gleichung (3.1) in Gleichung (1.2) liefert den Wert der gesamten Null-Kupon-Anleihe oder eines entsprechenden Kredits:

$$(3.2)\quad D_t = DF_t - Xr^{-\tau}\{1-N(d_2')\} + V_t\{1-N(d_1')\}.$$

Der rechte Teil der Gleichung läßt sich noch zusammenfassen, da $DF_t = Xr^{-\tau}$ und $1-N(d) = N(-d)$ ist:

$$(3.3)\quad D_t = Xr^{-\tau}N(d_2') + V_tN(-d_1').$$

Damit ist gezeigt, daß man mit Hilfe des Black-Scholes-Modells risikobehaftete Null-Kupon-Anleihen oder entsprechende Kredite bewerten kann. Analog zum Black-Scholes-Aktienoptionsmodell hängt der Fremdkapitalwert allein von V_t, σ_V, X, τ und r ab. Er ist folglich unabhängig von speziellen Risikopräferenzen, von Erwartungswerten und von Charakteristika anderer Anlagen außer dem Unternehmensvermögen und risikofreien Titeln.[1] Da das Black-Scholes-Modell auf dem Duplikationsprinzip beruht, läßt sich der Wert einer Null-Kupon-Anleihe auch als Wert eines äquivalenten Portefeuilles interpretieren, das aus risikofreien Titeln und dem Unternehmensvermögen besteht und das ohne zusätzlichen Mitteleinsatz oder vorzeitige Rückflüsse kontinuierlich so umgeschichtet wird, daß es die Wertentwicklung der Anleihe exakt dupliziert. Der Wert der Anleihe muß deshalb stets dem Wert des Portefeuilles entsprechen. Andernfalls bestünden Arbitragemöglichkeiten.

Da das Kapital der betrachteten Unternehmung nur aus Eigenkapital und unbesichertem Fremdkapital mit einheit-

1) Vgl. S. 154 f.

licher Fälligkeit besteht, läßt sich nun der Wert des Eigenkapitals (E) leicht als Restgröße des Unternehmenswertes V_t und des Fremdkapitalwertes D_t ermitteln: $E_t = V_t - D_t$.

2. Der Risikoprämiensatz

Bei der Bewertung von Fremdkapitaltiteln verwendet man häufig auch Zinssätze als Bewertungskriterien, insbesondere Effektivzinssätze und die daraus abgeleiteten Risikoprämiensätze.[1] Es soll deshalb gezeigt werden, wie sich unter den genannten Annahmen Risikoprämiensätze bestimmen lassen. Der Risikoprämiensatz einer Anleihe im Zeitpunkt t wird hier als Differenz zwischen dem Effektivzinssatz der Anleihe in t und dem risikofreien Zinssatz definiert, wobei der Effektivzinssatz der Diskontierungssatz pro Periode[2] ist, bei dem der Barwert der vereinbarten Zins- und Tilgungszahlung dem Wert der Anleihe in t entspricht:[3]

---

1) Vgl. beispielsweise R. C. Merton, Risk structure, 1974, insb. S. 454 - 460; C. W. Smith, Jr., Review, 1976, S. 43; ders., Applications, 1979, S. 92; ders., Financial contracting, 1980, S. 340; J. C. Cox und M. Rubinstein, Options, 1985, S. 379, 381 - 383; J. Wilhelm, Finanztitelmärkte, 1983, S. 181 - 225; ders., Bereitschaft, 1982, insb. S. 572 - 582; M. Klug, Bewertung, 1982, S. 56 - 68, 597 - 599; J. Wilhelm, Risikostruktur, 1983; ders., Consistent model, 1984, S. 134 - 136; M. Klug, Ableitung, 1985, S. 10 f., 53, 60 - 78.

2) Z.B. p.a., wenn die Restlaufzeit in Jahren gemessen wird; siehe S. 122.

3) Siehe die in Fußnote 1 dieser Seite genannten Quellen.

$$(3.4) \qquad X r_{D_t}^{*-\tau} = X e^{-i_{D_t}^{*}\tau} = D_t$$

mit $r_{D_t}^{*} - 1$ = Anleiheeffektivzinssatz in t bei diskreter Verzinsung

$i_{D_t}^{*}$ = Anleiheeffektivzinssatz in t bei kontinuierlicher Verzinsung

Da das Grundmodell auf einem zeitkontinuierlichen Bewertungsmodell, dem Black-Scholes-Modell, beruht, sind hier Zinssätze bei kontinuierlicher Verzinsung zu betrachten. Im zweiten Teil der Arbeit wurde allerdings das Black-Scholes-Modell über den zeitdiskreten Binomialansatz hergeleitet. Analog zur dort eingeführten Schreibweise gelten daher $r_{D_t}^{*} = e^{i_{D_t}^{*}}$, $\ln r_{D_t}^{*} = i_{D_t}^{*}$ sowie $\ln r = i$.[1)]

Den Effektivzinssatz bei kontinuierlicher Verzinsung $\ln r_{D_t}^{*}$ erhält man, indem man Gleichung (3.4) umformt:[2)]

$$(3.5) \qquad \ln r_{D_t}^{*} = \frac{1}{\tau} \ln\left(\frac{X}{D_t}\right).$$

Der Zinssatz zeigt an, welche Verzinsung sich pro Periode bei kontinuierlicher Zinsrechnung ergibt, wenn die

1) Siehe Fußnote 2, S. 117, Fußnote 1, S. 118.

2) Siehe auch R. C. Merton, Risk structure, 1974, S. 454; C. W. Smith, Jr., Review, 1976, S. 43; ders., Applications, 1979, S. 92; ders., Financial contracting, 1980, S. 340; J. C. Cox und M. Rubinstein, Options, 1985, S. 379, 381.

Anleihe bis zur Fälligkeit gehalten und vereinbarungsgemäß zurückgezahlt wird.

Der Risikoprämiensatz g_{D_t} errechnet sich dann aus

(3.6) $$g_{D_t} = \frac{1}{\tau} \ln(\frac{X}{D_t}) - \ln r.$$

Er zeigt an, welchen Aufschlag die Marktteilnehmer auf den risikofreien Effektivzinssatz verlangen, wenn sie die risikobehaftete Anleihe übernehmen.[1)]

Gleichung (3.6) verdeutlicht, daß der Risikoprämiensatz bei gegebener Restlaufzeit und gegebenem risikofreien Zinssatz vom Verhältnis des vereinbarten Rückzahlungsbetrages X zum Marktwert des Fremdkapitals D_t abhängt, also davon, wie der Markt es einschätzt, ob und wie der Schuldner seine Verpflichtungen abdecken wird. Der Risikoprämiensatz läßt sich dann auch als Indikator der Anleihebonität verwenden. Wie weiter unten aber noch gezeigt wird, gilt das bei der Beurteilung von Anleihen, deren vereinbarte Zahlungsströme verschieden sind, nur bedingt.[2)]

---

1) Eine andere Definition des Risikoprämiensatzes findet man beispielsweise in den Capital-Asset-Pricing-Modellen. Dort versteht man unter einem Risikoprämiensatz die Differenz zwischen der erwarteten Rendite eines Finanztitels pro Periode und dem risikofreien Zinssatz pro Periode; siehe die in Fußnote 2, S. 32 genannten Quellen. Die erwartete Rendite einer bonitätsrisikobehafteten festverzinslichen Anleihe ohne Wandlungs- oder Bezugsrechte liegt dagegen c.p. stets unter dem Effektivzinssatz, da der Effektivzinssatz die Rendite bei störungsfreiem Verlauf, also die maximale Rendite, angibt. Siehe zum letzten Aspekt auch C. W. Haley und L. D. Schall, Financial decisions, 1979, S. 162 f.

2) Vgl. S. 192 - 198 und Abschnitt J dieses Teils.

Der Bezug zur Optionstheorie ergibt sich nun, wenn man D_t nach Gleichung (3.3) bestimmt. Der Risikoprämiensatz ist dann also eine Funktion von V_t, σ_V, X, τ und r. Er ist damit c.p. auch unabhängig von speziellen Risikopräferenzen, Erwartungswerten sowie den Charakteristika anderer Anlagen außer dem Unternehmensvermögen und risikofreien Titeln.[1)]

II. Beispiel

Greift man auf das Zahlenbeispiel zum Black-Scholes-Aktienkaufoptionsmodell zurück und unterstellt hier analog $V_t = X = 90$, $\sigma_V = 0{,}3$, $\tau = 0{,}5$ und $r = 1{,}1$, so errechnet sich ein Fremdkapitalwert von $D_t = 80{,}29$: $D_t = Xr^{-\tau} - P(V)_t = 85{,}81 - 5{,}52 = 80{,}29$.[2)] Der Wert des Eigenkapitals beträgt dann $E_t = V_t - D_t = 9{,}71$. Nach Gleichung (3.6) ergibt sich ein Risikoprämiensatz von 13,3 % pro Periode: $g_{D_t} = 0{,}2283 - 0{,}0953 = 0{,}133$.[3)]

III. Veränderung des Fremdkapitalwertes bei Variation der Parameterwerte

Aufschlüsse über den Einfluß der Wertdeterminanten lassen sich gewinnen, wenn man die Auswirkungen von Parameterwertänderungen auf den Fremdkapitalwert nach Gleichung (3.2) oder (3.3) untersucht. Betrachtet man zunächst die Auswirkung einer Unternehmenswertänderung auf den Wert des

---

1) Siehe S. 181.

2) Im Beispiel für Aktienoptionen ergab sich $P_t = 5{,}52$, so daß hier $P(V)_t = 5{,}52$ ist; siehe S. 155.

3) Der äquivalente Risikoprämiensatz bei diskreter Verzinsung ergibt sich aus der Differenz zwischen $r^*_{D_t}$ und r; im Zahlenbeispiel beträgt der Risikoprämiensatz 15,65 %: $e^{\ln r^*_{D_t}} - r = 1{,}2565 - 1{,}1 = 0{,}1565$.

Fremdkapitals, so zeigt die partielle Ableitung von D_t nach V_t[1)]

$$(3.7) \quad \frac{\partial D_t}{\partial V_t} = N(-d_1') > 0$$

daß der Wert des Fremdkapitals c.p. mit zunehmendem Unternehmenswert steigt und mit abnehmendem Unternehmenswert sinkt. Im ersten Fall nimmt das Bonitätsrisiko ab, im anderen Fall steigt es.[2)] Betrachtet man wiederum die risikofreie Komponente und die Optionskomponente des Fremdkapitals, so ist klar, daß sich eine Unternehmenswertänderung nur auf den Wert der europäischen Verkaufsoption $P(V)_t$ auswirken kann, nicht dagegen auf den Wert der risikofreien Anleihe DF_t. Nach den Ausführungen des zweiten Teils der Arbeit muß $P(V)_t$ mit steigendem Unternehmenswert c.p. sinken, da dann eine Ausübung der Option weniger wahrscheinlich ist, was für die Gläubiger als Stillhalter der Option günstig ist. Umgekehrt ist es für die Gläubiger ungünstig, wenn V_t sinkt. Die Ausübung der Option ist dann wahrscheinlicher, so daß $P(V)_t$ steigt und D_t sinkt.[3)] Der Wert des Fremdkapitals ist also eine

---

1) Vgl. R. C. Merton, Risk structure, 1974, S. 455; D. Galai und R. Masulis, Option pricing, 1976, S. 57 f., insb. Fußnoten 11 und 15; C. W. Smith, Jr., Review, 1976, S. 43, Fußnote 32. Zur Herleitung siehe auch Fußnote 3 dieser Seite.

2) C. W. Smith, Jr., Applications, 1979, S. 89; im Zusammenhang mit den Krediten an nichtgewerbetreibende Personen (Privatpersonen) ders., Financial contracting, 1980, S. 337.

3) Aus Gleichung (2.60) folgt $\frac{\partial P(V)_t}{\partial V_t} = N(d_1') - 1 < 0$, so daß $\frac{\partial D_t}{\partial V_t} = \frac{\partial DF_t}{\partial V_t} - \frac{\partial P(V)_t}{\partial V_t} = 0 - \{N(d_1') - 1\} = 1 - N(d_1') = N(-d_1') > 0$ ist; siehe Fußnote 4, S. 155. Da $0 < N(-d_1') < 1$ gilt, folgt $0 < \frac{\partial D_t}{\partial V_t} < 1$; siehe auch D. Galai und R. Masulis, Option pricing, 1976, S. 57 f.; C. W. Smith, Jr., Review, 1976, S. 43, Fußnote 32.

positive Funktion des Unternehmenswertes. Da die zweite Ableitung von D_t nach V_t

$$(3.8) \quad \frac{\partial^2 D_t}{\partial V_t^2} = - \frac{1}{V_t \sigma_V \sqrt{\tau}} N'(d_1') < 0$$

ein negatives Vorzeichen aufweist,[1] ist die Funktion außerdem konkav.[2] Graphik 3.1 veranschaulicht diese Aussagen.

Graphik 3.1: Werte einer unbesicherten, unkündbaren Null-Kupon-Anleihe oder eines entsprechenden Kredites in Abhängigkeit vom Unternehmenswert

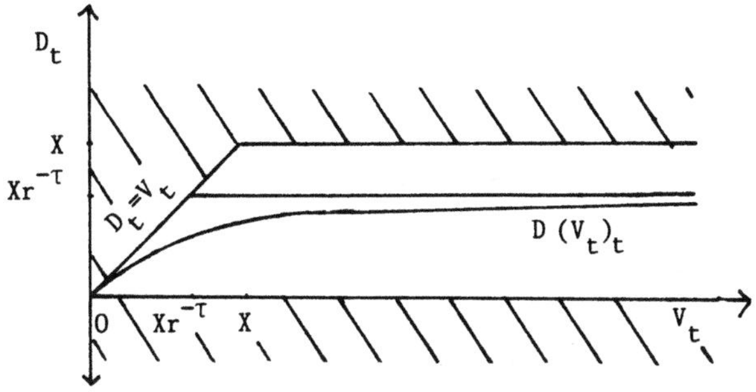

Quelle: H. Weddige, Optionsrechte, 1973, S. 152; eigene Darstellung.

Analog zu den Arbitrageüberlegungen des zweiten Teils der Arbeit[3] muß unabhängig von speziellen Kursverlaufshypothesen $0 \leq D_t \leq \min(V_t; Xr^{-\tau})$ und $D_T = \min(V_t; X)$ gelten. Die Werte des Fremdkapitals dürfen deshalb grundsätzlich nicht im schraffierten Bereich der Graphik liegen und vor Ablauf der Restlaufzeit ($\tau > 0$) nicht oberhalb von $D_t = \min(V_t; Xr^{-\tau})$.

---

1) Gleichung (3.8) ergibt sich aus $\frac{\partial^2 D_t}{\partial V_t^2} = - \frac{\partial^2 P(V)_t}{\partial V_t^2}$ in Verbindung mit Gleichung (2.61), siehe S. 156.

2) Siehe auch R. C. Merton, Risk structure, 1974, S. 455.

3) Siehe Abschnitt A des zweiten Teils.

Unterscheiden sich zwei Anleihen nur hinsichtlich σ_V, so hat unter den genannten Annahmen die Anleihe mit der höheren Standardabweichung den geringeren Wert. Eine höhere Standardabweichung der Unternehmensrendite bedeutet hier ein größeres Bonitätsrisiko, das c.p. zu Wertabschlägen führen muß.[1] Mit Blick auf die risikofreie Komponente und die Optionskomponente der Anleihe erhöht eine größere Standardabweichung σ_V c.p. den Wert der Verkaufsoption auf das Unternehmensvermögen, so daß sich die Position der Gläubiger als Optionsstillhalter verschlechtert, während die risikofreie Anleihekomponente von Änderungen der Standardabweichung c.p. unberührt bleibt. Die Ableitung von D_t nach σ_V bestätigt diese Aussagen:

$$(3.9) \qquad \frac{\partial D_t}{\partial \sigma_V} = - V_t \sqrt{\tau}\ N'(d_1') < 0^{2)}$$

Interessant sind in dem Zusammenhang auch die Elastizität des Anleihewertes auf Unternehmenswertänderungen und die Beziehung zwischen der Standardabweichung der Anleiherendite und der Standardabweichung der Unternehmensrendite. Es gilt $0 < (\partial D_t/D_t)/(\partial V_t/V_t) < 1$ sowie $\sigma_D = (\partial D_t/D_t)/(\partial V_t/V_t) \cdot \sigma_V$. Die Standardabweichung der Anleiherendite ist also kleiner als die Standardabweichung der Unternehmensrendite: $\sigma_D < \sigma_V$.[3] Außerdem muß σ_D eine Zufallsvariable sein, da die Elastizität des Anleihewertes auf Unternehmenswertänderungen eine Zufallsvariable und σ_V gemäß Annahme 7b' konstant ist. Wie im zweiten Teil

1) Siehe die in Fußnote 1, S. 186 genannten Quellen.

2) Gleichung (3.9) folgt aus $\frac{\partial D_t}{\partial \sigma_V} = - \frac{\partial P(V)_t}{\partial \sigma_V}$ in Verbindung mit Gleichung (2.62), siehe S. 157. Die in Fußnote 1, S. 186 genannten Quellen betrachten die Varianz statt der Standardabweichung. Es gilt dann $\frac{\partial D_t}{\partial \sigma_V^2} = - \frac{V_t \sqrt{\tau}}{2\sigma_V} N'(d_1') < 0$; siehe auch Fußnote 2, S. 128 dieser Arbeit.

3) Siehe R. C. Merton, Risk structure, 1974, S. 456, 463 f.

der Arbeit gezeigt wurde, berücksichtigen Modelle zur Bewertung einfacher Aktienoptionen die Streuung der Optionsrendite endogen;[1] das gilt bei der Übertragung der Modelle auf Anleihen entsprechend für die Streuung der Anleiherendite. Dagegen sind derartige Parameter in anderen Bewertungsmodellen wie den State-Preference-Modellen, den Capital-Asset-Pricing-Modellen oder den Modellen der Arbitrage-Pricing-Theorie exogene Größen, die sich nur schwer direkt schätzen und bewerten lassen.[2] Bereits im ersten Teil der Arbeit wurde herausgearbeitet, daß aus dem Grunde das Prinzip der Optionsmodelle, Finanztitel auf der Basis von Kursverlaufshypothesen der zugrundeliegenden Titel zu bewerten, praktikabler ist.[3] Das Argument ist damit noch einmal untermauert worden.

Betrachtet man zwei Anleihen, die sich nur hinsichtlich des vereinbarten Rückzahlungsbetrages X unterscheiden, so muß die Anleihe mit dem höheren Rückzahlungsbetrag den größeren Marktwert aufweisen, da sie einen höheren Anspruch verbrieft.[4] Allerdings ist hier, anders als bei einfachen Aktienoptionen,[5] der Marktwert von Anleihen eine konkave Funktion von X[6], da mit zunehmendem X c.p. das Bonitätsrisiko steigt.[7]

---

1) Siehe S. 130 f.

2) Vgl. S. 31, 33, 46 f. und die dort genannte Literatur.

3) Vgl. S. 43 f. Modifiziert man Annahme 7b' analog zu Abschnitt B.II.1.c) des zweiten Teils der Arbeit, lassen sich auch Schwankungen von σ_V meist vergleichsweise leicht berücksichtigen; vgl. S. 133 - 142.

4) Siehe die in Fußnote 1, S. 186 genannten Quellen.

5) Siehe S. 131.

6) Siehe R. C. Merton, Risk structure, 1974, S. 455.

7) Siehe C. W. Smith, Jr., Applications, 1979, S. 92; im Zusammenhang mit Krediten an Privatpersonen ders., Financial contracting, 1980, S. 340.

$$(3.10) \quad \frac{\partial D_t}{\partial X} = r^{-\tau} N(d_2') > 0$$ [1]

$$(3.11) \quad \frac{\partial^2 D_t}{\partial X^2} = - \frac{r^{-\tau}}{X\sigma_V\sqrt{\tau}} N'(d_2') < 0$$ [2]

Diese Zusammenhänge ergeben sich analog zum Abschnitt A des zweiten Teils der Arbeit bereits aus Arbitrageüberlegungen, die unabhängig von speziellen Kursverlaufshypothesen sind.[3]

Aus derartigen Überlegungen folgt auch, daß der Marktwert von Anleihen c.p. bei längerer Restlaufzeit sinkt. Eine längere Restlaufzeit vermindert den Wert der risikofreien Anleihe (DF_t), während der Wert der europäischen Verkaufsoption ($P(V)_t$) steigen, unverändert bleiben oder fallen[4] kann. Da jedoch, absolut gesehen, die Wertänderungen der risikofreien Anleihe stets größer sind als die Wertänderungen der Option, gilt hier

$$(3.12) \quad \frac{\partial D_t}{\partial \tau} = -(\ln r)Xr^{-\tau}N(d_2') - \{V_t\sigma_V/(2\sqrt{\tau})\}N'(d_1') < 0$$ [5]

---

1) Siehe die in Fußnote 1, S. 186 genannten Quellen. Gleichung (3.10) folgt aus $\frac{\partial D_t}{\partial X} = \frac{\partial Xr^{-\tau}}{\partial X} - \frac{\partial P(V)_t}{\partial X}$ in Verbindung mit Gleichung (2.63). Da $0 < N(d_2') < 1$ ist, gilt $0 < \frac{\partial D_t}{\partial X} < r^{-\tau}$, siehe S. 158 dieser Arbeit.

2) Gleichung (3.11) folgt aus $\frac{\partial^2 D_t}{\partial X^2} = \frac{\partial (r^{-\tau})}{\partial X} - \frac{\partial^2 P(V)_t}{\partial X^2} = - \frac{\partial^2 P(V)_t}{\partial X^2}$ in Verbindung mit Gleichung (2.64); siehe S. 158.

3) Siehe S. 78 - 80.

4) Das wurde für einfache Aktienoptionen ausführlich gezeigt; siehe S. 158 - 161.

5) Siehe die in Fußnote 1, S. 186 genannten Quellen. Gleichung (3.12) folgt aus $\frac{\partial D_t}{\partial \tau} = \frac{\partial Xr^{-\tau}}{\partial \tau} - \frac{\partial P(V)_t}{\partial \tau} = - (\ln r)Xr^{-\tau} - \frac{\partial P(V)_t}{\partial \tau}$ in Verbindung mit Gleichung (2.65); siehe S. 159 dieser Arbeit.

Die in Graphik 3.1 eingezeichnete Kurve wäre deshalb bei längerer Restlaufzeit nach unten und bei abnehmender Restlaufzeit nach oben zu verschieben.[1)]

Graphik 3.2: Werte einer unbesicherten unkündbaren Null-Kupon-Anleihe oder eines entsprechenden Kredites in Abhängigkeit vom Unternehmenswert und der Restlaufzeit

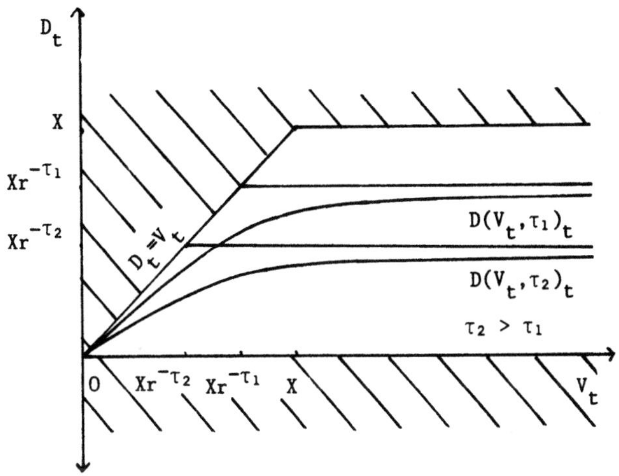

Quelle: H. Weddige, Optionsrechte, 1973, S. 152; eigene Darstellung.

Nachdem die Wirkungsrichtungen von Parameterwertänderungen auf den Fremdkapitalwert untersucht wurden, sei darauf hingewiesen, daß der Wert des Eigenkapitals als Restgröße, $E_t = V_t - D_t$, bei gegebenem V_t auf Änderungen der Parameterwerte genau umgekehrt reagiert wie der Wert der Null-Kupon-Anleihe D_t: Wertrückgängen der Fremdkapitalposition stehen dann gleich hohe Wertzuwächse der Eigenkapitalposition gegenüber. C.p. erhöht daher insbesondere eine größere Standardabweichung der Unternehmensrendite oder eine längere Restlaufzeit den Wert der Eigenkapital-

1) Siehe S. 187.

position: $\frac{\partial E_t}{\partial \sigma_V} = - \frac{\partial D_t}{\partial \sigma_V} > 0$ und $\frac{\partial E_t}{\partial \tau} = - \frac{\partial D_t}{\partial \tau} > 0$.[1)2)]

IV. Veränderung des Risikoprämiensatzes bei Variation der Parameterwerte

Um nun die Einflußgrößen des Risikoprämiensatzes zu untersuchen, wird hier nicht einer üblichen Praxis gefolgt, zunächst Gleichung (3.6) mit Hilfe von Gleichung (3.3) so umzuformen, daß der Risikoprämiensatz g_{D_t} eine Funktion von τ, σ_V und $w_t = \frac{Xr^{-\tau}}{V_t}$ ist.[3)]

---

1) Ferner gilt: $\frac{\partial E_t}{\partial V_t} > 0$, $\frac{\partial^2 E_t}{\partial V_t^2} > 0$, $\frac{\partial E_t}{\partial V_t} \cdot \frac{V_t}{E_t} > 1$, $\sigma_E > \sigma_V$ mit $\sigma_E = \frac{\partial E_t}{\partial V_t} \cdot \frac{V_t}{E_t} \cdot \sigma_V$, $\frac{\partial E_t}{\partial X} < 0$, $\frac{\partial^2 E_t}{\partial X^2} > 0$; vgl. R. C. Merton, Risk structure, 1974, S. 455; siehe auch die in Fußnote 1, S. 186 dieser Arbeit genannten Quellen.

2) Perridon und Steiner behaupten fälschlicherweise, daß das Grundmodell im Gegensatz zur These I von Modigliani und Miller steht; siehe L. Perridon und M. Steiner, Finanzwirtschaft, 1986, S. 456. Diese These besagt, daß der Marktwert eines Unternehmens unabhängig ist von seiner Kapitalstruktur; vgl. F. Modigliani und M. H. Miller, The cost of capital, corporation finance, and the theory of investment, in: AER, Vol. 48 (1958), insb. S. 268 - 271. Man kann aber leicht zeigen, daß das Grundmodell im Einklang mit der These steht, indem man die Werte der Modellparameter X, σ_V, oder τ variiert. Nach den Ausführungen dieses Abschnitts verändern sich dann zwar die Marktwerte des Fremdkapitals und des Eigenkapitals in unterschiedlicher Weise, so daß sich auch die Kapitalstruktur ändert, der Unternehmenswert bleibt jedoch konstant. Das Grundmodell ist also entgegen der Behauptung von Perridon und Steiner kompatibel mit der These I von Modigliani und Miller; vgl. auch R. C. Merton, Risk structure, 1974, S. 450, 460 - 467; J. B. Long, Jr., Discussion, in: JoF, Vol. 29 (1974), S. 485 - 487; H. Weddige, Optionsrechte, 1973, S. 147 f., 151 f.; R. C. Merton, Pricing of contingent claims, 1977.

3) Siehe R. C. Merton; Risk structure, 1974, S. 454; C. J. Lee,

Diese Umformung ist aus folgendem Grund problematisch: Eine Untersuchung des Risikoprämiensatzes g_{D_t} in Abhängigkeit von der Restlaufzeit τ, bei konstanten w_t und σ_V,[1] impliziert, daß sich der vereinbarte Rückzahlungsbetrag X und/oder der Unternehmenswert V_t ändert, da w_t auch von der Restlaufzeit τ abhängt. Damit ist aber die C.p.-Bedingung unzulässig.[2][3]

Geht man statt dessen von Gleichung (3.6) $g_{D_t} = \frac{1}{\tau} \ln \cdot (\frac{X}{D_t}) - \ln r$ und Gleichung (3.3) aus, so erkennt man,

---

Fortsetzung Fußnote 3, S. 192: The pricing of corporate debt: A note, in: JoF, Vol. 36 (1981), S. 1187 f.; M. J. P. Selby, Application, 1983, S. 26 - 29; C. G. C. Pitts und M. J. P. Selby, The pricing of corporate debt: A further note, in: JoF, Vol. 38 (1983), S. 1311 - 1313. Wegen fehlender Klammern etwas ungenau J. C. Cox und M. Rubinstein, Options, 1985, S. 382 f. Unter dem Binomialansatz siehe M. Klug, Bewertung, 1982, S. 57 f.; dies., Ableitung, 1985, S. 61 f.

1) Siehe R. C. Merton, Risk structure, 1974; S. 456 - 459; C. J. Lee, Pricing, 1981, C. G. C. Pitts und M. J. P. Selby, Pricing, 1983, J. C. Cox und M. Rubinstein, Options, 1985, S. 383; Unter dem Binomialansatz M. Klug, Bewertung, 1982, S. 62 - 68; dies., Ableitung, 1985, S. 66 - 70.

2) Smith betreibt eine Analyse der Einflußfaktoren des Effektivzinssatzes, bei der die C.p.-Bedingung zulässig ist; siehe C. W. Smith, Jr., Applications, 1979, S. 92; im Zusammenhang mit Krediten an Privatpersonen ders., Financial contracting, 1980, S. 340. Auch Cox und Rubinstein untersuchen Effektivzinssätze in Abhängigkeit von der Restlaufzeit und dem vereinbarten Rückzahlungsbetrag jeweils c.p., im Gegensatz zu ihrer Untersuchung von Risikoprämiensätzen; siehe J. C. Cox und M. Rubinstein, Options, 1985, S. 381 - 383.

3) Darüber hinaus unterlaufen Merton und Lee bei der graphischen Darstellung von g_{D_t} in Abhängigkeit von w_t Fehler. Mertons Fehler wurde von Lee korrigiert, allerdings entstanden bei der Korrektur zwei weitere Fehler. Die richtige Darstellung findet man bei Pitts und Selby; vgl. R. C. Merton, Risk structure, 1974, S. 459; C. J. Lee, Pricing, 1981, S. 1188; C. G. C. Pitts und M. J. P. Selby, Pricing, 1983, S. 1311 - 1313; vgl. auch M. J. P. Selby, Application, 1983, S. 26 - 29. Die Zeichnungen bei Klug sind nicht eindeutig; vgl. M. Klug, Bewertung, 1982, S. 68; dies., Ableitung, 1985, S. 70.

daß der Risikoprämiensatz steigt, wenn der Unternehmenswert c.p. sinkt oder wenn die Standardabweichung der Unternehmensrendite c.p. steigt, da der Wert des Fremdkapitals jeweils sinkt. In beiden Fällen steigt das Bonitätsrisiko.

Untersucht man den Einfluß des vereinbarten Rückzahlungsbetrages, so ist zunächst festzuhalten, daß ein steigender Rückzahlungsbetrag gemäß Gleichung (3.10) auch den Marktwert des Fremdkapitals D_t erhöht. Insofern ist die Wirkungsrichtung des vereinbarten Rückzahlungsbetrages auf den Risikoprämiensatz noch nicht eindeutig. Nach Gleichung (3.11) steigt D_t aber nur unterproportional, da der größere Rückzahlungsanspruch auch ein erhöhtes Bonitätsrisiko nach sich zieht. Folglich wird sich der Risikoprämiensatz erhöhen.[1)]

Die partiellen Ableitungen von g_{D_t} nach V_t, σ_V und X bestätigen diese Erwartungen:[2)]

(3.13) $$\frac{\partial g_{D_t}}{\partial V_t} = -\frac{1}{\tau} \cdot \frac{N(-d_1')}{D_t} < 0$$

(3.14) $$\frac{\partial g_{D_t}}{\partial \sigma_V} = \frac{1}{\sqrt{\tau}} \cdot \frac{V_t N'(d_1')}{D_t} > 0^{3)}$$

(3.15) $$\frac{\partial g_{D_t}}{\partial X} = \frac{1}{\tau} \cdot \frac{V_t N(-d_1')}{X D_t} > 0$$

Dagegen ist die Wirkungsrichtung einer längeren Restlaufzeit auf den Risikoprämiensatz nicht eindeutig. Bei gegebenem Rückzahlungsanspruch und gegebenem Marktwert des

1) Siehe S. 189 f. Bezüglich des Effektivzinssatzes siehe auch die in Fußnote 2, S. 193 genannten Quellen.

2) Eine ausführliche Herleitung findet der Leser im Anhang, S. 471 f.

3) Analog zur Ableitung von D_t nach σ_V^2 gilt für die Ableitung von g_{D_t} nach σ_V^2 $\frac{\partial g_{D_t}}{\partial \sigma_V^2} = \frac{\partial g_{D_t}}{\partial \sigma_V} \cdot \frac{1}{2\sigma_V} = \frac{1}{2\sigma_V\sqrt{\tau}} \cdot \frac{V_t N'(d_1')}{D_t} > 0$; vgl. Fußnote 2, S. 188.

Fremdkapitals sinkt der Risikoprämiensatz mit zunehmender Restlaufzeit tendenziell, und er steigt tendenziell, da der Marktwert des Fremdkapitals mit zunehmender Restlaufzeit sinkt. Der Gesamteffekt hängt deshalb von der Größe der Einzeleffekte ab.[1] Folglich weist die partielle Ableitung von g_{D_t} nach τ kein eindeutiges Vorzeichen auf:[2]

$$(3.16)\qquad \frac{\partial g_{D_t}}{\partial \tau} = \frac{1}{\tau^2}\left\{\ln\left(\frac{D_t}{X}\right) + \frac{\tau(\ln r)Xr^{-\tau}N(d_2')+\sqrt{\tau}\,V_t(\sigma_V/2)N'(d_1')}{D_t}\right\} \lessgtr 0$$

Die nachfolgenden Berechnungen zeigen, daß g_{D_t} mit zunehmender Restlaufzeit steigt, wenn X weit unterhalb von V_t liegt. Mit steigendem X beginnt der Risikoprämiensatz im längerfristigen Bereich abzunehmen, und für $X \geq V_t$ sinken die Risikoprämiensätze auch im kürzerfristigen Bereich.[3] Betrachtet man für $X = 70$ und $X = 140$ die zugehörigen Fremdkapitalwerte und zerlegt die Werte jeweils in ihre risikofreie Komponente DF_t und die Optionskomponente $P(V)_t$, so fällt auf, daß der Risikoprämiensatz und der Verkaufsoptionswert mit längerer Restlaufzeit für $X = 140$ sinken, während sich für $X = 70$ eine teilweise gegenläufige Entwicklung ergibt: der Risikoprämiensatz steigt zunächst bis zu einer Restlaufzeit von einem Jahr und sinkt danach, während der Verkaufsoptionswert stets steigt.

---

1) Siehe in Bezug auf die Effektivverzinsung die in Fußnote 2, S. 193 genannten Quellen.

2) Eine ausführliche Herleitung befindet sich im Anhang, S. 472 f.

3) Ähnliche Untersuchungsergebnisse findet man bei den in Fußnote 1, S. 193 genannten Quellen. Zur Kritik an der Methodik der Untersuchungen siehe S. 193 f.

Tabelle 3.1: Risikoprämiensätze unbesicherter, unkündbarer Null-Kupon-Anleihen oder entsprechender Kredite in Abhängigkeit von der Restlaufzeit und vom vereinbarten Rückzahlungsbetrag[a)]

τ \ X	40	70	100	140	180
0,25	0,00[b)]	1,07	28,68	127,38	225,62
0,5	0,00	2,36	19,40	63,03	108,83
1	0,12	3,25	12,90	31,89	51,93
3	0,69	3,07	6,44	11,40	16,31
6	0,91	2,38	3,97	6,04	7,99

a) Risikoprämiensätze in Prozent p.a., $V_t = 100$, $\sigma_V = 0{,}4$ und $r = 1{,}1$

b) Die Ergebnisse sind auf zwei Stellen gerundet. Bei Berücksichtigung von mehr als zwei Stellen ist der Risikoprämiensatz für $X = 40$ bei $\tau = 0{,}25$ kleiner als bei $\tau = 0{,}5$.

Quelle: Eigene Berechnungen.

Tabelle 3.2: Werte unbesicherter, unkündbarer Null-Kupon-Anleihen oder entsprechender Kredite und Werte ihrer risikofreien Komponenten und der Optionskomponenten in Abhängigkeit von der Restlaufzeit und vom vereinbarten Rückzahlungsbetrag[a)]

Werte / τ	X = 70			X = 140		
	D_t	DF_t	$P(V)_t$	D_t	DF_t	$P(V)_t$
0,25	68,17	68,35	0,18	99,42	136,70	37,28
0,5	65,96	66,74	0,78	97,40	133,48	36,08
1	61,60	63,64	2,04	92,52	127,27	34,75
3	47,96	52,59	4,63	74,71	105,18	30,47
6	34,26	39,51	5,25	54,99	79,03	24,04

a) V_t = 100, σ_V = 0,4 und r = 1,1.
Quelle: Eigene Berechnungen.

In Anlehnung an die Untersuchungen im zweiten Teil der Arbeit[1)] läßt sich nun feststellen, daß der Verkaufsoptionswert mit längerer Restlaufzeit tendenziell sinkt, da der Basispreis stärker diskontiert wird (erster Effekt), und andererseits tendenziell steigt, da der Unternehmenswert am Ende der längeren Laufzeit mit größerer Wahrscheinlichkeit sehr niedrige Werte annehmen wird (zweiter Effekt). Im Fall X = 140 dominiert der erste Effekt, da der Unternehmenswert bereits in t deutlich unterhalb des Basispreises liegt, so daß eine Ausübung sehr wahrscheinlich ist und die stärkere Diskontierung des Basispreises hier nicht voll kompensiert wird. Der Verkaufsoptionswert sinkt deshalb und damit auch der Risikoprämiensatz.

1) Vgl. zu den weiteren Ausführungen S. 158 - 161.

Da hierfür der erste Effekt verantwortlich ist, erscheint es irreführend, hier von einer Bonitätsverbesserung zu sprechen.[1)]

Im Fall X = 70 dominiert der zweite Effekt, da der Unternehmenswert in t noch deutlich über dem Basispreis liegt. Der Verkaufsoptionswert steigt hier also mit zunehmender Restlaufzeit. Der Risikoprämiensatz steigt dagegen zunächst, sinkt dann aber für Restlaufzeiten von über einem Jahr. Besonders interessant ist ein Vergleich der Werte für eine Restlaufzeit von einem und sechs Jahren. Der Verkaufsoptionswert steigt von 2,04 auf 5,25, während der Risikoprämiensatz von 3,25 % p.a. auf 2,38 % p.a. sinkt. Es ist aber offensichtlich, daß hier die Anleihebonität mit zunehmender Restlaufzeit sinkt,[2)] sonst würde der Wert der Verkaufsoption nicht steigen. Das paradoxe Ergebnis läßt sich dadurch erklären, daß der Risikoprämiensatz im Unterschied zum Optionswert eine durchschnittliche Größe ist, so daß auch bei steigendem Optionswert und abnehmender Bonität der Risikoprämiensatz sinken kann. Man sollte daher bei der Bewertung von Anleihen unterschiedlicher Restlaufzeit anhand von Risikoprämiensätzen vorsichtig sein, um Fehlentscheidungen zu vermeiden.[3)4)]

---

1) So z.B. C. J. Lee, Pricing, 1981, S. 1187 f.; M. Klug, Bewertung, 1982, S. 66; dies., Ableitung, 1985, S. 69.

2) Vgl. auch R. C. Merton, Risk structure, 1974, S. 457, 460 f.; J. C. Cox und M. Rubinstein, Options, 1985, S. 381, 383. Nicht zuzustimmen ist Lee und Klug, die in ähnlichen Fällen davon sprechen, daß das Ausfallrisiko sinkt; siehe C. J. Lee, Pricing, 1981, S. 1188; M. Klug, Bewertung, 1982, S. 63 - 66; dies., Ableitung, 1985, S. 67 f.

3) Diese Empfehlung sprechen auch Merton sowie Cox und Rubinstein aus; siehe R. C. Merton, Risk structure, 1974, S. 460; J. C. Cox und M. Rubinstein, Options, 1985, S. 383. Im Zusammenhang mit Kupon-Anleihen auch R. Brealey, S. D. Hodges und M. J. P. Selby, Bank-loan portfolios, 1983; M. J. P. Selby, Application, 1983, S. 105.

4) Hier sei der Klarheit halber angemerkt, daß bei unterschiedlichen Restlaufzeiten auch ein Vergleich der Verkaufsoptionswerte nicht immer eine zuverlässige Aussage hinsichtlich des Bonitätsrisikos liefert, wie der Fall X = 140 zeigte, siehe S. 197 f. Dies wiegt aber nicht schwer, da der Verkaufsoptionswert, anders als der Risikoprämiensatz, nicht ex definitione ein Indikator für das Bonitätsrisiko ist.

B. Berücksichtigung dinglicher Sicherheiten

I. Vorbemerkungen

In diesem Abschnitt sollen Auswirkungen untersucht werden, die sich ergeben, wenn der Schuldner mit einem oder mehreren Gläubigern dingliche Besicherungen vertraglich vereinbart. Dingliche Besicherungen bestehen insbesondere in der Form von Pfandrechten an beweglichen und unbeweglichen Objekten, Sicherungsübereignungen und -abtretungen. Sie geben den Sicherungsnehmern das Recht, die jeweiligen Sicherungsgüter zur Befriedigung ihrer Forderungen zu verwerten.[1] Die Sicherheiten können Teil des Unternehmensvermögens sein oder aus dem Vermögen Dritter stammen. Der Schuldner kann die Gläubiger unterschiedlich besichern. Für Bewertungszwecke ist es sinnvoll, zwischen homogen und heterogen besicherten Gläubigerparten, in diesem Abschnitt auch kurz: homogene und heterogene Gläubigerparten, zu unterscheiden. Homogene Gläubigerparten zeichnen sich dadurch aus, daß sie, auf den vereinbarten Rückzahlungsbetrag bezogen, gleich besichert sind. Von heterogenen Gläubigerparten wird gesprochen, wenn die Parten, bezogen auf den vereinbarten Rückzahlungsbetrag, ungleich besichert sind.

Die optionstheoretische Literatur liefert bislang nur wenige Beiträge, die sich mit der Bewertung dinglich besicherter Fremdkapitaltitel befassen. Bei Smith findet man ein Modell für den Fall einer Null-Kupon-Anleihe mit homogen besicherten Parten, allerdings unter der Annahme, daß das gesamte Unternehmensvermögen als Sicherheit dient.[2] Modelle zur Bewertung heterogener Parten wurden

1) Vgl. H.-J. Lwowski und W. Gößmann, Kreditsicherheiten, 6., neubearb. und erw. Aufl., Berlin 1987, S. 20 - 39, 68 - 158.

2) Vgl. C. W. Smith, Jr., Applications, 1979, S. 104 f.

von Black und Cox, Geske, Shastri, Selby, Klug sowie Johnson und Stulz entwickelt. Im Black-Cox-Modell werden zwei Null-Kupon-Anleihen mit gleicher Fälligkeit unterstellt, wobei die eine Anleihe im Konkursfall bevorrechtigten Zugriff auf das gesamte Unternehmensvermögen bietet und damit gegenüber der anderen Anleihe voll vorrangig ist.[1)2)] Klug behandelt anhand eines Beispiels mit binomialem Unternehmenswertverlauf den Fall, daß das Unternehmensvermögen aus zwei Aktiva besteht und daß besicherte und unbesicherte Null-Kupon-Anleihen gleicher Fälligkeit begeben wurden, wobei den besicherten Gläubigern ein Aktivum als Sicherheit dient. In dem Beispiel ist der Wert der dinglichen Sicherheit allerdings stets mindestens so hoch wie der Rückzahlungsanspruch der besicherten Gläubiger.[3)] Diese restriktive Annahme heben Stulz und Johnson auf, so daß das besicherte Fremdkapital nur teilweise vorrangig und teilweise gleichrangig und das unbesicherte Fremdkapital nur teilweise nachrangig und teilweise gleichrangig ist.[4)] Die Autoren behandeln außerdem den Fall, daß die Gläubiger der anderen Anleihe im Konkursfall bevorrechtigten Zugriff auf das zweite Aktivum besitzen. Beide Anlei-

---

1) Vgl. F. Black und J. C. Cox, Valuing corporate securities: Some effects of bond indenture provisions, in: JoF, Vol. 31 (1976), S. 351 - 368.

2) Black und Cox unterstellen, daß die unterschiedliche Rangstellung nicht aus Besicherungsverträgen, sondern aus vertraglichen Vereinbarungen resultiert, wonach ein Teil der Gläubiger erst dann bedient wird, wenn alle anderen Gläubiger voll befriedigt sind - dann nennt man das vorrangige Fremdkapital senior debt und das nachrangige Fremdkapital junior oder subordinated debt (vgl. auch R. Brealey und S. Myers, Principles, 1988, S. 527, Fußnote 10, S. 579 f.) Eine solche Vereinbarung entspricht aber einem dinglichen Besicherungsvertrag über das gesamte Unternehmensvermögen zugunsten der vorrangigen Gläubiger, so daß das Black-Cox-Modell hier zu den Modellen gezählt wird, die dingliche Sicherheiten berücksichtigen. Entsprechende Annahmen treffen, mit Ausnahme von Klug und teilweise auch von Johnson, Stulz und Ritchken, alle anderen, in diesem Abschnitt genannten Autoren.

3) Vgl. M. Klug, Ableitung, 1985, S. 71 - 75.

4) Vgl. R. M. Stulz und H. E. Johnson, An analysis of secured debt, in: JoFE, Vol. 14 (1985), S. 501 - 511.

hen sind dann teilweise vorrangig und teilweise nachrangig.[1] Geske und Shastri erweitern das Black-Cox-Modell für den Fall, daß die vorrangige Anleihe vor der nachrangigen Anleihe fällig ist.[2] Selby betrachtet auch den umgekehrten Fall, daß die nachrangige vor der vorrangigen Anleihe fällig ist, und berücksichtigt dabei Zins- und Tilgungszahlungen vor Endfälligkeit.[3] In der deutschsprachigen Literatur findet man neben den Ausführungen von Klug nur noch eine Darstellung des Black-Cox-Modells.[4]

Dieser Abschnitt soll auf der Basis des Grundmodells zunächst dinglich besichertes Fremdkapital für den Fall eines einzelnen Gläubigers oder homogener Gläubigerparten behandeln (B.I.). Dabei wird unterschieden, ob das Unternehmensvermögen oder andere Objekte als Sicherheit dienen, und es werden verschiedene Annahmen über die Wertentwicklung der Sicherungsobjekte getroffen. Daran schließt sich der Fall heterogener Gläubigerparten an (B.II.). An erster Stelle werden voll vorrangige Parten und voll nachrangige Parten nach Black und Cox behandelt. Dann folgt der Fall teilweise vorrangiger, teilweise gleichrangiger Parten und teilweise nachrangiger, teilweise gleichrangiger Parten. Der Verfasser unterstellt hier, anders als Klug oder Stulz und Johnson, daß als Sicherheit ein bestimmter Prozentsatz des Unternehmensvermögens dient. Dadurch gelangt man zu leichter

---

1) Vgl. R. M. Stulz, Options on the minimum or the maximum of two risky assets: Analysis and applications, in: JoFE, Vol. 10 (1982), S. 180 f.; R. M. Stulz und H. E. Johnson, Secured debt, 1985, S. 501 - 511; siehe auch P. Ritchken, Options, 1987, S. 356. Einen allgemeineren Ansatz findet man bereits bei H. E. Johnson, Three topics, 1981, S. 72 - 76, 83, 86, 88 - 94.

2) Vgl. R. Geske, The valuation of corporate liabilities as compound options, in: JoFQA, Vol. 12 (1977), S. 550 - 552; im Zusammenhang mit Fusionen K. Shastri, Firm investment decisions and security values: An option pricing approach, Diss., Los Angeles, Ca. 1982, S. 4 - 12, 38, 42, 44.

3) Vgl. M. J. P. Selby, Application, 1983, S. 163 - 179.

4) Vgl. H. Uhlir und P. Steiner, Wertpapieranalyse, 1986, S. 242 - 246.

lösbaren Bewertungsgleichungen.[1] Abschließend folgt der Fall teilweise vorrangiger, teilweise nachrangiger Parten mit unterschiedlicher Besicherung. Auch hier soll, anders als bei Stulz und Johnson, der Besicherungsvertrag über einen bestimmten Prozentsatz des Unternehmensvermögens lauten. Die von Geske, Shastri und Selby entwickelten Varianten des Black-Cox-Modells diskutiert der Verfasser im Zusammenhang mit den Modellen des Abschnitts J, die Zins- und Tilgungszahlungen vor Endfälligkeit berücksichtigen.[2]

II. Ein Gläubiger oder homogene Gläubigerparten

1. Das Unternehmensvermögen als dingliche Sicherheit

Es gelten die Annahmen des vorhergehenden Abschnitts mit Ausnahme von Annahme 8a. Sie wird ersetzt durch[3]

8.b) Die Passiva des betrachteten Unternehmens bestehen aus Eigenkapital sowie aus einer unkündbaren Null-Kupon-Anleihe mit einem Besicherungsvertrag über das gesamte Unternehmensvermögen oder aus einem entsprechenden Kredit.[4] Die Gläubigerparten sind homogen; der Besicherungsvertrag ist nicht sitten-

---

1) Vgl. auch S. 236.

2) Vgl. S. 406 - 410.

3) Ähnlich C. W. Smith, Jr., Applications, 1979, S. 104 f. Smith unterstellt außerdem, daß sich das Unternehmensvermögen kontinuierlich um einen bestimmten Prozentsatz reduziert, da der Schuldner das Vermögen nutzt. Die weiteren Ausführungen entsprechen dem Modell von Smith, wenn man einen Prozentsatz von Null ansetzt.

4) Siehe Fußnoten 2, 3, S. 178.

widrig[1]. Während der Restlaufzeit begibt das Unternehmen keine Finanztitel.

Ein Besicherungsvertrag über das gesamte Unternehmensvermögen engt unter diesen Annahmen zwar den Verfügungsspielraum der Unternehmung ein, er bleibt aber ohne Auswirkungen auf den Wert des Fremdkapitals und den Risikoprämiensatz, da das Unternehmensvermögen den Gläubigern ohnehin haftet und annahmegemäß keine Ausschüttungen und Eigenkapitalrückkäufe geplant sind und da unverändert homogene Erwartungen hinsichtlich der Wertentwicklung des Unternehmens bestehen (Annahmen 6' und 7b').[2]

2. Andere Objekte als dingliche Sicherheit

Auswirkungen auf den Wert des Fremdkapitals und den Risikoprämiensatz ergeben sich aber, wenn der Schuldner den Gläubigern dingliche Sicherheiten bietet, die

1) Der Besicherungsvertrag kann durch Knebelung sittenwidrig sein, sofern der Vertrag den Sicherungsgeber seiner wirtschaftlichen Selbständigkeit beraubt. Allerdings ist der Nachweis der Sittenwidrigkeit nicht immer leicht zu erbringen, so daß derartige Besicherungsverträge auch zulässig sein können; vgl. H.-J. Lwowski und W. Gößmann, Kreditsicherheiten, 1987, S. 36 - 38.

2) Auswirkungen können sich allerdings ergeben, wenn man die Annahmen 2, 6' und 7b' (siehe S. 53 und S. 177) modifiziert, indem man heterogene Erwartungen über die Investitions- und Finanzplanung der Unternehmung in einer Welt mit Informations- und Transaktionskosten sowie Kosten finanzieller Anspannung unterstellt. Befürchten die Gläubiger beispielsweise, daß das Unternehmen nach Begebung unbesicherter Fremdkapitaltitel risikoreichere Investitionen als geplant durchführt oder Aktiva verkauft, um Ausschüttungen an die Eigner vorzunehmen, so werden sie die Finanztitel möglicherweise nur zu einem geringen Preis übernehmen wollen. Eine zusätzliche Besicherungsklausel gemäß Annahme 8b kann hier die Unsicherheit über die zukünftige Investitions- und Finanzplanung reduzieren und folglich den Marktpreis des Finanztitels erhöhen; vgl. auch Abschnitt L dieses Teils der Arbeit.

zum Vermögen Dritter zählen.[1)2)] Es gilt nun Annahme 8c anstelle von Annahme 8b:

8.c) Die Passiva des betrachteten Utnernehmens bestehen aus Eigenkapital sowie aus einer dinglich besicherten, unkündbaren Null-Kupon-Anleihe oder aus einem entsprechenden Kredit.[3)] Als Sicherheit dient ein Sicherungsgut, das zum Vermögen Dritter zählt. Die Gläubigerparten sind homogen; der Besicherungsvertrag ist nicht sittenwidrig.[4)] Während der Restlaufzeit begibt das Unternehmen keine Finanztitel.

Danach wird die Anleiheforderung (X) bei Endfälligkeit voll erfüllt, wenn der Unternehmenswert und der Wert der Sicherheit (Z) zusammen mindestens der Anleiheforderung entsprechen ($V_T + Z_T \geq X$). Andernfalls wird die Anleiheforderung nur teilweise befriedigt. Anstelle der vereinbarten Zahlung erhalten die Gläubiger nur das Verfügungsrecht über das Unternehmensvermögen und das Sicherungsgut. Zusammengefaßt ist also der Wert der Anleihe (DZ) bei Endfälligkeit

$$DZ_T = \begin{cases} X & \text{wenn } V_T + Z_T \geq X \\ V_T + Z_T & \text{wenn } V_T + Z_T < X \end{cases}$$

oder in üblicher Kurzschreibweise $DZ_T = \min(X; V_T + Z_T)$.

---

1) Dritte können andere Kapitalgeber des Unternehmens, aber auch nicht an der Unternehmung beteiligte Personen sein, vgl. auch H.-J. Lwowski und W. Gößmann, Kreditsicherheiten, 1987, insb. S. 22.

2) Grundsätzlich könnten sich dann Selbstbindungsklauseln positiv auf die Bewertung auswirken. Das ist jedoch in einer Welt ohne Transaktions- und Informationskosten sowie Kosten finanzieller Anspangemäß Annahme 2 nicht möglich.

3) Siehe Fußnoten 2, 3, S. 178.

4) Siehe Fußnote 1, S. 203.

Es läßt sich nun zeigen, daß die dinglich besicherte Anleihe wertmäßig einem Portefeuille entspricht, das aus einer risikofreien Null-Kupon-Anleihe mit Rückzahlungsbetrag X und einer Minusposition von einer europäischen Verkaufsoption auf V und Z mit Basispreis X besteht. Bei Endfälligkeit ist $DZ_T = \min(X; V_T + Z_T) = X - \max\{0; X - (V_T + Z_T)\} = DF_T - P(V + Z)_T$. Gemäß den Annahmen muß dann auch in t gelten:

(3.17) $$DZ_t = DF_t - P(V + Z)_t$$

Zur Bestimmung von DZ_t bieten sich abhängig von einer Hypothese über die Wertentwicklung der dinglichen Sicherheit mehrere Wege an.

a) Der Wert des Sicherungsobjektes deckt bei Endfälligkeit mit Sicherheit die Anleihe- oder Kreditforderung

α) Darstellung des Bewertungsmodells

Unterstellt man zusätzlich Annahme 8d,

8.d) Der Wert des Sicherungsgutes ist bei Endfälligkeit mit Sicherheit mindestens so hoch wie der vereinbarte Rückzahlungsbetrag.

so gilt bei Endfälligkeit $Z_T \geq X$. Damit wird die Verkaufsoption mit Sicherheit nicht ausgeübt und ist wertlos: $P(V + Z)_t = 0$. Folglich muß das Fremdkapital einer sicheren Anlage entsprechen,

(3.18) $$DZ_t = DF_t$$

und der Risikoprämiensatz muß 0 % betragen. Durch die Besicherung steigt der Wert der Anleihe um $P(V)_t$, denn aus den Gleichungen (3.18) und (1.2) folgt

$$DZ_t - D_t = DF_t - (DF_t - P(V)_t) = P(V)_t$$

Dem Besicherungsvertrag ist deshalb ein Wert beizumessen, der so hoch ist wie der Wert der Verkaufsoption auf das Unternehmensvermögen. Er ergibt sich aus Gleichung (3.1).[1] Ein rationaler Sicherungsgeber wird deshalb nur gegen Zahlung einer Prämie in Höhe von $P(V)_t$ zu einem Vertragsabschluß bereit sein.

β) Beispiel

Im Zahlenbeispiel zum Grundmodell ($V_t = X = 90$, $\sigma_V = 0{,}3$, $\tau = 0{,}5$ und $r = 1{,}1$) errechnete sich $P(V)_t = 5{,}52$ und $DF_t = 85{,}81$,[2] so daß die besicherte Anleihe $DZ_t = 85{,}81$ wert ist und der Besicherungsvertrag einen Wert von 5,52 hat.

b) Der Wert des Sicherungsobjektes deckt bei Endfälligkeit die Anleihe- oder Kreditforderung nicht mit Sicherheit

Ist Annahme 8d nicht sachgerecht, so muß man untersuchen, ob das Sicherungsobjekt risikofrei oder risikobehaftet ist. Es wird hier zunächst der Fall risikofreier Sicherungsobjekte (Z') und anschließend der Fall risikobehafteter Sicherungsobjekte (Z") behandelt.

α) Risikofreie Sicherungsobjekte

(1) Darstellung des Bewertungsmodells

Es sei nun Annahme 8d durch folgende Annahme ersetzt:

---

1) Siehe S. 180.

2) Siehe S. 185.

8.d') Der Wert des Sicherungsgutes ist risikofrei, aber bei Endfälligkeit kleiner als der vereinbarte Rückzahlungsbetrag.

Aus der Annahme folgt, daß sich das Sicherungsgut zum risikofreien Zinsatz verzinsen muß[1] und daß bei Endfälligkeit $Z'_t r^\tau < X$ ist.

Das Fremdkapital wird durch die Besicherung zwar sicherer, da kein Totalausfall mehr eintreten kann, dennoch droht ein Ausfall, und zwar von maximal $X - Z'_t r^\tau$.

Ein denkbarer Weg zur Bewertung des Fremdkapitals bestünde darin, die Bewertungsgleichung des Grundmodells, Formel (3.3)[2], heranzuziehen und den Unternehmenswert V_t durch den Wert des Portefeuilles aus V und Z', $V_t + Z'_t$, zu ersetzen und anstelle der Standardabweichung der Unternehmensrendite σ_V die Standardabweichung der Portefeuillerendite $\sigma_{V+Z'} = \alpha\sigma_V$ mit $\alpha = \frac{V_t}{V_t + Z'_t}$[3] zu verwenden. Der Weg ist allerdings ungenau. Gleichung (3.3) beruht auf dem Black-Scholes-Modell, das von einer konstanten Rendite-

1) Bei einer Restlaufzeit τ muß für den Wert des Sicherungsgutes $Z'_t = Z'_T r^{-\tau}$ oder $Z'_T = Z'_t r^\tau$ gelten. Andernfalls bestünden Arbitragemöglichkeiten.

2) Siehe S. 181.

3) Für die Standardabweichung der Rendite des Zwei-Komponenten-Portefeuilles gilt: $\sigma_{V+Z'} = \sqrt{\alpha^2\sigma_V^2 + (1-\alpha)^2\sigma_{Z'}^2 + 2\alpha(1-\alpha)\rho_{VZ'}\sigma_V\sigma_{Z'}}$ mit $\alpha = \frac{V_t}{V_t + Z'_t}$; siehe auch D. Galai und R. Masulis, Option pricing, S. 67, Fußnote 39; K. Shastri, Firm investment decisions, 1982, S. 5; R. Bühner, Marktwert und Realteilung, in: ZfB, 54. Jg. (1984), S. 950, Fußnote 12. Da Z'_t risikofrei ist, folgt $\sigma_{Z'} = 0$ und damit auch $\sigma_{V+Z'} = \alpha\sigma_V$.

standardabweichung pro Periode ausgeht.[1] $\sigma_{V+Z'}$ aber ist nicht konstant, da α im Zeitablauf schwankt und σ_V nach Annahme 7b'[2] konstant ist. Anwendung von Formel (3.3) mit $V_t + Z'_t$ für V_t und $\sigma_{V+Z'}$ für σ_V würde also ein konstantes $\sigma_{V+Z'}$ implizieren, obwohl es tatsächlich schwankt. Ein genaueres Bewertungsergebnis liefern die Displaced-Diffusion-Modelle, die im Abschnitt B.II.1.c des zweiten Teils der Arbeit angesprochen wurden.[3] Folgt beispielsweise der Unternehmenswert V einem Prozeß gemäß Annahme 7a' statt Annahme 7b',

7.a') Der Handel von Finanztiteln erfolgt zu diskreten, äquidistanten Zeitpunkten. Die Marktteilnehmer besitzen homogene Erwartungen hinsichtlich der zukünftigen Wertentwicklung des jeweiligen Unternehmensvermögens. Sie entspricht einem multiplikativen Binomialprozeß mit konstanten Wertänderungsparametern.

können bei einer zweiperiodigen Restlaufzeit folgende Wertentwicklungen für das Portefeuille aus V und Z'[4] sowie eine Verkaufsoption auf dieses Portefeuille eintreten:

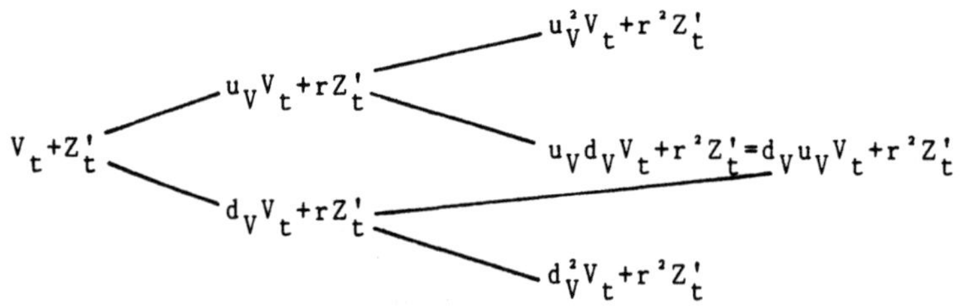

1) Siehe Annahmen 7b und 7b'. S. 115, 177.

2) Siehe S. 177.

3) Siehe S. 142.

4) Siehe J. C. Cox und M. Rubinstein, Survey, 1983, S. 17 f.

$P(V+Z')_{uu} = \max\{0; X-(u_V^2 V_t + r^2 Z'_t)\}$

$P(V+Z')_u$

$P(V+Z')_t$ $\quad P(V+Z')_{ud} = P(V+Z')_{du} = \max\{0; X-(u_V d_V V_t + r^2 Z'_t)\}$

$P(V+Z')_d$

$P(V+Z')_{dd} = \max\{0; X-(d_V^2 V_t + r^2 Z'_t)\}$

Dabei entspricht $u_V - 1$ der einperiodigen Unternehmensrendite bei günstiger Entwicklung und $d_V - 1$ der einperiodigen Unternehmensrendite bei ungünstiger Entwicklung, jeweils nach diskreter Verzinsung.[1)]

Den Wert der Verkaufsoption in t, $P(V+Z')_t$, kann man durch rekursive Anwendung des einperiodigen Binomialansatzes leicht bestimmen.[2)] Hier läßt sich dann auch eine allgemeine Bewertungsformel für den n-periodigen Fall herleiten. Sind im zeitkontinuierlichen Grenzfall ($n \to \infty$) die Annahme des binomialen Kursverlaufs von V_t, Annahme 7a', und die Kursverlaufshypothese nach Black und Scholes, Annahme 7b', gleichwertig, so lautet die Gleichung[3)]

---

1) Zwischen u_V, d_V und r muß gelten: $u_V > r > d_V \geq 0$. Andernfalls bestünden Arbitragemöglichkeiten; siehe S. 103.

2) Das dem Binomialansatz zugrundeliegende Duplikationsprinzip läßt sich auch hier verdeutlichen, indem man die Wertentwicklung der Verkaufsoption auf das betrachtete Zwei-Komponenten-Portefeuille durch die Wertentwicklung eines Portefeuilles dupliziert, das aus V sowie risikofreien Titeln besteht.

3) Rubinstein hat die Bewertungsgleichung für eine Kaufoption auf ein Zwei-Komponenten-Portefeuille mit Basispreis X hergeleitet, wenn eine Komponente risikofrei ist und für die andere Komponente die Black-Scholes-Kursverlaufshypothese gilt (Annahme 7b). Sie lautet unter den Annahmen und der Schreibweise dieser Arbeit

$$C(V+Z')_t = V_t N(d_3) - (Xr^{-\tau} - Z'_t)N(d_4)$$

$$\text{mit } d_3 = \frac{\ln\{V_t/(Xr^{-\tau} - Z'_t)\}}{\sigma_V\sqrt{\tau}} + \frac{1}{2}\sigma_V\sqrt{\tau}$$

$$d_4 = d_3 - \sigma_V\sqrt{\tau}$$

$$(3.19) \quad P(V+Z')_t = (Xr^{-\tau}-Z'_t)N(-d_4) - V_tN(-d_3)$$

$$\text{mit } d_3 = \frac{\ln\{V_t/(Xr^{-\tau}-Z'_t)\}}{\sigma_V\sqrt{\tau}} + \frac{1}{2}\sigma_V\sqrt{\tau}$$

$$d_4 = d_3 - \sigma_V\sqrt{\tau}$$

Für den Wert des Fremdkapitals gilt nach Gleichung (3.17) $DZ'_t = DF_t - P(V+Z')_t$. Einsetzen von Gleichung (3.19) führt zu

$$(3.20) \quad DZ'_t = Xr^{-\tau}N(d_4) + Z'_tN(-d_4) + V_tN(-d_3)$$

Die Gleichung schließt die Bewertung unbesicherter Anleihen nach Gleichung (3.3) als Spezialfall für $Z'_t = 0$ mit ein.

Der Wert der Besicherung ergibt sich aus dem Wertunterschied zwischen der besicherten Anleihe DZ'_t nach Gleichung (3.20) und der unbesicherten Anleihe D_t oder aus der Differenz von $P(V)_t$ und $P(V+Z')_t$:

$$DZ'_t-D_t = Xr^{-\tau}-P(V+Z')_t-\{Xr^{-\tau}-P(V)_t\} = P(V)_t-P(V+Z')_t$$

Der Anleihewert DZ'_t und der Wert der Besicherung hängen demnach allein von V_t, σ_V, X, τ, r und Z'_t ab. Sie sind folglich unabhängig von speziellen Risikopräferenzen, von Erwartungswerten und von Charakteristika anderer Titel außer dem Unternehmensvermögen und risikofreien Titeln.

Fortsetzung Fußnote 3, S. 209: Vgl. M. Rubinstein, Displaced diffusion, 1983, S. 213 f. und die in Fußnote 2, S. 142 genannten Quellen. Nach Gleichung (2.20) dieser Arbeit gilt für eine entsprechende Verkaufsoption $P(V+Z')_t = C(V+Z')_t - V_t - Z'_t + Xr^{-\tau}$; vgl. S. 85 . Einsetzen von $C(V+Z')_t$ führt unter Berücksichtigung von $1-N(d) = N(-d)$ zu Gleichung (3.19).

(2) Beispiel

Legt man das Zahlenbeispiel des Grundmodells ($V_t = X = 90$, $\sigma_V = 0{,}3$, $\tau = 0{,}5$ und $r = 1{,}1$) und $Z_t' = 25{,}81$ zugrunde, so errechnet sich ein Fremdkapitalwert von $DZ_t' = 85{,}64$ und ein Risikoprämiensatz von 0,4 % pro Periode.[1]

Eine unbesicherte Anleihe hat dagegen c.p. einen Wert von 80,29 und einen Risikoprämiensatz von 13,3 % pro Periode.[2] Der Besicherungsvertrag erhöht also den Wert der Anleihe und verringert ihren Risikoprämiensatz. Er reduziert folglich das Bonitätsrisiko und hat deshalb hier einen Wert von 5,35 ($DZ_t' - D_t = 85{,}64 - 80{,}29 = 5{,}35$).

(3) Veränderung des Fremdkapitalwertes bei Variation der Parameterwerte

Untersucht man den Einfluß der Modellparameter auf den Fremdkapitalwert unter der Bedingung, daß der Sicherungswert stets kleiner ist als der Barwert der Anleiheforderung ($Z_t' < Xr^{-\tau}$ für alle t), so ergeben sich im Vergleich zum Grundmodell keinerlei Änderungen.[3] Die Anleihewertänderungen sind aber c.p. absolut stärker:[4]

---

1) Einsetzen der gewählten Werte in Gleichung (3.20) ergibt $DZ_t' = 85{,}81 \cdot 0{,}9645 + 25{,}81 \cdot 0{,}0355 + 90 \cdot 0{,}0218 = 85{,}64$. Der Risikoprämiensatz errechnet sich aus $g_{DZ_t'} = \frac{1}{\tau} \ln(\frac{X}{DZ_t'}) - \ln r = 0{,}0993 - 0{,}0953 = 0{,}0040$.

2) Siehe S. 185.

3) Siehe S. 185 - 192.

4) Die Gleichungen sind im Anhang der Arbeit ausführlich hergeleitet; vgl. S. 474 - 479.

$$(3.21)\quad \frac{\partial DZ'_t}{\partial V_t} = N(-d_3) > 0$$

$$(3.22)\quad \frac{\partial^2 DZ'_t}{\partial V_t^2} = -\frac{1}{V_t \sigma_V \sqrt{\tau}} N'(d_3) < 0$$

$$(3.23)\quad \frac{\partial DZ'_t}{\partial \sigma_V} = -V_t \sqrt{\tau} N'(d_3) < 0$$ [1]

$$(3.24)\quad \frac{\partial DZ'_t}{\partial X} = r^{-\tau} N(d_4) > 0$$

$$(3.25)\quad \frac{\partial^2 DZ'_t}{\partial X^2} = -\frac{r^{-2\tau}}{(Xr^{-\tau} - Z'_t)\sigma_V \sqrt{\tau}} N'(d_4) < 0$$

$$(3.26)\quad \frac{\partial DZ'_t}{\partial \tau} = -(\ln r) X r^{-\tau} N(d_4) - \frac{\sigma_V}{2\sqrt{\tau}} V_t N'(d_3) < 0$$

Außerdem gilt für den Einfluß einer Änderung des Sicherungswertes auf den Fremdkapitalwert[2]

$$(3.27)\quad \frac{\partial DZ'_t}{\partial Z'_t} = N(-d_4) > 0$$

$$(3.28)\quad \frac{\partial^2 DZ'_t}{\partial Z'^2_t} = -\frac{1}{(Xr^{-\tau} - Z'_t)\sigma_V \sqrt{\tau}} N'(d_4) < 0$$

1) Analog zur Ableitung von D_t nach σ_V^2 gilt hier $\frac{\partial DZ'_t}{\partial \sigma_V^2} = \frac{\partial DZ'_t}{\partial \sigma_V} \frac{1}{2\sigma_V} = -V_t \frac{\sqrt{\tau}}{2\sigma_V} N'(d_3) < 0$; siehe Fußnote 2, S. 188.

2) Zur ausführlichen Herleitung vgl. S. 480 f.

Der Wert des Fremdkapitals muß folglich mit zunehmendem Sicherungswert c.p. steigen, wobei die Wertzuwächse abnehmen. Der Fremdkapitalwert DZ'_t ist also eine positive konkave Funktion des Sicherungswertes Z'_t.

Im Unterschied zum Grundmodell liegt die Anleihewertuntergrenze nicht bei Null, sondern bei Z'_t, dem Wert des risikofreien Sicherungsobjektes.[1] Da außerdem die Anleihewertobergrenze in t bei $\min(Xr^{-\tau}; Z'_t + V_t)$ liegt und bei Endfälligkeit $DZ'_T = \min(X; Z'_T + V_T)$ gilt, kann der Wert der Anleihe grundsätzlich nicht im schraffierten Bereich der nachfolgenden Graphik 3.3 liegen.

In t gilt für den Anleihewert $Z'_t < DZ'_t < \min(Xr^{-\tau}; Z'_t + V_t)$. Mit abnehmender Restlaufzeit verschieben sich die Wertgrenzen nach oben.[2]

---

1) Siehe Graphik 3.1, S. 187.

2) Die Wertgrenzen resultieren wie bei einfachen Aktienoptionen aus allgemeinen Arbitrageüberlegungen, unabhängig von der speziellen Wertverlaufshypothese für V_t; vgl. Abschnitt A des zweiten Teils.

Graphik 3.3: Werte einer unkündbaren Null-Kupon-Anleihe mit risikofreiem Sicherungsobjekt, das zum Vermögen Dritter zählt, oder eines entsprechenden Kredites in Abhängigkeit vom Unternehmenswert

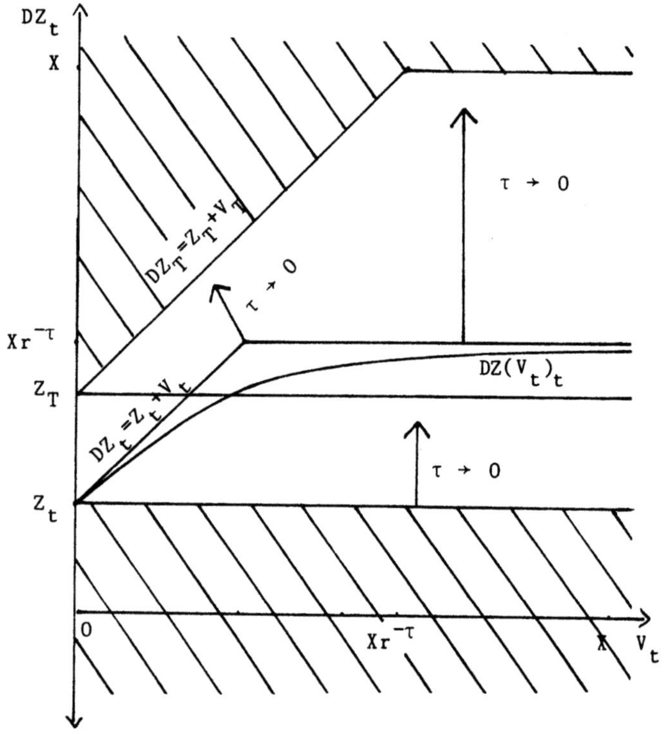

Quelle: Eigene Darstellung.

β) Risikobehaftete Sicherungsobjekte

(1) Darstellung des Bewertungsmodells

Unterstellt man nun, daß die Wertentwicklung der Sicherheit einem Prozeß analog zu Annahme 7b' folgt, so hängt der Wert des Fremdkapitals zusätzlich von der Standardabweichung $\sigma_{Z''}$ sowie der Korrelation zwischen der Unternehmensrendite und der Rendite der Sicherheit $\rho_{VZ''}$ ab. Auch hier wäre es ungenau, auf das Grundmodell zurückzugreifen und Formel (3.3) mit $V_t + Z_t''$ für V_t sowie $\sigma_{V+Z''} = \sqrt{\alpha'^2 \sigma_V^2 + (1-\alpha')^2 \sigma_{Z''}^2 + 2\alpha'(1-\alpha')\rho_{VZ''}\sigma_V\sigma_{Z''}}$, $\alpha' = \frac{V_t}{V_t + Z_t''}$, für σ_V anzuwenden.[1] Gleichung (3.3) unterstellt eine konstante Standardabweichung pro Periode; $\sigma_{V+Z''}$ aber schwankt im Zeitablauf, da α' eine Zufallsvariable ist und hier σ_V sowie $\sigma_{Z''}$ konstant sind. Anwendung von Gleichung (3.3) mit $V_t + Z_t''$ für V_t und $\sigma_{V+Z''}$ für σ_V würde deshalb ein konstantes $\sigma_{V+Z''}$ implizieren, obwohl es tatsächlich schwankt.[2]

Inwieweit die Duplikationsmodelle mit alternativen Kursverlaufshypothesen anwendbar sind, ist in der Literatur

---

1) So z.B. im Zusammenhang mit der Bewertung unbesicherten Fremdkapitals von fusionierten Unternehmen auch D. Galai und R. Masulis, Option pricing, 1976, S. 66 - 69, 78 f.; K. Shastri, Firm investment decisions, 1982, S. 4 - 16. Ähnlich im Zusammenhang von Realteilungen (= Entflechtung von Unternehmen) D. Galai und R. Masulis, Option pricing, 1976, S. 69 f.; R. Bühner, Marktwert, 1984, S. 947 - 963.

2) Vgl. S.207 f. Shastri entwickelt ein Modell zur Bewertung des Fremdkapitals von fusionierten Unternehmen unter der Hypothese, daß das Portefeuille aus V und Z" und auch die Portefeuillekomponenten jeweils logarithmisch normalverteilt sind - wie oben erläutert, ist die Hypothese restriktiver als eine Annahme 7b' entsprechende Hypothese (siehe Fußnote 4, S. 115). Die Hypothese führt zu ungenauen Ergebnissen, da die Summe von zwei logarithmisch normalverteilten Zufallsvariablen nicht logarithmisch normalverteilt sein kann; vgl. K. Shastri, Firm investment decisions, 1982, insb. S. 5, Fußnote 1; S. 27 dieser Arbeit.

noch nicht geklärt.[1] Geht man beispielsweise davon aus, daß V_t und Z''_t jeweils Binomialprozessen folgen, mit

$u_{Z''} - 1$ = einperiodige Rendite von Z" bei günstiger Entwicklung und diskreter Verzinsung und

$d_{Z''} - 1$ = einperiodige Rendite von Z" bei ungünstiger Entwicklung und diskreter Verzinsung,[2]

so können in t + 1 vier verschiedene Portefeuillewerte eintreten: $u_V V_t + u_{Z''} Z''_t$; $u_V V_t + d_{Z''} Z''_t$; $d_V V_t + u_{Z''} Z''_t$; $d_V V_t + d_{Z''} Z''_t$.[3] Nur in den Fällen $\rho_{VZ''} = 1$ oder $\rho_{VZ''} = -1$ lassen sich jeweils zwei Wertentwicklungen ausschließen,[4] so daß der Binomialansatz dann anwendbar ist. Um auch Fälle schwächerer Korrelation zu berücksichtigen, könnte man alternativ Annahmen 7a" und 8d" statt Annahmen 7a' und 8d' unterstellen:

7.a") Der Handel von Finanztiteln erfolgt zu diskreten, äquidistanten Zeitpunkten. Die Marktteilnehmer besitzen homogene Erwartungen hinsichtlich der zukünftigen Wertentwicklung des jeweiligen Unternehmens. Der Wert des Unternehmensvermögens entwik-

1) Siehe bei der Bewertung von Aktienkaufoptionen H. E. Johnson, Three topics, 1981, S. 81, 94 - 96; M. Rubinstein, Displaced diffusion, 1983, S. 215; J. J. Evnine, Three essays, 1983, S. 2 - 28; J. C. Cox und M. Rubinstein, Options, 1985, S. 415 - 418.

2) Auch hier muß $u_{Z''} > r > d_{Z''} \geq 0$ gelten, um Arbitragemöglichkeiten auszuschließen; siehe S. 102 f.

3) Siehe bei der Bewertung von Kaufoptionen auf ein Zwei-Komponenten-Aktienportefeuille auch J. J. Evnine, Three essays, 1983, S. 4.

4) Wenn die Portefeuillekomponenten V und Z" vollkommen positiv korrelieren ($\rho_{VZ''} = 1$), so weist das Portefeuille am Periodenende einen Wert von $u_V V_t + u_{Z''} Z''_t$ oder $d_V V_t + d_{Z''} Z''_t$ auf. Bei vollkommen negativer Korrelation ($\rho_{VZ''} = -1$) können die Werte $u_V V_t + d_{Z''} Z''_t$ oder $d_V V_t + u_{Z''} Z''_t$ eintreten.

kelt sich in jeder dritten Periode wie eine risikofreie Anlage und folgt ansonsten einem multiplikativen Binomialprozeß mit konstanten Wertänderungsparametern.

8.d") Der Wert des Sicherungsgutes folgt in jeder ersten und dritten Periode einem multiplikativen Binomialprozeß mit konstanten Wertänderungsparametern, wobei der Wert in jeder ersten Periode sinkt, sofern der Unternehmenswert steigt, oder umgekehrt in jeder ersten Periode steigt, sofern der Unternehmenswert sinkt. In jeder zweiten Periode ist der Sicherungswert risikofrei. Die Marktteilnehmer haben auch hinsichtlich der Wertentwicklung des Sicherungsgutes homogene Erwartungen.

Danach ist also die Wertentwicklung der Portefeuillekomponenten in jeder ersten Periode gegenläufig, während man die Wertentwicklung über die zweiten und dritten Perioden als unkorreliert bezeichnen kann. Für die Anwendbarkeit des Binomialansatzes kommt es darauf an, daß in jeder Periode, bezogen auf den Periodenbeginn, nur zwei Portefeuillewerte eintreten können. Die Voraussetzung ist hier erfüllt, so daß sich der Binomialansatz rekursiv mit stochastischen Wertänderungsparametern anwenden läßt[1], um den Wert des besicherten Fremdkapitals und den Risikoprämiensatz zu bestimmen. Aus Platzgründen wird er hier nicht erst in allgemeiner Schreibweise, sondern gleich anhand eines Zahlenbeispiels dargestellt.

1) Siehe auch J. J. Evnine, Three essays, 1983, S. 6 - 20; J. C. Cox um M. Rubinstein, Options, 1985, S. 416 f. In beiden Quellen bleibt allerdings unklar, wie der Fall negativer Korrelation zu konstruieren ist.

Das Beispiel wird zeigen, daß der Anleihewert und der Wert des Besicherungsvertrages auch im Fall risikobehafteter Sicherungsobjekte allein von V_t, u_V, d_V, X, n, r, Z''_t, $u_{Z''}$, $d_{Z''}$ und $\rho_{VZ''}$ abhängen. Sie sind damit unabhängig von speziellen Risikopräferenzen, von Erwartungswerten und von Charakteristika anderer Titel außer dem Unternehmensvermögen, dem Sicherungsobjekt und risikofreien Anlagen.

(2) Beispiel

Greift man auf das Zahlenbeispiel zum Binomialansatz für einfache Aktienkaufoptionen zurück[1] und unterstellt hier $V_t = 50$, $u_V = 2$, $d_V = 0{,}5$, $Z''_t = 30$, $u_{Z''} = 1{,}5$, $d_{Z''} = 0{,}8$, $X = 100$, $r = 1{,}25$ sowie $n = 3$, so erhält man für die Wertentwicklung des Portefeuilles aus V und Z''

t	t+1	t+2	t+3
$V_t+Z''_t=50+30$	100 + 24	200 + 30	250 + 45 = 295
			250 + 24 = 274
		50 + 30	62,5 + 45 = 107,5
			62,5 + 24 = 86,5
	25 + 45	50+56,25	62,5 + 84,38 = 146,88
			62,5 + 45 = 107,5
		12,5+56,25	15,63 + 84,38 = 100,1
			15,63 + 45 = 60,63

1) Siehe S. 107 f.

Rekursive Anwendung des Binomialansatzes ergibt einen Verkaufsoptionswert von 2,29[1]:

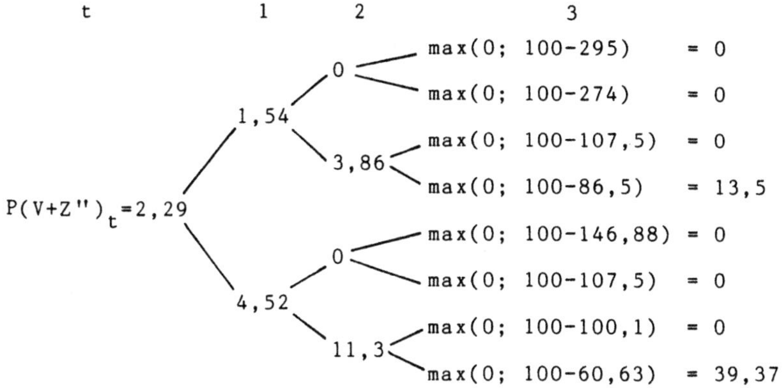

Der Wert des Fremdkapitals beträgt dann $DZ''_t = 100 \cdot 1{,}25^{-3} - 2{,}29 = 48{,}91$ und der Risikoprämiensatz 1,92 % pro Periode bei diskreter Verzinsung.[2]

Die Berechnungen zeigen, daß das Fremdkapital aufgrund der zusätzlichen Besicherung nur wenig ausfallbedroht ist.

---

1) Nach Abschnitt B.III.2.b)α) des zweiten Teils der Arbeit errechnet sich der Optionswert von 3,86 am Ende der zweiten Periode aus $\{q \cdot 0 + (1-q) \cdot 13{,}5\}/r$ mit $q = \frac{r - d_{V+Z''}}{u_{V+Z''} - d_{V+Z''}}$, $u_{V+Z''} - 1$ = einperiodige Rendite des Portefeuilles V+Z" bei günstiger Entwicklung und diskreter Verzinsung, $d_{V+Z''} - 1$ = einperiodige Rendite des Portefeuilles V+Z" bei ungünstiger Entwicklung und diskreter Verzinsung. Hier errechnet sich aus $d_{V+Z''} = \frac{86{,}5}{50 + 30} = 1{,}08125$ und $u_{V+Z''} = \frac{107{,}5}{50 + 30} = 1{,}34375$ für q ein Wert von 0,6429. Entsprechend sind alle anderen Werte zu berechnen.

2) Der Risiokprämiensatz ist bei diskreter Verzinsung

$$r^*_{DZ''_t} - r = \sqrt[n]{\frac{X}{DZ''_t}} - r = \sqrt[3]{\frac{100}{48{,}91}} - 1{,}25 = 0{,}0192.$$

Ohne Besicherung hätten die Gläubiger höhere Ausfälle zu befürchten. Außerdem wäre die Ausfallwahrscheinlichkeit größer, da die Gläubiger in sechs von acht Fällen weniger als die vereinbarten Zahlungen erhalten. Die Anleihe wäre dann nur 30,8 wert, der Risikoprämiensatz betrüge 23,08 % pro Periode.[1] Der Besicherungsvertrag hat deshalb einen Wert von 18,11 ($DZ_t'' - D_t = 48{,}91 - 30{,}8 = 18{,}11$).

(3) Veränderung des Fremdkapitalwertes bei Variation der Parameterwerte

Im Beispiel würde c.p. das Bonitätsrisiko steigen oder zumindest gleich bleiben, wenn der Unternehmenswert mit dem Sicherungswert in der ersten Periode positiv korrelierte, eine Konsequenz, die bereits aus der Portefeuilletheorie bekannt ist.[2] Der Anleihewert könnte folglich nicht steigen.

Eine höhere Streuung der Unternehmensrendite oder der Rendite des Sicherungsgutes kann das Bonitätsrisiko erhöhen oder senken und damit den Anleihewert senken oder erhöhen; der Effekt hängt von der Korrelation ab. Bei negativer Korrelation kann sich ein risikomindernder Effekt und damit ein steigender Anleihewert ergeben, nicht aber bei positiver Korrelation oder $\rho_{VZ''} = 0$.

Betrachtet man schließlich den Einfluß des Sicherungswertes, so kann der Anleihewert mit steigendem Sicherungs-

---

1) Eine Verkaufsoption auf V hat c.p. einen Wert von 20,4, so daß $D_t = 51{,}2 - 20{,}4 = 30{,}8$ ist. Daraus folgt für den Risikoprämiensatz bei diskreter Verzinsung

$$r^*_{D_t} - r = \sqrt[n]{\frac{X}{D_t}} - r = \sqrt[3]{\frac{100}{30{,}8}} - 1{,}25 = 0{,}2308.$$

2) Siehe S. 24 - 26 und die dort genannte Literatur.

wert c.p. nicht sinken, weil dann das Bonitätsrisiko geringer wäre oder mindestens gleich bliebe.

Ansonsten ergeben sich hinsichtlich der Wirkungsrichtung der anderen Modellparameter auf den Anleihewert im Vergleich zum Modell mit risikofreier Sicherheit Z' keine wesentlich neuen Erkenntnisse. Aufgrund der binomialen Hypothese sind lediglich nichtnegative oder nichtpositive anstatt positiver bzw. negativer Wirkungsrichtungen festzustellen.[1)]

(4) Modellvarianten

Der behandelte Ansatz läßt sich auch verallgemeinern.[2)] Insbesondere kann man ihn für eine beliebige Anzahl von dinglichen Sicherheiten heranziehen, wobei allerdings die Berechnungen komplexer werden.[3)] Deshalb erscheint es sinnvoll, Bedingungen zu formulieren, unter denen die weniger genaue Bewertung auf der Basis des Grundmodells mit einer konstanten Standardabweichung der Portefeuillerendite[4)] vertretbar ist. Darauf soll aber in dieser Arbeit nicht weiter eingegangen werden.[5)]

---

1) Vgl. S. 211 - 213.

2) Man wird dann u.a. feststellen, daß der Wert der Verkaufsoption auf V und Z" und damit auch der Wert des Fremdkapitals variiert, wenn sich die Werte von V und Z" statt in jeder ersten Periode in jeder zweiten oder in jeder dritten Periode gegenläufig entwickeln. Das gilt c.p. auch für eine gleichläufige Wertentwicklung. Die Auswirkungen dürften aber bei Restlaufzeiten mit größerer Periodenanzahl und geringen Wertänderungsparameterwerten weniger bedeutsam sein.

3) Siehe auch J. J. Evnine, Three essays, 1983, S. 15 f., 19 - 27; J. C. Cox und M. Rubinstein, Options, 1985, S. 417 f.

4) Siehe S. 215 f.

5) Als alternative Bewertungsverfahren bieten sich ansonsten präferenzabhängige Ansätze analog zum Trinomialansatz unter Risikoneutralität an; siehe J. J. Evnine, Three essays, 1983, S. 5; S. 148 - 153 dieser Arbeit.

III. Heterogene Gläubigerparten

In diesem Abschnitt wurde bisher unterstellt, daß das Unternehmen nur einem besicherten Gläubiger gegenübersteht oder daß alle Gläubigerparten gleich besichert sind. Die Annahme wird nun aufgehoben, um auch den Fall bewerten zu können, daß aufgrund dinglicher Besicherungen vorrangiges und nachrangiges Fremdkapital existiert.[1] Es wird zunächst der aus der Literatur bekannte Fall voll vorrangiger Null-Kupon-Anleihen und voll nachrangiger Null-Kupon-Anleihen gleicher Fälligkeit behandelt. Daran schließt sich der Fall an, daß teilweise vorrangige teilweise gleichrangige Null-Kupon-Anleihen und teilweise nachrangige, teilweise gleichrangige Null-Kupon-Anleihen begeben wurden. Abschließend werden teilweise vorrangige Anleihen betrachtet, die aufgrund unterschiedlicher Besicherung auch teilweise nachrangig sind.

1. Voll vorrangige Parten und voll nachrangige Parten

a) Darstellung des Bewertungsmodells

Mit Ausnahme von Annahme 8a gelten die Annahmen des Abschnitts A[2] sowie folgende Annahme[3]:

---

1) Hier werden also nur solche Vorränge und Nachränge betrachtet, die durch vertragliche Vereinbarungen entstehen. Der Fall einer gesetzlich bedingten Rangfolge von Forderungen im Konkurs des Schuldners ist Gegenstand des Abschnitts C.

2) Siehe S. 177 f.

3) Ähnlich, ohne Annahme 9a explizit zu unterstellen, F. Black und J. C. Cox, Valuing corporate securities, 1976, S. 358 - 361; C. W. Smith, Jr., Applications, 1979, S. 96 - 99; J. C. Cox und M. Rubinstein, Options,1985, S. 384 - 387; im Zusammenhang mit Krediten an Privatpersonen C. W. Smith, Jr., Financial contracting, 1980, S. 338 f.; in der deutschsprachigen Literatur H. Uhlir und P. Steiner, Wertpapieranalyse, 1986, S. 242 - 246.

8.e) Die Passiva des betrachteten Unternehmens bestehen aus Eigenkapital sowie aus einer unkündbaren Null-Kupon-Anleihe mit einem Besicherungsvertrag über das gesamte Unternehmensvermögen und aus einer unbesicherten unkündbaren Null-Kupon-Anleihe gleicher Fälligkeit oder aus entsprechenden Krediten.[1] Der Besicherungsvertrag ist nicht sittenwidrig,[2] die vorrangigen Gläubiger haften nicht wegen Vermögensübernahme.[3] Während der Restlaufzeit begibt das Unternehmen keine Finanztitel.

Unter diesen Annahmen haben die vorrangigen Gläubigerparten (DS) mit vereinbartem Rückzahlungsbetrag X_S bei Endfälligkeit einen Wert von

$$DS_T = \begin{cases} X_S & \text{wenn } V_T \geq X_S \\ V_T & \text{wenn } V_T < X_S \end{cases}$$

oder kurz $DS_T = \min(X_S; V_T)$.

1) Siehe Fußnote 2, 3, S. 178.

2) Siehe Fußnote 1, S. 203.

3) Bei Besicherungsverträgen kann der Sicherungsnehmer von anderen Gläubigern zur Mithaftung herangezogen werden, sofern er nahezu das gesamte Vermögen des Schuldners übernimmt; hier findet § 419 BGB Anwendung. Die Mithaftung bezieht sich allerdings nur auf das übernommene Vermögen. Der Sicherungsnehmer kann sich nur vorweg aus dem Vermögen befriedigen, sofern seine Forderung schon vor Vereinbarung des Besicherungsvertrages bestanden hat, vgl. H.-J. Lwowski und W. Gößmann, Kreditsicherheiten, 1987, S. 38 f.

Ihr Wert ist folglich unabhängig von den nachrangigen Forderungen mit vereinbartem Rückzahlungsbetrag X_J. Er entspricht daher dem Wert einer unbesicherten Null-Kupon-Anleihe mit vereinbartem Rückzahlungsbetrag X_S, den Gleichung (3.3)[1] mit $X = X_S$ liefert:[2]

$$(3.29) \qquad DS_t = X_S r^{-\tau} N(d_6) + V_t N(-d_5)$$

$$\text{mit } d_5 = \frac{\ln\left(\frac{V_t}{X_S r^{-\tau}}\right)}{\sigma_V \sqrt{\tau}} + \frac{1}{2}\sigma_V \sqrt{\tau}$$

$$d_6 = d_5 - \sigma_V \sqrt{\tau}$$

Der Wert des nachrangigen Fremdkapitals (DJ) muß sich nun als Restgröße des Wertes des gesamten Fremdkapitals und des Wertes der vorrangigen Anleihe ergeben ($DJ_t = \{D(X_S + X_J)_t - DS_t\}$[3]). Interessante Merkmale des nachrangigen Fremdkapitals werden jedoch klarer durch die Bewertung über die risikofreie Komponente und die Optionskomponente.

Die nachrangigen Gläubiger erhalten wie die vorrangigen Gläubiger Zahlungen in vereinbarter Höhe, wenn der Unternehmenswert bei Endfälligkeit mindestens so hoch ist wie der vereinbarte Rückzahlungsbetrag des gesamten Fremdkapitals ($V_T \geq X_J + X_S$). Ist V_T kleiner als $X_J + X_S$, aber größer als X_S ($X_J + X_S > V_T > X_S$), dann fallen die nachrangigen

---

1) Siehe S. 181.

2) Siehe F. Black und J. C. Cox, Valuing corporate securities, 1976, S. 359 in Verbindung mit S. 355 f.; C. W. Smith, Jr., Applications, 1979, S. 96 in Verbindung mit S. 89; J. C. Cox und M. Rubinstein, Options, 1985, S. 385 f. in Verbindung mit S. 378 - 382. Im Zusammenhang mit Krediten an Privatpersonen siehe auch C. W. Smith, Jr., Financial contracting, 1980, S. 338 in Verbindung mit S. 337.

3) Ähnlich auch F. Black und J. C. Cox, Valuing corporate securities, 1976, S. 359 f.

Forderungen teilweise aus: Die nachrangigen Gläubiger erhalten den nach Befriedigung der vorrangigen Forderungen verbleibenden Vermögenswert, $V_T - X_S$, der ihre Forderungen nur teilweise deckt ($V_T - X_S < X_J$). Übersteigt der Unternehmenswert bei Endfälligkeit nicht die vorrangige Anleiheforderung ($V_T \leq X_S$), so erleiden die nachrangigen Gläubiger einen Totalausfall.[1] Zusammengefaßt ist der Wert ihrer Forderungen bei Endfälligkeit also

$$DJ_T = \begin{cases} X_J & \text{wenn } V_T \geq X_J + X_S \\ V_T - X_S & \text{wenn } X_J + X_S > V_T > X_S \\ 0 & \text{wenn } V_T \leq X_S \end{cases}$$

oder in Kurzschreibweise $DJ_T = \min\{X_J; \max(V_T - X_S; 0)\}$[2].

Es läßt sich nun zeigen, daß die nachrangige Null-Kupon-Anleihe einem Portefeuille entspricht, das aus einer risikofreien Anleihe mit Rückzahlungsbetrag X_J zuzüglich einer europäischen Verkaufsoption auf V mit Basispreis X_S und einer Minusposition von einer europäischen Verkaufsoption auf V mit Basispreis $X_J + X_S$ besteht. Wie die nachstehende Übersicht verdeutlicht, stimmen beide Anlageformen bei Endfälligkeit wertmäßig überein.

---

1) Siehe die in Fußnote 3, S. 222 genannten Quellen.

2) Bei Smith findet man folgende äquivalente Gleichung: $DJ_T = \max\{\min(V_T - X_S; X_J); 0\}$; C. W. Smith, Jr., Applications, 1979, S. 96 f.; im Zusammenhang mit Krediten an Privatpersonen ders., Financial contracting, 1980, S. 338.

Es gilt also $X_J + \max(X_S - V_T; 0) - \max(X_S + X_J - V_T; 0)$ $= DF(X_J)_T + P(V; X_S)_T - P(V; X_J + X_S)_T = DJ_T$.[1)]

Übersicht 3.1: Äquivalenz einer voll nachrangigen Nullkupon-Anleihe und eines Portefeuilles aus risikofreien Titeln und europäischen Verkaufsoptionen bei Endfälligkeit

	$V_T \geq X_J + X_S$	$X_J + X_S > V_T > X_S$	$X_S \geq V_T$
$DF(X_J)_T$	X_J	X_J	X_J
$+P(V; X_S)_T$	0	0	$X_S - V_T$
$-P(V; X_J + X_S)_T$	0	$-(X_J + X_S - V_T)$	$-(X_J + X_S - V_T)$
$= DJ_T$	X_J	$V_T - X_S$	0

Unter den genanten Annahmen muß deshalb auch im Zeitpunkt t folgende Beziehung erfüllt sein[2)3)]:

$$(3.30) \qquad DJ_t = DF(X_J)_t + P(V; X_S)_t - P(V; X_J + X_S)_t$$

---

1) Die nachrangige Anleihe läßt sich auch zerlegen in eine risikofreie Anleihe und eine Minusposition von einer europäischen Verkaufsoption mit Basispreis X_J, die auf eine Kaufoption auf V mit Basispreis X_S lautet, denn die Gleichung $DJ_T = \min\{X_J; \max(V_T - X_S; 0)\}$ kann man auch schreiben als $DJ_T = X_J - \max\{X_J - \max(V_T - X_S; 0); 0\}$. Ähnlich im Zusammenhang mit teilweise vorrangigen, teilweise nachrangigen Anleihen R. M. Stulz und H. Johnson, Secured debt, 1985, S. 504 f.

2) Cox und Rubinstein zeigen, daß der Wert der Anleihe einer Plusposition von einer Kaufoption auf V mit Basispreis X_S und einer Minusposition von einer Kaufoption auf V mit Basispreis $X_J + X_S$ entspricht: $DJ_t = C(V; X_S)_t - C(V; X_J + X_S)_t$; J. C. Cox und M. Rubinstein, Options, 1985, S. 385 f. Der Verfasser zieht aus den genannten Gründen die Darstellung über Verkaufsoptionen vor; siehe S. 35 f. dieser Arbeit. Den Kauf und Verkauf von Optionen gleicher Art, die sich nur hinsichtlich des Basispreises unterscheiden, bezeichnet man als vertical spread; siehe S. 67 dieser Arbeit sowie J. C. Cox und M. Rubinstein, Options, 1985, S. 385.

3) Die Kombination der beiden Verkaufsoptionen stellt einen vertical spread dar; siehe auch Fußnote 1, S. 67.

Verwendet man nun Gleichung (3.1)[1] mit $X = X_S$ bzw. $X = X_J + X_S$, so gilt

$$(3.31)\quad DJ_t = X_J r^{-\tau} + X_S r^{-\tau}\{1 - N(d_6)\} - V_t\{1 - N(d_5)\} - (X_J + X_S) r^{-\tau}\{1 - N(d_6')\} + V_t\{1 - N(d_5')\}$$

$$\text{mit } d_5 = \frac{\ln\left(\frac{V_t}{X_S r^{-\tau}}\right)}{\sigma_V\sqrt{\tau}} + \frac{1}{2}\sigma_V\sqrt{\tau}$$

$$d_6 = d_5 - \sigma_V\sqrt{\tau}$$

$$d_5' = \frac{\ln\left(\frac{V_t}{(X_J+X_S) r^{-\tau}}\right)}{\sigma_V\sqrt{\tau}} + \frac{1}{2}\sigma_V\sqrt{\tau}$$

$$d_6' = d_5' - \sigma_V\sqrt{\tau}$$

Zusammengefaßt folgt[2]

$$(3.32)\quad DJ_t = X_J r^{-\tau} N(d_6') + X_S r^{-\tau}\{N(d_6') - N(d_6)\} + V_t\{N(-d_5') - N(-d_5)\}$$

Der Wert der Einräumung des Vorrangs durch den Besicherungsvertrag ergibt sich aus der Differenz zwischen dem Wert der besicherten Anleihe und dem Wert einer entspre-

---

1) Siehe S. 180 .

2) Siehe in anderer Schreibweise auch C. W. Smith, Jr., Applications, 1979, S. 96 - 98; im Zusammenhang mit Krediten an Privatpersonen ders., Financial contracting, 1980, S. 338 f. Vgl. auch F. Black und J. C. Cox, Valuing corporate securities, 1976, S. 359.

chenden unbesicherten Position: $DS_t - \frac{X_S}{X_S + X_J} D(X_S + X_J)_t$.[1)] Um genau diesen Betrag sinkt der Wert der anderen Gläubigerposition, die durch den Besicherungsvertrag nachrangig wird:

$$\frac{X_J}{X_S + X_J} D(X_S + X_J)_t - \{DS_t - \frac{X_S}{X_S + X_J} D(X_S + X_J)_t\} = DJ_t$$

Der Anleihewert DJ_t und der Wert der Vorrangstellung hängen somit allein von V_t, σ_V, X_S, X_J, τ und r ab. Sie sind folglich unabhängig von speziellen Risikopräferenzen, von Erwartungswerten und von Charakteristika anderer Titel außer dem Unternehmensvermögen und risikofreien Anlagen.

b) Beispiel

Nach dem Zahlenbeispiel des Grundmodells (V_t = 90, σ_V = 0,3, τ = 0,5 und r = 1,1) erhält man für eine vorrangige Anleihe mit X_S = 90 einen Marktwert von $DS_t = D_t$ = 80,29. Unterstellt man zusätzlich für die nachrangige Anleihe X_J = 30, errechnet sich für die Anleihe ein Marktwert von DJ_t = 8,32. Die Risikoprämiensätze betragen g_{DS_t} = 0,133 und g_{DJ_t} = 2,4693.[2)] Eine unbesicherte Anleihe mit verein-

---

1) Der Wert des Besicherungsvertrages muß auch der Differenz von $\frac{X_S}{X_S + X_J} P(V; X_S + X_J)_t$ und $P(V; X_S)$ entsprechen: $DS_t - \frac{X_S}{X_S + X_J} D(X_S + X_J)_t = X_S r^{-\tau} - P(V; X_S)_t - \frac{X_S}{X_S + X_J} \cdot \{(X_S + X_J)r^{-\tau} - P(V; X_S + X_J)_t\} = \frac{X_S}{X_S + X_J} P(V; X_S + X_J)_t - P(V; X_S)_t$.

2) Nach obigen Berechnungen folgt $DS_t = D_t$ = 80,29, $g_{DS_t} = g_{D_t}$ = 0,133 sowie $P(V; X_S)_t = P(V)_t$ = 5,52; siehe S. 185. Außerdem gilt $DF(X_J)_t = 30 \cdot 1,1^{-0,5} = 28,6$. Nach Gleichung (3.1) ist $P(V; X_J + X_S)_t = (30 + 90)1,1^{-0,5} \cdot 0,8921 - 90 \cdot 0,8474 = 25,8$. Unter Verwendung dieser Ergebnisse und Gleichung (3.30) erhält man DJ_t =

bartem Rückzahlungsbetrag von $X = X_S + X_J = 120$ hat einen Wert von 88,61.[1] Der Wert des Vorrangs ist

$$DS_t - \frac{X_S}{X_S + X_J} D(X_S + X_J)_t = 80{,}29 - 0{,}75 \cdot 88{,}61 = 13{,}83$$

Durch die Vorrangstellung steigt der Wert der Null-Kupon-Anleihe also c.p. um 13,83. Dieser Wertzuwachs erfolgt zu Lasten der übrigen Anleihegläubiger:

$$\frac{X_J}{X_S + X_J} D(X_S + X_J)_t - 13{,}83 = 0{,}25 \cdot 88{,}61 - 13{,}83$$
$$= 8{,}32 = DJ_t$$

c) Veränderung der Fremdkapitalwerte bei Variation der Parameterwerte

Da die vorrangige Anleihe der unbesicherten Anleihe des Grundmodells entspricht, gelten die Ausführungen zu den Auswirkungen von Parameterwertänderungen auf den Anleihewert D_t analog auch für DS_t.[2]

Zur Analyse der Auswirkungen auf den Wert der nachrangigen Anleihe DJ_t ist ein Vergleich der nachrangigen Anlei-

---

Fortsetzung Fußnote 2, S. 228: 28,6 + 5,52 - 25,8 = 8,32. Der Risikoprämiensatz der nachrangigen Anleihe ist $g_{DJ_t} = \frac{1}{\tau} \ln(\frac{X_J}{DJ_t}) - \ln r =$ 2,5651 - 0,0953 = 2,4698.

1) Nach Gleichung (3.3), siehe S. 181, ist $D(X_S + X_J)_t = (90 + 30) \cdot 1{,}1^{-0{,}5} \cdot 0{,}1079 + 90 \cdot 0{,}8474 = 88{,}61$.

2) Siehe die in Fußnote 3, S. 222 genannten Quellen.

he mit der vorrangigen Anleihe und dem Eigenkapital der Unternehmung hilfreich. Nachrangige Gläubiger sind wie die vorrangigen Gläubiger Stillhalter einer Verkaufsoption auf den Unternehmenswert. Darüber hinaus halten sie aber auch eine Verkaufsoption auf den Unternehmenswert, ähnlich wie die Eigenkapitalgeber. Die nachrangige Null-Kupon-Anleihe weist somit sowohl Fremdkapital- als auch Eigenkapitalcharakter auf. Bei niedrigem Unternehmenswert im Verhältnis zum vereinbarten Rückzahlungsbetrag des gesamten Fremdkapitals ($X_J + X_S$) wird sowohl die nachrangige Anleihe als auch das Eigenkapital mit großer Wahrscheinlichkeit am Ende der Laufzeit wertlos sein. Dann erhöht eine größere Standardabweichung oder eine längere Restlaufzeit die Chancen für eine vereinbarungsgemäße Rückzahlung und damit auch den Wert der Anleihe DJ_t und des Eigenkapitals E_t, während der Wert der vorrangigen Anleihe DS_t sinkt. Umgekehrt ist bei relativ hohem Unternehmenswert die Wahrscheinlichkeit für eine vereinbarungsgemäße Rückzahlung groß; sie würde bei der vorrangigen und auch bei der nachrangigen Anleihe sinken, wenn man die Standardabweichung erhöhte oder die Restlaufzeit verlängerte. DJ_t wie auch DS_t würde nun sinken, der Wert des Eigenkapitals dagegen steigen.[1)] Der duale Charakter der nachrangigen Anleihe zeigt sich auch darin, daß ihr Wert eine teilweise konkave und teilweise konvexe Funktion des Unternehmenswertes und eine negative konvexe Funktion des Rückzah-

---

1) Siehe auch F. Black und J. C. Cox, Valuing corporate securities, 1976, S. 358 - 361; C. W. Smith, Jr., Applications, 1979, S. 96 - 98; J. C. Cox und M. Rubinstein, Options, 1985, S. 358 f.; im Zusammenhang mit Krediten an Privatpersonen C. W. Smith, Jr., Financial contracting, 1980, S. 338 f.

lungsbetrages der vorrangigen Anleihe ist.[1] Die partiellen Ableitungen lauten für die nachrangige Anleihe[2]

$$(3.33)\qquad \frac{\partial DJ_t}{\partial V_t} = N(d_5) - N(d_5') > 0$$

$$(3.34)\qquad \frac{\partial^2 DJ_t}{\partial V_t^2} = \frac{1}{V_t \sigma_V \sqrt{\tau}} \{N'(d_5) - N'(d_5')\} \lesseqgtr 0$$

$$(3.35)\qquad \frac{\partial DJ_t}{\partial \sigma_V} = V_t \sqrt{\tau}\{N'(d_5) - N'(d_5')\} \lesseqgtr 0^{3)}$$

$$(3.36)\qquad \frac{\partial DJ_t}{\partial X_J} = r^{-\tau} N(d_6') > 0$$

---

1) Der duale Charakter von DJ_t zeigt sich ferner darin, daß σ_{DJ} größer oder kleiner als σ_V sein kann, während σ_{DS} stets kleiner als σ_V und σ_E stets größer als σ_V ist: $\sigma_{DJ} \lesseqgtr \sigma_V$ mit $\sigma_{DJ} = \frac{\partial DJ_t}{\partial V_t} \cdot \frac{V_t}{DJ_t} \sigma_V$, da $\frac{\partial DJ_t}{\partial V_t} \cdot \frac{\partial V_t}{DJ_t}$ für $V_t \to 0$ gegen ∞ strebt und für $V_t \to \infty$ gegen Null strebt. Vgl. F. Black und J. C. Cox, Valuing corporate securities, 1976, S. 360 in Verbindung mit S. 359;

2) Die Gleichungen ergeben sich, wenn man Gleichung (3.30) als Ausgangspunkt wählt und auf die Ergebnisse des Abschnitts A dieses Teils und des 2. Teils zurückgreift.
Zu beachten ist dabei:
$$\frac{\partial P(V;\, X_J + X_S)_t}{\partial X_S} = \frac{\partial P(V;\, X_J + X_S)_t}{\partial X_J} = r^{-\tau}\{1-N(d_6')\} \text{ und}$$
$$\frac{\partial^2 P(V;X_J + X_S)_t}{\partial X_S^2} = \frac{\partial^2 P(V;\, X_J + X_S)_t}{\partial X_J^2} = \frac{r^{-\tau}}{(X_J + X_S)\sigma_V\sqrt{\tau}} N'(d_6').$$

3) Analog zur Ableitung von D_t nach σ_V^2 gilt hier
$$\frac{\partial DJ_t}{\partial \sigma_V^2} = \frac{\partial DJ_t}{\partial \sigma_V} \frac{1}{2\sigma_V} = V_t \frac{\sqrt{\tau}}{2\sigma_V} \{N'(d_5) - N'(d_5')\} \lesseqgtr 0;$$ siehe Fußnote 2, S. 188.

$$(3.37) \quad \frac{\partial^2 DJ_t}{\partial X_J^2} = - \frac{r^{-\tau}}{(X_J + X_S)\sigma_V\sqrt{\tau}} N'(d_6') < 0$$

$$(3.38) \quad \frac{\partial DJ_t}{\partial X_S} = r^{-\tau}\{N(d_6') - N(d_6)\} < 0$$

$$(3.39) \quad \frac{\partial^2 DJ_t}{\partial X_S^2} = \frac{r^{-\tau}}{\sigma_V\sqrt{\tau}} \left(\frac{N'(d_6)}{X_S} - \frac{N'(d_6')}{X_J + X_S}\right) \lesseqgtr 0$$

$$(3.40) \quad \frac{\partial DJ_t}{\partial \tau} = \{V_t\sigma_V/(2\sqrt{\tau})\}\{N'(d_5) - N'(d_5')\} + X_S r^{-\tau}(\ln r)\{N(d_6) - N(d_6')\} - X_J r^{-\tau}(\ln r)N(d_6') \lesseqgtr 0$$

Die Werte der nachrangigen Anleihe lassen sich in Abhängigkeit vom Unternehmenswert deshalb wie folgt darstellen:

Graphik 3.4: Werte einer voll nachrangigen unkündbaren Null-Kupon-Anleihe oder eines entsprechenden Kredites in Abhängigkeit vom Unternehmenswert

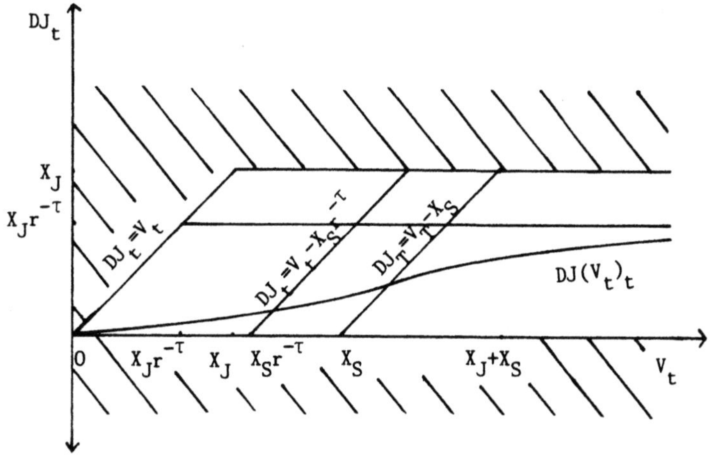

Quelle: C. W. Smith, Jr., Applications, 1979, S. 97; eigene Darstellung.

Da in t für den Wert des nachrangigen Fremdkapitals $\min(X_J r^{-\tau}; V_t) > DJ_t > 0$ gilt und bei Endfälligkeit $DJ_T = \min\{X_J; \max(V_T - X_S; 0)\}$ ist, kann der Anleihewert nicht im schraffierten Bereich der Graphik liegen.[1)]

2. Teilweise vorrangige, teilweise gleichrangige Parten und teilweise nachrangige, teilweise gleichrangige Parten

Annahme 8e unterstellt, daß die besicherten Gläubiger vor-

1) Das ergibt sich aus allgemeinen Arbitrageüberlegungen, unabhängig von der speziellen Wertverlaufshypothese für V_t; vgl. Abschnitt A des zweiten Teils.

rangigen Zugriff auf das gesamte Unternehmensvermögen haben. Um auch den Fall zu behandeln, daß der Besicherungsvertrag nur über einen Teil des Unternehmensvermögens lautet und die besicherten Gläubigerparten folglich nur teilweise vorrangig und damit auch teilweise gleichrangig sind, wird der vorhergehende Ansatz variiert. Dabei wird der Einfachheit halber unterstellt, daß der Besicherungsvertrag über einen bestimmten Prozentsatz des Unternehmensvermögens lautet ($V\beta$, $0 < \beta < 1$) und daß der Unternehmenswert einem Binomialprozeß nach Annahme 7a' folgt. So gelangt man zu einer geschlossenen Bewertungsgleichung und vermeidet die Problematik von Portefeuilleeffekten, die entsteht, wenn der Besicherungsvertrag - wie bei Stulz und Johnson - über ein bestimmtes Sicherungsobjekt oder über mehrere Objekte abgeschlossen wird.[1)]

a) Darstellung des Bewertungsmodells

Die Annahmen 7b' und 8e seien ersetzt durch Annahme 7a'[2)] sowie folgende Annahme:

8.e') Die Passiva des betrachteten Unternehmens bestehen aus Eigenkapital sowie aus einer unkündbaren Null-Kupon-Anleihe mit einem Besicherungsvertrag, der auf einen prozentualen Anteil am Unternehmensvermögen lautet, und aus einer unbesicherten unkündbaren Null-Kupon-Anleihe gleicher Fällig-

1) Vgl. zu diesen Modellvarianten S. 249 f.

2) Siehe S. 208.

keit oder aus entsprechenden Krediten.[1] Der Besicherungsvertrag ist nicht sittenwidrig,[2] die besicherten Gläubiger haften nicht wegen Vermögensübernahme.[3] Während der Restlaufzeit begibt das Unternehmen keine Finanztitel.

Betrachtet man zunächst wieder die besicherte Anleihe, so läßt sich feststellen, daß diese Anleihe bei Fälligkeit voll zurückgezahlt wird, wenn der Unternehmenswert mindestens dem vereinbarten Rückzahlungsbetrag des gesamten Fremdkapitals entspricht ($V_T \geq X_S + X_J$) oder wenn der Sicherungswert mindestens so hoch ist wie der vereinbarte Rückzahlungsbetrag der besicherten Anleihe ($V_T < X_S + X_J$ und $V_T\beta \geq X_S$). Andernfalls kann nur ein Teil der Anleiheforderung aus dem Sicherungserlös $V_T\beta$ vorrangig befriedigt werden ($V_T < X_S + X_J$ und $V_T\beta < X_S$). Die restliche Anleiheforderung $X_S - V_T\beta$ ist dann gleichrangig mit der unbesicherten Anleiheforderung X_J, so daß das freie Unternehmensvermögen $V_T(1 - \beta)$ an die Gläubiger im Verhältnis ihrer Forderungsnominalwerte verteilt wird. Die besicherten Anleihegläubiger erhalten in dem Fall insgesamt $V_T\beta + V_T(1 - \beta)\frac{X_S - V_T\beta}{X_S - V_T\beta + X_J}$. Der Wert der Anleihe {DS(β)} ist daher bei Endfälligkeit

$$DS(\beta)_T = \begin{cases} X_S & \text{wenn } V_T \geq X_S + X_J \\ X_S & \text{wenn } V_T < X_S + X_J \text{ und } V_T\beta \geq X_S \\ V_T\beta + V_T(1-\beta)\frac{X_S - V_T\beta}{X_S - V_T\beta + X_J} & \text{wenn } V_T < X_S + X_J \text{ und } V_T\beta < X_S \end{cases}$$

1) Siehe Fußnoten 2, 3, S. 178.

2) Siehe Fußnote 1, S. 203.

3) Siehe Fußnote 3, S. 223.

oder in Kurzschreibweise

$$DS(\beta)_T = \min\{X_S;\ V_T\beta + V_T(1-\beta)\frac{\max(X_S - V_T\beta;\ 0)}{\max(X_S - V_T\beta;\ 0) + X_J}\}.$$

Um nun den Wert der besicherten Anleihe in t zu ermitteln, ließen sich die möglichen Zahlungsströme wiederum in die risikofreie Komponente und die Optionskomponente zerlegen und einzeln bewerten. Diese Vorgehensweise ist jedoch komplex, da die Zahlung im Konkursfall von der Quote der restlichen Anleiheforderung am freien Unternehmensvermögen abhängt. Die Optionskomponente ist eine europäische Verkaufsoption mit Basispreis X_S und einperiodiger Restlaufzeit, die auf die dingliche Sicherheit lautet und auf den Anspruch, den die besicherten Gläubiger auf das freie Unternehmensvermögen haben. Bei Endfälligkeit läßt sich der Wert der besicherten Anleihe demnach durch folgende Gleichung beschreiben:[1]

$$DS(\beta)_T = X_S - \max(X_S - \{V_T\beta + V_T(1-\beta)\frac{\max(X_S - V_T\beta;\ 0)}{\max(X_S - V_T\beta;\ 0) + X_J}\};\ 0)$$

Einfacher ist es dagegen, das im zweiten Teil behandelte Duplikationsprinzip[2] direkt zur Anleihebewertung heranzuziehen. Das soll hier für den Fall der einperiodigen Restlaufzeit geschehen. Es ergibt sich dann nach obiger Gleichung folgende Wertentwicklung.

$$DS(\beta)_t \nearrow DS(\beta)_u = \min\{X_S;\ u_V V_t\beta + u_V V_t(1-\beta)\frac{\max(X_S - u_V V_t\beta;\ 0)}{\max(X_S - u_V V_t\beta;\ 0) + X_J}\}$$

$$DS(\beta)_t \searrow DS(\beta)_d = \min\{X_S;\ d_V V_t\beta + d_V V_t(1-\beta)\frac{\max(X_S - d_V V_t\beta;\ 0)}{\max(X_S - d_V V_t\beta;\ 0) + X_J}\}$$

---

1) Vgl. R. M. Stulz und H. E. Johnson, Secured debt, 1985, insb. S. 506.

2) Siehe S. 98 - 105.

Nach dem Duplikationsansatz des zweiten Teils der Arbeit muß sich die Wertentwicklung der besicherten Anleihe durch die Wertentwicklung eines Portefeuilles exakt duplizieren lassen, das aus $h_{V,t}$ Anteilen am Unternehmensvermögen und risikofreien Titeln mit Rückzahlungsbetrag $m_{V,t}$ besteht. Es soll also am Ende der Restlaufzeit gelten:

$$(3.41) \qquad DS(\beta)_u = u_V V_t h_{V,t} + m_{V,t}$$

$$(3.42) \qquad DS(\beta)_d = d_V V_t h_{V,t} + m_{V,t}$$

Die Auflösung der Gleichungen nach $h_{V,t}$ und $m_{V,t}$ ergibt:

$$(3.43) \qquad h_{V,t} = \frac{DS(\beta)_u - DS(\beta)_d}{(u_V - d_V)V_t}$$

$$(3.44) \qquad m_{V,t} = \frac{u_V DS(\beta)_d - d_V DS(\beta)_u}{u_V - d_V}$$

Demnach stimmt ein Portefeuille, das aus $h_{V,t}$ Anteilen am Unternehmensvermögen und risikofreien Titeln mit Rückzahlungsbetrag $m_{V,t}$ besteht, bei Ablauf der Restlaufzeit wertmäßig mit der besicherten Anleihe überein. Unter den genannten Annahmen muß daher auch zu Beginn der Restlaufzeit gelten:

$$(3.45) \qquad DS(\beta)_t = V_t h_{V,t} + \frac{m_{V_t}}{r}$$

Setzt man die Gleichungen (3.43) und (3.44) in Gleichung (3.45) ein und nimmt Umformungen vor, so folgt[1]

$$(3.46) \qquad DS(\beta)_t = \{qDS(\beta)_u + (1-q)DS(\beta)_d\}/r$$

$$\text{mit } q = \frac{r - d_V}{u_V - d_V}$$

---

1) Vgl. zum Vorgehen S. 104 f.

Die Gleichung entspricht der Gleichung (2.33) zur Bewertung einfacher Aktienkaufoptionen mit einperiodiger Restlaufzeit.[1] Analog zum zweiten Teil der Arbeit läßt sich das einperiodige Modell rekursiv für Anleihen mit n-periodiger Restlaufzeit ($n \geq 1$) anwenden (im nachfolgenden Beispiel wird der Fall einer zweiperiodigen Restlaufzeit behandelt) und dann auch in zeitkontinuierliche Modelle überführen.[2] Es ist damit gezeigt, daß sich der für die Bewertung von Aktienoptionen entwickelte Duplikationsansatz auch direkt auf die Bewertung besicherter Anleihen übertragen läßt.

Ähnlich kann man bei der Bewertung des unbesicherten Fremdkapitals $DJ(\beta)_t$ verfahren. Einfacher ist es hier aber, $DJ(\beta)_t$ als Differenz aus dem Wert des gesamten Fremdkapitals und dem Wert der besicherten Anleihe $DS(\beta)_t$ zu ermitteln:[3]

$$(3.47) \qquad DJ(\beta)_t = D(X_S + X_J)_t - DS(\beta)_t$$

Auch hier kann der Wert der Vorrangstellung aus der Differenz zwischen dem Wert der besicherten Anleihe $DS(\beta)_t$ und dem Wert einer entsprechenden unbesicherten Position, $\{X_S/(X_S + X_J)\}D(X_S + X_J)_t$, ermittelt werden.[4]

---

1) Siehe S. 105.

2) Vgl. S. 119 - 121, 133 - 142.

3) Siehe S. 224.

4) Vgl. S. 227 f.

Die Anleihewerte $DS(\beta)_t$ und $DJ(\beta)_t$ und der Wert der Vorrangstellung hängen somit allein von V_t, u_V, d_V, X_S, X_J, n, r und β ab. Sie sind folglich unabhängig von speziellen Risikopräferenzen, von Erwartungswerten und von Charakteristika anderer Titel außer dem Unternehmensvermögen und risikofreien Anlagen.

b) Beispiel

Modifiziert man das Zahlenbeispiel zum Binomialansatz für einfache Aktienkaufoptionen, so daß hier $V_t = 50$, $u_V = 2$, $d_V = 0{,}5$, $r = 1{,}25$, $n = 2$, $X_S = 50$, $X_J = 25$ und $\beta = 0{,}5$ gilt, dann errechnet sich für die besicherte Anleihe ein Wert von $DS(\beta)_t = 21{,}64$[1]:

---

1) Am Ende der Restlaufzeit ergeben sich für die besicherte Anleihe folgende Werte:

$$DS(\beta)_{uu} = \min\{X_S;\ u_V^2V_t\beta + u_V^2V_t(1-\beta)\ \frac{\max(X_S - u_V^2V_t\beta;\ 0)}{\max(X_S - u_V^2V_t\beta;\ 0) + X_J}\}$$

$$= \min\{50;\ 200\cdot0{,}5 + 200\cdot0{,}5\ \frac{\max(50 - 200\cdot0{,}5;\ 0)}{\max(50 - 200\cdot0{,}5;\ 0) + 25}\} = 50$$

$$DS(\beta)_{ud} = \min\{X_S;\ u_Vd_VV_t\beta + u_Vd_VV_t(1-\beta)\ \frac{\max(X_S - u_Vd_VV_t\beta;\ 0)}{\max(X_S - u_Vd_VV_t\beta;\ 0) + X_J}\}$$

$$= \min\{50;\ 50\cdot0{,}5 + 50\cdot0{,}5\ \frac{\max(50 - 50\cdot0{,}5;\ 0)}{\max(50 - 50\cdot0{,}5;\ 0) + 25}\} = 37{,}5$$

$$DS(\beta)_{dd} = \min\{X_S;\ d_V^2V_t\beta + d_V^2V_t(1-\beta)\ \frac{\max(X_S - d_V^2V_t\beta;\ 0)}{\max(X_S - d_V^2V_t\beta;\ 0) + X_J}\}$$

$$= \min\{50;\ 12{,}5\cdot0{,}5+12{,}5\cdot0{,}5\ \frac{\max(50-12{,}5\cdot0{,}5;\ 0)}{\max(50-12{,}5\cdot0{,}5;\ 0) + 25}\}=10{,}23$$

Die Werte am Ende der ersten Periode betragen

$$DS(\beta)_u = \{qDS(\beta)_{uu} + (1-q)DS(\beta)_{ud}\}/r$$

$$= (0{,}5\cdot50 + 0{,}5\cdot37{,}5)/1{,}25 = 35$$

$$DS(\beta)_t = 21{,}64 \quad \begin{cases} DS(\beta)_u = 35 \quad \begin{cases} DS(\beta)_{uu} = 50 \\ DS(\beta)_{ud} = DS(\beta)_{du} = 37{,}5 \end{cases} \\ DS(\beta)_d = 19{,}09 \quad \begin{cases} DS(\beta)_{du} = 37{,}5 \\ DS(\beta)_{dd} = 10{,}23 \end{cases} \end{cases}$$

Da eine unbesicherte Anleihe mit vereinbartem Rückzahlungsbetrag von $X = X_S + X_J = 75$ c.p. einen Marktwert von $D(X_S + X_J)_t = 30$ hat,[1] ist die nachrangige Anleihe nach Gleichung (3.47) $DJ(\beta)_t = 8{,}36$ wert. Der Risikoprämiensatz beträgt für die besicherte Anleihe 27 % und für die nachrangige Anleihe 47,93 % pro Periode.[2]

Fortsetzung Fußnote 1, S. 239:

$$DS(\beta)_d = \{qDS(\beta)_{du} + (1-q)DS(\beta)_{dd}\}/r$$
$$= (0{,}5 \cdot 37{,}5 + 0{,}5 \cdot 10{,}23)/1{,}25 = 19{,}09$$

Der Wert der Anleihe in t ist nach Gleichung (3.46)

$$DS(\beta)_t = (0{,}5 \cdot 35 + 0{,}5 \cdot 19{,}09)/1{,}25 = 21{,}64$$

1) Es gilt

$$D(X_S+X_J)_{uu} = \min(X_S+X_J;\ u_V^2 V_t) = \min(75;\ 200) = 75$$

$$D(X_S+X_J)_{ud} = D(X_S+X_J)_{du} = \min(X_S+X_J;\ d_V u_V V_t) = \min(75;\ 50) = 50$$

$$D(X_S+X_J)_{dd} = \min(X_S+X_J;\ d_V^2 V_t) = \min(75;\ 12{,}5) = 12{,}5$$

Am Ende der ersten Periode ist

$$D(X_S+X_J)_u = \{qD(X_S+X_J)_{uu} + (1-q)D(X_S+X_J)_{ud}\}/r = 50$$

$$D(X_S+X_J)_d = \{qD(X_S+X_J)_{du} + (1-q)D(X_S+X_J)_{dd}\}/r = 25$$

Es folgt $D(X_S+X_J)_t = \{qD(X_S+X_J)_u + (1-q)D(X_S+X_J)_d\}/r = 30$

2) Es gilt

$$r^*_{DS(\beta)_t} - r = \sqrt[n]{\frac{X_S}{DS(\beta)_t}} - r = \sqrt[2]{\frac{50}{21{,}64}} - 1{,}25 = 0{,}27$$

$$r^*_{DJ(\beta)_t} - r = \sqrt[n]{\frac{X_J}{DJ(\beta)_t}} - r = \sqrt[2]{\frac{25}{8{,}36}} - 1{,}25 = 0{,}4793$$

c) Veränderung der Fremdkapitalwerte bei Variation der Parameterwerte

Im Vergleich zum Fall einer voll vorrangigen Anleihe und einer voll nachrangigen Anleihe ist die teilweise vorrangige, teilweise gleichrangige Anleihe risikobehafteter bzw. die teilweise nachrangige, teilweise gleichrangige Anleihe risikoärmer; denn bei vollem Vorrang würde c.p. der Wert der besicherten Anleihe auf $DS_t = 26$ steigen und der Risikoprämiensatz auf 13,68 % pro Periode sinken. Der Wert der nachrangigen Anleihe würde dann auf $DJ_t = 4$ sinken und der Risikoprämiensatz c.p. auf 125 % pro Periode steigen.[1)]

Allgemein gilt, daß eine höhere Besicherung die Position der besicherten Gläubiger nicht verschlechtern und die Position der unbesicherten Gläubiger nicht verbessern kann.[2)] Es muß deshalb $\frac{\partial DS(\beta)_t}{\partial \beta} \geq 0$ sowie $\frac{\partial DJ(\beta)_t}{\partial \beta} \leq 0$ sein. Der Wert

---

1) Es gilt

$DS_{uu} = \min(X_S;\ u_V^2 V_t) = \min(50;\ 200) = 50$

$DS_{ud} = DS_{du} = \min(X_S;\ d_V u_V V_t) = \min(50;\ 50) = 50$

$DS_{dd} = \min(X_S;\ d_V^2 V_t) = \min(50;\ 12{,}5) = 12{,}5$

Berechnungen analog zu Fußnote 1, S. 240 ergeben $DS_t = 26$. Der Wert der voll nachrangigen Anleihe beträgt folglich $DJ_t = D(X_S + X_J)_t - DS_t = 30 - 26 = 4$. Für die Risikoprämiensätze errechnen sich dann folgende Werte: $r^*_{DS_t} - r = \sqrt[2]{\frac{50}{26}} - 1{,}25 = 0{,}1368$ und $r^*_{DJ_t} - r = \sqrt[2]{\frac{25}{4}} - 1{,}25 = 1{,}25$.

2) Das läßt sich auch durch allgemeine Arbitrageüberlegungen analog zu Abschnitt A des zweiten Teils bestätigen.

der teilweise vorrangigen Anleihe hängt im Unterschied zur voll vorrangigen Anleihe auch vom vereinbarten Rückzahlungsbetrag der unbesicherten Anleihe (X_J) ab. Da eine Erhöhung von X_J c.p. die Position der besicherten Gläubiger nicht verbessern kann, muß $\frac{\partial DS(\beta)_t}{\partial X_J} \leq 0$ gelten.[1]

Untersucht man den Einfluß der übrigen Modellparameter auf den Wert der besicherten Anleihe, so erhält man c.p. Ergebnisse, die hinsichtlich der Wirkungsrichtungen den Ergebnissen für voll vorrangige Anleihen entsprechen, da die Anleihe im Vergleich zur unbesicherten Anleihe teilweise vorrangig und teilweise gleichrangig, aber nie nachrangig sein kann.[2]

3. Teilweise vorrangige, teilweise nachrangige Parten

Nach der Bewertung teilweise vorrangiger, teilweise gleichrangiger Parten und teilweise nachrangiger, teilweise gleichrangiger Parten sollen nun teilweise vorrangige Parten im Mittelpunkt stehen, die unterschiedlich besichert und deshalb auch teilweise nachrangig sind. Es wird hier unterstellt, daß ein Teil des begebenen Fremdkapitals im Konkursfall vorrangigen Zugriff auf $V\beta$ und das übrige Fremdkapital vorrangigen Zugriff auf das restliche Unternehmensvermögen $V(1-\beta)$ besitzt.

---

1) Siehe R. M. Stulz und H. E. Johnson, Secured debt, 1985, S. 506 - 510. Auch dieses Ergebnis läßt sich durch allgemeine Arbitrageüberlegungen analog zu Abschnitt A des zweiten Teils belegen.

2) Vgl. S. 229 f. sowie R. M. Stulz und H. E. Johnson, Secured debt, 1985, S. 510.

a) Darstellung des Bewertungsmodells

Es gelten die Annahmen des vorhergehenden Ansatzes mit Ausnahme von Annahme 8e'. Sie wird durch folgende Annahme ersetzt:

8.e") Die Passiva des betrachteten Unternehmens bestehen aus Eigenkapital sowie aus zwei unkündbaren Null-Kupon-Anleihen gleicher Fälligkeit, von denen die eine Anleihe durch einen Besicherungsvertrag über einen prozentualen Anteil am Unternehmensvermögen und die andere Anleihe durch einen Besicherungsvertrag über den anderen Teil des Unternehmensvermögens besichert ist, oder aus entsprechenden Krediten.[1] Die Besicherungsverträge sind nicht sittenwidrig,[2] die Gläubiger haften nicht wegen Vermögensübernahme[3]. Während der Restlaufzeit begibt das Unternehmen keine Finanztitel.

Betrachtet sei zunächst die Anleihe mit dem Sicherungswert Vß{DS(ß)'}. Die Gläubiger dieser Anleihe erhalten bei Endfälligkeit den vereinbarten Rückzahlungsbetrag (X_S'), wenn der Unternehmenswert mindestens so hoch ist wie der vereinbarte Rückzahlungsbetrag des gesamten Fremdkapitals ($V_T \geq X_S' + X_S''$) oder wenn der Sicherungswert mindestens dem vereinbarten Rückzahlungsbetrag der

1) Siehe Fußnoten 2, 3, S. 178.

2) Siehe Fußnote 1, S. 203.

3) Siehe Fußnote 3, S. 223.

betrachteten Anleihe entspricht ($V_T < X'_S + X''_S$ und $V_T\beta \geq X'_S$). In anderen Fällen kann die Forderung nur teilweise befriedigt werden ($V_T < X'_S + X''_S$ und $V_T\beta < X'_S$). Die Gläubiger haben dann vorrangigen Zugriff auf den Sicherungswert $V_T\beta$ und einen nachrangigen Anspruch auf das restliche Unternehmensvermögen $V_T(1-\beta)$. Falls die andere Anleihe voll zurückgezahlt werden kann $\{V_T(1-\beta) \geq X''_S\}$, steht den Gläubigern der betrachteten Anleihe ein Betrag von $V_T\beta + V_T(1-\beta) - X''_S$ zu. Wird dagegen auch die andere Anleihe nur teilweise bedient $\{V_T(1-\beta) < X''_S\}$, so verbleibt den Gläubigern nur die Sicherheit $V_T\beta$. Der Wert der betrachteten Anleihe ist daher bei Endfälligkeit

$$(3.48)\quad DS(\beta)'_T = \begin{cases} X'_S & \text{wenn } V_T \geq X'_S + X''_S \\ X'_S & \text{wenn } V_T < X'_S + X''_S \text{ und } V_T\beta \geq X'_S \\ V_T\beta + V_T(1-\beta) - X''_S & \text{wenn } V_T < X'_S + X''_S \text{ und } V_T\beta < X'_S \\ & \text{und } V_T(1-\beta) > X''_S \\ V_T\beta & \text{wenn } V_T < X'_S + X''_S \text{ und } V_T\beta < X'_S \\ & \text{und } V_T(1-\beta) \leq X''_S \end{cases}$$

oder kurz $DS(\beta)'_T = \min(X'_S;\ V_T\beta + \max\{V_T(1-\beta) - X''_S;\ 0\})$.[1]

Die Position der anderen Gläubiger bei Endfälligkeit kann man ebenfalls mit dieser Gleichung beschreiben, wenn man die Rückzahlungsbeträge und die Sicherungswerte austauscht.

Betrachtet man Gleichung (3.48) in Kurzschreibweise näher, so erkennt man die risikofreie Komponente und die Options-

1) Siehe auch R. M. Stulz und H. E. Johnson, Secured debt, 1985, S. 504.

komponente der Anleihe. Die erste Komponente ist eine risikofreie Null-Kupon-Anleihe mit Rückzahlungsbetrag X_S', und die zweite Komponente ist eine europäische Verkaufsoption mit Basispreis X_S', die auf die Sicherheit Vβ lautet und auf eine Kaufoption mit Basispreis X_S'', die wiederum zum Bezug der Sicherheit der anderen Anleihe berechtigt. Es ist

$$DS(\beta)_T' = \min(X_S';\ V_T\beta + \max\{V_T(1-\beta) - X_S'';\ 0\})$$
$$= X_S' - \max\{X_S' - (V_T\beta + \max\{V_T(1-\beta) - X_S'';\ 0\});\ 0\}.$$ [1]

Die Beziehung muß auch vor Endfälligkeit gelten und läßt sich entsprechend auch für die zweite Anleihe herleiten.

Man könnte also auch den Wert dieser Anleihen indirekt über die Werte der risikofreien Komponenten und der Optionskomponenten ermitteln. Einfacher ist es allerdings, die Anleihen direkt zu bewerten.

Es sei hier der Fall der einperiodigen Restlaufzeit betrachtet. Für die erste Anleihe ergibt sich dann nach dem

---

1) Siehe auch R. M. Stulz und H. E. Johnson, Secured debt, 1985, S. 504 f. Stulz hat in einer früheren Veröffentlichung die Optionskomponente als europäische Verkaufsoption auf das Maximum von zwei Aktien dargestellt, wobei das eine Aktivum die dingliche Sicherheit der Anleihe ist und das andere Aktivum das Unternehmensvermögen nach Bedienung der anderen Anleihe. Sein Modell basiert auf einem allgemeineren Ansatz von Johnson; vgl. die in Fußnote 1, S. 201 genannten Quellen. Es folgt also hier

$$DS(\beta)_T' = X_S' - \max\{X_S' - (V_T\beta + \max\{V_T(1-\beta) - X_S'';\ 0\});\ 0\}$$
$$= X_S' - \max\{X_S' - \max(V_T - X_S'';\ V_T\beta);\ 0\}$$

Gleichung (3.48) $DS(\beta)_T' = \min(V_T\beta + \max\{V_T(1-\beta) - X_S'';\ 0\};\ X_S')$ läßt sich deshalb auch in folgender Form schreiben: $DS(\beta)_T' = \min\{\max(V_T - X_S'';\ V_T\beta);\ X_S'\}$. Die Schreibweise findet man bei P. Ritchken, Options, 1987, S. 356.

einperiodigen Binomialmodell und Gleichung (3.48):

$$DS(\beta)'_t \begin{cases} DS(\beta)'_u = \min(X'_S;\ u_V V_t \beta + \max\{u_V V_t(1-\beta) - X''_S;\ 0\}) \\ DS(\beta)'_d = \min(X'_S;\ d_V V_t \beta + \max\{d_V V_t(1-\beta) - X''_S;\ 0\}) \end{cases}$$

$$\text{mit } DS(\beta)'_t = \{qDS(\beta)'_u + (1-q)DS(\beta)'_d\}/r$$

$$q = \frac{r - d_V}{u_V - d_V}$$

Analog könnte man den Wert der zweiten Anleihe ermitteln. Er ergibt sich aber auch einfach als Differenz aus dem Wert des gesamten Fremdkapitals und dem Wert der ersten Anleihe:

$$(3.49) \qquad DS(\beta)''_t = D(X'_S + X''_S)_t - DS(\beta)'_t$$

Der Wert der Besicherung ließe sich wie im vorhergehenden Ansatz aus der Differenz aus dem Anleihewert und dem Wert einer vergleichbaren unbesicherten Anleihe ermitteln.

Das dargestellte Bewertungsmodell läßt sich rekursiv auch für n-periodige Restlaufzeiten (n > 1) anwenden (das nachfolgende Beispiel behandelt den Fall n = 2) und analog zum zweiten Teil der Arbeit in zeitkontinuierliche Modelle überführen.

Die Anleihewerte und die Werte der Besicherung hängen somit allein von V_t, u_V, d_V, X'_S, X''_S, n, r und β ab. Sie sind folglich unabhängig von speziellen Risikopräferenzen, von Erwartungswerten und Charakteristika anderer Titel außer dem Unternehmensvermögen und risikofreien Anlagen.

b) Beispiel

Greift man auf das vorhergehende Beispiel zurück ($V_t = 50$, $u_V = 2$, $d_V = 0{,}5$, $X_S = 50$, $X_J = 25$, $\beta = 0{,}5$, $n = 2$ und $r = 1{,}25$) und unterstellt hier $X_S' = X_S$ und $X_S'' = X_J$, so errechnet sich für die erste Anleihe ein Wert von $DS(\beta)_t' = 17$:[1]

$$DS(\beta)_t' = 17 \quad \begin{cases} DS(\beta)_u' = 30 & \begin{cases} DS(\beta)_{uu}' = 50 \\ DS(\beta)_{ud}' = DS(\beta)_{du}' = 25 \end{cases} \\ DS(\beta)_d' = 12{,}5 & \begin{cases} DS(\beta)_{du}' = 25 \\ DS(\beta)_{dd}' = 6{,}25 \end{cases} \end{cases}$$

Da nach den obigen Berechnungen das gesamte Fremdkapital einen Marktwert von $D(X_S' + X_S'')_t = 30$ haben muß,[2] ist die

---

1) Nach Gleichung (3.48) ergeben sich für die erste Anleihe am Ende der Restlaufzeit folgende Werte:

$$DS(\beta)_{uu}' = \min(X_S';\ u_V^2 V_t \beta + \max\{u_V^2 V_t (1-\beta) - X_S'';\ 0\})$$
$$= \min(50;\ 200 \cdot 0{,}5 + \max\{200 \cdot 0{,}5 - 25;\ 0\}) = 50$$

$$DS(\beta)_{ud}' = \min(X_S';\ u_V d_V V_t \beta + \max\{u_V d_V V_t (1-\beta) - X_S'';\ 0\})$$
$$= \min(50;\ 50 \cdot 0{,}5 + \max\{50 \cdot 0{,}5 - 25;\ 0\}) = 25$$

$$DS(\beta)_{dd}' = \min(X_S';\ d_V^2 V_t \beta + \max\{d_V^2 V_t (1-\beta) - X_S'';\ 0\})$$
$$= \min(50;\ 12{,}5 \cdot 0{,}5 + \max\{12{,}5 \cdot 0{,}5 - 25;\ 0\}) = 6{,}25$$

Die Werte am Ende der ersten Periode betragen

$$DS(\beta)_u' = \{q DS(\beta)_{uu}' + (1-q) DS(\beta)_{ud}'\}/r$$
$$= (0{,}5 \cdot 50 + 0{,}5 \cdot 25)/1{,}25 = 30$$

$$DS(\beta)_d' = (q DS(\beta)_{du}' + (1-q) DS(\beta)_{dd}'\}/r$$
$$= \{0{,}5 \cdot 25 + 0{,}5 \cdot 6{,}25)/1{,}25 = 12{,}5$$

Der Wert in t ist nach Gleichung (3.49)

$$DS(\beta)_t' = (0{,}5 \cdot 30 + 0{,}5 \cdot 12{,}5)/1{,}25 = 17$$

2) Vgl. S. 240.

zweite Anleihe gemäß Gleichung (3.49) $DS(\beta)_t'' = 13$ wert. Der Risikoprämiensatz beträgt für die erste Anleihe 46,5 % und für die zweite Anleihe 13,68 % pro Periode.[1)]

Im Vergleich zu den entsprechenden Anleihen des vorhergehenden Ansatzes ist die erste Anleihe wesentlich risikobehafteter und die zweite Anleihe wesentlich risikoärmer, da die erste Anleihe nun auch nachrangig und die zweite Anleihe auch vorrangig ist. Deshalb liegt die erste Anleihe wertmäßig unter der teilweise vorrangigen, teilweise gleichrangigen Anleihe (17 < 21,64) und weist einen deutlich höheren Risikoprämiensatz auf (46,5 % > 27 %); umgekehrt ist die zweite Anleihe im Vergleich zur teilweise nachrangigen, teilweise gleichrangigen Anleihe mehr wert (13 > 8,36) und weist einen wesentlich geringeren Risikoprämiensatz auf (13,68 % < 47,93 %).[2)] Die deutlichen Unterschiede in den Ergebnissen kann man dadurch erklären, daß die zweite Anleihe hier einen vorrangigen Zugriff auf die Hälfte des haftenden Unternehmensvermögens besitzt, obwohl der vereinbarte Rückzahlungsbetrag dieser Anleihe nur halb so hoch ist wie der vereinbarte Rückzahlungsbetrag der ersten Anleihe.[3)]

---

1) Es gilt

$$r^*_{DS(\beta)_t'} - r = \sqrt[n]{\frac{X_S'}{DS(\beta)_t'}} - r = \sqrt[2]{\frac{50}{17}} - 1,25 = 0,465$$

$$r^*_{DS(\beta)_t''} - r = \sqrt[n]{\frac{X_S''}{DS(\beta)_t''}} - r = \sqrt[2]{\frac{25}{13}} - 1,25 = 0,1368$$

2) Siehe S. 240.

3) Daß derartige Besicherungsklauseln möglicherweise sittenwidrig sind, wird nicht diskutiert; siehe Fußnote 1, S. 203.

c) Veränderung der Fremdkapitalwerte bei Variation der Parameterwerte

Untersucht man den Einfluß von Änderungen der Parameterwerte auf die Anleihewerte, so wird man zunächst feststellen, daß, wie auch im vorhergehenden Ansatz, eine Erhöhung von β die Position der durch $V\beta$ besicherten Gläubiger nicht verschlechtern und die Position der anderen Gläubiger nicht verbessern kann: $\frac{\partial DS(\beta)_t'}{\partial \beta} \geq 0$ und $\frac{\partial DS(\beta)_t''}{\partial \beta} \leq 0$.[1]

Da beide Anleihen vor- und nachrangigen Charakter haben können, wird man ferner Ergebnisse erhalten, die hinsichtlich der Wirkungsrichtung den Ergebnissen für voll vorrangige oder für voll nachrangige Anleihen entsprechen. Ob die Anleihen nun eher vorrangigen oder eher nachrangigen Charakter haben, hängt von den konkreten Parameterwerten ab, insbesondere von den Werten für β, X_S' und X_S'' und dem Verhältnis von X_S' und X_S'' zu V_t.[2]

4. Modellvarianten

Die beiden Ansätze zur Bewertung teilweise vorrangiger Gläubigerparten lassen sich entsprechend auch für Unternehmen mit mehr als zwei Gläubigerklassen anwenden.

Wie angedeutet, sind die Ansätze auch für den Fall modifizierbar, daß der Sicherungsvertrag über bestimmte Aktiva statt über einen festen Prozentsatz des Unternehmensvermögens abgeschlossen wurde. Dann spielen aber zusätzlich die möglichen Renditen der besicherten Aktiva und des un-

1) Vgl. S. 241.

2) Vgl. S. 229 und S. 231 f.; R. M. Stulz und H. E. Johnson, Secured debt, 1985, S. 505 f., 508 f., 511.

belasteten Vermögens sowie die Korrelation zwischen den Renditen eine Rolle.[1] Hier bieten sich mehrere Wege an.

Man kann beispielsweise wie Stulz und Johnson die Black-Scholes-Kursverlaufshypothese für die Wertentwicklung der einzelnen Aktiva unterstellen. Dann ist allerdings eine Bewertung nur mit Hilfe von Näherungsverfahren möglich.[2]

Stulz hat für die Bewertung der teilweise vorrangigen Anleihen mit unterschiedlicher Besicherung außerdem ein Modell entwickelt, in dem die Sicherheit der ersten Anleihe und das Unternehmensvermögen abzüglich des vereinbarten Rückzahlungsbetrages der zweiten Anleihe jeweils eine Wertentwicklung nach Black und Scholes vollziehen.[3][4] Wie Stulz und Johnson bemerken, sind diese Wertverlaufshypothesen allerdings inkonsistent.[5] Das Modell wäre deshalb

---

1) Siehe S. 234.

2) Vgl. R. M. Stulz und H. E. Johnson, Secured debt, 1985, S. 503 - 511.

3) R. M. Stulz, Options, 1982, S. 180 f. in Verbindung mit S. 162 - 173.

4) Einen allgemeineren Ansatz findet man bereits bei H. E. Johnson, Three topics, 1981, insb. S. 72 - 76, 83, 86, 88 - 94.

5) Die Hypothesen besagen, daß der Sicherungswert der ersten Anleihe und der Unternehmenswert abzüglich des vereinbarten Rückzahlungsbetrages der zweiten Anleihe jeweils einer geometrisch Brown'schen Bewegung folgen, d.h., daß beide Zufallsvariablen am Ende eines beliebigen Zeitraums logarithmisch normalverteilt sind (siehe auch Fußnote 4, S. 115). Der Unternehmenswert ist eine Summe von Zufallsvariablen, von denen eine die Sicherheit der ersten Anleihe ist. Da nach den Regeln für logarithmisch normalverteilte Zufallsvariablen eine Summe von Zufallsvariabeln nicht logarithmisch normalverteilt ist, wenn die Zufallsvariablen selbst logarithmisch normalverteilt sind, können die genannten Zufallsvariablen nicht jeweils logarithmisch normalverteilt sein und damit auch nicht jeweils geometrisch Brown'schen Bewegungen folgen. Siehe R. M. Stulz, Options, 1982, S. 181; R. M. Stulz und H. E. Johnson, Secured debt, 1985, S. 502, Fußnote 1, S. 27 dieser Arbeit.

nur unter alternativen Wertverlaufshypothesen brauchbar. So könnte man beispielsweise den Binomialansatz wie im Fall der homogenen Gläubigerparten anwenden, die durch Vermögensobjekte Dritter zusätzlich besichert sind.[1)]

Alle drei Ansätze zur Bewertung heterogener Gläubigerparten ließen sich im übrigen für den Fall erweitern, daß die besicherten Gläubiger zusätzliche dingliche Sicherheiten vereinbart haben, die zum Vermögen Dritter zählen. Hier sind dann ebenfalls die möglichen Renditen der Sicherungsobjekte und ihre Korrelationen mit den Renditen der anderen Objekte relevant.

---

1) Vgl. S. 215 - 220.

C. Berücksichtigung gesetzlicher Vorränge

I. Vorbemerkungen

Das bundesdeutsche Insolvenzrecht sichert bestimmten Gläubigern, die unbesicherte Forderungen gegen den Schuldner halten, bevorrechtigte Befriedigung im Konkurs des Schuldners zu. Nach § 61 KO zählen insbesondere Löhne und Gehälter, Forderungen der öffentlichen Hand, der Kirchen, Schulen und öffentlichen Verbände sowie Arzt- und Pflegekosten zu den bevorrechtigten Konkursforderungen, sofern sie in den letzten zwölf Monaten vor Konkurseröffnung fällig wurden. Sie sind nach Abzug der besicherten Gegenstände und Rechte, der Aufrechnungen nach § 53 - 56 KO und der Masseforderung von der Konkursmasse in einer bestimmten Reihenfolge zu befriedigen und haben damit Vorrang vor den übrigen unbesicherten Forderungen.[1)]

In diesem Abschnitt soll gezeigt werden, daß sich gesetzlich vorrangige Fremdkapitaltitel als Spezialfälle besicherter Titel interpretieren lassen, so daß die Ausführungen des Abschnitts B übertragbar sind. Betrachtet werden hier die Fälle, in denen neben gesetzlich vorrangigen Forderungen nur unbesicherte oder nur dinglich besicherte Foderungen bestehen. Wie im Abschnitt B sollen alle Fremdkapitaltitel des Unternehmens mit endfälliger Zins- und Tilgungszahlung ausgestattet sein und die gleiche Fälligkeit besitzen. Der Einfachheit halber sei ferner unterstellt, daß die bevorrechtigten Konkursforderungen untereinander gleichrangig sind. Derartige Ausführungen sind in der Literatur bislang nicht zu finden.

1) Siehe hierzu beispielsweise auch J. Drukarczyk, Betriebswirtschaftliche Aspekte, 1986, S. 168.

II. Gesetzlich vorrangiges Fremdkapital und unbesichertes Fremdkapital

Es gelten die Annahmen des Abschnitts A mit Ausnahme von Annahme 8a,[1] die durch folgende Annahme ersetzt wird:

8.f) Die Passiva des betrachteten Unternehmens bestehen aus Eigenkapital sowie aus einer unkündbaren, unbesicherten Null-Kupon-Anleihe, die zu den bevorrechtigten Konkursforderungen zählt, und aus einer unbesicherten, unkündbaren Null-Kupon-Anleihe gleicher Fälligkeit oder aus entsprechenden Krediten.[2] Während der Restlaufzeit begibt das Unternehmen keine Finanztitel.

Unter diesen Annahmen haben die vorrangigen Gläubiger die gleiche Position wie die Gläubiger der voll vorrangigen Anleihe des vorhergehenden Abschnitts. Die gesetzliche Vorrangstellung wirkt hier wie ein Besicherungsvertrag über das gesamte Unternehmensvermögen, da im Konkursfall die unbesicherten Forderungen erst bedient werden,wenn die vorrangigen Forderungen voll befiedigt sind.[3] Gleichung (3.29) liefert daher unmittelbar den Wert der bevorrechtigten Anleihe in t.[4] Der Wert der nachrangigen

---

1) Siehe S. 177 f.

2) Siehe Fußnoten 2, 3, S. 178.

3) Vgl. S. 223 f.

4) Siehe S. 224.

Anleihe in t ergibt sich dann aus Gleichung (3.31) oder (3.32).[1]

Folglich gilt das Zahlenbeispiel des Abschnitts B.III.1. unverändert auch für die hier betrachteten Anleihen; ebenso gelten die Ausführungen zu dem Einfluß der Modellparameter auf die Fremdkapitalwerte.[2]

III. Gesetzlich vorrangiges Fremdkapital und dinglich besichertes Fremdkapital

Um nun den Fall zu behandeln, daß neben gesetzlich vorrangigen Forderungen dinglich besicherte Titel existieren, wird Annahme 8f durch 8f' ersetzt. Der Einfachheit halber sei eine homogene Besicherung unterstellt, wobei der Besicherungsvertrag wie im Abschnitt B.III. über einen festen Prozentsatz (β) des Unternehmensvermögens lauten soll.

8.f') Die Passiva des betrachteten Unternehmens bestehen aus Eigenkapital sowie aus einer unkündbaren, unbesicherten Null-Kupon-Anleihe, die zu den bevorrechtigten Konkursforderungen zählt, und aus einer dinglich besicherten, unkündbaren Null-Kupon-Anleihe gleicher Fälligkeit oder aus entsprechenden Krediten.[3] Der Besicherungsvertrag lautet auf einen prozentualen Anteil am Unternehmensvermögen und ist nicht sittenwidrig.[4] Die

1) Siehe S. 227.

2) Vgl. S. 228 - 233.

3) Siehe Fußnoten 2, 3, S. 178.

4) Siehe Fußnote 1, S. 203.

besicherten Gläubiger haften nicht wegen Vermögensübernahme.[1] Während der Restlaufzeit begibt das Unternehmen keine Finanztitel.

Unter dieser Annahme sind die Anleihegläubiger der besicherten Anleihe in der gleichen Position wie die Gläubiger der ersten, teilweise vorrangigen, teilweise nachrangigen Anleihe (DS(β)'). Sie haben im Konkurs vorrangigen Zugriff auf die Sicherheit Vβ und nachrangigen Zugriff auf das restliche Unternehmensvermögen. Folglich entspricht die gesetzlich vorrangige Anleihe der zweiten Anleihe des genannten Abschnitts (DS(β)''). Die Gläubiger dieser Anleihe werden im Konkursfall aus dem unbesicherten Unternehmensvermögen V(1-β) vor den Restforderungen der besicherten Gläubiger befriedigt. Die Bewertungsgleichungen des Abschnitts B.III.3. liefern folglich auch die Werte für die betrachteten Anleihen, wenn man wie dort Annahme 7a' statt Annahme 7b' unterstellt.[2]

Ebenso sind das Zahlenbeispiel und die Ausführungen zur Wirkungsrichtung von Parameterwertänderungen des genannten Abschnitts direkt übertragbar.[3]

Ferner ließen sich Modellvarianten analog zu Abschnitt B.III.4. entwickeln. Darauf wird hier aber nicht näher eingegangen.[4]

---

1) Siehe Fußnote 3, S. 223.

2) Vgl. S. 242 - 246.

3) Vgl. S. 247 - 249.

4) Vgl. S. 249 - 251.

D. Berücksichtigung von Haftungszusagen Dritter

I. Vorbemerkungen

Nachdem die Auswirkungen dinglicher Besicherungen und gesetzlicher Vorränge auf den Wert von Fremdkapitaltiteln und den jeweiligen Risikoprämiensatz untersucht wurden, sollen nun Haftungszusagen Dritter im Mittelpunkt der Analyse stehen. Haftungszusagen Dritter existieren in der Form von Bürgschaften, Kreditaufträgen, Garantien, Schuldmitübernahmen, Patronatserklärungen[1)] sowie Kreditversicherungen.[2)] Der Einfachheit halber werden hier nur Bürgschaften betrachtet, obwohl das Vorgehen bei allen anderen Haftungszusagen ähnlich ist. Deshalb werden Bürgschaften und Haftungszusagen Dritter im weiteren synonym gebraucht. Eine Bürgschaft verpflichtet den Bürgen, bei Ausfall des Fremdkapitalnehmers für bestimmte Verbindlichkeiten zu haften. Die Vertragsklauseln können vorsehen, daß der Bürge in unbeschränkter Höhe oder nur bis zu einem bestimmten Betrag haftet (unlimitierte oder limitierte Haftungszusage). Bürgschaften können nach deutscher Rechtsprechung widerrufbar und kündbar sein.[3)] Hier werden der Einfachheit halber unwiderrufliche und unkündbare Bürgschaften unterstellt. Für Bewertungsfragen ist es rele-

1) Vgl. H.-J. Lwowski und W. Gößmann, Kreditsicherheiten, 1987, S. 41 - 67.

2) Vgl. R. C. Merton, An analytic derivation of the cost of deposit insurance and loan guarantees: An application of modern option pricing theory, in: JoBF, Vol. 1 (1977), S. 3 - 11; C. W. Smith, Jr. und J. B. Warner, Financial contracting, 1979, S. 146; C. W. Smith, Jr., Applications, 1979, S. 106 - 108; ders., Financial contracting, 1980, S. 353 f.

3) Vgl. H.-J. Lwowski und W. Gößmann, Kreditsicherheiten, 1987, S. 50 f.

vant, ob das Haftungspotential des Bürgen bei Endfälligkeit ausreicht, um die zugesagten Zahlungen zu leisten (sichere oder risikobehaftete Haftungszusagen).

In der optionstheoretischen Literatur findet man bislang nur Modelle zur Bewertung sicherer Haftungszusagen. Merton hat unter der Black-Scholes-Kursverlaufshypothese ein Modell zur Bewertung unkündbarer Null-Kupon-Anleihen mit sicheren unlimitierten Haftungszusagen entwickelt.[1)] Auf ein entsprechendes Modell mit binomialem Wertverlauf trifft man bei Klug.[2)] Sosin hat das Merton-Modell für Kredite mit vollkommenem Vor- oder Nachrang erweitert,[3)] Jones und Mason haben darüber hinaus diskrete Zinszahlungen vor Endfälligkeit und Schuldnerkündigungsrechte berücksichtigt.[4)] Außerdem findet man bei Jones und Mason einen Ansatz zur Bewertung von Krediten mit sicheren, limitierten Haftungszusagen. Allerdings unterstellen die Autoren, daß der Bürge erst dann haftet, wenn der Unternehmenswert bei Fälligkeit einer Zins- und Tilgungszahlung unterhalb der Bürgschaftssumme liegt.[5)] Danach würde keine Haftung bestehen, wenn der Unternehmenswert zwar unterhalb der fälligen Forderung, aber nicht unterhalb der Bürgschaftssumme liegt. Derartige Klauseln sind unüblich, so daß dieses Modell nicht weiter verfolgt wird. Vielmehr wird unterstellt, daß der Bürge einer Höchstbetragsbürgschaft für Ausfälle bis zum festgelegten Höchstbetrag haftet.

---

1) R. C. Merton, Analytic derivation, 1977.

2) Vgl. M. Klug, Ableitung, 1985, S. 75 - 78.

3) Vgl. H. B. Sosin, On the valuation of federal loan guarantees to corporations, in: JoF, Vol. 35 (1980), S. 1209 - 1221.

4) Vgl. E. P. Jones und S. P. Mason, Valuation of loan guarantees, in: JoBF, Vol. 4 (1980), S. 89 - 107.

5) Vgl. E. P. Jones und S. P. Mason, Valuation, 1980, S. 94, 96 - 102.

Im folgenden sollen auf der Basis des Grundmodells zunächst Anleihen mit sicheren Haftungszusagen und anschließend solche mit risikobehafteten Haftungszusagen behandelt werden, wobei jeweils zwischen unlimitierten und limitierten Haftungszusagen zu unterscheiden ist. Im Vergleich zur Bewertung ausschließlich dinglich besicherter Anleihen ergeben sich dabei zahlreiche Parallelen, aber auch einige Unterschiede.

II. Sichere Haftungszusagen

1. Unlimitierte Haftungszusagen

Es gelten die Annahmen des Abschnitts A mit Ausnahme von Annahme 8a sowie folgende Annahmen:[1]

8.g) Die Passiva des betrachteten Unternehmens bestehen aus Eigenkapital und einer unkündbaren Null-Kupon-Anleihe, für die ein Dritter eine unlimitierte Haftungszusage gegeben hat, oder einem entsprechenden Kredit.[2] Die Haftungszusage ist unwiderruflich und unkündbar. Während der Restlaufzeit begibt das Unternehmen keine Finanztitel.

8.h) Die Haftungszusage ist sicher.

---

1) Siehe auch R. C. Merton, Analytic derivation, 1977, allerdings ohne explizit Annahme 9a (siehe S.178) zu unterstellen. So auch C. W. Smith, Jr., Applications, 1979, S. 106 - 108; A. J. Marcus und I. Shaked, The valuation of FDIC deposit insurance using option-pricing estimates, in: JoMCB, Vol. 16 (1984), S. 448 - 451; S. P. Mason und R. C. Merton, Contingent claims analysis, 1985, S. 17 - 19, 28, Fußnote 8; im Zusammenhang mit Krediten an Privatpersonen C. W. Smith, Jr., Financial contracting, 1980, S. 353 f.

2) Siehe Fußnoten 2, 3, S. 178.

Unter diesen Annahmen können die Anleihegläubiger mögliche Ausfälle durch Inanspruchnahme der Bürgschaft (G) genau kompensieren, so daß die verbürgte Anleihe (DG) einer sicheren Anlage entspricht: $DG_t = DF_t - P(V)_t + G_t = DF_t$. Der Risikoprämiensatz der Anleihe ist folglich Null.

Die Bürgschaft muß demnach so viel wert sein wie eine Verkaufsoption auf V mit Basispreis X. Ein rational handelnder Bürge würde demnach für die Haftungszusage einen Preis von $G_t = P(V)_t$ verlangen, der sich nach Gleichung (3.1) bestimmen läßt.[1)]

Die Bürgschaft verwandelt also die risikobehaftete Forderung in eine risikofreie Forderung und erfüllt damit für die Gläubiger die gleiche Funktion wie ein Besicherungsvertrag über eine dingliche Sicherheit Z, deren Wert bei Endfälligkeit mit Sicherheit die Anleiheforderung deckt ($Z_T \geq X$).[2)] Das Zahlenbeispiel des Abschnitts B.II.2.a) zur Bewertung der dinglich besicherten Anleihe gilt daher unverändert auch für entsprechende Anleihen mit risikofreier unlimitierter Haftungszusage.[3)]

2. Limitierte Haftungszusagen

Ein Restrisiko tragen die Anleihegläubiger aber selbst bei sicheren Haftungszusagen, wenn die Haftung auf einen Höchstbetrag beschränkt ist (γX, $0 < \gamma < 1$).

a) Darstellung des Bewertungsmodells

Es gelte Annahme 8g' statt Annahme 8g:

---

1) Siehe S. 180.

2) Siehe S. 205 f.

3) Vgl. S. 206.

8.g') Die Passiva des betrachteten Unternehmens bestehen aus Eigenkapital und aus einer unkündbaren Null-Kupon-Anleihe, für die ein Dritter bis zu einem Höchstbetrag haftet, oder aus einem entsprechenden Kredit.[1] Die Haftungszusage ist unwiderruflich und unkündbar. Während der Restlaufzeit begibt das Unternehmen keine Finanztitel.

Die Gläubiger der verbürgten Anleihe $\{DG(\gamma)\}$ erhalten bei Endfälligkeit die vereinbarten Zahlungen vom Anleiheschuldner, wenn der Unternehmenswert mindestens der Anleiheforederung X entspricht ($V_T \geq X$). Liegt der Unternehmenswert unterhalb von X ($V_T < X$), so kann der Anleiheschuldner seine Verbindlichkeiten nur teilweise erfüllen. Die Gläubiger werden nun die Bürgschaft in Anspruch nehmen und können auch dann insgesamt Zahlungen in Höhe von X erzielen, wenn die Bürgschaftssumme den Ausfall des Anleiheschuldners deckt ($\gamma X \geq X - V_T$). Ist das nicht der Fall ($V_T < X$ und $\gamma X < X - V_T$), können die Gläubiger über das Unternehmensvermögen verfügen und erhalten die volle Bürgschaftssumme. Sie erleiden aber Ausfälle, da in dem Fall $V_T + \gamma X < X$ ist. Zusammengefaßt gilt also

$$DG(\gamma)_T = \begin{cases} X & \text{wenn } V_T \geq X \\ X & \text{wenn } V_T < X \text{ und } \gamma X \geq X - V_T \\ V_T + \gamma X & \text{wenn } V_T < X \text{ und } \gamma X < X - V_T \end{cases}$$

1) Siehe Fußnoten 2, 3, S. 178.

oder in Kurzschreibweise $DG(\gamma)_T = \min(X; V_T + \gamma X)$.[1)]

Die Gläubiger der verbürgten Anleihe sind damit den Gläubigern einer dinglich besicherten Anleihe gleichgestellt, deren Sicherheit nicht zum Unternehmensvermögen zählt und nicht risikobehaftet ist: $DZ_T^{\prime} = \min(X; Z_T^{\prime} + V_T)$. Wie in Abschnitt B.II. gezeigt, läßt sich diese Anleihe mit Gleichung (3.20) bewerten, so daß für $DG(\gamma)_t$ unmittelbar folgt[2)]:

---

1) Wie erwähnt, unterstellen Jones und Mason, daß der Bürge bei einer limitierten Haftungszusage von γX nicht in Anspruch genommen werden kann, wenn der Unternehmenswert bei Fälligkeit zwar unterhalb der Anleiheforderung X, aber nicht unterhalb der Bürgschaftssumme γX liegt ($X > V_T \geq \gamma X$). Der Bürge haftet erst, wenn der Unternehmenswert bei Fälligkeit unterhalb der Bürgschaftssumme liegt. Er haftet dann in Höhe der Differenz von Bürgschaftssumme und Unternehmnswert ($\gamma X - V_T$, wenn $V_T < \gamma X$); vgl. E. P. Jones und S. P. Mason, Valuation, 1980, S. 94, 96 - 102. Das würde aber bedeuten, daß die Gläubiger Ausfälle von $X - V_T$ zu tragen hätten, solange $X > V_T \geq \gamma X$ ist, und daß im Fall $\gamma X > V_T$ ihre Forderungen nur in Höhe von γX befriedigt würden $\{V_T + (\gamma X - V_T)\}$. Derartige Bürgschaftsklauseln sind aber in der Praxis unüblich. Realitätsnah ist vielmehr die obige Annahme, daß der Bürge einer Höchstbetragsbürgschaft für Ausfälle bis zur Höhe von γX haftet: die Gläubigerforderungen werden dann anders als bei Jones und Mason in den Fällen $X > V_T \geq \gamma X$ und $\gamma X > V_T$ voll befriedigt, sofern die Ausfälle die Bürgschaftssumme nicht übersteigen ($X - V_T \leq \gamma X$). Die Gläubiger erhalten auch in allen anderen Fällen größere Nettozahlungen, sofern $V_T > 0$ ist: $V_T + \gamma X > \gamma X$. Vgl. auch H.-J. Lwowski und W. Gößmann, Kreditsicherheiten, 1987, S. 41 - 67. Daher wird der Ansatz von Jones und Mason nicht weiter verfolgt.

2) Vgl. S. 210.

$$(3.50) \quad DG(\gamma)_t = Xr^{-\tau}\{N(d_8) + \gamma N(-d_8)\} + V_t N(-d_7)$$

$$\text{mit } d_7 = \frac{\ln(V_t/\{Xr^{-\tau}(1-\gamma)\})}{\sigma_V\sqrt{\tau}} + \frac{1}{2}\sigma_V\sqrt{\tau}$$

$$d_8 = d_7 - \sigma_V\sqrt{\tau}$$

Der Wert der Bürgschaft ergibt sich aus der Wertdifferenz der verbürgten Anleihe und einer entsprechenden unverbürgten Anleihe: $G(\gamma)_t = DG(\gamma)_t - D_t$. Durch Einsetzen der Gleichungen (3.50) und (3.3)[1] erhält man

$$(3.51) \quad G(\gamma)_t = Xr^{-\tau}\{N(d_8) + \gamma N(-d_8) - N(d_2')\}$$

$$+ V_t\{N(d_1') - N(d_7)\}$$

$$\text{mit } d_1' = \frac{\ln(\frac{V_t}{Xr^{-\tau}})}{\sigma_V\sqrt{\tau}} + \frac{1}{2}\sigma_V\sqrt{\tau}$$

$$d_2' = d_1' - \sigma_V\sqrt{\tau}$$

Somit hängen der Anleihewert $DG(\gamma)_t$ und der Wert der Haftungszusage $G(\gamma)_t$ allein von V_t, σ_V, X, τ, r und γ ab. Sie sind folglich unabhängig von speziellen Risikopräferenzen, von Erwartungswerten und von Charakteristika anderer Titel außer dem Unternehmensvermögen und risikofreien Titeln.

b) Beispiel

Die Ergebnisse des Zahlenbeispiels zur Bewertung einer dinglich besicherten Anleihe mit risikofreiem Sicherungs-

---

1) Siehe S. 180.

gut Z'(V_t = X = 90, σ_V = 0,3, τ = 0,5, r = 1,1 und Z_t' = 25,81) können hier direkt übernommen werden, wenn man die dingliche Sicherheit durch eine limitierte Bürgschaft von γX mit γ = 0,3008 ersetzt. Es gilt dann $Z_t' r^{\tau} = \gamma X$, $25{,}81 \cdot 1{,}1^{0,5} = 0{,}3008 \cdot 90 = 27{,}07$. Die verbürgte Anleihe hat folglich einen Wert von $DG(\gamma)_t$ = 85,64, und der Risikoprämiensatz beträgt 0,4 % pro Periode $\{g_{DG(\gamma)_t} = 0{,}004\}$. Da eine unbesicherte Anleihe c.p. D_t = 80,29 wert ist, wird ein rationaler Bürge die Haftungszusage nur gegen Zahlung von 5,35 leisten: $G(\gamma)_t$ = 85,64 - 80,29 = 5,35.[1]

c) Veränderung des Fremdkapitalwertes bei Variation der Parameterwerte

Untersucht man den Einfluß der Modellparameter auf den Anleihewert $DG(\gamma)_t$, so ergeben sich unter der Annahme $Z_t' r^{\tau} = \gamma X$ hinsichtlich der Wirkungsrichtung von Parameterwertänderungen Ergebnisse wie für die Anleihe mit dem risikofreien Sicherungsobjekt.[2]. Betragsmäßige Unterschiede resultieren allein daraus, daß der Haftungszusagebetrag proportional zum vereinbarten Rückzahlungsbetrag ist (γX), während der Wert des risikofreien Sicherungsobjektes nicht vom Rückzahlungsbetrag abhängt. Es gelten daher[3]

$$(3.52) \qquad \frac{\partial DG(\gamma)_t}{\partial V_t} = N(-d_7) > 0$$

$$(3.53) \qquad \frac{\partial^2 DG(\gamma)_t}{\partial V_t^2} = - \frac{1}{V_t \sigma_V \sqrt{\tau}} N'(d_7) < 0$$

1) Vgl. S. 211.

2) Siehe S. 211 - 213.

3) Zur ausführlichen Herleitung vgl. S. 482 - 485.

$$(3.54)\qquad \frac{\partial DG(\gamma)_t}{\partial \sigma_V} = - V_t\sqrt{\tau}\, N'(d_7) < 0$$ [1]

$$(3.55)\qquad \frac{\partial DG(\gamma)_t}{\partial X} = r^{-\tau}\{N(d_8) + \gamma\} > 0$$

$$(3.56)\qquad \frac{\partial^2 DG(\gamma)_t}{\partial X^2} = - \frac{r^{-\tau}}{X\sigma_V\sqrt{\tau}} N'(d_8) < 0$$

$$(3.57)\qquad \frac{\partial DG(\gamma)_t}{\partial \tau} = - (\ln r)Xr^{-\tau}\{N(d_8) + \gamma N(-d_8)\} - \frac{\sigma_V}{2\sqrt{\tau}} V_t N'(d_7) < 0$$

$$(3.58)\qquad \frac{\partial DG(\gamma)_t}{\partial \gamma} = Xr^{-\tau}N(-d_8) > 0$$

$$(3.59)\qquad \frac{\partial^2 DG(\gamma)_t}{\partial \gamma^2} = - \frac{Xr^{-\tau}}{(1-\gamma)\sigma_V\sqrt{\tau}} N'(d_8) < 0$$

$DG(\gamma)$ läßt sich in Abhängigkeit von V gemäß Graphik 3.3 für $Z_t'r^{\tau} = \gamma X$ darstellen.[2]

III. Risikobehaftete Haftungszusagen

Im vorhergehenden Abschnitt wurde unterstellt, daß Haftungszusagen mit Sicherheit erfüllt werden. Besteht nun dagegen die Möglichkeit, daß das Haftungspotential des Bürgen (Y) bei Endfälligkeit nicht ausreicht, um die zugesagten Zahlungen zu leisten, dann hängt der Wert der verbürgten Anleihe zusätzlich von dem Haftungspotential Y_t, der Renditestreuung von Y sowie der Korrelation zwi-

---

1) Analog zur Ableitung von D_t nach σ_V^2 gilt hier

$$\frac{\partial DG(\gamma)_t}{\partial \sigma_V^2} = \frac{\partial DG(\gamma)_t}{\partial \sigma}\frac{1}{2\sigma_V} = -V_t\frac{\sqrt{\tau}}{2\sigma_V}N'(d_7) < 0,$$ siehe Fußnote 2, S. 188.

2) Siehe S. 213 f.

schen der Rendite des Haftungspotentials und der Unternehmensrendite ab.

1. Unlimitierte Haftungszusagen

Betrachtet man zunächst wiederum den Fall einer unlimitierten Haftungszusage, so werden die Gläubigerforderungen bei Endfälligkeit voll befriedigt, wenn der Unternehmenswert mindestens der Anleiheforderung entspricht ($V_T \geq X$) oder wenn bei Ausfall des Anleiheschuldners das Haftungspotential des Bürgen ausreicht, um die Ausfälle zu kompensieren ($V_T < X$ und $Y_T \geq X - V_T$). Andernfalls erleiden die Gläubiger Ausfälle, da der Unternehmenswert und das Haftungspotential des Bürgen die Anleiheforderung nicht decken ($V_T + Y_T < X$). Insgesamt hat daher die Anleihe mit risikobehafteter unlimitierter Haftungszusage {DG(Y)} bei Endfälligkeit folgenden Wert:

$$DG(Y)_T = \begin{cases} X & \text{wenn } V_T \geq X \\ X & \text{wenn } V_T < X \text{ und } Y_T \geq X - V_T \\ V_T + Y_T & \text{wenn } V_T < X \text{ und } Y_T < X - V_T \end{cases}$$

oder in Kurzschreibweise $DG(Y)_T = \min(X; V_T + Y_T)$.

Die Gläubiger der verbürgten Anleihe sind damit in einer ähnlichen Position wie die Gläubiger einer dinglich besicherten Anleihe, deren Sicherheit nicht zum Unternehmensvermögen zählt, aber risikobehaftet ist: $DZ''_T = \min(X; V_T + Z''_T)$.[1] Beide Anleihen weisen folglich in T den gleichen Wert auf, wenn $Y_T = Z''_T$ ist. Das muß auch in t so sein, wenn $Y_t = Z''_t$ ist und die Hypothesen über die Wertentwicklung von Y_t und Z''_t übereinstimmen. In Abschnitt B.II.2.b) wurde deutlich, daß für die Bewertung derartiger

1) Siehe S. 204 f., 215.

Anleihen die Kursverlaufshypothesen des Black-Scholes-Modells und des Binomialansatzes nur in Ausnahmefällen sachgerecht sind.[1] Statt dessen kann man aber auch hier gemäß dem oben eingeschlagenen Weg die Restlaufzeit in dreiperiodige Zyklen unterteilen und unterstellen, daß in jeder ersten Periode der Unternehmenswert und der Wert des Haftungspotentials binomialverteilt sind und sich gegenläufig entwickeln, daß in jeder zweiten Periode der Unternehmenswert binomialverteilt und der andere Wert risikofrei ist und daß in jeder dritten Periode der Unternehmenswert risikofrei und der andere Wert binomialverteilt ist.[2] Es gelten deshalb die Annahmen des Abschnitts A mit Ausnahme der Annahmen 7b' und 8a.[3] Sie werden ersetzt durch die Annahmen 7a''[4], 8g[5] und 8h'.

8.h') Die Haftungszusage ist risikobehaftet. Der Wert des Haftungspotentials ist in jeder zweiten Periode risikofrei. In jeder ersten und dritten Periode folgt er einem multiplikativen Binomialprozeß mit konstanten Wertänderungsparametern, wobei er in jeder ersten Periode sinkt, sofern der Unternehmenswert steigt, oder steigt, sofern der Unternehmenswert sinkt. Die Marktteilnehmer haben hinsichtlich der Wertentwicklung des Haftungspotentials homogene Erwartungen.

Unter diesen Annahmen gelten die Ergebnisse des Zahlenbeispiels zur Bewertung der dinglich besicherten Anleihe und die Ausführungen zur Veränderung des Anleihewertes bei Parameterwertänderungen auch für die verbürgte Anleihe.[6]

---

1) Vgl. S. 215 f.

2) Siehe S. 216 f.

3) Siehe S. 177 f.

4) Siehe S. 216.

5) Siehe S. 258.

6) Vgl. S. 218 - 221.

2. Limitierte Haftungszusagen

a) Darstellung des Bewertungsmodells

Um schließlich den Fall der risikobehafteten limitierten Haftungszusagen zu behandeln, sei Annahme 8g[1] durch Annahme 8g'[2] ersetzt. Die Gläubigerforderungen werden dann bei Endfälligkeit voll befriedigt, wenn der Unternehmenswert mindestens der Anleiheforderung entspricht ($V_T \geq X$) oder wenn der Ausfall des Anleiheschuldners durch Inanspruchnahme der Bürgschaft voll kompensiert werden kann. Der Ausfall wird voll kompensiert, wenn er die Bürgschaftssumme γX nicht übersteigt und der Bürge seinen Verpflichtungen nachkommen kann ($V_T < X$ und $\gamma X \geq X - V_T$ sowie $Y_T \geq \gamma X$). Übersteigt der Ausfall die Bürgschaftssumme, so erleiden die Gläubiger Ausfälle. Hier ist weiter zu unterscheiden, ob das Haftungspotential des Bürgen zumindest der Bürgschaftssumme entspricht oder nicht. Im ersten Fall ($V_T < X$ und $\gamma X < X - V_T$ sowie $Y_T \geq \gamma X$) können die Gläubiger über das Unternehmensvermögen V_T verfügen und erhalten die Bürgschaftssumme γX. Ausfälle ergeben sich, weil dann $V_T + \gamma X < X$ ist. Im zweiten Fall ($V_T < X$ und $\gamma X < X - V_T$ sowie $Y_T < \gamma X$) können die Gläubiger das Unternehmensvermögen V_T verwerten und sich aus dem Haftungspotential des Bürgen Y_T befriedigen. Die Ausfälle sind aber größer als im ersten Fall, da nun $V_T + Y_T < V_T + \gamma X < X$ ist. Insgesamt hat die Anleihe mit risikobehafteter limitierter Bürgschaft $\{DG(Y;\ \gamma X)\}$ bei Endfälligkeit folgenden Wert:

---

1) Siehe S. 258.

2) Siehe S. 260.

$$DG(Y;\gamma X)_T = \begin{cases} X & \text{wenn } V_T \geq X \\ X & \text{wenn } V_T < X \text{ und } \gamma X \geq X - V_T \\ & \text{sowie } Y_T \geq \gamma X \\ V_T + \gamma X & \text{wenn } V_T < X \text{ und } \gamma X < X - V_T \\ & \text{sowie } Y_T \geq \gamma X \\ V_T + Y_T & \text{wenn } V_T < X \text{ und } \gamma X < X - V_T \\ & \text{sowie } Y_T < \gamma X \end{cases}$$

oder in Kurzschreibweise

$$DG(Y;\gamma X)_T = \min\{X; \min(V_T + \gamma X; V_T + Y_T)\}.$$

Es läßt sich nun zeigen, daß die verbürgte Anleihe wertmäßig einem Portefeuille entspricht, das aus einer risikofreien Null-Kupon-Anleihe mit Rückzahlungsanspruch X und einer Minusposition von einer europäischen Verkaufsoption auf das Minimum von zwei Portefeuilles, $V + \gamma X$ und $V + Y$, mit Basispreis X besteht: Bei Endfälligkeit ist $DG(Y;\gamma X)_T = \min\{X; \min(V_T + \gamma X; V_T + Y_T)\} = X - \max\{0; X - \min(V_T + \gamma X; V_T + Y_T)$. Es muß dann auch in t gelten:

$$(3.60) \quad DG(Y;\gamma X)_t = DF_t - P\{\min(V + \gamma X; V + Y)\}_t$$

Somit ließe sich der Anleihewert ermitteln, indem man den Wert der risikofreien Komponente bestimmt und die Optionskomponente nach den behandelten Duplikationsmodellen bewertet. Allerdings ist hier eine Bewertung anhand dieser Modelle wenig sinnvoll, da der Verkaufsoption ein rein hypothetischer Finanztitel zugrundeliegt, ein Finanztitel, der am Laufzeitende das Minimum der Werte von zwei Portefeuilles erbringt.[1] Es erscheint schwierig, den gegen-

1) Siehe auch R. M. Stulz, Options, 1982, insb. S. 168.

wärtigen Marktwert und die zukünftige Wertentwicklung dieses Titels zu schätzen.

Statt dessen könnte man sich der Vorgehensweise von Johnson und Stulz anschließen, die im Zusammenhang mit der Bewertung von Optionen auf das Minimum von zwei risikobehafteten Finanztiteln ein zeitkontinuierliches Bewertungsmodell auf der Basis der Black-Scholes-Kursverlaufshypothese entwickelt haben.[1] Ihr Modell impliziert, daß die Wertentwicklung der Option durch ein Portefeuille duplizierbar ist, das aus risikofreien Titeln und - anstelle des zugrundeliegenden Finanztitels (ein Finanztitel, der bei Endfälligkeit das Minimum von zwei risikobehafteten Finanztiteln erbringt) - aus den beiden risikobehafteten Finanztiteln besteht.[2] Allerdings ist ihr Modell nicht direkt übertragbar, da hier die Titel jeweils Zwei-Komponenten-Portefeuilles sind. Prinzipiell könnte man das Modell modifizieren, indem man die Erkenntnisse des Abschnitts B dieses Teils berücksichtigt.[3] Um komplexere Darstellungen zu vermeiden, wird diesem Weg hier aber nicht weiter gefolgt.

Es soll vielmehr ein zeitdiskretes Modell betrachtet werden, das sich in zeitkontinuierliche Modelle überführen läßt. Es liegt nahe, zunächst an das zeitdiskrete Binomialmodell zu denken. Allerdings ist, entgegen der Behauptung von Cox und Rubinstein, nicht immer deutlich,

---

1) Vgl. H. E. Johnson, Three topics, 1981, S. 62 - 76, 83 - 86, 88 - 94; R. M. Stulz, Options, 1982, S. 161 - 185. Eine Erweiterung für den Fall von Optionen auf das Minimum von n Finanztiteln findet man bei H. E. Johnson, Options on the maximum or the minimum of several assets, in: JoFQA, Vol. 22 (1987), S. 277 - 283.

2) Vgl. R. M. Stulz, Options, 1982, insb. S. 163 - 167.

3) Vgl. S. 206 - 221.

wie das Modell auf derartige Bewertungsprobleme zu übertragen ist.[1] Gemäß dem Binomialansatz müßte sich die Wertentwicklung der Verkaufsoption auf das Minimum von zwei Titeln (F, J) durch die Wertentwicklung eines Portefeuilles exakt duplizieren lassen, das aus $h_{F,t}$ Anteilen an F, $h_{J,t}$ Anteilen an J und risikofreien Null-Kupon-Anleihen mit Rückzahlungsbetrag $m_{FJ,t}$ und entsprechender Restlaufzeit besteht. Um sicherzustellen, daß, vom Periodenbeginn betrachtet, nur zwei Periodenwerte möglich sind, müssen nach Abschnitt B.II.2.b) dieses Teils die Werte der Titel F und J gegen- oder gleichläufigen Binomialprozessen folgen oder in der Weise unkorreliert sein, daß über die Perioden abwechselnd ein Titel risikofrei und der andere risikobehaftet ist, oder aber sie müssen einer Kombination dieser Prozesse folgen.[2] Betrachtet man eine einperiodige Restlaufzeit und den Fall gleichläufiger Binomialprozesse, so soll also an ihrem Ende gelten:[3]

$$P\{\min(F;\ J)\}_u = u_F F_t h_{F,t} + u_J J_t h_{J,t} + m_{FJ,t}$$

$$P\{\min(F;\ J)\}_d = d_F F_t h_{F,t} + d_J J_t h_{J,t} + m_{FJ,t}$$

Bei gegebenen Marktwerten und Wertänderungsparametern der Titel F und J (F_t, J_t, u_F, d_F, u_J und d_J) liegt damit ein System von zwei Gleichungen mit drei Unbekannten ($h_{F,t}$, $h_{J,t}$ und $m_{FJ,t}$ vor, das nicht ohne weiteres lösbar ist.

Einfache Lösungen ergeben sich hier in zwei Fällen. Ist einer der beiden Titel, F oder J, bei Endfälligkeit mit

1) Vgl. J. C. Cox und M. Rubinstein, Options, 1985, S. 416 f., die den Fall einer europäischen Kaufoption auf das Minimum von zwei Aktien behandeln.

2) Vgl. S. 215 - 220.

3) Vgl. S. 216, 237.

Sicherheit weniger wert als der andere Titel, so muß die betrachtete Verkaufsoption so viel wert sein, wie eine entsprechende Verkaufsoption auf den Titel mit dem geringeren Wert. Die andere einfache Lösungsmöglichkeit besteht, wenn F und J gleiche Wertänderungsparameter aufweisen. In dem Fall verbleiben nur noch zwei Unbekannte im Gleichungssystem, das sich dann eindeutig lösen läßt. Bei gegenläufiger Entwicklung gelangt man nur zu einer Lösung, wenn der eine Titel bei Endfälligkeit weniger wert ist als der andere Titel. Ferner bestehen Lösungsmöglichkeiten, wenn die Wertentwicklungen in der oben beschriebenen Weise unkorreliert sind oder wenn sie einer Kombination der genannten Prozesse folgen. Die Fälle dürften jedoch für die Bewertung einer europäischen Verkaufsoption auf das Minimum der Portfeuilles V + X und V + Y nicht typisch sein.

In anderen Fällen ergeben sich entgegen der Behauptung von Cox und Rubinstein[1] mehrdeutige Lösungen. Die Bewertungsprobleme im zeitdiskreten Binomialmodell resultieren daraus, daß man hier die Wertentwicklung der Option genau duplizieren muß, während im zeitkontinuierlichen Modell die Duplikation nur annähernd genau sein muß.[2] Wie man hier durch zusätzliche Arbitrage- oder Optimierungsüberlegungen zur relevanten Lösung kommt, soll in dieser Arbeit nicht weiter verfolgt werden.

Einen alternativen Weg schlägt Boyle ein. Er überträgt den Trinomialansatz unter Risikoneutralität[3] auf die

---

1) Siehe J. C. Cox und M. Rubinstein, Options, 1985, S. 416 f.

2) In den Differentialgleichungen zeitkontinuierlicher Modelle werden Terme dritten und höheren Grades und teilweise auch zweiten Grades vernachlässigt, da sie betragsmäßig sehr gering sind; vgl. S. 442, 444, Fußnote 3; im Zusammenhang mit der Bewertung von Optionen auf Zwei-Komponenten-Portefeuilles siehe J. J. Evnine, Three Essays, 1983, S. 4. Wegen der geringen Ungenauigkeit wurde und wird in der Arbeit auch bei zeitkontinuierlichen Modellen von exakter Duplikation gesprochen.

3) Siehe S. 148 - 153.

Bewertung von Optionen, die auf das Minimum von zwei Finanztiteln lauten,[1] und zeigt, wie sich der Ansatz in die zeitkontinuierlichen Bewertungsmodelle von Johnson und Stulz[2] überführen läßt.[3]

Das Vorgehen ist hier allerdings nicht direkt auf die Bewertung der Verkaufsoption $P\{\min(V + \Upsilon X;\ V + Y)\}$ übertragbar, da die Option nicht auf das Minimum der Werte von zwei Finanztiteln lautet, sondern auf das Minimum der Werte von zwei einzelnen Finanztitelportefeuilles, deren Wertentwicklungen voneinander abhängen. Hier könnte man aber unterstellen, daß die Wertentwicklungen von V und Y Trinomialprozessen entsprechen. Nimmt man außerdem beispielsweise an, daß die Prozesse negativ korrelieren, so sind die Annahmen 7a'' und 8h' des vorhergehenden Abschnitts[4] aufzuheben und durch folgende Annahmen zu ersetzen:[5]

7.c') Der Handel von Finanztiteln erfolgt zu diskreten, äquidistanten Zeitpunkten, und die zukünftige Wertentwicklung des jeweiligen Unternehmensvermögens entspricht einem multiplikativen Trinomialprozeß mit konstanten Wertänderungsparametern. Die Marktteilnehmer haben homogene Erwartungen und verhalten sich risikoneutral.

---

1) Man könnte auch einen Binomialansatz unter Risikoneutralität für dieses Bewertungsproblem entwickeln, der Trinomialansatz bietet aber breitere Anwendungsmöglichkeiten.

2) Siehe H. E. Johnson, Three topics, 1981, S. 62 - 76, 83 - 86, 88 - 94; R. M. Stulz, Options, 1982; H. E. Johnson, Options, 1987.

3) Vgl. P. P. Boyle, Lattice framework, 1986, S. 13 - 24.

4) Siehe S. 266.

5) Man könnte auch gleichläufige oder unabhängige Wertentwicklungen von V und Y unterstellen. Bei unabhängiger Wertentwicklung können pro Periode mehr als drei Wertkombinationen eintreten.

8.h") Die Haftungszusage ist risikobehaftet. Der Wert des Haftungspotentials folgt einem Trinomialprozeß. Er entwickelt sich über eine Periode gegenläufig zum Unternehmenswert, sofern der Unternehmenswert in der jeweiligen Periode eine gute oder schlechte Entwicklung erfährt. Bei mittlerer Unternehmensentwicklung in der jeweiligen Periode erfährt das Haftungspotential eine mittlere Wertentwicklung. Die Marktteilnehmer haben hinsichtlich der Wertentwicklung des Haftungspotentials homogene Erwartungen.

Betrachtet man den Fall der einperiodigen Restlaufzeit, so ergeben sich für die Portefeuilles aus V und γX sowie aus V und Y allgemein folgende Wertentwicklungen:

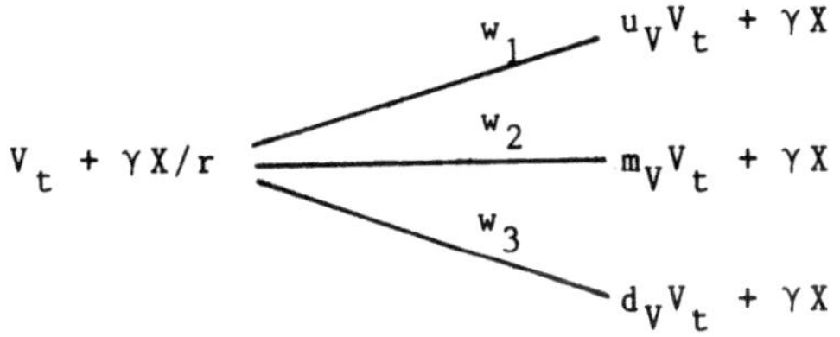

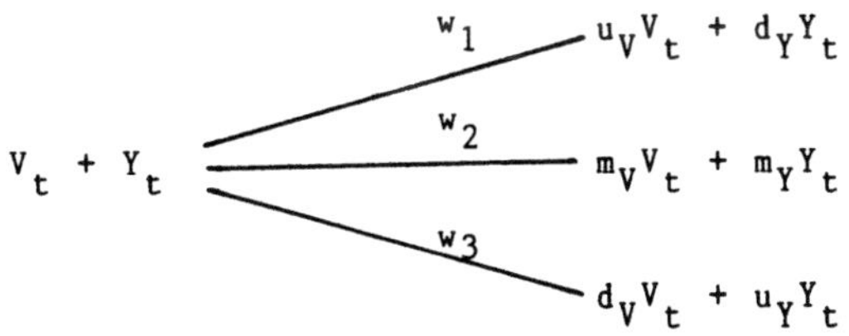

Die Symbole u_V und d_V haben die gleiche Bedeutung wie in den vorhergehenden Binomialmodellen dieses Teils. Entsprechendes gilt für u_Y und d_Y. Ferner ist

$m_V - 1$ = einperiodige Unternehmensrendite bei mittlerer Entwicklung und diskreter Verzinsung

$m_Y - 1$ = einperiodige Rendite des Haftungspotentials Y bei mittlerer Entwicklung und diskreter Verzinsung

w_i = Eintrittswahrscheinlichkeit für die Wertentwicklung i, i = 1, 2, 3.[1]

Für die Wertentwicklung der europäischen Verkaufsoption auf das Minimum von V + γX oder V + Y mit Basispreis X folgt dann

$$P\{\min(V+\gamma X;\ V+Y)\}_t \quad \begin{cases} \xrightarrow{w_1} P\{\min(V+\gamma X;\ V+Y)\}_1 = \max(0;\ X-\min(u_V V_t+\gamma X;\ u_V V_t+d_Y Y_t)) \\ \xrightarrow{w_2} P\{\min(V+\gamma X;\ V+Y)\}_2 = \max(0;\ X-\min(m_V V_t+\gamma X;\ m_V V_t+m_Y Y_t)) \\ \xrightarrow{w_3} P\{\min(V+\gamma X;\ V+Y)\}_3 = \max(0;\ X-\min(d_V V_t+\gamma X;\ d_V V_t+u_Y Y_t)) \end{cases}$$

Unter der Annahme der Risikoneutralität errechnet sich der Verkaufsoptionswert in t, indem man den Erwartungswert der Option am Ende der Restlaufzeit mit dem risikofreien Zins diskontiert:

---

1) Aus Arbitrageüberlegungen darf nicht $u_V > m_V > d_V \geq r$ oder $r \geq u_V > m_V > d_V$ gelten, und es muß $d_V \geq 0$ sein. Das gilt auch für die entsprechenden Parameter von Y. Außerdem folgt in Verbindung mit der Annahme der Risikoneutralität für den erwarteten Unternehmenswert $\{Erw(V_T)\}$ und den erwarteten Endwert des Haftungspotentials $\{Erw(Y_T)\}$: $Erw(V_T) = V_t r$ und $Erw(Y_T) = Y_t r$; siehe S. 150.

$$(3.61)\quad P\{\min(V+\gamma X;\ V+Y)_t = (P\{\min(V+\gamma X;\ V+Y)\}_1 w_1 + P\{\min(V+\gamma X;\ V+Y)\}_2 w_2 + P\{\min(V+\gamma X;\ V+Y)\}_3 w_3)/r$$

Setzt man Gleichung (3.61) in Gleichung (3.60) ein, so erhält man die Gleichung für den Wert der Anleihe mit risikobehafteter limitierter Bürgschaft, $DG(Y;\ \gamma X)_t$:

$$(3.62)\quad DG(Y;\ \gamma X)_t = X/r - (P\{\min(V+\gamma X;\ V+Y)\}_1 w_1 + P\{\min(V+\gamma X;\ V+Y)\}_2 w_2 + P\{\min(V+\gamma X;\ V+Y)\}_3 w_3)/r$$

Auch hier könnte man den Risikoprämiensatz der Anleihe auf der Basis des vereinbarten Rückzahlungsbetrages und des Anleihewertes ermitteln und den Wert der Haftungszusage als Differenz des Wertes der verbürgten Anleihe und einer entsprechenden unbesicherten Anleihe errechnen.

Im Unterschied zu den vorhergehenden Modellen hängt der Anleihewert von einer speziellen Risikopräferenz ab. Darüber hinaus bestimmen auch Erwartungswerte das Bewertungsergebnis, da neben der Höhe der möglichen Rückflüsse auch die Eintrittswahrscheinlichkeiten anzugeben sind. Deshalb läßt sich der Anleihewert hier nur bei Kenntnis der vollständigen Verteilung von V_T und Y_T ermitteln.[1] Der Anleihewert $DG(Y;\ \gamma X)_t$ hängt somit von V_t, u_V, d_V, m_V, X, r, Y_t, u_Y, d_Y, m_Y, w_1, w_2 und ρ_{VY} ab. Allerdings nimmt die Bedeutung der Risikopräferenz und der Eintrittswahrscheinlichkeiten ab, wenn man das Modell für mehrperiodige Restlaufzeiten erweitert und die Höhe der möglichen Wert-

1) Vgl. S. 151.

änderungen verringert. Dann ließe sich der Ansatz auch analog zum zweiten Teil der Arbeit in entsprechende zeitkontinuierliche Modelle überführen.[1]

b) Veränderung des Fremdkapitalwertes bei Variation der Parameterwerte

Untersucht man den Einfluß der Modellparameter auf den Fremdkapitalwert $DG(Y;\ \gamma X)_t$, so ergeben sich hinsichtlich der Wirkungsrichtung von Parameterwertänderungen im Vergleich zur Anleihe mit risikobehafteter unlimitierter Haftungszusage keine neuen Erkenntnisse.[2]

IV. Modellvarianten

In diesem Abschnitt wurden vier Ansätze zur Berücksichtigung von Haftungszusagen auf der Basis des Grundmodells behandelt. Die Ansätze lassen sich ähnlich auch im Fall dinglicher Besicherungen oder gesetzlicher Vorränge anwenden.[3] Darauf wird hier nicht weiter eingegangen.

---

1) Siehe S. 215 f. und vgl. auch P. P. Boyle, Lattice framework, 1986, S. 13 - 24.

2) Vgl. S. 266.

3) Wenn die Haftungszusage sicher und unbeschränkt ist, dann läßt sich der Wert der Haftungszusage auch hier relativ einfach als Differenz zwischen dem Wert der risikofreien Null-Kupon-Anleihe und dem Wert der dinglich besicherten oder gesetzlich vorrangigen Null-Kupon-Anleihe ermitteln; entsprechend ist bei nachrangigen Null-Kupon-Anleihen zu verfahren. Vgl. zu entsprechenden Krediten mit vollkommenem Vorrang oder Nachrang H. Sosin, Loan guarantees, 1980.

E. Berücksichtigung von Gläubigerkündigungsrechten

I. Vorbemerkungen

In den vorhergehenden Abschnitten B, C und D wurden Schutzklauseln und gesetzliche Vorränge betrachtet, welche die Anleiheforderungen bei Endfälligkeit ganz oder teilweise absichern. Nun sollen Klauseln behandelt werden, die die Forderungen vor Ablauf der Restlaufzeit schützen. Häufig findet man beispielsweise Informationspflichten, Zweckbindungsvereinbarungen oder Negativklauseln, die diesen Zweck erfüllen sollen.[1] Da nach den Annahmen 2, 7 und 8 Informationen kostenlos zur Verfügung stehen, keine Transaktionskosten und Kosten finanzieller Anspannung existieren und die Marktteilnehmer homogene Erwartungen hinsichtlich der Investitions- und Finanzplanung besitzen, können derartige Klauseln hier keine Schutzfunktion haben.[2] Selbst wenn die Vertragsbedingungen vorsehen, daß die Gläubiger die Anleihe kündigen und damit fällig stellen können, wenn der Schuldner gegen eine der genannten Klauseln verstößt,[3] sind sie hier nutzlos, da rationale Schuldner unter den genannten Annahmen nicht gegen die Klauseln verstoßen werden und sich so den Gläubigern auch keine Kündigungsmöglichkeit bietet.[4] An-

1) Vgl. C. W. Smith, Jr. und J. B. Warner, Financial contracting, 1979, S. 125 - 131, 135 - 139, 143 - 146; D. Stahlschmidt, Schutzbestimmungen, 1982, S. 48 - 58, 61 - 63; M. Klug, Ableitung, 1985, S. 87 - 90, 93 f.

2) Siehe S. 177 f.

3) Siehe beispielsweise C. W. Smith, Jr. und J. B. Warner, Financial contracting, 1979, S. 151 f.; D. Stahlschmidt, Schutzbestimmungen, 1982, S. 50; M. Klug, Ableitung, 1985, S. 88.

4) Ein Nutzen könnte sich ergeben, wenn man die genannten Annahmen aufhebt.

ders ist es, wenn den Gläubigern ein Kündigungsrecht für den Fall eingeräumt wird, daß sich die wirtschaftlichen Verhältnisse des Schuldners wesentlich verschlechtern oder daß der Schuldner gegen bestimmte Kennzahlenrestriktionen verstößt.[1)2)]

Optionstheoretische Modelle zur Bewertung von Gläubigerkündigungsrechten findet man bislang nur in der englischsprachigen Literatur. Black und Cox berücksichtigen Gläubigerkündigungsrechte bei der Bewertung von Null-Kupon- und Kupon-Anleihen einschließlich des Falls der vollkommen vor- und nachrangigen Null-Kupon-Anleihen mit gleicher Fälligkeit. Sie verwenden dabei die Black-Scholes-Wertverlaufshypothese.[3)] Cox und Rubinstein sowie Mason und Bhattacharya bewerten kündbare Null-Kupon-Anleihen nach dem Binomialansatz und leiten dabei auch die Formel für den Grenzfall her, in dem die Hypothese des binomialen Wertverlaufs und die Black-Scholes-Wertverlaufshypothese äquivalent sind.[4)] Mason und Bhattacharya betrachten darüber

---

1) Derartige Klauseln findet man bei Anleihen und Krediten; vgl. F. Black und J. C. Cox, Valuing corporate securities, 1976, S. 352, 355, 357, 359 f.; C. W. Smith, Jr. und J. B. Warner, Financial contracting, 1979, S. 151 f.; J. C. Cox und M. Rubinstein, Options, 1985, S. 375, 400, 408; S. P. Mason und S. Bhattacharya, Risky debt, jump processes, and safety covenants, in: JoFE, Vol. 9 (1981), S. 281 f.; D. Stahlschmidt, Schutzbestimmungen, 1982, S. 37 f., 49 - 53, 57 - 61; M. Klug, Ableitung, 1985, S. 92 f.

2) Hier werden nur vertragliche Kündigungsrechte betrachtet.

3) Vgl. F. Black und J. C. Cox, Valuing corporate securities, 1976, S. 351 f. Die Autoren unterstellen kontinuierliche Dividenden in Höhe eines konstanten Prozentsatzes vom jeweiligen Unternehmenswert.

4) Vgl. J. C. Cox und M. Rubinstein, Options, 1985, S. 408 - 412; S. P. Mason und S. Bhattacharya, Risky debt, 1981.

hinaus auch den Fall, daß die Wertentwicklung des Unternehmensvermögens einem Poissonprozeß folgt.[1]

II. Darstellung des Bewertungsmodells

Ausgangspunkt der Analyse soll das Grundmodell sein, hier mit der Kursverlaufshypothese des Binomialansatzes.

Es gelten die Annahmen des Abschnitts A mit Ausnahme der Annahmen 7b' und 8a.[2] Sie werden ersetzt durch Annahmen 7a'[3] und 8i. Annahme 8i spezifiziert die Kündigungsklausel in der Weise, daß ein Kündigungsrecht entsteht, wenn der Unternehmenswert vor Endfälligkeit einen kritischen Wert $H\phi^{-\tau}$ ($H\phi^{-\tau} > 0$) erreicht oder unterschreitet ($V_t \leq H\phi^{-\tau}$ und $t < T$).[4] Der kritische Wert soll in deterministischer Weise von der Restlaufzeit abhängen,[5] wobei er im einfachsten Fall auch konstant sein kann ($\phi = 1$).[6] Aus Vereinfachungsgründen wird unterstellt,

---

1) Mason und Bhattacharya leiten ihre Bewertungsgleichungen nicht unter dem Duplikationsansatz her, sondern verwenden den von Merton entwickelten umfassenderen Bewertungsansatz, der den Capital-Asset-Pricing-Modellen und den Arbitrage-Pricing-Modellen nahesteht, der aber unter der Hypothese des binomialen Kursverlaufs und der Black-Scholes-Kursverlaufshypothese zu den gleichen Ergebnissen führt wie der Duplikationsansatz. Sie entscheiden sich für diesen Weg, da sich der Duplikationsansatz für Poissonprozesse nur bedingt anwenden läßt; vgl. S. P. Mason und S. Bhattacharya, Risky debt, 1981, S. 283 - 299; R. C. Merton, Stock returns, 1976, sowie die in Fußnote 2, S. 141 genannten Quellen.

2) Siehe S. 177 f.

3) Siehe S. 208.

4) Siehe auch J. C. Cox und M. Rubinstein, Options, 1985, S. 408, 411 f.; F. Black und J. C. Cox, Valuing corporate securities, 1976, S. 351 f., 355; S. P. Mason und S. Bhattacharya, Risky debt, 1981, S. 284 - 287. Die Autoren unterstellen implizit auch Annahme 9a (siehe S. 178).

5) So auch F. Black und J. C. Cox, Valuing corporate securities, 1976, S. 355, 357; S. P. Mason und S. Bhattacharya, Risky debt, 1981, S. 284.

6) Siehe J. C. Cox und M. Rubinstein, Options, 1985, S. 411 f.

daß der kritische Wert höchstens so groß ist wie der jeweilige Zins- und Tilgungsbetrag (bei Null-Kupon-Anleihen: Emissionsbetrag zuzüglich der seit der Emission aufgelaufenen Effektivzinsen oder, anders ausgedrückt, vereinbarter Rückzahlungsbetrag, diskontiert mit dem Effektivzinssatz bei Emission). Auf diese Weise ist sichergestellt, daß im Kündigungsfall nur die Gläubiger Befriedigung erlangen, während die Eigenkapitalanteile wertlos werden, da das verfügbare Unternehmensvermögen den jeweiligen Zins- und Tilgungsbetrag nicht übersteigt. Das wird in der optionstheoretischen Literatur zur Bewertung von Anleihen mit Gläubigerkündigungsrechten nur implizit unterstellt.[1)] Der kritische Wert darf im übrigen nicht größer sein als der mit dem risikofreien Zins diskontierte Rückzahlungsbetrag ($H\phi^{-\tau} \leq Xr^{-\tau}$)[2)]: Annahmegemäß ist der kritische Wert höchstens so groß wie der Rückzahlungsbetrag, diskontiert mit dem Effektivzinssatz bei Emission. Im Fall $H\phi^{-\tau} > Xr^{-\tau}$ müßte nun, um einen Widerspruch zu der Annahme zu vermeiden, der Effektivzinssatz bei Emission kleiner sein als der Zinssatz auf risikofreie Anleihen. Das kann aber ökonomisch nicht sinnvoll sein, so daß $H\phi^{-\tau} \leq Xr^{-\tau}$ gelten muß.

8.i) Die Passiva des betrachteten Unternehmens bestehen aus Eigenkapital und aus einer Null-Kupon-Anleihe, deren Gläubiger ein Recht zur fristlosen Kündigung besitzen, oder aus einem entsprechenden Kredit.[3)] Die Kündigung kann ausgesprochen werden, wenn der Unternehmenswert vor Endfälligkeit einen kritischen

1) Ohne nähere Begründung unterstellen Black und Cox, Mason und Bhattacharya sowie Cox und Rubinstein, daß der Unternehmenswert im Kündigungsfall auf die Gläubiger übergeht; siehe F. Black und J. C. Cox, Valuing corporate securities, 1976, S. 355; S. P. Mason und S. Bhattacharya, Risky debt, 1981, S. 284; J. C. Cox und M. Rubinstein, Options, 1985, S. 408, 411 f.

2) Ohne Begründung auch F. Black und J. C. Cox, Valuing corporate securities, 1976, S. 357; S. P. Mason und S. Bhattacharya, Risky debt, 1981, S. 284.

3) Siehe Fußnoten 2, 3, S. 178.

Wert erreicht oder unterschreitet. Der kritische Wert ist stets höchstens so groß wie der Emissionsbetrag zuzüglich der seit der Emission aufgelaufenen Effektivzinsen.[1] Während der Restlaufzeit begibt das Unternehmen keine Finanztitel.

Die Gläubiger können also die Anleihe fällig stellen und damit das Eigentum über das ganze Unternehmensvermögen erlangen, wenn zu einem Zeitpunkt t vor Endfälligkeit $V_t \leq H\phi^{-\tau}$ ist. Unabhängig von speziellen Hypothesen über die Unternehmensentwicklung gilt deshalb: Die kündbare Anleihe (DLC) muß im Fall $V_t \leq H\phi^{-\tau}$ mindestens so viel wert sein wie das Unternehmensvermögen: $DLC_t \geq V_t$. Allerdings ist der Unternehmenswert zugleich die Wertobergrenze der Anleihe, da das Eigenkapital schlechtestenfalls wertlos sein kann, so daß $DLC_t = V_t$ gelten muß. Das Problem der Anleihebewertung in t im Fall einer in t zulässigen Kündigung ($V_t \leq H\Phi^{-\tau}$) ist damit gelöst. Ob die Gläubiger dann auch tatsächlich von ihrem Kündigungsrecht Gebrauch machen, ist noch ungeklärt. Sie werden eine Kündigung nur aussprechen, wenn sie ihnen Vorteile bringt. Hier geht man analog zur Prüfung der vorzeitigen Ausübung einfacher amerikanischer Aktienverkaufsoptionen vor. Dort wurde vorzeitig ausgeübt, sobald die ausgeübte amerikanische Option mehr wert war als die nicht ausgeübte Option.[2] Hier wird folglich gekündigt, wenn der Wert der gekündigten Anleihe den Wert einer entsprechenden kündbaren, aber in t nicht gekündigten Anleihe (DLC°) über-

---

1) Bezeichnet $DLC_\circ$ den Emissionsbetrag und $r^*_{DLC_\circ} - 1$ den Anleiheeffektivzinssatz (bei diskreter Verzinsung) zum Zeitpunkt der Emission, so beträgt bei einer bereits emittierten Null-Kupon-Anleihe die Tilgung zuzüglich der über den Zeitraum von 0 bis t aufgelaufenen Zinsen $DLC_\circ r^{*t}_{DLC_\circ}$ oder auch $X \cdot r^{*-(T-t)}_{DLC_\circ}$. Wendet man das Bewertungsmodell dagegen bei der Konditionengestaltung an, so ist der bei Kündigung fällige Zins- und Tilgungsbetrag exogen festzulegen, wenn der Emissionskurs und der Effektivzinssatz noch nicht festgelegt sind.

2) Vgl. S. 162 f., 166, 169.

steigt: $DLC_t = V_t > DLC_t^\circ$. Im Fall $DLC_t = V_t = DLC_t^\circ$ sind die Gläubiger indifferent bezüglich des Kündigungsrechtes.

Liegt der Unternehmenswert im betrachteten Zeitpunkt t oberhalb des kritischen Wertes, so ist die Anleihe in t nicht kündbar und hat einen Wert von DLC_t°. Zusammenfassend gilt für den Wert der kündbaren Anleihe vor Endfälligkeit

$$(3.63) \qquad DLC_t = \begin{cases} DLC_t^\circ & \text{für } V_t > H\phi^{-\tau} \text{ und } t < T \\ V_t & \text{für } V_t \leq H\phi^{-\tau} \text{ und } t < T \end{cases}$$

Bei Endfälligkeit hat die Anleihe einen Wert von $DLC_T = \min(X;\, V_T)$, wenn sie bis dahin nicht gekündigt wurde.

Unter den genannten Annahmen läßt sich der Anleihewert in t ermitteln, indem man den einperiodigen Binomialansatz rekursiv anwendet. Dazu ließe sich die Anleihe wiederum in eine Optionskomponente und eine risikofreie Komponente zerlegen und indirekt bewerten. Der Verfasser zieht hier aber die direkte Bewertung vor.[1)]

---

1) So auch Black und Cox unter der Black-Scholes-Kursverlaufshypothese sowie Mason und Bhattacharya unter der binomialen Kursverlaufshypothese und der Black-Scholes-Kursverlaufshypothese; siehe F. Black und J. C. Cox, Valuing corporate securities, 1976, S. 351 - 360; S. P. Mason und S. Bhattacharya, Risky debt, 1981, S. 287 - 299. Denkbar wäre es, die kündbare Anleihe wertmäßig in eine entsprechende unkündbare Anleihe und eine Plusposition von einer amerikanischen Verkaufsoption auf die unkündbare Anleihe zu zerlegen, die einen variablen Basispreis von V_t aufweist und nur ausübbar ist, wenn V_t den kritischen Wert erreicht oder unterschreitet. Dann ist das Gläubigerkündigungsrecht der amerikanischen Verkaufsoption äquivalent. Man könnte alternativ auch die kündbare Anleihe durch ein Portefeuille duplizieren, das aus einer entsprechenden risikofreien Anleihe und einer Minusposition von einer Verkaufsoption auf den Unternehmenswert mit Basispreis $Xr^{-\tau}$ besteht, die bei Endfälligkeit ausübbar ist und für die eine Sonderklausel gilt, nach der man die Option sofort ausüben muß, wenn $V_t \leq H\phi^{-\tau}$ ist. Die Bewertung würde dadurch aber abstrakter als erforderlich werden. Einen anderen Weg wählen Cox und Rubinstein. Sie zeigen, daß sich das Eigenkapital wie eine Down-And-Out-Kaufoption (s.S. 12 dieser Arbeit) interpretieren läßt. Modelle

Für eine Anleihe mit zweiperiodiger Restlaufzeit gilt dann in allgemeiner Schreibweise[1])

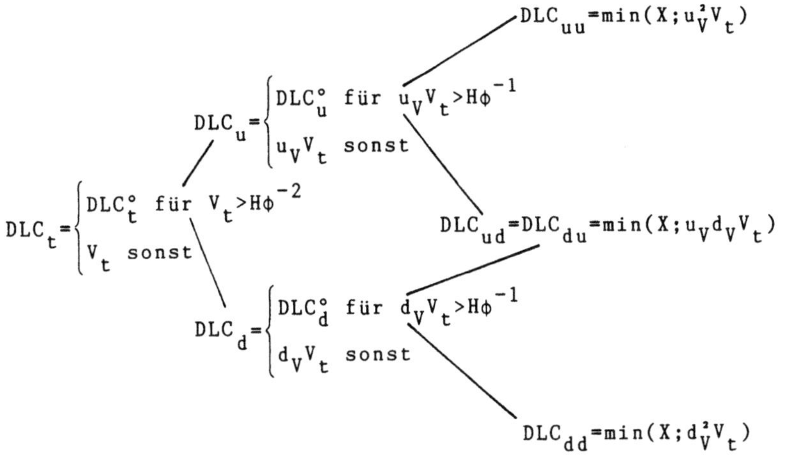

mit $DLC_u^\circ = \{qDLC_{uu} + (1-q)DLC_{ud}\}/r$

$$DLC_d^\circ = \{qDLC_{du} + (1-q)DLC_{dd}\}/r$$

$$DLC_t^\circ = \{qDLC_u + (1-q)DLC_d\}/r$$

$$q = \frac{r - d_V}{u_V - d_V}$$

Der Ansatz läßt sich analog für eine n-periodige Restlaufzeit anwenden.[2]) Sind im zeitkontinuierlichen Grenz-

---

Fortsetzung Fußnote 1, S. 282: zur Bewertung von Down-And-Out-Kaufoptionen wurden unter der Black-Scholes-Kursverlaufshypothese von Merton sowie Cox und Rubinstein und unter der Hypothese eines binomialen Kursverlaufs von Cox und Rubinstein entwickelt. Cox und Rubinstein ermitteln den Wert der kündbaren Anleihe aus der Differenz zwischen dem Unternehmensvermögen und dem Wert des Eigenkapitals. Aus den obengenannten Gründen folgt der Autor nicht diesem Bewertungsansatz; vgl. S. 35 f.; R. C. Merton, Rational option pricing, 1973, S. 175 f.; J. C. Cox und M. Rubinstein, Options, 1985, S. 408 - 412.

1) Siehe auch S. 236 - 238.

2) Vgl. S. P. Mason und S. Bhattacharya, Risky debt, 1981, S. 287 - 296.

fall ($n \rightarrow \infty$) Annahme 7a' und die Wertverlaufshypothese nach Black und Scholes, Annahme 7b', gleichwertig, so erhält man für die kündbare Anleihe folgende Bewertungsgleichung[1]:

$$(3.64) \quad DLC_t = Xr^{-\tau}\{N(d_2') - y^{2\theta-2}N(d_{10})\} + V_t\{N(-d_1') + y^{2\theta}N(d_9)\}$$

$$\text{mit } y = H\phi^{-\tau}/V_t$$

$$\theta = (\ln r - \ln\phi + \tfrac{1}{2}\sigma_V^2)/\sigma_V^2$$

$$d_1' = \frac{\ln(\frac{V_t}{Xr^{-\tau}})}{\sigma_V\sqrt{\tau}} + \tfrac{1}{2}\sigma_V\sqrt{\tau}$$

$$d_2' = d_1' - \sigma_V\sqrt{\tau}$$

$$d_9 = \frac{\ln(\frac{V_t}{Xr^{-\tau}}) + 2\ln y}{\sigma_V\sqrt{\tau}} + \tfrac{1}{2}\sigma_V\sqrt{\tau}$$

$$d_{10} = d_9 - \sigma_V\sqrt{\tau}$$

Die Gleichung liefert für $H\phi^{-\tau} = 0$ den Wert einer unbe-

---

1) Vgl. ebda., S. 298; zur Herleitung unter der Kursverlaufshypothese nach Black und Scholes F. Black und J. C. Cox, Valuing corporate securities, 1976, insb. S. 352 - 357. Über die Bewertung des Eigenkapitals als Down-And-Out-Kaufoption leiten Cox und Rubinstein für den Fall $\phi = 1$, d.h. für einen konstanten kritischen Wert, eine Gleichung (3.64) entsprechende Gleichung her; vgl. J. C. Cox und M. Rubinstein, Options, 1985, S. 409 - 412.

Offensichtlich enthält die von Black und Cox auf S. 356 hergeleitete Formel (8) einen Druckfehler. Statt $y^{\theta-\eta}N(z_7)$ muß es dort $y^{\theta+\eta}N(z_7)$ heißen, sonst läßt sich ihre Gleichung nicht in die Gleichungen von Mason und Bhattacharya sowie Cox und Rubinstein überführen. Auf den Fehler weist auch Selby hin; siehe M. J. P. Selby, Application, 1983, S. 59, 79 - 83. Zur Interpretation der Formel siehe M. J. P. Selby, Application, 1983, S. 59 - 65, 79 - 83.

sicherten, unkündbaren Anleihe D_t, so daß Gleichung (3.3)[1] ein Spezialfall von Gleichung (3.64) ist.

Der Wert des Gläubigerkündigungsrechtes ergibt sich aus der Differenz des Wertes der kündbaren Anleihe und des Wertes einer entsprechenden, unkündbaren Anleihe. In t gilt $LC_t = DLC_t - D_t$.[2]

Im Sinne der Duplikationsstrategie ließe sich auch hier die kündbare Anleihe durch ein Portefeuille wertmäßig exakt duplizieren, das aus dem Unternehmenswert und risikofreien Titeln besteht und am Ende der ersten Periode ohne zusätzlichen Mitteleinsatz entsprechend der Kursentwicklung umstrukturiert wird.[3]

Der Anleihewert DLC_t und der Wert des Gläubigerkündigungs-

---

1) Siehe S. 181.

2) Im zeitkontinuierlichen Modell gilt mit Hilfe der Gleichungen (3.64) und (3.3) deshalb auch $LC_t = -Xr^{-\tau}\, y^{2\theta-2}\, N(d_{10}) + V_t y^{2\theta}\, N(d_9)$. Siehe auch S. P. Mason und S. Bhattacharya, Risky debt, 1981, S. 297 f.

3) Vgl. S. 109 f. und S. 236 - 238. Im Unterschied zu einfachen Aktienkaufoptionen und unkündbaren Null-Kupon-Anleihen kommt es hier - ähnlich wie bei amerikanischen Verkaufsoptionen - zu vorzeitigen Mittelrückflüssen, wenn die Gläubiger die Anteile kündigen.

rechts LC_t hängen damit allein von V_t, σ_V, X, τ, r, H und ϕ ab. Sie sind folglich unabhängig von speziellen Risikopräferenzen, von Erwartungswerten und von Charakteristika anderer Titel außer dem Unternehmensvermögen und risikofreien Anlagen.

III. Beispiele

Variiert man das Zahlenbeispiel zum Binomialansatz für einfache Aktienkaufoptionen in der Weise, daß $V_t = 120$, $u_V = 1{,}5$, $d_V = 0{,}5$, $X = 80$, $n = 2$ und $r = 1{,}1$ gilt, und unterstellt man mit $H = 65$ und $\phi = 1$ einen konstanten kritischen Wert von 65, so folgt für die Wertentwicklung des Unternehmensvermögens:

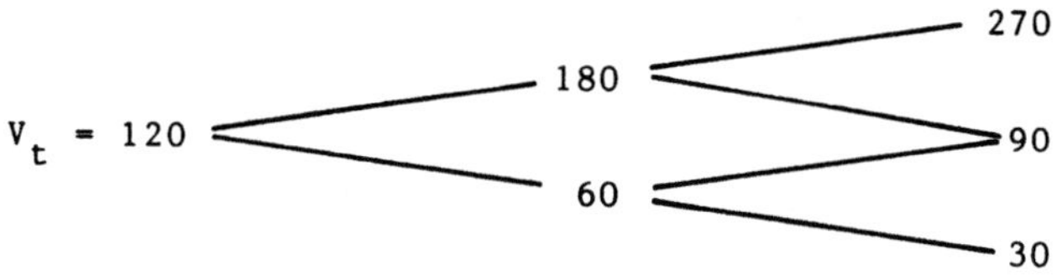

Rekursive Anwendung des Binomialansatzes ergibt für die kündbare Anleihe einen Wert von $DLC_t = 61{,}49$:[1]

1) Ähnlich auch J. C. Cox und M. Rubinstein, Options, 1985, S. 409 f. in Verbindung mit S. 179 f. Es gilt

$DLC_u^\circ = (0{,}6 \cdot 80 + 0{,}4 \cdot 80)/1{,}1 = 72{,}73$

$DLC_d^\circ = (0{,}6 \cdot 80 + 0{,}4 \cdot 30)/1{,}1 = 54{,}55$

Da $u_V V_t = 180 > H\phi^{-1} = 65$ ist, folgt $DLC_u = DLC_u^\circ$ und

da $d_V V_t = 60 < H\phi^{-1} = 65$ ist, folgt $DLC_d = 60$. Es folgt dann

$DLC_t^\circ = (0{,}6 \cdot 72{,}73 + 0{,}4 \cdot 60)/1{,}1 = 61{,}49$.

Da $V_t = 120 > H\phi^{-2} = 65$ ist, beträgt der Wert der kündbaren Anleihe in t $DLC_t = 61{,}49$.

$DLC_{uu} = \min(80;\ 270) = 80$

$DLC_u = DLC_u^\circ = 72{,}73$

$DLC_t = DLC_t^\circ = 61{,}49$ $\qquad$ $DLC_{ud} = DLC_{du} = \min(80;\ 90) = 80$

$DLC_d = d_V V_t = 60 > DLC_d^\circ = 54{,}55$

$DLC_{dd} = \min(80;\ 30) = 30$

Die Berechnungen zeigen, daß die Anleihe in t nicht kündbar ist, da der Unternehmenswert oberhalb des kritischen Wertes liegt ($V_t = 120 > H\phi^{-2} = 65$). Gleiches gilt am Ende der ersten Periode bei günstiger Entwicklung ($u_V V_t = 180 > H\phi^{-1} = 65$). Bei ungünstiger Entwicklung in der ersten Periode ist die Anleihe dagegen kündbar, da der Unternehmenswert den kritischen Wert unterschreitet ($d_V V_t = 60 < H\phi^{-1} = 65$). Hier lohnt es sich für die Gläubiger, die Anleihe zu kündigen und das Unternehmensvermögen zu übernehmen, weil der Unternehmenswert größer ist als der Wert der ungekündigten Anleihe ($d_V V_t = 60 > DLC_d^\circ = 54{,}55$). Der Risikoprämiensatz der kündbaren Anleihe beträgt 4,06 % pro Periode.[1)]

Eine vergleichbare unkündbare Anleihe weist in t einen Wert von 59,51 und einen Risikoprämiensatz von 5,94 % pro Periode auf.[2)] Das Kündigungsrecht führt also dazu, daß

---

1) Bei diskreter Verzinsung bestimmt sich der Risikoprämiensatz wie folgt:
$$r^*_{DLC_t} - r = \sqrt[n]{\frac{X}{DLC_t}} - r = \sqrt[2]{\frac{80}{61{,}49}} - 1{,}1 = 0{,}0406.$$

2) Die Berechnungen sind analog zu Fußnote 1, S. 286 und Fußnote 1 dieser Seite durchzuführen.

der Anleihewert um 1,98 steigt (61,49 - 59,51 = 1,98) und der Risikoprämiensatz um 1,88 Prozentpunkte sinkt (4,06 - 5,94 = - 1,88). Es hat folglich einen Wert von LC_t = 1,98.

Um auch die Anwendbarkeit von Gleichung (3.64) zu belegen, sei das Zahlenbeispiel des Grundmodells (V_t = X = 90, σ_V = 0,3, τ = 0,5, r = 1,1)[1] erweitert um H = X und ϕ = 1,2565.[2] Die Anleihe ist also kündbar, sofern der Unternehmenswert den mit ϕ - 1 diskontierten Rückzahlungsbetrag X erreicht oder unterschreitet. Da sich V_t hier kontinuierlich entwickelt, kann der kritische Wert genau erreicht werden, so daß im Kündigungsfall $H\phi^{-\tau}$ = 90 • $1{,}2565^{-\tau}$ die Wertuntergrenze der kündbaren Anleihe ist,[3] während im Modell mit binomialem Wertverlauf die Wertuntergrenze, bedingt durch die Wertsprünge von V, dann auch unterhalb von $H\phi^{-\tau}$ liegen kann.[4] Berechnungen ergeben für die kündbare Anleihe einen Wert von DLC_t = 83,14 und einen Risikoprämiensatz von 6,33 % pro Periode[5], während

1) Siehe S. 185; vgl. M. J. P. Selby, Application 1983, S. 129 - 131.

2) ϕ - 1 entspricht hier dem Effektivzinssatz der vergleichbaren, unbesicherten Anleihe bei diskreter Verzinsung:

$$r^*_{D_t} - 1 = e^{g_{D_t} + \ln r} - 1 = e^{0{,}133 + \ln 1{,}1} = 0{,}2565.$$

Siehe Fußnote 3, S. 185.

3) Siehe auch F. Black und J. C. Cox, Valuing corporate securities, 1976, S. 357.

4) Siehe auch ebda., S. 367; S. P. Mason und S. Bhattacharya, Risky debt, 1981, insb. S. 289 f., 298 f. Im vorhergehenden Zahlenbeispiel ist $DLC_d = 60 < H\phi^{-1} = 65$, siehe S. 287.

5) Den obigen Berechnungen zufolge ist $N(-d'_1) = 0{,}3704$ und $N(d'_2) = 0{,}5472$; siehe S. 125. Es errechnen sich ferner folgende Zwischenergebnisse:

$y = 90 \cdot 1{,}2565^{-0{,}5}/90 = 1{,}2565^{-0{,}5}$;

$\theta = (\ln \cdot 1{,}1 - \ln \cdot 1{,}2565 + \frac{1}{2}\, 0{,}3^2)/0{,}3^2 = -\, 0{,}9780$;

die unkündbare Anleihe des Grundmodells einen Wert von D_t = 80,29 und einen Risikoprämiensatz von 13,3 % pro Periode aufweist.[1] Dem Gläubigerkündigungsrecht ist demnach hier ein Wert von LC_t = 1,89 beizumessen (82,18 - 80,29 = 1,89).

IV. Veränderung des Fremdkapitalwertes bei Variation der Parameterwerte

Die Auswirkungen von Parameterwertänderungen auf den Anleihewert nach Gleichung (3.64) sollen hier nicht detailliert behandelt werden, da die partiellen Ableitungen z.T. sehr komplex sind und umfangreiche Berechnungen anzustellen wären, um die Wirkungsrichtungen festzustellen. Untersuchungen von Black und Cox haben gezeigt, daß der Anleihewert steigt, wenn c.p. der Unternehmenswert oder H steigt, oder wenn c.p. die Standardabweichung der Unternehmensrendite oder die Restlaufzeit sinkt[2], und um-

Fortsetzung Fußnote 5, S. 288:

$$d_9 = \frac{\ln(\frac{90}{90\cdot 1,1^{-0,5}}) + 2\cdot\ln(1,2565^{-0,5})}{0,3\,\sqrt{0,5}} + \frac{1}{2}\,0,3\,\sqrt{0,5} = -\,0,7456;$$

$$d_{10} = -\,0,7456 - 0,3\,\sqrt{0,5} = -\,0,9577;$$

$N(d_9) = 0,2279$; $N(d_{10}) = 0,1691$.

Setzt man die Zwischenergebnisse in Gleichung (3.64) ein, so erhält man:

$$DLC_t = 90\cdot 1,1^{-0,5}\{0,5472 - (1,2565^{-0,5})^{2(-\,0,978)-2}\cdot 0,1691\}$$
$$+\,90\{0,3704 + (1,2565^{-0,5})^{2(-\,0,978)}\cdot 0,2279\} = 83,14.$$

Der Risikoprämiensatz beträgt

$$g_{DLC_t} = \frac{1}{\tau}\ln(\frac{X}{DLC_t}) - \ln r = \frac{1}{0,5}\ln(\frac{90}{83,14}) - \ln 1,1 = 0,0633.$$

1) Siehe S. 185.

2) In jedem der vier Fälle sinkt das Bonitätsrisiko.

gekehrt sinkt er, wenn sich die Parameterwerte jeweils in die andere Richtung ändern:

$$\left(\frac{\partial DLC_t}{\partial V_t} > 0, \frac{\partial DLC_t}{\partial H} > 0, \frac{\partial DLC_t}{\partial \sigma_V} < 0, \frac{\partial DLC_t}{\partial \tau} < 0\right).$$ [1]

V. Modellvarianten

In diesem Abschnitt wurden die Auswirkungen von Gläubigerkündigungsrechten auf den Wert unbesicherter Null-Kupon-Anleihen und den Risikoprämiensatz untersucht. Der hier entwickelte Bewertungsansatz läßt sich auch für den Fall dinglich besicherter oder verbürgter Anleihen erweitern. Der Autor verfolgt den Weg allerdings nicht näher.[2]

---

1) Siehe hierzu und vgl. zu weiteren Untersuchungen F. Black und J. C. Cox, Valuing corporate securities, 1976, S. 357 f.

2) Gleichung (3.64) läßt sich direkt zur Bewertung kündbarer, vollkommen vorrangiger Null-Kupon-Anleihen (DSLC) und kündbarer, vollkommen nachrangiger Null-Kupon-Anleihen (DJLC) heranziehen. Es gilt dann $DSLC_t = DLC(X_S)_t$ und für die nachrangige Anleihe $DJLC_t = DLC(X_S + X_J)_t - DLC(X_S)_t$; vgl. ebda., S. 358 - 360 und S. 222 - 228 dieser Arbeit. Auch für kündbare Null-Kupon-Anleihen mit sicheren, unlimitierten Haftungszusagen Dritter gilt unmittelbar $DGLC_t = DF_t$ und folglich für den Wert der Haftungszusage $GLC_t = DF_t - DLC_t$; siehe S. 258 f.

F. Berücksichtigung von Wandlungs- und Bezugsrechten

I. Vorbemerkungen

Nachdem in den Abschnitten B bis E Anleihen und Kredite mit speziellen Schutzklauseln bewertet wurden, soll nun der Fall behandelt werden, daß die Gläubiger Wandlungs- und Bezugsrechte besitzen. Wandlungs- und Bezugsrechte lauten auf Finanztitel von Unternehmen, aber auch auf Währungen, Edelmetalle oder Öl.[1] Hier sollen nur Rechte auf Eigen- oder Fremdkapitaltitel des Emittenten berücksichtigt werden.[2]

Diese Rechte bedeuten potentielle Vermögensvorteile für die Gläubiger. Sie können zugleich auch Schutzklauseln sein, sofern sie die Gläubiger gegen eine Bonitätsver-

1) Ein Recht, die Währung zu wählen, in der die Rückzahlung erfolgen soll, oder auch ein Recht, die vereinbarte Rückzahlung oder Lieferung einer Menge von Edelmetallen oder Waren (oder eine entsprechende Zahlung) zu verlangen, kann man ebenfalls als Wandlungsrechte interpretieren. Auf den Kapitalmärkten existieren neben Wandlungs- und Bezugsrechten auf Eigenkapitaltitel insbesondere Bezugsrechte auf Anleihen, andere Rechte sind selten; vgl. F. Janssen, Bedeutung und Ausstattung von Wandel- und Optionsanleihen, Göttingen 1982, S. 55 - 104; E. S. Schwartz, The pricing of commodity-linked bonds, in: JoF, Vol. 37 (1982), S. 525; J. E. Ingersoll, Jr., Discussion, in: JoF, Vol. 37 (1982), S. 540; G. Weger, Optionsscheine, 1985, S. 11 - 32, 71 - 74; W. Bühler, Rationale Bewertung, 1987, S. 4; A. Nicoll, $ 200 m bond from GMAC designed to calm tax fears, in: FT, Nr. 30281 vom 10.7.1987; R. Brealey und S. Myers, Principles, 1988, S. 521 f., 527 f.

2) Das optionstheoretische Instrumentarium läßt sich auch zur Bewertung von Anleihen mit Rechten auf Währungen, Edelmetalle oder Waren heranziehen; vgl. R. M. Stulz, Options, 1982, S. 175 - 177; E. S. Schwartz, Commodity-linked bonds, 1982, S. 525 - 539; J. E. Ingersoll, Jr., Discussion, 1982, S. 540 f.; P. Ritchken, Options, 1987, S. 357 f.

schlechterung seitens der Unternehmenseigner absichern.[1)] Ferner haben Wandlungs- und Bezugsrechte auch dann eine Schutzfunktion, wenn sich bei ihrer Ausübung das Unternehmensvermögen erhöht.

Das deutsche Gesellschaftsrecht kennt nur Wandlungs- und Bezugsrechte auf Aktien. Der Gesetzgeber bezeichnet in § 221 AktG Schuldverschreibungen mit Umtausch- oder Bezugsrecht auf Aktien als Wandelschuldverschreibungen. Die Begriffsdefinition ist für die Arbeit wenig zweckmäßig. Zum einen ist sie zu eng, da auch Rechte auf Fremdkapitaltitel behandelt werden sollen. Zum anderen ist es üblich und sinnvoll, zwischen Anleihen mit Wandlungsrechten und Anleihen mit Bezugsrechten zu differenzieren. Im ersten Fall spricht man von Wandelanleihen, im zweiten Fall von Optionsanleihen, da das Bezugsrecht eine Kaufoption darstellt, die als Optionsschein bezeichnet wird. Wandlungs- und Bezugsrechte sind zwar untypische Ausstattungsmerkmale von Krediten,[2)] sie kommen aber gelegentlich vor.[3)] Die

---

1) Vgl. M. C. Jensen und W. H. Meckling, Theory of the firm: Managerial behaviour, agency costs and ownership structure, in: JoFE, Vol. 3 (1976), S. 353 f.; C. W. Smith, Jr. und J. B. Warner, Financial contracting, 1979, S. 141 f.; J. Wilhelm, Risikostruktur, 1983, S. 124; M. Klug, Ableitung, 1985, S. 87, 94 f.

2) Siehe J. Wilhelm, Risikostruktur, 1983, S. 124; M. Klug, Ableitung, 1985, S. 87, Fußnote 21, S. 95. Klug erweckt den Anschein, als seien Vereinbarungen in Unternehmenssanierungsverträgen, die eine Verpflichtung der Gläubiger zur Übernahme von Eigenkapitaltiteln vorsehen, Wandlungsrechte; siehe M. Klug, Ableitung, 1985, S. 95, Fußnote 35. Übernahmeverpflichtungen sind aber keine Wandlungsrechte.

3) Beispielsweise hat sich die Westdeutsche Landesbank 1979 von der Gildemeister AG einen Besserungsschein gegen Forderungsverzicht in Höhe von DM 20 Mio. ausstellen lassen. Die Unternehmung verpflichtete sich, aus künftigen Gewinnen diesen Betrag vorab zuzüglich einer marktgerechten Verzinsung zu bedienen. Die Landesbank hat den Besserungsschein 1980 gegen eine einmalige Zahlung von

nachfolgenden Ausführungen gelten deshalb wie in den vorhergehenden Abschnitten für Anleihen und Kredite gleichermaßen.

Bei Wandelanleihen kann innerhalb einer bestimmten Frist in einem bestimmten Verhältnis (Wandlungs- oder Umtauschverhältnis) gewandelt werden, häufig allerdings nur gegen Zuzahlung eines bestimmten Betrages. Es kann vereinbart sein, daß das Wandlungsverhältnis und/oder der Zuzahlungsbetrag über die Laufzeit konstant oder variabel sind.[1]

Ein Optionsschein berechtigt zum Bezug einer bestimmten Anzahl von Eigen- bzw. Fremdkapitaltiteln innerhalb einer festgelegten Frist gegen Zahlung des Bezugspreises.[2] Das

---

Fortsetzung Fußnote 4, S. 292: DM 5 Mio. zurückgegeben. Sie hat 1983 noch einmal einen Forderungsverzicht von DM 20 Mio. gegen einen Besserungsschein von DM 10 Mio. geleistet. Auch das Land Nordrhein-Westfalen hat 1984 auf die Rückzahlung eines landesverbürgten Darlehens von DM 13 Mio. gegen einen Besserungsschein von DM 8 Mio. verzichtet, der allerdings unverzinslich war. Vgl. o.V., Dividende rückt in weite Ferne, in: Welt, Nr. 162 von 14.7.1979; o.V., Gildemeister hat einen neuen Aktionär gefunden, in: FAZ, Nr. 105 vom 6.5.1980; o.V., Die Großaktionäre ziehen bei der Kapitalerhöhung nicht voll mit, in: HB, Nr. 77 vom 17.4.1984; o.V., Forderungsverzicht des Großaktionärs, in: HB, Nr. 103 vom 31.5.1985. Da die Umwandlung der Forderungen in einen Besserungsschein vermutlich nicht Bestandteil der ursprünglichen Kreditvereinbarungen war, kann man hier von einem impliziten Wandlungsrecht sprechen. Der Besserungsschein stellt eine Zwischenform zwischen reinem Eigenkapital und reinem Fremdkapital dar: Die Nichteinlösung des Besserungsscheines ist wie die Dividendenlosigkeit von Aktien kein Konkursgrund, und im Fall der vollen Einlösung erhalten die Inhaber des Scheins hier, ähnlich wie bei reinen Anleihen, nicht mehr als die vereinbarte Verzinsung, die allerdings wohl über der Verzinsung reiner Anleihen liegen dürfte.

1) Vgl. C. W. Smith, Jr. und J. B. Warner, Financial contracting, 1979, S. 140 f.; P. Swoboda und M. Kamschal, Bewertung deutscher Wandelanleihen, 1979, S. 297 - 302 N. Senghas, Präferenzfreie Bewertung, 1981, S. 53 - 58; F. Janssen, Bedeutung und Ausstattung, 1982, S. 75 - 79.

2) Es gibt auch Optionsscheine, bei denen die Bezugspreisleistung wahlweise durch Barzahlung oder Inzahlungsgabe der Anleihe erfolgen kann; vgl. F. Janssen, Bedeutung und Ausstattung, 1982, S. 100 f.; G. Weger, Optionsscheine, 1985, S. 24 f.

Bezugsverhältnis ist in aller Regel konstant, während der Bezugspreis konstant oder variabel sein kann. Üblicherweise werden Optionsscheine von der Optionsanleihe getrennt, so daß neben der Optionsanleihe mit Schein auch die Anleihe ohne Schein (reine Anleihe oder Leerstück) und der Optionsschein gehandelt werden. Die Optionsscheine haben gewöhnlich eine kürzere Laufzeit als die reine Anleihe.[1)]

Die Ausstattungsmerkmale von Wandel- und Optionsanleihen mögen den Eindruck vermitteln, als handele es sich hier bis zur Ausübung der Rechte stets um Fremdkapitaltitel. Diese Sichtweise hat in der Literatur Tradition[2)] und ist für Rechte auf Fremdkapitaltitel auch plausibel. Eine andere Sichtweise berücksichtigt, daß Anleihen mit Wandlungs- oder Bezugsrechten auf Eigenkapital bereits vor Ausübung Eigenkapitalcharakter aufweisen. Der Wert derartiger Anleihen läßt sich zerlegen in den Wert einer vergleichbaren Anleihe ohne Wandlungs- oder Bezugsrecht und den Wert des Wandlungs- oder Bezugsrechtes. Die Anleihe ohne das Recht stellt die Fremdkapitalkomponente dar. Das Wandlungs- oder Bezugsrecht hat, wie das reine Eigenkapital einer Unternehmung, nachrangigen Charakter und bietet, wie reine Eigenkapitaltitel, die Chance unendlich hoher Wertzuwächse. Es läßt sich deshalb als Eigenkapitalkomponente interpretieren. Anleihen mit Wandlungs- oder Bezugsrechten auf Eigenkapitaltitel bezeichnet man daher auch als Hybridfinanzierungstitel.[3)] Dieser Sichtweise folgt

---

1) Vgl. F. Janssen, Bedeutung und Ausstattung, 1982, S. 90 - 104; G. Weger, Optionsscheine, 1985, S. 11 - 30.

2) Vgl. z.B. G. Wöhe, Einführung in die Allgemeine Betriebswirtschaftslehre, 16., überarb. Aufl., München 1986, insb. S. 758 - 760.

3) Siehe T. E. Copeland und J. F. Weston, Financial theory, 1988, S. 475; J. F. Weston und T. E. Copeland, Managerial finance, 1986, S. 855; R. Brealey und S. Myers, Principles, 1988, S. 521, 527.

mittlerweile offenbar auch die Bilanzierungspraxis.[1] Nach den durch das Bilanzrichtliniengesetz erfolgten Gesetzesänderungen sind Beträge, die bei der Emission derartiger Rechte vereinnahmt werden, in die Kapitalrücklage einzustellen, die Teil der Position "Eigenkapital" ist (§ 272 Abs. 2 Nr. 2 HGB) - zuvor waren nur solche Beträge in der gesetzlichen Rücklage auszuweisen, die über den Anleiherückzahlungsbetrag hinaus (Aufgeld) erzielt wurden (§ 150 Abs. 2 Nr. 2 AktG a.F.). Um diesen Betrag zu bestimmen, ermittelt man zunächst den Wert der reinen Anleihe durch Abzinsen der vereinbarten Zahlungen aus der reinen Anleihe mit dem Kapitalmarktzinssatz für vergleichbare Titel. Der in die Kapitalrücklage einzustellende Betrag ist folglich die Differenz zwischen dem Ausgabekurs der Wandel- oder Optionsanleihe und dem Wert der reinen Anleihe. Die reine Anleihe ist in Höhe des vereinbarten Rückzahlungsbetrages zu passivieren (§ 253 Abs. 1 S. 2 HGB). Liegt der Wert der reinen Anleihe - wie im Fall der Null-Kupon-Anleihe oder einer niedrig verzinslichen Anleihe - unter dem vereinbarten Rückzahlungsbetrag, so ist das Disagio aktivisch abzugrenzen und über die Laufzeit abzuschreiben (§ 250 Abs. 3 HGB).[2] Im Fall der reinen Anleihe als Null-Kupon-Anleihe oder niedrig verzinsliche Anleihe zeigen sich die Unterschiede der Bilanzierungsverfahren besonders deutlich: Nach altem Verfahren wurde die Eigenkapitalkomponente (im Emissionsjahr) nur ausgewiesen, wenn die Anleihe mit einem Auf-

---

1) Das Schrifttum befaßt sich vor allem mit der Bilanzierung von Optionsanleihen, da Wandelanleihen nur selten vorkommen. Vgl. zum folgenden bezüglich der Bilanzierung von Optionsanleihen Walther Busse von Colbe et al., Bilanzierung von Optionsanleihen im Handelsrecht, Heidelberg 1987, insb. S. 16 f., 33 - 36, 53 - 57, 60 - 62, 64 f., 117 f.; entsprechend ist auch bei Wandelanleihen zu verfahren, siehe auch Institut der Wirtschaftsprüfer in Deutschland e.V. (Hrsg.), Wirtschaftsprüfer-Handbuch 1985/86, Handbuch für Rechnungslegung, Prüfung und Beratung, Bd. 1, Düsseldorf 1985, S. 621 f., 647, Bd. 2, Düsseldorf 1986, S. 172 f., 185.

2) Vgl. E. Biergans, Einkommensteuer und Steuerbilanz, 3., völlig neu bearb. und stark erw. Aufl., München 1985, S. 241 - 243, 168 f.

geld begeben wurde und auch dann nur in Höhe des Aufgeldes, mit der Folge, daß der Bilanzausweis der Fremdkapitalkomponente zu hoch (und des Disagios zu niedrig) ausfiel. Nach neuem Verfahren ist die Eigenkapitalkomponente auch bei Pari- oder Unterpariemissionen zu bilanzieren und es werden die Kapitalkomponenten (wie auch das Disagio) in sachgerechter Höhe in die Bilanz eingestellt.

Die auf Black und Scholes zurückgehende Literatur zu Wandlungs- und Bezugsrechten hat sich bisher nur mit Rechten auf Eigenkapitaltitel befaßt. In der englisch- und der deutschsprachigen Literatur findet man zahlreiche Veröffentlichungen zu Anleihen mit Wandlungsrechten oder zu Anleihen mit Bezugsrechten, deren Laufzeit mit der Fremdkapitallaufzeit übereinstimmt.[1)] Der Fall der Bezugsrechte mit kürzerer Laufzeit ist, wie auch der Fall von Anleihen mit Wandlungs- und Bezugsrechten auf Fremdkapitaltitel, bisher nicht behandelt worden.

In diesem Abschnitt sollen zunächst einige der in der Literatur bekannten Modelle vorgestellt werden. Der Verfasser legt dabei Wert auf eine vollständige Darstellung der erforderlichen Annahmen, die im Schrifttum oft nur implizit unterstellt werden, und zeigt neue Wege zur Herleitung der Bewertungsgleichungen auf. Der Abschnitt liefert außerdem detailliertere Ausführungen zu den Wirkungen von Parameterwertänderungen, als man sie bisher kennt. Von den Bewertungsmodellen ausgehend entwickelt der Verfasser dann eigene Ansätze.

Ausgangspunkt der Analyse soll das Grundmodell sein. Es werden zunächst Anleihen mit Rechten auf Eigenkapitaltitel betrachtet. Unterschieden wird dabei zwischen Wandlungsrechten ohne Zuzahlung, Wandlungsrechten mit Zuzahlung, Bezugsrechten, deren Laufzeit mit der Fremdkapitallaufzeit endet, und Bezugsrechten, deren Laufzeit vor Ende der Fremdkapitallaufzeit abläuft. Einfachheitshalber soll das Wandlungs- bzw. Bezugsverhältnis stets konstant sein. Daran schließen sich Ausführungen zu Anleihen mit Rechten auf Fremdkapitaltitel an.

---

1) Siehe die in diesem Abschnitt genannte Literatur.

II. Rechte auf Eigenkapitaltitel

1. Wandlungsrechte ohne Zuzahlung

a) Darstellung des Bewertungsmodells

Es gelten die Annahmen des Abschnitts A mit Ausnahme von Annahme 8a,[1] die durch folgende Annahmen ersetzt wird:[2]

8.j) Die Passiva des betrachteten Unternehmens bestehen aus reinem Eigenkapital und aus einer unbesicherten unkündbaren wandelbaren Null-Kupon-Anleihe mit gleich großen Parten oder aus einem entsprechenden Kredit.[3] Die Gläubiger können ihre Anleihestücke in einem bestimmten Verhältnis in reine Eigenkapitaltitel wandeln. Das Wandlungsverhältnis ist über die Laufzeit konstant. Die reinen Eigenkapitaltitel des Unternehmens sind gleich ausgestattet. Während der Anleiherestlaufzeit begibt das Unternehmen außer den bei Wandlung vor Endfälligkeit bereitzustellenden Eigenkapitaltiteln keine Finanztitel.

---

1) Siehe S. 177 f.

2) Ähnlich auch, ohne Annahme 9a explizit zu unterstellen, J. E. Ingersoll, Jr., Contingent claims, 1977, S. 29o - 293, 3oo - 3o3. Unter der strengeren Annahme, daß eine Wandlung nur bei Endfälligkeit möglich ist, C. W. Smith, Jr., Applications, 1979, S. 93 in Verbindung mit S. 87; J. C. Cox und M. Rubinstein, Options, 1985, S 4oo f. in Verbindung mit S. 376. Kruschwitz und Schöbel unterstellen zusätzlich, daß eine Wandlung nur gegen Zuzahlung erfolgen kann - die weiteren Ausführungen entsprechen dem Fall einer Zuzahlung von Null; siehe L. Kruschwitz und R. Schöbel, Bewertung von Options- und Wandelanleihen, 1985, S. 2 f., 11; ohne Zuzahlung H. Uhlir und P. Steiner, Wertpapieranalyse, 1986, S. 246 f. Unter dem Binomialansatz G. R. Courtadon und J. J. Merrick, Option pricing, 1983; J. F. Weston und T. E. Copeland, Managerial finance, 1986, S. 860 f.

3) Siehe Fußnoten 2, 3, S. 178.

8.k) Die Wandlung ist zu beliebigen Zeitpunkten innerhalb der Restlaufzeit möglich und erfordert keine Zuzahlung.

In diesem Abschnitt werden folgende zusätzliche Symbole verwendet:

a Anzahl der vor Wandlung umlaufenden reinen Eigenkapitalparten des Unternehmens

b Anzahl der Anleiheparten des Unternehmens

c Anzahl reiner Eigenkapitalparten, die man bei Wandlung pro Anleiheparte erhält

ψ bc/(a + bc)

Unter den genannten Annahmen können die Anleihegläubiger die Anleihe jederzeit innerhalb der Restlaufzeit wandeln. Da die Wandlung ohne Zuzahlung erfolgen kann, fließen dem Unternehmen im Wandlungsfall keine zusätzlichen Mittel zu. Damit bleibt der Wert des Unternehmensvermögens von einer Wandlung unberührt. Den Gläubigern stünde bei gleichzeitiger Wandlung in t insgesamt Eigenkapital im Werte von $\psi V_t = bc/(a + bc)V_t$ zu; ψV_t wird im weiteren auch als Umwandlungswert bezeichnet. Die Anleihe muß folglich unabhängig von speziellen Hypothesen über die Unternehmensentwicklung -hier Annahme 7b'- stets mindestens einen Wert von ψV_t aufweisen. Andernfalls bestünden Arbitragemöglichkeiten.[1] Aus derartigen allgemei-

1) J. E. Ingersoll, Jr., Contingent claims, 1977, S. 291 in Verbindung mit S. 293; M. J. Brennan und E. S. Schwartz, Convertible bonds: Valuation and optimal strategies for call and conversion, 1977, S. 1701 f. Zu den Ergebnissen gelangt man auch aufgrund von Dominanzüberlegungen; siehe P. Swoboda und M. Kamschal, Bewertung deutscher Wandelanleihen, 1979, S 297 - 300.

nen Arbitrageüberlegungen folgt auch, daß der Unternehmenswert die Anleihewertobergrenze bildet.[1)]

Bei der Bewertung der Anleihe kommt es auch auf die optimale Wandlungsstrategie an. Allgemeinen Arbitrageüberlegungen zufolge müßte gewandelt werden, sobald der Umwandlungswert über dem Wert der nicht gewandelten Anleihe liegt.[2)] Da gemäß den Annahmen 6'[3)], 8j und 8k[4)] vor Endfälligkeit keine Zahlungen an die Finanztitelhalter erfolgen und die Wandlung ohne Zuzahlung und in einem konstanten Wandlungsverhältnis möglich ist, läßt sich hier aber zeigen, daß eine Wandlung nur bei Endfälligkeit optimal sein kann. Unterstellt man zunächst außerdem, daß die Anleihestücke nur gleichzeitig ausgeübt werden können, so kann man zeigen, daß die nicht gewandelte Anleihe insgesamt stets mindestens so viel wert sein muß wie der Umwandlungswert, mit der Folge, daß vor Ablauf der Restlaufzeit keine Wandlung erfolgt.[5)] Ist die nicht gewandelte Anleihe in einem Zeitpunkt vor Endfälligkeit ($t < T$) weniger wert als der Umwandlungswert ψV_t, so besteht die Möglichkeit zur Arbitrage. Man könnte dann analog zum Vorgehen im zweiten Teil der Arbeit ein Arbitrageportefeuille bilden, das

---

1) Siehe J. E. Ingersoll, Jr., Contingent claims, 1977, S. 293; M. J. Brennan und E. S. Schwartz, Convertible bonds: Valuation and optimal strategies for call and conversion, 1977, S. 1704.

2) M. J. Brennan und E. S. Schwartz, Convertible bonds: Valuation and optimal strategies for call and conversion, 1977, S. 1701 f.

3) Siehe S. 177.

4) Siehe S. 297 f.

5) Vgl. auf der Basis von Dominanzüberlegungen J. E. Ingersoll, Jr., Contingent claims, 1977, S. 295 f.; ders., Corporate call policies, 1977, S. 464; M. J. Brennan und E. S. Schwartz, Convertible bonds: Valuation and optimal strategies for call and conversion, 1977, S. 1702 f., 1705; P. Swoboda und M. Kamschal, Bewertung deutscher Wandelanleihen 1979, S. 301 f. in Verbindung mit S. 300.

aus der Anleihe und Anteilen am Unternehmensvermögen besteht und das in t einen Einzahlungsüberschuß und in T einen nichtnegativen Zahlungsüberschuß erbringt.

Der Einzahlungsüberschuß in t kommt zustande, indem man die Wandelanleihe mit Rückzahlungsbetrag X kauft und gleichzeitig einen Leerverkauf von ψV_t tätigt. Bei Endfälligkeit ergeben sich für das Portefeuille folgende Rückflüsse: Im Fall $V_T > X/\psi$ ist der Schuldner imstande, die Anleihe vereinbarungsgemäß zurückzuzahlen, da ψ nur Werte zwischen Null und Eins annehmen kann, so daß $V_T > X$ ist. Die Gläubiger können zwischen der Wandlung und der vereinbarungsgemäßen Rückzahlung wählen. Sie werden sich hier für die Wandlung entscheiden, da der Umwandlungswert den vereinbarten Rückzahlungsbetrag übersteigt: $\psi V_T > X$. Das Glattstellen der Positionen des betrachteten Portefeuilles erbringt einen Zahlungsüberschuß von Null: $\psi V_T - \psi V_T = 0$. Im Fall $V_T = X/\psi$ sind die Gläubiger indifferent gegenüber Wandlung und vereinbarungsgemäßer Rückzahlung, da $\psi V_T = X$ ist.[1] Das Portefeuille ist hier ebenfalls wertlos. Im Fall $X/\psi > V_T \geq X$ ziehen die Gläubiger die vereinbarungsgemäße Rückzahlung vor, da $V_T \geq X > \psi V_T$ ist. Folglich ergibt sich durch Glattstellen der Portefeuillepositionen ein Einzahlungsüberschuß von $X - \psi V_T$. Im Fall $V_T < X$ kann der Schuldner die vereinbarungsgemäße Rückzahlung nur teilweise leisten. Das Unternehmen geht nun in den Konkurs, da für die Gläubiger die Verwertung des Unternehmensvermögens als Folge des Konkurses günstiger ist als die Wandlung: $V_T > \psi V_T$.

---

1) Aus $V_T = X/\psi$ muß wegen $1 > \psi > 0$ auch hier $V_T > X$ folgen.

Durch Glattstellen der Portefeuillepositionen ergibt sich dann ein Einzahlungsüberschuß von $V_T - \psi V_T$. In allen vier Fällen ist also der Zahlungsüberschuß in T nicht negativ, nachdem in t ein Einzahlungsüberschuß erzielt wurde.

Derartige Arbitragemöglichkeiten können unter den genannten Annahmen nicht bestehen, so daß der Wert der nicht vor Endfälligkeit gewandelten Anleihe in t c.p. mindestens so hoch sein muß wie der Umwandlungswert. Wandelanleihen werden deshalb hier nicht vor Endfälligkeit gewandelt. Diese Schlußfolgerungen gelten auch, wenn man die Annahme der gleichzeitigen Ausübung aller Anleihestücke aufhebt. Dann läßt sich zeigen, daß auch durch sequentielle Ausübung kein Vorteil erzielbar ist.[1]

Aus den bisherigen Ausführungen folgt unmittelbar, daß bei Endfälligkeit gewandelt wird, wenn der Umwandlungswert größer ist als der Wert der nicht gewandelten Anleihe. Der Wert der Wandelanleihe (DCV) ist daher bei Ablauf der Restlaufzeit

$$DCV_T = \begin{cases} \psi V_T & \text{wenn} \quad V_T > X/\psi \\ X & \text{wenn} \quad X/\psi \geq V_T \geq X \\ V_T & \text{wenn} \quad V_T < X \end{cases}$$

oder $DCV_T = \max\{\psi V_T;\ \min(X;\ V_T)\}$[2].

---

1) Siehe J. C. Cox und M. Rubinstein, Options, 1985, S. 401 f. in Verbindung mit S. 405, 397 - 399. Eine einfache Begründung wird weiter unten geliefert, siehe S. 302 dieser Arbeit.

2) Siehe auch J. E. Ingersoll, Jr., Contingent claims, 1977, S. 303. Die Gleichung läßt sich auch in folgender Form schreiben: $DVC_T = \min\{V_T;\ \max(X;\ \psi V_T)\}$. Man findet sie bei ebda., S. 294; C. W. Smith, Jr., Applications, 1979, S. 93 f.; S. P. Mason und R. C. Merton, Contingent claims, 1985, S. 29. Siehe auch L. Kruschwitz und R. Schöbel, Bewertung von Options- und Wandelanleihen, 1985, S. 13, Gleichung (4.4) für $X^Z = 0$.

Um nun den Anleihewert vor Endfälligkeit, DCV_t, zu bestimmen, ist es nützlich, die Gleichung umzuformen. Die nachstehende Übersicht zeigt, daß die Wandelanleihe bei Endfälligkeit einem Portefeuille äquivalent ist, das aus einer vergleichbaren nicht wandelbaren Anleihe und einer Kaufoption auf ψV mit Basispreis X besteht. Es gilt also $\min(X; V_T) + \max(0; \psi V_T - X) = D_T + C(\psi V)_T = DCV_T$.[1]

Übersicht 3.2: Äquivalenz einer Wandelanleihe ohne Zuzahlung und eines Portefeuilles aus einer nicht wandelbaren Anleihe und einer Kaufoption bei Endfälligkeit

	$V_T > X/\psi$	$X/\psi \geq V_T \geq X$	$V_T < X$
D_T	X	X	V_T
$+ C(\psi V)_T$	$\psi V_T - X$	0	0
$= DCV_T$	ψV_T	X	V_T

Unter den genannten Annahmen entspricht die Option der einfachen Aktienkaufoption des zweiten Teils der Arbeit, die aus Arbitragegründen auch dann nicht vor Ablauf der Optionsfrist ausgeübt wird, wenn sie eine amerikanische Option ist.[2] Auch so wird deutlich, warum die Wandelanleihe nicht vor Endfälligkeit gewandelt wird.

1) Siehe auch C. W. Smith, Jr., Applications, 1979, S. 94.

2) Siehe S. 60 f.

Es muß folglich auch im Zeitpunkt t gelten:[1)2)]

$$(3.65) \qquad DCV_t = D_t + C(\psi V)_t$$

Damit ist klar, daß der Wert der nicht wandelbaren Anleihe D_t die Fremdkapitalkomponente des Wandelanleihewertes darstellt und daß der Kaufoptionswert $C(\psi V)_t$ angibt, wieviel das Wandlungsrecht und somit die Eigenkapitalkomponente wert ist.[3)] Man kann nun die Black-Scholes-Kaufoptionsformel auf die Bewertung der Kaufoption $C(\psi V)_t$ übertragen, da ψ hier konstant ist und deshalb die Wertverlaufshypothese für V_t nach Black und Scholes, Annahme 7b', entsprechend für ψV_t gelten muß.[4)] So läßt sich in Gleichung (3.65) D_t durch Gleichung (3.3)[5)] und $C(\psi V)_t$ durch Gleichung (2.46)[6)], mit ψV_t für S_t, X für K

1) Siehe J. E. Ingersoll, Jr., Contingent claims, 1977, S. 3o4.

2) Cox und Rubinstein entwickeln folgende Gleichung:
$DCV_t = V_t - C(V)_t + \psi C(V; X/\psi)_t$; vgl. J. C. Cox und M. Rubinstein, Options, 1985, S. 401 f. Der Verfasser hält Gleichung (3.65) für ökonomisch überzeugender.

3) Siehe J. E. Ingersoll, Jr., Contingent claims, 1977, S. 304; C. W. Smith, Jr., Applications, 1979, S. 95.

4) Ähnlich auch im Zusammenhang mit der Bewertung von Optionsscheinen L. Kruschwitz und R. Schöbel, Bewertung von Options- und Wandelanleihen, 1985, S. 8 f. Die Autoren unterstellen allerdings, daß V_t einem kontinuierlichen Zufallprozeß folgt und am Ende eines beliebigen Zeitraums logarithmisch normalverteilt ist; siehe ebda., S. 2. Wie oben im Zusammenhang mit Aktienoptionsmodellen angemerkt, ist die Annahme restriktiver als erforderlich; vgl. Fußnote .

5) Siehe S. 181.

6) Siehe S. 117.

und σ_V für σ, ersetzen. Man erhält dann für den Wert der Wandelanleihe in t:[1)]

$$(3.66) \quad DCV_t = Xr^{-\tau}N(d_2') + V_tN(-d_1') + \psi V_tN(d_{11}) - Xr^{-\tau}N(d_{12})$$

$$\text{mit } d_1' = \frac{\ln\left(\frac{V_t}{Xr^{-\tau}}\right)}{\sigma_V\sqrt{\tau}} + \frac{1}{2}\sigma_V\sqrt{\tau}$$

$$d_2' = d_1' - \sigma_V\sqrt{\tau}$$

$$d_{11} = \frac{\ln\left(\frac{\psi V_t}{Xr^{-\tau}}\right)}{\sigma_V\sqrt{\tau}} + \frac{1}{2}\sigma_V\sqrt{\tau}$$

$$d_{12} = d_{11} - \sigma_V\sqrt{\tau}$$

oder zusammengefaßt

$$(3.67) \quad DCV_t = Xr^{-\tau}\{N(d_2') - N(d_{12})\} + V_t\{N(-d_1') + \psi N(d_{11})\}.$$

Für den Wert des Wandlungsrechtes (CV) in t gilt $CV_t = C(\psi V)_t$ oder nach Gleichung (2.46)[2)]

$$(3.68) \quad CV_t = \psi V_tN(d_{11}) - Xr^{-\tau}N(d_{12}).$$

Demnach hängen der Anleihewert DCV_t und der Wert des Wandlungsrechtes CV_t allein von V_t, σ_V, X, τ, r und ψ ab. Sie sind folglich unabhängig von speziellen Risikopräferenzen, von Erwartungswerten und von Charakteristika

1) Die von Kruschwitz und Schöbel hergeleitete Formel (4.7) stimmt für den Fall einer Zuzahlung von Null mit Gleichung (3.66) dieser Arbeit überein; siehe L. Kruschwitz und R. Schöbel, Bewertung von Options- und Wandelanleihen, 1985, S. 14 f.

2) Siehe S. 303 f. und S. 117.

anderer Titel außer dem Unternehmensvermögen und risikofreien Anlagen.

Man könnte den Risikoprämiensatz wie bisher auf der Grundlage des vereinbarten Rückzahlungsbetrages und des Marktwertes der Anleihe in t berechnen:

$$g_{DCV_t} = \frac{1}{\tau} \ln\left(\frac{X}{DCV_t}\right) - \ln r.$$

Man erhält dann niedrigere Risikoprämiensätze als für vergleichbare Anleihen, da $DCV_t > D_t$ ist. Demnach müßte also das Bonitätsrisiko durch das Wandlungsrecht gesunken sein. Tatsächlich hat sich jedoch das Bonitätsrisiko nicht verändert. Die Gläubiger der Wandelanleihe müssen die gleichen Ausfälle befürchten wie die Gläubiger der nicht wandelbaren Anleihe. Der niedrigere Risikoprämiensatz ergibt sich durch den gestiegenen Anleihewert, der allein aus dem Wandlungsrecht resultiert, welches den Gläubigern bei günstiger Unternehmensentwicklung einen finanziellen Vorteil bietet. Es wäre folglich irreführend, den Risikoprämiensatz in der beschriebenen Weise zu berechnen. Sinnvollerweise sollte man ihn daher auf der Basis der vergleichbaren nicht wandelbaren Anleihe des Grundmodells bestimmen.

b) Beispiel

Im Zahlenbeispiel zum Grundmodell ($V_t = X = 90$, $\sigma_V = 0,3$, $\tau = 0,5$ und $r = 1,1$) ergaben sich für die Anleihe ohne Wandlungsrecht ein Wert von $D_t = 80,29$ und ein Risikoprämiensatz von 13,3 % pro Periode. Unterstellt man hier zusätzlich $a = 100$, $b = 100$ und $c = 4$, so errechnet man

für das Wandlungsrecht einen Wert von $CV_t = 1{,}91$.[1]
Die Wandelanleihe hat folglich nach Gleichung (3.65) einen Wert von $DCV_t = 80{,}29 + 1{,}91 = 82{,}20$.

c) Veränderung des Anleihe- oder Kreditwertes bei Variation der Parameterwerte

Wie sich Parameterwertänderungen auf den Anleihewert DCV_t auswirken, läßt sich leicht feststellen, wenn man Gleichung (3.65) als Ausgangspunkt wählt. Die partiellen Ableitungen für die reine Anleihe sind bereis im Grundmodell genannt, und die Ableitungen für das Wandlungsrecht sind analog zu den Ableitungen für einfache Aktienkaufoptionen durchzuführen. Hinsichtlich der Auswirkungen einer Änderung des Wandlungsverhältnisses gilt unabhängig von der speziellen Wertverlaufshypothese für V_t die Aussage, daß eine Wandelanleihe c.p. mindestens so viel wert sein muß wie eine Wandelanleihe mit niedrigerem Wandlungsverhältnis. Andernfalls bestünden Arbitragemöglichkeiten.[2]
Es ergeben sich hier folgende partielle Ableitungen:[3]

---

1) Nach Gleichung (3.68) gilt:
$CV_t = 0{,}8 \cdot 90 \cdot 0{,}2354 - 90 \cdot 1{,}1^{-0{,}5} \cdot 0{,}1753 = 1{,}91$.

2) Ist die Anleihe mit dem niedrigen Wandlungsverhältnis mehr wert als die andere Anleihe, so verkaufe man die erste Anleihe und kaufe die zweite Anleihe. Man erzielt so unmittelbar einen Einzahlungsüberschuß. Bei Endfälligkeit ergibt sich dann ein nichtnegativer Zahlungsüberschuß. Auf der Basis von Dominanzüberlegungen auch J. E. Ingersoll, Jr., Contingent claims, 1977, S. 295.

3) Zur ausführlichen Herleitung vgl. S. 486 - 490. In der Literatur findet man lediglich Angaben zu den Wirkungsrichtungen einiger Parameterwertänderungen. Siehe J. E. Ingersoll, Jr., Contingent claims, 1977, S. 304 f.; C. W. Smith, Jr., Applications, 1979, S. 95.

$$(3.69)\quad \frac{\partial DCV_t}{\partial V_t} = N(-d_1') + \psi N(d_{11}) > 0$$

$$(3.70)\quad \frac{\partial^2 DCV_t}{\partial V_t^2} = \frac{1}{V_t \sigma_V \sqrt{\tau}} \{\psi N'(d_{11}) - N'(d_1')\} \lesseqgtr 0$$

$$(3.71)\quad \frac{\partial DCV_t}{\partial \sigma_V} = V_t \sqrt{\tau}\{\psi N'(d_{11}) - N'(d_1')\} \lesseqgtr 0^{1)}$$

$$(3.72)\quad \frac{\partial DCV_t}{\partial X} = r^{-\tau}\{N(d_2') - N(d_{12})\} > 0$$

$$(3.73)\quad \frac{\partial^2 DCV_t}{\partial X^2} = \frac{r^{-\tau}}{X\sigma_V\sqrt{\tau}} \{N'(d_{12}) - N'(d_2')\} \lesseqgtr 0$$

$$(3.74)\quad \frac{\partial DCV_t}{\partial \tau} = Xr^{-\tau}(\ln r)\{N(d_{12}) - N(d_2')\}$$

$$+ \{V_t\sigma_V/(2\sqrt{\tau})\}\{\psi N'(d_{11}) - N'(d_1')\} \lesseqgtr 0$$

$$(3.75)\quad \frac{\partial DCV_t}{\partial \psi} = V_t N(d_{11}) > 0$$

$$(3.76)\quad \frac{\partial^2 DCV_t}{\partial \psi^2} = \frac{V_t}{\psi \sigma_V \sqrt{\tau}} N'(d_{11}) > 0$$

Die wechselnden Vorzeichen der Ableitungen (3.70), (3.71), (3.73) und (3.74) verdeutlichen, daß die Anleihe Fremd-

---

1) Analog zur Ableitung von D_t nach σ_V^2 gilt hier

$$\frac{\partial DCV_t}{\partial \sigma_V^2} = \frac{\partial DCV_t}{\partial \sigma_V} \cdot \frac{1}{2\sigma_V} = V_t \frac{\sqrt{\tau}}{2\sigma_V}\{\psi N'(d_{11}) - N'(d_1')\} \gtrless 0;$$ siehe Fußnote 2, S. 188.

und Eigenkapitalcharakter aufweist. Die Beobachtung konnte man bereits bei voll nachrangigen Anleihen machen.[1] Während dort der Eigenkapitalcharakter dominierte, sobald der Unternehmenswert weit unterhalb des Rückzahlungsbetrages des gesamten Fremdkapitals lag, und der Fremdkapitalcharakter bei relativ hohem Unternehmenswert überwog,[2] da die Gläubiger auch eine Verkaufsoption ausüben können, dominieren hier umgekehrt - aufgrund der Kaufoption - der Eigenkapitalcharakter bei relativ hohem Unternehmenswert und der Fremkapitalcharakter bei relativ niedrigem Unternehmenswert. Die Werte einer Wandelanleihe ohne Zuzahlung lassen sich nun in Abhängigkeit vom Unternehmenswert graphisch folgendermaßen darstellen:

Graphik 3.5: Werte einer unbesicherten unkündbaren Null-Kupon-Anleihe mit dem Recht zur Wandlung ohne Zuzahlung oder eines entsprechenden Kredites in Abhängigkeit vom Unternehmenswert

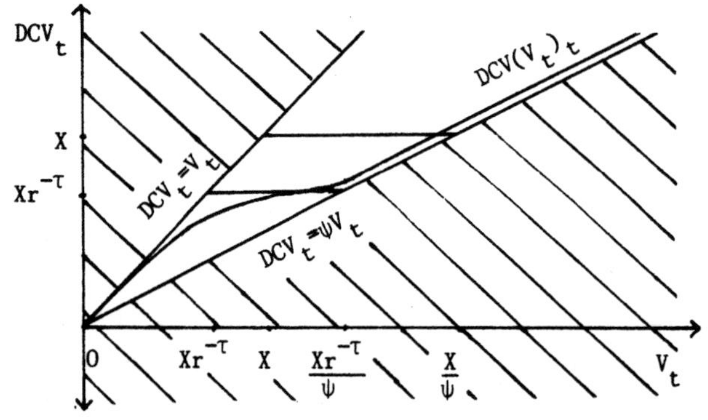

Quelle: J. E. Ingersoll, Jr., Contingent claims, 1977, S. 308; M. J. Brennan und E. S. Schwartz, Convertible bonds: Valuation and optimal strategies for call and conversion, 1977, S. 1706, 1710; P. Ritchken, Options, 1987, S. 352; eigene Darstellung.

---

1) Vgl. S. 229-231.

2) Vgl. S. 230.

Die Werte der Wandelanleihe dürfen nicht im schraffierten Bereich der Graphik liegen, da nach den vorhergehenden Ausführungen die Wandelanleihe nicht weniger wert als der Umwandlungswert und nicht mehr wert als der Unternehmenswert sein kann. Bei Endfälligkeit gilt $DCV_T = \max\{\psi V_T; \min(X; V_T)\}$, so daß die Anleihe erst gewandelt wird, wenn V_T rechts von $\frac{X}{\psi}$ liegt.

2. Wandlungsrechte mit Zuzahlung

In diesem Abschnitt wurden bisher Wandlungsrechte ohne Zuzahlung unterstellt, mit der Folge, daß die Wertentwicklung des Unternehmens von einer Wandlung unberührt blieb. Außerdem ergab sich aus den Annahmen 6', 8j und 8k,[1] daß eine Wandlung nur bei Endfälligkeit optimal sein kann. Betrachtet man nun Wandlungsrechte mit Zuzahlung, so fließen dem Unternehmen bei Wandlung zusätzliche Mittel in Höhe des Zuzahlungsbetrages zu und erhöhen das Unternehmensvermögen entsprechend. Daraus ergeben sich zwei Konsequenzen.

Zum einen kann die zukünftige Wertentwicklung des Unternehmensvermögens nun nicht mehr einem Itô-Prozeß gemäß Annahme 7b' folgen, da im Wandlungsfall das Unternehmensvermögen -sprunghaft- um einen konstanten Betrag steigt. Annahme 7b' gilt hier aber für den Zeitraum vor Wandlung. Für den Zeitraum nach Wandlung ist im Grunde keine spezielle Wertverlaufshypothese erforderlich, da das Unternehmen dann ausschließlich mit Eigenkapital finanziert ist und folglich bei gegebenem Unternehmenswert der Wert des Eigenkapitals in T unabhängig von der Wertverlaufshypothese feststeht.

Zum anderen kann c.p. eine Wandlungsstrategie optimal sein,

1) Siehe S. 299.

bei der die Anleiheparten sequentiell statt zu einem bestimmten Zeitpunkt, bei Endfälligkeit, gewandelt werden.[1] Das wird in der Literatur oft vernachlässigt oder übersehen.[2] Um derartige Bewertungsprobleme zu umgehen, wird hier zusätzlich unterstellt, daß die Wandlung nur bei Endfälligkeit erfolgen kann.[3]

a) Darstellung des Bewertungsmodells

Die Annahmen 7b'[4] und 8k[5] werden nun durch folgende An-

---

1) Vgl. G. M. Constantinides und R. W. Rosenthal, Strategic analysis of competitive exercise of certain financial options, in: JoET, Vol. 32 (1984), S. 128 - 138; G. M. Constantinides, Warrant exercise and bond conversion in competitive markets, in: JoFE, Vol. 13 (1984), S. 371 - 397; beide Aufsätze gehen auf eine Untersuchung zurück, die Emanuel im Zusammenhang mit Optionsscheinen durchgeführt hat; vgl. D. C. Emanuel, Warrant valuation and exercise strategy, in: JoFE, Vol. 12 (1983), S. 211 - 236; vgl. auch J. C. Cox und M. Rubinstein, Options, 1985, S. 391, 397 - 401, 405; siehe auch L. Kruschwitz und R. Schöbel, Bewertung von Options- und Wandelanleihen, 1985, S. 20.

2) Siehe z.B. J. E. Ingersoll, Jr., Contingent claims, 1977; ders., Call policies, 1977; M. J. Brennan und E. S. Schwartz, Convertible bonds: Valuation and optimal strategies for call and conversion, 1977; dies., Analyzing convertible bonds, 1980, S. 907 - 929; P. Swoboda und M. Kamschal, Bewertung deutscher Wandelanleihen, 1979; N. Senghas, Präferenzfreie Bewertung, 1981, S. 53 - 63 sowie im Zusammenhang mit Optionsscheinen und/ oder Bezugsrechten C. W. Smith, Jr., Alternative methods for raising capital: Rights versus underwritten offering, in: JoFE, Vol. 5 (1977), S. 301 - 304; ders., Applications, 1979, S. 99 - 101; L. Kruschwitz, Bezugsrechtsemissionen in optionspreistheoretischer Sicht, in: KuK, 19. Jg. (1986), S. 113 - 117.

3) Man bezeichnet Wandelanleihen, die nur zu einem festgelegten Zeitpunkt wandelbar sind, auch als europäische Wandelanleihen (englisch: European convertible bonds), und Anleihen, die über die gesamte Laufzeit wandelbar sind, auch als amerikanische Wandelanleihen (englisch: American convertible bonds); siehe G. M. Constantinides, Warrant exercise, 1984, S. 372; J. C. Cox und M. Rubinstein, Options, 1985, S. 401 f.

4) Siehe S. 177 f.

5) Siehe S. 298.

nahmen ersetzt:[1]

7.b'') Der Handel von Finanztiteln erfolgt kontinuierlich. Die Marktteilnehmer besitzen homogene Erwartungen hinsichtlich der zukünftigen Wertentwicklung des jeweiligen Unternehmensvermögens. Sie entspricht für den Zeitraum vor der Eigenkapitalerhöhung einem Itô-Prozeß mit konstanter Standardabweichung der Unternehmensrendite pro Periode.

8.k') Die Wandlung ist nur bei Endfälligkeit möglich und erfordert eine Zuzahlung.

Unter den Annahmen werden sich alle Anleihegläubiger bei Endfälligkeit einheitlich verhalten, denn wenn für einen Gläubiger die Wandlung vorteilhaft ist, so ist sie auch für alle anderen Gläubiger vorteilhaft, und wenn für einen Gläubiger die Wandlung unvorteilhaft ist, so lohnt sie sich auch für alle anderen Gläubiger nicht. Deshalb soll auch hier wieder die Anleihe als Gesamtposition betrachtet werden.

Es werden Symbole verwendet, die hier folgende Bedeutung haben:

XZ Summe der Zahlungen, die von den Anleihegläubigern im Wandlungsfall insgesamt zu leisten ist, im weiteren kurz: Zuzahlung

V Wert des Unternehmensvermögens ohne Zuzahlung

---

1) Siehe auch L. Kruschwitz und R. Schöbel, Bewertung von Options- und Wandelanleihen, 1985, S. 11. Die Autoren unterstellen allerdings die Annahmen 7b'' und 9a nur implizit; siehe ebda., S. 2 f., 11.

Im Wandlungsfall beträgt der Wert des gesamten Unternehmensvermögens demnach $V_T + XZ$. Den Anleihegläubigern stehen dann insgesamt Eigenkapitaltitel im Werte von $\psi(V_T + XZ)$ gegen Zahlung von XZ und Verzicht auf die Anleiherückzahlung zu. Der Umwandlungswert der Anleihe ist folglich $\max\{0; \psi(V_T + XZ) - XZ\}$. Ob sich die Wandlung lohnt, hängt bei gegebenen ψ und XZ allein von der Höhe des Unternehmenswertes ohne Zuzahlung ab. Hier lassen sich die Überlegungen zur Bewertung der Wandelanleihe ohne Zuzahlung übertragen.[1)]

Im Fall $V_T > \frac{X + XZ(1-\psi)}{\psi}$ kann der Schuldner seinen Verpflichtungen voll nachkommen, da wegen $1 > \psi > 0$ und $XZ > 0$ auch $V_T > X$ ist. Die Gläubiger werden hier von ihrem Wandlungsrecht Gebrauch machen, da der Umwandlungswert über dem vereinbarten Rückzahlungsbetrag liegt: $\max\{0; \psi(V_T + XZ) - XZ\} > X$. Im Fall $V_T = \frac{X + XZ(1-\psi)}{\psi}$ sind die Gläubiger indifferent gegenüber Wandlung und vereinbarungsgemäßer Rückzahlung,[2)] da $\psi(V_T + XZ) - XZ = X$ ist, und im Fall $\frac{X + XZ(1-\psi)}{\psi} > V_T \geq X$ ziehen die Gläubiger die Anleiherückzahlung vor, da $V_T \geq X > \psi(V_T + XZ) - XZ$ ist. Im Fall $V_T < X$ kann der Schuldner seine Verpflichtungen nur teilweise erfüllen. Es wird nun der Konkurs über das Unternehmen eröffnet, da die Übernahme des ganzen Unternehmensvermögens im Zuge des Konkurses für die Gläubiger vorteilhafter ist als die Wandlung: $V_T > \psi(V_T + XZ) - XZ$. Die Wandelanleihe mit Zuzahlung (DCVXZ) hat daher bei Endfälligkeit folgenden Wert:

---

1) Siehe S. 298 - 301.

2) Auch hier muß wegen $1 > \psi > 0$ gelten: $V_T > X$.

$$DCVXZ_T = \begin{cases} \psi(V_T + XZ) - XZ & \text{wenn } V_T > \dfrac{X + XZ(1-\psi)}{\psi} \\ X & \text{wenn } \dfrac{X + XZ(1-\psi)}{\psi} \geq V_T \geq X \\ V_T & \text{wenn } V_T < X \end{cases}$$

oder $DCVXZ_T = \max\{\psi(V_T + XZ) - XZ;\ \min(X;\ V_T)\}$.[1)]

Hier läßt sich der Endwert der Wandelanleihe zerlegen in den Endwert der reinen Anleihe und den Endwert einer Kaufoption auf ψV, wobei sich der Basispreis allerdings im Vergleich zum Fall ohne Zuzahlung auf $X + XZ(1 - \psi)$ erhöht. Es ist demnach $\min(X;\ V_T) + \max\{0;\ \psi V_T - X - XZ(1 - \psi)\} = D_T + C\{\psi V;\ X + XZ(1 - \psi)\}_T = DCVXZ_T$, was die nachstehende Übersicht verdeutlicht.

Übersicht 3.3: Äquivalenz einer Wandelanleihe mit Zuzahlung und eines Portefeuilles aus einer nicht wandelbaren Anleihe und einer Kaufoption bei Endfälligkeit

	$V_T > \frac{X+XZ(1-\psi)}{\psi}$	$\frac{X+XZ(1-\psi)}{\psi} \geq V_T \geq X$	$V_T < X$
D_T	X	X	V_T
$+\ C\{\psi V;X+XZ(1-\psi)\}_T$	$\psi V_T-X-XZ(1-\psi)$	0	0
$=\ DCVXZ_T$	$\psi(V_T+XZ)-XZ$	X	V_T

Annahmegemäß kann die Wandelanleihe mit Zuzahlung nicht vor Endfälligkeit gewandelt werden. Daher muß die betrachtete Option in t einer einfachen Aktienkaufoption

1) Die Gleichung läßt sich auch schreiben als $DCVXZ_T = \min(V_T;\ \max\{X;\ \psi(V_T + XZ) - XZ\})$. Diese Gleichung findet man bei L. Kruschwitz und R. Schöbel, Bewertung von Options- und Wandelanleihen, 1985, S. 13.

entsprechen, die bekanntlich nicht vor Ablauf der Restlaufzeit ausgeübt wird.[1] Es gilt deshalb auch in t:

$$(3.77) \qquad DCVXZ_t = D_t + C\{\psi V;\ X + XZ(1-\psi)\}_t$$

Die Gleichung unterscheidet sich von der entsprechenden Gleichung für Wandelanleihen ohne Zuzahlung nur hinsichtlich des Basispreises der Option.[2] Unter den genannten Annahmen kann man nun analog vorgehen und in Gleichung (3.77) die Fremdkapitalkomponente D_t durch Gleichung (3.3)[3] und die Eigenkapitalkomponente $C\{\psi V;\ X + XZ(1-\psi)\}_t$ durch Gleichung (2.46), mit ψV_t für S_t, $X + XZ(1-\psi)$ für K und σ_V für σ[4], ersetzen. Der Wert der Wandelanleihe mit Zuzahlung ist dann in t:[5]

$$(3.78) \qquad DCVXZ_t = Xr^{-\tau}N(d_2') + V_tN(-d_1') + \psi V_tN(d_{13}) - \{X + XZ(1-\psi)\}r^{-\tau}N(d_{14})$$

$$\text{mit } d_1' = \frac{\ln\left(\frac{V_t}{Xr^{-\tau}}\right)}{\sigma_V\sqrt{\tau}} + \frac{1}{2}\sigma_V\sqrt{\tau}$$

$$d_2' = d_1' - \sigma_V\sqrt{\tau}$$

$$d_{13} = \frac{\ln\left\{\frac{\psi V_t}{\{X+XZ(1-\psi)\}r^{-\tau}}\right\}}{\sigma_V\sqrt{\tau}} + \frac{1}{2}\sigma_V\sqrt{\tau}$$

$$d_{14} = d_{13} - \sigma_V\sqrt{\tau}$$

1) Siehe S. 60 f.

2) Siehe Gleichung (3.65), S. 303.

3) Siehe S. 181.

4) Siehe S. 117.

5) Siehe auch L. Kruschwitz und R. Schöbel, Bewertung von Options- und Wandelanleihen, 1985, S. 14 f.

oder zusammengefaßt

$$(3.79)\quad DCVXZ_t = Xr^{-\tau}\{N(d_2') - N(d_{14})\} - XZ(1-\psi)r^{-\tau} N(d_{14}) + V_t\{N(-d_1') + \psi N(d_{13})\}$$

Das Wandlungsrecht hat hier in t einen Wert von $CVXZ_t$ = $C\{\psi V;\ X + XZ(1-\psi)\}_t$ oder nach Gleichung (2.46)[1)]

$$(3.80)\quad CVXZ_t = \psi V_t N(d_{13}) - \{X + XZ(1-\psi)\}r^{-\tau}N(d_{14})$$

Die hergeleiteten Formeln liefern die Gleichungen zur Bewertung von Wandelanleihen und Wandlungsrechten ohne Zuzahlungen, indem man jeweils XZ = 0 setzt. Sie zeigen, daß der Anleihewert $DCVXZ_t$ und der Wert des Wandlungsrechts $CVXZ_t$ allein von V_t, σ_V, X, τ, r, ψ und XZ abhängen und folglich unabhängig von speziellen Risikopräferenzen, von Erwartungswerten und von Charakteristika anderer Titel außer dem Unternehmensvermögen und risikofreien Anlagen sind.

b) Beispiel

Greift man auf das Zahlenbeispiel für die Anleihe ohne Zuzahlung zurück (V_t = X = 9 , σ_V = 0,3, τ = 0,5, r = 1,1, a = 100, b = 100 und c = 4) und unterstellt hier XZ = 20, so errechnet sich für das Wandlungsrecht mit Zuzahlung ein Wert von $CVXZ_t$ = 1,33.[2)] Da nach den obigen Berechnungen D_t = 80,29 ist[3)], hat die Anleihe mit Zuzahlung

---

1) Siehe S. 314 und S. 117.

2) Nach Gleichung (3.80) ist
$CVXZ_t = 0{,}8\cdot 90\cdot 0{,}1772-(90+20\cdot 0{,}2)\cdot 1{,}1^{-0{,}5}\cdot 0{,}1275 = 1{,}33.$

3) Siehe S. 185.

nach Gleichung (3.77) einen Wert von $DCVXZ_t$ = 80,29 + 1,33 = 81,62. Erwartungsgemäß sinkt der Wert der Wandelanleihe durch die Zuzahlung, und zwar um 0,58 von 82,20[1] auf 81,62.

c) Veränderung des Anleihe- oder Kreditwertes bei Variation der Parameterwerte

Eine Analyse des Werts der Wandelanleihe mit Zuzahlung in Abhängigkeit von den Parameterwerten liefert, verglichen mit der Anleihe ohne Zuzahlung, c.p. gleiche Ergebnisse hinsichtlich des Vorzeichens von Wertänderungen. Die Zuzahlung führt aber dazu, daß die partiellen Ableitungen nicht identisch sind:[2]

$$(3.81) \qquad \frac{\partial DCVXZ_t}{\partial V_t} = N(-d_1') + \psi N(d_{13}) > 0$$

$$(3.82) \qquad \frac{\partial^2 DCVXZ_t}{\partial V_t^2} = \frac{1}{V_t \sigma_V \sqrt{\tau}} \{\psi N'(d_{13}) - N'(d_1')\} \lesseqgtr 0$$

$$(3.83) \qquad \frac{\partial DCVXZ_t}{\partial \sigma_V} = V_t \sqrt{\tau} \{\psi N'(d_{13}) - N'(d_1')\} \lesseqgtr 0^{3)}$$

$$(3.84) \qquad \frac{\partial DCVXZ_t}{\partial X} = r^{-\tau} \{N(d_2') - N(d_{14})\} > 0$$

---

1) Siehe S. 306.

2) Zur ausführlichen Herleitung der nachfolgenden Gleichungen vgl. S. 491 - 496.

3) Analog zur Ableitung von D_t nach σ_V^2 gilt hier

$$\frac{\partial DCVXZ_t}{\partial \sigma_V^2} = \frac{\partial DCVXZ_t}{\partial \sigma_V} \cdot \frac{1}{2\sigma_V} = V_t \frac{\sqrt{\tau}}{2\sigma_V} \{\psi N'(d_{13}) - N'(d_1')\} \lesseqgtr 0;$$ siehe Fußnote 2, S. 188.

$$(3.85)\quad \frac{\partial^2 DCVXZ_t}{\partial X^2} = r^{-\tau}\left\{\frac{N'(d_{14})}{\{X+XZ(1-\psi)\}\sigma_V\sqrt{\tau}} - \frac{N'(d_2')}{X\sigma_V\sqrt{\tau}}\right. \lesseqgtr 0$$

$$(3.86)\quad \frac{\partial DCVXZ_t}{\partial \tau} = Xr^{-\tau}(\ln r)\{N(d_{14}) - N(d_2')\}$$
$$+ XZ(1-\psi)r^{-\tau}(\ln r)N(d_{14}) + \{V_t\sigma_V/(2\sqrt{\tau})\}$$
$$\{\psi N'(d_{13}) - N'(d_1')\} \gtrless 0$$

$$(3.87)\quad \frac{\partial DCVXZ_t}{\partial \psi} = V_tN(d_{13}) + XZr^{-\tau}N(d_{14}) > 0$$

$$(3.88)\quad \frac{\partial^2 DCVXZ_t}{\partial \psi^2} = \frac{X + XZ}{\sigma_V\sqrt{\tau}\psi\{X+XZ(1-\psi)\}}\{V_tN'(d_{13})$$
$$+ XZr^{-\tau}N'(d_{14})\} > 0$$

Für die Auswirkungen von Änderungen des Zuzahlungsbetrages gilt:

$$(3.89)\quad \frac{\partial DCVXZ_t}{\partial XZ} = -(1-\psi)r^{-\tau}N(d_{14}) < 0$$

$$(3.90)\quad \frac{\partial^2 DCVXZ_t}{\partial XZ^2} = \frac{(1-\psi)^2 r^{-\tau}}{\{X + XZ(1-\psi)\}\sigma_V\sqrt{\tau}} N'(d_{14}) > 0$$

Die Anleihe ist also eine negative konvexe Funktion des Zuzahlungsbetrages. Eine Erhöhung von XZ wirkt ähnlich wie eine Basispreiserhöhung bei einfachen Aktienkaufoptionen. Allerdings wird der negative Effekt teilweise dadurch kompensiert, daß die Zuzahlung den Unternehmenswert nach Wandlung erhöht.[1]

---

1) Gemäß allgemeinen Arbitrageüberlegungen muß die Anleihe eine nichtpositive konvexe Funktion des Zuzahlungsbetrages sein; vgl. S. 67 - 70. Aufgrund der speziellen Wertverlaufshypothese für V_t ist die Funktion hier negativ.

Die Werte der Wandelanleihe mit Zuzahlung in Abhängigkeit vom Unternehmenswert lassen sich graphisch wie folgt darstellen:

Graphik 3.6: Werte einer unbesicherten, unkündbaren Null-Kupon-Anleihe mit dem Recht zur Wandlung mit Zuzahlung oder eines entsprechenden Kredites in Abhängigkeit vom Unternehmenswert

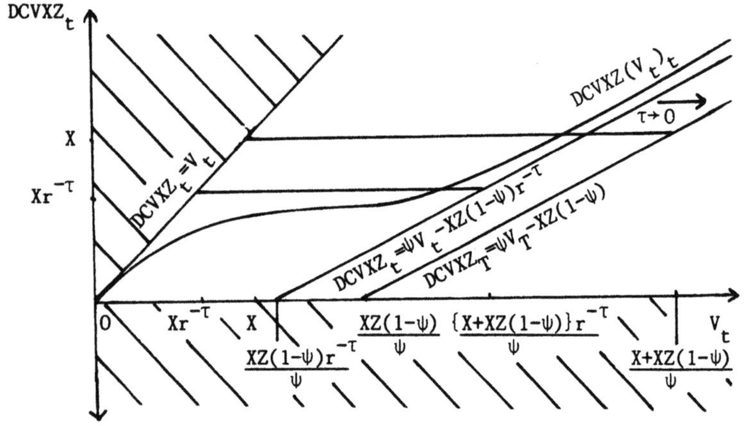

Quelle: L. Kruschwitz und R. Schöbel, Bewertung von Options- und Wandelanleihen, 1985, S. 14; eigene Darstellung.

Analog zur Anleihe ohne Zuzahlung ist der Unternehmenswert V_t die Anleihewertobergrenze. Bei der Untergrenze des möglichen Wertebereiches ist zu berücksichtigen, daß die Anleihe mit Zuzahlung annahmegemäß erst bei Ablauf der Restlaufzeit wandelbar ist. Aus Arbitragegründen muß hier die Wertuntergrenze $\max\{0; \psi V_t - XZ(1-\psi)r^{-\tau}\}$ sein.[1)]

---

1) Vgl. zum Beweis der ähnlichen Wertuntergrenze von einfachen Aktienkaufoptionen S. 58-62.

Mit abnehmender Restlaufzeit verschiebt sich die Wertuntergrenze nach rechts. Bei Endfälligkeit gilt $DCVXZ_T = \max\{\psi(V_T + XZ) - XZ;\ \min(X;\ V_T)\}$, so daß die Anleihe nur gewandelt wird, wenn der Unternehmenswert in T rechts von $\frac{X + XZ(1-\psi)}{\psi}$ liegt. Die Anleihewerte dürfen folglich grundsätzlich nicht im schraffierten Bereich der Graphik liegen, und in t muß gelten: $V_t > DCVXZ_t > \max\{0;\ \psi V_t - XZ(1-\psi)r^{-\tau}\}$.

3. Bezugsrechte

Ähnlich wie bei Wandelanleihen mit Zuzahlung fließen Unternehmen, die Optionsanleihen begeben, Mittel zu, wenn das im Optionsschein verbriefte Recht ausgeübt wird. Deshalb gilt die Wertverlaufshypothese 7b' ebenfalls nur für den Zeitraum vor Bezugsrechtsausübung[1]. Auch hier könnte eine sequentielle Ausübung vorteilhaft sein[2]. Der Einfachheit halber sei aber wie zuvor unterstellt, daß eine Ausübung nur am Ende der Optionsscheinlaufzeit möglich ist.[3] Es wird zunächst der Fall betrachtet, daß die Bezugsfrist mit Ablauf der Fremdkapitallaufzeit endet. Anschließend wird der Fall einer kürzeren Bezugsfrist behandelt.

a) Die Bezugsfrist endet mit Ablauf der Fremdkapitallaufzeit

α) Darstellung des Bewertungsmodells

Es gelten die Annahmen des Abschnitts A mit Ausnahme der

1) Siehe S. 309.

2) Vgl. die in Fußnote 1, S. 310 genannten Quellen.

3) Man bezeichnet Optionsscheine, die nur zu einem festgelegten Zeitpunkt ausgeübt werden können, auch als europäische Optionsscheine (englisch: European warrants), und Optionsscheine, die über die gesamte Laufzeit des Optionsscheines ausgeübt werden können, auch als amerikanische Optionsscheine (englisch: American warrants); siehe G. M. Constantinides, Warrant exercise, 1984, S. 372; J. C. Cox und M. Rubinstein, Options, 1985, S. 394 - 397.

Annahmen 7b' und 8a.[1] An ihre Stelle treten die Annahmen 7b''[2], 81 und 8m:[3]

8.1) Die Passiva des betrachteten Unternehmens bestehen aus reinem Eigenkapital und aus einer unbesicherten, unkündbaren Null-Kupon-Anleihe mit Optionsscheinen oder aus einem entsprechenden Kredit.[4] Die Anleihe bzw. der Kredit besteht aus gleich ausgestatteten Parten mit jeweils einem Optionsschein. Ein Optionsschein berechtigt zum Bezug einer bestimmten Anzahl von Eigenkapitaltiteln zu einem festgelegten Preis bei Ablauf der Laufzeit. Die Anteile am reinen Eigenkapital sind gleich ausgestattet. Abgesehen von den über Optionsscheine beziehbaren Titeln begibt das Unternehmen während der Anleiherestlaufzeit keine Finanztitel.

---

1) Siehe S. 177f.

2) Siehe S. 311. Auch hier ist eine spezielle Wertverlaufshypothese für den Zeitraum nach der Optionsscheinausübung überflüssig, da die Unternehmung dann vollkommen eigenfinanziert ist; vgl. S. 309.

3) Siehe auch V. Kjer, Optionsanleihen, 1981, insb. S. 1o9 - 111; L. Kruschwitz und R. Schöbel, Bewertung von Options- und Wandelanleihen, 1985, S. 2 f., 6 f.; H. Uhlir und P. Steiner, Wertpapieranalyse, 1986, S. 248 f.; die Autoren unterstellen die Annahmen 7b'' und 9a allerdings nur implizit. Ihr Ansatz basiert auf Modellen zur Bewertung von Bezugsrechten und Optionsscheinen, die entwickelt wurden von H. Weddige, Optionsrechte, 1973, S. 156 f.; C. W. Smith, Jr., Alternative methods, 1977, S. 3o1 - 3o4; D. Galai und M. I. Schneller, Pricing of warrants and the value of the firm, in: JoF, Vol. 33 (1978), S. 1333 - 1342; siehe auch C. W. Smith, Jr., Applications, 1979, S. 99 - 1o1; J. C. Cox und M. Rubinstein, Options, 1985, S. 392 - 397; L. Kruschwitz, Bezugsrechtsemissionen, 1986, S. 113 - 117; H. Uhlir und P. Steiner, Wertpapieranalyse, 1986, S. 247 f.; P. Ritchken, Options, 1987, S. 342 - 348.

4) Siehe Fußnoten 2, 3, S. 178.

8.m) Die reine Anleihe und die Optionsscheine haben die gleiche Laufzeit.

Da der Optionsschein und die reine Anleihe hier die gleiche Laufzeit haben, kann die reine Anleihe unabhängig vom Optionsschein bewertet werden. Sie entspricht einer unbesicherten, unkündbaren Null-Kupon-Anleihe, deren Wert D_t sich aus Gleichung (3.3) errechnet.[1] Die Optionsscheine können als Gesamtposition betrachtet werden, denn unter den genannten Annahmen werden sich die Optionsscheininhaber bei Endfälligkeit homogen verhalten, indem sie alle ihr Bezugsrecht wahrnehmen oder alle das Recht verfallen lassen.[2] Bezeichnet W_t den Gesamtwert der Optionsscheine in t, so gilt für den Wert der Optionsanleihe (DW) in t

$$(3.91) \qquad DW_t = D_t + W_t$$

In diesem Abschnitt werden Symbole verwendet, die hier folgende Bedeutung haben:

a' = Anzahl der vor Ausübung der Optionsscheine umlaufenden reinen Eigenkapitalparten des Unternehmens

b' = Anzahl der begebenen Optionsscheine

c' = Anzahl reiner Eigenkapitalparten, die man durch Ausübung eines Optionsscheines beziehen kann

$\psi' = b'c'/(a' + b'c')$

1) Siehe S. 181.

2) Das galt entsprechend auch für Wandelanleihen; siehe S. 311.

XW = Summe der Zahlungen, die die Optionsscheininhaber bei Ausübung insgesamt an das Unternehmen leisten müssen, kurz: Bezugspreis,

V = Wert des Unternehmensvermögens ohne den Nettokapitalzufluß bei Ablauf der Optionsscheinlaufzeit.

Ist bei Endfälligkeit die reine Anleihe vereinbarungsgemäß zurückgezahlt und eine Ausübung der Optionsscheine vorteilhaft, so beträgt der Wert des gesamten Unternehmensvermögens $V_T - X + XW$. Die Optionsscheininhaber beziehen dann Eigenkapitaltitel im Werte von insgesamt $\psi'(V_T - X + XW)$ gegen Zahlung des Bezugspreises XW. Die Ausübung ist folglich vorteilhaft, sofern der Wert der Eigenkapitaltitel größer ist als der Preis, der für ihren Bezug zu zahlen ist: $\psi'(V_T - X + XW) > XW$. In dem Fall gilt $V_T > X + \frac{XW(1-\psi')}{\psi'}$. Andernfalls lohnt es sich nicht, die Optionsscheine auszuüben. Sie haben folglich bei Endfälligkeit einen Wert von

$$W_T = \begin{cases} \psi'(V_T - X + XW) - XW & \text{wenn } V_T > X + \frac{XW(1-\psi')}{\psi'} \\ 0 & \text{wenn } V_T \leq X + \frac{XW(1-\psi')}{\psi'} \end{cases}$$

oder $W_T = \max\{\psi'(V_T - X + XW) - XW;\ 0\}$.

Für die Bewertungszwecke ist es hilfreich, die Gleichung in folgender Form zu schreiben: $W_T = \max(\psi' V_T - \{XW(1-\psi') + \psi' X\};\ 0)$. So wird deutlich, daß die Optionsscheine wertmäßig einer europäischen Kaufoption auf $\psi' V$ mit Basispreis $XW(1-\psi') + \psi' X$ entsprechen: $W_T = C\{\psi' V;\ XW(1-\psi') + \psi' X\}_T$. Unter den genannten Annahmen müssen beide Titel in t c.p. den gleichen Wert aufweisen:[1]

(3.92) $W_t = C\{\psi'V;\ XW(1-\psi') + \psi'X\}_t$

Da ψ' ebenso wie ψ konstant ist, gilt die Wertverlaufshypothese für V_t nach Black und Scholes entsprechend auch für $\psi'V_t$.[2] Man kann deshalb die Formel zur Bewertung einfacher Aktienkaufoptionen nach Black und Scholes, Gleichung (2.46),[3] mit $\psi'V_T$ für S_t, $XW(1-\psi') + \psi'X$ für K und σ_V für σ, heranziehen, um den Wert der Optionsscheine in t zu berechnen:

(3.93) $W_t = \psi'V_tN(d_{15}) - \{XW(1-\psi') + \psi'X\}r^{-\tau}N(d_{16})$

$$\text{mit } d_{15} = \frac{\ln\left(\dfrac{\psi'V_t}{\{XW(1-\psi') + \psi'X\}r^{-\tau}}\right)}{\sigma_V\sqrt{\tau}} + \frac{1}{2}\sigma_V\sqrt{\tau}$$

$$d_{16} = d_{15} - \sigma_V\sqrt{\tau}$$

---

1) Hier sei folgendes angemerkt: Die einfachen Aktienkaufoptionen werden aus Arbitragegründen nicht vor Ablauf der Optionsfrist ausgeübt, selbst wenn sie amerikanische Optionen sind; siehe S. 60 f. Die Optionsscheine würde man dagegen - wie angedeutet - möglicherweise sequentiell ausüben; siehe S. 309 f. Sie entsprechen daher nicht den einfachen Aktienkaufoptionen. Hier ist folglich Annahme 81 erforderlich, damit eine Ausübung nicht vor Ablauf der Optionsscheinlaufzeit erfolgt und das einfache Bewertungsverfahren anwendbar ist.

2) Siehe S. 303.

3) Siehe S. 117.

Setzt man Gleichung (3.93) in Gleichung (3.91)[1] ein, so erhält man in Verbindung mit Gleichung (3.3)[2] die Formel für den Wert der Optionsanleihe in t:

$$(3.94) \qquad DW_t = Xr^{-\tau} N(d_2') + V_t N(-d_1') + \psi' V_t N(d_{15}) - \{XW(1-\psi') + \psi' X\} r^{-\tau} N(d_{16})$$

oder zusammengefaßt

$$(3.95) \qquad DW_t = Xr^{-\tau}\{N(d_2') - \psi' N(d_{16})\} - XW(1-\psi') r^{-\tau} N(d_{16}) + V_t\{N(-d_1') + \psi' N(d_{15})\}$$

Der Wert der Optionsanleihe und des Optionsscheines hängt damit allein von V_t, σ_V, X, τ, r, ψ' und XW ab. Er ist folglich unabhängig von speziellen Risikopräferenzen, von Erwartungswerten und von Charakteristika anderer Titel außer dem Unternehmensvermögen und risikofreien Anlagen. Bei näherem Vergleich der Gleichungen mit den Gleichungen (3.78) und (3.79)[3] zur Bewertung einer Wandelanleihe mit Zuzahlung erkennt man, daß sich die Gleichungen ineinander überführen lassen. Wenn $XW = X + XZ$, $\psi' = \psi$ und die sonstigen Ausstattungsmerkmale gleich sind, dann muß die Optionsanleihe der Wandelanleihe mit Zuzahlung äquivalent sein.[4]

---

1) Siehe S. 321.

2) Siehe S. 181.

3) Siehe S. 314 f.

4) L. Kruschwitz und R. Schöbel, Bewertung von Options- und Wandelanleihen, 1985, S. 13 f. in Verbindung mit S. 7 - 9. Ähnlich auch für den Fall XZ = 0 J. E. Ingersoll, Jr., Contingent claims, 1977, S. 304, insb. Fußnote 16.

β) Beispiel

Überträgt man das Zahlenbeispiel zur Bewertung einer Wandelanleihe mit Zuzahlung (V_t = X = 90, σ_V = 0,3, τ = 0,5, r = 1,1, a = 100, b = 100, c = 4 und XZ = 20[1]) auf eine entsprechende Optionsanleihe mit a' = a, b' = b, c' = c und XW = X + XZ, dann folgt für den Wert der Optionsscheine und der Optionsanleihe unmittelbar W_t = 1,33 und DW_t = 81,62.

γ) Veränderung des Anleihe- oder Kreditwertes bei Variation der Parameterwerte

Die Analyse des Einflusses der Modellparameter auf den Optionsanleihewert muß der entsprechenden Analyse für Wandelanleihen mit Zuzahlung wegen der strukturellen Gleichheit der Bewertungsformeln ähneln. Tatsächlich stimmen die partiellen Ableitungen auch jeweils hinsichtlich des Vorzeichens überein. Unterschiede ergeben sich jedoch insofern, als bei der Optionsanleihe der Anleiheteil tatsächlich zurückgezahlt wird, während im Fall der Wandelanleihe die reine Anleihe bei Wandlung in Eigenkapitaltitel umgetauscht wird. Folglich unterscheiden sich die Ableitungen von $DCVXZ_t$ und DW_t nach X und τ, und auch die Ableitungen von $DCVXZ_t$ nach XZ und ψ sowie von DW_t nach XW und ψ' sind verschieden:[2]

---

1) Siehe S. 315 f.

2) Zur ausführlichen Herleitung vgl. S. 497-502 . In der Literatur findet man nur Angaben zu den Wirkungsrichtungen von Parameterwertänderungen; siehe V. Kjer, Optionsanleihen, 1981, S. 113 - 119. Zu den Wirkungsrichtungen einiger Parameterwertänderungen auf den Wert von Optionsscheinen, die ohne Anleihestücke begeben wurden, C. W. Smith, Jr., Alternative methods, 1977, S. 304; ders., Applications, 1979, S. 101. Sie sind auf die hier behandelten Optionsscheine übertragbar.

(3.96) $$\frac{\partial DW_t}{\partial V_t} = N(-d_1') + \psi' N(d_{15}) > 0$$

(3.97) $$\frac{\partial^2 DW_t}{\partial V_t^2} = \frac{1}{V_t \sigma_V \sqrt{\tau}} \{\psi' N'(d_{15}) - N'(d_1')\} \gtrless 0$$

(3.98) $$\frac{\partial DW_t}{\partial \sigma_V} = V_t \sqrt{\tau} \{\psi' N'(d_{15}) - N'(d_1')\} \gtrless 0$$ [1)]

(3.99) $$\frac{\partial DW_t}{\partial X} = r^{-\tau} \{N(d_2') - \psi' N(d_{16})\} > 0$$

(3.100) $$\frac{\partial^2 DW_t}{\partial X^2} = r^{-\tau} \{\frac{(\psi')^2 N'(d_{16})}{\{XW(1-\psi')+\psi' X\} \sigma_V \sqrt{\tau}} - \frac{N'(d_2')}{X \sigma_V \sqrt{\tau}}\} \gtrless 0$$

(3.101) $$\frac{\partial DW_t}{\partial \tau} = Xr^{-\tau}(\ln r)\{\psi' N(d_{16}) - N(d_2')\}$$
$$+ XW(1-\psi')r^{-\tau}(\ln r)N(d_{16}) + \{V_t \sigma_V/(2\sqrt{\tau})\}$$
$$\{\psi' N'(d_{15}) - N'(d_1')\} \gtrless 0$$

(3.102) $$\frac{\partial DW_t}{\partial \psi'} = V_t N(d_{15}) + (XW-X)r^{-\tau} N(d_{16}) > 0$$

(3.103) $$\frac{\partial^2 DW_t}{\partial \psi'^2} = \frac{XW}{\{XW(1-\psi')+\psi' X\} \psi' \sigma_V \sqrt{\tau}} \cdot$$
$$\{V_t N'(d_{15}) + (XW-X)r^{-\tau} N'(d_{16})\} > 0$$

---

1) Analog zur Ableitung von D_t nach σ_V^2 gilt hier
$\frac{\partial DW_t}{\partial \sigma_V^2} = \frac{\partial DW_t}{\partial \sigma_V} \cdot \frac{1}{2\sigma_V} = V_t \frac{\sqrt{\tau}}{2\sigma_V} \{\psi' N'(d_{15}) - N'(d_1')\} \lesseqgtr 0$; siehe Fußnote 2, S. 188.

$$(3.104)\quad \frac{\partial DW_t}{\partial XW} = -\ (1-\psi')r^{-\tau}N(d_{16}) < 0$$

$$(3.105)\quad \frac{\partial^2 DW_t}{\partial XW^2} = \frac{(1-\psi')^2 r^{-\tau}}{\{XW(1-\psi')+\psi' X\}\sigma_V\sqrt{\tau}} N'(d_{16}) > 0$$

Die graphische Darstellung der Optionsanleihewerte in Abhängigkeit vom Unternehmenswert entspricht Graphik 3.6 für den Fall, daß XW = X + XZ und $\psi' = \psi$ sind.[1)]

b) Die Bezugsfrist endet vor Ablauf der Fremdkapitallaufzeit

α) Vorbemerkungen

Wie erwähnt, findet man in der optionstheoretischen Literatur zur Bewertung von Optionsanleihen ausschließlich Modelle für den zuvor behandelten Fall, daß die Optionsscheinlaufzeit und die Laufzeit der reinen Anleihe übereinstimmen.[2)] Bekanntlich weisen Optionsscheine aber gewöhnlich die kürzere Laufzeit auf.[3)] Dieser Abschnitt zeigt, wie sich auch für diesen Fall ein Bewertungsmodell entwickeln läßt.

Dabei ist insbesondere zu beachten, daß dem Unternehmen bei Ausübung des Optionsscheines Mittel zufließen, die die Bonität der reinen Anleihe verbessern können.[4)] Bei der Modellentwicklung bieten sich nun mehrere Wege an.

---

1) Siehe S. 318.

2) Siehe S. 296.

3) Siehe S. 294.

4) Kjer weist darauf hin, daß dieses Problem auch im Fall einer gleichlangen Laufzeit des Optionsscheins und der reinen Anleihe auftreten kann, wenn eine vorzeitige Ausübung vorteilhaft ist und erfolgt; vgl. V. Kjer, Optionsanleihen, 1981, S. 98, 104 - 106.

Man kann das Problem umgehen, indem man unterstellt, daß ein Betrag in Höhe des Mittelzuflusses an die Eigner ausgeschüttet wird oder daß ein entsprechender Rückkauf von Anteilen stattfindet.[1)2)] In den Fällen lassen sich die reine Anleihe und der Optionsschein weiterhin separat bewerten. Zur eigentlichen Problemlösung gelangt man aber erst, wenn man unterstellt, daß die zusätzlichen Mittel ganz oder teilweise investiert werden. Dann sind die reine Anleihe und der Optionsschein simultan zu bewerten.

Hier sei dem Weg einer vollständigen Investition des Mittelzuflusses gefolgt. Dabei kommt es, anders als im Fall der Wandelanleihe mit Zuzahlung oder im Fall der Optionsanleihe mit einheitlicher Anleihe- und Optionsscheinlaufzeit, darauf an, wie die Mittel investiert werden. Der Einfachheit halber wird unterstellt, daß die Unternehmung die Mittel anlegt, ohne die Risikostruktur des Unternehmensvermögens zu ändern. Ausgangspunkt der Analyse soll das Grundmodell mit der Wertverlaufshypothese des Binomialansatzes sein. Wie bei der Wandelanleihe mit Zuzahlung und der zuvor behandelten Optionsanleihe Annahme 7b' unzulässig war, so ist hier Annahme 7a' unzulässig, da der Unternehmenswert im Ausübungsfall um einen konstanten Betrag steigt und somit über die gesamte Anleihelaufzeit nicht einem multiplikativen Binomialprozeß mit konstanten

---

1) Ausschüttungen sind in den Grenzen von § 150 Abs. 2 - 4 AktG möglich; Rückkäufe sind nur eingeschränkt statthaft, vgl. §§ 57 Abs. 1, 71 Abs. 1 AktG; §§ 30 Abs. 2, 33 Abs. 2 GmbHG; man könnte sich alternativ auch vorstellen, daß der Mittelzufluß risikofrei angelegt und in späteren Perioden an die alten Eigner ausgeschüttet wird. Dann würde er den Barwert zukünftiger, risikofreier Ausschüttungen darstellen; siehe ähnlich auch V. Kjer, Optionsanleihen, 1981, S. 129, Fußnote 2.

2) Alternativ könnte man auch annehmen, daß die reine Anleihe risikofrei ist. Allerdings steht hier die Bewertung der Bonität von Anleihen im Mittelpunkt des Interesses, so daß diese Annahme wenig sinnvoll erscheint.

Wertänderungsparametern folgen kann. Man kann aber unterstellen, daß der Unternehmenswert je einem solchen Prozeß vor und nach der Optionsscheinausübung folgt.

β) Darstellung des Bewertungsmodells

Es gelten die Annahmen des vorhergehenden Modells mit Ausnahme der Annahmen 7b'' und 8m.[1] An ihre Stelle treten die Annahmen 7a''' und 8m':

7.a''') Der Handel von Finanztiteln erfolgt zu diskreten, äquidistanten Zeitpunkten. Die Marktteilnehmer besitzen homogene Erwartungen hinsichtlich der zukünftigen Wertentwicklung des jeweiligen Unternehmensvermögens. Sie entspricht für die Zeiträume vor und nach Ausübung von Optionsrechten jeweils einem multiplikativen Binomialprozeß mit konstanten Wertänderungsparametern.[2]

8.m') Die Laufzeit der Optionsscheine ist kürzer als die Laufzeit der reinen Anleihe. Im Fall der Ausübung der Optionsscheine wird das Unternehmen den Erlös aus der Kapitalerhöhung so investieren, daß sich die Risikostruktur des Unternehmensvermögens nicht ändert.

---

1) Siehe S. 319 f.

2) Ähnlich bei der Bewertung von amerikanischen Kaufoptionen auf Aktien mit sicheren Dividendenzahlungen und der Bewertung von Wandelanleihen mit Zuzahlung bei sicheren Zins- und Dividendenzahlungen auch N. Senghas, Präferenzfreie Bewertung, 1981, S. 39 f., 59. Im Zusammenhang mit der Bewertung von Wandelanleihen ohne Zuzahlung mit Schuldnerkündigungsrecht und sicheren Zinszahlungen ebenso J. C. Cox und M. Rubinstein, Options,1985, S. 405.

Die Optionsscheine sind demnach auch hier erst am Ende ihrer Laufzeit, in t', ausübbar, wobei aber die Optionsscheinlaufzeit vor der Laufzeit der reinen Anleihe endet (t' < T). Nach den Ausführungen des vorhergehenden Abschnitts ist die Ausübung der Optionsscheine sinnvoll, wenn der Wert der zu beziehenden Eigenkapitaltitel den Bezugspreis (XW) übersteigt. Bezeichnet $DN^m_{t'}$ den Wert der reinen Anleihe nach Optionsscheinausübung in t', so haben die zu beziehenden Titel in t' insgesamt einen Wert von $\psi'(V_{t'} + XW - DN^m_{t'})$. Demnach lohnt sich die Ausübung nur, wenn $\psi'(V_{t'} + XW - DN^m_{t'}) > XW$ ist; andernfalls sind die Optionsscheine wertlos. Die Ungleichung läßt sich umformen zu $V_{t'} > \frac{\psi' DN^m_{t'} + XW(1 - \psi')}{\psi'}$.[1] In t' haben die Optionsscheine (WV) also folgenden Wert:

$$
(3.106)\quad WV_{t'} = \begin{cases} \psi'(V_{t'} + XW - DN^m_{t'}) - XW & \text{wenn } V_{t'} > \dfrac{\psi' DN^m_{t'} + XW(1-\psi')}{\psi'} \\ 0 & \text{wenn } V_{t'} \leq \dfrac{\psi' DN^m_{t'} + XW(1-\psi')}{\psi'} \end{cases}
$$

oder kurz $WV_{t'} = \max\{\psi'(V_{t'} + XW - DN^m_{t'}) - XW; 0\}$.

Falls in t' keine Optionsscheinausübung erfolgt, hat die reine Anleihe einen Wert von $DN^o_{t'}$. Für den Wert der Optionsanleihe (DNWV) gilt deshalb in t'

1) Vgl. S. 322.

$$
(3.107)\quad DNWV_{t'} = \begin{cases} DN^m_{t'} + \psi'(V_{t'} + XW - DN^m_{t'}) - XW & \text{wenn } V_{t'} > \dfrac{\psi' DN^m_{t'} + XW(1-\psi')}{\psi'} \\ DN^\circ_{t'} & \text{wenn } V_{t'} \leq \dfrac{\psi' DN^m_{t'} + XW(1-\psi')}{\psi'} \end{cases}
$$

oder kurz $DNWV_{t'} = \max\{DN^m_{t'} + \psi'(V_{t'} + XW - DN^m_{t'}) - XW; DN^\circ_{t'}\}$.

Der Wert der Optionsscheine in t' und damit auch der Wert der Optionsanleihe hängen davon ab, wie sich die reine Anleihe bis zur Endfälligkeit wertmäßig entwickelt. Hierfür ist es notwendig, die möglichen Anleihewerte bei Endfälligkeit zu kennen. Wurden die Optionsscheine in t' ausgeübt, so hat die Anleihe bei Endfälligkeit einen Wert von $DN^m_T = \min(X; V_T + XW_T)$, wobei XW_T den Wert der in t' investierten Mittel zum Zeitpunkt T bezeichnet. Im anderen Fall gilt analog zum Grundmodell $DN^\circ_T = \min(X; V_T)$. Davon ausgehend kann man die Anleihewerte in t', $DN^m_{t'}$ und $DN^\circ_{t'}$, und dann wiederum den Wert der Optionsanleihe in t, $DNWV_t$, mit dem Binomialansatz bestimmen.

Dabei ist folgendermaßen vorzugehen. Es sind zunächst, vom Unternehmenswert in t ausgehend, die möglichen Wertentwicklungen abzuleiten, wenn die Optionsscheine ausgeübt werden oder verfallen. Daraus lassen sich dann die Verteilungen von DN^m_T und DN°_T ermitteln. Die Verteilungen von $DN^m_{t'}$ und $DN^\circ_{t'}$ kann man nun bestimmen, indem man den einperiodigen Binomialansatz direkt und rekursiv anwendet mit V + XW bzw. V als zugrundeliegendem Wert. Anschließend lassen sich die Verteilungen von $WV_{t'}$ und $DNWV_{t'}$ nach den Gleichungen (3.106) und (3.107) ermitteln. Die Werte in t können schließlich errechnet werden, indem man wiederum den einperiodigen Binomialansatz direkt und rekursiv anwendet. Hier ist nur noch V der zugrundeliegende Wert, da der Wert der Optionsscheine und der Anleihewert vor Ablauf der Optionsscheinlaufzeit allein vom Wert des Unternehmensvermögens ohne den Kapitalzufluß XW abhängen.

Im folgenden wird der Binomialansatz zur Bewertung einer Optionsanleihe mit zweiperiodiger Restlaufzeit angewendet, deren Optionsscheine noch eine Restlaufzeit von einer Periode haben. Da das Unternehmen bei Optionsscheinausübung den Erlös aus der Kapitalerhöhung so investiert, daß die Risikostruktur des Unternehmensvermögens unverändert bleibt, gilt für die Wertentwicklung des Unternehmensvermögens in allgemeiner Schreibweise

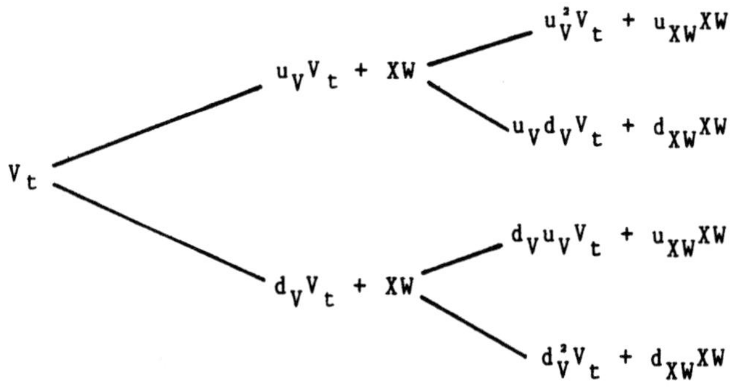

mit $u_{XW} = u_V$ und $d_{XW} = d_V$

Im Fall ohne Optionsscheinausübung gilt

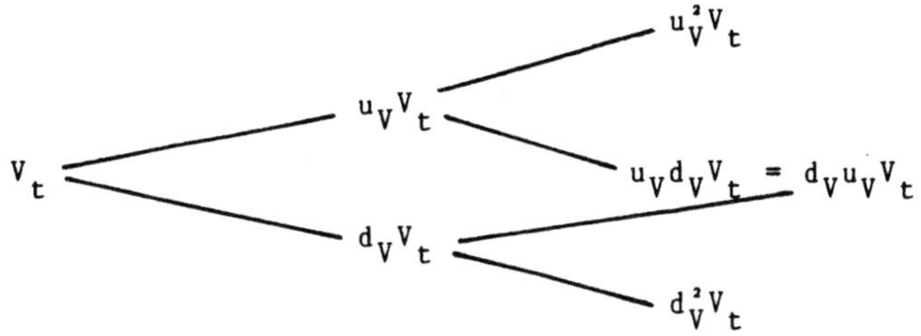

Für die reine Anleihe ergibt sich im Fall der Optionsscheinausübung folgende Wertentwicklung in der zweiten Periode[1]:

$$DN_u^m \to DN_{uu}^m = \min(X;\ u_V^2 V_t + u_V XW)$$

$$DN_u^m \to DN_{ud}^m = \min(X;\ u_V d_V V_t + d_V XW)$$

$$DN_d^m \to DN_{du}^m = \min(X;\ d_V u_V V_t + u_V XW)$$

$$DN_d^m \to DN_{dd}^m = \min(X;\ d_V^2 V_t + d_V XW)$$

$$\text{mit } DN_u^m = \{qDN_{uu}^m + (1-q)DN_{ud}^m\}/r$$

$$DN_d^m = \{qDN_{du}^m + (1-q)DN_{dd}^m\}/r$$

$$q = \frac{r - d_V}{u_V - d_V}$$

1) Vgl. S. 236 - 238.

Im Fall ohne Optionsscheinausübung gilt

$$DN^{\circ}_{u} \rightarrow DN^{\circ}_{uu} = \min(X;\ u_V^2 V_t)$$

$$DN^{\circ}_{u},\ DN^{\circ}_{d} \rightarrow DN^{\circ}_{ud} = DN^{\circ}_{du} = \min(X;\ u_V d_V V_t)$$

$$DN^{\circ}_{d} \rightarrow DN^{\circ}_{dd} = \min(X;\ d_V^2 V_t)$$

$$\text{mit } DN^{\circ}_{u} = \{q DN^{\circ}_{uu} + (1-q) DN^{\circ}_{ud}\}/r$$

$$DN^{\circ}_{d} = \{q DN^{\circ}_{du} + (1-q) DN^{\circ}_{dd}\}/r$$

$$q = \frac{r - d_V}{u_V - d_V}$$

Nun lassen sich die Verteilung des Optionsscheinwertes und damit auch die Verteilung des Anleihewertes DNWV am Ende der ersten Periode nach den Gleichungen (3.106) und (3.107) bestimmen. Es folgt für den Optionsscheinwert in t

$$WV_t \rightarrow WV_u = \max\{\psi'(u_V V_t + XW - DN^{m}_{u}) - XW;\ 0\}$$

$$WV_t \rightarrow WV_d = \max\{\psi'(d_V V_t + XW - DN^{m}_{d}) - XW;\ 0\}$$

$$\text{mit } WV_t = \{q WV_u + (1-q) WV_d\}/r$$

$$q = \frac{r - d_V}{u_V - d_V}$$

Für den Wert der Optionsanleihe in t gilt dann

$$DNWV_t \begin{cases} DNWV_u = \max\{DN_u^m + \psi'(u_V V_t + XW - DN_u^m) - XW;\ DN_u^\circ\} \\ DNWV_d = \max\{DN_d^m + \psi'(d_V V_t + XW - DN_d^m) - XW;\ DN_d^\circ\} \end{cases}$$

$$\text{mit } DNWV_t = \{qDNWV_u + (1-q)DNWV_d\}/r$$

$$q = \frac{r - d_V}{u_V - d_V}$$

Der Wert der reinen Anleihe in t ergibt sich dann als Differenz des Optionsanleihewertes und des Wertes der Optionsscheine:

$$DN_t = DNWV_t - WV_t$$

Die Anleihewerte und der Wert der Optionsscheine hängen somit allein von V_t, u_V, d_V, X, ψ', XW und r ab. Sie sind folglich unabhängig von speziellen Risikopräferenzen, von Erwartungswerten und von Charakteristika anderer Titel außer dem Unternehmensvermögen und risikofreien Anlagen. Da der Wert der reinen Anleihe anders als im vorhergehenden Ansatz von der Optionsscheinausübung abhängt, ist auch DN_t eine Funktion von ψ' und XW.

Der dargestellte Ansatz läßt sich analog auch für Restlaufzeiten mit größerer Periodenanzahl erweitern. Dann würden die Werte zusätzlich noch von der Periodenanzahl der Optionsscheinlaufzeit und der Anleihelaufzeit abhängen.

Auch hier begegnet man besonderen Problemen bei der Bestimmung des Risikoprämiensatzes. Anders als bei der Optionsanleihe mit gleichlanger Laufzeit des Optionsscheins und der reinen Anleihe verbessert sich bei der betrachteten Anleihe die Bonität, wenn die Optionsscheine ausgeübt werden. Dieser Effekt würde vernachlässigt, wenn man den Risikoprämiensatz wie oben auf der Basis des Marktwertes einer vergleichbaren Anleihe ohne Wandlungs- und Bezugsrechte berechnete.[1] Die Folge wäre ein zu hoher Risikoprämiensatz. Verzerrungen ergeben sich ebenfalls, wenn man als Bezugsgröße den Marktwert der Optionsanleihe $DNWV_t$ wählt. Er enthält den Wert des Optionsscheines, der den Gläubigern neben der Bonitätserhöhung finanzielle Vorteile bei günstiger Unternehmensentwicklung bietet. Hier würde folglich ein zu niedriger Risikoprämiensatz ausgewiesen. Eine sachgerechte Bezugsgröße ist dagegen der Wert der reinen Anleihe DN_t. Auf diese Weise berücksichtigt man auch die bonitätserhöhende Wirkung einer Optionsscheinausübung.

γ) Beispiel

Greift man auf das Zahlenbeispiel mit binomialem Unternehmenswertverlauf zurück ($V_t = 50$, $u_V = 2$, $d_V = 0{,}5$, $n = 2$ und $r = 1{,}25$)[2] und unterstellt hier $X = 90$ sowie Optionsscheine mit einperiodiger Restlaufzeit, $\psi' = 0{,}8$ und $XW = 50$, so errechnet sich für die Optionsscheine insgesamt ein Wert von $WV_t = 6{,}88$ und für die Optionsanleihe ein Wert von $DNWV_t = 43{,}28$.[3]

---

1) Vgl. S. 305.

2) Siehe S. 239.

3) Es ist
$$DN_u^m = (0{,}5 \cdot 90 + 0{,}5 \cdot 75)/1{,}25 = 66$$
$$DN_d^m = (0{,}5 \cdot 90 + 0{,}5 \cdot 37{,}5)/1{,}25 = 51$$
$$DN_u^o = (0{,}5 \cdot 90 + 0{,}5 \cdot 50)/1{,}25 = 56$$
$$DN_d^o = (0{,}5 \cdot 50 + 0{,}5 \cdot 12{,}5)/1{,}25 = 25$$
$$WV_t = (0{,}5 \cdot 17{,}2 + 0{,}5 \cdot 0)/1{,}25 = 6{,}88$$
$$DNWV_t = (0{,}5 \cdot 83{,}2 + 0{,}5 \cdot 25)/1{,}25 = 43{,}28$$

$$DN^m_u = 66 \quad \begin{cases} DN^m_{uu} = \min(90;200+100) = 90 \\ DN^m_{ud} = \min(90;50+25) = 75 \end{cases}$$

$$DN^m_d = 51 \quad \begin{cases} DN^m_{du} = \min(90;50+100) = 90 \\ DN^m_{dd} = \min(90;12,5+25) = 37,5 \end{cases}$$

$$DN^\circ_u = 56 \quad \begin{cases} DN^\circ_{uu} = \min(90;200) = 90 \\ DN^\circ_{ud} = DN^\circ_{du} = \min(90;50) = 50 \end{cases}$$

$$DN^\circ_d = 25 \quad \begin{cases} DN^\circ_{du} = \min(90;50) = 50 \\ DN^\circ_{dd} = \min(90;12,5) = 12,5 \end{cases}$$

$$WV_t = 6,88 \quad \begin{cases} WV_u = \max\{0,8(100+50-66)-50;0\} = 17,2 \\ WV_d = \max\{0,8(25+50-51)-50;0\} = 0 \end{cases}$$

$$DNWV_t = 43,28 \quad \begin{cases} DNWV_u = \max\{66+0,8(100+50-66)-50;56\} = 83,2 \\ DNWV_d = \max\{51+0,8(25+50-51)-50;25\} = 25 \end{cases}$$

Die reine Anleihe hat daher in t einen Wert von DN_t = 43,28 - 6,88 = 36,4.[1)]

---

1) Eine entsprechende Anleihe ohne Optionsscheine hat einen Wert von $D_t = 32,4$: $D_u = DN^\circ_u = 56$, $D_d = DN^\circ_d = 25$

$$D_t = (0,5 \cdot 56 + 0,5 \cdot 25)/1,25 = 32,4$$

Die Marktteilnehmer sind bereit, für die Optionsanleihe einen Kurs

Der Risikoprämiensatz der Anleihe in t beträgt 32,24 % pro Periode, sofern man als Berechnungsgrundlage den Marktwert der reinen Anleihe, DN_t, verwendet.[1)]

∂) Veränderung der Anleihe- und Kreditwerte bei Variation der Parameterwerte

Hinsichtlich der Wirkungsrichtung von Parameterwertänderungen auf den Wert der Optionsanleihe lassen sich ähnliche Ergebnisse wie im Fall der gleichlangen Laufzeit des Optionsscheines und der reinen Anleihe feststellen. Änderungen ergeben sich, da hier zwischen der Optionsscheinlaufzeit und der Anleihelaufzeit zu differenzieren ist. Erhöht man die Periodenzahl der Optionsscheinrestlaufzeit (n_1), so erhöht sich der Wert der Optionsanleihe

---

Fortsetzung Fußnote 1, S. 377: von 43,28 zu zahlen. Demnach steigt eine vergleichbare Anleihe ohne Optionsscheine im Wert um 10,88, wenn sie ebenfalls mit Optionsscheinen ausgestattet wird. Der Wert der Optionsscheine ist hier größer als im betrachteten Beispiel, da man die Optionsanleihe einer vergleichbaren Anleihe ohne Optionsscheine gegenüberstellt. Diese Betrachtungsweise ist nur zulässig, wenn die Anleihe in t gerade emittiert wird. Ist die Anleihe dagegen in t bereits begeben, so sind die Optionsscheine von der Anleihe abtrennbar. Die Gläubiger der reinen Anleihe profitieren dann vom bonitätserhöhenden Effekt einer Optionsscheinausübung, während bei der vergleichbaren Anleihe ohne Optionsscheine dieser Effekt nicht eintreten kann, und Optionsscheininhaber, die nicht im Besitz der reinen Anleihe sind, werden durch die Bonitätserhöhung nicht begünstigt. Folglich ist der Wert der Optionsscheine dann kleiner als die Differenz des Optionsanleihewertes und der vergleichbaren Anleihe ($WV_t = 6{,}88 < 10{,}88 = DNWV_t - D_t$), und die reine Anleihe ist mehr wert als die vergleichbare Anleihe ($DN_t = 36{,}4 > 32{,}4 = D_t$).

1) Hier ist die diskrete Verzinsung anzuwenden. Es gilt dann

$$r^*_{DN_t} - r = \sqrt[n]{\frac{X}{DN_t}} - r = \sqrt[2]{\frac{90}{36{,}4}} - 1{,}25 = 0{,}3224.$$

oder bleibt wenigstens konstant ($\frac{\Delta DNWV_t}{\Delta n_1} \geq 0$). Eine Erhöhung der Periodenanzahl der Anleiherestlaufzeit (n_2) hat dagegen die umgekehrte Wirkung ($\frac{\Delta DNWV_t}{\Delta n_2} \leq 0$). Im übrigen sind, bedingt durch den binomialen Wertverlauf, nichtnegative statt positiver oder nichtpositive statt negativer Wirkungsrichtungen festzustellen.[1)]

Bezüglich des Wertes der reinen Anleihe kann hier festgestellt werden, daß der Anleihewert mit steigendem ψ' nicht sinken kann, da ein höheres ψ' die Chancen für eine Optionsscheinausübung verbessert oder zumindestens nicht verschlechtert. Für die Gläubiger der reinen Anleihe kann eine Ausübung nicht negativ sein ($\frac{\partial DN_t}{\partial \psi'} \geq 0$). Gegenläufige Effekte sind bei der Veränderung von XW und n_1 zu beobachten. Ein geringerer Bezugspreis XW oder eine längere Restlaufzeit der Optionsscheine n_1 erhöht tendenziell die Ausübungswahrscheinlichkeit und damit auch den Wert der reinen Anleihe. Andererseits erhält das Unternehmen im Ausübungsfall einen geringeren Mittelzufluß bzw. es erhält die Mittel erst später. Das ist für die Gläubiger der reinen Anleihe tendenziell negativ ($\frac{\partial DN_t}{\partial XW} \gtrless 0$; $\frac{\Delta DN_t}{\Delta n_1} \gtrless 0$). Ansonsten ergeben sich ähnliche Ergebnisse wie im Grundmodell.

---

1) Vgl. S. 325 - 327.

4. Modellvarianten

In Abschnitt F wurden bisher Ansätze zur Bewertung unbesicherter unkündbarer Wandel- und Optionsanleihen auf Eigenkapitaltitel behandelt. Die Ansätze lassen sich teilweise leicht modifizieren, wenn dingliche Besicherungen, Haftungszusagen oder Gläubigerkündigungsrechte bestehen.[1)]

III. Rechte auf Fremdkapitaltitel

Wie erwähnt, findet man in der Literatur bislang keine Modelle zur Bewertung von Wandlungs- und Bezugsrechten auf Fremdkapitaltitel. An dieser Stelle soll deshalb kurz angesprochen werden, wie man in diesen Fällen verfahren kann.

Besteht ein Wandlungsrecht auf Fremdkapitaltitel, so lassen sich die dargestellten Bewertungsansätze leicht übertragen: Die alte reine Anleihe ist separat bewertbar. Zur Bewertung des Rechts auf die neuen Fremdkapitaltitel kann man beispielsweise den Binomialansatz anwenden. Dann sind zunächst die möglichen Werte des neuen Fremdkapitals am Ende der Laufzeit des Wandlungsrechtes gegebenenfalls unter Berücksichtigung einer Zuzahlung rekursiv zu bestimmen. Das Recht wird dann ausgeübt, wenn der Marktwert des neuen Fremdkapitals größer ist als der Rückzahlungsbetrag der alten Anleihe zuzüglich einer möglichen Zuzah-

---

1) Ein Modell zur Bewertung einer Null-Kupon-Anleihe mit einem Wandlungsrecht auf Eigenkapitaltitel und mit Kündigungsrechten für die Gläubiger und den Schuldner findet man bei J. J. Mc Connell und E. S. Schwartz, LYON taming, in: JoF, Vol. 51 (1986), S. 561 - 576.

lung. Davon ausgehend kann man den Wert des Rechts in t rekursiv errechnen. Genauso kann man auch bei Bezugsrechten auf Fremdkapitaltitel verfahren, wenn die Bezugsfrist mit Ablauf der Fremdkapitallaufzeit endet. Endet die Bezugsfrist dagegen vor Ablauf der Fremdkapitallaufzeit, so sind analog zu II.3.b) dieses Abschnitts die Anleihe und das Bezugsrecht simultan zu bewerten.

G. Berücksichtigung von Schuldnerkündigungsrechten

I. Vorbemerkungen

In diesem Teil der Arbeit wurden bisher Klauseln behandelt, die den Gläubigern spezielle Rechte einräumen. Anleihebedingungen und Kreditverträge räumen aber meist auch dem Schuldner bestimmte Rechte ein, insbesondere Rechte zur Kündigung. Daher soll sich dieser Abschnitt mit den Auswirkungen von Schuldnerkündigungsrechten befassen. Schuldnerkündigungsrechte bieten Schuldnern die Möglichkeit, bestimmte Anleihe- oder Kredittitel vor Fälligkeit zurückzuzahlen. Die Schuldner besitzen also ein Recht zur Laufzeitverkürzung,[1] das oft nur für einen Teil der Laufzeit besteht.[2] Häufig ist vorgesehen, daß der Schuldner im Kündigungsfall über die Tilgung und vereinbarte Verzinsung hinaus ein Aufgeld zu zahlen hat. Das Kündigungsaufgeld kann über die Laufzeit konstant sein oder schwanken - der bei Kündigung insgesamt zu zahlende Betrag wird im weiteren als Ablösebetrag (A) bezeichnet. Dem Schuldner kann eine Kündigung günstigere Finanzierungsmöglichkeiten eröffnen, insbesondere wenn sich seine Bonität verbessert hat oder wenn das Zinsniveau für bonitätsrisikofreie Anlagen gesunken ist.[3] Da der letzte Fall in dieser Arbeit annahmegemäß ausgeschlossen ist,[4]

---

1) Bei einigen Optionsanleihen hat der Emittent das Recht, die Optionsscheine zu kündigen,und zwar separat von der reinen Anleihe, vgl. F. Janssen, Bedeutung und Ausstattung, 1982, S. 98; G. Weger, Optionsscheine, 1985, S. 22 f.

2) Siehe C. W. Smith, Jr. und J. B. Warner, Financial contracting, 1979, S. 142 f.; D. Stahlschmidt, Schutzbestimmungen, 1982, S. 36.

3) Siehe D. Stahlschmidt, Schutzbestimmungen, 1982, S. 36; J. C. Cox und M. Rubinstein, Options, 1985, S. 402.

4) Siehe Annahme 5, S. 54.

kann eine Kündigung hier nur bonitätsbedingt sein. Die Finanzierungsvorteile können in Form eines hohen Emissionskurses, geringerer Zins- und Tilgungszahlungen, weniger restriktiver Sicherungsklauseln[1)] oder auch einer günstigeren Kündigungsklausel bestehen.

In der deutschsprachigen Literatur zur Optionstheorie findet man keine Ansätze zur Bewertung von Anleihen mit Schuldnerkündigungsrechten. Die englischsprachige Literatur liefert einige Modelle im Zusammenhang mit der Bewertung von Null-Kupon-Anleihen, Kupon-Anleihen und Wandelanleihen mit oder ohne Schutzklauseln.[2)] Die Modelle führen zu Bewertungsgleichungen, die sich oft nur numerisch lösen lassen. Cox und Rubinstein wenden bei der Bewertung von Wandelanleihen mit sicheren Zinszahlungen und Schuldnerkündigungsrechten den Binomialansatz in der direkten Form an.[3)] Diesem Vorgehen wird

---

1) D. Stahlschmidt, Schutzbestimmungen, 1982, S. 36. Cox und Rubinstein heben insbesondere hervor, daß zwischen Schuldner und Gläubigern Uneinigkeit über die Investitionspolitik bestehen könnte, so daß ein Kündigungsrecht für den Schuldner vorteilhaft wäre, vgl. J. C. Cox und M. Rubinstein, Options, 1985, S. 402 f. Wie oben bereits ausgeführt, kann aber unter den Annahmen dieser Arbeit kein derartiger Konflikt bestehen, vgl. S. 277.

2) Vgl. R.C. Merton, Risk structure, 1974, S. 468 f.; J. E. Ingersoll, Jr., Contingent claims, 1977, S. 305 - 313; ders., Corporate call policies, 1977; M. J. Brennan und E. S. Schwartz, Convertible bonds: Valuation and optimal strategies for call and conversion, 1977; S. P. Mason, The numerical analysis of certain free boundary problems arising in financial economics, Arbeitspapier, Harvard University, Graduate School of Business Administration, Nr. 78 - 52, o. O. 1978, S. 4 - 6; E. P. Jones und S. P. Mason, Valuation, 1980, S. 95 f., 106 f.; M. J. Brennan und E. S. Schwartz, Analyzing convertible bonds, 1980; E. P. Jones, S. P. Mason und E. Rosenfeld, Contingent claims valuation of corporate liabilities: Theory and empirical tests, Arbeitspapier, National Bureau of Economic Research, Nr. 1143, Cambridge, Ma. 1983; dies., Contingent claims analysis of corporate capital structures: An empirical investigation, in: JoF, Vol. 39 (1984), S. 611 - 625; J. C. Cox und M. Rubinstein, Options, 1985, S. 403 - 407; J. J. McConnell und E. S. Schwartz, LYON taming, 1986.

3) J. C. Cox und M. Rubinstein, Options, 1985, S. 404 - 407.

auch hier gefolgt, allerdings auf der Basis des Grundmodells für eine Null-Kupon-Anleihe mit Schuldnerkündigungsrecht.

II. Darstellung des Bewertungsmodells

Es gelten die Annahmen des Abschnitts A mit Ausnahme der Annahmen 7b' und 8a.[1] An ihre Stelle treten Annahmen 7a',[2] und 8n[3]:

> 8.n) Die Passiva des betrachteten Unternehmens bestehen aus Eigenkapital und aus einer unbesicherten Null-Kupon-Anleihe, die vom Schuldner vor Ablauf der Laufzeit gekündigt werden kann, oder aus einem entsprechenden Kredit.[4] Im Kündigungsfall hat der Schuldner einen Ablösebetrag zu zahlen, der sich aus Tilgung, Zinsen und einem Aufgeld zusammensetzt. Während der Restlaufzeit begibt das Unternehmen keine Finanztitel.

Ein nach Annahme 3 rational handelnder Schuldner wird seine kündbare Anleihe (DBC) kündigen, sobald er durch Kündigung und Anschlußfinanzierung einen sicheren Gewinn erzielen kann. Das ist in t ($t < T$) der Fall, sofern der Marktwert einer vergleichbaren kündbaren, aber in t nicht gekündigten Anleihe (DBC°) größer ist als der Ablösebetrag: $DBC_t^\circ > A_t$. Der Schuldner kann nun den Ablösebetrag A_t zahlen, eine Anschlußfinanzierung zu DBC_t°

---

1) Siehe S. 177 f.

2) Siehe S. 208.

3) Siehe auch J. C. Cox und M. Rubinstein, Options, 1985, S. 404 - 407. Die Autoren unterstellen Annahme 9a nur implizit.

4) Siehe Fußnote 2, 3, S. 178.

vornehmen und somit einen sicheren Gewinn von $DBC_t^\circ - A_t$ erzielen.[1] Es gilt für den Wert der kündbaren Anleihe vor Endfälligkeit

$$DBC_t = \begin{cases} A_t & \text{wenn } DBC_t^\circ > A_t \text{ und } t < T \\ DBC_t^\circ & \text{wenn } DBC_t^\circ \leq A_t \text{ und } t < T \end{cases}$$

oder $DBC_t = \min(A_t;\ DBC_t^\circ)$ für $t < T$.

Bei Endfälligkeit hat die Anleihe einen Wert von $DBC_T = \min(X;\ V_T)$, sofern sie bis dahin nicht gekündigt wurde.

Demnach kann -was sich auch anhand eines Arbitrageportefeuilles zeigen ließe- eine Anleihe mit Schuldnerkündigungsrecht nicht mehr wert sein als eine vergleichbare unkündbare Anleihe: $DBC_t \leq D_t$.

Der Anleihewert in t, DBC_t, läßt sich nun ermitteln, indem man den einperiodigen Binomialansatz rekursiv anwendet. Es sei hier darauf verzichtet, die Anleihe in eine Optionskomponente und eine risikofreie Komponente zu zerlegen und indirekt zu bewerten.[2] Statt dessen wird direkt

1) Entsprechende Überlegungen liegen auch der vorzeitigen Ausübung einfacher amerikanischer Verkaufsoptionen oder der Ausübung von Gläubigerkündigungsrechten zugrunde, vgl. S. 162 f., 166, 169 bzw. 281.

2) Beispielsweise ließe sich der Wert der kündbaren Anleihen abbilden über den Wert einer vergleichbaren unkündbaren Anleihe D_t abzüglich des Wertes einer amerikanischen Kaufoption auf D mit variablem Basispreis A_t. Aus Gläubigersicht entspricht das Kündigungsrecht einer Stillhalterposition in der amerikanischen Kaufoption. Cox und Rubinstein zeigen, daß der Wert einer kündbaren Anleihe dem Wert eines Portefeuilles entsprechen muß, das aus dem Unternehmenswert V_t und einer Minusposition von einer amerikanischen Kaufoption auf V mit variablem Basispreis besteht; vgl. J. C. Cox und M. Rubinstein, Options 1985, S. 403 f. Aus den oben genannten Gründen hält der Verfasser den Weg für ökonomisch weniger überzeugend; vgl. S. 35 f. dieser Arbeit.

bewertet,[1] da das leichter nachvollziehbar ist. Für eine Anleihe mit zweiperiodiger Restlaufzeit gilt dann in allgemeiner Schreibweise[2]

$$DBC_{uu} = \min(X;\ u_V^2 V_t)$$

$$DBC_u = \min(A_{t+1};\ DBC_u^\circ)$$

$$DBC_t = \min(A_t;\ DBC_t^\circ) \qquad DBC_{ud} = DBC_{du} = \min(X;\ u_V d_V V_t)$$

$$DBC_d = \min(A_{t+1};\ DBC_d^\circ)$$

$$DBC_{dd} = \min(X;\ d_V^2 V_t)$$

$$\text{mit } DBC_u^\circ = \{qDBC_{uu} + (1-q)DBC_{ud}\}/r$$

$$DBC_d^\circ = \{qDBC_{du} + (1-q)DBC_{dd}\}/r$$

$$DBC_t^\circ = \{qDBC_u + (1-q)DBC_d\}/r$$

$$q = \frac{r - d_V}{u_V - d_V}$$

Für den Schuldner hat das Kündigungsrecht einen Wert, der sich aus der Differenz des Wertes einer vergleichbaren un-

---

1) Ähnlich auch Merton, Jones, Mason und Rosenfeld; siehe R. C. Merton, Risk structure, 1974, S. 468 f.; E. P. Jones, S. P. Mason und E. Rosenfeld, Contingent claims valuation, 1983, insb. S. 5 - 13; dies., Contingent claims analysis, 1984, insb. S. 612 - 615; S. P. Mason und R. C. Merton, Contingent claims, 1985, S. 28 f.

2) Siehe auch S. 236 - 238, 283.

kündbaren Anleihe und des Wertes der kündbaren Anleihe errechnet.[1] In t gilt: $BC_t = D_t - DBC_t$.

Der dargestellte Bewertungsansatz läßt sich auch für n-periodige Restlaufzeiten erweitern und dann in zeitkontinuierliche Ansätze überführen. Der Anleihewert DBC_t und der Wert des Schuldnerkündigungsrechtes BC_t hängen damit allein von V_t, u_V, d_V, X, n, r und den Ablösebeträgen ab. Sie sind folglich unabhängig von speziellen Risikopräferenzen, von Erwartungswerten und von Charakteristika anderer Titel außer dem Unternehmensvermögen und risikofreien Anlagen.

Berechnet man den Risikoprämiensatz auf der Grundlage des vereinbarten Rückzahlungsbetrages X und des Anleihewertes DBC_t, so gilt hier bei diskreter Verzinsung

$$r^*_{DBC_t} - r = \sqrt[n]{\frac{X}{DBC_t}} - r.$$

Liegt der Wert der kündbaren Anleihe unter dem Wert einer entsprechenden unkündbaren Anleihe ($DBC_t < D_t$), so ergibt sich für die kündbare Anleihe der höhere Risikoprämiensatz. Durch den gestiegenen Risikoprämiensatz könnte man dazu verleitet werden, auch von einem gestiegenen Bonitätsrisiko zu sprechen. Tatsächlich hat sich jedoch, wie zuvor bei der Wandelanleihe ohne Zuzahlung, das Bonitätsrisiko nicht erhöht.[2] Der gesunkene Anleihewert ist allein auf das Schuldnerkündigungsrecht zurückzuführen, für das der Schuldner eine Prämie zahlt und das bei gün-

1) Der Wert des Schuldnerkündigungsrechtes entspricht dem Wert einer Stillhalterposition von einer amerikanischen Kaufoption auf D mit variablem Basispreis A_t; siehe Fußnote 2, S. 345.

2) Siehe S. 305.

stiger Unternehmensentwicklung einen Finanzierungsvorteil bedeutet. Der Gläubiger hat weniger Chancen als bei einer vergleichbaren unkündbaren Anleihe, Bonitätsverbesserungen zu genießen und erhält im Kündigungsfall für den risikobehafteten Titel einen sicheren Gegenwert. Hier ist es also ebenfalls irreführend, den Risikoprämiensatz in der beschriebenen Weise zu berechnen. Sinnvollerweise sollte man den Risikoprämiensatz auf der Basis einer vergleichbaren unkündbaren Anleihe ermitteln.

III. Beispiel

Variiert man das Zahlenbeispiel mit binomialem Kursverlauf so, daß hier $V_t = 120$, $u_V = 1{,}5$, $d_V = 0{,}5$, $X = 80$, $n = 2$ und $r = 1{,}1$ gilt, und unterstellt $A_t = 59{,}5$ sowie $A_{t+1} = 69$, dann errechnet sich für die kündbare Anleihe ein Wert von $DBC_t = 54{,}47$:[1)]

$DBC_{uu} = \min(80;270) = 80$

$DBC_u = \min(69;72{,}73) = 69$

$DBC_t = \min(59{,}5;54{,}47) = 54{,}47$ $\qquad DBC_{ud} = DBC_{du} = \min(80;90) = 80$

$DBC_d = \min(69;54{,}55) = 54{,}55$

$DBC_{dd} = \min(80;30) = 30$

Die Berechnungen zeigen, daß die Anleihe nur bei günstiger Entwicklung am Ende der ersten Periode gekündigt wird, da nur dann der Wert der ungekündigten Anleihe den Ablösebetrag überschreitet ($DBC_u^\circ = 72{,}73 > A_{t+1} = 69$). In den beiden anderen Fällen lohnt sich eine Kündigung

1) Analog zu den Berechnungen in Abschnitt E gilt: $DBC_u^\circ = 72{,}73$, $DBC_d^\circ = 54{,}55$ und $DBC_t^\circ = 54{,}47$; siehe S. 286 f.

nicht.[1] Eine vergleichbare unkündbare Anleihe weist einen Wert von 59,51 und einen Risikoprämiensatz von 5,94 % pro Periode auf.[2] Das Schuldnerkündigungsrecht verringert also den Anleihewert um 5,04 (54,47 - 59,51 = - 5,04) und hat folglich einen Wert von BC_t = 5,04.

IV. Veränderung des Fremdkapitalwertes bei Variation der Parameterwerte

Hinsichtlich der Auswirkungen einer Variation des Ablösebetrages läßt sich hier folgendes feststellen. Unterscheiden sich zwei kündbare Anleihen nur hinsichtlich des Ablösebetrages, so muß die Anleihe mit dem höheren Ablösebetrag stets mindestens so viel wert sein wie die andere Anleihe. Andernfalls bestünden Arbitragemöglichkeiten, da die Anleihe mit dem höheren Ablösebetrag im Vergleich zur Anleihe mit dem niedrigeren Ablösebetrag gleich hohe oder höhere Rückflüsse bietet. Es gilt also $\frac{\partial DBC_t}{\partial A_t} \geq 0$. Ansonsten ergeben sich im Vergleich zu einer vergleichbaren unkündbaren Anleihe keine Änderungen hinsichtlich der Wirkungsrichtung von Parameterwertänderungen auf den Anleihewert. Insbesondere gilt $\frac{\partial DBC_t}{\partial V_t} \geq 0$ und $\frac{\partial^2 DBC_t}{\partial V_t^2} \leq 0$.[3] Un-

---

1) Im Sinne der Duplikationsstrategie ließe sich auch hier die kündbare Anleihe durch ein Portefeuille wertmäßig exakt duplizieren, das aus dem Unternehmenswert und risikofreien Titeln besteht und am Ende der ersten Periode ohne zusätzlichen Mitteleinsatz entsprechend der Kursentwicklung umstrukturiert wird; vgl. S. 236-238. Im Unterschied zu einfachen Aktienkaufoptionen und unkündbaren Null-Kupon-Anleihen, aber ähnlich wie bei einfachen amerikanischen Aktienverkaufsoptionen und Null-Kupon-Anleihen mit Gläubigerkündigungsrechten, kann es hier zu einem vorzeitigen Rückfluß kommen, wenn der Schuldner die Anleihe kündigt; siehe auch Fußnote 3, S. 285.

2) Siehe S. 287.

3) Außerdem ist der Anleihewert eine nichtpositive Funktion der Streuung der Unternehmensrendite und der Restlaufzeitperiodenanzahl sowie eine nichtnegative konkave Funktion des Rückzahlungsbetrages.

ter der Annahme, daß für $n \to \infty$ die Hypothese des binomialen Wertverlaufs, Annahme 7a', und die Wertverlaufshypothese nach Black und Scholes, Annahme 7b', gleichwertig sind, kann man nun die Werte der Anleihe in Abhängigkeit vom Unternehmenswert folgendermaßen veranschaulichen:

Graphik 3.7: Werte einer unbesicherten Null-Kupon-Anleihe mit Schuldnerkündigungsrecht oder eines entsprechenden Kredites in Abhängigkeit vom Unternehmenswert

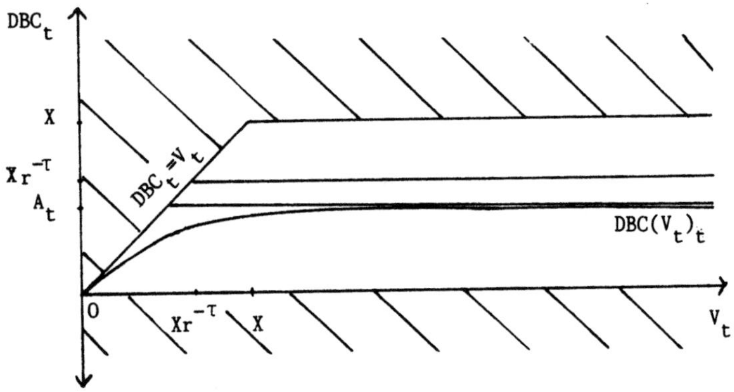

Quelle: Eigene Darstellung.

Im Zeitpunkt t gilt für die Anleihewerte $\min(A_t; V_t) \geq DBC_t \geq 0$. Mit abnehmender Restlaufzeit schwankt A_t, so daß sich der Wertebereich ändert. Da außerdem bei Endfälligkeit $DBC_T = \min(X; V_T)$ gilt, dürfen sich die Anleihewerte grundsätzlich nicht im schraffierten Bereich der Graphik befinden.

V. Modellvarianten

Die Auswirkungen von Schuldnerkündigungsrechten wurden hier auf der Basis des Grundmodells untersucht. Analog kann man aber auch bei besicherten Anleihen oder Anleihen mit Wandlungs- und Bezugsrechten[1] verfahren.

---

1) Vgl. J. J. McConnell und E. S. Schwartz, LYON taming, 1986.

H. Bewertung von Fremdfinanzierungsfazilitäten

I. Vorbemerkungen

In diesem Abschnitt soll ein Ansatz zur Bewertung von Fremdfinanzierungsfazilitäten entwickelt werden. Eine Fremdfinanzierungsfazilität bietet dem Fazilitätennehmer das Recht, vom Fazilitätengeber die Plazierung und gegebenenfalls die Übernahme bestimmter Anleihe- und Kredittitel zu verlangen, sofern die Übernahmeverpflichtung Bestandteil der Vereinbarung ist.[1] Fazilitäten bestehen in der Form von revolving underwriting facilities (RUFs), note issuance facilities (NIFs), Euro commercial paper facilities (ECPFs), Kreditlinien und Varianten dieser Formen.[2]

RUFs sind Fazilitäten für Euromarkttitel. Durch eine RUF erklärt sich der Fazilitätengeber bereit, effektifizierte festverzinsliche Titel mit ein- bis sechsmonatiger Laufzeit (notes) zu bestimmten Konditionen zu plazieren; bleibt die Plazierung erfolglos, so ist er verpflichtet, die Titel zu einem vereinbarten Höchstzins zu übernehmen oder einen entsprechenden Kredit einzuräumen. Die Fazilität besteht bis zu einem Gesamtbetrag innerhalb eines bestimmten Zeitraums (5 bis 10 Jahre) und kann teilweise und revolvierend in Anspruch genommen werden. Die notes sind unkündbar und können folglich gegebenenfalls nur zu Marktwerten zurückgekauft werden. Der Höchstzinssatz besteht aus einer variablen und einer festen Komponente. Die variable Komponente ist ein Referenzzinssatz für bonitätsrisikofreie Anlagen entsprechender Laufzeit, z.B. auf LIBOR-Basis,

---

1) Siehe S. 6.

2) Siehe die in Fußnote 4, S. 6 genannten Quellen.

die feste Komponente ist ein festgelegter Prozentsatz (spread). Der Fazilitätengeber übernimmt hier also keine Zinsrisiken, sondern Bonitätsrisiken. Sofern sich am Markt als Folge einer Bonitätsverschlechterung ein höherer spread ergibt als vereinbart, muß mit einer Inanspruchnahme der Fazilität gerechnet werden. Der Fazilitätengeber erhält deshalb vom Fazilitätennehmer ein Entgelt in Form von Provisionszahlungen. Meist wird allerdings ein Kündigungsrecht für den Fazilitätengeber vereinbart, um die Übernahme zu großer Bonitätsrisiken zu vermeiden.[1)]

Die NIFs stehen den RUFs sehr nahe, allerdings ist es in der Literatur umstritten, ob NIFs eine Übernahmeverpflichtung zu festgelegten Konditionen beinhalten.[2)] Eindeutig steht dagegen fest, daß ECPFs den Fazilitätengeber nicht zur Übernahme verpflichten.[3)] Bei derartigen Fazilitäten besteht der Vorteil für den Fazilitätennehmer allein in geringeren Kosten, wie Transaktions- und Informationskosten sowie Kosten finanzieller Anspannung. Diese Fazilitäten sollen deshalb hier nicht weiter betrachtet werden.

Kreditlinien ähneln den genannten Euromarkt-Fazilitäten in vieler Hinsicht. Allerdings handelt es sich hier um Fazilitäten für nicht effektifizierte Titel, die auch außerhalb des Euromarktes begeben werden. In aller Regel verpflichtet sich der Fazilitätengeber, die Titel zu bestimmten Konditionen selbst zu übernehmen. Eine Plazierung der Titel ist selten. Die Kredittitel sind häufig

---

1) Vgl. die in Fußnote 4, S. 6 genannten Quellen.

2) Vgl. E. Storck, Neue Instrumente im Euromarkt, in: Bank, o. Jg. (1984), S. 505 - 507, sowie die in Fußnote 4, S. 6 genannten Quellen.

3) Siehe Dresdner Bank, Instrumente, 1987, S. 10 f.

teilweise variabel verzinslich (variabler Referenzzinssatz für bonitätsrisikofreie Anlagen zuzüglich eines bonitätsabhängigen spread). In einigen Fällen wird die Verzinsung allerdings bereits bei Vereinbarung der Fazilität vollkommen fixiert; dann übernimmt der Fazilitätengeber Zins- und Bonitätsrisiken.[1]

In der optionstheoretischen Literatur sind vor allem Ansätze zur Bewertung zinsrisikobehafteter, aber bonitätsrisikofreier Fazilitäten bekannt.[2] Modelle zur Bewertung bonitätsrisikobehafteter Fazilitäten in einer Welt ohne Zinsrisiken haben in die deutschsprachige Literatur zur Optionstheorie noch keinen Eingang gefunden. In der englischsprachigen Literatur existieren zwei Ansätze.

Thakor, Hong und Greenbaum bewerten eine unkündbare Zusage zur Kreditfinanzierung mit teilweise variabler Verzinsung, die nur zu einem bestimmten Zeitpunkt in Anspruch genommen werden darf. Ihr Ansatz basiert auf der Annahme, daß die Wertentwicklung des zugrundeliegenden Kredites der Black-Scholes-Kursverlaufshypothese entspricht.[3]

---

1) In den USA müssen die Kreditnehmer einen Teil des in Anspruch genommenen Kreditbetrages als Einlagen bei den Fazilitätengebern halten, sogenannte compensating balances; siehe hierzu und zu weiteren Merkmalen von Kreditlinien in den USA B. J. Bartter und R. J. Rendleman, Jr., Fee-based pricing, 1979, S.13 f.; A. Thakor, H. Hong und S. I. Greenbaum, Bank loan commitments and interest rate volatility, in: JoBF, Vol. 5 (1981), S. 497 f.; G. D. Hawkins, An analysis of revolving credit agreements, in: JoFE, Vol. 10 (1982), S. 59 - 63.

2) Vgl. B. J. Bartter und R. J. Rendleman, Jr., Fee-based pricing, 1979 und die dort genannte Literatur. Die Ansätze ähneln den Modellen zur Bewertung von Optionen auf bereits emittierte Anleihen; vgl. R. Schöbel, Rentenoption, 1987; W. Bühler, Rationale Bewertung, 1987; P. Ritchken, Options, 1987, S. 286 - 327 und die jeweils genannte Literatur.

3) Vgl. A. Thakor, H. Hong und S. I. Greenbaum, Bank loan commitments, 1981, S. 503 f., 507 f.

Hawkins bewertet ebenfalls unkündbare Kreditlinien mit teilweise variabler Verzinsung. Im Unterschied zum ersten Ansatz kann diese Fazilität innerhalb eines Zeitraumes und revolvierend in Anspruch genommen werden. Der Autor unterstellt die Black-Scholes-Hypothese für den Unternehmenswert, aber nicht für die Kredittitel. Daneben setzt er voraus, daß nur volle und keine teilweisen Inanspruchnahmen erfolgen und daß compensating balances zu halten sind. Er liefert nur für Kreditlinien mit unendlicher Laufzeit eine geschlossene Bewertungsgleichung. Für Kreditlinien mit kürzeren Laufzeiten sind Lösungen nur numerisch erzielbar.[1)]

Der erste Ansatz ist aus mehreren Gründen abzulehnen. Zum einen führt die Unterstellung, daß die Kreditzusage nur am Ende der Laufzeit in Anspruch genommen werden darf, zu einer Unterbewertung von Kreditzusagen, die stets auch vorzeitig ausgenutzt werden dürfen.[2)] Das wird weiter unten noch deutlich.[3)] Ferner ist die Black-Scholes-Hypothese für den zugrundeliegenden Kredittitel aus zwei Gründen unzulässig. Sie unterstellt, daß die denkbaren zukünftigen Werte des Titels im gesamten positiven Wertebereich (bis + ∞) liegen und daß die Renditestandardabweichung konstant ist.[4)] Die Autoren übersehen, daß der Barwert eines risikofreien Kredittitels stets die Wertobergrenze eines risikobehafteten Kredits sein muß, so daß unendlich hohe Werte bei positiven Zinssätzen irreal sind. Außerdem wird, wie bereits gezeigt wurde, die Standardabweichung der Rendite des zugrundeliegenden Kredittitels gewöhnlich

1) Vgl. G. D. Hawkins, Revolving credit agreements, 1982, S. 59 - 81.

2) A. V. Thakor, H. Hong und S. I. Greenbaum, Bank loan commitments, 1981, S. 503, Fußnote 11; siehe auch A. V. Thakor, Toward a theory of bank loan commitments, in: JoBF, Vol. 6 (1982), S. 59.

3) Siehe S. 367, 369.

4) Siehe die in Fußnote 4, S. 115 genannten Quellen.

nicht konstant sein, selbst wenn die Standardabweichung der Unternehmensrendite konstant ist.[1] Problematisch ist schließlich auch, daß der Wert des zugrundeliegenden Kredites in der Bewertungsgleichung als exogene Größe auftaucht. Der Titel ist noch nicht emittiert, so daß es sinnvoller ist, den Wert des Kredittitels als Funktion des Unternehmenswertes auszudrücken.

Der zweite Ansatz ist für die praxisrelevanten Fälle von Kreditlinien mit kürzeren und mittleren Laufzeiten nur näherungsweise lösbar. Hier ließe sich zwar grundsätzlich auch der Binomialansatz anwenden, er wäre allerdings sehr komplex.

Um derartige Bewertungsprobleme hier zu vermeiden, sei eine Fazilität betrachtet, die zur einmaligen Begebung von unkündbaren Anleihe- oder Kredittiteln berechtigt. Anders als im ersten Ansatz ist die Fazilität auch vorzeitig ausnutzbar, und es wird der Unternehmenswert als relevante Bezugsgröße herangezogen. Ausgangspunkt soll das Grundmodell mit der Wertverlaufshypothese des Binomialansatzes sein, wobei unterstellt wird, daß der Emissionserlös unmittelbar nach Begebung der Anleihetitel vollständig investiert wird[2], ohne daß sich die Risikostruktur des Unternehmensvermögens ändert. Wie bei der Wandelanleihe mit Zuzahlung oder den Optionsanleihen, tritt hier das Problem auf, daß der Unternehmenswert nicht einem binomialen Wertverlauf mit kon-

1) Siehe S. 188. Thakor entwickelt ein entsprechendes Modell auf der Grundlage der Arbitrage-Pricing-Theorie, indem er abgeschnittene Normalverteilungen unterstellt. Auch er vernachlässigt aber die Probleme der vorzeitigen Inanspruchnahme und schwankender Standardabweichungen. Vgl. A. V. Thakor, Toward a theory, 1982, S. 55 - 83.

2) Der Fall einer teilweisen oder vollständigen Ausschüttung des Emissionserlöses ließe sich analog behandeln. Hawkins behandelt auch den Fall der vollständigen Ausschüttung, vgl. G. D. Hawkins, Revolving credit agreements, 1982, S. 75 - 79.

stanten Wertänderungsparametern gemäß Annahme 7a' folgen kann.[1] Denn im Falle der Inanspruchnahme der Fazilität steigt das Unternehmensvermögen um einen konstanten Betrag. Für die Zeiträume vor und nach der Inanspruchnahme entspricht die Wertentwicklung allerdings der Hypothese 7a'. Deshalb ist für die gesamte Laufzeit hier Annahme 7a''' zu unterstellen.[2] Ferner wird vereinfachend unterstellt, daß die Anleihe- oder Kredittitel mit fester Verzinsung ausgestattet sind. Der Fall der teilweise variablen Verzinsung ließe sich aber analog behandeln.[3] Schließlich sei noch darauf hingewiesen, daß durch die Annahme einer einmaligen Begebung der Fall der sequentiellen Begebung ausgeschlossen wird.[4] Das stellt auch eine Einschränkung der in Annahme 2 unterstellten beliebigen Teilbarkeit dar.[5]

II. Darstellung des Bewertungsmodells

Es gelten hier die Annahmen des Abschnitts A mit Ausnahme der Annahmen 2, 7b' und 8a[6], die durch die Annahmen 2', 7a''' und 8o ersetzt werden.

2'. Der Marktzugang ist für alle Anleger und Emittenten frei. Es existieren keine Steuern, Transaktionskosten, Informationskosten und Kosten finanzieller Anspannung. Die Finanztitel sind mit Ausnahme von Fremdfinanzierungsfazilitäten beliebig teilbar, wobei eine ganze Option auf ein Stück des jeweils zugrundeliegenden Titels lautet. Die Preisbildung wird

---

1) Vgl. S. 309, 320, Fußnote 2; S. 328 f.

2) Vgl. S. 329.

3) Siehe auch T. E. Copeland und J. F. Weston, Financial theory, 1988, S. 480 f.

4) Es wäre deshalb noch zu prüfen, ob unter den genannten Annahmen ähnlich wie bei Wandel- und Optionsanleihen eine sequentielle Ausnutzung der Fazilität sinnvoll sein kann. Darauf soll hier nicht eingegangen werden.

5) Siehe S. 53.

6) Siehe S. 177 f.

nicht durch gesetzliche Vorschriften beeinträchtigt. Die Stillhalter erfüllen stets ihre Verpflichtungen aus Optionsgeschäften und müssen keine Sicherheiten bereitstellen.

8.o) Das Unternehmen ist vollständig eigenfinanziert. Es besitzt eine unkündbare Anleihe- oder Kreditfazilität, durch die sich ein Financier oder eine Gruppe von Financiers verpflichtet, auf Verlangen des Unternehmers eine unbesicherte, unkündbare Null-Kupon-Anleihe innerhalb eines bestimmten Zeitraumes zu festgelegten Bedingungen zu übernehmen oder einen entsprechenden Kredit zu gewähren.[1] Zu Beginn der Laufzeit der Fazilität zahlt das Unternehmen an den Financier bzw. die Gruppe von Financiers eine Provision. Nimmt das Unternehmen die Fazilität in Anspruch, so wird der Anleiheemissionserlös oder Kreditauszahlungsbetrag unmittelbar investiert, ohne daß sich die Risikostruktur des Unternehmensvermögens ändert. Während der Laufzeit der Fazilität und der Anleihe oder des Kredites begibt das Unternehmen keine weiteren Finanztitel.

Der Fazilitätennehmer hat unter diesen Annahmen also das Recht, innerhalb eines bestimmten Zeitraumes eine Null-Kupon-Anleihe oder einen entsprechenden Kredittitel zu festgelegten Bedingungen an die Fazilitätengeber zu verkaufen. Man kann die Fazilität (f) daher als amerikanische Verkaufsoption auf die betrachtete Anleihe bzw. den

---

1) Siehe Fußnoten 2, 3, S. 178.

entsprechenden Kredit interpretieren, wobei der Ausübungspreis dem Anleiheemissionserlös bzw. Kreditauszahlungsbetrag (DE) entspricht. Wie im zweiten Teil der Arbeit gezeigt wurde, kann es vorteilhaft sein, eine einfache amerikanische Aktienverkaufsoption vor Ablauf der Optionsfrist auszuüben. Deshalb wurde dort der Binomialansatz rekursiv angewendet, um die optimale Ausübungsstrategie während der Restlaufzeit berücksichtigen zu können.[1] Entsprechend ist auch bei der Bewertung der Fazilität vorzugehen.

Man ermittelt daher am Ende der Laufzeit der Fazilität (T_1) die Werte der in T_1 begebbaren Anleihe analog zum Grundmodell (${}_{T_1}D_{T_1}$ - der Index links vom Symbol kennzeichnet den Emissionszeitpunkt, der Index rechts vom Symbol den Bewertungszeitpunkt). Die Werte der Fazilität errechnen sich dann aus

$$f_{T_1} = \begin{cases} 0 & \text{wenn } DE \leq {}_{T_1}D_{T_1} \\ DE - {}_{T_1}D_{T_1} & \text{wenn } DE > {}_{T_1}D_{T_1} \end{cases}$$

oder in Kurzschreibweise $f_{T_1} = \max(0;\ DE - {}_{T_1}D_{T_1})$.

Nun sind die Werte der Fazilität zu Beginn der letzten Restlaufzeitperiode ($T_1 - 1$) zu ermitteln, unter der Voraussetzung, daß die Fazilität in $T_1 - 1$ nicht in Anspruch genommen wird ($f^{\circ}_{T_1-1}$). Dazu kann man den Binomialansatz rekursiv anwenden, und zwar mit dem Unternehmensvermögen ohne den Emissionserlös (V) als zugrundeliegendem Wert, da der Anleihewert vor Ablauf der Restlaufzeit der Fazi-

1) Siehe S. 164 - 169.

lität nun allein noch von der Wertentwicklung von V und von der Restlaufzeit abhängt.

Um festzustellen, ob die Fazilität in $T_1 - 1$ in Anspruch genommen werden sollte, sind die Werte einer in $T_1 - 1$ begebbaren Anleihe analog zum Vorgehen in T_1 zu bestimmen. Liegt dann der Wert der in Anspruch genommenen Fazilität über dem Wert der nicht in Anspruch genommenen Fazilität, $DE - {}_{T_1-1}D_{T_1-1} > f^{\circ}_{T_1-1}$, so wird das Unternehmen die Fazilität ausnutzen und die Anleihe begeben. Der Wert der Fazilität in T_1-1 ergibt sich folglich aus

$$f_{T_1-1} = \max(f^{\circ}_{T_1-1};\ DE - {}_{T_1-1}D_{T_1-1}).$$

Entsprechend sind die Werte der Fazilität zu früheren Zeitpunkten zu bestimmen, bis man den Wert der Fazilität in t, f_t, erhält.

Es sei nun eine Fazilität mit zweiperiodiger Restlaufzeit betrachtet, die zur Begebung einer Anleihe mit einperiodiger Laufzeit berechtigt. Wendet man den Binomialansatz rekursiv an, so ist zunächst der Fall zu behandeln, daß die Fazilität erst bei Ablauf der Restlaufzeit am Ende der zweiten Periode in Anspruch genommen wird.
Da nach Annahme 8o der Erlös DE investiert wird, ohne daß sich die Risikostruktur des Unternehmensvermögens ändert, ergibt sich in allgemeiner Schreibweise für das Unternehmensvermögen folgende Wertentwicklung über die dreiperiodige Laufzeit:

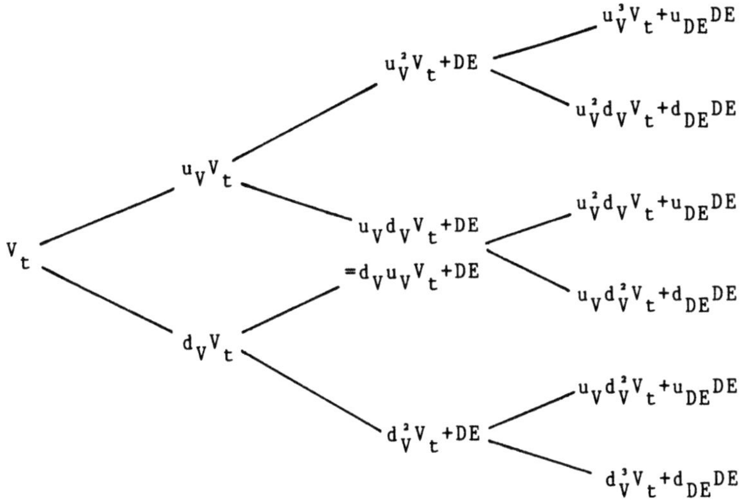

mit $u_{DE} = u_V$ und $d_{DE} = d_V$

Wenn die Anleihe am Ende der zweiten Periode zum Kurs von DE begeben wird, errechnen sich ihre möglichen Marktwerte wie folgt:

${}_{uu}D_{uu}$ 1)

$${}_{uu}D_{uuu} = \min(X;\ u_V^3 V_t + u_{DE} DE)$$

$${}_{uu}D_{uud} = \min(X;\ u_V^2 d_V V_t + d_{DE} DE)$$

${}_{ud}D_{ud} = {}_{du}D_{du}$

$${}_{ud}D_{udu} = \min(X;\ u_V^2 d_V V_t + u_{DE} DE)$$

$${}_{ud}D_{udd} = \min(X;\ u_V d_V^2 V_t + d_{DE} DE)$$

${}_{dd}D_{dd}$

$${}_{dd}D_{ddu} = \min(X;\ u_V d_V^2 V_t + u_{DE} DE)$$

$${}_{dd}D_{ddd} = \min(X;\ d_V^3 V_t + d_{DE} DE)$$

---

1) Der Index links vom Symbol kennzeichnet den Emissionszeitpunkt und das Niveau des Unternehmenswertes im Emissionszeitpunkt, der Index rechts vom Symbol den Bewertungszeitpunkt und das Niveau des Unternehmenswertes bei der Bewertung.

mit $${}_{uu}D_{uu} = \{q \; {}_{uu}D_{uuu} + (1-q) \; {}_{uu}D_{uud}\}/r$$

$${}_{ud}D_{ud} = \{q \; {}_{ud}D_{udu} + (1-q) \; {}_{ud}D_{udd}\}/r$$

$${}_{dd}D_{dd} = \{q \; {}_{dd}D_{ddu} + (1-q) \; {}_{dd}D_{ddd}\}/r$$

$$q = \frac{r - d_V}{u_V - d_V}$$

Für die Fazilität ergibt sich über die zweite Periode folgende Wertentwicklung, sofern sie am Ende der ersten Periode nicht ausgenutzt wurde:

$$f_u^\circ \rightarrow f_{uu} = \max(0;\, DE - {}_{uu}D_{uu})$$

$$f_u^\circ,\ f_d^\circ \rightarrow f_{ud} = f_{du} = \max(0;\, DE - {}_{ud}D_{ud})$$

$$f_d^\circ \rightarrow f_{dd} = \max(0;\, DE - {}_{dd}D_{dd})$$

mit $$f_u^\circ = \{ q f_{uu} + (1-q) f_{ud}\}/r$$

$$f_d^\circ = \{ q f_{du} + (1-q) f_{dd}\}/r$$

$$q = \frac{r - d_V}{u_V - d_V}$$

Um im nächsten Schritt die Werte der Fazilität am Ende der ersten Periode (in t + 1) zu bestimmen (f_u und f_d), ist die Vorteilhaftigkeit einer Inanspruchnahme in t + 1 zu untersuchen. Dazu sind die Werte einer am Ende der ersten Periode begebenen Anleihe zu berechnen. Unter der Annahme, daß die Fazilität in t + 1 ausgenutzt wird, ergeben sich für das Unternehmensvermögen und die Anleihe folgende Wertentwicklungen:

$$V_t \;\to\; \begin{cases} u_V V_t + DE \;\to\; \begin{cases} u_V^2 V_t + u_{DE} DE \\ u_V d_V V_t + d_{DE} DE \end{cases} \\[2ex] d_V V_t + DE \;\to\; \begin{cases} u_V d_V V_t + u_{DE} DE \\ d_V^2 V_t + d_{DE} DE \end{cases} \end{cases}$$

mit $u_{DE} = u_V$ und $d_{DE} = d_V$

$${}_uD_u \;\to\; \begin{cases} {}_uD_{uu} = \min(X;\; u_V^2 V_t + u_{DE} DE) \\ {}_uD_{ud} = \min(X;\; u_V d_V V_t + d_{DE} DE) \end{cases}$$

$${}_dD_d \;\to\; \begin{cases} {}_dD_{du} = \min(X;\; u_V d_V V_t + u_{DE} DE) \\ {}_dD_{dd} = \min(X;\; d_V^2 V_t + d_{DE} DE) \end{cases}$$

mit ${}_uD_u = \{q\; {}_uD_{uu} + (1-q)\; {}_uD_{ud}\}/r$

$${}_dD_d = \{q\; {}_dD_{du} + (1-q)\; {}_dD_{dd}\}/r$$

$$q = \frac{r - d_V}{u_V - d_V}$$

Die Fazilität hat also am Ende der ersten Periode einen Wert von

$$f_u = \max(f_u^\circ;\; DE - {}_uD_u)$$

oder

$$f_d = \max(f_d^\circ;\; DE - {}_dD_d)$$

Unter der Voraussetzung, daß die Fazilität zu Beginn der ersten Periode nicht ausgenutzt wird, hat sie in t folgenden Wert (f_t°):

$$f_t^\circ = \{q f_u + (1-q) f_d\}/r$$

$$\text{mit } q = \frac{r - d_V}{u_V - d_V}$$

Der Wert der Fazilität in t hängt nun davon ab, ob der Wert einer in t emittierten Anleihe unter dem Emissionsbetrag DE liegt und damit eine Inanspruchnahme in t vorteilhaft ist. Es gilt

$$V_t + DE \begin{matrix} \nearrow & u_V V_t + u_{DE} DE \\ \searrow & d_V V_t + d_{DE} DE \end{matrix}$$

$$\text{mit } u_{DE} = u_V \text{ und } d_{DE} = d_V$$

$${}_tD_t{}^{1)} \begin{matrix} \nearrow & {}_tD_u = \min(X;\ u_V V_t + u_{DE} DE) \\ \searrow & {}_tD_d = \min(X;\ d_V V_t + d_{DE} DE) \end{matrix}$$

$$\text{mit } {}_tD_t = \{q\ {}_tD_u + (1-q)\ {}_tD_d\}/r$$

$$q = \frac{r - d_V}{u - d_V}$$

---

1) ${}_tD_t$ bezeichnet den Wert im Zeitpunkt t der in t begebenen Anleihe.

Daraus folgt für den Wert der Fazilität in t

$$f_t = \max(f_t^\circ;\ DE - {}_tD_t)$$

Ein rationaler Financier würde also die Finanzierungszusage nur gegen Zahlung einer Provision in Höhe von f_t geben.[1)]

Der dargestellte Bewertungsansatz läßt sich, wie die entspechenden Ansätze der vorhergehenden Abschnitte, für den Fall mehrperiodiger Laufzeiten (n_1 = Restlaufzeitperiodenanzahl der Fazilität, n_2 = Anleihelaufzeitperiodenanzahl) verallgemeinern und in zeitkontinuierliche Ansätze überführen. Der Wert der Fazilität f_t hängt dann allein von V_t, u_V, d_V, X, DE, n_1, n_2 und r ab. Er ist damit unabhängig von speziellen Risikopräferenzen, von Erwartungswerten und von Charakteristika anderer Titel außer dem Unternehmensvermögen und risikofreien Anlagen.

III. Beispiel

Unterstellt man in Anlehnung an das Zahlenbeispiel zum Binomialansatz für einfache Aktienkaufoptionen V_t = 50, DE = 50, u_V = 2, d_V = 0,5, r = 1,25, X = 70, n_1 = 2 und n_2 = 1, so errechnet sich für die Fazilität

---

1) Da der Binomialansatz auf dem Duplikationsprinzip beruht, ließe sich die Wertentwicklung der Fazilität auch durch die Wertentwicklung eines Portefeuilles exakt duplizieren, das aus dem Unternehmenswert und risikofreien Titeln besteht.

ein Wert von $f_t = 3{,}12$:[1)]

$$f_{uu} = \max(0;50-56) = 0$$

$$f_u = \max(50-56;0{,}8) = 0{,}8$$

$$f_t = (50-48;3{,}12) = 3{,}12$$

$$f_{ud} = f_{du} = \max(0;50-48) = 2$$

$$f_d = \max(50-43;4{,}6) = 7$$

$$f_{dd} = \max(0;50-40{,}5) = 9{,}5$$

Die Berechnungen zeigen, daß die Fazilität in t nicht ausgenutzt wird. Am Ende der ersten Periode wird sie bei negativer Unternehmensentwicklung vorzeitig in Anspruch genommen, nicht dagegen bei günstiger Entwicklung. Am Ende der Restlaufzeit wird die noch bestehende Fazilität nur bei ungünstiger Entwicklung in Anspruch genommen.

Die betrachtete Fazilität kann bei Ablauf der Laufzeit und auch während der Laufzeit in Anspruch genommen werden. Sie ließe sich daher als amerikanische Fazilität bezeichnen. Eine vergleichbare Fazilität, die aber nur am Ende der Laufzeit in Anspruch genommen werden darf, also eine

1) Das Ergebnis erhält man mit Hilfe folgender Nebenrechnungen:

$${}_{uu}D_{uu} = \{0{,}5\cdot\min(70;\ 400+100) + 0{,}5\cdot\min(70;\ 100+25)\}/1{,}25 = 56$$

$${}_{ud}D_{ud} = \{0{,}5\cdot\min(70;\ 100+100) + 0{,}5\cdot\min(70;\ 25+25)\}/1{,}25 = 48$$

$${}_{dd}D_{dd} = \{0{,}5\cdot\min(70;\ 25+100) + 0{,}5\cdot\min(70;\ 6{,}25+25)\}/1{,}25 = 40{,}5$$

$$f_u^{\circ} = (0{,}5\cdot 0 + 0{,}5\cdot 2)/1{,}25 = 0{,}8$$

$$f_d^{\circ} = (0{,}5\cdot 2 + 0{,}5\cdot 9{,}5)/1{,}25 = 4{,}6$$

$${}_{u}D_{u} = \{0{,}5\cdot\min(70;\ 200+100) + 0{,}5\cdot\min(70;\ 50+25)\}/1{,}25 = 56$$

$${}_{d}D_{d} = \{0{,}5\cdot\min(70;\ 50+100) + 0{,}5\cdot\min(70;\ 12{,}5+25)\}/1{,}25 = 43$$

$$f_t^{\circ} = (0{,}5\cdot 0{,}8 + 0{,}5\cdot 7)/1{,}25 = 3{,}12$$

$${}_{t}D_{t} = \{0{,}5\cdot\min(70;\ 100+100) + 0{,}5\cdot\min(70;\ 25+25)\}/1{,}25 = 48$$

europäische Fazilität, hat hier c.p. einen Wert von F_t = (0,5 · 0,8 + 0,5 · 4,6)/1,25 = 2,16. Das Recht zur vorzeitigen Inanspruchnahme hat demnach einen Wert von $f_t - F_t$ = 3,12 - 2,16 = 0,96.

IV. Variation der Parameterwerte und ihre Auswirkungen auf den Wert der Fazilität und die optimale Strategie bei der Inanspruchnahme der Fazilität

Untersucht man die Auswirkungen von Parameterwertänderungen auf den Wert der Fazilität, so erhält man ähnliche Ergebnisse wie für einfache amerikanische Aktienverkaufsoptionen. Wie im zweiten Teil für Aktienverkaufsoptionen gezeigt wurde, muß bereits aufgrund von allgemeinen Arbitrageüberlegungen - also unabhängig von speziellen Kursverlaufshypothesen - der Wert einer amerikanischen Verkaufsoption eine nichtnegative konvexe Funktion des Basispreises und eine nichtnegative Funktion der Restlaufzeitperiodenanzahl sein.[1] Das gilt entsprechend auch für den Einfluß des Anleiheemissionskurses DE und der Restlaufzeitperiodenanzahl der Fazilität auf den Wert der Fazilität ($\frac{\partial f_t}{\partial DE} \geq 0$, $\frac{\partial^2 f_t}{\partial DE^2} \geq 0$, $\frac{\Delta f_t}{\Delta n_1} \geq 0$)[2]. Wie auch im Grundmodell gezeigt wurde, muß derartigen Arbitrageüberlegungen zufolge der Anleihewert ${}_tD_t$ eine nichtnegative konkave Funktion des Rückzahlungsbetrages und eine nichtpositive Funktion der Anleihelaufzeitperiodenanzahl sein ($\frac{\partial\, {}_tD_t}{\partial X} \geq 0$, $\frac{\partial^2\, {}_tD_t}{\partial X^2} \leq 0$, $\frac{\Delta\, {}_tD_t}{\Delta n_2} \leq 0$).[3] Daraus folgt, daß die

---

1) Vgl. S. 76 - 78.

2) Im zweiten Teil der Arbeit wurde ausführlich gezeigt, daß bei einer europäischen Aktienverkaufsoption die Wirkungsrichtung einer längeren Restlaufzeit nicht eindeutig ist ($\frac{\partial P_t}{\partial \tau} \gtrless 0$); vgl. S. 158-161. Das gilt entsprechend auch für europäische Fazilitäten.

3) Siehe S. 190 f.

Fazilität umgekehrt eine nichtpositive konvexe Funktion von X[1] und eine nichtnegative Funktion von n_2 ist ($\frac{\partial f_t}{\partial X} \leq 0$, $\frac{\partial^2 f_t}{\partial X^2} \geq 0$, $\frac{\Delta f_t}{\Delta n_2} \geq 0$). Schließlich gilt unter der speziellen Wertverlaufshypothese des dargestellten Modells (binomialer Wertverlauf), daß f_t eine nichtnegative Funktion des Unternehmenswertes und der Streuung der Unternehmensrendite ist ($\frac{\partial f_t}{\partial V_t} \geq 0$ und, wenn der binomiale Ansatz in ein Modell auf der Grundlage der Black-Scholes-Hypothese übergeht, $\frac{\partial f_t}{\partial \sigma_V} > 0$).

Auch die allgemeinen Sätze zur optimalen Ausübungsstrategie einfacher amerikanischer Aktienverkaufsoptionen[2] lassen sich entsprechend für die optimale Strategie bei der Ausnutzung der betrachteten Fazilität übertragen. Danach ist eine Fazilität unmittelbar in Anspruch zu nehmen, wenn die zugrundeliegenden Anleihe- oder Kredittitel wertlos werden. Unterscheiden sich zwei Fazilitäten nur hinsichtlich des Anleiheemissionskurses oder nur hinsichtlich der Restlaufzeit und wird die Fazilität mit dem geringeren Anleiheemissionskurs bzw. der längeren Restlaufzeit in Anspruch genommen, so ist auch die andere Fazilität auszunutzen.[3]

---

1) Siehe auch A. J. Thakor, H. Hong und S. I. Greenbaum, Bank loan commitments, 1981, S. 307, die zeigen, daß f_t in ihrem Modell eine negative Funktion von X ist.

2) Vgl. S. 81 - 84.

3) Vgl. zum Beweis der Sätze für amerikanische Aktienverkaufsoptionen, der entsprechend für diese Sätze zu führen ist, S. 82 - 84.

V. Modellvarianten

Im dargestellten Modell lassen sich auch Sicherungs- und Kündigungsklauseln bei der Fazilität und den zu begebenden Titeln berücksichtigen. Darauf soll hier nicht näher eingegangen werden. Dagegen seien noch einige Aspekte beleuchtet, auf die bei der Bewertung komplexerer Fazilitäten, beispielsweise Kreditlinien oder entsprechende Anleihefazilitäten, zu achten ist.

Im Unterschied zur betrachteten Fazilität können diese Fazilitäten teilweise und revolvierend in Anspruch genommen werden. Auch sie lassen sich als amerikanische Verkaufsoptionen interpretieren, allerdings auf Anleihe- oder Kredittitel mit Schuldnerkündigungsrechten, verbunden mit einer bedingten Verkaufsoption auf diese Titel, die entsteht, wenn der Anleiheschuldner von seinem Kündigungsrecht Gebrauch macht. Hier bieten die Erkenntnisse dieses und des vorhergehenden Abschnitts G nützliche Grundlagen.

Eine Bewertung dieser Fazilitäten durch Zerlegung in eine Reihe von europäischen Verkaufsoptionen, wobei die Anzahl der zugrundeliegenden Titel und die Optionsfristen mit den wahrscheinlichen Volumina und den wahrscheinlichen Zeitpunkten der Fazilitäteninanspruchnahme übereinstimmen sollen[1], erfaßt nicht die Flexibilität der tatsächlich vereinbarten Fazilität und führt daher zu einer Unterbewertung. Sie kann deshalb allenfalls eine Näherungslösung darstellen.[2]

---

1) Diesen Weg deuten Thakor, Hong und Greenbaum an; siehe A. V. Thakor, H. Hong und S. I. Greenbaum, Bank loan commitments, 1981, S. 503 in Verbindung mit S. 498 - 500.

2) Siehe auch A. V. Thakor, Toward a theory, 1982, S. 59; A. M. Santomero, Survey, 1984, S. 598.

J. Berücksichtigung vereinbarter Zins- und Tilgungszahlungen vor Endfälligkeit

I. Vorbemerkungen

In den Abschnitten A bis H wurde unterstellt, daß die Zins- und Tilgungszahlungen von Anleihen oder Krediten erst am Ende der Laufzeit zu leisten sind, sofern kein Kündigungsrecht besteht oder eine Kündigung während der gesamten Restlaufzeit unvorteilhaft ist. In diesem Abschnitt soll untersucht werden, welche Änderungen sich ergeben, wenn die Vertragsvereinbarungen den Schuldner verpflichten, auch vor Endfälligkeit Zins- und Tilgungszahlungen zu leisten. Hier ist zu unterscheiden, ob diese Zahlungen risikofrei oder risikobehaftet sind.[1]

Sie sind risikofrei, wenn das Unternehmensvermögen stets mindestens so viel wert ist, daß die Zahlungszusagen voll erfüllt werden können.[2] Gedanklich läßt sich das Unternehmensvermögen in eine risikofreie und eine risikobehaftete Komponente zerlegen - man stelle sich beispielsweise vor, daß die Wertentwicklung des Unternehmensvermögens durch risikofreie Titel und risikobehaftete Titel genau duplizierbar ist -, wobei die risikofreie Komponente hier mindestens so viel wert sein muß wie der Barwert der vor Endfälligkeit zu leistenden Zins- und Tilgungszahlungen.[3] Das wird in der Literatur gelegentlich übersehen.[4]

Für die Bewertung der endfälligen Zahlung ist es nun be-

---

1) Genauer: die Ansprüche auf die Zahlungen, also die Forderungen. Im weiteren wird aber vereinfachend von Zahlungen gesprochen.

2) Siehe im Zusammenhang mit der Bewertung von Wandelanleihen mit Zuzahlung und sicheren Zinszahlungen N. Senghas, Präferenzfreie Bewertung, 1981, S. 59.

3) Siehe auch R. Ruback, Discussion, in: JoF, Vol. 39 (1984), S. 644.

4) Siehe S. 374 - 376.

deutsam, ob die zuvor fälligen sicheren Zins- und Tilgungszahlungen allein durch Verkauf von Teilen des Unternehmensvermögens, allein durch Emission neuer Finanztitel oder durch eine Kombination der beiden Möglichkeiten finanziert werden sollen. Das sei näher erläutert.

Im Fall des Verkaufs von Unternehmensaktiva verringert sich der Unternehmenswert zu den Zahlungsterminen in Höhe der jeweils zu leistenden Zahlung. Dann ist bei der Bewertung der endfälligen Forderung auf zwei Punkte zu achten. Zum einen ist festzustellen, welche Aktiva verkauft werden dürfen, risikofreie oder risikobehaftete. Zum anderen ist zu beachten, daß der Schuldner einen Konkurs herbeiführen kann, indem er eine fällige Zahlung verweigert, obwohl er zahlungsfähig ist. Ein Anreiz dazu könnte bestehen, wenn der Schuldner keine Kündigungsklausel vereinbart hat, trotzdem aber die Titel kündigen möchte, weil die Anleihe im Konkurs zu einem Betrag rückzahlbar ist, der unter dem Marktwert einer vergleichbaren Anleihe liegt. Der Schuldner könnte dann einen Konkurs herbeiführen und die Anleihe vorzeitig zurückzahlen, um anschließend eine neue Gesellschaft zu gründen und eine vergleichbare Anleihe zum höheren Marktwert zu begeben. Er würde so einen risikofreien Gewinn in Höhe der Differenz des Marktwertes und des Rückzahlungsbetrages realisieren. Man könnte hier von einem impliziten Schuldnerkündigungsrecht sprechen.[1] Seine Auswirkungen sollen im weiteren aber vernachlässigt werden. Zu dem Zweck wird unterstellt, daß der Schuldner im Fall der Zahlungsverweigerung trotz Zahlungsfähigkeit neben der fälligen, risikofreien Forderung auch die späteren Fälligkeiten be-

1) Vgl. S. P. Mason, The numerical analysis of risky coupon bond contracts, Arbeitspapier, Harvard University, Graduate School of Business Administration, Nr. 79 - 35, o. O. 1979, insb. S. 75 - 85, 99, 101 f.; siehe J. C. Cox und M. Rubinstein, Options, 1985, S. 403.

dienen muß, und zwar in Höhe des Barwertes der mit dem risikofreien Zins diskontierten Zahlungsbeträge. Unter dieser Annahme ist eine Zahlungsverweigerung trotz Zahlungsfähigkeit grundsätzlich unvorteilhaft.

Nun zum zweiten Fall, in dem die Zahlungen vor Endfälligkeit allein durch neue Finanztitel zu finanzieren sind. Ist der Unternehmenswert bei Zahlungsfälligkeit zu niedrig, als daß eine Eigenkapitalerhöhung lohnt, so könnte der Schuldner versuchen, die benötigten Zahlungsmittel durch Begebung anderer Finanztitel, z.B. vorrangigen Fremdkapitals, oder durch Aktivaverkauf zu finanzieren. Annahmegemäß deckt das Unternehmensvermögen stets mindestens die vor Endfälligkeit zu leistenden Zahlungen, so daß derartige Strategien für den Schuldner vorteilhaft sind, sofern der Wert des Unternehmensvermögens den Barwert dieser Zahlungen übersteigt. Die Gläubiger werden dadurch benachteiligt. Zwar sind ihre vor Endfälligkeit fälligen Forderungen annahmegemäß sicher, nicht aber die endfällige Forderung. Ihr Wert wird sinken, wenn der Schuldner derartige Strategien durchführt: Im Fall der Begebung vorrangiger Fremdkapitaltitel verschlechtert sich die Rangstellung der Gläubiger, im Fall der Aktivaverkäufe sinkt das haftende Unternehmensvermögen. Die Gläubiger können sich dagegen nur schützen, wenn sie ein Kündigungsrecht für den Fall besitzen, daß der Schuldner gegen die vereinbarte Finanzierungsklausel verstößt.[1)]

Besitzen die Gläubiger ein derartiges Kündigungsrecht und liegt der Unternehmenswert im Kündigungsfall unterhalb der

1) Vgl. S. P. Mason, Risky coupon bond contracts, 1979, insb. S. 81.

Tilgungszahlung zuzüglich Zinsen, so geht das Unternehmen in Konkurs. Im Unterschied zum Fall der Finanzierung durch Aktivaverkäufe bestehen also hier neben der Endfälligkeit weitere mögliche Konkursauslösungszeitpunkte.

Entsprechende Überlegungen sind bei risikobehafteten Zins- und Tilgungszahlungen anzustellen. Hier deckt möglicherweise aber bereits im Fall der Finanzierung durch Aktivaverkäufe das Unternehmensvermögen nicht die vereinbarte Zahlung, so daß auch in dem Fall ein Konkurs eintreten kann.

In der Literatur wurden bislang nur vier Fälle behandelt:
- risikofreie, durch Aktivaverkauf finanzierte Zahlungen
- risikobehaftete, durch Aktivaverkauf finanzierte Zahlungen
- risikobehaftete, durch Finanztitelbegebung finanzierte Zahlungen
- risikobehaftete, durch Aktivaverkauf oder Finanztitelbegebung finanzierte Zahlungen

Während man in der englischsprachigen Literatur alle vier Fälle behandelt hat,[1] wurden in deutschsprachigen Quellen bislang nur die Fälle diskutiert, in denen Zinszahlungen durch Aktivaverkäufe zu finanzieren sind. Swoboda und Kamschal entwickeln ein zeitkontinuierliches Modell zur Bewertung von Wandelanleihen mit Zuzahlungen und kontinuierlichen Zinszahlungen.[2] Bei Senghas findet man ein ähnliches zeitdiskretes Modell.[3] Kjer behandelt Anleihen mit unendlicher Laufzeit und kontinuierlichen oder diskreten Zinszahlungen und entspre-

1) Vgl. die in diesem Abschnitt genannte Literatur.

2) Vgl. P. Swoboda und M. Kamschal, Bewertung deutscher Wandelanleihen, 1979.

3) Vgl. N. Senghas, Präferenzfreie Bewertung, 1981, S. 58 - 63.

chende Optionsanleihen in einem zeitkontinuierlichen Ansatz.[1] Uhlir und Steiner entwickeln zeitdiskrete Modelle zur Bewertung von Wandel- und Optionsanleihen.[2] Die deutschsprachigen und einige englischsprachige Quellen können aber nicht voll überzeugen.

Bei Swoboda und Kamschal ist nicht klar erkennbar, ob die Zinszahlungen risikobehaftet oder risikofrei sind. Es ist zu vermuten, daß die Autoren risikobehaftete Zinszahlungen implizieren, da sie in einer Nebenbedingung einen Mindestanleihewert von Null festschreiben.[3] Eine Anleihe kann hier nur wertlos werden, wenn der Unternehmenswert bei Zinsfälligkeit zu gering ist, um die erforderlichen Zahlungsmittel durch Aktivaverkäufe zu erzielen und die Zahlung zu leisten. Damit fallen auch alle später fälligen Zahlungen aus. Die Autoren vernachlässigen aber, daß die Zinszahlung im Konkurs nur teilweise bedient werden kann. Das scheint die Bewertungsergebnisse wohl nicht zu verzerren, wenn man, wie Swoboda und Kamschal, kontinuierliche Zinszahlungen unterstellt, die betragsmäßig sehr klein sein dürften. Vom Ansatz her ist das Problem aber unbefriedigend gelöst.[4] Deshalb ist das Modell auch nicht für den Fall diskreter Zinszahlungen anwendbar, was unerfreulich ist, da diskrete Zinszahlungen praxisüblicher sind

---

1) Vgl. V. Kjer, Optionsanleihen, 1981, S. 95, 97, 109, 112 f.

2) Vgl. H. Uhlir und P. Steiner, Wertpapieranalyse, 1986, S. 223 - 237.

3) Siehe P. Swoboda und M. Kamschal, Bewertung deutscher Wandelanleihen, 1979, S. 314 f.

4) Mit dieser Problematik haben sich auch Long und Ruback auseinandergesetzt; vgl. J. B. Long, Jr., Discussion, 1974, S. 486; R. Ruback, Discussion, 1984, S. 644.

als kontinuierliche Zinszahlungen. In der englischsprachigen Literatur findet man entsprechende Modelle.[1]

Merton hat in einem ähnlichen Ansatz[2] einen Vorschlag zur Berücksichtigung diskreter Zinszahlungen gemacht,[3] der nicht vollkommen konsistent ist.[4] Auf dem Ansatz von Merton beruhen die Modelle, die Kjer entwickelt.[5]

Senghas arbeitet mit der binomialen Hypothese und unterstellt, daß der um Zins- und Dividendenzahlungen reduzierte Unternehmenswert stets nichtnegativ ist. Dabei sollen die Zins- und Dividendenzahlungen der Höhe nach bekannt und hinreichend klein sein.[6] Damit impliziert er sichere Zins- und Dividendenzahlungen. Allerdings bleibt offen, wie hoch der Unternehmenswert in t mindestens sein muß, damit vereinbarte Zinszahlungen sicher sind, oder wie hoch bei gegebenem Unternehmenswert in t die Zinszahlungen höchstens sein dürfen. In letzter Konsequenz folgt aber aus der Annahme sicherer Dividenden, daß auch Tilgungszahlungen sicher sind.[7] Deshalb ist Senghas inkonsistent, wenn er den Unternehmenskonkurs als mögliches Ereignis in die

---

1) Vgl. J. E. Ingersoll, Jr., Contingent claims, 1977, S. 309 - 313; ders., Corporate call policies, 1977; M. J. Brennan und E. S. Schwartz, Convertible bonds: Valuation and optimal strategies for call and conversion, 1977; E. P. Jones, S. P. Mason und E. Rosenfeld, Contingent claims valuation, 1983; dies., Contingent claims analysis, 1984, R. E. Kalaba, T. C. Langetieg, N. Rasakhoo und M. I. Weinstein, Estimation of implicit bankruptcy costs, in: JoF, Vol. 39 (1984), S. 629 - 642.

2) Merton spricht die Problematik des Konkurses durch Nichtbedienung von Zinszahlungen, anders als Swoboda und Kamschal und die in Fußnote 1 genannten Autoren, explizit an; vgl. R. C. Merton, Risk structure, 1974, S. 467 f.

3) Vgl. ebda., S. 468.

4) Vgl. J. B. Long, Jr., Discussion, 1974, S. 486.

5) Siehe V. Kjer, Optionsanleihen, 1981, S. 95 - 97, 109, 112 f.

6) Vgl. N. Senghas, Präferenzfreie Bewertung, 1981, S. 59.

7) Siehe auch H. Uhlir und P. Steiner, Wertpapieranalyse, 1986, S. 226.

Bewertung einbezieht. Cox und Rubinstein entwickeln ein ähnliches Modell ohne Dividenden für eine Wandelanleihe ohne Zuzahlung, aber mit Schuldnerkündigungsrecht.[1)]

Uhlir und Steiner unterscheiden in ihren Modellen den Fall ohne Dividenden und den Fall sicherer Dividenden. Die Autoren folgern richtig, daß die Annahme sicherer Dividendenzahlungen impliziert, daß der gesamte Kapitaldienst, also auch die endfällige Zins- und Tilgungszahlung, mit Sicherheit geleistet wird.[2)] Im Fall ohne Dividenden unterlaufen ihnen dagegen Inkonsistenzen. Zum einen ermitteln sie den Wert der reinen Anleihe, indem sie den vereinbarten Zahlungsstrom mit der Sekundärmarktrendite für vergleichbare Anleihen ohne Wandlungs- oder Bezugsrechte abzinsen. Sie unterstellen jedoch ohne erkennbare Notwendigkeit, daß diese Rendite über die Laufzeit konstant ist und über der ebenfalls konstanten Rendite für vergleichbare risikofreie Anlagen liegt.[3)] Wenn nun aber die Sekundärmarktrendite über die Laufzeit konstant ist, dann sind die Anleihen nicht risikobehaftet. Folglich müßten die Sekundärmarktrendite und die Rendite für risikofreie Anlagen gleich hoch sein. Andernfalls bestünden Arbitragemöglichkeiten. Zum anderen wird bei der Bewertung des Wandlungsrechtes ein möglicher Konkurs durch Nichtbedienung von Zinszahlungen vor Endfälligkeit vernachlässigt, so daß für die reine Anleihe hier Risikofreiheit impliziert wird.[4)]

In diesem Abschnitt sollen deshalb konsistente Bewertungsmodelle dargestellt werden. Abschnitt J.II.1. behan-

1) Vgl. J. C. Cox und M. Rubinstein, Options, 1985, S. 403 - 407.

2) Siehe H. Uhlir und P. Steiner, Wertpapieranalyse, 1986, S. 226 f.

3) Ebda., S. 224.

4) Ebda., S. 224 - 226.

delt, vom Grundmodell ausgehend, den Fall risikofreier, durch Aktivaverkäufe finanzierter Zins- und Tilgungszahlungen. Wie oben beschrieben, muß der Wert der risikofreien Komponente des Unternehmensvermögens stets mindestens so hoch sein wie der Barwert der vor Ablauf fälligen Zahlungen.[1] Einfachheitshalber sei hier angenommen, daß sich der Schuldner verpflichtet, vor der endfälligen Zahlung nur eine Zins- und Tilgungszahlung zu einem festgelegten Termin zu leisten. Die Barwerte des risikofreien Vermögens und der sicheren Zahlung sollen gleich groß sein. Ferner sei unterstellt, daß zur Finanzierung nur das risikofreie Vermögen veräußert wird und daß sich eine Zahlungsverweigerung trotz Zahlungsfähigkeit für den Schuldner nicht lohnt.

Darauf aufbauend soll Abschnitt J.II.2. den in der Literatur bislang nicht diskutierten Fall der risikofreien, eigenkapitalfinanzierten Zinszahlung behandeln. Dabei wird ein Gläubigerkündigungsrecht unterstellt, falls ein Verstoß gegen die Finanzierungsklausel erfolgt. Ferner wird der Einfachheit halber davon ausgegangen, daß im Kündigungsfall der Unternehmenswert die fällige Forderung nicht deckt und das Unternehmen in Konkurs geht. Außerdem wird auf die Wertverlaufshypothese des Binomialansatzes zurückgegriffen.

Der Binomialansatz soll auch Grundlage des Abschnitts J.III. sein, in dem die Varianten der risikobehafteten, durch Aktivaverkauf finanzierten Zinszahlung und der risikobehafteten, eigenfinanzierten Zinszahlung diskutiert werden. Die englischsprachige Literatur erfaßt diese Fälle, von einer Ausnahme abgesehen, stets in solchen zeitkontinuierlichen Modellen, die man nur numerisch lösen kann.[2] Abschließend werden in Abschnitt J.IV. einige Modelle mit alternativen Klauseln diskutiert.

---

1) Siehe S. 370.

2) Siehe die in Abschnitt J.III. genannte Literatur.

II. Risikofreie Zins- und Tilgungszahlungen

1. Finanzierung durch Verkauf von Teilen des Unternehmensvermögens

a) Darstellung des Bewertungsmodells

Es gelten die Annahmen des Abschnitts A mit Ausnahme der Annahmen 7b' und 8a[1], die durch folgende Annahmen ersetzt werden:[2]

7.b''') Der Handel von Finanztiteln erfolgt kontinuierlich. Die Marktteilnehmer besitzen homogene Erwartungen hinsichtlich der zukünftigen Wertentwicklung des jeweiligen Unternehmensvermögens. Es besteht aus einer risikofreien und einer risikobehafteten Komponente. Die Wertentwicklung der risikobehafteten Komponente entspricht einem Itô-Prozeß mit konstanter Standardabweichung der Rendite pro Periode.

8.p) Die Passiva des betrachteten Unternehmens bestehen aus Eigenkapital und aus einer dinglich nicht besicherten Anleihe oder aus einem entsprechenden Kredit.[3] Die Vereinbarungen sehen Zins- und Tilgungszahlungen am Ende der Laufzeit und zu einem bestimmten Zeitpunkt vor Endfälligkeit vor. Verweigert der Schuldner die vor Endfälligkeit zu leistende Zahlung, obwohl er zahlungsfähig ist, so ist neben der fälligen Forderung auch die endfällige Forderung zu bedienen, und

---

1) Siehe S. 177 f.

2) Der Ansatz geht auf eine Anmerkung von Ruback zurück; siehe R. Ruback, Discussion, 1984, S. 644. Siehe auch V. Kjer, Optionsanleihen, 1981, S. 95.

3) Siehe Fußnoten 2, 3, S. 178.

zwar in Höhe des mit dem risikofreien Zins diskontierten vereinbarten Rückzahlungsbetrages.

8.q) **Die vor Endfälligkeit zu leistende Zahlung ist risikofrei: Der Wert der risikofreien Komponente des Unternehmensvermögens entspricht genau dem Barwert der mit dem risikofreien Zins diskontierten Zahlung.**

8.r) Die Finanzierung der vor Endfälligkeit zu leistenden Zahlung erfolgt allein durch Verkauf des risikofreien Unternehmensvermögens. Während der Restlaufzeit begibt das Unternehmen keine Finanztitel.

Unter diesen Annahmen kann man die Anleihe (DC) in eine risikofreie Komponente und in eine risikobehaftete Komponente (R) zerlegen, die sich unabhängig voneinander bewerten lassen. Der Wert der risikofreien Komponente entspricht dem Barwert der vor Endfälligkeit, in t'(t' < T), fälligen, risikofreien Zins- und Tilgungszahlung $X_{t'}$, also dem Wert einer risikofreien Null-Kupon-Anleihe mit Rückzahlungsbetrag $X_{t'}$ und Restlaufzeit τ' (= t' - t). Es gilt deshalb

$$(3.108) \qquad DF\,(X_{t'})_t = X_{t'} r^{-\tau'}$$

Der Wert der anderen Komponente errechnet sich als Wert einer risikobehafteten, unbesicherten und unkündbaren Null-Kupon-Anleihe mit Rückzahlungsbetrag X_T und Restlaufzeit τ. Da das Unternehmen bei Endfälligkeit nur noch risikobehaftetes Vermögen im Wert von R_T besitzt, läßt sich der Wert der risikobehafteten Komponente in t, $D(R;X_T)_t$, nach Gleichung (3.3)[1] bestimmen, indem man

1) Siehe S. 181.

V_t durch R_t, X durch X_T und σ_V durch σ_R (Standardabweichung der Rendite der risikobehafteten Vermögensteile des Unternehmens pro Periode bei kontinuierlicher Verzinsung)[1] ersetzt. Es gilt dann

$$(3.109) \qquad D(R;X_T)_t = X_T r^{-\tau} N(d_{18}) + R_t N(-d_{17})$$

$$\text{mit } d_{17} = \frac{\ln\left(\frac{R_t}{X_T r^{-\tau}}\right)}{\sigma_R\sqrt{\tau}} + \frac{1}{2}\sigma_R\sqrt{\tau}$$

$$d_{18} = d_{17} - \sigma_R\sqrt{\tau}$$

Der Wert der gesamten Anleihe in t ergibt sich aus

$$(3.110) \qquad DC_t = DF(X_{t'})_t + D(R;X_T)_t$$

Setzt man die Gleichungen (3.108) und (3.109) in die Gleichung ein, so erhält man

$$(3.111) \qquad DC_t = X_{t'} r^{-\tau'} + X_T r^{-\tau} N(d_{18}) + R_t N(-d_{17})$$

Der Anleihewert DC_t hängt somit allein von R_t, σ_R, X_T, $X_{t'}$, τ, τ' und r ab. Er ist folglich unabhängig von speziellen Risikopräferenzen, von Erwartungswerten und von Charakteristika anderer Titel außer dem risikobehafteten Unternehmensvermögen und risikofreien Anlagen.

---

1) Siehe Fußnote 1, S. 118.

Der Risikoprämiensatz der Anleihe in t errechnet sich aus $g_{DC_t} = i^*_{DC_t} - \ln r$, wobei $i^*_{DC_t}$ der Anleiheeffektivzinssatz in t bei kontinuierlicher Verzinsung ist, der folgende Gleichung löst: $X_{t'} e^{-i^*_{DC_t} \tau'} + X_T e^{-i^*_{DC_t} \tau} = DC_t$.

Ähnlich wie im Grundmodell bei der Analyse von Null-Kupon-Anleihen, die sich nur hinsichtlich der Fälligkeit unterscheiden, sollte man auch hier vorsichtig sein, wenn man Anleihen, deren vereinbarte Zahlungsströme verschieden sind, mit Hilfe des Risikoprämiensatzes beurteilt. Hier kann bei Vergleich von zwei Anleihen die eine Anleihe den niedrigeren Risikoprämiensatz aufweisen, obwohl sie nicht weniger risikobehaftet ist. Das Bonitätsrisiko wäre auch hier anhand der Werte der Optionskomponenten zu messen. Im nachfolgenden Beispiel wird ein derartiger Fall behandelt.

b) Beispiel

Greift man auf das Zahlenbeispiel des Grundmodells[1] zurück und unterstellt $R_t = X_T = 90$, $\sigma_R = 0,3$, $\tau = 0,5$, $X_{t'} = 20$, $\tau' = 0,25$ und $r = 1,1$, so muß die risikobehaftete Komponente so viel wert sein wie die Null-Kupon-Anleihe im Zahlenbeispiel des Grundmodells: $D(R;X_T)_t = D_t = 80,29$.[2] Da die risikofreie Komponente einen Wert von $DF(X_{t'})_t = 20 \cdot 1,1^{-0,25} = 19,53$ hat, folgt für den Wert der gesamten Anleihe in t: $DC_t = 80,29 + 19,53 = 99,82$. Der Risikoprämiensatz der Anleihe beträgt 11,88% pro

---

1) Siehe S. 185.

2) Siehe S. 185.

Periode[1] gegenüber 13,3 % pro Periode im Grundmodell.[2] Es wäre jedoch falsch, aus dem geringeren Risikoprämiensatz ein gesunkenes Bonitätsrisiko abzuleiten, denn schließlich entspricht die betrachtete Anleihe der Null-Kupon-Anleihe des Grundmodells zuzüglich einer risikofreien Null-Kupon-Anleihe. Sinnvollerweise sollte man nur die risikobehaftete Anleihekomponente berücksichtigen.[3]

c) Veränderung des Fremdkapitalwertes bei Variation der Parameterwerte

Eine Analyse des Anleihewertes DC_t in Abhängigkeit von den Modellparametern kommt zu ähnlichen Ergebnissen wie im Grundmodell. Da die risikobehaftete Komponente c.p. dem Anleihewert D_t entspricht und die risikofreie Komponente unabhängig von der risikobehafteten Komponente ist, sind die partiellen Ableitungen für D_t direkt für DC_t übertragbar, wenn man die Symbole V_t, X und σ_V durch R_t, X_T und σ_R ersetzt.[4] Außerdem gilt unter der Bedingung, daß die risikofreie Komponente des Unternehmensvermögens und der Anleihe stets äquivalent sind,

$$\frac{\partial DC_t}{\partial X_{t'}} = r^{-\tau'} > 0 \text{ und } \frac{\partial DC_t}{\partial \tau'} = -(\ln r) X_{t'} r^{-\tau'} < 0.$$[5]

1) Der Effektivzinssatz errechnet sich aus
$20\,e^{i^*_{DC_t}\tau'} + 90\,e^{i^*_{DC_t}\tau} = 99{,}82$. Er beträgt $i^*_{DC_t} = 0{,}2141$. Der Risikoprämiensatz ist dann $g_{DC_t} = 0{,}2141 - \ln 1{,}1 = 0{,}1188$.

2) Siehe S. 185.

3) Wie ausgeführt wurde, sollte man auch die Risikoprämiensätze von Wandel- und Optionsanleihen nur auf der Basis des Wertes der reinen Anleihe berechnen und entsprechend auch bei Anleihen mit Schuldnerkündigungsrechten verfahren, vgl. S. 305, 336, 347 f.

4) Vgl. S. 185 - 192.

5) Vgl. Fußnote 1, S. 190 und Fußnote 5, S. 190. Die genannte Bedingung impliziert, daß das Unternehmensvermögen entsprechend anzupassen ist, ansonsten ergäben sich Auswirkungen auf die risikobehaftete Anleihekomponente, da sich das der risikobehafteten Anleihe-

Aus den bisherigen Ausführungen folgt auch, daß der Anleihewert c.p. steigen muß, wenn man den endfälligen Rückzahlungsbetrag verringert und den risikofreien Zins- und Tilgungsbetrag entsprechend erhöht.

Die Werte der Anleihe lassen sich in Abhängigkeit vom Wert des risikobehafteten Unternehmensvermögens graphisch folgendermaßen darstellen:

Graphik 3.8: Werte einer unbesicherten unkündbaren Anleihe mit einer risikofreien Zins- und Tilgungszahlung vor Endfälligkeit oder eines entsprechenden Kredites in Abhängigkeit vom Wert des risikobehafteten Unternehmensvermögens

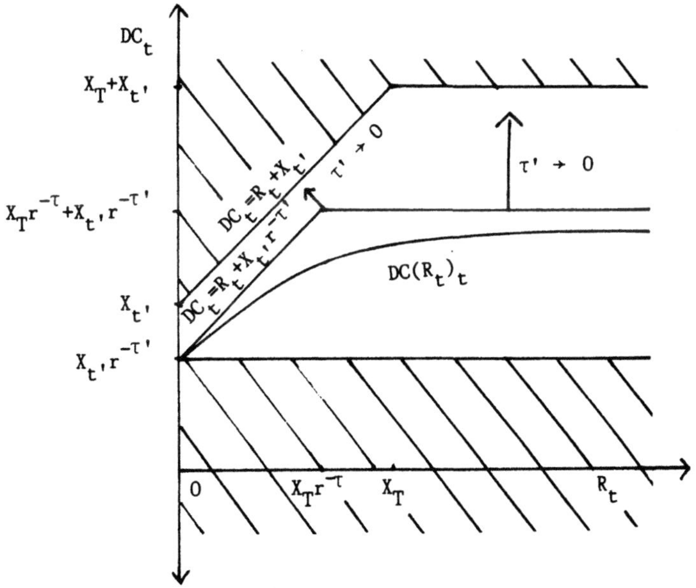

Quelle: Eigene Darstellung.

Fortsetzung Fußnote 5, S. 382: komponente haftende Vermögen ändern würde. Auch dann bliebe es aber insgesamt weiterhin bei den beschriebenen Wirkungsrichtungen einer Änderung von $X_{t'}$ oder τ'.

Die Graphik ähnelt der in Abschnitt B entwickelten Graphik 3.3, da der Wertebereich nach unten in beiden Graphiken durch die risikofreie Komponente begrenzt ist.[1] Im Zeitpunkt t dürfen die Werte nicht oberhalb von $DC_t = \min(R_t + X_{t'} r^{-\tau'}; X_T r^{-\tau} + X_{t'} r^{-\tau'})$ liegen. Mit abnehmender Restlaufzeit verschieben sich die Wertgrenzen - und damit die Kurve $DC(R_t)_t$ - nach oben. Grundsätzlich dürfen die Werte nicht im schraffierten Bereich der Graphik liegen. Andernfalls bestünden Arbitragemöglichkeiten. Im Zeitpunkt t', dem Zeitpunkt der sicheren Zahlung, wird aus der Kupon-Anleihe eine Null-Kupon-Anleihe, so daß dann die Anleihewerte in Abhängigkeit vom Unternehmenswert entsprechend Graphik 3.1 darzustellen sind.[2]

d) Modellvarianten

Der hier entwickelte Bewertungsansatz läßt sich leicht für den Fall mehrerer risikofreier Zahlungen vor Endfälligkeit modifizieren. In Formel (3.111) ist dann $X_{t'} r^{-\tau'}$ durch die Summe der diskontierten, risikofreien Zahlungen zu ersetzen. Ist an jedem Periodenende eine Zahlung fällig, so läßt sich die Summe schreiben als $\sum_{t'=1}^{m} X_{t'} r^{-(t'-t)}$.

2. Finanzierung durch Begebung von Eigenkapitaltiteln

In diesem Abschnitt soll untersucht werden, wie sich der Wert der risikobehafteten Anleihekomponente verändert, wenn man die risikofreie Zahlung nur durch Begebung neuer Eigenkapitaltitel finanzieren darf. Bewertungsgrundlage soll hier der Binomialansatz sein.

---

1) Siehe S. 214.

2) Siehe S. 187.

a) Darstellung des Bewertungsmodells

Die Annahmen 7b''' und 8r[1] werden nun durch die Annahmen 7a'''' und 8r' ersetzt:[2]

7.a'''') Der Handel von Finanztiteln erfolgt zu diskreten, äquidistanten Zeitpunkten. Die Marktteilnehmer besitzen homogene Erwartungen hinsichtlich der zukünftigen Wertentwicklung des jeweiligen Unternehmensvermögens. Es besteht aus einer risikofreien und einer risikobehafteten Komponente. Die Wertentwicklung der risikobehafteten Komponente entspricht einem multiplikativen Binomialprozeß mit konstanten Wertänderungsparametern.

8.r') Die Finanzierung der vor Endfälligkeit zu leistenden Zahlung darf nur durch Begebung neuer Eigenkapitaltitel erfolgen. Andernfalls haben die Gläubiger ein Kündigungsrecht; der Unternehmenswert ist dann kleiner als der Tilgungsbetrag zuzüglich Zinsen. Die Eigenkapitaltitel des Unternehmens sind gleich ausgestattet. Während der Restlaufzeit begibt das Unternehmen keine weiteren Finanztitel.

Durch die Eigenkapitalbegebung wird die Struktur des Unternehmensvermögens - anders als im Fall der Finanzierung durch Aktivaverkäufe - nicht verändert, da der Mittelzufluß aus der Eigenkapitalerhöhung genau ausreicht, um die Forderung $X_{t'}$ vereinbarungsgemäß zu bedienen. Das Unternehmensvermögen hat deshalb in t' einen Wert von $X_{t'} + R_{t'}$ und in t einen Wert von $X_{t'} r^{-\tau'} + R_t$.

---

1) Siehe S. 378 f.

2) Es gelten im übrigen mit Ausnahme der Annahmen 7b''' und 8r die auf S. 378 f. genannten Annahmen.

Im weiteren werden Symbole verwendet, die folgende Bedeutung haben:

E° Wert des alten und neuen Eigenkapitals, unter der Bedingung, daß die Zins- und Tilgungszahlung $X_{t'}$ in t' vereinbarungsgemäß geleistet wird

$D(X_T)^{\circ}$ Wert der endfälligen Forderung, unter der Bedingung, daß die Zins- und Tilgungszahlung $X_{t'}$ in t' vereinbarungsgemäß geleistet wird

Die Begebung neuer Eigenkapitaltitel in t' zu einem Emissionserlös von $X_{t'}$ ist nur durchführbar, wenn $E^{\circ}_{t'}$ nicht kleiner als $X_{t'}$ ist ($E^{\circ}_{t'} \geq X_{t'}$). Denn unter den genannten Annahmen werden die Marktteilnehmer neue Eigenkapitaltitel nur dann für einen Preis von $X_{t'}$ übernehmen, wenn die Titel in t' zumindestens einen entsprechenden Wert haben. Hier gilt es, noch den Wert der alten Eigenkapitaltitel mit zu berücksichtigen, so daß $E^{\circ}_{t'} \geq X_{t'}$ sein muß.[1]

Gelingt die Eigenkapitalerhöhung, mit der Folge, daß das Unternehmen in t' nicht in Konkurs geht, so hat die risikobehaftete Anleihekomponente einen Wert von $D(X_T)^{\circ}_{t'}$. Der Wert des gesamten Eigenkapitals in t' errechnet sich als Differenz des Unternehmenswertes in t' ($X_{t'} + R_{t'}$) und des Fremdkapitalwertes $D(X_T)^{\circ}_{t'}$, also aus $E^{\circ}_{t'} = X_{t'} + R_{t'} - D(X_T)^{\circ}_{t'}$. Ist $E^{\circ}_{t'} < X_{t'}$, so werden rationale Investoren

1) Im Fall $E^{\circ}_{t'} = X_{t'}$ werden neue Kapitalgeber die neuen Titel nur übernehmen, wenn die alten Titel für wertlos erklärt werden. Das gilt entsprechend, wenn die neuen Stücke von den bisherigen Eignern gezeichnet werden und die Beteiligungsverhältnisse verschieden sind.

nicht bereit sein, für die neuen Eigenkapitaltitel einen Preis von insgesamt $X_{t'}$ zu zahlen. Die Zins- und Tilgungszahlung $X_{t'}$ kann folglich nicht vereinbarungsgemäß finanziert werden und das Unternehmen geht in Konkurs.[1] Da die risikofreie Anleihekomponente dann quasi wie eine voll vorrangige Anleihe vorab aus dem risikofreien Unternehmensvermögen $X_{t'}$ vollständig bedient wird, kann die risikobehaftete Anleihekomponente quasi wie eine voll nachrangige Anleihe nur teilweise aus dem risikobehafteten Unternehmensvermögen befriedigt werden. Für den Wert der risikobehafteten Anleihekomponente in t', $D(X_T)_{t'}$, gilt deshalb

$$(3.112)\quad D(X_T)_{t'} = \begin{cases} D(X_T)^{\circ}_{t'}, & \text{wenn } E^{\circ}_{t'} \geq X_{t'} \\ R_{t'}, & \text{wenn } E^{\circ}_{t'} < X_{t'} \end{cases}$$

$$\text{mit } E^{\circ}_{t'} = X_{t'} + R_{t'} - D(X_T)^{\circ}_{t'}$$

oder kurz $D(X_T)_{t'} = \min\{D(X_T)^{\circ}_{t'};\ R_{t'}\}$.

---

1) Vgl. im Zusammenhang mit risikobehafteten Zinszahlungen F. Black und J. C. Cox, Valuing corporate securities, 1976, S. 362 f.; R. Geske, Valuation of corporate liabilities, 1977, S. 542, 544; T. S. Y. Ho und R. F. Singer, Bond indenture provisions and the risk of corporate debt, in: JoFE, Vol.10 (1982), S. 394.

Geht das Unternehmen in t' nicht in Konkurs, so erhalten die Gläubiger bei Endfälligkeit die vereinbarte Zahlung X_T, wenn der Unternehmenswert in T mindestens so hoch wie X_T ist($R_T + X_{t'} r^{(T-t')} \geq X_T$). Andernfalls geht das Unternehmen bei Endfälligkeit in Konkurs, so daß die Gläubiger über das Unternehmensvermögen verfügen können.

Bei Vermeidung des Unternehmenskonkurses in t' hat die risikobehaftete Anleihekomponente am Ende der Laufzeit folgenden Wert:

$$(3.113) \quad D(X_T)^{\circ}_{T} = \begin{cases} X_T & \text{wenn } R_T + X_{t'} r^{(T-t')} \geq X_T \\ R_T + X_{t'} r^{(T-t')} & \text{wenn } R_T + X_{t'} r^{(T-t')} < X_T \end{cases}$$

oder kurz $D(X_T)^{\circ}_{T} = \min\{X_T;\ R_T + X_{t'} r^{(T-t')}\}$.

Die risikobehaftete Anleihekomponente entspricht dann von t' bis T der dinglich besicherten Null-Kupon-Anleihe des Abschnitts B.II.2.b), deren Sicherheit risikofrei ist und zum Vermögen Dritter zählt.[1]

Der Wert der risikobehafteten Komponente in t läßt sich nun bewerten, indem man den einperiodigen Binomialansatz direkt und rekursiv anwendet. Zunächst ist die Verteilung von $D(X_T)^{\circ}_{T}$ nach Gleichung (3.113) zu ermitteln. Davon ausgehend läßt sich rekursiv die Verteilung von $D(X_T)^{\circ}_{t'}$,

---

1) Vgl. S. 206 - 210.

bestimmen und dann nach Gleichung (3.112) die Verteilung von $D(X_T)_{t'}$ ermitteln. Anschließend kann dann rekursiv der Wert der risikobehafteten Komponente in t, $D(X_T)_t$, berechnet werden. Das soll hier für den Fall einer zweiperiodigen Restlaufzeit verdeutlicht werden. Zieht man wie in Abschnitt B.III.2.a) dieses Teils das Duplikationsprinzip direkt zur Anleihebewertung heran,[1] so gilt in allgemeiner Schreibweise

$$D(X_T)^{\circ}_{uu} = \min(X_T; u_R^2 R_t + X_{t'} r)$$

$$D(X_T)_u = \min\{D(X_T)^{\circ}_u; u_R R_t\}$$

$$D(X_T)_t$$

$$D(X_T)^{\circ}_{ud} = D(X_T)^{\circ}_{du} = \min(X_T; u_R d_R R_t + X_{t'} r)$$

$$D(X_T)_d = \min\{D(X_T)^{\circ}_d; d_R R_t\}$$

$$D(X_T)^{\circ}_{dd} = \min(X_T; d_R^2 R_t + X_{t'} r)$$

$$\text{mit } D(X_T)^{\circ}_u = \{qD(X_T)^{\circ}_{uu} + (1-q)D(X_T)^{\circ}_{ud}\}/r$$

$$D(X_T)^{\circ}_d = \{qD(X_T)^{\circ}_{du} + (1-q)D(X_T)^{\circ}_{dd}\}/r$$

$$D(X_T)_t = \{qD(X_T)_u + (1-q)D(X_T)_d\}/r$$

$$q = \frac{r - d_R}{u_R - d_R}$$

Der Wert der gesamten Anleihe errechnet sich dann aus

$$(3.114) \qquad DCE_t = DF(X_{t'})_t + D(X_T)_t$$

---

1) Das äquivalente Portefeuille besteht hier aus Anteilen am risikobehafteten Vermögen und risikofreien Titeln. Es ist in Anlehnung an die Gleichungen (3.41) bis (3.46) zu konstruieren, vgl. S. 236 - 238.

Entsprechend kann man verfahren, wenn die Restlaufzeit mehr als zwei Perioden beträgt ($n > 2$), wobei die risikofreie Zahlung nicht bereits am Ende der ersten Periode erfolgen muß ($n' > 1$). Das Modell läßt sich dann auch in zeitkontinuierliche Ansätze überführen.

Der Anleihewert DCE_t hängt somit allein von R_t, u_R, d_R, X_T, $X_{t'}$, n, n' und r ab. Er ist folglich unabhängig von speziellen Risikopräferenzen, von Erwartungswerten und von Charakteristika anderer Titel außer dem risikobehafteten Unternehmensvermögen und risikofreien Titeln.
Der Risikoprämiensatz der Anleihe in t bei diskreter Verzinsung errechnet sich aus $r^*_{DCE_t} - r$, wobei $r^*_{DCE_t}$ der um Eins erhöhte Anleiheeffektivzinssatz in t bei diskreter Verzinsung ist. Im Fall der zweiperiodigen Restlaufzeit wäre also folgende Gleichung zu lösen:

$$\frac{X_{t'}}{r^*_{DCE_t}} + \frac{X_T}{(r^*_{DCE_t})^2} = DCE_t$$ 1)

Auch hier ist Vorsicht geboten, wenn man Anleihen, deren vereinbarte Zahlungsströme verschieden sind, anhand der Risikoprämiensätze bewertet.[2]

b) Beispiel

Greift man auf das Zahlenbeispiel mit binomialem Unternehmenswertverlauf zurück[3] und unterstellt hier $R_t = 26$, $u_R = 2$, $d_R = 0{,}5$, $X_{t'} = 30$, $X_T = 40$, $n = 2$ sowie $r = 1{,}25$, so errechnet sich für die risikobehaftete An-

1) Siehe S. 381.
2) Vgl. S. 381 f.
3) Siehe S. 218.

leihekomponente ein Wert von $D(X_T)_t = 18$:[1]

$$D(X_T)^{\circ}_{uu} = \min(40;104+37{,}5) = 40$$

$$D(X_T)_u = \min(32;52) = 32$$

$$D(X_T)_t = 18 \qquad D(X_T)^{\circ}_{ud} = D(X_T)^{\circ}_{du} = \min(40;26+37{,}5) = 40$$

$$D(X_T)_d = \min(32;13) = 13$$

$$D(X_T)^{\circ}_{dd} = \min(40;6{,}5+37{,}5) = 40$$

Da die risikofreie Anleihekomponente einen Wert von $DF(X_{t'})_t = 30/1{,}25 = 24$ aufweist, hat die gesamte Anleihe nach Gleichung (3.114) einen Wert von $DCE_t = 24 + 18 = 42$. Der Risikoprämiensatz der Anleihe beträgt 14,64% pro Periode.[2] Die Berechnungen zeigen, daß die Eigenkapitalerhöhung von 30 am Ende der ersten Periode gelingt, da $E^{\circ}_u = 30 + 52 - 32 = 50 > X_{t'} = 30$ ist. Bei ungünstiger Entwicklung gelingt sie nicht, da $E^{\circ}_d = 30 + 13 - 32 = 11 < X_{t'} = 30$ ist. In dem Fall erfolgt der Konkurs des Unternehmens.

Es ist an dieser Stelle interessant, die betrachtete Anleihe mit einer Anleihe zu vergleichen, deren risikofreie

---

1) Es ist hier $D(X_T)^{\circ}_u = D(X_T)^{\circ}_d = (0{,}5 \cdot 40 + 0{,}5 \cdot 40)/1{,}25 = 32$ und $D(X_T)_t = (0{,}5 \cdot 32 + 0{,}5 \cdot 13)/1{,}25 = 18$.

2) Es gilt $\frac{30}{r^*_{DCE_t}} + \frac{40}{(r^*_{DCE_t})^2} = 42$. Die Lösung liefert $r^*_{DCE_t} = 1{,}3964$.
Der Risikoprämiensatz beträgt folglich $r^*_{DCE_t} - r = 1{,}3964 - 1{,}25 = 0{,}1464$.

Zins- und Tilgungszahlung durch Aktivaverkauf finanziert wird. Für sie errechnet sich ein um 4,94 Geldeinheiten niedrigerer Wert von 37,06 (37,06 - 42 = - 4,94).[1] Ihr Risikoprämiensatz beträgt 26,97% pro Periode[2] und liegt um 12,33 Prozentpunkte über dem Satz der betrachteten Anleihe (26,97 - 14,64 = 12,33). Die Ergebnisse lassen sich mit Bonitätsunterschieden begründen. Die Eigenfinanzierungsklausel hat eine Sicherungsfunktion, die dazu führt, daß die Gläubiger der Anleihe mit eigenfinanzierter Zins- und Tilgungszahlung, im Vergleich zu den Gläubigern der anderen Anleihe, gleich hohe oder höhere Rückflüsse erzielen. Bei günstiger Entwicklung in der ersten Periode wird die Eigenfinanzierung am Ende der ersten Periode möglich, folglich mindert die Zinszahlung nicht das haftende Unternehmensvermögen. Dann ist diese Anleihe am Ende der ersten Periode risikofrei, während die andere Anleihe risikobehaftet ist. Bei ungünstiger Entwicklung in der ersten Periode tritt im Fall der eigenfinanzierten Zins- und Tilgungszahlung der Konkurs des Unternehmens ein. Er ermöglicht den Gläubigern vorzeitigen Zugriff auf das Unternehmensvermögen. Der Unternehmenswert ist dann relativ groß, so daß die Gläubiger dieser Anleihe im Unternehmenskonkurs besser gestellt sind als die Gläubiger der anderen Anleihe.[3]

---

1) Es ist $D(X_T)_u = (0,5 \cdot 40 + 0,5 \cdot 26)/1,25 = 26,4$

$D(X_T)_d = (0,5 \cdot 26 + 0,5 \cdot 6,5)/1,25 = 6,25.$

Daraus folgt $D(X_T)_t = (0,5 \cdot 26,4 + 0,5 \cdot 6,25)/1,25 = 13,06$;

mit $D(X_{t'})_t = 24$ folgt $DC_t = 24 + 13,06 = 37,06$.

2) Die Berechnungen sind analog zu Fußnote 1 durchzuführen.

3) Im Konkurs erhalten die Gläubiger neben der sicheren Zahlung von 30 eine Zahlung von 13. Die Gläubiger der anderen Anleihe erhalten die Zinszahlung von 30 und halten eine Forderung im Wert von 6,25. Siehe Fußnote 1 dieser Seite und vgl. auch T. S. Y. Ho und R. F. Singer, Bond indenture provisions, 1982, S. 393 f. in Verbindung mit S. 386.

c) Veränderung des Fremdkapitalwertes bei Variation der Parameterwerte

Eine Analyse hinsichtlich der Wirkungsrichtung von Parameterwertänderungen liefert ähnliche Ergebnisse wie im vorhergehenden Modell. Geringfügige Änderungen ergeben sich nur bei der risikobehafteten Anleihekomponente. Bedingt durch den binomialen Wertverlauf sind hier nichtnegative statt positiver oder nichtpositive statt negativer Wirkungsrichtungen festzustellen.[1]

d) Modellvarianten

Analog zum vorhergehenden Modell kann man auch hier den Ansatz für m Zahlungen vor Endfälligkeit ($m > 1$) erweitern.[2]

III. Risikobehaftete Zins- und Tilgungszahlungen

1. Finanzierung durch Verkauf von Teilen des Unternehmensvermögens

In diesem Abschnitt wird nun die Annahme der Risikofreiheit von Zins- und Tilgungszahlungen vor Endfälligkeit aufgehoben. Das Unternehmensvermögen läßt sich folglich nicht mehr wie zuvor in eine risikofreie und eine risikobehaftete Komponente zerlegen und ist damit voll risikobehaftet. Welche Auswirkungen sich ergeben, wenn die Zahlungen ausschließlich durch Verkauf von Unternehmensaktiva finanziert werden, soll hier unter der Hypothese des Binomialansatzes gezeigt werden. Der Unternehmenswert kann aber, ähnlich wie bei der Bewertung von Fremdfinanzierungsfazilitäten im Abschnitt H, nicht einem multiplikativen Binomialprozeß mit konstanten Wertänderungsparametern folgen.[3] Da die Zins- und Tilgungszah-

1) Vgl. S. 382 f.

2) Siehe S. 384.

3) Vgl. S. 356 f.

lung durch Aktivaverkauf finanziert werden soll, verringert sich der Unternehmenswert im Zahlungszeitpunkt um einen bestimmten Betrag. Im Fall $V_{t'} \geq X_{t'}$ sinkt der Unternehmenswert unabhängig von seiner Höhe stets um den konstanten Betrag $X_{t'}$.[1] Im Fall $V_{t'} < X_{t'}$ tritt der Unternehmenskonkurs ein, so daß der Unternehmenswert auf Null sinkt.[2] Der Unternehmenswert folgt also vor der Zins- und Tilgungszahlung einem Prozeß gemäß Annahme 7a', und nach der Zahlung folgt er diesem Prozeß nur, wenn kein Konkurs eingetreten ist.

a) Darstellung des Bewertungsmodells

Es gelten die Annahmen des Abschnitts A mit Ausnahme der Annahmen 7b' und 8a[3] sowie die Annahmen 7a''''', 8p[4] und 8r''.

7.a''''') Der Handel von Finanztiteln erfolgt zu diskreten, äquidistanten Zeitpunkten. Die Marktteilnehmer besitzen homogene Erwartungen hinsichtlich der zukünftigen Wertentwicklung des jeweiligen Unternehmensvermögens. Sie entspricht für den Zeitraum bis zur Zins- und Tilgungszahlung vor Endfälligkeit einem multiplikativen Binomialprozeß mit konstanten Wertänderungsparametern und für den Zeitraum nach der Zahlung entspricht sie diesem Prozeß nur, sofern nicht der Konkurs des Unternehmens eingetreten ist.

8.r'') Die Finanzierung der vor Endfälligkeit zu leistenden Zahlung soll durch Verkauf von Teilen des Unternehmensvermögens erfolgen.

---

1) Hier fließt - wie bei Ausschüttungen an die Aktionäre - ein Betrag vom Unternehmen an die Gläubiger, so daß das Vermögen des Unternehmens sinkt.

2) Im Konkurs erlischt die Rechtspersönlichkeit des Unternehmens, und das Vermögen wird an die Gläubiger ausgekehrt, so daß V (= Wert aller dem Unternehmen gehörenden Aktiva) Null ist.

3) Siehe S. 177 f.

4) Siehe S. 378.

> Während der Restlaufzeit begibt das Unternehmen keine Finanztitel.

Auch hier kann man sich vorstellen, daß die in t' fällige Forderung $X_{t'}$ quasi uneingeschränkten Vorrang vor der endfälligen Forderung X_T genießt, mit der Folge, daß sich die erste Forderung unabhängig von der endfälligen, quasi voll nachrangigen Forderung bewerten läßt.[1] Der Gesamtwert der Anleihe in t, DC'_t, kann dann wieder als Summe der Werte der beiden Anleihekomponenten in t ausgedrückt werden:

$$(3.115) \qquad DC'_t = D(X_{t'})_t + D(X_T)_t$$

Betrachtet man zunächst die erste Forderung, so erhalten die Gläubiger in t' die vereinbarte Zahlung $X_{t'}$, wenn der Unternehmenswert mindestens so hoch ist wie $X_{t'}$ ($V_{t'} \geq X_{t'}$). In dem Fall kann die Zahlung durch Verkauf von Unternehmensaktiva finanziert werden. Andernfalls reicht ein Aktivaverkauf nicht aus, um die Zahlung in voller Höhe zu leisten ($V_{t'} < X_{t'}$). Das Unternehmen ist dann zahlungsunfähig, so daß die Gläubiger durch Konkurs des Unternehmens über $V_{t'}$ verfügen können. Es gilt also in t'

$$D(X_{t'})_{t'} = \begin{cases} X_{t'} & \text{für } V_{t'} \geq X_{t'} \\ V_{t'} & \text{für } V_{t'} < X_{t'} \end{cases}$$

oder kurz $D(X_{t'})_{t'} = \min(X_{t'}; V_{t'})$.

Der Wert der Forderung in t, $D(X_{t'})_t$, läßt sich leicht

1) Siehe auch S. 223 f.

ermitteln, da die Forderung der voll vorrangigen Anleihe des Abschnitts B.III.1. entspricht. Zieht man wiederum das Duplikationsprinzip wie im Abschnitt B.III.2.a) dieses Teils direkt zur Anleihebewertung heran,[1] so gilt im Einperiodenfall[2]

$$(3.116) \quad D(X_{t'})_t = \{qD(X_{t'})_u + (1-q)D(X_{t'})_d\}/r$$

$$\text{mit } D(X_{t'})_u = \min(X_{t'};\ u_V V_t)$$

$$D(X_{t'})_d = \min(X_{t'};\ d_V V_t)$$

$$q = \frac{r - d_V}{u_V - d_V}$$

Wie oben gezeigt, läßt sich der einperiodige Ansatz rekursiv auch für mehrperiodige Restlaufzeiten anwenden.[3]

Für den Wert der endfälligen Forderung muß bekanntlich bei Ablauf der Restlaufzeit $D(X_T)_T = \min(X_T;\ V_T)$ gelten. Zu berücksichtigen ist hier aber, daß die erste Zahlung durch Verkauf von Unternehmensaktiva finanziert werden soll, so daß der Unternehmenswert in t' um den Betrag von $X_{t'}$ verringert wird. Im Fall, daß die Unternehmung in t' zahlungsunfähig sein wird, muß $D(X_T)_{t'} = 0$ und damit auch $D(X_T)_T = 0$ sein. Unterstellt man eine zweiperiodige Restlaufzeit, wobei die erste Zahlung am Ende der ersten Periode erfolgen soll, so läßt die Entwicklung des der endfälligen Forderung zugrundeliegenden Wertes folgendermaßen darstellen:

---

1) Vgl. S. 222 - 224.

2) Vgl. auch S. 236 - 238.

3) Siehe S. 239 f.

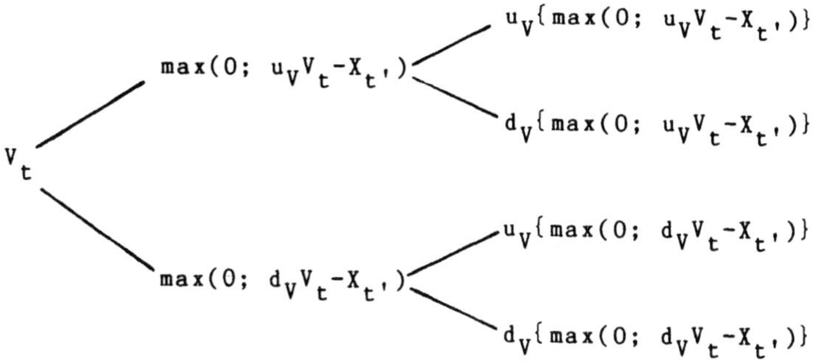

Für die Wertentwicklung von $D(X_T)$ gilt

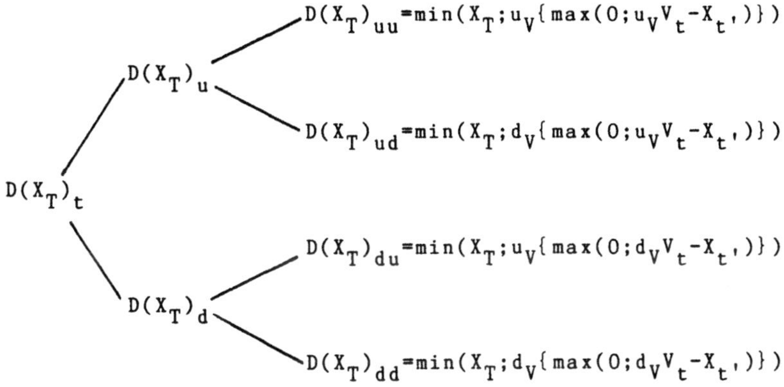

mit $D(X_T)_u = \{qD(X_T)_{uu} + (1-q)D(X_T)_{ud}\}/r$

$$D(X_T)_d = \{qD(X_T)_{du} + (1-q)D(X_T)_{dd}\}/r$$

$$D(X_T)_t = \{qD(X_T)_u + (1-q)D(X_T)_d\}/r$$

$$q = \frac{r - d_V}{u_V - d_V}$$

Der Gesamtwert der Anleihe, DC'_t, ergibt sich dann nach Gleichung (3.115)[1] durch Addition von $D(X_T)_t$ und $D(X_{t'})_t$.[2]

Der hier entwickelte Ansatz läßt sich auch für Restlaufzeiten mit mehr als zwei Perioden ($n > 2$ und $n' \geq 1$) erweitern und in zeitkontinuierliche Ansätze überführen.

Der Anleihewert DC'_t hängt somit allein von V_t, u_V, d_V, X_T, $X_{t'}$, n, n' und r ab und ist folglich unabhängig von speziellen Risikopräferenzen, von Erwartungswerten und von Charakteristika anderer Titel außer dem Unternehmensvermögen und risikofreien Titeln.

Analog zum vorhergehenden Modell kann man auch hier den Risikoprämiensatz bestimmen.[3] Daß eine Bewertung unterschiedlicher Anleihen mit Hilfe von Risikoprämiensätzen problematisch sein kann, wurde oben gezeigt.[4]

b) Beispiel

Greift man auf das Zahlenbeispiel des vorhergehenden Abschnitts zurück[5] und unterstellt hier $V_t = 50$, $u_V = 2$, $d_V = 0{,}5$, $X_{t'} = 30$, $X_T = 40$, $n = 2$ sowie $r = 1{,}25$, so gilt für die Entwicklung des der endfälligen Forderung zugrundeliegenden Wertes über die Restlaufzeit

---

1) Siehe S. 395.

2) Da hier nach dem Duplikationsprinzip bewertet wird, kann die Wertentwicklung der Anleihe auch durch die Wertentwicklung eines Portefeuilles dupliziert werden, das aus Anteilen am Unternehmensvermögen und risikofreien Titeln besteht; vgl. S. 236 - 238.

3) Vgl. S. 390.

4) Vgl. S. 381 f.

5) Siehe S. 390 f.

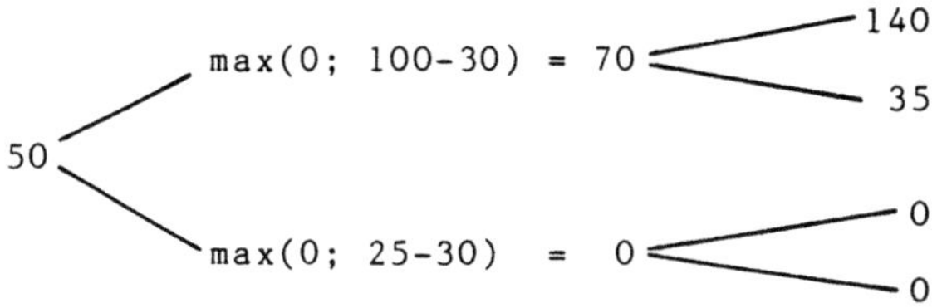

Das Unternehmen wird demnach am Ende der ersten Periode bei ungünstiger Entwicklung zahlungsunfähig. Für die Anleihekomponenten errechnen sich folgende Werte: Die Forderung $X_{t'}$ hat einen Wert von $D(X_{t'})_t = 22$[1], und die endfällige Forderung ist in t $D(X_T)_t = 12$ wert.[2] Die gesamte Anleihe hat daher einen Wert von $DC_t' = 22 + 12 = 34$. Der Risikoprämiensatz der Anleihe in t beträgt 36,21 % pro Periode.[3]

Vergleicht man die betrachtete Anleihe wiederum mit der Anleihe, deren Zins- und Tilgungszahlung risikofrei ist und durch Aktivaverkauf finanziert wird, so stellt man fest, daß die betrachtete Anleihe den geringeren Wert (34 < 37,06) und den höheren Risikoprämiensatz (36,21 % > 26,97 %) aufweist. Der Grund liegt darin, daß das Unternehmensvermögen hier voll risikobehaftet ist, während es im anderen Fall aus einer risikobehafteten und einer ri-

---

1) Nach Gleichung (3.116) ist $D(X_{t'})_t = (0,5 \cdot 30 + 0,5 \cdot 25)/1,25 = 22$.

2) Es ist $D(X_T)_u = (0,5 \cdot 40 + 0,5 \cdot 35)/1,25 = 30$ und $D(X_T)_d = 0$. Dann errechnet sich $D(X_T)_t = (0,5 \cdot 30 + 0,5 \cdot 0)/1,25 = 12$.

3) Es gilt $\frac{30}{r^*_{DC_t'}} + \frac{40}{(r^*_{DC_t'})^2} = 34$. Die Lösung ist $r^*_{DC_t'} = 1,6121$, so daß $r^*_{DC_t'} - r = 1,6121 - 1,25 = 0,3621$ ergibt.

sikofreien Komponente besteht.[1)] Folglich ist die betrachtete Anleihe bonitätsrisikobehafteter als die andere Anleihe.

c) Veränderung des Fremdkapitalwertes bei Variation der Parameterwerte

Hinsichtlich der Wirkungsrichtung von Parameterwertänderungen lassen sich die Ergebnisse zum vorhergehenden Ansatz übertragen, mit Ausnahme der Wirkungsrichtung einer Veränderung der Zins- und Tilgungszahlung vor Endfälligkeit ($X_{t'}$) und der Periodenanzahl bis zur Fälligkeit t'. Anders als dort gilt hier

$$\frac{\partial DC'_t}{\partial X_{t'}} \geq 0, \quad \frac{\partial^2 DC'_t}{\partial X^2_{t'}} \leq 0 \text{ und } \frac{\Delta DC'_t}{\Delta n'} \leq 0,$$

da $X_{t'}$ ausfallsbedroht ist.[2)]

d) Modellvarianten

Dieser Ansatz läßt sich analog für den Fall anwenden, daß mehr als eine Zins- und Tilgungszahlung vor Endfälligkeit vereinbart wurde.[3)]

---

1) Siehe S. 391 f.

2) Siehe S. 393.

3) Vgl. zu zeitkontinuierlichen Modellen, und zwar in Anlehnung an die Black-Scholes-Kursverlaufshypothese für Anleihen mit kontinuierlicher Zinszahlung, R. C. Merton, Risk structure, 1974, S. 476 f. in Verbindung mit F. Black und J. C. Cox, Valuing corporate securities, 1976, S. 364 f.; siehe auch V. Kjer, Optionsanleihen, 1981, S. 95 - 97, 109 - 113; in Anlehnung an die Kursverlaufsannahme der Constant-Elasticity-Of-Variance-Modelle für Anleihen mit diskreter Zinszahlung J. C. Cox und S. A. Ross, Alternative stochastic processes, 1976, S. 163 - 165; vgl. auch S. 375 dieser Arbeit.

2. Finanzierung durch Begebung von Eigenkapitaltiteln

a) Darstellung des Bewertungsmodells

Um nun den Fall risikobehafteter, eigenkapitalfinanzierter Zins- und Tilgungszahlungen zu behandeln, sei Annahme 8r''[1] durch Annahme 8r'[2] ersetzt.[3] Da die in t' fällige Zins- und Tilgungszahlung unabhängig ist von der Art ihrer Finanzierung, läßt sie sich wie im vorhergehenden Abschnitt quasi wie eine voll vorrangige unkündbare Null-Kupon-Anleihe nach Gleichung (3.116)[4] bewerten.

Der Wert der endfälligen Zahlung hängt dagegen davon ab, ob die Eigenkapitalerhöhung in t' gelingt. Ähnlich wie im Fall der risikofreien Zins- und Tilgungszahlung ist sie nur möglich, wenn der Wert des gesamten Eigenkapitals unmittelbar nach der Zinszahlung wenigstens so groß ist wie der Zahlungsbetrag: $E^{\circ}_{t'} \geq X_{t'}$.[5] Da das Unternehmensvermögen gemäß Annahme 7a''''' voll risikobehaftet ist, errechnet sich $E^{\circ}_{t'}$ hier aus $E^{\circ}_{t'} = V_{t'} - D(X_T)^{\circ}_{t'}$. Im Fall $E^{\circ}_{t'} < X_{t'}$ wird die Eigenkapitalerhöhung nicht durchführbar sein, so daß das Unternehmen in Konkurs geht und die Gläubiger über das gesamte Unternehmensvermögen verfügen können. Für den Wert der endfälligen Forderung in t', $D(X_T)_{t'}$, folgt

---

1) Siehe S. 394 f.

2) Siehe S. 385.

3) Es gelten im übrigen die auf S. 394 genannten Annahmen.

4) Siehe S. 396.

5) Vgl. S. 386.

$$D(X_T)_{t'} = \begin{cases} D(X_T)^{\circ}_{t'}, & \text{wenn } E^{\circ}_{t'} \geq X_{t'} \\ V_{t'} - X_{t'}, & \text{wenn } E^{\circ}_{t'} < X_{t'} \text{ und } V_{t'} > X_{t'} \\ 0 & \text{wenn } V_{t'} \leq X_{t'} \end{cases}$$

$$\text{mit } E^{\circ}_{t'} = V_{t'} - D(X_T)^{\circ}_{t'}$$

oder kurz $D(X_T)_{t'} = \min\{D(X_T)^{\circ}_{t'};\ \max(V_{t'} - X_{t'};\ 0)\}$.

Bei Endfälligkeit gilt $D(X_T)^{\circ}_T = \min(X_T;\ V_T)$.[1] Folglich entspricht die endfällige Forderung über den Zeitraum von t' bis T der Null-Kupon-Anleihe des Grundmodells, falls das Unternehmen in t' nicht in Konkurs gerät.[2]

Der Wert der endfälligen Forderung in t läßt sich nun wiederum durch direkte und rekursive Anwendung des einperiodigen Binomialansatzes errechnen.

Im Fall einer zweiperiodigen Restlaufzeit gilt in allgemeiner Schreibweise, wenn man wie in Abschnitt B.III. 2.a) das Duplikationsprinzip direkt anwendet[3]

---

1) Vgl. S. 388.

2) Siehe F. Black und J. C. Cox, Valuing corporate securities, 1976, S. 363; R. Geske, Valuation of corporate liabilities, 1977, S. 543 f.

3) Vgl. S. 236 - 238.

$$D(X_T)^{\circ}_{uu} = \min(X_T; u_V^2 V_t)$$

$$D(X_T)_u = \min\{D(X_T)^{\circ}_u, \max(u_V V_t - X_{t'}; 0)\}$$

$$D(X_T)_t$$

$$D(X_T)^{\circ}_{ud} = D(X_T)^{\circ}_{du} = \min(X_T; u_V d_V V_t)$$

$$D(X_T)_d = \min\{D(X_T)^{\circ}_d, \max(d_V V_t - X_{t'}; 0)\}$$

$$D(X_T)^{\circ}_{dd} = \min(X_T; d_V^2 V_t)$$

$$\text{mit } D(X_T)^{\circ}_u = \{qD(X_T)^{\circ}_{uu} + (1-q)D(X_T)^{\circ}_{ud}\}/r$$

$$D(X_T)^{\circ}_d = \{qD(X_T)^{\circ}_{du} + (1-q)D(X_T)^{\circ}_{dd}\}/r$$

$$D(X_T)_t = \{qD(X_T)_u + (1-q)D(X_T)_d\}/r$$

$$q = \frac{r - d_V}{u_V - d_V}$$

Der Wert der gesamten Anleihe ergibt sich dann aus

$$(3.117) \qquad DCE'_t = D(X_{t'})_t + D(X_T)_t$$

Wie zuvor kann man auch diesen Ansatz für Restlaufzeiten von mehr als zwei Perioden ($n > 2$ und $n' \geq 1$) erweitern und in zeitkontinuierliche Modelle überführen.[1]

---

1) Dann läßt sich auch zeigen, daß der Konkurs im Fall der Eigenfinanzierung c.p. bereits bei höheren Unternehmenswerten ausgelöst ist als im Fall der Finanzierung durch Aktivaverkäufe. Nach den obigen Ausführungen gelingt eine Eigenfinanzierung nur, wenn $E^{\circ}_{t'} = V_{t'} - D(X_T)^{\circ}_{t'} \geq X_{t'}$ ist (siehe S. 401). Daraus folgt, daß ein Konkurs eintritt, falls $V_{t'} < D(X_T)^{\circ}_{t'} + X_{t'}$ ist. Im Fall des Aktivaverkaufs erfolgt der Konkurs dagegen, sobald $V_{t'} < X_{t'}$ ist (siehe S. 394). Bei Vereinbarung einer Eigenfinanzierungsklausel kann der Konkurs bereits bei höherem Unternehmenswert eintreten, da $D(X_T)^{\circ}_{t'} + X_{t'} \geq X_{t'}$ ist. Bei $X_{t'} < V_{t'} < D(X_T)^{\circ}_{t'} + X_{t'}$ erfolgt demnach der Konkurs im Fall der Eigenfinan-

Der Anleihewert DCE'_t hängt somit wie im vorhergehenden Modell allein von V_t, u_V, d_V, X_T, $X_{t'}$, n, n' und r ab und ist folglich unabhängig von speziellen Risikopräferenzen, von Erwartungswerten und von Charakteristika anderer Titel außer dem Unternehmensvermögen und risikofreien Titeln.

Die Berechnung des Risikoprämiensatzes erfolgt ebenfalls wie im vorhergehenden Ansatz.[1]

b) Beispiel

Greift man auf das obige Beispiel zurück (V_t = 50, u_V = 2, d_V = 0,5, $X_{t'}$ = 30, X_T = 40, n = 2 sowie r = 1,25)[2], so hat die in t' fällige Forderung einen Wert von $D(X_{t'})_t = 22$.[3] Für die endfällige Forderung errechnet sich hier ein Wert von $D(X_T)_t = 12{,}8$.[4] Die ge-

---

Fortsetzung Fußnote 1, S. 403: zierungsklausel, nicht dagegen im Fall der Finanzierung durch Aktivaverkauf. Der Konkurs ist für die Gläubiger günstig, sofern die Forderung im Konkurs mehr wert ist als die Anleihe mit durch Aktivaverkauf zu finanzierender Zins- und Tilgungszahlung; siehe auch S. 392.

1) Vgl. S. 398 f.

2) Siehe S. 398 f.

3) Vgl. Fußnote 1, S. 399.

4) Es ist $D(X_T)^\circ_u = (0{,}5 \cdot 40 + 0{,}5 \cdot 40)/1{,}25 = 32$

$D(X_T)^\circ_d = (0{,}5 \cdot 40 + 0{,}5 \cdot 12{,}5)/1{,}25 = 21$

Es folgt $D(X_T)_u = \min\{32;\ \max(100 - 30;\ 0)\} = 32$

$D(X_T)_d = \min\{21;\ \max(25 - 30;\ 0)\} = 0$

Dann ist $D(X_T)_t = (0{,}5 \cdot 32 + 0{,}5 \cdot 0)/1{,}25 = 12{,}8$

samte Anleihe hat folglich nach Gleichung (3.117) einen Wert von DCE'_t = 22 + 12,8 = 34,8. Der Risikoprämiensatz beträgt in t 33,66 % pro Periode.[1)]

Ein Vergleich mit der Anleihe, deren Zins- und Tilgungszahlung risikofrei ist und durch eine Eigenkapitalerhöhung finanziert werden soll, zeigt, daß die betrachtete Anleihe den geringeren Wert (34,8 < 42) und den höheren Risikoprämiensatz (33,66 % > 14,64 %) hat, da hier, wie im vorhergehenden Abschnitt auch, das Unternehmensvermögen voll risikobehaftet ist, während es im anderen Fall aus einer risikobehafteten und einer risikofreien Komponente besteht.[2)] Folglich ist die betrachtete Anleihe bonitätsrisikobehafteter als die andere Anleihe. Im Vergleich zur Anleihe mit risikobehafteter, durch Aktivaverkauf finanzierter Zins- und Tilgungszahlung ist die Anleihe mehr wert (34,8 > 34) und weist einen geringeren Risikoprämiensatz auf (33,66 % < 36,21 %), da die Eigenfinanzierung das Haftungspotential stützt und damit das Bonitätsrisiko senkt.[3)]

c) Veränderung des Fremdkapitalwertes bei Variation der Parameterwerte

Die Ergebnisse der Analyse zum Einfluß der Modellparameter auf den Fremdkapitalwert des vorhergehenden Ansatzes gelten auch hier, soweit es die Wirkungsrichtung von Parameterwertänderungen betrifft.[4)]

1) Es ist $\frac{30}{r^*_{DCE'_t}} + \frac{40}{(r^*_{DCE'_t})^2} = 34{,}8$. Die Lösung liefert $r^*_{DCE'_t}$ = 1,5866, so daß $r^*_{DCE'_t} - r = 1{,}5866 - 1{,}25 = 0{,}3366$ ist.

2) Siehe S. 391 f.

3) Siehe S. 398 f.

4) Siehe S. 400.

d) Modellvarianten

Der hier dargestellte zweiperiodige Ansatz läßt sich auch für m Zahlungen vor Endfälligkeit erweitern. Geske hat unter der Kursverlaufshypothese nach Black und Scholes, Annahme 7b', eine Gleichung zur Bewertung von Anleihen hergeleitet, bei denen Zins- und Tilgungszahlungen in gleichen Zeitabständen vereinbart sind. Die Gleichung läßt sich allerdings nur numerisch lösen und wird daher in dieser Arbeit nicht präsentiert.[1)2)]

---

1) Die Gleichung kann man leicht modifizieren, wenn die Zins- und Tilgungszahlungen in unregelmäßigen Zeitabständen erfolgen sollen; vgl. R. Geske, Valuation of corporate liabilities, 1977, insb. S. 542 - 547. Das Geske-Modell beruht auf der Bewertung des Eigenkapitals als Kaufoption auf Kaufoptionen (compound calls) - im Fall einer Anleihe mit nur einer Zinszahlung vor Endfälligkeit besitzen die Eigenkapitalgeber vor Fälligkeit der Zinszahlung eine einfache europäische Kaufoption, die auf eine einfache europäische Option lautet, das Unternehmensvermögen bei Endfälligkeit von den Gläubigern zu erwerben. Der Anleihewert wird dabei als Restgröße des Unternehmenswertes und des Eigenkapitals ermittelt. Wie oben erläutert, ist der Weg ökonomisch nicht überzeugend; siehe S.35 f.; vgl. zur Bewertung von compound calls die in Fußnote 1, S. 142 genannten Quellen; zur Interpretation des Geske-Modells vgl. M. J. P. Selby, Application, 1983, S. 65 - 77; M. J. P. Selby und S. D. Hodges, Evaluation, 1987, S. 353 f.; zur Anwendung vgl. M. J. P. Selby, Application, 1983, S. 123 - 131; siehe auch R. Brealey, S. D. Hodges und M. J. P. Selby, Bank-loan portfolios, 1983, S. 154 - 156, 175 f.

2) Eine entsprechende Gleichung für den Fall nur einer Zins- und Tilgungszahlung vor Endfälligkeit leiten Ho und Singer über den Binomialansatz her; vgl. T. S. Y. Ho und R. F. Singer, The value of corporate debt with a sinking-fund provision, in: JoB, Vol. 57 (1984) S. 325 in Verbindung mit S. 317 - 324, 334 f.

IV. Alternative Klauseln

In diesem Abschnitt wurden Ansätze zur Berücksichtigung risikofreier und risikobehafteter Zins- und Tilgungszahlungen vor Endfälligkeit behandelt, wobei jeweils unterschieden wurde, ob die Zahlungen durch Verkauf von Unternehmensaktiva oder durch Eigenkapitalerhöhungen zu finanzieren waren. Dabei wurden jeweils die Forderung vor Endfälligkeit als quasi voll vorrangig und die endfällige Forderung als quasi voll nachrangig betrachtet, obwohl sie nur Bestandteile einer (ganzen) Anleihe waren. Daraus folgt, daß sich die Bewertungsgleichungen direkt übertragen lassen, wenn man zwei unkündbare Null-Kupon-Anleihen betrachtet, von denen eine vollkommen vorrangig und vor der nachrangigen Anleihe fällig ist. Der Wert der vorrangigen Anleihe entspricht dann dem Wert der vor Endfälligkeit zu leistenden Zins- und Tilgungszahlung und der Wert der nachrangigen Anleihe dem Wert der endfälligen Forderung. In der Literatur findet man zwei zeitkontinuierliche Varianten.

Geske betrachtet den Fall, daß die vorrangige wie die nachrangige Anleihe risikobehaftet ist, daß die Rückzahlung durch Begebung von Eigenkapital finanziert wird und daß die Black-Scholes-Kursverlaufshypothese für V_t gilt.[1] Seine Darstellungen und Gleichungen sind allerdings fehlerhaft. Sie wurden zunächst von Selby[2] und einige Zeit später teilweise auch von Geske und Johnson[3] korrigiert.

---

1) Vgl. R. Geske, Valuation of corporate liabilities, 1977, S. 550 - 552.

2) Vgl. M. J. P. Selby, Application, 1983, S. 172 - 176.

3) Vgl. R. Geske und H. E. Johnson, The valuation of corporate liabilities as compound options: A correction, in: JoFQA, Vol. 19 (1984), S. 231 f.

Shastri unterstellt in einem Modell zur Bewertung des Fremdkapitals von fusionierten Unternehmen nach Black und Scholes, daß die Rückzahlung der vorrangigen Anleihe durch Aktivaverkauf finanziert wird. Seine Annahmen sind allerdings - wie bereits weiter oben deutlich wurde -[1] nicht vollkommen konsistent.[2]

Die zuvor entwickelten Bewertungsgleichungen lassen sich außerdem auch leicht für alternative Finanzierungsklauseln modifizieren. In zwei Fällen sind die Gleichungen dieses Abschnitts sogar direkt übertragbar.

Wird die in t' fällige Zahlung durch eine risikofreie Anleihe finanziert, und zwar so, daß die Anleihe durch einen Besicherungsvertrag über risikofreie Aktiva im Wert von $X_{t'}$ gesichert ist, dann sind die risikobehafteten Gläubigerparten c.p. so viel wert wie in den beiden Fällen der Finanzierung durch Aktivaverkäufe, da die risikofreie und die risikobehaftete Anleihe voneinander unabhängig sind.

Ist die Anleihe mit der in t' fälligen Zahlung voll vorrangig und wird zur Finanzierung der Zahlung in t' eine voll nachrangige Null-Kupon-Anleihe begeben, deren Laufzeit nicht vor T endet, so ist die in T vorrangige Anleihe c.p. so viel wert wie in den beiden Fällen der eigenfinanzierten Zinszahlung. Eine Begebung der Anleihe in t' ist nur möglich, wenn $R_{t'} + X_{t'} - D(X_T)^{\circ}_{t'} \geq X_{t'}$ oder $V_{t'} - D(X_T)^{\circ}_{t'} \geq X_{t'}$ ist. Die Restriktion stimmt mit der Bedingung für die Emission neuer Eigenkapitaltitel überein.[3]

---

1) Vgl. S. 215, insb. Fußnote 2.

2) Vgl. auch K. Shastri, Firm investment decisions, 1982, S. 4 - 12, 38, 42, 44 - 51, 59 - 62.

3) Vgl. S. 386 f., 401.

Bei der Berücksichtigung alternativer Finanzierungsklauseln könnte man beispielsweise Mason folgen, der einen zeitkontinuierlichen Ansatz entwickelt, in dem diskrete, risikobehaftete Zinszahlungen teils durch Aktivaverkauf und teils durch Eigenkapital zu finanzieren sind.[1]

Soll zur Finanzierung gleichrangiges Fremdkapital mit gleicher Restlaufzeit begeben werden, so ist zu beachten, daß die alten Gläubiger dann im Vergleich zum Fall der Eigenfinanzierung schlechter gestellt sind.[2] Diesen Aspekt übersieht Geske im Anleihe-Bewertungsmodell seiner Dissertation.[3]

---

1) Vgl. S. P. Mason, Risky coupon bond contracts, 1979, S. 78 f., 86 - 91.

2) Man sollte daraus nicht den Schluß ziehen, daß die bisherigen Gläubiger durch Begebung gleichrangiger Titel stets benachteiligt werden. Selby hat anhand eines Beispiels mit einer Null-Kupon-Anleihe gezeigt, daß die zusätzliche Begebung einer gleichrangigen Anleihe mit wesentlich kürzerer Laufzeit den Wert der alten Anleihe erhöhen kann, wenn die Rückzahlung der neuen Anleihe durch Eigenkapitalaufnahme finanziert wird. Der Effekt erklärt sich dadurch, daß bei störungsfreiem Verlauf die Eigenkapitalquote steigt, so daß die alte Anleihe weniger risikobehaftet wird. Sind die Laufzeiten beider Anleihen gleich lang oder fast gleich lang, so wird der Wert der ersten Anleihe analog zum oben angesprochenen Fall sinken. Vgl. M. J. P. Selby, Application, 1983, S. 152 - 156.

3) Die neuen Fremdkapitaltitel können in t' begeben werden, wenn $V_{t'} \geq X_{t'}$ ist. Bei Endfälligkeit besteht nun aber neben der Forderung der alten Gläubiger in Höhe von X_T noch die gleichrangige Forderung der neuen Gläubiger ($X_{t'}$ zuzüglich vereinbarter Zinsen, d.h. $X_{t'} \cdot r_{D_{t'}}^{*(T-t')}$). Nach Geske erhalten die Gläubiger der Forderung X_T in T $\min(V_T; X_T)$, tatsächlich müssen sie sich im Konkursfall mit $\frac{X_T}{X_T + X_{t'} \cdot r_{D_{t'}}^{*(T-t')}} \cdot V_T$ begnügen, so daß in T für sie

$$\min\{\frac{X_T}{X_T + X_{t'} \cdot r_{D_{t'}}^{*(T-t')}} \cdot V_T; X_T\}$$ gilt; vgl. R. Geske, Valuation of complex options, 1977, S. 59 - 73, insb. S. 61 f. und 64.

Die Gläubigerposition verschlechtert sich auch, wenn die Eigner über die Art der Finanzierung frei entscheiden können. Sie werden dann die Finanzierungsalternative wählen, die den Wert ihrer Anteile maximiert und damit den Wert der Gläubigerparten minimiert.

Abschließend sei noch auf zahlreiche Quellen hingewiesen, die auch dingliche Sicherheiten, Haftungszusagen Dritter sowie Kündigungs-, Wandlungs- und Bezugsrechte berücksichtigen.

Selby erweitert den Ansatz von Geske. Er behandelt den Fall gleichrangiger Kupon-Anleihen und den Fall voll vorrangiger und voll nachrangiger Kupon-Anleihen, wobei die vereinbarten Zahlungsströme jeweils verschieden sind und die Zinszahlungen zu diskreten Zeitpunkten erfolgen.[1] Außerdem entwickelt er auf der Grundlage einer Idee von Black und Cox[2] ein Modell, in dem die nachrangigen Gläubiger das gesamte Eigenkapital kostenlos übernehmen dürfen, wenn es sich für die Eigenkapitalgeber nicht mehr lohnt, die Anleihen vereinbarungsgemäß zu bedienen.[3] Die Annahme erscheint allerdings ökonomisch wenig plausibel, da die Eigner ihre Anteile kaum verschenken werden, wenn sie für Dritte noch wertvoll sind. Sie könnten sonst die nachrangige Anleihe kaufen und selbst den Vorteil nutzen. Man müßte hier statt dessen unterstellen, daß die Anleihebedingungen die Eigner dazu verpflichten, ihre Anteile den nachrangigen Gläubigern unter bestimmten Bedingungen kostenlos zu überlassen.

---

1) Vgl. M. J. P. Selby, Application, 1983, S. 147 - 171, 175 - 179.

2) Siehe F. Black und J. C. Cox, Valuing corporate securities, 1976, S. 363.

3) Vgl. M. J. P. Selby, Application, 1983, S. 163 f., 179 - 185.

Ferner findet man in der Literatur Ansätze zur Bewertung von

- verbürgten Krediten mit diskreten, risikobehafteten, durch Aktivaverkäufe finanzierten Zinszahlungen, die zum Teil auch voll vorrangig oder durch den Schuldner kündbar sind.[1)]

- Anleihen mit Gläubigerkündigungsrechten und risikobehafteten, durch Aktivaverkäufe finanzierten Zinszahlungen.[2)]

- Wandel- und Optionsanleihen mit Zinszahlungen.[3)]

- Anleihen mit Schuldnerkündigungsrechten und risikobehafteten Zinszahlungen für den Fall der Finanzierung durch Aktivaverkäufe[4)], durch Eigenkapitalaufnahme[5)] sowie durch Aktivaverkäufe und Eigenkapitalaufnahme[6)] und für den Fall ohne spezielle Finanzierungsklauseln.[7)]

---

1) Vgl. E. P. Jones und S. P. Mason, Valuation, 1980.

2) Vgl. zu einem Ansatz mit kontinuierlichen Zinszahlungen F. Black und J. C. Cox, Valuing corporate securities, 1976, S. 366 in Verbindung mit S. 364 f.; zu einem Ansatz mit diskreten Zinszahlungen M. J. P. Selby, Application, 1983, S. 135 - 146.

3) Die hierzu bekannten Modelle können nicht voll überzeugen; siehe S. 373 - 376.

4) Vgl. R. C. Merton, Risk structure, 1974, S. 468 f. (siehe auch Fußnote 4, S. 375 dieser Arbeit); E. P. Jones, S. P. Mason und E. Rosenfeld, Contingent claims valuation, 1983; dies., Contingent claims analysis, 1984; R. E. Kalaba, T. C. Langetieg, N. Rasakhoo und Mark I. Weinstein, Estimation, 1984 (siehe zu den drei letzten Quellen auch S. 373 - 376.

5) Vgl. T. S. Y. Ho und R. F. Singer, Value of corporate debt, 1984, die einen Ansatz für diskrete Zinszahlungen entwickeln.

6) Vgl. S. P. Mason, Risky coupon bond contracts, 1979, S. 85 - 92 in Verbindung mit S. 78.

7) Vgl. unter der Annahme diskreter Zinszahlungen J. C. Cox und M. Rubinstein, Options, 1985, S. 403 f.

K. Berücksichtigung der Möglichkeit eines Schuldnerkonkurses vor Fälligkeit von Zins- und Tilgungszahlungen

Im bisherigen Verlauf dieses Teils der Arbeit konnte aufgrund von Annahme 9a ein Schuldnerkonkurs nur bei Fälligkeit von Zins- und Tilgungszahlungen erfolgen, wobei die Fälligkeit in den Vertragsbedingungen genau festgelegt ist oder aus einer Kündigung durch die Gläubiger resultieren kann, sofern ein Gläubigerkündigungsrecht vereinbart ist. Wie oben erwähnt, ist das für die optionstheoretische Literatur typisch.[1] Hier soll nun berücksichtigt werden, daß analog zum bundesdeutschen Insolvenzrecht ein gesetzlicher Konkursgrund besteht, sobald das Unternehmen überschuldet ist. Ohne an dieser Stelle eine Diskussion über ein geeignetes Überschuldungskriterium zu beginnen,[2] sei hier unterstellt, daß das betrachtete Unternehmen überschuldet ist, sobald der Unternehmenswert einen kritischen Wert $H\phi^{-\tau}$ ($H\phi^{-\tau} > 0$) erreicht oder unterschreitet ($V_t \leq H\phi^{-\tau}$), wobei der kritische Wert höchstens so hoch ist wie das gesamte noch zu tilgende Fremdkapital zuzüglich aufgelaufener Zinsen.[3] Der gesetzliche Konkursgrund der Überschuldung führt also dazu, daß auch bei un-

1) Vgl. S. 37 f.

2) Vgl. Fußnote 1, S. 37 und die dort genannten Quellen.

3) Wäre der kritische Wert größer als der mit dem risikofreien Zinssatz diskontierte Rückzahlungsbetrag X, hätte man kein sinnvolles Überschuldungskriterium, da der Anleiheeffektivzinssatz im Emissionszeitpunkt nicht unter dem risikofreien Zinssatz liegen kann. Es gilt also $0 < H\phi^{-\tau} \leq Xr^{-\tau}$.

kündbaren Anleihen ein Konkurs vor Fälligkeit von Zins- und Tilgungszahlungen eintreten kann. Er ersetzt damit die Gläubigerkündigungsklausel des Abschnitts E, mit der Folge, daß zwischen unkündbaren Anleihen in einer Welt mit dem gesetzlichen Konkursgrund der Überschuldung und Anleihen mit einer Gläubigerkündigungsklausel in einer Welt ohne den Konkursgrund strukturelle Gleichheit besteht. Deshalb kann hier auf die Ausführungen des Abschnitts E zurückgegriffen werden.[1)] Ersetzt man also im Grundmodell Annahme 9a durch Annahme 9b

9.b) Der Konkurs eines Schuldners kann durch Zahlungsunfähigkeit oder Überschuldung eintreten. Das verschuldete Unternehmen ist überschuldet, wenn der Unternehmenswert einen kritischen Wert erreicht oder unterschreitet. Der kritische Wert ist stets höchstens so groß wie der Tilgungsbetrag zuzüglich aufgelaufener Zinsen.[2)]

und die Kursverlaufshypothese 7b' durch Hypothese 7a', so kann man die Gleichungen des Abschnitts E direkt zur Bewertung unbesicherter, unkündbarer Null-Kupon-Anleihen anwenden, die in einer Welt mit dem Konkursgrund der Überschuldung begeben wurden.[3)]

1) Vgl. S. 277 - 290.

2) Zur Berechnung der Zins- und Tilgungszahlung vgl. Fußnote 1,S. 281.

3) Vgl. S. 281 - 286.

Die Beispiele und die Ausführungen zu den Auswirkungen von Parameterwertänderungen im Abschnitt E gelten dann analog auch für die hier betrachteten Anleihen.[1]

Es sei besonders darauf hingewiesen, daß der Unternehmenswert unter dem Binomialansatz im Konkursfall weit unterhalb des kritischen Werts liegen kann, da er sich über die Laufzeit sprunghaft ändert. Unter der Black-Scholes-Hypothese vollzieht der Unternehmenswert dagegen eine kontinuierliche Entwicklung, so daß hier im Konkurs Unternehmenswert und kritischer Wert gleich hoch sind. Die Gläubiger erhalten demnach also im Konkursfall höhere Rückflüsse, wenn sich der Unternehmenswert kontinuierlich und nicht sprunghaft entwickelt.[2] Das ist auch bei der Diskussion um geeignete Konkursauslöser im Rahmen der Insolvenzrechtsreform zu beachten.[3]

Der dargestellte Ansatz läßt sich auch für Fremdkapitaltitel mit komplexeren Konditionen erweitern. Darauf sei hier verzichtet.[4]

---

1) Vgl. S. 288 - 290.

2) Vgl. S. 288.

3) Vgl. Fußnote 1, S. 37.

4) Siehe auch Fußnote 2, S. 290.

L. Berücksichtigung von Marktunvollkommenheiten

Die bisher formulierten Annahmen schlossen Marktunvollkommenheiten aus, mit dem Ziel, die Ausführungen nicht mit Detailproblemen zu belasten. Versucht man nun, Marktunvollkommenheiten in die Analyse einzubeziehen, die eine Bewertung realitätsnäher werden lassen, so stellt sich das Problem, wie man dabei zweckmäßigerweise vorgehen soll. Die Berücksichtigung sämtlicher Unvollkommenheiten hätte eine Komplexität zur Folge, die zu kaum noch praktikablen Modellen führt. Man wird deshalb nur ausgewählte Unvollkommenheiten berücksichtigen. Angesprochen werden sollen hier Transaktions- und Informationskosten, Kosten finanzieller Anspannung und Steuern.

Unter Transaktionskosten werden hier die Kosten verstanden, die im direkten Zusammenhang mit Transaktionen stehen. Informationskosten fallen bei der Beschaffung und Verarbeitung von Informationen an. Sie sollen hier auch die Kosten der Überwachung und Selbstbindung einschließen. Kosten der finanziellen Anspannung sind die Kosten, die aus dem Risiko der Eröffnung eines Vergleichs- oder Konkursverfahrens resultieren. Sie bestehen, selbst wenn es nicht zur Eröffnung eines Insolvenzverfahrens kommt.[1)2)]

---

1) Haley und Schall bezeichnen die Kosten finanzieller Anspannung als costs of financial distress; siehe C. W. Haley und L. D. Schall, Financial decisions, 1979, S. 364, 374 - 376. In der Literatur spricht man vereinfachend auch von Konkurskosten; vgl. J. Drukarczyk, Finanzierungstheorie, München 1980, S. 272 - 275.

2) Jensen und Meckling haben das Konzept der agency costs entwickelt. Agency costs entstehen bei der Delegation von Aufgaben durch das Risiko, daß die mit der Aufgabe betraute Person nicht im Sinne des Auftraggebers handelt, und durch die Maßnahmen zur Steuerung des Risikos. Sie umfassen die genannten Kosten. Das Konzept ist unternehmensbezogen, es läßt sich aber auch allgemein anwenden; vgl. M. C. Jensen und W. H. Meckling, Theory of the firm, 1976; Bühner spricht von Agentenkosten; siehe R. Bühner, Marktwert, 1984,

Nicht näher betrachtet werden gesetzliche oder marktspezifische Restriktionen, wie z.B. Leerverkaufsbeschränkungen oder die Verpflichtung zur Bereitstellung von Sicherheiten, um bestimmte offene Positionen abzudecken.[1] Sie wirken sich zudem nur auf die Bewertung aus, wenn sie die Kosten beeinflussen, so daß sie sich dann auch unter die genannten Kostenarten subsummieren lassen.[2] Andernfalls sind sie bewertungsirrelevant.

Fortsetzung Fußnote 2, S. 415: S. 952 f. Zur Weiterentwicklung des Konzeptes vgl. M. C. Jensen und C. W. Smith, Jr., Stockholder, manager, and creditor interests: Applications of agency theory, in: Recent advances in corporate finance, Hrsg. E. I. Altman und M. G. Subrahmanyam, Homewood, Ill. 1985, S. 93 - 131; A. Barnea, R. A. Haugen und L. W. Senbet, Agency problems and financial contracting, Englewood Cliffs, N. J. 1985 und die dort genannte Literatur. Die genannten Kosten, einschließlich der agency costs, werden in der Literatur unterschiedlich definiert. Vgl. z.B. H. Schmidt, Vorteile und Nachteile eines integrierten Zirkulationsmarktes für Wertpapiere gegenüber einem gespaltenen Effektenmarkt, in: Kollektion Studien, Reihe Wettbewerb und Rechtsangleichung, Nr. 30, Hrsg. Kommission der Europäischen Gemeinschaften, Brüssel - Luxemburg 1977, S. 7 - 38; C. W. Haley und L. D. Schall, Financial decisions, 1979, S. 364, 370 - 379, insb. S. 376, Fußnote 13; R. H. Schmidt, Neo-institutionalistischer Ansatz, 1981, S. 146 - 149, insb. S. 147, Fußnote 30; P. Swoboda, Betriebliche Finanzierung, 1981, S. 51 - 53, 80 f., 130 f., 168 - 170, 230 - 236; C.-C. Hsia, Optimal debt of a firm: An option pricing approach, in: JoFR, Vol. 4 (1981); S. 222 f.; H. Schmidt, Marktorganisationsbestimmte Kosten und Transaktionskosten als börsenpolitische Kategorien, in: KuK, 16. Jg. (1983), S. 184 - 204, insb. S. 200 - 203; C. Y. Baldwin und S. P. Mason, Resolution, 1983, S. 511 f. Bei Copeland und Weston überschneiden sich die Begriffe "agency costs" und "bankruptcy costs", vgl. T. E. Copeland und J. F. Weston, Financial theory, 1988, S. 498 - 500, 509 - 512; J. F. Weston und T. E. Copeland, Managerial finance, 1986, S. 593 - 598.

1) Vgl. die in Fußnote 1, S. 56 genannten Quellen; J. C. Cox und M. Rubinstein, Options, 1985, S. 98 und 109; D. C. Heath und R. A. Jarrow, Arbitrage, continuous trading, and margin requirements, in: JoF, Vol. 42 (1987), S. 1129 - 1142.

2) Bestimmungen können beispielsweise vorsehen, daß zur Besicherung bereitgestellte Zahlungsmittel nicht verzinst werden; siehe J. C. Cox und M. Rubinstein, Options, 1985, S. 99, 103, Fußnote 3, S. 272; D. C. Heath und R. A. Jarrow, Arbitrage, 1987, S. 1136. Die entgangenen Zinsen ließen sich als Transaktionskosten interpretieren.

Die Marktteilnehmer werden, abhängig von ihren individuellen Entscheidungsfeldern, verschiedene Kostensätze ansetzen, die zudem auch stochastisch und interdependent sein können. Um zu viele Detailprobleme zu umgehen, geht man in der optionstheoretischen Literatur üblicherweise von deterministischen und voneinander unabhängigen Kostensätzen aus.[1] Im folgenden werden einige Wege genannt, ohne sie im einzelnen näher darzustellen. Man findet sie vor allem in der englischsprachigen Literatur. In der deutschsprachigen Literatur existiert nur eine Quelle, in der im Zusammenhang mit der Bewertung von Aktienoptionen Transaktionskosten berücksichtigt werden.[2]

Bei expliziter Erfassung wird unterstellt, daß man auch in einer Welt mit Kosten genau weiß, wieviel die Titel in einer Welt ohne Kosten wert sein müßten. Transaktionskosten lassen sich beipielsweise explizit erfassen, indem man die zugrundeliegenden Titel (Unterneh-

---

1) Im Zusammenhang mit der Bewertung von Aktienoptionen berücksichtigt Leland Transaktionskosten als Zufallsvariable; vgl. H. E. Leland, Transactions costs, 1985, S. 1284 f., 1289 - 1301. Interdependenzen zwischen den Kosten lassen sich nur schwer quantifizieren. Sie werden, wenn überhaupt, durch exogene Zu- und Abschläge berücksichtigt; siehe auch J. B. Long, Jr., Discussion, 1974, S. 486; R. Bühner, Marktwert, 1984, S. 952 f.

2) Vgl. die auf S. 418 - 421 zitierten Quellen.

menswert, Sicherheiten, Haftungspotentiale) oder die vereinbarten Zins- und Tilgungsbeträge um fixe oder variable Kosten reduziert.[1] Es ist auch möglich, den risikofreien Zinsatz um einen bestimmten Prozentsatz zu erhöhen,[2] einen gespaltenen Zinssatz für risikofreie Geldanlage- und Geldaufnahmemöglichkeiten anzusetzen[3] oder Geld- und Briefkurse zu unterscheiden.[4] Alternativ dazu kann man auch die Renditestreuung der zugrundeliegenden Werte um einen bestimmten Prozentsatz erhöhen.[5] Diese Ver-

1) Vgl. im Zusammenhang mit Privatkrediten C. W. Smith, Jr., Financial contracting, 1980, S. 347 - 352. Im Zusammenhang mit Aktienoptionen vgl. G. Güttler und U. Hielscher, Aktienoptionspreise, 1977, S. 128 - 145; G. M. Constantinides und M. Scholes, Optimal liquidation of assets in the presence of personal taxes: Implications for asset pricing, in: JoF, Vol. 35 (1980), S. 444 - 447; J. E. Gilster, Jr. und W. Lee, The effects of transaction costs and different borrowing and lending rates on the option pricing model: A note, in: JoF, Vol. 39 (1984), S. 1215 - 1221; H. E. Leland, Transactions costs, 1985, S. 1288 f.; siehe auch S. M. Phillips and C. W. Smith, Jr., Trading costs for listed options: The implications for market efficiency, in: JoFE, Vol. 8 (1980), S. 179 - 201; J. C. Cox und M. Rubinstein, Options, 1985, S. 287.

2) Siehe M. Beenstock, The robustness of the Black-Scholes option pricing model, City University of London, Business School, Nr. 24, London 1982, S. 26.

3) Für Optionen oder andere Finanztitel läßt sich dann allein mit den Kursverlaufshypothesen dieses Teils und des zweiten Teils kein eindeutiger Wert, sondern nur ein Wertebereich ermitteln, der allerdings eng begrenzt sein dürfte: Der Marktwert hängt dann von den speziellen Präferenzen der Marktteilnehmer ab; vgl. Y. Z. Bergman, Pricing of contingent claims, 1982, insb. S. 77 - 99. Im Zusammenhang mit Aktienoptionen vgl. M. Beenstock, Robustness, 1982, S. 24 f.; J. E. Gilster, Jr. und W. Lee, Effects of transaction costs, 1984, S. 1219 f.; siehe auch J. C. Cox und M. Rubinstein, Options, 1985, S. 273 f.

4) Vgl. S. M. Phillips und C. W. Smith, Jr., Trading costs, 1980; J. C. Cox und M. Rubinstein, Options, 1985, S. 23 f., 285 - 287; T. S. Y. Ho und R. G. Macris, Dealer bid-ask quotes and transaction prices: An empirical study of some AMEX options, in: JoF, Vol. 39 (1984), S. 23 - 45.

5) Vgl. im Zusammenhang mit Aktienoptionen H. E. Leland, Transactions costs, 1985, S. 1300 in Verbindung mit S. 1289.

fahren lassen sich entsprechend auch zur Berücksichtigung von Informationskosten und Kosten finanzieller Anspannung anwenden.[1)2)]

Will man die genannten Kostenarten nur implizit berücksichtigen, so bieten sich zwei weitere Wege an. Man könnte zum einen unterstellen, daß der Handel von Finanztiteln nur zu bestimmten Zeitpunkten erfolgen darf, da er zu anderen Zeitpunkten aus Kostengründen nicht sinnvoll ist.[3)] Damit wären die zeitkontinuierlichen Modelle ausgeschlossen. Zum anderen könnte man die Annahme treffen, daß die Marktteilnehmer heterogene Erwartungen besitzen, eine Annahme, die nur plausibel ist, wenn die genannten Kosten existieren und bei den Marktteilnehmern in unterschiedlicher Weise anfallen.[4)] Dieser Weg wird aber nur schwer zu Gleichgewichtsmodellen führen.

---

1) Vgl. auch M. J. Brennan und E. S. Schwartz, Corporate income taxes, valuation, and the problem of optimal capital structure, in: JoB, Vol. 51 (1978), S. 103 - 114; S. M. Turnbull, Debt capacity, in: JoF, Vol. 34 (1979), insb. S. 933 - 940; R. E. Kalaba, T. C. Langetieg, N. Rasakhoo und M. I. Weinstein, Estimation, 1984, S. 629 - 642; im Zusammenhang mit Privatkrediten C. W. Smith, Jr., Financial contracting, 1980, S. 342 - 352. Siehe auch C.-C. Hsia, Optimal debt, 1981, S. 221 - 231. Hsia wendet den KPRA-Ansatz unter der Annahme an, daß der zugrundeliegende Wert logarithmisch normalverteilt ist. Wie im zweiten Teil diskutiert wurde, liefert dieser Ansatz die gleiche Formel wie das Black-Scholes-Modell, siehe S. 144 - 147 dieser Arbeit. Siehe auch Fußnote 4, S. 115 dieser Arbeit.

2) Im Unterschied zu Abschnitt B.II.dieses Teils kann hier unter Berücksichtigung von Kosten auch bei nur einem Gläubiger oder einer homogenen Gläubigergruppe ein Besicherungsvertrag über Teile des Unternehmensvermögens sinnvoll sein, wenn sich dadurch insgesamt geringere Kosten ergeben als ohne Besicherungsvertrag; vgl. C. W. Smith, Jr., Financial contracting, 1980, S. 347 - 351; Fußnote 2, S. 203 dieser Arbeit. Hier läßt sich auch die mangelnde Markttiefe oder fehlende Börsenfähigkeit insbesondere von Kredittiteln und Fazilitäten berücksichtigen.

3) Vgl. Fußnote 3, S. 101.

4) Vgl. Fußnote 1, S. 106.

Bei der Einbeziehung von Steuerzahlungen kommt es auf das Besteuerungssystem und die individuellen Verhältnisse der Unternehmen und der übrigen Marktteilnehmer an. Auch hier gilt, daß diese Größen i.a.R. im voraus nicht mit Sicherheit bekannt sind. Will man die Komplexität in Grenzen halten, so wird man vereinfachende Annahmen treffen müssen. In der deutschsprachigen Literatur findet man keine optionstheoretischen Modelle unter Berücksichtigung von Steuerzahlungen. In der englischsprachigen Literatur sind im Zusammenhang mit der Bewertung von Fremdkapitaltiteln Ansätze bekannt, die einen einheitlichen und konstanten Unternehmenssteuersatz und für die Halter der Unternehmensfinanztitel einen persönlichen Steuersatz von 0 % unterstellen.[1)] Ansätze mit persönlicher Besteuerung findet man in Modellen zur Bewertung von einfachen Aktienoptionen[2)] und von Investmentfondsanteilen[3)]. Teilweise werden dort die Kapitalerträge unterschiedlich besteuert, wobei die Steuersätze stets konstant sind.[4)] Ansätze, die Unternehmenssteuern und auch persönliche Steuern bei der Bewertung von Anleihen, Krediten und Fazilitäten berücksichtigen, sind bislang in der Literatur nicht bekannt.

---

1) Vgl. M. J. Brennan und E. S. Schwartz, Corporate income taxes, 1978; S. M. Turnball, Debt capacity, 1979. Vgl. auch C.-C. Hsia, Optimal debt, 1981; Fußnote 1, S. 419 dieser Arbeit.

2) Vgl. C. W. Smith, Jr., Review, 1976, S. 27 f.; M. Scholes, Taxes and the pricing of options, in: JoF, Vol. 31 (1976), S. 319 - 332; G. M. Constantinides und M. Scholes, Optimal liquidation, 1980, S. 439 - 449; M. Beenstock, Robustness, 1982, S. 25 f.; J. C. Cox und M. Rubinstein, Options, 1985, S. 271 - 273.

3) Vgl. J. E. Ingersoll, Jr., A theoretical and empirical investigation of the dual purpose funds, in: JoFE, Vol. 3 (1976) S. 109 - 112.

4) Siehe die in den Fußnoten 2 und 3 dieser Seite genannten Quellen.

Abschließend sei noch auf Arbeiten verwiesen, die Wirkungen von Kosten und Steuern erfassen.[1)]

---

1) Vgl. die in Fußnote 1, S. 420 genannten Quellen sowie A. H. Chen, Recent developments in the cost of debt capital, in: JoF, Vol. 33 (1978), S. 869 f. und im Zusammenhang mit Aktienoptionen G. M. Constantinides und M. Scholes, Optimal liquidation, 1980, S. 444 - 447.

M. Zusammenfassung

In diesem Teil wurden optionstheoretische Ansätze zur Bewertung bonitätsrisikobehafteter Anleihen, Kredite und Fremdfinanzierungsfazilitäten behandelt. Zunächst wurde im Grundmodell, Abschnitt A, an das Beispiel des ersten Teils angeknüpft, in dem eine unbesicherte unkündbare Null-Kupon-Anleihe oder ein entsprechender Kredit in risikofreies Fremdkapital und eine einfache europäische Verkaufsoption auf das Unternehmensvermögen zerlegt worden war, unter der Voraussetzung, daß ein Konkurs vor Zahlungsfälligkeit, z.B. durch Überschuldung, nicht möglich ist. Der Autor wählte zur Bewertung der Option das Black-Scholes-Modell. Da das Black-Scholes-Modell zu den Duplikationsmodellen zählt, ist die Bewertungsgleichung unabhängig von speziellen Risikopräferenzen, von Erwartungswerten und den Charakteristika anderer Titel außer dem Unternehmensvermögen und risikofreien Anlagen. Der Verfasser ermittelte auch Risikoprämiensätze auf der Basis des Black-Scholes-Modells und arbeitete heraus, daß sie kein geeignetes Kriterium für die Bewertung von Fremdkapitaltiteln unterschiedlicher Restlaufzeit darstellen, da der Fall beobachtbar ist, daß der Risikoprämiensatz mit längerer Restlaufzeit sinkt, obwohl die Bonität sinkt. Vom Grundmodell ausgehend, hat der Verfasser schrittweise komplexere Bewertungsmodelle behandelt.

Zunächst wurden in Abschnitt B dingliche Besicherungen berücksichtigt. Bei homogen besicherten Parten zeigten sich keine Auswirkungen auf den Fremdkapitalwert, wenn das Unternehmensvermögen als Sicherheit diente, da das Vermögen den Gläubigern ohnehin haftet und die Marktteilnehmer annahmegemäß homogene Erwartungen hinsichtlich der Investitions- und Finanzierungsplanung des Unternehmens besitzen. Auswirkungen ergaben sich erst bei Einbeziehung von Objekten, die zum Vermögen Dritter zählen. Hier wurde deutlich, daß man die Optionskomponente als Verkaufsoption auf ein Portefeuille aus dem Unternehmensvermögen und dem Sicherungsobjekt darstellen kann. Die Bewertung ist einfach, wenn der Wert des Sicherungsobjektes bei Endfälligkeit mit Sicherheit mindestens die Forderung deckt, da die Option dann nicht ausgeübt wird und das Fremdkapital sicher ist. Anderenfalls ist zwischen risikofreien und risikobehafteten Sicherungsobjekten zu unterscheiden. Es wurde deutlich, daß in beiden Fällen die Black-Scholes-Kursverlaufshypothese nicht sachgerecht auf die Wertentwicklung des Portefeuilles aus dem Unternehmensvermögen und der Sicherheit übertragbar ist, da Black und Scholes eine konstante Standardabweichung unterstellen, während hier die Standardabweichung schwankt. Für den ersten Fall wurde deshalb der Binomialansatz in Anlehnung an die Displaced-Diffusion-Modelle modifiziert, und für den zweiten Fall wurde eine weitere Variante des Binomialansatzes entwickelt.

Darauf folgten Ausführungen zu heterogen besicherten Parten. Dabei wurde einzelnen Gläubigern ein voll oder teilweise vorrangiger Zugriff auf das Unternehmensvermögen eingeräumt. Es zeigte sich, daß die Optionskomponente aus einer Kombination einfacher Optionen oder aus einer komplexen Option besteht. Im Fall der teilweise vorrangigen Titel schien es dem Verfasser angeraten, vom Prinzip der indirekten Bewertung des Fremdkapitals über die risikofreie Komponente und die Optionskomponente abzurücken, um komplexe Bewertungsprozeduren zu vermeiden, und statt dessen das Duplikationsprinzip direkt auf die Anleihe- oder Kreditbewertung zu übertragen. Er stützte sich dabei auf den Binomialansatz und unterstellte, daß der Besicherungsvertrag auf einen prozentualen Anteil am Unternehmenswert lautet. So gelangte er, anders als andere Autoren, zu geschlossenen Bewertungsgleichungen. Bei der Analyse der Auswirkungen von Parameterwertänderungen wurde herausgearbeitet, daß die besicherten Titel auch Eigenkapitalcharakter aufweisen, sofern sie ganz oder teilweise nachrangig sind.

Abschnitt C zeigte, daß sich gesetzliche Vorränge als

Spezialfälle dinglicher Besicherungen interpretieren lassen. Die Sichtweise ist für die optionstheoretische Literatur neu.

In Abschnitt D wurden Haftungszusagen Dritter in die Analyse einbezogen. Es ließen sich Parallelen zu Abschnitt B aufzeigen, aber auch Unterschiede, insbesondere bei risikobehafteten limitierten Haftungszusagen; dabei wurde herausgearbeitet, daß die Optionskomponente eine Option auf das Minimum von zwei risikobehafteten Titeln darstellt, die sich mit dem Binomialansatz nicht sachgerecht bewerten läßt und mit zeitkontinuierlichen Modellen nur, sofern man komplexe Bewertungsprozeduren in Kauf nimmt. Der Verfasser griff daher auf den Trinomialansatz unter Risikoneutralität zurück. Die Bewertung war deshalb hier, im Unterschied zu den vorhergehenden Abschnitten, präferenzabhängig und auch abhängig von Erwartungswerten.

Abschnitt E behandelte Null-Kupon-Anleihen oder entsprechende Kredittitel mit Gläubigerkündigungsrechten. Auch hier ist die Optionskomponente eine komplexe Option. Deshalb hat der Verfasser statt der indirekten Bewertung den Binomialansatz direkt für die kündbare Anleihe modifiziert und in ein zeitkontinuierliches Modell, das auf der Black-Scholes-Kursverlaufshypothese basiert, überführt. Im Modell wurde unterstellt, daß das Kündigungsrecht besteht, sofern der Unternehmenswert einen kritischen Wert erreicht oder unterschreitet. Während der Unternehmenswert im Binomialmodell eine sprunghafte Entwicklung vollzieht und im Kündigungsfall möglicherweise weit unterhalb des kritischen Wertes liegt, wird er bei einer kontinuierlichen Entwicklung ohne Sprünge gemäß der Black-Scholes-Hypothese im Kündigungsfall genau dem kritischen Wert entsprechen. Für die Gläubiger ist der zweite Fall vorteilhafter, da ihnen dann mehr Haftungsmasse zur Verfügung steht.

Abschnitt F zeigte, wie man Wandelanleihen - mit oder ohne Zuzahlung - und Optionsanleihen auf Eigenkapitaltitel bewerten kann. Es wurden aus der Literatur bekannte Modelle behandelt und ergänzt. Sie unterstellen bei Optionsanleihen, daß die Optionsscheine die gleiche Laufzeit wie die Anleihe selbst besitzen. Schließt man bei Wandlungsrechten mit Zuzahlung und Optionsscheinen eine sequentielle Ausübung aus, die bei Wandlungsrechten ohne Zuzahlung aus Arbitragegründen nicht optimal ist, so kann man den Anleihewert dieser Titel in den Wert der reinen Anleihe und den Wert einer einfachen Kaufoption auf einen Anteil am Unternehmensvermögen zerlegen. In Anlehnung an die Literatur hat der Verfasser daher hier wieder auf die indirekte Bewertung auf der Basis des Black-Scholes-Modells zurückgegriffen. Außerdem entwickelte der Autor eine neue Variante, indem er auch den Fall betrachtete, daß die Optionsscheine eine kürzere Laufzeit als die Anleihe besitzen. Er arbeitete heraus, daß die Bonität der reinen Anleihe dann auch von der Ausstattung der Optionsscheine abhängt, da der Unternehmung im Ausübungsfall Mittel zufließen, die die Haftungsbasis stärken. Er stützte sich bei der Bewertung auf den Binomialansatz und die direkte Bewertung. Da sich hier der Unternehmenswert im Ausübungsfall um einen konstanten Betrag erhöht und deshalb die Wertentwicklung keinem Binomialprozeß mit konstanten Wertänderungsparametern entspricht, mußte der Binomialansatz modifiziert werden, um diese Nichtstationarität zu berücksichtigen. Ferner zeigte der Autor auch, wie man die Modelle entsprechend für Wandlungs- und Bezugsrechte auf Fremdkapitaltitel übertragen kann. Schließlich wurde auch deutlich, daß man bei der Beurteilung des Bonitätsrisikos von Wandel- und Optionsanleihen anhand von Risikoprämiensätzen den Wert der reinen Anleihe als Berechnungsgrundlage heranziehen sollte. Wählt man statt dessen den höheren Wert der Wandel- und Optionsanleihe als Berechnungsgrundlage, so erhält man einen niedrigeren Risikoprämiensatz, obwohl beide Anleihen das gleiche Bonitätsrisiko aufweisen.

Abschnitt G verdeutlichte, daß man den Binomialansatz ähnlich wie im Abschnitt E auch für Anleihe- und Kredittitel mit Schuldnerkündigungsrechten nutzbar machen kann. Auch hier sollte man bei der Bewertung des Bonitätsrisikos anhand von Risikoprämiensätzen den Wert einer vergleichbaren unkündbaren Anleihe als Berechnungsgrundlage wählen. Würde man den niedrigeren Wert der kündbaren Anleihe bei der Berechnung ansetzen, so erhielte man einen höheren Risikoprämiensatz, ohne daß sich das Bonitätsrisiko erhöht hat.

Abschnitt H lieferte einen einfachen Ansatz zur Bewertung amerikanischer und europäischer Fremdfinanzierungsfazilitäten auf der Basis des Binomialansatzes, der bislang noch nicht in der Literatur zu finden ist. Es wurde unterstellt, daß der Emissionserlös bei Ausnutzung der Fazilität voll investiert wird, so daß hier, wie in Abschnitt F, Nichtstationarität zu berücksichtigen war.

Abschnitt J zeigte, wie man das Bewertungsinstrumentarium erweitern muß, wenn man Anleihen oder Kredite mit vereinbarten Zins- und Tilgungszahlungen vor Endfälligkeit zu bewerten hat. Der Verfasser hat dabei die Bedeutung von Klauseln herausgearbeitet, die die Finanzierung der Zahlungen festlegen, und er hat Wert auf eine systematische und konsistente Darstellung gelegt, wie sie in der Literatur nur ansatzweise anzutreffen ist. Behandelt wurden risikofreie und risikobehaftete Zins- und Tilgungszahlungen vor Endfälligkeit, die entweder durch Aktivaverkäufe oder Begebung von Eigenkapital zu finanzieren sind. In den Modellen wurde nur eine einzelne Zahlung vor Endfälligkeit unterstellt. Sie ließ sich unabhängig von der endfälligen Forderung bewerten. Der Verfasser entschied sich einfachheitshalber für die direkte Bewertung. Bei der Bewertung der endfälligen Zahlung war Nichtstationarität zu berücksichtigen, bedingt durch Aktivaverkäufe oder den Unternehmenskonkurs wegen Zahlungsunfähigkeit vor Endfälligkeit. Bewertungsgrundlage waren das Black-Scholes-Modell und der Binomialansatz. Ähnlich wie im Grundmodell, kann es hier zu Fehlentscheidungen kommen, wenn man das Bonitätsrisiko von Titeln, deren vereinbarte Zahlungsströme verschieden sind, anhand der Risikoprämiensätze vergleicht.

In Abschnitt K hat der Autor dargelegt, daß sich der Konkursgrund der Überschuldung wie ein Gläubigerkündigungsrecht interpretieren läßt, wenn man unterstellt, daß das Unternehmen überschuldet ist, sobald der Unternehmenswert einen kritischen Wert erreicht oder unterschreitet. Dann sind die Modelle des Abschnitts E auch für unkündbare Null-Kupon-Anleihen in einer Welt mit dem Konkursgrund der Überschuldung anwendbar. Diese Sichtweise ist für die optionstheoretische Literatur bislang neu. Zu beachten ist gemäß Abschnitt E, daß der Unternehmenswert im Konkursfall möglicherweise weit unterhalb des kritischen Wertes liegt, wenn die Wertentwicklung sprunghaft, wie im Binomialansatz, verläuft. Das ist bei der Formulierung eines geeigneten Überschuldungskriteriums zu bedenken.

Die Modelldarstellung in den Abschnitten A bis K wurde von zahlreichen Zahlenbeispielen begleitet und durch Analysen des Einflusses von Parameterwertänderungen ergänzt. Dabei wurde auch deutlich, daß optionstheoretische Modelle einen vergleichsweise geringen Daten-, Prognose- und Rechenbedarf nach sich ziehen: Sie sind einfach strukturiert und enthalten nur wenige Schätzparameter, die sich relativ leicht schätzen lassen. Da die Verteilungen von Fremdkapitalrenditen gewöhnlich nichtstationär sind, selbst wenn die Renditeverteilungen des Unternehmensvermögens oder der Sicherungsobjekte stationär sind, berücksichtigen die Modelle nichtstationäre Fremdkapitalrenditen endogen; und sie können, wie in den Abschnitten B, D, F, H und J gezeigt, auch komplexere Fälle, in denen auch die Renditen der zugrundeliegenden Titel nichtstationär sind, leicht berücksichtigen. Diese Argumente sprechen für optionstheoretische Modelle, da andere Bewertungsmodelle aufwendiger oder weniger aussagekräftig sind.

Den dargestellten Modellen liegt die Annahme des vollkommenen Marktes zugrunde. Um zu zeigen, daß die Modelle auch für unvollkommene Märkte modifiziert werden können, wurden in Abschnitt L einige Wege zur Berücksichtigung von Marktunvollkommenheiten skizziert.

4. Teil: Schlußbetrachtung

Ziel dieser Arbeit war es, optionstheoretische Verfahren zur Bewertung bonitätsrisikobehafteter Anleihen, Kredite und Fremdfinanzierungsfazilitäten darzustellen. Zu diesem Themenbereich liegt bislang noch keine umfassende Monographie vor. Außerdem wurde in einem Überblick und Vergleich möglicher Bewertungsverfahren im ersten Teil der Arbeit deutlich, daß optionstheoretische Verfahren besonders vorteilhaft erscheinen.

Es wurde festgestellt, daß sich entscheidungsorientierte Verfahren nur bedingt für Bewertungszwecke eignen, da sie insgesamt zu stark subjektiven Einflüssen unterliegen und deshalb wenig aussagekräftige Bewertungsergebnisse liefern. Marktorientierte Verfahren berücksichtigen die Konkurrenz der Anlagen und der Marktteilnehmer und damit die Marktverhältnisse stärker und sind deshalb aussagekräftiger. Zu diesen Verfahren zählen neben State-Preference-Modellen, Capital-Asset-Pricing-Modellen und Arbitrage-Pricing-Modellen auch die optionstheoretischen Verfahren.

Die optionstheoretischen Verfahren beruhen auf der Idee, daß sich Unternehmensfinanztitel ganz oder teilweise als Optionen interpretieren lassen. So läßt sich der Wert eines Anleihe- oder Kredittitels in eine risikofreie Komponente und eine Optionskomponente zerlegen, wobei die Optionskomponente unbesicherter unkündbarer Null-Kupon-Anleihen einer Minusposition von einer einfachen europäischen Verkaufsoption auf das Unternehmensvermögen entspricht, wenn ein Konkurs vor Endfälligkeit, durch Überschuldung, nicht eintreten kann - diese Annahme wird gewöhnlich nur implizit unterstellt. Die Bonität des jeweiligen Fremdkapitaltitels drückt sich allein im Wert der Option aus. Nach Black und Scholes kann man das Eigenkapital als Kaufoption auf das Unternehmensvermögen darstellen und das Fremdkapital als Restgröße des Unternehmenswertes und des Fremdkapitalwertes ermitteln. Dieser Vorgehensweise hat sich der Verfasser nicht angeschlossen, da sie impliziert, daß die Gläubiger Eigner der Unternehmung sind, und dazu verleitet, das Fremdkapital gegenüber dem Eigenkapital als nachrangig anzusehen.

Im Vergleich zu den anderen marktorientierten Verfahren sind die Verfahren im Hinblick auf den Daten-, Prognose- und Rechenaufwand aus drei Gründen vorteilhaft. Erstens enthalten optionstheoretische Verfahren gewöhnlich wenige und leicht schätzbare Parameter, da sie nur den Bewertungszusammenhang zwischen dem jeweiligen Fremdkapitaltitel, den zugrundeliegenden Titeln (Unternehmensvermögen, Sicherungsobjekte) und risikofreien Anlagen berücksichtigen und da sie nur selten spezielle Präferenzrestriktionen erfordern. Zweitens berücksichtigen die Verfahren nichtstationäre Fremdkapitalrenditen endogen: Exogen werden nur die Renditeverteilungen des jeweiligen Fremdkapitaltitels erfaßt. Da die Fremdkapitalrenditeverteilungen gewöhnlich nichtstationär sind, selbst wenn für die zugrundeliegenden Titel stationäre Renditeverteilungen vorliegen, erfaßt man nichtstationäre Fremdkapitalrenditen bei der Bewertung endogen. Schließlich können die Verfahren auch komplexere Bewertungsfälle, in denen die Renditen der zugrundeliegenden Titel ebenfalls nichtstationär sind, vergleichsweise leicht berücksichtigen. Eine direkte Schätzung der Verteilungen zukünftiger Fremdkapitalrenditen oder -werte, wie sie die anderen marktorientierten Verfahren erfordern, ist unvorteilhafter. Folglich sind die optionstheoretischen Verfahren im Hinblick auf den Daten-, Prognose- und Rechenaufwand den anderen Verfahren überlegen. Hinsichtlich ihres Aussagegehaltes entsprechen sie den State-Preference-Modellen und den Capital-Asset-Pricing-Modellen. Im Vergleich zu den Arbitrage-Pricing-Modellen sind sie zwar weniger aussagekräftig, insgesamt überwiegen jedoch ihre Vorzüge, so daß optionstheoretische Verfahren am vorteilhaftesten erscheinen.

Da die Verfahren eng mit den Modellen zur Bewertung von Aktienoptionen verknüpft sind und die deutschsprachige Literatur zur Bewertung dieser Optionen bislang nicht umfassend genug ist, hat der Autor im zweiten Teil eine ausführliche Einführung in die Bewertung einfacher Aktienoptionen gegeben. Dort wurden zunächst in Abschnitt A allgemeine Restriktionen unter schwachen Kursverlaufs- und Präferenzannahmen hergeleitet. Sie ermöglichen es, den Wertebereich von Optionen einzugrenzen und Aussagen zur optimalen Ausübungsstrategie zu treffen. Allerdings liefern sie nur in Ausnahmefällen eindeutige Ergebnisse. Um zu eindeutigen Ergebnissen zu gelangen, wurden anschließend in Abschnitt B spezielle Modelle mit strengeren Annahmen behandelt.

Von diesen Modellen überzeugen die Duplikationsmodelle am meisten. Ihre Bewertungsgleichungen hängen nicht von speziellen Risikopräferenzen ab, da sich die Wertentwicklung einer Option durch die Wertentwicklung eines Portefeuilles exakt duplizieren läßt, das aus der zugrundeliegenden Aktie und risikofreien Titeln besteht. Deshalb hängen die Bewertungsergebnisse dort bei gegebenem Aktienkurs auch nicht von Erwartungswerten und den Charakteristika anderer Titel außer der zugrundeliegenden Aktie und risikofreien Titeln ab, was unter Anwendungsaspekten vorteilhaft ist. Von den Modellen wurden das Black-Scholes-Modell, das eine konstante Renditestreuung unterstellt, und die Binomialmodelle mit konstanten Wertänderungsparametern ausführlich und die Modelle mit nichtstationären Wertänderungs- oder Streuungsparametern überblicksmäßig behandelt. Die Binomialmodelle sind dem Black-Scholes-Modell überlegen, da sie transparenter und flexibler sind. Sie verdeutlichen das Duplikationsprinzip besser als das Black-Scholes-Modell, dessen originale Herleitung sehr komplex und zudem inkonsistent ist - wie der Anhang der Arbeit zeigt, bestehen Inkonsistenzen nicht nur bei der originalen Herleitung sondern auch bei ähnlichen auf ihr basierenden Herleitungen. Außerdem lassen sie sich in die anderen Duplikationsmodelle überführen und können die optimale Ausübungsstrategie bei amerikanischen Verkaufsoptionen leicht berücksichtigen.

Einige der unter dem Duplikationsansatz gewonnenen Gleichungen sowie zusätzliche Bewertungsgleichungen kann man mit Modellen herleiten, die zwar von speziellen Präferenzstrukturen, nicht aber von genau spezifizierten Risikopräferenzen ausgehen. Die Modelle könnten deshalb grundsätzlich die Duplikationsmodelle ergänzen oder ersetzen. Sie gehen davon aus, daß sich das Duplikationsprinzip aufgrund bestimmter Verteilungsannahmen und Marktunvollkommenheiten nicht anwenden läßt. Hinsichtlich der Risikopräferenzen unterstellen sie, daß sich die Nutzenfunktionen der Marktteilnehmer einer bestimmten Klasse zuordnen lassen, die impliziert, daß die Marktteilnehmer gegenüber zukünftigen Portefeuilleumstrukturierungen indifferent sind. Wie gezeigt wurde, sind die Modellannahmen nicht sehr plausibel und inkonsistent, da sie teilweise gegen die allgemeinen Restriktionen des Abschnitts A verstoßen.

Die Modelle mit genau spezifizierten Risikopräferenzen sind zwar konsistent, aber wegen ihrer Präferenzrestriktion den Duplikationsmodellen unterlegen. Sie sind zudem auch abhängig von Erwartungswerten und ziehen deshalb einen höheren Prognose- und Rechenaufwand nach sich. Unter bestimmten Voraussetzungen verliert die Präferenzrestriktion an Bedeutung, so daß die Modellgleichungen in die Gleichungen von Duplikationsmodellen übergehen. In dieser Arbeit wurde der Trinomialansatz unter Risikoneutralität vorgestellt. Er läßt sich unter bestimmten Bedingungen in die Black-Scholes-Modellgleichung überführen und ist für Bewertungsfälle von Bedeutung, in denen eine Duplikation zwar nach dem Black-Scholes-Modell, nicht dagegen nach dem Binomialansatz möglich ist.

Die Ausführungen im zweiten Teil der Arbeit haben deutlich gemacht, weshalb sich der Verfasser bei der Bewertung von Anleihe- und Kredittiteln und Fazilitäten im dritten Teil nur auf Duplikationsmodelle und - ergänzend- auf den Trinomialansatz gestützt hat.

Er hat gezeigt, wie man das Black-Scholes-Modell direkt zur Bewertung unbesicherter unkündbarer Null-Kupon-Anleihen oder entsprechender Kredite anwenden kann, wenn man unterstellt, daß ein Konkurs vor Zahlungsfälligkeit, durch Überschuldung, nicht eintreten kann. Es wurde deutlich, daß man das Modell bei Titeln mit komplexen Konditionen nur bedingt verwenden kann.

Angewandt wurde es bei der Bewertung von

- voll vorrangigen oder voll nachrangigen Null-Kupon-Anleihen,
- Null-Kupon-Anleihen mit risikofreien unlimitierten Haftungszusagen,
- Null-Kupon-Anleihen mit Wandlungsrechten auf Eigenkapital oder mit entsprechenden Bezugsrechten, deren Laufzeit bei Ablauf der Fremdkapitallaufzeit endet, oder
- Anleihen mit sicheren Kuponzahlungen, die durch Aktivaverkäufe zu finanzieren sind.

Hier lassen sich die Titel auch in risikofreie Titel und in einfache Optionen zerlegen, die den Black-Scholes-Optionen entsprechen.

Bei der Bewertung anderer Anleihe- oder Kredittitel treten komplexere Optionen auf, die auch den Einsatz komplexerer Modelle erfordern. Hier hat es der Autor vorgezogen, den Binomialansatz wegen seiner Transparenz und Flexibilität zu erweitern.

Es zeigte sich, daß dann in einigen Fällen die Annahme stationärer Wertänderungs- oder Streuungsparameter nicht sachgerecht ist und die Modelle entsprechend zu modifizieren sind. So bei der Bewertung von

- risikobehafteten, unkündbaren, aber besicherten Null-Kupon-Anleihen, deren Sicherungsobjekt zum Vermögen Dritter zählt,
- unkündbaren Null-Kupon-Anleihen mit risikofreien limitierten Haftungszusagen oder risikobehafteten unlimitierten Haftungszusagen,

- Null-Kupon-Anleihen mit Eigenkapitalbezugsrechten, deren Laufzeit vor Ablauf der Anleihelaufzeit endet, oder
- Anleihen mit risikobehafteten Zins- und Tilgungszahlungen vor Endfälligkeit

und auch bei der Bewertung von Fremdkapitalfazilitäten.

Der Verfasser ist teilweise vom Prinzip der indirekten Bewertung über die risikofreie Komponente und die Optionskomponente abgerückt, wenn die Optionskomponenten sehr komplex sind und damit die Darstellung sehr abstrakt geworden wäre. Er hat statt dessen das Duplikationsprinzip mit binomialem Wertverlauf direkt auf die zu bewertenden Titel angewandt, und zwar bei

- teilweise vorrangigen oder teilweise nachrangigen Fremdkapitaltiteln,
- Titeln mit Kündigungsklauseln,
- Null-Kupon-Anleihen mit Eigenkapitalbezugsrechten, deren Laufzeit vor Ablauf der Anleihelaufzeit endet,
- Fremdfinanzierungsfazilitäten oder
- Kupon-Anleihen.

Die Grenzen des Binomialansatzes wurden bei der Bewertung risikobehafteter unlimitierter Haftungszusagen deutlich. Hier läßt sich der Binomialansatz nur in einer Weise modifizieren, die dem Bewertungsproblem nicht gerecht wird. Man hätte hier auch das Black-Scholes-Modell modifizieren können, dann wäre die Darstellung aber sehr komplex geworden.

Die Modelldarstellungen wurden von zahlreichen Zahlenbeispielen begleitet und durch Analysen der Auswirkungen von Parameterwertänderungen ergänzt. Darüber hinaus wurden auch Modellvarianten für Titel skizziert, die eine Kombination der hier behandelten Finanztitel darstellen.

Es konnten ferner auch interessante Ergebnisse herausgearbeitet werden, die unabhängig von dem speziellen Bewertungsmodell sind:

Aus Risikoprämiensätzen wird gewöhnlich auf das Bonitätsrisiko geschlossen: je niedriger der Risikoprämiensatz, desto geringer das Bonitätsrisiko und umgekehrt. In dieser Arbeit wurde gezeigt, daß die Verwendung von Risikoprämiensätzen bei der Bewertung von Anleihe- und Kredittiteln zu Fehlentscheidungen führen kann, wenn sich die vereinbarten Zahlungszeitpunkte der Titel unterscheiden. Bei unbesicherten unkündbaren Null-Kupon-Anleihen unterschiedlicher Restlaufzeit trat der Fall ein, daß der Risikoprämiensatz sank, obwohl sich die Bonität erkennbar verschlechterte und umgekehrt. Bei unbesicherten Anleihen mit einer risikofreien, durch Aktivaverkäufe zu finanzierenden Zinszahlung vor Endfälligkeit sank der Risikoprämiensatz im Vergleich zu einer entsprechenden Null-Kupon-Anleihe, obwohl sich die Bonität und damit auch der Verkaufsoptionswert nicht änderten. Ferner wurde deutlich, daß man die Risikoprämiensätze von Anleihen mit Wandlungs- und Bezugsrechten oder Schuldnerkündigungsrechten auf der Grundlage der reinen Anleihe bzw. einer entsprechenden unkündbaren Anleihe durchführen sollte. Berücksichtigt man statt dessen die Werte der Anleihen einschließlich der Rechte, so erfaßt man auch Effekte, die allein aus möglichen Vorteilen für Gläubiger bzw. Schuldner bei günstiger Unternehmensentwicklung resultieren.

Es wurde auch deutlich, daß sich unter den genannten Annahmen im Fall homogen besicherter Fremdkapitaltitel die Bonität nicht verbessert, wenn der Besicherungsvertrag über Unternehmensaktiva abgeschlossen wird, da das Unternehmensvermögen den Gläubigern ohnehin haftet und da homogene Erwartungen hinsichtlich der Investitions- und Finanzplanung bestehen.

Ferner wurde gezeigt, daß gesetzlich vorrangige Forderungen als Spezialfall dinglich besicherter Titel anzusehen sind und daß vorrangige Titel auch Eigenkapitalcharakter aufweisen, sofern sie voll oder teilweise nachrangig sind.

Der hybride Charakter von Wandel- und Optionsanleihen wurde deutlich und es wurde erkennbar, daß sich bei Optionsanleihen, deren Optionsscheine eine kürzere Laufzeit als die Anleihe besitzen, die Bonität der reinen Anleihe verbessern kann, da im Ausübungsfall das Unternehmensvermögen steigt.

Außerdem wurde gezeigt, daß man die Möglichkeit eines Konkurses vor Zahlungsfälligkeit durch Überschuldung wie ein Gläubigerkündigungsrecht interpretieren kann, wobei hier unterstellt wurde, daß das Unternehmen als überschuldet gilt, wenn der Unternehmenswert einen kritischen Wert erreicht oder unterschreitet. Dabei zeigte der Autor, daß der Unternehmenswert bei sprunghafter Wertentwicklung im Konkursfall möglicherweise weit unterhalb des kritischen Wertes liegt. Das ist bei der Formulierung eines geeigneten Überschuldungskriteriums zu beachten.

Abschließend sollen Wege für weitergehende Untersuchungen zu diesem Themenbereich angesprochen werden. Es erscheint sinnvoll, die Problematik von Ausschüttungswirkungen stärker in die Analyse einzubeziehen und folglich die Modelle des zweiten und dritten Teils zu modifizieren. Ferner könnte eine auf dieser Arbeit aufbauende Untersuchung auch eine Kombination der dargestellten Bewertungsfälle betrachten, um praxisnähere Bewertungsmodelle zu entwickeln. Diesem Zweck würde auch eine Untersuchung dienen, die neben dem Bonitätsrisiko auch das Zins-, Währungs- und Geldwertrisiko berücksichtigt.

A N H A N G

A. Konsistenter zeitkontinuierlicher Duplikationsansatz zur Herleitung der Black-Scholes-Kaufoptionsformel

Dieser Abschnitt präsentiert eine konsistente Herleitung der Black-Scholes-Kaufoptionsformel über einen zeitkontinuierlichen Duplikationsansatz. Die in der Literatur anzutreffenden Inkonsistenzen bei der Herleitung der Formel und des Binomialansatzes werden erst im Anschluß an diesen Abschnitt behandelt, da sie sich auf der Basis der konsistenten Herleitung besser darstellen lassen. Der nachfolgende Ansatz geht auf Merton, Harrison und Pliska sowie Bergman und Jacquillat zurück.[1)] Sie zeigen, daß sich unter der Black-Scholes-Kursverlaufshypothese die Wertentwicklung einer Kaufoption durch die Wertentwicklung eines Portefeuilles exakt duplizieren läßt, das aus der zugrundeliegenden Aktie und risikofreien Titeln besteht und kontinuierlich ohne zusätzlichen Mitteleinsatz oder vorzeitige Rückflüsse umstrukturiert wird. Ferner zeigen sie, daß die Kaufoptionsformel nach Black und Scholes den korrekten Optionswert liefert.[2)] Die Ansätze wurden in der deutschsprachigen Literatur bislang nicht diskutiert.

---

1) Vgl. R. C. Merton, Pricing of contingent claims, 1977, S. 243 - 247; J. M. Harrison und S. R. Pliska, Martingales, 1981, S. 218 - 220; Y. Z. Bergman, Self-financing portfolio strategies, 1981; B. Jacquillat, Les processus, 1981, S. 1491 - 1503; Y. Z. Bergman, Pricing of contingent claims, 1982, S. 21 - 44, 69 - 77. Siehe auch S. Müller, Arbitrage pricing, 1985, S. 99 - 108. Jarrow und Rudd präsentieren den Ansatz in Anlehnung an Bergman; vgl. R. A. Jarrow und A. Rudd, Option pricing, 1983, S. 100 - 105. Der Autor folgt Jarrow und Rudd.

2) Einen ähnlichen Ansatz findet man bereits in dem 1973 erschienenen Aufsatz von Merton. Er beruht auf dem oben beschriebenen Prinzip, aus der Option, der zugrundeliegenden Aktie und risikofreien Titeln ein Portefeuille zu konstruieren, welches ohne zusätzlichen Mitteleinsatz oder vorzeitige Rückflüsse kontinuierlich so umstrukturierbar ist, daß es stets einen Wert von Null aufweist; vgl. R. C. Merton, Rational option pricing, 1973, S. 162 - 167; siehe S. 98 - 100, 103.

In Anlehnung an die oben verwendeten Symbole[1] gilt hier

t = Bewertungszeitpunkt

T = Endfälligkeit

τ = Restlaufzeit in Perioden

r = Einperiodenaufzinsungsfaktor für risikofreie Anlagen bei diskreter Verzinsung

i = risikofreier Zinssatz pro Periode bei kontinuierlicher Verzinsung

S_t = Wert der zugrundeliegenden Aktie in t

$B_t = r^{-\tau} = e^{-i\tau}$ = Wert einer risikofreien Null-Kupon-Anleihe in t mit Rückzahlungsbetrag von 1 und Restlaufzeit τ

V_t = Wert des Portefeuilles in t, das aus der zugrundeliegenden Aktie und risikofreien Titeln besteht

$h(S_t,t)$ = Anzahl der Aktien im Portefeuille V in Abhängigkeit von S_t und t, auch kurz h

$m(S_t,t)$ = Anzahl der Null-Kupon-Anleihen im Portefeuille V in Abhängigkeit von S_t und t, auch kurz m

Δ = absolute Wertänderung einer Größe

Es ist nun zu zeigen, daß unter den oben genannten Annahmen[2] ein in t zusammengestelltes Portefeuille V aus h Aktien und m risikofreien Null-Kupon-Anleihen die Wertentwicklung einer Kaufoption bis zum Ablauf der Restlaufzeit exakt dupliziert, wenn es ohne zusätzlichen Mitteleinsatz oder vorzeitige Rückflüsse kontinuierlich angepaßt wird. Es gilt also in t

$$V_t = h(S_t,t)\ S_t + m(S_t,t)\ B_t$$

1) Siehe S. 56 f., 104.

2) Siehe S. 53 f., 115.

oder im weiteren kurz

$$(A.1)\quad V_t = hS_t + mB_t$$

Die Wertänderung von V_t über einen kurzen Zeitraum $(t + \Delta t)$ ergibt sich, wenn man das totale Differential bildet. Hier sind die Regeln der stochastischen Differentialrechnung anzuwenden, da die Gleichungsparameter vom Aktienkurs abhängen, dessen Verlauf stochastisch ist.[1] Danach gilt

$$\Delta(f \cdot g) = f \cdot \Delta g + \Delta f \cdot g + \Delta f \cdot \Delta g + O(\Delta t)$$

$O(\Delta t)$ ist definiert durch $\lim_{\Delta t \to 0} \frac{O(\Delta t)}{\Delta t} = 0$ und repräsentiert vernachlässigbare Größen, da der Quotient $\frac{O(\Delta t)}{\Delta t}$ bei sehr kleinen Zeitintervallen $(\Delta t \to 0)$ gegen Null strebt.

Angewendet auf ΔV_t gilt

$$(A.2)\quad \Delta V_t = h\Delta S_t + m\Delta B_t + \Delta h(S_t + \Delta S_t) + \Delta m(B_t + \Delta B_t) + O(\Delta t)$$

$$\text{mit } \Delta V_t = V(S_{t+\Delta t}, t + \Delta t) - V(S_t, t)$$

$$\Delta S_t = S_{t+\Delta t} - S_t$$

$$\Delta B_t = B_{t+\Delta t} - B_t = e^{-i\{T-(t+\Delta t)\}} - e^{-i(T-t)}$$

$$= e^{-i(T-t)}(e^{i\Delta t} - 1) = i\Delta t + O(\Delta t)$$

1) Siehe Y. Z. Bergman, Pricing of contingent claims, 1982, S. 9, Fußnote 7; R. A. Jarrow und A. Rudd, Option pricing, 1983, S. 100 f.; C. W. Haley und L. D. Schall, Financial decisions, 1979, S. 263 - 273; C. W. Smith, Jr., Applications, 1979, S. 109 - 120.

$$\Delta h = h(S_{t+\Delta t}, t + \Delta t) - h(S_t, t)$$

$$\Delta m = m(S_{t+\Delta t}, t + \Delta t) - m(S_t, t)$$

Die ersten beiden Ausdrücke in Gleichung (A.2) bezeichnen die Wertänderung, die aus der Aktienkurs- und der Anleihekursänderung resultiert, der dritte und vierte Ausdruck beschreiben die Wertänderung durch Zu- oder Verkauf der zugrundeliegenden Aktie und der Anleihetitel über das Zeitintervall $(t, t + \Delta t)$.

Da Zu- und Verkäufe hier insgesamt ohne zusätzlichen Mitteleinsatz oder vorzeitigen Rückfluß durchgeführt werden sollen, muß gelten

$$\text{(A.3)} \qquad \Delta h(S_t + \Delta S_t) + \Delta m(B_t + \Delta B_t) = 0$$

Die Gleichung ist eine wichtige Nebenbedingung für die Bestimmung der Anteile h und m und damit für die Ermittlung von V_t.

Einsetzen von $\Delta B_t = i\Delta t$ führt zu

$$\text{(A.4)} \qquad \Delta h S_t + \Delta m B_t + \Delta h \Delta S_t + \Delta m i \Delta t = 0$$

Gemäß Annahme 7b soll S_t einem Itô-Prozeß mit konstanter Standardabweichung der Rendite folgen. Danach lassen sich Aktienkursänderungen durch folgende stochastische Differentialgleichung darstellen:[1]

$$\text{(A.5)} \qquad \Delta S_t = \mu(S_t, t)\, S_t \Delta t + \sigma S_t \Delta Z_t$$

mit $\mu(S_t, t)$ = erwartete Aktienkursrendite pro

1) Vgl. die in Fußnote 1, S. 440 und Fußnote 1, S. 442 genannten Quellen.

Periode bei kontinuierlicher Verzinsung in Abhängigkeit von S_t und t

σ = Standardabweichung der Aktienkursrendite pro Periode bei kontinuierlicher Verzinsung[1]

$\Delta Z_t = Z_{t+\Delta t} - Z_t$

Z_t = Wiener-Prozeß mit normalverteilten Wertänderungen, wobei $\mu(\Delta Z_t)$ = Erwartungswert von $\Delta Z_t = 0$ und $\sigma(\Delta Z_t)$ = Standardabweichung von $\Delta Z_t = \sqrt{\Delta t}$ ist.

Nach Itôs Lemma läßt sich das totale Differential einer Funktion F(x,t) folgendermaßen darstellen, wenn x einem Itô-Prozeß folgt:[2]

$$\Delta F = \frac{\partial F}{\partial t}\Delta t + \frac{\partial F}{\partial x}\Delta x + \frac{1}{2}\frac{\partial^2 F}{\partial x^2}(\Delta x)^2 + O(\Delta t)$$

Angewendet auf Δh und Δm, die beide Funktionen von S_t und t sind, folgt[3]

$$\text{(A.6)} \quad \Delta h = \frac{\partial h}{\partial t}\Delta t + \frac{\partial h}{\partial S_t}\Delta S_t + \frac{1}{2}\frac{\partial^2 h}{\partial S_t^2}(\Delta S_t)^2 + O(\Delta t)$$

1) Etwas mißverständlich sind Jarrow und Rudd, indem sie $\mu(S_t,t)$ und σ als Parameter über das Intervall (t, t + Δt) definieren; siehe R. A. Jarrow und A. Rudd, Option pricing, 1983, S. 98. Richtig ist es, die Parameter als erwartete Rendite pro Periode und Standardabweichung der Rendite pro Periode zu bezeichnen; siehe auch P. Swoboda und M. Kamschal, Bewertung deutscher Wandelanleihen, 1979, S. 309 f., 312 f.

2) Vgl. Fußnote 1, S. 442.

3) Zum gleichen Ergebnis gelangt man auch, wenn man eine Taylor'sche Erweiterung vornimmt und nur Terme mit Δt, ΔS_t oder $(\Delta S_t)^2$ berücksichtigt; siehe R. A. Jarrow und A. Rudd, Option pricing, 1983, S. 101 f. in Verbindung mit S. 90 f. Siehe in anderem Zusammenhang C. W. Smith, Jr., Applications, 1979, S. 120, Fußnote 28.

$$(A.7) \qquad \Delta m = \frac{\partial m}{\partial t} \Delta t + \frac{\partial m}{\partial S_t} \Delta S_t + \frac{1}{2} \frac{\partial^2 m}{\partial S_t^2} (\Delta S_t)^2 + O(\Delta t)$$

Quadriert man Gleichung (A.5), so ist

$$(A.8) \qquad (\Delta S_t)^2 = \{\mu(S_t,t)\}^2 \, S_t^2(\Delta t)^2 + \sigma^2 S_t^2 (\Delta Z_t)^2$$
$$+ \, 2\mu(S_t,t) \, S_t^2 \, \sigma \, \Delta t \Delta Z_t$$

Für Itô-Prozesse gelten folgende Rechenregeln:[1)]

$$\Delta Z_t \Delta t = O(\Delta t)$$
$$(\Delta Z_t)^2 = \Delta t$$
$$(\Delta t)^2 = O(\Delta t)$$

Mit Hilfe dieser Regeln kann man Gleichung (A.8) vereinfachen:

$$(A.9) \qquad (\Delta S_t)^2 = \sigma^2 S_t^2 \Delta t + O(\Delta t)$$

Setzt man die Gleichung in die Gleichungen (A.6) und (A.7) ein, so folgt

$$(A.10) \qquad \Delta h = \frac{\partial h}{\partial t} \Delta t + \frac{\partial h}{\partial S_t} \Delta S_t + \frac{1}{2} \frac{\partial^2 h}{\partial S_t^2} \sigma^2 S_t^2 \Delta t + O(\Delta t)$$

$$(A.11) \qquad \Delta m = \frac{\partial m}{\partial t} \Delta t + \frac{\partial m}{\partial S_t} \Delta S_t + \frac{1}{2} \frac{\partial^2 m}{\partial S_t^2} \sigma^2 S_t^2 \Delta t + O(\Delta t)$$

Multipliziert man die Gleichungen (A.10) und (A.5), so

1) Vgl. C. W. Haley und L. D. Schall, Financial decisions, 1979, S. 268, 272 f.; C. W. Smith, Jr., Applications, 1979, S. 113 - 115 sowie die dort genannte Literatur.

erhält man

$$(A.12) \quad \Delta h \Delta S_t = \{\frac{\partial h}{\partial t}\,\Delta t + \frac{\partial h}{\partial S_t}\,\Delta S_t + \frac{1}{2}\,\frac{\partial^2 h}{\partial S_t^2}\,\sigma^2 S_t^2\,\Delta t$$

$$+ O(\Delta t)\} \cdot \{\mu(S_t,t)S_t\Delta t + \sigma S_t \Delta Z_t\}$$

$$\Delta h \Delta S_t = \frac{\partial h}{\partial t}\,\mu(S_t,t)S_t(\Delta t)^2 + \frac{\partial h}{\partial S_t}\mu(S_t,t)S_t\Delta S_t\Delta t$$

$$+ \frac{1}{2}\,\frac{\partial^2 h}{\partial S_t^2}\,\sigma^2 S_t^3\,\mu(S_t,t)(\Delta t)^2$$

$$+ O(\Delta t)\mu(S_t,t)S_t\Delta t + \frac{\partial h}{\partial t}\,\sigma S_t \Delta t \Delta Z_t$$

$$+ \frac{\partial h}{\partial S_t}\sigma S_t \Delta S_t \Delta Z_t + \frac{1}{2}\,\frac{\partial^2 h}{\partial S_t^2}\,\sigma^3 S_t^3 \Delta t \Delta Z_t$$

$$+ O(\Delta t)\sigma S_t \Delta Z_t$$

Unter Berücksichtigung der genannten Rechenregeln folgt zunächst

$$(A.13) \quad \Delta h \Delta S_t = \frac{\partial h}{\partial S_t}\,\mu(S_t,t)\;S_t\Delta S_t\Delta t$$

$$+ \frac{\partial h}{\partial S_t}\,\sigma S_t \Delta S_t \Delta Z_t + O(\Delta t)$$

Die Gleichung läßt sich noch weiter zusammenfassen, wenn man wiederum ΔS_t durch Gleichung (A.5) ersetzt. Es folgt

$$(A.14) \quad \Delta h \Delta S_t = \frac{\partial h}{\partial S_t}\,\mu(S_t,t)\;S_t\Delta t\,\{\mu(S_t,t)S_t\Delta t$$

$$+ \sigma S_t \Delta Z_t\} + \frac{\partial h}{\partial S_t}\sigma S_t \Delta Z_t\{\mu(S_t,t)$$

$$S_t\Delta t + \sigma S_t \Delta Z_t\}$$

Unter Berücksichtigung der Rechenregeln folgt dann

$$(A.15) \qquad \Delta h \Delta S_t = \frac{\partial h}{\partial S_t} \sigma^2 S_t^2 \, \Delta t + O(\Delta t)$$

Multipliziert man Gleichung (A.11) mit $i\Delta t$, so erhält man

$$(A.16) \qquad \Delta m i \Delta t = \frac{\partial m}{\partial t} i(\Delta t)^2 + \frac{\partial m}{\partial S_t} i \Delta S_t \Delta t + \frac{1}{2} \frac{\partial^2 m}{\partial S_t^2} \sigma^2 S_t^2 i(\Delta t)^2 + O(\Delta t) i \Delta t$$

Unter Berücksichtigung der Rechenregeln folgt

$$(A.17) \qquad \Delta m i \Delta t = \frac{\partial m}{\partial S_t} i \Delta S_t \Delta t + O(\Delta t)$$

Einsetzen von Gleichung (A.5) für ΔS_t ergibt

$$(A.18) \qquad \Delta m i \Delta t = \frac{\partial m}{\partial S_t} i \Delta t \{\mu(S_t, t) S_t \Delta t + \sigma S_t \Delta Z_t\} + O(\Delta t)$$

und führt aufgrund der Rechenregeln zu

$$(A.19) \qquad \Delta m i \Delta t = O(\Delta t)$$

Man kann nun die Gleichungen (A.10), (A.11), (A.15) und (A.19) in Gleichung (A.4) einsetzen und erhält unter Vernachlässigung von $O(\Delta t)$

$$(A.20) \qquad \left(\frac{\partial h}{\partial t} \Delta t + \frac{\partial h}{\partial S_t} + \frac{1}{2} \frac{\partial^2 h}{\partial S_t^2} \sigma^2 S_t^2 \Delta t\right) S_t + \frac{\partial h}{\partial S_t} \sigma^2 S_t^2 \Delta t + \left(\frac{\partial m}{\partial t} \Delta t + \frac{\partial m}{\partial S_t} \Delta S_t + \frac{1}{2} \frac{\partial^2 m}{\partial S_t^2} \sigma^2 S_t^2 \, \Delta t\right) B_t = 0$$

Ersetzt man noch ΔS_t durch Gleichung (A.5), so ergibt sich zusammengefaßt

$$(A.21)\quad X\Delta t + Y\sigma S_t \Delta Z_t = 0$$

$$\text{mit } X = \{\frac{\partial h}{\partial t} + \frac{\partial h}{\partial S_t}\mu(S_t,t)S_t + \frac{1}{2}\frac{\partial^2 h}{\partial S_t^2}\sigma^2 S_t^2\}\ S_t$$

$$+ \frac{\partial h}{\partial S_t}\sigma^2 S_t^2 + \{\frac{\partial m}{\partial t} + \frac{\partial m}{\partial S_t}\mu\ (S_t,t)\ S_t$$

$$+ \frac{1}{2}\frac{\partial^2 m}{\partial S_t^2}\sigma^2 S_t^2\}\ B_t$$

$$Y = (\frac{\partial h}{\partial S_t} S_t + \frac{\partial m}{\partial S_t} B_t)$$

Da $X\Delta t$ eine deterministische Variable und $Y\sigma S_t \Delta Z_t$ eine Zufallsvariable darstellt, wird die linke Seite der Gleichung nur mit Sicherheit Null sein, wenn $X = 0$ und $Y = 0$ sind.

Die Gleichungen liefern implizit die Werte für h und m. Dazu sind einige Ausdrücke zu substituieren. Gleichung (A.1) läßt sich auflösen nach

$$(A.22)\quad m = e^{i(T-t)}\ (V_t - hS_t)$$

Die Ableitungen von m nach S_t und t ergeben

$$(A.23)\quad \frac{\partial m}{\partial S_t} = e^{i(T-t)}(\frac{\partial V_t}{\partial S_t} - h - \frac{\partial h}{\partial S_t} S_t)$$

$$(A.24)\quad \frac{\partial^2 m}{\partial S_t^2} = e^{i(T-t)}(\frac{\partial^2 V_t}{\partial S_t^2} - \frac{\partial h}{\partial S_t} - \frac{\partial h}{\partial S_t} - \frac{\partial^2 h}{\partial S_t^2} S_t)$$

$$(A.25)\quad \frac{\partial m}{\partial t} = -ie^{i(T-t)}(V_t - hS_t) + e^{i(T-t)}(\frac{\partial V_t}{\partial t} - \frac{\partial h}{\partial t} S_t)$$

Setzt man die Ableitungen in X gemäß Gleichung (A.21) ein, so folgt für $X = 0$

(A.26) $$\{\frac{\partial h}{\partial t} + \frac{\partial h}{\partial S_t}\mu(S_t,t)\, S_t + \frac{1}{2}\frac{\partial^2 h}{\partial S_t^2}\sigma^2 S_t^2\}\, S_t$$

$$+ \frac{\partial h}{\partial S_t}\sigma^2 S_t^2 + \{-i(V_t - hS_t) + \frac{\partial V_t}{\partial t} - \frac{\partial h}{\partial t} S_t\}$$

$$+ (\frac{\partial V_t}{\partial S_t} - h - \frac{\partial h}{\partial S_t} S_t)\,\mu(S_t,t)\, S_t$$

$$+ (\frac{\partial^2 V_t}{\partial S_t^2} - 2\frac{\partial h}{\partial S_t} - \frac{\partial^2 h}{\partial S_t^2} S_t)\,\frac{\sigma^2 S_t^2}{2} = 0$$

Die Gleichung läßt sich vereinfachen zu

(A.27) $$-i(V_t - hS_t) + \frac{\partial V_t}{\partial t} + \frac{\partial V_t}{\partial S_t}\mu(S_t,t)\, S_t$$

$$+ \frac{1}{2}\frac{\partial^2 V_t}{\partial S_t^2}\sigma^2 S_t^2 - h\mu(S_t,t)\, S_t = 0$$

Setzt man nun Gleichung (A.23) in Y gemäß Gleichung (A.21) ein, so folgt für Y = 0

(A.28) $$\frac{\partial h}{\partial S_t} S_t + \frac{\partial V_t}{\partial S_t} - h - \frac{\partial h}{\partial S_t} S_t = 0$$

oder

(A.29) $$h = \frac{\partial V_t}{\partial S_t}$$

Einsetzen von (A.29) in (A.22) ergibt

(A.30) $$m = e^{i(T-t)}(V_t - \frac{\partial V_t}{\partial S_t} S_t)$$

Setzt man Gleichung (A.29) außerdem in Gleichung (A.27) ein, so erhält man folgende Gleichung:

(A.31) $$0 = \frac{1}{2}\frac{\partial^2 V_t}{\partial S_t^2}\sigma^2 S_t^2 + \frac{\partial V_t}{\partial t} + iS_t\frac{\partial V_t}{\partial S_t} - iV_t$$

Die Gleichung liefert implizit die Bewertungsgleichung für den Wert des Portefeuilles V_t. Unter der Nebenbedingung bei Endfälligkeit, $V_T = \max(0; S_T - K)$, erfüllt allein die Black-Scholes-Kaufoptionsformel, mit V_t für C_t, die Gleichung (A.31). Berücksichtigt man die Beziehung $r^{-\tau} = e^{-i\tau}$, so folgt aus den Gleichungen (2.46), (2.49), (2.50) und (2.54)

$$C_t = S_t\, N(d_1) - Ke^{-i\tau}\, N(d_2)$$

$$\frac{\partial C_t}{\partial S_t} = N(d_1)$$

$$\frac{\partial^2 C_t}{\partial S_t^2} = \frac{1}{S_t \sigma\sqrt{\tau}}\, N'(d_1)$$

$$\frac{\partial C_t}{\partial \tau} = \{S_t \sigma/(2\sqrt{\tau})\}\, N'(d_1) + Ke^{-i\tau}\, iN(d_2)$$

$$\text{mit } d_1 = \frac{\ln\left(\frac{S_t}{Ke^{-i\tau}}\right)}{\sigma\sqrt{\tau}} + \frac{1}{2}\,\sigma\sqrt{\tau}$$

$$d_2 = d_1 - \sigma\sqrt{\tau}$$

Da $\frac{\partial C_t}{\partial t} = -\frac{\partial C_t}{\partial \tau}$ ist, folgt durch Einsetzen der Gleichungen in (A.31)

$$0 = \frac{1}{2}\,\frac{1}{S_t \sigma\sqrt{\tau}}\, N'(d_1)\, \sigma^2 S_t^2 - \{S_t\, \sigma/(2\sqrt{\tau})\}\, N'(d_1)$$

$$- Ke^{-i\tau}\, iN(d_2) + iS_t N(d_1) - iS_t N(d_1) + iKe^{-i\tau} N(d_2)$$

$$0 = \frac{\sigma}{2\sqrt{\tau}}\, S_t\, N'(d_1) - \frac{\sigma}{2\sqrt{\tau}}\, S_t\, N'(d_1)$$

$$0 = 0$$

Damit ist bewiesen, daß unter Annahme 7b die Wertentwicklung des Portefeuilles V der Wertentwicklung von C genau entspricht, da das Portefeuille kontinuierlich angepaßt wird, ohne daß während der Restlaufzeit ein zusätzlicher Mitteleinsatz oder ein vorzeitiger Rückfluß erfolgt. V und C sollten deshalb stets den gleichen Wert aufweisen. Der Kaufoptionswert ergibt sich daher vor Endfälligkeit aus Gleichung (2.46) unter Berücksichtigung der Beziehung $r^{-\tau} = e^{-i\tau}$. Für die Portefeuillegewichte h und m folgt nun zusammen mit den Gleichungen (A.29), (A.30) und (2.46)

$$\text{(A.32)} \qquad h = N(d_1)$$

$$\text{(A.33)} \qquad m = r^{\tau} \{S_t \, N(d_1) - Kr^{-\tau} N(d_2) - N(d_1) \, S_t\}$$

$$= - KN(d_2)$$

B. Inkonsistenzen bei der Herleitung der Black-Scholes-Kaufoptionsformel

Bergman und Jacquillat haben Inkonsistenzen bei der originalen Herleitung der Black-Scholes-Kaufoptionsformel nachgewiesen.[1)2)] Bergman hat darüber hinaus gezeigt, daß auch eine ähnliche Herleitung der Formel von Smith[3)] fehlerhaft ist.[4)] Die Inkonsistenzen wurden bislang nicht in der deutschsprachigen Literatur behandelt.

I. Inkonsistenzen bei der originalen Herleitung

Black und Scholes schlagen unter den obengenannten Annahmen[5)] vor, eine risikofreie Anlage durch ein Portefeuille aus einer Kaufoption und der zugrundeliegenden Aktie zu duplizieren und aus diesem Zusammenhang die Kaufoption zu bewerten.[6)] Zur besseren Nachvollziehbarkeit sollen hier die Symbole von Black und Scholes verwendet werden.[7)] Danach ist

t = Bewertungszeitpunkt
t^* = Ende der Restlaufzeit
w = Wert der Kaufoption in t

---

1) Y. Z. Bergman, Self-financing portfolio strategies, 1981; B. Jacquillat, Les processus, 1981, S. 1489 - 1491; Y. Z. Bergman, Pricing of contingent claims, 1982, S. 1 - 10, 14 f.

2) Einen Hinweis auf Inkonsistenzen findet man bei J. M. Harrison und S. R. Pliska, Martingales, 1981, S. 218; S. Müller, Arbitrage pricing, 1985, S. 9.

3) Vgl. C. W. Smith, Jr., Review, 1976, S. 20 - 23; ders., Applications, 1979, S. 80 - 84.

4) Vgl. Y. Z. Bergman, Pricing of contingent claims, 1982, S. 10 - 15, 67 f.

5) Siehe S. 115.

6) F. Black und M. Scholes, Pricing of options, 1973, S. 640 f.

7) Siehe ebda., S. 639 - 642.

x = Wert der zugrundeliegenden Aktie in t

w_1 = erste Ableitung von w nach x

w_{11} = zweite Ableitung von w nach x

w_2 = erste Ableitung von w nach t

c = Basispreis

r = risikofreier Zinssatz pro Periode bei kontinuierlicher Verzinsung

v^2 = Varianz der Aktienrendite pro Periode bei kontinuierlicher Verzinsung

Δ = absolute Wertänderung einer Größe

Die Numerierung von Gleichungen und Gleichungsteilen aus dem Black-Scholes-Aufsatz wird hier übernommen und in eckigen Klammern wiedergegeben.

Black und Scholes versuchen, eine risikofreie Anlage zu duplizieren, indem sie ein Portefeuille bilden, das aus einer Plusposition von einer ganzen Aktie zum Kurs von x und aus einer Minusposition von $\frac{1}{w_1}$ Kaufoptionen zum Kurs von w besteht,[1] wobei die Aktienstückzahl über die Laufzeit konstant bleiben soll, während die Minusposition kontinuierlich anzupassen ist. Nach Black und Scholes ist das Portefeuille risikofrei, da sich der Kaufoptionspreis bei einer Aktienpreisänderung gemäß $w_1 (= \frac{\Delta w}{\Delta x})$ verhält und sich deshalb die Preisänderungen über kurze Zeiträume genau kompensieren, wenn man eine Aktie hält und $\frac{1}{w_1}$ Kaufoptionen verkauft. Der Wert des Portefeuilles in t beträgt daher[2]

$$< 2 > \quad x - w/w_1$$

Nach Black und Scholes lautet das totale Differential von

1) w/w_1 ist nur für $w_1 \neq 0$ definiert. Da im Black-Scholes-Modell $w_1 = N(d_1)$ ist und $N(d_1)$ nur positive Werte annimmt, kann der Fall $w_1 = 0$ nicht eintreten; siehe S. 126, Fußnote 4.

2) Vgl. F. Black und M. Scholes, Pricing of options, 1973, S. 641 f.

< 2 > über einen kurzen Zeitraum von (t, t + Δt):

$$< 3 > \quad \Delta x - \frac{\Delta w}{w_1}$$

Ausdruck < 3 > ist jedoch fehlerhaft. Black und Scholes schreiben zwar, daß die Minusposition in Optionen kontinuierlich anzupassen ist,[1] übersehen jedoch, daß sich auch $-\frac{1}{w_1}$ über einen Zeitraum (t, t + Δt) ändert.

Korrekt wäre deshalb nach der stochastischen Differentialrechnung folgende Gleichung[2]

$$\Delta x - \frac{\Delta w}{w_1} - w\Delta\left(\frac{1}{w_1}\right) - \Delta w\Delta\left(\frac{1}{w_1}\right)$$

Black und Scholes wenden dann Itôs Lemma auf Δw in Gleichung < 3 > an, da w = w(x, t) und x einem Itô-Prozeß folgt[3]

$$< 4 > \quad \Delta w = w_1\Delta x + \frac{1}{2} w_{11}v^2x^2\Delta t + w_2\Delta t$$

Sie setzen < 4 > in < 3 > ein und erhalten

$$< 5 > \quad -\left(\frac{1}{2} w_{11}v^2x^2 + w_2\right)\frac{\Delta t}{w_1}$$

Black und Scholes meinen, daß ihr Portefeuille risikofrei

---

1) Siehe F. Black und M. Scholes, Pricing of options, 1973, S. 642.

2) Y. Z. Bergman, Pricing of contingent claims, 1982, S. 9. Siehe auch B. Jacquillat, Les processus, 1981, S. 1491.

3) Vgl. F. Black und M. Scholes, Pricing of options, 1973, S. 641 f. Zu Itôs Lemma siehe S. 444 dieser Arbeit.

ist. Das ist aber nur für infinitesimal kleine Anlagezeiträume der Fall. Erstreckt sich die Anlageperiode über einen längeren Zeitraum, so sind Umstrukturierungen vorzunehmen, die von der Black-Scholes-Strategie abweichen. Das folgende Zahlenbeispiel verdeutlicht das.[1)]

In t_1 sei $\frac{1}{w_1} = 5$, in t_2 sei $\frac{1}{w_1} = 2$, mit der Folge, daß in t_1 eine Aktie zu kaufen und fünf Optionen zu verkaufen sind. In t_2 müssen drei Optionen gekauft werden, damit insgesamt nur noch eine Minusposition von zwei Optionen besteht. Da aber die Aktienposition unverändert bleiben soll, ist ungeklärt, woher die zusätzlichen Mittel zum Kauf der drei Optionen stammen sollen. Wählt man umgekehrt $\frac{1}{w_1} = 2$ für t_1 und $\frac{1}{w_1} = 5$ für t_2, so wären in t_2 drei Optionen zusätzlich zu verkaufen, so daß sich ein vorzeitiger Rückfluß und damit ein Wiederanlagebedarf ergäbe. Damit ist klar, daß die Black-Scholes-Anlagestrategie nicht konsistent konzipiert ist.

Trotz der Inkonsistenz gelangen Black und Scholes aber zu einer stochastischen Differentialgleichung, die der korrekten Gleichung (A.31) entspricht.

Sie behaupten fälschlicherweise, daß ihre Strategie risikofrei sei und über Δt einen Zinsertrag von

$$(x - \frac{w}{w_1})\, r\, \Delta t$$

erbringe und setzen dann diesen Ertrag dem unkorrekten totalen Differential < 5 > gleich. Daraus ergibt sich

1) Vgl. auch Y. Z. Bergman, Pricing of contingent claims, 1982, S. 7 f.

Gleichung < 6 >

$$< 6 > \quad -(\frac{1}{2} w_{11} v^2 x^2 + w_2) \frac{\Delta t}{w_1} = (x - \frac{w}{w_1}) \, r \, \Delta t$$

die der korrekten Gleichung (A.31) entspricht. Die eine Inkonsistenz wird hier also durch eine andere Inkonsistenz aufgehoben.[1]

In Abschnitt C wird bei der Darstellung der Inkonsistenzen im Binomialansatz von Sharpe sowie Rendleman und Bartter noch deutlich, daß die Black-Scholes-Strategie zusätzliche Transaktionen impliziert.[2]

Abschließend sei noch gezeigt, daß bereits der im vorhergehenden Abschnitt entwickelte konsistente Ansatz den Weg zur Vermeidung der Inkonsistenzen weist. Gleichung (A.1) läßt sich nach $-B_t m$ auflösen, so daß gilt

$$-B_t m = hS_t - V_t$$

Wie im Abschnitt A dieses Anhangs gezeigt wurde, ist B_t eine deterministische, m dagegen eine stochastische Größe, so daß $-B_t m$ keine risikofreie Anlage darstellen kann. Teilt man die Gleichung durch - m, so ist die Anlage ri-

---

1) Vgl. F. Black und M. Scholes, Pricing of options, 1973, S. 642 f.; Y. Z. Bergman, Pricing of contingent claims, 1982, S. 14 f.

2) Vgl. S. 467 f.

sikofrei. Es gilt dann[1])

$$B_t = \frac{1}{m} V_t - \frac{h}{m} S_t.$$

Ersetzt man nun V_t durch C_t sowie m und h durch die Gleichungen (A.32) und (A.33), so folgt

$$B_t = r^{-\tau} = - \frac{1}{KN(d_2)} C_t + \frac{N(d_1)}{KN(d_2)} S_t.^{2)}$$

Die Gleichung ist nur für $KN(d_2) \neq 0$, $N(d_2)$ nur für $K > 0$ definiert. Deshalb muß $K > 0$ sein.

Somit läßt sich die Wertentwicklung einer risikofreien Anlage duplizieren, indem man $\frac{1}{K\ N(d_2)}$ Optionen in t verkauft und $\frac{N(d_1)}{K\ N(d_2)}$ Aktien in t kauft. Die beiden Portefeuillekomponenten sind bis zum Ablauf der Restlaufzeit kontinuierlich entsprechend der Aktienkursentwicklung und der damit verbundenen Änderungen von $N(d_1)$ und $N(d_2)$ umzuschichten. Dabei erfordern die Transaktionen keinen zusätzlichen Mitteleinsatz und führen nicht zu vorzeitigen Rückflüssen und es ist sichergestellt, daß der Portefeuillewert jederzeit dem Wert einer risikofreien Null-

---

1) Black und Scholes unterstellten ein Portefeuille aus einer Aktie und $-\frac{1}{w_1} = -\frac{1}{h}$ Optionen, so daß nach Black und Scholes $S_t - \frac{1}{h} V_t = - B_t \frac{m}{h}$ ist. Die rechte Seite der Gleichung ist nicht deterministisch, da m und h stochastische Größen sind, die nicht perfekt korrelieren.

2) Siehe S. 440, 451. Nach dem Symbolverzeichnis von Black und Scholes und unter Berücksichtigung der Gleichungen (A.29) und (A.30) ließe sich die Gleichung folgendermaßen schreiben:
$$e^{-r(t^*-t)} = \frac{1}{e^{r(t^*-t)}(w-w_1x)} w - \frac{w_1}{e^{r(t^*-t)}(w-w_1x)} x = \frac{1}{cN(d_2)} w + \frac{w_1}{cN(d_2)} x;$$
siehe S. 449, 452 f.

Kupon-Anleihe mit Rückzahlungsbetrag 1 und Fälligkeit T entspricht. Eine perfekte Hedge kann man also unter Annahme 7b bilden, indem man zu jedem Zeitpunkt jeweils $\frac{1}{m} = - \frac{1}{K\,N(d_2)}$ Optionen und $- \frac{h}{m} = \frac{N(d_1)}{K\,N(d_2)}$ Aktien hält.[1)]

II. Inkonsistenzen bei der Herleitung von Smith

Genau wie Black und Scholes versucht auch Smith eine perfekte Hedge aus Option und zugrundeliegender Aktie zu bilden.[2)] Beide Herleitungen enthalten daher ähnliche Inkonsistenzen.[3)] Auch hier sollen die Symbole und die Numerierung der Gleichungen aus der Originalquelle verwendet werden. Danach ist

V_H = Wert des risikofreien Portefeuilles in t
c = Wert der Kaufoption in t
S = Kurs der zugrundeliegenden Aktie in t
Q_c = Anzahl der im Portefeuille zu haltenden Kaufoptionen
Q_s = Anzahl der im Portefeuille zu haltenden Aktien
d = Absolute Wertänderung einer Größe

Nach Smith ergibt sich der Wert des Hedge-Portefeuilles aus folgender Gleichung

< 36 > $$V_H = SQ_s + cQ_c$$

---

1) Vgl. auch Y. Z. Bergman, Pricing of contingent claims, 1982, S. 5 f., 21 - 38, 69 - 77; R. A. Jarrow und A. Rudd, Option pricing, 1983, S. 107 f. in Verbindung mit S. 100 - 105, 119 - 121.

2) Siehe im weiteren C. W. Smith, Jr., Review, 1976, S. 20 - 23. Ähnlich ders., Applications, 1979, S. 80 - 84. Die Numerierung der noch folgenden Gleichungen entspricht der Numerierung in der ersten Quelle.

3) Vgl. zu den weiteren Ausführungen Y. Z. Bergman, Pricing of contingent claims, 1982, S. 10 - 15, 67 f.

Bei der Bildung des totalen Differentials von < 36 > unterlaufen ihm Fehler. Nach Smith ist

$$< 37 > \quad dV_H = Q_s dS + Q_c dc$$

Da jedoch Q_s und Q_c stochastische Größen sind, müßte nach der stochastischen Differentialrechnung, analog zu Gleichung (A.2)[1] unter Vernachlässigung von O(dt), hier gelten

$$dV_H = Q_s dS + Q_s dc + dQ_s S + dQ_c c + dQ_s dS + dQ_c dc$$

Die Gleichung unterscheidet sich von Gleichung < 37 > durch die letzten vier Terme. Sie beschreiben die Wertänderungen, die aus den Zu- und Verkäufen von Optionen und Aktien im Zeitraum (t, t + dt) resultieren und erforderlich sind, um das Portefeuille risikofrei zu halten.

Smith begründet sein Vorgehen damit, daß in einem Zeitpunkt die Anzahl der Optionen und Aktien konstant sei.[2] In einer Zeitpunktbetrachtung müssen natürlich nicht nur die Mengen, sondern auch die Kurse konstant sein. Abgestellt wird hier aber doch durch das totale Differential auf eine Betrachtung über einen kurzen Zeitraum (t, t + dt). Die Begründung von Smith widerspricht auch seiner Feststellung, daß die Portefeuillekomponenten kontinuierlich anzupassen seien.[3] Im übrigen folgt Smith dann der Herleitung von Black und Scholes, so daß die Ausführungen des vorhergehenden Abschnitts hier analog gelten.[4]

---

1) Siehe S. 442.

2) Siehe C. W. Smith, Jr., Review, 1976, S. 22; ders., Applications, 1979, S. 80.

3) Siehe C. W. Smith, Jr., Review, 1976, S. 22; ders., Applications, 1979, S. 81.

4) Siehe S. 452 - 457.

C. Inkonsistenzen im Binomialansatz von Sharpe sowie Rendleman und Bartter

Neben dem konsistenten Binomialansatz von Cox, Ross und Rubinstein[1] haben Sharpe[2] sowie Rendleman und Bartter[3] unabhängig voneinander einen Binomialansatz in Anlehnung an die originale Herleitung des Black-Scholes-Modells[4] entwickelt. Im Abschnitt B.I. dieses Anhangs wurden Inkonsistenzen bei der Herleitung von Black und Scholes nachgewiesen,[5] die entsprechend auch bei den Binomialmodellen von Sharpe sowie Rendleman und Bartter auftreten. Darüber hinaus besteht bei diesen Modellen eine weitere Inkonsistenz. Die Inkonsistenzen bei Binomialmodellen wurden bislang in der Literatur nicht behandelt. In diesem Abschnitt werden die Symbole des zweiten Teils der Arbeit verwendet.[6]

Sharpe sowie Rendleman und Bartter versuchen, in Anlehnung an Black und Scholes ein risikofreies Portefeuille zu bilden, indem sie eine Plusposition von einer Aktie mit einer Minusposition von $\frac{1}{h_t}$ Optionen kombinieren. Betrachtet man zunächst den Einperiodenfall, so müssen die Rückflüsse aus dem Portefeuille unabhängig von der Kursentwicklung der Option und der Aktie gleich hoch sein, wenn das Portefeuille risikofrei ist:

---

1) Vgl. J. C. Cox, S. A. Ross und M. Rubinstein, Option pricing, 1979; siehe auch S. 101 - 115.

2) Vgl. W. F. Sharpe, Investments, 3. Aufl., 1985, S. 493 - 500, (1. Aufl., 1978, S. 366 - 371).

3) Vgl. R. J. Rendleman, Jr. und B. J. Bartter, Two-state option pricing, 1979.

4) Vgl. F. Black und M. Scholes, Pricing of options, 1973, S. 641 - 646.

5) Siehe S. 452 - 458.

6) Siehe S. 53 f., 102, 104.

$$(A.34) \quad uS_t - \frac{1}{h_t} C_u = dS_t - \frac{1}{h_t} C_d$$

$$\text{mit } C_u = \max(0; uS_t - K)$$

$$C_d = \max(0; dS_t - K)$$

Löst man die Gleichung nach h_t auf, so erhält man

$$h_t = \frac{C_u - C_d}{(u - d)S_t}.$$

Unglücklicherweise ist Gleichung (A.34) aber nur für $h_t \neq 0$ definiert; h_t kann aber Null sein, wenn C_u und C_d Null sind, was insbesondere bei mehrperiodiger Betrachtung realistisch ist.[1] Im Fall $C_u = C_d = 0$ muß aber aus Arbitragegründen auch $C_t = 0$ sein, so daß die Einschränkung das Bewertungsergebnis nicht verzerrt. Allerdings ergibt die Kombination von einer Aktie mit einer Minusposition von Optionen dann keine risikofreie Position. Vielmehr ist das Portefeuille so risikobehaftet wie eine Anlage in einer Aktie, da es aus einer Aktie und einer Anzahl wertloser Optionen besteht. Die Hedge-Strategie ist also nur für $C_u > C_d$ und damit $h_t > 0$ realisierbar. Wie oben bereits angemerkt, kann der Fall $h_t = 0$ und $C_t = 0$ im Black-Scholes-Modell nicht eintreten, da die Aktienkursverteilungen unter der Black-Scholes-Hypothese stetig sind und deshalb auch bei Aktienkursen, die sehr weit unter dem Basispreis liegen, noch eine Chance besteht, daß die Option ausgeübt wird.[2]

---

1) Das Zahlenbeispiel zum zweiperiodigen Binomialmodell im zweiten Teil der Arbeit ergibt bei ungünstiger Entwicklung in der ersten Periode, daß die Option am Ende der zweiten Periode mit Sicherheit wertlos sein wird; vgl. S. 110 - 112.

2) Vgl. S. 126, Fußnote 2.

Eine derartige Inkonsistenz entsteht im Binomialansatz von Cox, Ross und Rubinstein nicht, da Gleichung (2.26) $C_t = S_t h_t + m_t/r$ auch für $h_t = 0$ definiert ist und damit die Wertentwicklung der Option auch im Fall $C_u = C_d = 0$ durch ein Portefeuille aus Aktien und risikofreien Titeln duplizierbar ist.[1)]

Unter der Annahme $h_t > 0$ folgt aus Gleichung (A.34) für den Endwert des Portefeuilles

$$\text{(A.35)} \qquad (S_t - \frac{1}{h_t} C_t)\, r = uS_t - \frac{1}{h_t} C_u$$

Auflösung nach C_t ergibt

$$\text{(A.36)} \qquad C_t = \frac{S_t(r - u) + \frac{1}{h_t} C_u}{\frac{1}{h_t} r}$$

Einsetzen von $h_t = \frac{C_u - C_d}{(u - d)S_t}$ führt zur bekannten Kaufoptionsbewertungsformel im Einperiodenfall, Gleichung (2.33),

$$C_t = \{qC_u + (1-q)C_d\}/\, r$$

$$\text{mit } q = \frac{r - d}{u - d}$$

Die Bewertung im Mehrperiodenfall nehmen Sharpe sowie Rendleman und Bartter vor, indem sie das einperiodige Modell rekursiv anwenden. So ergibt sich im Zweiperiodenfall analog zum konsistenten Ansatz eine Gleichung, die in allgemeiner Schreibweise Gleichung (2.38)[2)] entspricht:

---

1) Vgl. S. 104.

2) Siehe S. 109.

$$C_t = \{q^2C_{uu} + 2q(1-q)C_{ud} + (1-q)^2C_{dd}\}/r^2$$

$$\text{mit } C_{uu} = \max(0;\ u^2S_t - K)$$

$$C_{ud} = \max(0;\ udS_t - K)$$

$$C_{dd} = \max(0;\ d^2S_t - K)$$

Nach Sharpe sowie Rendleman und Bartter sollte man vermuten, daß das Portefeuille aus Aktie und Option einen sicheren Endwert liefert.

Das folgende Zahlenbeispiel beweist, daß die dem Ansatz zugrundeliegende Anlagestrategie keinen sicheren Endwert aufweist. Als Grundlage dient das Zahlenbeispiel zum zweiperiodigen Binomialansatz des zweiten Teils der Arbeit.[1] Da sich dort allerdings am Ende der ersten Periode $h_t = 0$ ergibt, was dazu führen würde, daß der Ansatz nach Gleichung (A.34) nicht definiert wäre, wird der Basispreis von 50 auf 40 ermäßigt. Es gilt hier also $S_t = 50$, $u = 2$, $d = 0{,}5$, $K = 40$, $r = 1{,}25$ und $n = 2$. Dann errechnet sich durch rekursive Anwendung des einperiodigen Modells oder durch Gleichung (2.38) ein Optionswert von $C_t = 28{,}8$:

1) Siehe S. 110 - 112.

$$C_{uu} = \max(0;\ 200-40) = 160$$

$$C_u = 68$$

$$C_t = 28{,}8 \qquad C_{ud} = C_{du} = \max(0;\ 50-40) = 10$$

$$C_d = 4$$

$$C_{dd} = \max(0;\ 12{,}5-40) = 0$$

Die Werte für h_t, h_u und h_d betragen:

$$h_t = \frac{C_u - C_d}{(u-d)S_t} = \frac{68 - 4}{(2 - 0{,}5)50} = 0{,}85\bar{3}$$

$$h_u = \frac{C_{uu} - C_{ud}}{(u-d)uS_t} = \frac{160 - 10}{(2 - 0{,}5)2 \cdot 50} = 1$$

$$h_d = \frac{C_{du} - C_{dd}}{(u-d)dS_t} = \frac{10 - 0}{(2 - 0{,}5)0{,}5 \cdot 50} = 0{,}2\bar{6}$$

Nach dem Hedge-Ansatz von Sharpe sowie Rendleman und Bartter sind in t 1 Aktie zum Kurs von $S_t = 50$ zu kaufen und $\frac{1}{h_t} = \frac{1}{0{,}85\bar{3}} = 1{,}171875$ Optionen zum Kurs von $C_t = 28{,}8$ zu verkaufen. Der Wert des Portefeuilles beträgt 16,25:

$$50 - 1{,}171875 \cdot 28{,}8 = 16{,}25$$

Am Ende der ersten Periode ist das Portefeuille unabhängig von der Kursentwicklung der Aktie und der Option wie eine risikofreie Anlage auf einen Wert von $1{,}25 \cdot 16{,}25 = 20{,}3125$ gestiegen:

I $\quad 2 \cdot 50 - 1{,}171875 \cdot 68 = 20{,}3125$

II $\quad 0{,}5 \cdot 50 - 1{,}171875 \cdot 4 = 20{,}3125$

Betrachtet man zunächst die günstige Entwicklung (I) weiter, dann ist das Portefeuille so umzuschichten, daß eine Minusposition in Optionen von $-\frac{1}{h_u} = -\frac{1}{1} = -1$ besteht. Das heißt, daß 0,171875 (=1,171875 - 1) Optionen zum Kurs von $C_u = 68$ zu kaufen sind, während der Aktienbestand unverändert bleiben soll. Hier sind also zusätzliche Eigenmittel von 11,6875 bereitzustellen.

Das Portefeuille hat dann einen Wert von 32:

$$2 \cdot 50 - 1{,}171875 \cdot 68 + 0{,}171875 \cdot 68 = 32$$

Am Ende der zweiten Periode hat das Portefeuille wie eine risikofreie Anlage einen sicheren Wert von $1{,}25 \cdot 32 = 40$:

Ia $\quad 2 \cdot 100 - 1 \cdot 160 = 40$

Ib $\quad 0{,}5 \cdot 100 - 1 \cdot 10 = 40$

Betrachtet man nun den Fall der ungünstigen Entwicklung in der ersten Periode (II), dann ist das Portefeuille so umzuschichten, daß eine Minusposition von $-\frac{1}{h_d} = -\frac{1}{0{,}26} = -3{,}75$ Optionen besteht. Das bedeutet, daß 2,578125 (= 3,75 - 1,171875) zum Kurs von $C_d = 4$ zu verkaufen sind, während der Aktienbestand auch hier unverändert bleibt. Hier sind also zusätzlich Mittel von 10,3125 anzulegen. Das Portefeuille hat dann einen Wert von 10:

$$0{,}5 \cdot 50 - 1{,}171875 \cdot 4 - 2{,}578125 \cdot 4 = 10$$

Am Ende der zweiten Periode steigt das Portefeuille dann wie eine risikofreie Anlage auf einen Wert von $1{,}25 \cdot 10 = 12{,}5$:

IIa $2 \cdot 25 - 3{,}75 \cdot 10 = 12{,}5$

IIb $0{,}5 \cdot 25 - 3{,}75 \cdot 0 = 12{,}5$

Das Portefeuille hat in t also einen Wert von 16,25. Eine risikofreie Anlage dieses Betrages über zwei Perioden zum Periodenzinssatz $r - 1 = 0{,}25$ würde einen sicheren Endwert von $(1{,}25)^2 \cdot 16{,}25 = 25{,}390625$ ergeben. Wie gezeigt, weist das Portefeuille aus Aktie und Option entweder einen Endwert von 40 oder von 12,5 auf. Es ist damit nicht der risikofreien Anlage von 16,25 über zwei Perioden äquivalent. Zwar verzinst sich das Portefeuille aus Aktie und Option über die erste Periode wie die risikofreie Anlage, am Ende der ersten Periode sind aber, abhängig von der Kursentwicklung, zusätzliche Mittel für den Kauf von Optionen bereitzustellen, oder es kommt zu Rückflüssen durch den Verkauf von Optionen.

Damit ist gezeigt, daß auch der Binomialansatz von Sharpe sowie Rendleman und Bartter Inkonsistenzen aufweist. Sie gelangen trotzdem zu richtigen Bewertungsgleichungen, da sie, ähnlich wie Black und Scholes, eine Inkonsistenz durch eine andere aufheben.

Im Beispiel wurde deutlich, daß das Portefeuille über jeweils eine Periode risikofrei ist. Man kann deshalb die beschriebene Strategie auch so umdeuten, daß sie eine Folge von einperiodigen risikofreien Anlagen darstellt. Dann wird das Portefeuille aus Aktie und Option jeweils am Periodenende aufgelöst, um die risikofreie Verzinsung zu realisieren, und anschließend wieder so zusammengestellt, daß es bis zum Periodenende risikofrei ist. Auf diese Weise erhält man eine Folge von einperiodigen risikofreien Anlagen.

Wie oben angemerkt, funktioniert die Strategie allerdings nur, solange $h_t > 0$ ist.[1)]

Man könnte die Strategie aber noch in anderer Weise korregieren. Im Zahlenbeispiel waren am Ende der ersten Periode bei günstiger Kursentwicklung Eigenmittel von 11,6875 zuzätzlich bereitzustellen oder bei ungünstiger Entwicklung zusätzliche Anlagen von 10,3125 zu tätigen. Erst dann war das Portefeuille wieder risikofrei. Demnach muß es unter den genannten Annahmen aber auch möglich sein, den Kapitaleinsatz von 11,6875 durch einen einperiodigen risikofreien Kredit zu finanzieren. Die Eigenmittel betragen dann nach I weiterhin 20,3125. Am Periodenende muß aus dem sicheren Kapitalrückfluß von 40 (Ia, Ib) zunächst der Kredit zurückgezahlt werden. Einschließlich der 25 %igen Verzinsung erhält der Kreditgeber 11,6875 • 1,25 = 14,609375, so daß für den Investor 25,390625 verbleiben. Wie gezeigt, ist das auch der Endwert einer sicheren Anlage des ursprünglichen Kapitaleinsatzes von 16,25 über zwei Perioden. Diesen Endwert erzielt man auch, wenn man am Ende der ersten Periode bei ungünstiger Entwicklung die Rückflüsse von 10,3125 für eine Periode risikofrei anlegt; zuzüglich zu dem sicheren Rückfluß von 12,5 (IIa, IIb) ergibt sich aus der Anlage 10,3125 • 1,25 = 12,890625 und damit insgesamt 25,390625. Daraus kann man schließen, daß die Strategie von Sharpe sowie Rendleman und Bartter zusätzliche risikofreie Finanzierungen und Anlagen impliziert. Allerdings gilt auch diese Aussage nur unter der Bedingung, daß $h_t > 0$ ist.

Hier sei abschließend angemerkt, daß die Korrektur des Black-Scholes-Ansatzes nach Bergman nicht konsistent auf

---

1) Siehe S. 461.

den Binomialansatz übertragbar ist, da

$$B_t = \frac{1}{m} V_t - \frac{h}{m} S_t$$

nur für m ≠ 0 definiert ist. Wie das Zahlenbeispiel im zweiten Teil der Arbeit zeigte, ist im Binomialansatz auch m = 0 möglich.[1] Der Ansatz von Cox, Ross und Rubinstein ist dagegen auch für m = 0 konsistent.[2]

---

1) Siehe S. 110 - 112.

2) Siehe S. 104.

D. Partielle Ableitungen

I. Erste Ableitung des Kaufoptionswertes nach der Standardabweichung der Aktienrendite und zweite Ableitungen des Kaufoptionswertes nach dem Aktienkurs und dem Basispreis im Black-Scholes-Modell

Nach Gleichung (2.46) ist

$$C_t = S_t N(d_1) - Kr^{-\tau} N(d_2)$$

$$\text{mit } d_1 = \frac{\ln\left(\frac{S_t}{Kr^{-\tau}}\right)}{\sigma\sqrt{\tau}} + \frac{1}{2}\sigma\sqrt{\tau}$$

$$d_2 = d_1 - \sigma\sqrt{\tau}$$

1. Ableitung nach der Standardabweichung

$$\frac{\partial C_t}{\partial \sigma} = S_t \frac{\partial N(d_1)}{\partial d_1} \cdot \frac{\partial d_1}{\partial \sigma} - Kr^{-\tau} \frac{\partial N(d_2)}{\partial d_2} \cdot \frac{\partial d_2}{\partial \sigma}$$

$$= S_t \frac{e^{-\frac{1}{2}(d_1)^2}}{\sqrt{2\pi}} \cdot \left(- \frac{\ln\left(\frac{S_t}{Kr^{-\tau}}\right)}{\sigma^2\sqrt{\tau}} + \frac{1}{2}\sqrt{\tau}\right)$$

$$- Kr^{-\tau} \frac{e^{-\frac{1}{2}(d_1 - \sigma\sqrt{\tau})^2}}{\sqrt{2\pi}} \cdot \left(- \frac{\ln\left(\frac{S_t}{Kr^{-\tau}}\right)}{\sigma^2\sqrt{\tau}} - \frac{1}{2}\sqrt{\tau}\right)$$

$$= S_t \frac{e^{-\frac{1}{2}(d_1)^2}}{\sqrt{2\pi}} \cdot \left(- \frac{d_2}{\sigma}\right) - Kr^{-\tau} \frac{e^{-\frac{1}{2}(d_1)^2 + d_1\sigma\sqrt{\tau} - \frac{1}{2}\sigma^2\tau}}{\sqrt{2\pi}} \cdot \left(- \frac{d_1}{\sigma}\right)$$

$$= \frac{e^{-\frac{1}{2}(d_1)^2}}{\sqrt{2\pi}} \{ S_t\left(- \frac{d_1}{\sigma} + \sqrt{\tau}\right)$$

$$- Kr^{-\tau} e^{\ln\{S_t/(Kr^{-\tau})\} + \frac{1}{2}\sigma^2\tau - \frac{1}{2}\sigma^2\tau} \left(- \frac{d_1}{\sigma}\right)\}$$

$$= \frac{e^{-\frac{1}{2}(d_1)^2}}{\sqrt{2\pi}} \{ S_t(-\frac{d_1}{\sigma} + \sqrt{\tau}) - Kr^{-\tau} \frac{S_t}{Kr^{-\tau}} (-\frac{d_1}{\sigma})\}$$

$$= N'(d_1) S_t \sqrt{\tau} > 0$$

2. Ableitung nach dem Aktienkurs

$$\frac{\partial^2 C_t}{\partial S_t^2} = \frac{\partial(\partial C_t / \partial S_t)}{\partial S_t}$$

Nach Gleichung (2.49) ist $\frac{\partial C_t}{\partial S_t} = N(d_1)$. Es folgt daher

$$\frac{\partial^2 C_t}{\partial S_t^2} = \frac{\partial N(d_1)}{\partial d_1} \cdot \frac{\partial d_1}{\partial S_t}$$

$$= \frac{1}{\sqrt{2\pi}} e^{-\frac{1}{2}(d_1)^2} \cdot \frac{1}{\sigma\sqrt{\tau} S_t}$$

$$= \frac{1}{S_t \sigma \sqrt{\tau}} N'(d_1) > 0$$

3. Ableitung nach dem Basispreis

$$\frac{\partial^2 C_t}{\partial K^2} = \frac{\partial(\partial C_t / \partial K)}{\partial K}$$

Nach Gleichung (2.52) ist $\frac{\partial C_t}{\partial K} = -r^{-\tau} N(d_2)$. Es folgt daher

$$\frac{\partial^2 C_t}{\partial K^2} = \frac{\partial\{-r^{-\tau} N(d_2)\}}{\partial d_2} \cdot \frac{\partial d_2}{\partial K}$$

$$= -r^{-\tau} \frac{1}{\sqrt{2\pi}} e^{-\frac{1}{2}(d_2)^2} \cdot \frac{(-1)}{\sigma\sqrt{\tau} K}$$

$$= \frac{r^{-\tau}}{K\sigma\sqrt{\tau}} N'(d_2) > 0$$

II. Ableitungen des Risikoprämiensatzes im Grundmodell

Nach Gleichung (3.6) ist

$$g_{D_t} = \frac{1}{\tau} \ln \left(\frac{X}{D_t}\right) - \ln r \quad \text{oder}$$

$$g_{D_t} = \frac{1}{\tau} \ln X - \frac{1}{\tau} \ln D_t - \ln r$$

$$\text{mit } D_t = X r^{-\tau} N(d_2') + V_t N(-d_1')$$

$$d_1' = \frac{\ln \left(\frac{V_t}{X r^{-\tau}}\right)}{\sigma_V \sqrt{\tau}} + \frac{1}{2} \sigma_V \sqrt{\tau}$$

$$d_2' = d_1' - \sigma_V \sqrt{\tau}$$

1. Ableitung nach dem Unternehmenswert

$$\frac{\partial g_{D_t}}{\partial V_t} = -\frac{1}{\tau} \cdot \frac{\frac{\partial D_t}{\partial V_t}}{D_t}$$

Nach Gleichung (3.7) ist $\frac{\partial D_t}{\partial V_t} = N(-d_1') > 0$. Es folgt daher

$$\frac{\partial g_{D_t}}{\partial V_t} = -\frac{1}{\tau} \cdot \frac{N(-d_1')}{D_t} < 0$$

2. Ableitung nach der Standardabweichung der Unternehmensrendite

$$\frac{\partial g_{D_t}}{\partial \sigma_V} = -\frac{1}{\tau} \cdot \frac{\frac{\partial D_t}{\partial \sigma_V}}{D_t}$$

Nach Gleichung (3.9) ist $\frac{\partial D_t}{\partial \sigma_V} = -V_t\sqrt{\tau}\ N'(d'_1) < 0$. Es folgt daher

$$\frac{\partial g_{D_t}}{\partial \sigma_V} = -\frac{1}{\tau} \cdot \frac{-V_t\sqrt{\tau}\ N'(d'_1)}{D_t}$$

$$= \frac{1}{\sqrt{\tau}} \cdot \frac{V_t N'(d'_1)}{D_t} > 0$$

3. Ableitung nach dem Basispreis

$$\frac{\partial g_{D_t}}{\partial X} = \frac{1}{\tau} \cdot \frac{1}{X} - \frac{1}{\tau} \cdot \frac{\frac{\partial D_t}{\partial X}}{D_t}$$

Nach Gleichung (3.10) ist $\frac{\partial D_t}{\partial X} = r^{-\tau}\ N(d'_2) > 0$. Dann folgt

$$\frac{\partial g_{D_t}}{\partial X} = \frac{1}{\tau} \left(\frac{1}{X} - \frac{r^{-\tau}\ N(d'_2)}{D_t} \right)$$

$$= \frac{1}{\tau} \cdot \frac{D_t - Xr^{-\tau}\ N(d'_2)}{X \cdot D_t}$$

$$= \frac{1}{\tau} \cdot \frac{V_t N(-d'_1)}{X \cdot D_t} > 0$$

4. Ableitung nach der Restlaufzeit

$$\frac{\partial g_{D_t}}{\partial \tau} = -\frac{1}{\tau^2} \ln X - \left(-\frac{1}{\tau^2} \ln D_t + \frac{1}{\tau} \cdot \frac{\frac{\partial D_t}{\partial \tau}}{D_t}\right)$$

$$= \frac{1}{\tau^2} (\ln D_t - \ln X - \tau \frac{\frac{\partial D_t}{\partial \tau}}{D_t})$$

$$= \frac{1}{\tau^2} \{ \ln (\frac{D_t}{X}) - \tau \frac{\frac{\partial D_t}{\partial \tau}}{D_t} \}$$

Da nach Gleichung (3.12)

$$\frac{\partial D_t}{\partial \tau} = -(\ln r) Xr^{-\tau} N(d_2') - \{ V_t \sigma_V / (2\sqrt{\tau}) \} N'(d_1') < 0 \text{ ist,}$$

folgt

$$\frac{\partial g_{D_t}}{\partial \tau} = \frac{1}{\tau^2} \{ \ln(\frac{D_t}{X}) + \frac{\tau (\ln r) Xr^{-\tau} N(d_2') + \sqrt{\tau} V_t \frac{\sigma_V}{2} N'(d_1')}{D_t} \} \gtrless 0$$

III. Ableitungen des Fremdkapitalwertes im Modell mit risikofreien Sicherungsobjekten, die zum Vermögen Dritter zählen

Nach Gleichung (3.20) ist

$$DZ'_t = Xr^{-\tau} N(d_4) + Z'_t\{1 - N(d_4)\} + V_t\{1 - N(d_3)\}$$

$$\text{mit } d_3 = \frac{\ln\left(\frac{V_t}{Xr^{-\tau} - Z'_t}\right)}{\sigma_V\sqrt{\tau}} + \frac{1}{2}\sigma_V\sqrt{\tau}$$

$$d_4 = d_3 - \sigma_V\sqrt{\tau}$$

1. Ableitungen nach dem Unternehmenswert

Die erste Ableitung von DZ'_t nach V_t ist

$$\frac{\partial DZ'_t}{\partial V_t} = Xr^{-\tau}\frac{\partial N(d_4)}{\partial d_4}\cdot\frac{\partial d_4}{\partial V_t} - Z'_t\,\frac{\partial N(d_4)}{\partial d_4}\cdot\frac{\partial d_4}{\partial V_t}$$

$$+ 1 - N(d_3) - V_t\,\frac{\partial N(d_3)}{\partial d_3}\cdot\frac{\partial d_3}{\partial V_t}$$

$$= (Xr^{-\tau} - Z'_t)\,\frac{e^{-\frac{1}{2}(d_3 - \sigma_V\sqrt{\tau})^2}}{\sqrt{2\pi}}\cdot\frac{\partial(d_3 - \sigma_V\sqrt{\tau})}{\partial V_t}$$

$$+ 1 - N(d_3) - V_t\,\frac{e^{-\frac{1}{2}(d_3)^2}}{\sqrt{2\pi}}\cdot\frac{\partial d_3}{\partial V_t}$$

$$= (Xr^{-\tau} - Z'_t)\,\frac{e^{-\frac{1}{2}(d_3^2 - 2d_3\sigma_V\sqrt{\tau} + \sigma_V^2\tau)}}{\sqrt{2\pi}}\cdot\frac{1}{V_t\sigma_V\sqrt{\tau}}$$

$$+ 1 - N(d_3) - V_t\,\frac{e^{-\frac{1}{2}(d_3)^2}}{\sqrt{2\pi}}\cdot\frac{1}{V_t\sigma_V\sqrt{\tau}}$$

$$= 1 - N(d_3) + \frac{e^{-\frac{1}{2}(d_3)^2}}{\sqrt{2\pi}\,\sigma_V\sqrt{\tau}}\left\{\frac{(Xr^{-\tau}-Z'_t)\,e^{-\frac{1}{2}\sigma_V^2\tau + d_3\sigma_V\sqrt{\tau}}}{V_t} - 1\right\}$$

$$= 1 - N(d_3)$$

$$+ \frac{e^{-\frac{1}{2}(d_3)^2}}{\sqrt{2\pi}\,\sigma_V\sqrt{\tau}}\left\{\frac{(Xr^{-\tau}-Z'_t)e^{-\frac{1}{2}\sigma_V^2\tau + \{\ln\{V_t/(Xr^{-\tau}-Z'_t)\} + \frac{1}{2}\sigma_V^2\tau\}}}{V_t} - 1\right\}$$

$$= 1 - N(d_3) + \frac{e^{-\frac{1}{2}(d_3)^2}}{\sqrt{2\pi}\,\sigma_V\sqrt{\tau}}\left\{\frac{(Xr^{-\tau} - Z'_t)}{V_t}\cdot\frac{V_t}{Xr^{-\tau} - Z'_t} - 1\right\}$$

$$= 1 - N(d_3) > 0$$

Die zweite Ableitung von D_t nach V_t ist

$$\frac{\partial^2 DZ'_t}{\partial V_t^2} = -\frac{\partial N(d_3)}{\partial d_3}\cdot\frac{\partial d_3}{\partial V_t}$$

$$= -N'(d_3)\frac{1}{V_t\sigma_V\sqrt{\tau}} < 0$$

2. Ableitung nach der Standardabweichung der Unternehmensrendite

$$\frac{\partial DZ'_t}{\partial \sigma_V} = (Xr^{-\tau} - Z'_t)\frac{\partial N(d_4)}{\partial d_4}\cdot\frac{\partial d_4}{\partial \sigma_V} - V_t\frac{\partial N(d_3)}{\partial d_3}\cdot\frac{\partial d_3}{\partial \sigma_V}$$

$$= (Xr^{-\tau} - Z'_t)\,\frac{e^{-\frac{1}{2}(d_3 - \sigma_V\sqrt{\tau})^2}}{\sqrt{2\pi}}\cdot\left\{-\frac{\ln\left(\frac{V_t}{Xr^{-\tau} - Z'_t}\right)}{\sigma^2\sqrt{\tau}} - \frac{1}{2}\sqrt{\tau}\right\}$$

$$- V_t\,\frac{e^{-\frac{1}{2}(d_3)^2}}{\sqrt{2\pi}}\cdot\left\{-\frac{\ln\left(\frac{V_t}{Xr^{-\tau} - Z'_t}\right)}{\sigma^2\sqrt{\tau}} + \frac{1}{2}\sqrt{\tau}\right\}$$

$$= (Xr^{-\tau} - Z'_t)\,\frac{e^{-\frac{1}{2}(d_3)^2 + d_3\sigma_V\sqrt{\tau} - \frac{1}{2}\sigma_V^2\tau}}{\sqrt{2\pi}}\left(-\frac{d_3}{\sigma_V}\right)$$

$$- V_t\,\frac{e^{-\frac{1}{2}(d_3)^2}}{\sqrt{2\pi}}\left(-\frac{d_4}{\sigma_V}\right)$$

$$= \frac{e^{-\frac{1}{2}(d_3)^2}}{\sqrt{2\pi}}\{(Xr^{-\tau}-Z'_t)e^{\ln\{V_t/(Xr^{-\tau}-Z'_t)\} + \frac{1}{2}\sigma_V^2\tau - \frac{1}{2}\sigma_V^2\tau}\left(-\frac{d_3}{\sigma_V}\right)$$

$$- V_t\left(-\frac{d_3}{\sigma_V} + \sqrt{\tau}\right)\}$$

$$= \frac{e^{-\frac{1}{2}(d_3)^2}}{\sqrt{2\pi}}\{Xr^{-\tau}-Z'_t\,\frac{V_t}{Xr^{-\tau}-Z'_t}\left(-\frac{d_3}{\sigma_V}\right) - V_t\left(\frac{-d_3}{\sigma_V} + \sqrt{\tau}\right)\}$$

$$= -N'(d_3)\,V_t\sqrt{\tau} < 0$$

3. Ableitungen nach dem vereinbarten Rückzahlungsbetrag

Die erste Ableitung von DZ'_t nach X ist

$$\frac{\partial DZ'_t}{\partial X} = r^{-\tau}\,N(d_4) + (Xr^{-\tau} - Z'_t)\,\frac{\partial N(d_4)}{\partial d_4}\cdot\frac{\partial d_4}{\partial X} - V_t\frac{\partial N(d_3)}{\partial d_3}\cdot\frac{\partial d_3}{\partial X}$$

$$= r^{-\tau}N(d_4) + (Xr^{-\tau} - Z'_t)\,\frac{e^{-\frac{1}{2}(d_3-\sigma_V\sqrt{\tau})^2}}{\sqrt{2\pi}}\cdot\frac{\partial(d_3-\sigma_V\sqrt{\tau})}{\partial X}$$

$$- V_t\,\frac{e^{-\frac{1}{2}(d_3)^2}}{\sqrt{2\pi}}\cdot\frac{\partial d_3}{\partial X}$$

$$= r^{-\tau}N(d_4)+(Xr^{-\tau}-Z'_t)\frac{e^{-\frac{1}{2}(d_3^2 - 2d_3\sigma_V\sqrt{\tau} + \sigma_V^2\tau)}}{\sqrt{2\pi}}\cdot\frac{-r^{-\tau}}{(Xr^{-\tau}-Z'_t)\sigma_V\sqrt{\tau}}$$

$$- V_t\,\frac{e^{-\frac{1}{2}(d_3)^2}}{\sqrt{2\pi}}\cdot\frac{-r^{-\tau}}{(Xr^{-\tau} - Z'_t)\,\sigma_V\sqrt{\tau}}$$

$$= r^{-\tau}N(d_4) - \frac{e^{-\frac{1}{2}(d_3)^2}\, r^{-\tau}}{\sqrt{2\pi}\,(Xr^{-\tau}-Z_t')\sigma_V\sqrt{\tau}}\{(Xr^{-\tau}-Z_t')e^{-\frac{1}{2}\sigma_V^2\tau + d_3\sigma_V\sqrt{\tau}} - V_t\}$$

$$= r^{-\tau}\, N(d_4)$$

$$- \frac{e^{-\frac{1}{2}(d_3)^2}\, r^{-\tau}}{\sqrt{2\pi}\,(Xr^{-\tau}-Z_t')\sigma_V\sqrt{\tau}}\{(Xr^{-\tau}-Z_t')e^{-\frac{1}{2}\sigma_V^2\tau + \ln\{V_t/(Xr^{-\tau}-Z_t')\} + \frac{1}{2}\sigma_V^2\tau} - V_t\}$$

$$= r^{-\tau}N(d_4) - \frac{e^{-\frac{1}{2}(d_3)^2}\, r^{-\tau}}{\sqrt{2\pi}\,(Xr^{-\tau}-Z_t')\sigma_V\sqrt{\tau}}\{(Xr^{-\tau}-Z_t')\,\frac{V_t}{Xr^{-\tau}-Z_t'} - V_t\}$$

$$= r^{-\tau}\, N(d_4) > 0$$

Die zweite Ableitung von DZ_t' nach X ist

$$\frac{\partial^2 DZ_t'}{\partial X^2} = r^{-\tau}\,\frac{\partial N(d_4)}{\partial d_4}\cdot\frac{\partial d_4}{\partial X}$$

$$= r^{-\tau}\, N'(d_4)\,\frac{-r^{-\tau}}{(Xr^{-\tau} - Z_t')\sigma_V\sqrt{\tau}}$$

$$= -\frac{r^{-2\tau}}{(Xr^{-\tau} - Z_t')\sigma_V\sqrt{\tau}}\, N'(d_4) < 0$$

4. Ableitung nach der Restlaufzeit

$$\frac{\partial DZ_t'}{\partial \tau} = -(\ln r)Xr^{-\tau}\, N(d_4) + (Xr^{-\tau} - Z_t')\,\frac{\partial N(d_4)}{\partial d_4}\cdot\frac{\partial d_4}{\partial \tau}$$

$$- V_t\,\frac{\partial N(d_3)}{\partial d_3}\cdot\frac{\partial d_3}{\partial \tau}$$

$$= -(\ln r)Xr^{-\tau}N(d_4) + (Xr^{-\tau} - Z_t')\frac{e^{-\frac{1}{2}(d_3-\sigma_V\sqrt{\tau})^2}}{\sqrt{2\pi}}\cdot\frac{\partial(d_3-\sigma_V\sqrt{\tau})}{\partial \tau}$$

$$- V_t\,\frac{e^{-\frac{1}{2}(d_3)^2}}{\sqrt{2\pi}}\cdot\frac{\partial d_3}{\partial \tau}$$

$$= -(\ln r)\, Xr^{-\tau} N(d_4) + (Xr^{-\tau} - Z_t') \frac{e^{-\frac{1}{2}(d_3^2 - 2d_3\sigma_V\sqrt{\tau} + \sigma_V^2\tau)}}{\sqrt{2\pi}}$$

$$\{ -\frac{1}{2}\tau^{-\frac{3}{2}} \frac{\ln V_t}{\sigma_V} - (-\frac{1}{2}\tau^{-\frac{3}{2}} \frac{\ln(Xr^{-\tau} - Z_t')}{\sigma_V} + \tau^{-\frac{1}{2}} \cdot \frac{Xr^{-\tau}(-\ln r)}{(Xr^{-\tau} - Z_t')\,\sigma_V}) - \frac{1}{4}\sigma_V \tau^{-\frac{1}{2}} \}$$

$$- V_t \frac{e^{-\frac{1}{2}(d_3)^2}}{\sqrt{2\pi}}$$

$$\{ -\frac{1}{2}\tau^{-\frac{3}{2}} \cdot \frac{\ln V_t}{\sigma_V} - (-\frac{1}{2}\tau^{-\frac{3}{2}} \cdot \frac{\ln(Xr^{-\tau} - Z_t')}{\sigma_V} + \tau^{-\frac{1}{2}} \cdot \frac{Xr^{-\tau}(-\ln r)}{(Xr^{-\tau} - Z_t')\sigma_V}) + \frac{1}{4}\sigma_V \tau^{-\frac{1}{2}} \}$$

$$= -(\ln r)\, Xr^{-\tau} N(d_4) + \frac{e^{-\frac{1}{2}(d_3)^2}}{\sqrt{2\pi}\; 2\sigma_V\sqrt{\tau}}$$

$$\{ (Xr^{-\tau} - Z_t') e^{d_3\sigma_V\sqrt{\tau} - \frac{1}{2}\sigma_V^2 \tau} \{ -\frac{1}{\tau} \ln \frac{V_t}{Xr^{-\tau} - Z_t'} + 2\frac{Xr^{-\tau}(\ln r)}{Xr^{-\tau} - Z_t'} - \frac{1}{2}\sigma_V^2 \}$$

$$- V_t \{ -\frac{1}{\tau} \ln (\frac{V_t}{Xr^{-\tau} - Z_t'}) + 2\frac{Xr^{-\tau}(\ln r)}{Xr^{-\tau} - Z_t'} + \frac{1}{2}\sigma_V^2 \} \}$$

$$= -(\ln r)\, Xr^{-\tau} N(d_4) + \frac{e^{-\frac{1}{2}(d_3)^2}}{\sqrt{2\pi}\;\; 2\sigma_V\sqrt{\tau}}$$

$$\{ (Xr^{-\tau} - Z_t') e^{\ln\{V_t/(Xr^{-\tau} - Z_t')\}} \{ -\frac{1}{\tau} \ln(\frac{V_t}{Xr^{-\tau} - Z_t'}) + 2\frac{Xr^{-\tau}(\ln r)}{Xr^{-\tau} - Z_t'} - \frac{1}{2}\sigma_V^2 \}$$

$$- V_t \{ -\frac{1}{\tau} \ln(\frac{V_t}{Xr^{-\tau} - Z_t'}) + 2\frac{Xr^{-\tau}(\ln r)}{Xr^{-\tau} - Z_t'} + \frac{1}{2}\sigma_V^2 \} \}$$

$$= -(\ln r)\, Xr^{-\tau} N(d_4) + \frac{e^{-\frac{1}{2}(d_3)^2}}{\sqrt{2\pi}\;\; 2\sigma_V\sqrt{\tau}}$$

$$\{ (Xr^{-\tau} - Z_t') \frac{V_t}{Xr^{-\tau} - Z_t'} \{ -\frac{1}{\tau} \ln(\frac{V_t}{Xr^{-\tau} - Z_t'}) + 2\frac{Xr^{-\tau}(\ln r)}{Xr^{-\tau} - Z_t'} - \frac{1}{2}\sigma_V^2 \}$$

$$-V_t \{ -\frac{1}{\tau} \ln \left(\frac{V_t}{Xr^{-\tau} - Z'_t}\right) + 2 \frac{Xr^{-\tau}(\ln r)}{Xr^{-\tau} - Z'_t} + \frac{1}{2}\sigma_V^2 \} \}$$

$$= - (\ln r)\ Xr^{-\tau}\ N(d_4) + \frac{e^{-\frac{1}{2}(d_3)^2}}{\sqrt{2\pi}\ 2\ \sigma_V \sqrt{\tau}} \{ V_t (-\frac{1}{2}\sigma_V^2) - V_t \frac{1}{2}\sigma_V^2 \}$$

$$= - (\ln r)\ Xr^{-\tau}\ N(d_4) - \frac{\sigma_V}{2\sqrt{\tau}} V_t\ N'(d_3) < 0$$

5. Ableitungen nach dem Wert des risikofreien Sicherungsobjektes

Die erste Ableitung von DZ'_t nach Z'_t ist

$$\frac{\partial DZ'_t}{\partial Z'_t} = (Xr^{-\tau} - Z'_t)\,\frac{\partial N(d_4)}{\partial d_4}\cdot\frac{\partial d_4}{\partial Z'_t} + 1 - N(d_4) - V_t\frac{\partial N(d_3)}{\partial d_3}\cdot\frac{\partial d_3}{\partial Z'_t}$$

$$= 1 - N(d_4) + (Xr^{-\tau} - Z'_t)\,\frac{e^{-\frac{1}{2}(d_3-\sigma_V\sqrt{\tau})^2}}{\sqrt{2\pi}}\cdot\frac{\partial\,(d_3-\sigma_V\sqrt{\tau})}{\partial Z'_t}$$

$$- V_t\,\frac{e^{-\frac{1}{2}(d_3)^2}}{\sqrt{2\pi}}\cdot\frac{\partial d_3}{\partial Z'_t}$$

$$= 1 - N(d_4) + (Xr^{-\tau} - Z'_t)\,\frac{e^{-\frac{1}{2}(d_3^2-2d_3\sigma_V\sqrt{\tau}+\sigma_V^2\tau)}}{\sqrt{2\pi}}\cdot\frac{(-1)(-1)}{(Xr^{-\tau}-Z'_t)\,\sigma_V\sqrt{\tau}}$$

$$- V_t\,\frac{e^{-\frac{1}{2}(d_3)^2}}{\sqrt{2\pi}}\cdot\frac{(-1)\,(-1)}{(Xr^{-\tau}-Z'_t)\sigma_V\sqrt{\tau}}$$

$$= 1-N(d_4) + \frac{e^{-\frac{1}{2}(d_3)^2}}{\sqrt{2\pi}\,(Xr^{-\tau}-Z'_t)\sigma_V\sqrt{\tau}}\{\,(Xr^{-\tau}-Z'_t)e^{-\frac{1}{2}\sigma_V^2\tau\,+d_3\sigma_V\sqrt{\tau}} - V_t\}$$

$$= 1 - N(d_4) + \frac{e^{-\frac{1}{2}(d_3)^2}}{\sqrt{2\pi}\,(Xr^{-\tau}-Z'_t)\,\sigma_V\sqrt{\tau}}$$

$$\{\,(Xr^{-\tau} - Z'_t)\,e^{-\frac{1}{2}\sigma_V\sqrt{\tau}+\,\ln\{V_t/(Xr^{-\tau}\,-\,Z'_t)\}+\,\frac{1}{2}\sigma_V^2\tau} - V_t\}$$

$$= 1-N(d_4) + \frac{e^{-\frac{1}{2}(d_3)^2}}{\sqrt{2\pi}\,(Xr^{-\tau}-Z'_t)\,\sigma_V\sqrt{\tau}}\{\,(Xr^{-\tau}-Z'_t)\,\frac{V_t}{Xr^{-\tau}-Z'_t} - V_t\}$$

$$= 1 - N(d_4) > 0$$

Die zweite Ableitung von DZ'_t nach Z'_t ist

$$\frac{\partial^2 DZ'_t}{\partial Z'^2_t} = - \frac{\partial N(d_4)}{\partial d_4} \cdot \frac{\partial d_4}{\partial Z'_t}$$

$$= - N'(d_4) \frac{(-1)\ (-1)}{(Xr^{-\tau} - Z'_t)\ \sigma_V \sqrt{\tau}}$$

$$= - \frac{1}{(Xr^{-\tau} - Z'_t)\ \sigma_V \sqrt{\tau}}\ N'(d_4) < 0$$

IV. Ableitungen des Fremdkapitalwertes im Modell mit risikofreien limitierten Haftungszusagen Dritter

Nach Gleichung (3.50) ist

$$DG(\gamma)_t = Xr^{-\tau}N(d_8) + \gamma Xr^{-\tau}\{1-N(d_8)\} + V_t\{1-N(d_7)\}$$

$$\text{mit} \quad d_7 = \frac{\ln\left(\frac{V_t}{Xr^{-\tau}(1-\gamma)}\right)}{\sigma_V\sqrt{\tau}} + \frac{1}{2}\sigma_V\sqrt{\tau}$$

$$d_8 = d_7 - \sigma_V\sqrt{\tau}$$

1. Ableitungen nach dem Unternehmenswert

Die erste Ableitung von $DG(\gamma)_t$ nach V_t ist

$$\frac{\partial DG(\gamma)_t}{\partial V_t} = 1-N(d_7)+Xr^{-\tau}(1-\gamma)\frac{\partial N(d_8)}{\partial d_8}\cdot\frac{\partial d_8}{\partial V_t} - V_t\frac{\partial N(d_7)}{\partial d_7}\cdot\frac{\partial d_7}{\partial V_t}$$

Analog zur ersten Ableitung von DZ'_t nach V_t läßt sich zeigen, daß die beiden letzten Summanden absolut gleich groß sind.[1] Es folgt daher

$$\frac{\partial DG(\gamma)_t}{\partial V_t} = N(-d_7) > 0$$

Die zweite Ableitung von $DG(\gamma)_t$ nach V_t ist

$$\frac{\partial^2 DG(\gamma)_t}{\partial V_t^2} = -\frac{\partial N(d_7)}{\partial d_7}\cdot\frac{\partial d_7}{\partial V_t}$$

$$= -N'(d_7)\frac{1}{V_t\sigma_V\sqrt{\tau}} < 0$$

---

1) Vgl. S. 474 f.

2. Ableitung nach der Standardabweichung der Unternehmensrendite

$$\frac{\partial DG(\gamma)_t}{\partial \sigma_V} = Xr^{-\tau}(1-\gamma)\,\frac{\partial N(d_8)}{\partial d_8}\cdot\frac{\partial d_8}{\partial \sigma_V} - V_t\,\frac{\partial N(d_7)}{\partial d_7}\cdot\frac{\partial d_7}{\partial \sigma_V}$$

$$= Xr^{-\tau}(1-\gamma)\frac{e^{-\frac{1}{2}(d_7-\sigma_V\sqrt{\tau})^2}}{\sqrt{2\pi}}\left\{-\frac{\ln\left(\frac{V_t}{Xr^{-\tau}(1-\gamma)}\right)}{\sigma_V^2\sqrt{\tau}} - \frac{1}{2}\sqrt{\tau}\right\}$$

$$- V_t\frac{e^{-\frac{1}{2}(d_7)^2}}{\sqrt{2\pi}}\left\{-\frac{\ln\left(\frac{V_t}{Xr^{-\tau}(1-\gamma)}\right)}{\sigma_V^2\sqrt{\tau}} + \frac{1}{2}\sqrt{\tau}\right\}$$

Die Gleichung läßt sich analog zur Ableitung von DZ_t' nach σ_V zusammenfassen zu[1)]

$$\frac{\partial DG(\gamma)_t}{\partial \sigma_V} = -\,N'(d_7)\;V_t\sqrt{\tau} < 0$$

3. Ableitungen nach dem vereinbarten Rückzahlungsbetrag

Die erste Ableitung von $DG(\gamma)_t$ nach X ist

$$\frac{\partial DG(\gamma)_t}{\partial X} = r^{-\tau}N(d_8) + \gamma r^{-\tau} + Xr^{-\tau}(1-\gamma)\frac{\partial N(d_8)}{\partial d_8}\cdot\frac{\partial d_8}{\partial X}$$

$$- V_t\,\frac{\partial N(d_7)}{\partial d_7}\cdot\frac{\partial d_7}{\partial X}$$

Analog zu der ersten Ableitung von DZ_t' nach X läßt sich zeigen, daß die beiden letzten Summanden absolut gleich groß sind.[2)]

1) Vgl. S. 475 f.

2) Vgl. S. 476 f.

Es folgt daher

$$\frac{\partial DG(\gamma)_t}{\partial X} = r^{-\tau}\{N(d_8) + \gamma\} > 0$$

Die zweite Ableitung von $DG(\gamma)_t$ nach X ist

$$\frac{\partial^2 DG(\gamma)_t}{\partial X^2} = r^{-\tau}\frac{\partial N(d_8)}{\partial d_8} \cdot \frac{\partial d_8}{\partial X}$$

$$= r^{-\tau} N'(d_8) \frac{-1}{X\sigma_V\sqrt{\tau}} < 0$$

4. Ableitung nach der Restlaufzeit

$$\frac{\partial DG(\gamma)_t}{\partial \tau} = -(\ln r) X r^{-\tau}\{N(d_8) + \gamma N(-d_8)\}$$

$$+ X r^{-\tau}(1-\gamma)\frac{\partial N(d_8)}{\partial d_8} \cdot \frac{\partial d_8}{\partial \tau} - V_t \frac{\partial N(d_7)}{\partial d_7} \cdot \frac{\partial d_7}{\partial \tau}$$

Analog zur Ableitung von DZ'_t nach τ lassen sich die beiden letzten Summanden zusammenfassen zu $-\frac{\sigma_V}{2\sqrt{\tau}} V_t N'(d_7)$.[1] Es folgt daher

$$\frac{\partial DG(\gamma)_t}{\partial \tau} = -(\ln r) X r^{-\tau}\{N(d_8) + \gamma N(-d_8)\} - \frac{\sigma_V}{2\sqrt{\tau}} V_t N'(d_7) < 0$$

5. Ableitungen nach dem Multiplikator γ

Die erste Ableitung von $DG(\gamma)_t$ nach γ ist

$$\frac{\partial DG(\gamma)_t}{\partial \gamma} = X r^{-\tau}\{1-N(d_8)\} + X r^{-\tau}(1-\gamma)\frac{\partial N(d_8)}{\partial d_8} \cdot \frac{\partial d_8}{\partial \gamma} - V_t \frac{\partial N(d_7)}{\partial d_7} \cdot \frac{\partial d_7}{\partial \gamma}$$

1) Vgl. S. 477 - 479.

Analog zur ersten Ableitung von DZ'_t nach X läßt sich zeigen, daß die beiden letzten Summanden absolut gleich groß sind.[1] Es gilt daher

$$\frac{\partial DG(\gamma)_t}{\partial \gamma} = Xr^{-\tau} N(-d_8) > 0$$

Die zweite Ableitung von $DG(\gamma)_t$ nach γ ist

$$\frac{\partial^2 DG(\gamma)_t}{\partial \gamma^2} = - Xr^{-\tau} \frac{\partial N(d_8)}{\partial d_8} \cdot \frac{\partial d_8}{\partial \gamma}$$

$$= - Xr^{-\tau} N'(d_8) \frac{(-1)\ (-1)}{(1-\gamma)\sigma_V\sqrt{\tau}} < 0$$

---

1) Vgl. S. 476 f.

V. Ableitungen des Anleihe- oder Kreditwertes im Modell mit Wandlungsrechten auf Eigenkapital ohne Zuzahlungen

Nach den Gleichungen (3.65) und (3.66) gilt

$$DCV_t = D_t + C(\psi V)_t$$

$$= Xr^{-\tau} N(d_2') + V_t N(-d_1') + \psi V_t N(d_{11}) - Xr^{-\tau} N(d_{12})$$

$$\text{mit } d_1' = \frac{\ln(\frac{V_t}{Xr^{-\tau}})}{\sigma_V \sqrt{\tau}} + \frac{1}{2}\sigma_V\sqrt{\tau}$$

$$d_2' = d_1' - \sigma_V\sqrt{\tau}$$

$$d_{11} = \frac{\ln(\frac{V_t}{Xr^{-\tau}})}{\sigma_V \sqrt{\tau}} + \frac{1}{2}\sigma_V\sqrt{\tau}$$

$$d_{12} = d_{11} - \sigma_V\sqrt{\tau}$$

1. Ableitungen nach dem Unternehmenswert

Die erste Ableitung von DCV_t nach V_t ist

$$\frac{\partial DCV_t}{\partial V_t} = \frac{\partial D_t}{\partial V_t} + \frac{\partial C(\psi V)_t}{\partial V_t}$$

Nach Gleichung (3.7) ist $\frac{\partial D_t}{\partial V_t} = N(-d_1') > 0$. Es gilt

$$\frac{\partial C(\psi V)_t}{\partial V_t} = \psi N(d_{11}) + \psi V_t \frac{\partial N(d_{11})}{\partial d_{11}} \cdot \frac{\partial d_{11}}{\partial V_t} - Xr^{-\tau} \frac{\partial N(d_{12})}{\partial d_{12}} \cdot \frac{\partial d_{12}}{\partial V_t}$$

Analog zur ersten Ableitung von DZ_t' nach V_t läßt sich zeigen, daß die beiden letzten Summanden absolut gleich groß sind.[1] Es gilt deshalb

$$\frac{\partial C(\psi V)_t}{\partial V_t} = \psi N(d_{11}) > 0 \text{ und}$$

$$\frac{\partial DCV_t}{\partial V_t} = N(-d_1') + \psi N(d_{11}) > 0$$

Die zweite Ableitung von DCV_t nach V_t ist

$$\frac{\partial^2 DCV_t}{\partial V_t^2} = \frac{\partial^2 D_t}{\partial V_t^2} + \psi \frac{\partial N(d_{11})}{\partial d_{11}} \cdot \frac{\partial d_{11}}{\partial V_t}$$

Da nach Gleichung (3.8) $\frac{\partial^2 D_t}{\partial V_t^2} = - \frac{1}{V_t \sigma_V \sqrt{\tau}} N'(d_1') < 0$ ist, folgt

$$\frac{\partial^2 DCV_t}{\partial V_t^2} = - \frac{1}{V_t \sigma_V \sqrt{\tau}} N'(d_1') + \psi N'(d_{11}) \frac{1}{V_t \sigma_V \sqrt{\tau}}$$

$$= \frac{1}{V_t \sigma_V \sqrt{\tau}} \{\psi N'(d_{11}) - N'(d_1')\} \lesseqgtr 0$$

2. Ableitungen nach der Standardabweichung der Unternehmensrendite

$$\frac{\partial DCV_t}{\partial \sigma_V} = \frac{\partial D_t}{\partial \sigma_V} + \frac{\partial C(\psi V)_t}{\partial \sigma_V}$$

Nach Gleichung (3.9) ist $\frac{\partial D_t}{\partial \sigma_V} = - V_t \sqrt{\tau} N'(d_1') < 0$.

Analog zur Ableitung von C_t nach σ, Gleichung (2.51),[2]

---

1) Vgl. S. 474 f.

2) Vgl. zur ausführlichen Herleitung S. 469 f.

gilt hier

$$\frac{\partial C(\psi V)_t}{\partial \sigma_V} = N'(d_{11})\psi V_t\sqrt{\tau} > 0$$

Damit folgt

$$\frac{\partial DCV_t}{\partial \sigma_V} = V_t\sqrt{\tau}\{\psi N'(d_{11}) - N'(d_1')\} \lesseqgtr 0$$

3. Ableitungen nach dem vereinbarten Rückzahlungsbetrag

Die erste Ableitung von DCV_t nach X ist

$$\frac{\partial DCV_t}{\partial X} = \frac{\partial D_t}{\partial X} + \frac{\partial C(\psi V)_t}{\partial X}$$

Nach Gleichung (3.10) ist $\frac{\partial D_t}{\partial X} = r^{-\tau} N(d_2') > 0$. Es gilt nach Gleichung (2.52)

$$\frac{\partial C(\psi V)_t}{\partial X} = -r^{-\tau} N(d_{12}) < 0$$

Somit ist

$$\frac{\partial DCV_t}{\partial X} = r^{-\tau}\{N(d_2') - N(d_{12})\} > 0$$

Die zweite Ableitung von DCV_t nach X ist

$$\frac{\partial^2 DCV_t}{\partial X^2} = \frac{\partial^2 D_t}{\partial X^2} + \frac{\partial^2 C(\psi V)_t}{\partial X^2}$$

Nach Gleichung (3.11) ist $\frac{\partial^2 D_t}{\partial X^2} = - \frac{r^{-\tau}}{X\sigma_V\sqrt{\tau}} N'(d_2') < 0$,

und nach Gleichung (2.53) folgt $\frac{\partial^2 C(\psi V)_t}{\partial X^2} = \frac{r^{-\tau}}{X\sigma_V\sqrt{\tau}} N'(d_{12}) > 0$.

Deshalb gilt

$$\frac{\partial^2 DCV_t}{\partial X^2} = \frac{r^{-\tau}}{X\,\sigma_V\sqrt{\tau}} \{N'(d_{12}) - N'(d_2')\} \lesseqgtr 0$$

4. Ableitung nach der Restlaufzeit

$$\frac{\partial DCV_t}{\partial \tau} = \frac{\partial D_t}{\partial \tau} + \frac{\partial C(\psi V)_t}{\partial \tau}$$

Nach Gleichung (3.12) ist

$$\frac{\partial D_t}{\partial \tau} = -(\ln r) X r^{-\tau} N(d_2') - \{V_t \sigma_V / (2\sqrt{\tau})\} N'(d_1') < 0$$

und nach Gleichung (2.54)

$$\frac{\partial C(\psi V)_t}{\partial \tau} = \{\psi V_t \sigma_V \,/\, (2\sqrt{\tau})\} N'(d_{11}) + X r^{-\tau} (\ln r) N(d_{12}) > 0$$

Es folgt daher

$$\frac{\partial DCV_t}{\partial \tau} = X r^{-\tau} (\ln r)\{N(d_{12}) - N(d_2')\} + \{V_t \sigma_V \,/\, (2\sqrt{\tau})\}\{\psi N'(d_{11}) - N'(d_1')\} \gtrless 0$$

5. Ableitungen nach dem Multiplikator ψ

Die erste Ableitung von DCV_t nach ψ ist

$$\frac{\partial DCV_t}{\partial \psi} = V_t N(d_{11}) + \psi V_t \frac{\partial N(d_{11})}{\partial d_{11}} \cdot \frac{\partial d_{11}}{\partial \psi} - Xr^{-\tau} \frac{\partial N(d_{12})}{\partial d_{12}} \cdot \frac{\partial d_{12}}{\partial \psi}$$

Analog zur ersten Ableitung von DZ_t' nach V_t läßt sich zeigen, daß die beiden letzten Summanden absolut gleich groß sind.[1] Es folgt daher

$$\frac{\partial DCV_t}{\partial \psi} = V_t\, N(d_{11}) > 0$$

Die zweite Ableitung von DCV_t nach ψ ist

$$\frac{\partial^2 DCV_t}{\partial \psi^2} = V_t\, \frac{\partial N(d_{11})}{\partial d_{11}} \cdot \frac{\partial d_{11}}{\partial \psi}$$

$$= V_t\, N'(d_{11})\, \frac{1}{\psi \sigma_V \sqrt{\tau}} > 0$$

---

1) Vgl. S. 474 f.

VI. Ableitungen des Anleihe- oder Kreditwertes im Modell mit Wandlungsrechten auf Eigenkapital gegen Zuzahlungen

Nach den Gleichungen (3.77) und (3.78) gilt

$$DCVXZ_t = D_t + C\{\psi V;\ X + XZ(1-\psi)\}_t$$

$$= Xr^{-\tau}N(d_2') + V_tN(-d_1') + \psi V_tN(d_{13}) - \{X+XZ(1-\psi)\}\, r^{-\tau}N(d_{14})$$

$$\text{mit } d_1' = \frac{\ln\left(\frac{V_t}{Xr^{-\tau}}\right)}{\sigma_V\sqrt{\tau}} + \frac{1}{2}\sigma_V\sqrt{\tau}$$

$$d_2' = d_1' - \sigma_V\sqrt{\tau}$$

$$d_{13} = \frac{\ln\left(\frac{\psi V_t}{\{X+XZ(1-\psi)\}\, r^{-\tau}}\right)}{\sigma_V\sqrt{\tau}} + \frac{1}{2}\sigma_V\sqrt{\tau}$$

$$d_{14} = d_{13} - \sigma_V\sqrt{\tau}$$

1. Ableitungen nach dem Unternehmenswert

Die erste Ableitung von $DCVXZ_t$ nach V_t ist

$$\frac{\partial DCVXZ_t}{\partial V_t} = \frac{\partial D_t}{\partial V_t} + \frac{\partial C\{\psi V;\ X + XZ(1-\psi)\}_t}{\partial V_t}$$

Nach Gleichung(3.7) ist $\frac{\partial D_t}{\partial V_t} = N(-d_1') > 0$. Analog zu der ersten Ableitung von $C(\psi V)_t$ nach V_t gilt hier

$\frac{\partial C\{\psi V;\ X + XZ(1-\psi)\}_t}{\partial V_t} = \psi N(d_{13}) > 0.$[1] Daraus folgt

1) Vgl. S. 486 f.

$$\frac{\partial DCVXZ_t}{\partial V_t} = N(-d'_1) + \psi N(d_{13}) > 0$$

Die zweite Ableitung von $DCVXZ_t$ nach V_t ist

$$\frac{\partial^2 DCVXZ_t}{\partial V_t^2} = \frac{\partial^2 D_t}{\partial V_t^2} + \frac{\partial^2 C\{\psi V;\ X + XZ(1-\psi)\}_t}{\partial^2 V_t}$$

Nach Gleichung (3.8) ist $\frac{\partial^2 D_t}{\partial V_t^2} = -\frac{1}{V_t \sigma_V \sqrt{\tau}} N'(d'_1) < 0.$

Analog zur zweiten Ableitung von $C(\psi V)_t$ nach V_t gilt hier $\frac{\partial^2 C\{\psi V;\ X + XZ(1-\psi)\}_t}{\partial V_t^2} = \psi N'(d_{13}) \frac{1}{V_t \sigma_V \sqrt{\tau}} > 0.$[1]

Daher folgt

$$\frac{\partial^2 DCVXZ_t}{\partial V_t^2} = \frac{1}{V_t \sigma_V \sqrt{\tau}} \{\psi N'(d_{13}) - N'(d'_1)\} \gtrless 0$$

2. Ableitung nach der Standardabweichung der Unternehmensrendite

$$\frac{\partial DCVXZ_t}{\partial \sigma_V} = \frac{\partial D_t}{\partial \sigma_V} + \frac{\partial C\{\psi V;\ X + XZ(1-\psi)\}_t}{\partial \sigma_V}$$

Nach Gleichung (3.9) ist $\frac{\partial D_t}{\partial \sigma_V} = -V_t \sqrt{\tau} N'(d'_1) < 0.$

Analog zur Ableitung von C_t nach σ, Gleichung (2.49),[2] gilt hier

$$\frac{\partial C\{\psi V;\ X + XZ\ (1-\psi)\}_t}{\partial \sigma_V} = N'(d_{13}) \psi V_t \sqrt{\tau} > 0$$

1) Vgl. S. 487.

2) Vgl. zur ausführlichen Herleitung S. 469 f.

Es folgt dann

$$\frac{\partial DCVXZ_t}{\partial \sigma_V} = V_t\sqrt{\tau}\{\psi N'(d_{13}) - N'(d_1')\} \gtrless 0$$

3. Ableitungen nach dem vereinbarten Rückzahlungsbetrag

Die erste Ableitung von $DCVXZ_t$ nach X ist

$$\frac{\partial DCVXZ_t}{\partial X} = \frac{\partial D_t}{\partial X} + \frac{\partial C\{\psi V;\ X + XZ(1-\psi)\}_t}{\partial X}$$

Nach Gleichung (3.10) ist $\frac{\partial D_t}{\partial X} = r^{-\tau} N(d_2') > 0$. Es gilt hier

$$\frac{\partial C\{\psi V;\ X+XZ(1-\psi)\}_t}{\partial X} = -r^{-\tau}N(d_{14}) + \psi V_t \frac{\partial N(d_{13})}{\partial d_{13}} \cdot \frac{\partial d_{13}}{\partial X}$$

$$-\{X + XZ(1-\psi)\}r^{-\tau} \frac{\partial N(d_{14})}{\partial d_{14}} \cdot \frac{\partial d_{14}}{\partial X}$$

Analog zur ersten Ableitung von DZ_t' nach X läßt sich zeigen, daß die beiden letzten Summanden absolut gleich groß sind.[1)] Daher ist

$$\frac{\partial C\{\psi V;\ X + XZ(1-\psi)\}_t}{\partial X} = -\, r^{-\tau} N(d_{14}) < 0$$

Es folgt

$$\frac{\partial DCVXZ_t}{\partial X} = r^{-\tau}\{N(d_2') - N(d_{14})\} > 0$$

1) Vgl. S. 476 f.

Die zweite Ableitung von $DCVXZ_t$ nach X ist

$$\frac{\partial^2 DCVXZ_t}{\partial X^2} = \frac{\partial^2 D_t}{\partial X^2} + \frac{\partial^2 C\{\psi V;\ X + XZ(1-\psi)\}_t}{\partial X^2}$$

Nach Gleichung(3.11) ist $\frac{\partial^2 D_t}{\partial X^2} = - \frac{r^{-\tau}}{X\sigma_V\sqrt{\tau}} N'(d_2') < 0.$
Es folgt

$$\frac{\partial^2 DCVXZ_t}{\partial X^2} = - \frac{r^{-\tau}}{X\sigma_V\sqrt{\tau}} N'(d_2') - r^{-\tau} \frac{\partial N(d_{14})}{\partial d_{14}} \cdot \frac{\partial d_{14}}{\partial X}$$

$$= - \frac{r^{-\tau}}{X\sigma_V\sqrt{\tau}} N'(d_2') - r^{-\tau} N'(d_{14}) \frac{-1}{\{X+XZ(1-\psi)\}\sigma_V\sqrt{\tau}}$$

$$= r^{-\tau} \{ \frac{N'(d_{14})}{\{X+XZ(1-\psi)\}\sigma_V\sqrt{\tau}} - \frac{N'(d_2')}{X\sigma_V\sqrt{\tau}} \} \gtrless 0$$

4. Ableitungen nach der Restlaufzeit

$$\frac{\partial DCVXZ_t}{\partial \tau} = \frac{\partial D_t}{\partial \tau} + \frac{\partial C\{\psi V;\ X + XZ(1-\psi)\}_t}{\partial \tau}$$

Nach Gleichung (3.12) ist

$$\frac{\partial D_t}{\partial \tau} = - (\ln r)Xr^{-\tau} N(d_2') - \{V_t\sigma_V/(2\sqrt{\tau})\} N'(d_1') < 0$$

und nach Gleichung (2.51) muß gelten

$$\frac{\partial C\{\psi V;\ X+XZ(1-\psi)\}_t}{\partial \tau} = \{\psi V_t\sigma_V/(2\sqrt{\tau})\} N'(d_{13}) + \{X+XZ(1-\psi)\} r^{-\tau} \cdot (\ln r) N(d_{14}) > 0$$

Es folgt daher

$$\frac{\partial DCVXZ_t}{\partial \tau} = Xr^{-\tau}(\ln r)\{N(d_{14})-N(d_2')\} + XZ(1-\psi)r^{-\tau}(\ln r)N(d_{14})$$
$$+ \{V_t\sigma_V/(2\sqrt{\tau})\}\{\psi N'(d_{13})-N'(d_1')\} \gtrless 0$$

5. Ableitungen nach dem Multiplikator ψ

Die erste Ableitung von $DCVXZ_t$ nach ψ ist

$$\frac{\partial DCVXZ_t}{\partial \tau} = V_t N(d_{13})+XZr^{-\tau}N(d_{14})+\psi V_t \frac{\partial N(d_{13})}{\partial d_{13}} \cdot \frac{\partial d_{13}}{\partial \psi}$$
$$- \{ X + XZ(1-\psi)\} r^{-\tau} \frac{\partial N(d_{14})}{\partial d_{14}} \cdot \frac{\partial d_{14}}{\partial \psi}$$

Analog zur ersten Ableitung von DZ_t' nach V_t läßt sich zeigen, daß die beiden letzten Summanden absolut gleich groß sind.[1] Es folgt daher

$$\frac{\partial DCVXZ_t}{\partial \psi} = V_t \; N(d_{13}) + XZr^{-\tau} \; N(d_{14}) > 0$$

Die zweite Ableitung von $DCVXZ_t$ nach ψ ist

$$\frac{\partial^2 DCVXZ_t}{\partial \psi^2} = V_t \frac{\partial N(d_{13})}{\partial d_{13}} \cdot \frac{\partial d_{13}}{\partial \psi} + XZr^{-\tau} \frac{\partial N(d_{14})}{\partial d_{14}} \cdot \frac{\partial d_{14}}{\partial \psi}$$

$$= V_t \; N'(d_{13}) \left\{ \frac{1}{\sigma_V \sqrt{\tau}\psi} - \frac{-XZ}{\sigma_V \sqrt{\tau}\{X+XZ(1-\psi)\}} \right\}$$

$$+ XZr^{-\tau} \; N'(d_{14}) \left\{ \frac{1}{\sigma_V \sqrt{\tau}\,\psi} - \frac{-XZ}{\sigma_V \sqrt{\tau}\{X+XZ(1-\psi)\}} \right\}$$

$$= \frac{X+XZ}{\sigma_V \sqrt{\tau}\psi\{X+XZ(1-\psi)\}} \{V_t \; N'(d_{13}) + XZr^{-\tau} \; N'(d_{14})\} > 0$$

1) Vgl. S. 474 f.

6. Ableitungen nach der Zuzahlung

Die erste Ableitung von $DCVXZ_t$ nach XZ ist

$$\frac{\partial DCVXZ_t}{\partial XZ} = -(1-\psi)r^{-\tau} N(d_{14}) + \psi V_t \frac{\partial N(d_{13})}{\partial d_{13}} \cdot \frac{\partial d_{13}}{\partial XZ}$$

$$-\{X + XZ(1-\psi)\} r^{-\tau} \frac{\partial N(d_{14})}{\partial d_{14}} \cdot \frac{\partial d_{14}}{\partial XZ}$$

Analog zur ersten Ableitung von DZ_t' nach X läßt sich zeigen, daß die beiden letzten Summanden absolut gleich groß sind. Daher folgt

$$\frac{\partial DCVXZ_t}{\partial XZ} = - (1-\psi) r^{-\tau} N(d_{14}) < 0$$

Die zweite Ableitung von $DCVXZ_t$ nach XZ ist

$$\frac{\partial^2 DCVXZ_t}{\partial XZ^2} = - (1-\psi) r^{-\tau} \frac{\partial N(d_{14})}{\partial d_{14}} \cdot \frac{\partial d_{14}}{\partial XZ}$$

$$= - (1-\psi) r^{-\tau} N'(d_{14}) \frac{-(1-\psi)}{\{X+XZ(1-\psi)\} \sigma_V \sqrt{\tau}}$$

$$= \frac{(1-\psi)^2 r^{-\tau}}{\{X+XZ(1-\psi)\} \sigma_V \sqrt{\tau}} N'(d_{14}) > 0$$

VII. Ableitungen des Anleihe- oder Kreditwertes im Modell mit Bezugsrechten auf Eigenkapital, deren Laufzeit mit Ablauf der Fremdkapitallaufzeit endet

Nach den Gleichungen (3.91) und (3.94) ist

$$DW_t = D_t + W_t$$

$$= Xr^{-\tau}N(d_2') + V_tN(-d_1') + \psi' V_tN(d_{15}) - \{XW(1-\psi')+\psi' X\}r^{-\tau}N(d_{16})$$

$$\text{mit } d_1' = \frac{\ln\left(\frac{V_t}{Xr^{-\tau}}\right)}{\sigma_V\sqrt{\tau}} + \frac{1}{2}\sigma_V\sqrt{\tau}$$

$$d_2' = d_1' - \sigma_V\sqrt{\tau}$$

$$d_{15} = \frac{\ln\left(\frac{\psi' V_t}{\{XW(1-\psi')+\psi' X\}r^{-\tau}}\right)}{\sigma_V\sqrt{\tau}} + \frac{1}{2}\sigma_V\sqrt{\tau}$$

$$d_{16} = d_{15} - \sigma_V\sqrt{\tau}$$

1. Ableitungen nach dem Unternehmenswert

Die erste Ableitung von DW_t nach V_t ist

$$\frac{\partial DW_t}{\partial V_t} = \frac{\partial D_t}{\partial V_t} + \frac{\partial W_t}{\partial V_t}$$

Nach Gleichung (3.7) ist $\frac{\partial D_t}{\partial V_t} = N(-d_1') > 0$. Analog zur ersten Ableitung von $C\{\psi V;\ X+XZ(1-\psi)\}_t$ nach V_t gilt hier $\frac{\partial W_t}{\partial V_t} = \psi' N(d_{15}) > 0.$[1])

1) Vgl. S. 491 f.

Daher folgt

$$\frac{\partial DW_t}{\partial V_t} = N(-d_1') + \psi' N(d_{15}) > 0$$

Die zweite Ableitung von DW_t nach V_t ist

$$\frac{\partial^2 DW_t}{\partial V_t^2} = \frac{\partial^2 D_t}{\partial V_t^2} + \frac{\partial^2 W_t}{\partial V_t^2}$$

Nach Gleichung (3.8) ist $\frac{\partial^2 D_t}{\partial V_t^2} = - \frac{1}{V_t \sigma_V \sqrt{\tau}} N'(d_1') < 0.$

Analog zur zweiten Ableitung von $C\{\psi V;\ X + XZ(1-\psi)\}_t$ nach V_t gilt hier $\frac{\partial^2 W_t}{\partial V_t^2} = \psi' N'(d_{15}) \frac{1}{V_t \sigma_V \sqrt{\tau}} > 0.$[1)]

Daher folgt

$$\frac{\partial^2 DW_t}{\partial V_t^2} = \frac{1}{V_t \sigma_V \sqrt{\tau}} \{\psi' N'(d_{15}) - N'(d_1')\} \gtrless 0$$

2. Ableitung nach der Standardabweichung der Unternehmensrendite

$$\frac{\partial DW_t}{\partial \sigma_V} = \frac{\partial D_t}{\partial \sigma_V} + \frac{\partial W_t}{\partial \sigma_V}$$

Nach Gleichung (3.9) ist $\frac{\partial D_t}{\partial \sigma_V} = - V_t \sqrt{\tau}\, N'(d_1') < 0.$

Analog zur Ableitung von C_t nach σ, Gleichung (2.51),[2)]

---

1) Vgl. S. 492.

2) Vgl. zur ausführlichen Herleitung S. 469 f.

gilt hier $\frac{\partial W_t}{\partial \sigma_V} = N'(d_{15})\ \psi' V_t \sqrt{\tau} > 0$. Damit folgt

$$\frac{\partial DW_t}{\partial \sigma_V} = V_t \sqrt{\tau}\{\psi' N'(d_{15}) - N'(d_1')\} \gtrless 0$$

3. Ableitungen nach dem vereinbarten Rückzahlungsbetrag

Die erste Ableitung von DW_t nach X ist

$$\frac{\partial DW_t}{\partial X} = \frac{\partial D_t}{\partial X} + \frac{\partial W_t}{\partial X}$$

Nach Gleichung (3.10) ist $\frac{\partial D_t}{\partial X} = r^{-\tau}\ N(d_2') > 0$. Es gilt hier

$$\frac{\partial W_t}{\partial X} = -\psi' r^{-\tau}\ N(d_{16}) + \psi' V_t \frac{\partial N(d_{15})}{\partial d_{15}} \cdot \frac{\partial d_{15}}{\partial X}$$

$$- \{XW(1-\psi') + \psi' X\}\ r^{-\tau} \frac{\partial N(d_{16})}{\partial d_{16}} \cdot \frac{\partial d_{16}}{\partial X}$$

Analog zur ersten Ableitung von DZ_t' nach X läßt sich zeigen, daß die beiden letzten Summanden gleich groß sind.[1] Es gilt daher

$$\frac{\partial W_t}{\partial X} = -\psi' r^{-\tau}\ N(d_{16}) < 0$$

Es folgt

$$\frac{\partial DW_t}{\partial X} = r^{-\tau}\{N(d_2') - \psi' N(d_{16})\} > 0$$

---

1) Vgl. S. 476 f.

Die zweite Ableitung von DW_t nach X ist

$$\frac{\partial^2 DW_t}{\partial X^2} = \frac{\partial^2 D_t}{\partial X^2} + \frac{\partial^2 W_t}{\partial X^2}$$

Nach Gleichung (3.11) ist $\frac{\partial^2 D_t}{\partial X^2} = -\frac{r^{-\tau}}{X\sigma_V\sqrt{\tau}} N'(d_2') < 0.$
Es folgt

$$\frac{\partial DW_t}{\partial X^2} = -\frac{r^{-\tau}}{X\sigma_V\sqrt{\tau}} N'(d_2') - r^{-\tau}\psi' \frac{\partial N(d_{16})}{\partial d_{16}} \cdot \frac{\partial d_{16}}{\partial X}$$

$$= -\frac{r^{-\tau}}{X\sigma_V\sqrt{\tau}} N'(d_2') - r^{-\tau}\psi' N'(d_{16}) \frac{-\psi'}{\{XW(1-\psi')+\psi'X\}\sigma_V\sqrt{\tau}}$$

$$= r^{-\tau}\left\{\frac{(\psi')^2 N'(d_{16})}{\{XW(1-\psi')+\psi'X\}\sigma_V\sqrt{\tau}} - \frac{N'(d_2')}{X\sigma_V\sqrt{\tau}}\right\} \gtrless 0$$

4. Ableitung nach der Restlaufzeit

$$\frac{\partial DW_t}{\partial \tau} = \frac{\partial D_t}{\partial \tau} + \frac{\partial W_t}{\partial \tau}$$

Nach Gleichung (3.12) ist

$$\frac{\partial D_t}{\partial \tau} = -(\ln r)\, X r^{-\tau} N(d_2') - \{V_t\sigma_V/(2\sqrt{\tau})\} N'(d_1') < 0$$

und nach Gleichung (2.54) muß gelten

$$\frac{\partial W_t}{\partial \tau} = \{\psi' V_t \sigma_V/(2\sqrt{\tau})\} N'(d_{15}) + \{XW(1-\psi') + \psi' X\} r^{-\tau}(\ln r) N(d_{16}) > 0$$

Es folgt daher

$$\frac{\partial DW_t}{\partial \tau} = Xr^{-\tau}(\ln r)\{\psi' N(d_{16}) - N(d_2')\} + XW(1-\psi')r^{-\tau}(\ln r)N(d_{16})$$

$$+\{V_t\sigma_V/(2\sqrt{\tau})\}\{\psi' N'(d_{15}) - N'(d_1')\} \gtrless 0$$

5. Ableitungen nach dem Multiplikator ψ'

Die erste Ableitung von DW_t nach ψ' ist

$$\frac{\partial DW_t}{\partial \psi'} = V_t N(d_{15}) + (XW-X)r^{-\tau}N(d_{16}) + \psi' V_t \frac{\partial N(d_{15})}{\partial d_{15}} \cdot \frac{\partial d_{15}}{\partial \psi'}$$

$$-\{XW(1-\psi') + \psi' X\}r^{-\tau} \frac{\partial N(d_{16})}{\partial d_{16}} \cdot \frac{\partial d_{16}}{\partial \psi'}$$

Analog zur ersten Ableitung von DZ_t' nach V_t läßt sich zeigen, daß die beiden letzten Summanden absolut gleich groß sind.[1] Es folgt daher

$$\frac{\partial DW_t}{\partial \psi'} = V_t\, N(d_{15}) + (XW - X)r^{-\tau}\, N(d_{16}) > 0$$

Die zweite Ableitung von DW_t nach ψ' ist

$$\frac{\partial^2 DW_t}{\partial \psi'^2} = V_t \frac{\partial N(d_{15})}{\partial d_{15}} \cdot \frac{\partial d_{15}}{\partial \psi'} + (XW-X)r^{-\tau} \frac{\partial N(d_{16})}{\partial d_{16}} \cdot \frac{\partial d_{16}}{\partial \psi'}$$

$$= V_t\, N'(d_{15}) \left(\frac{1}{\sigma_V\sqrt{\tau}\psi'} - \frac{X - XW}{\{XW(1-\psi') + \psi' X\}\sigma_V\sqrt{\tau}}\right)$$

$$+ (XW-X)r^{-\tau}\, N'(d_{16}) \left(\frac{1}{\sigma_V\sqrt{\tau}\psi'} - \frac{X - XW}{\{XW(1-\psi') + \psi' X\}\sigma_V\sqrt{\tau}}\right)$$

$$= \frac{XW}{\{XW(1-\psi') + \psi' X\}\psi'\sigma_V\sqrt{\tau}}\{V_t N'(d_{15}) + (XW-X)r^{-\tau}N'(d_{16})\} > 0$$

---

1) Vgl. S. 474 f.

6. Ableitungen nach dem Bezugspreis

Die erste Ableitung von DW_t nach XW ist

$$\frac{\partial DW_t}{\partial XW} = \frac{\partial W_t}{\partial XW}$$

Analog zur ersten Ableitung von $DCVXZ_t$ nach XZ[1] gilt hier

$$\frac{\partial DW_t}{\partial XW} = -(1-\psi')r^{-\tau} N(d_{16}) < 0$$

Die zweite Ableitung von DW_t nach XW ist

$$\frac{\partial^2 DW_t}{\partial XW^2} = \frac{\partial^2 W_t}{\partial XW^2}$$

Analog zur zweiten Ableitung von $DCVXZ_t$ nach XZ[2] gilt hier

$$\frac{\partial^2 DW_t}{\partial XW^2} = \frac{(1-\psi')^2 r^{-\tau}}{\{XW(1-\psi') + \psi'X\}\sigma\sqrt{\tau}} N'(d_{16}) > 0$$

---

1) Vgl. S. 496.

2) Vgl. S. 496.

Literaturverzeichnis

A. Monographien

Aitchison, J. und J. A. C. Brown
The lognormal distribution. Cambridge 1957.

Altrogge, Günter
Investition. München - Wien 1988.

Arnold, Hans
Risikentransformation. Diss., Saarbrücken 1964.

Arrow, Kenneth J.
Aspects of the theory of risk-bearing. Helsinki 1965.

Assaf, Taher Salim
The valuation of contingent claims by approximation. Diss., Wisconsin, Madison 1984.

Barnea, Amir, Robert A. Haugen und Lemma W. Senbet
Agency problems and financial contracting. Englewood Cliffs, N. J. 1985.

Bergman, Yaacov Zvi
Pricing of contingent claims in perfect and in imperfect markets. Diss., Berkeley, Ca. 1982.

Beßler, Wolfgang
Das Management von Zinsrisiken in Kreditinstituten. Unveröffentl. Diss., Hamburg 1987.

Biergans, Enno
Einkommensteuer und Steuerbilanz. 3., völlig neu bearb. und stark erw. Aufl., München 1985.

Blohm, Hans und Klaus Lüder
Investition. Schwachstellen im Investitionsbereich des Industriebetriebes und Wege zu ihrer Beseitigung. 6., überarb. und erw. Aufl., München 1988.

Bookstaber, Richard M.
Option pricing and strategies in investing. Reading, Mass. 1981.

Brealey, Richard und Stewart Myers
Principles of corporate finance. 1. Aufl., New York 1981.

Brealey, Richard und Stewart Myers
Principles of corporate finance. 3. Aufl., New York 1988.

Chang, Shih-Kang
Option pricing. Valuing derived claims in complete security markets. Diss., Houston 1982.

Copeland, Thomas E. und J. Fred Weston
Financial theory and corporate policy. 3. Aufl., Reading, Mass. 1988.

Cox, John C. und Mark Rubinstein
Options markets. Englewood Cliffs, N. J. 1985.

Debreu, Gérard
The theory of value. New Haven - London 1959.

Drukarczyk, Jochen
Finanzierungstheorie. München 1980.

Einem, Henning von
Die Rechtsnatur der Option. Berlin 1974.

Ernst, Dirk P.
Aktienpreisverlaufshypothesen und Optionsscheinmodelle - eine Darstellung. Diss., Berlin 1973.

Evnine, Jeremy Joseph
Three essays in the use of option pricing theory. Diss., Berkeley, Ca. 1983.

Fischer, Thomas R.
Entscheidungskriterien für Gläubiger. Wiesbaden 1986.

Frauenfelder, Eduard
Optionen in Wertpapieren und Waren. Eine Untersuchung ihrer mikro- und makroökonomischen Relevanz. Bern - Stuttgart 1980.

Geske, Robert
The valuation of complex options. Diss., Berkeley, Ca. 1977.

Grünwald, Leonard
Optionsmarkt und Kapitalmarkteffizienz. München 1980.

Hagenmüller, Karl Friedrich
Der Bankbetrieb. Bd. III: Rechnungswesen - Bankpolitik. 4., überarb. Aufl., Wiesbaden 1977.

Haley, Charles W. und Lawrence D. Schall
The theory of financial decisions. 2. Aufl., New York 1979.

Hein, Manfred
Einführung in die Bankbetriebslehre. München 1981.

Janssen, Friedrich
Bedeutung und Ausstattung von Wandel- und Optionsanleihen. Göttingen 1982.

Jarrow, Robert A. und Andrew Rudd
Option pricing. Homewood, Ill. 1983.

Jentzsch, Bettina
Optionspreise in der Bundesrepublik Deutschland. Empirische Überprüfung eines theoretischen Ansatzes. Frankfurt a.M. - Thun 1985.

Johnson, Herbert E.
Three topics in option pricing. Diss., Los Angeles, Ca. 1981.

Kjer, Volkert
Optionsanleihen. Analyse und Gestaltung einer Finanzierungs- und Anlageform. Berlin 1981.

Klug, Monika
Die Bewertung von Optionen und optionsgleichen Ansprüchen mit Hilfe des diskreten Optionspreismodells. Frankfurt a.M. 1982.

Klug, Monika
Zur Ableitung von Kapitalkosten aus dem diskreten Optionspreismodell. Berlin 1985.

Kümpel, Siegfried und Franz Häuser
Börsentermingeschäfte. Termin- und Differenzeinwand. Frankfurt a.M. 1986.

Levasseur, Michel und Yves Simon
Marchés de capitaux: options et nouveaux contrats à terme. Paris 1980.

Levy, Haim und Marshall Sarnat
Capital investment and financial decisions. 3. Aufl., Englewood cliffs, N. J. 1986.

Levy, Haim und Marshall Sarnat
Portfolio and investment selection. Theory and practice. Englewood Cliffs, N. J. 1984.

Lohmann, Karl
Finanzmathematische Wertpapieranalyse. Göttingen 1978.

Ludwig, Wolfgang
Der Börsenterminhandel in der Bundesrepublik Deutschland. Eine statistische Analyse. Wiesbaden 1978.

Lwowski, Hans-Jürgen und Wolfgang Gößmann
Kreditsicherheiten. Grundzüge für Studium und Praxis. 6., neubearb. und erw. Aufl., Berlin 1987.

Markowitz, Harry M.
Portfolio selection. Efficient diversification of investments. New Haven - London 1959.

Müller, Sigrid
Arbitrage pricing of contingent claims. Berlin - Heidelberg - New York - Tokio 1985.

Perridon, Louis und Manfred Steiner
Finanzwirtschaft der Unternehmung. 4., überarb. Aufl., München 1986.

Pitz, Karl-Heinz
Die Anwendungsmöglichkeit der Portfolio-Selection-Theorie auf die optimale Strukturierung des Banksortiments. Bochum 1977.

Rischbieth, Nick
Zur Eignung von Finanzkennzahlen für die Prognose von wesentlichen Ausschüttungsänderungen. Eine empirische Untersuchung anhand der Jahresabschlüsse börsennotierter Aktiengesellschaften in der Bundesrepublik Deutschland. Bern - Frankfurt a.M. - New York 1987.

Ritchken, Peter
Options. Theory, strategy, and applications. Glenview, Ill. - London 1987.

Rödl, Helmut
Kreditrisiken und ihre Früherkennung. Ein Informationssystem zur Erhaltung des Unternehmens. Düsseldorf - Frankfurt a.M. 1979.

Rothacker, Hartmut
Zeitstetige Bewertungmodelle für Tilgungsanleihen. Eine empirische Studie des deutschen Kapitalmarktes. Heidelberg 1986.

Rudolph, Bernd
Die Kreditvergabeentscheidung der Banken. Der Einfluß von Zinsen und Sicherheiten auf die Kreditgewährung. Opladen 1974.

Rudolph, Bernd
Kapitalkosten bei unsicheren Erwartungen. Das Kapitalmarktmodell und seine Bedeutung für die Theorie der Kapitalkosten. Berlin - Heidelberg - New York 1979.

Schlittgen, Rainer und Bernd H. J. Streitberg
Zeitreihenanalyse. München - Wien 1984.

Schmidt, Hartmut
Vorteile und Nachteile eines integrierten Zirkulationsmarktes für Wertpapiere gegenüber einem gespaltenen Effektenmarkt. In: Kollektion Studien, Reihe Wettbewerb und Rechtsangleichung, Nr. 30, Hrsg. Kommission der Europäischen Gemeinschaften, Brüssel - Luxemburg 1977.

Schmidt, Hartmut
Wertpapierbörsen. München 1988.

Schneider, Dieter
Allgemeine Betriebswirtschaftslehre. 3., neu bearb. und erw. Aufl. der "Geschichte betriebswirtschaftlicher Theorie", München - Wien 1987.

Schneider, Dieter
Geschichte betriebswirtschaftlicher Theorie. Allgemeine Betriebswirtschaftslehre für das Hauptstudium. 1. Aufl., München - Wien 1981.

Schneider, Dieter
Investition und Finanzierung. Lehrbuch der Investitions-, Finanzierungs- und Ungewißheitstheorie. 5., neu bearb. Aufl., Wiesbaden 1980.

Schneider, Günter
Zur Planung von Bankportefeuilleentscheidungen. Ein Beitrag zur Diskussion des Überganges von Ansätzen der Wertpapierportefeuilleplanung zu der Anlageplanung von Kreditinstituten. Frankfurt a.M. 1970.

Schöbel, Rainer
Zur Theorie der Rentenoption. Berlin 1987.

Selby, Michael J. P.
The application of option theory to the evaluation of risky debt. Diss., London 1983.

Senghas, Norbert
Präferenzfreie Bewertung von Kapitalanlagen mit Options-Charakter. Königstein i.Ts. 1981.

Sharpe, William F.
Investments. 1. Aufl., Englewood Cliffs, N. J. 1978.

Sharpe, William F.
Investments. 3. Aufl., Englewood Cliffs, N. J. 1985.

Shastri, Kuldeep
Firm investment decisions and security values: An option pricing approach. Diss., Los Angeles, Ca. 1982.

Spremann, Klaus
Finanzierung. 2., unwesentl. veränd. Aufl., München - Wien 1986.

Stahlschmidt, Dirk
Schutzbestimmungen in Kreditverträgen. Wiesbaden 1982.

Strack, Heinz
Beurteilung des Kreditrisikos. Erweiterung der traditionellen Kreditbewertung durch prognoseorientierte Entscheidungshilfen. 2. Aufl., Berlin 1978.

Swoboda, Peter
Betriebliche Finanzierung. Würzburg - Wien 1981.

Uhlir, Helmut und Peter Steiner
Wertpapieranalyse. Heidelberg - Wien 1986.

Weddige, Hartmut
Optionsrechte - eine theoretische Untersuchung. Diss., Berlin 1973.

Weger, Gerd
Optionsscheine als Anlagealternative. Wiesbaden 1985.

Weinrich, Günter
Kreditwürdigkeitsprognosen. Steuerung des Kreditgeschäfts durch Risikoklassen. Wiesbaden 1978.

Welcker, Johannes und Jörg W. Kloy
Professionelles Optionsgeschäft - alles über Optionen auf Aktien, Renten, Devisen, Waren, Terminkontrakte. Zürich 1988.

Weston, J. Fred und Thomas E. Copeland
Managerial finance. 8. Aufl., Hinsdale, Ill. 1986.

Wilhelm, Jochen
Arbitrage theory. Introductory lectures on arbitrage-based financial asset pricing. Berlin - Heidelberg - New York - Tokio 1985.

Wilhelm, Jochen
Finanztitelmärkte und Unternehmensfinanzierung. Berlin - Heidelberg - New York 1983.

Wöhe, Günter
Einführung in die Allgemeine Betriebswirtschaftslehre. 16., überarb. Aufl., München 1986.

Yoo, Tae Hou
A gamma-based alternative for pricing options given a multistate mixture of normal return distributions. Diss., Tallahassee 1984.

B. Aufsätze in Periodika, Sammelwerken und Festschriften; Zeitungsartikel

Arrow, Kenneth J.
The role of securities in the optimal allocation of risk-bearing. In: RoES, Vol. 31 (1964), S. 91 - 96.

Bachelier, Louis
Théorie de la spéculation. In: AdENS, Vol 17 (1900), S. 21 - 86. Englische Übersetzung (Theory of speculation) von James Boness. In: The random character of stock market prices, Hrsg. Paul Cootner, Cambridge, Mass. 1964, S. 17 - 78.

Baldwin, Carless Y. und Scott P. Mason
The resolution of claims in financial distress: The case of Massey Ferguson. In: JoF, Vol. 38 (1983), S. 505 - 516.

Barone-Adesi, Giovanni und Robert E. Whaley
Efficient analytic approximation of American option values. In: JoF, Vol. 42 (1987), S. 301 - 320.

Bartter, Brit J. und Richard J. Rendleman, Jr.
Fee-based pricing of fixed rate bank loan commitments. In: FM, Vol. 8 (1979), Nr. 1, S. 13 - 20.

Beaumont, Rupert
Documentation and legal aspects. In: Euronotes, RUFs, TRUFs, NIFs, SNIFs, and BONUSes, Hrsg. Lloyd Bankson and Michael Lee, London 1985, S. 63 - 66.

Beaumont, Rupert
The differences between NIFs and RUFs. In: IFLR, o. Jg. (1985), Nr. 6, S. 31 - 33.

Beckers, Stan
The constant elasticity of variance model and its implications for option pricing. In: JoF, Vol. 35 (1980), S. 661 - 673.

Beckers, Stan
Variances of security price returns based on high, low, and closing prices. In: JoB, Vol. 56 (1983), S. 97 - 112.

Beja, A.
The structure of the cost of capital under uncertainty. In: RoES, Vol. 38 (1971), S. 359 - 368.

Bennett, Paul
Applying portfolio theory to global bank lending. In: JoBF, Vol. 8 (1984), S. 153 - 169.

Bhattacharya, Sudipto
Notes on multiperiod valuation and the pricing of options: A reply. In: JoF, Vol. 39 (1984), S. 309 - 312.

Bick, Avi
On the consistency of the Black-Scholes model with a general equilibrium framework. In: JoFQA, Vol. 22 (1987), S. 259 - 274.

Black, Fischer
Studies of stock price volatility changes. In: Proceedings of the 1976 meetings of the American Statistical Association, Business and Economic Statistics Section, o. Jg. (1976), S. 177 - 181.

Black, Fischer und John C. Cox
Valuing corporate securities: Some effects of bond indenture provisions. In: JoF, Vol. 31 (1976), S. 351 - 367.

Black, Fischer und Myron Scholes
The pricing of options and corporate liabilities. In: JoPE, Vol. 81 (1973), S. 637 - 654.

Bookstaber, Richard M. und James B. McDonald
A generalized option valuation model for the pricing of bond options. In: RoRiFM, Vol. 4 (1985), S. 60 - 73.

Brealey, Richard, Stewart D. Hodges und Michael J. P. Selby
The risk of bank-loan portfolios. In: Option pricing: Theory and applications, Hrsg. Menachem Brenner, Lexington, Mass. - Toronto 1983, S. 153 - 182.

Brennan, Michael J.
The pricing of contingent claims in discrete time models. In: JoF, Vol. 34 (1979), S. 53 - 68.

Brennan, Michael J. und Eduardo S. Schwartz
Analyzing convertible bonds. In: JoFQA, Vol. 15 (1980), S. 907 - 929.

Brennan, Michael J. und Eduardo S. Schwartz
Convertible bonds: Valuation and optimal strategies for call and conversion. In: JoF, Vol. 32 (1977), S. 1699 - 1715.

Brennan, Michael J. und Eduardo S. Schwartz
Corporate income taxes, valuation, and the problem of optimal capital structure. In: JoB, Vol. 51 (1978), S. 103 - 114.

Brenner, Menachem, Georges Courtadon und Marti Subrahmanyam
Options on the spot and options on futures. In: JoF, Vol. 40 (1985), S. 1303 - 1317.

Bühner, Rolf
Marktwert und Realteilung. In: ZfB, 54. Jg. (1984), S. 947 - 963.

Büschgen, Hans Egon
Finanzinnovationen - Neuerungen und Entwicklungen an nationalen und internationalen Finanzmärkten. In: ZfB, 56. Jg. (1986), S. 301 - 336.

Buttler, J. S. und Barry Schachter
Unbiased estimation of the Black/Scholes formula. In: JoFE, Vol. 15 (1986), S. 341 - 357.

Chen, Andrew H.
Recent developments in the cost of debt capital. In: JoF, Vol. 33 (1978), S. 863 - 877.

Constantinides, George M.
Admissible uncertainty in the intertemporal asset pricing model. In: JoFE, Vol. 8 (1980), S. 71 - 86.

Constantinides, George M.
Warrant exercise and bond conversion in competitive markets. In: JoFE, Vol. 13 (1984), S. 371 - 397.

Constantinides, George M. und Robert W. Rosenthal
Strategic analysis of the competitive exercise of certain financial options. In: JoET, Vol. 32 (1984), S. 128 - 138.

Constantinides, George M. und Myron Scholes
Optimal liquidation of assets in the presence of personal taxes: Implications for asset pricing. In: JoF, Vol. 35 (1980), S. 439 - 449.

Courtadon, G. R. und J. J. Merrick
The option pricing model and the valuation of corporate securities. In: CFQ, Vol. 1, Fall 1983, S. 43 - 56.

Cox, John C., Jonathan E. Ingersoll, Jr. und Stephen A. Ross
An intertemporal equilibrium model of asset prices. In: Econometrica, Vol. 53 (1985), S. 363 - 384.

Cox, John C. und Stephen A. Ross
A survey of some new results in financial option pricing theory. In: JoF, Vol. 31 (1976), S. 383 - 402.

Cox, John C. und Stephen A. Ross
The valuation of options for alternative stochastic processes. In: JoFE, Vol. 3 (1976), S. 145 - 166.

Cox, John C., Stephen A. Ross und Mark Rubinstein
Option pricing: A simplified approach. In: JoFE, Vol. 7 (1979), S. 229 - 263.

Cox, John C. und Mark Rubinstein
A survey of alternative option-pricing models. In: Option pricing: Theory and applications, Hrsg. Menachem Brenner, Lexington, Mass. - Toronto 1983, S. 3 - 33.

Damm, Gabriele, Gerhard Friedla und Reinhard H. Schmidt
Eine Effizienzanalyse zinsvariabler Finanzierungsinstrumene. In: ZfbF, 39. Jg. (1987), S. 146 - 162.

Drukarczyk, Jochen
Betriebswirtschaftliche Aspekte der Insolvenzrechtsreform. In: ZfbF, 38. Jg. (1986), S. 164 - 176 (Teil I), S. 1046 - 1054 (Teil II).

Drukarczyk, Jochen
Kreditverträge, Mobiliarsicherheiten und Vorschläge zu ihrer Reform im Konkursrecht. In: ZfB, 53. Jg. (1983), S. 328 - 349.

Drukarczyk, Jochen
Kreditverträge, Mobiliarsicherheiten und Vorschläge zu ihrer Reform im Konkursrecht - Stellungnahme. In: ZfB, 54. Jg. (1984), S. 284 - 293.

Drukarczyk, Jochen
Was kann der Tatbestand der Überschuldung leisten? In: ZfbF, 38. Jg. (1986), S. 207 - 234.

Duvall, Richard M. und John M. Cheney
Bond beta and default risk. In: JoFR, Vol. 7 (1984), S. 243 - 254.

Egle, Kuno und Siegfried Trautmann
On preference-dependent pricing of contingent claims. In: Geld, Banken und Versicherungen, Bd. I, Hrsg. Hermann Göppl und Rudolf Henn, Königstein i.Ts., S. 400 - 416.

Emanuel, David C.
Warrant valuation and exercise strategy. In: JoFE, Vol. 12 (1983), S. 211 - 235.

Fischer, Otfrid
Kreditwürdigkeitsprüfung. In: Management-Enzyklopädie, Bd. 6, München 1975, S. 2033 - 2038.

Friend, Irwin, Randolph Westerfield und Michael Granito
New evidence on the capital asset pricing model. In: JoF, Vol. 33 (1978), S. 903 - 917.

Fuhrmann, Wilfried
Der Mean-Variance-Ansatz des Kreditinstitutes. In: ZfB, 50. Jg. (1980), S. 244 - 267.

Galai, Dan und Ronald W. Masulis
The option pricing model and the risk factor of stock. In: JoFE, Vol. 3 (1976), S. 53 - 81.

Galai, Dan und Mier I. Schneller
Pricing of warrants and the value of the firm. In: JoF, Vol. 33 (1978), S. 1333 - 1342.

Geske, Robert
The valuation of compound options. In: JoFE, Vol. 7 (1979), S. 63 - 81.

Geske, Robert
The valuation of corporate liabilities as compound options. In: JoFQA, Vol. 12 (1977), S. 541 - 552.

Geske, Robert und Herbert E. Johnson
The valuation of corporate liabilities as compound options: A correction. In: JoFQA, Vol. 19 (1984), S. 231 f.

Geske, Robert, Richard Roll und Kuldeep Shastri
Over-the-counter option market dividend protection and "biases" in the Black-Scholes model: A note. In: JoF, Vol. 38 (1983), S. 1271 - 1277.

Geske, Robert und Kuldeep Shastri
Valuation by approximation: A comparison of alternative option valuation techniques. In: JoFQA, Vol. 20 (1985), S. 45 - 71.

Geske, Robert und Siegfried Trautmann
Option valuation: Theory and empirical evidence. In: Capital market equilibria, Hrsg. Günter Bamberg und Klaus Spremann, Berlin - Heidelberg - New York - Tokio 1986, S. 79 - 133.

Gilster, John E., Jr. und William Lee
The effects of transaction costs and different borrowing and lending rates on the option pricing model: A note. In: JoF, Vol. 39 (1984), S. 1215 - 1221.

Goodman, Laurie S.
Bank lending to non-OPEC LDCs: Are risks diversifiable? In: FRBoNYQR, Vol. 6 (1981), Nr. 2, S. 10 - 20.

Güttler, Gerhard und Udo Hielscher
Aktienoptionspreise und ihre Komponenten. In: ZfbF, 29. Jg. (1977), S. 128 - 145.

Händel, Wolfgang
US-Rating für deutsche Unternehmen? In: Wp, 35. Jg. (1987), S. 857 - 859.

Hagenmüller, Karl Friedrich
Kreditwürdigkeitsprüfung. In: HdF, Hrsg. Hans Egon Büschgen, Stuttgart 1976, Sp. 1224 - 1234.

Hakansson, Nils H.
The fantastic world of finance: Progress and the free lunch. In: JoFQA, Vol. 14 (1979), S. 717 - 734.

Harrison, J. Michael und Stanley R. Pliska
Martingales and stochastic integrals in the theory of continuous trading. In: SPtA, Vol. 11 (1981), S. 215 - 260.

Hawkins, Gregory D.
An analysis of revolving credit agreements. In: JoFE, Vol. 10 (1982), S. 59 - 81.

Heath, David C. und Robert A. Jarrow
Arbitrage, continuous trading, and margin requirements. In: JoF, Vol. 42 (1987), S. 1129 - 1142.

Ho, Thomas S. Y. und Richard G. Macris
Dealer bid-ask quotes and transaction prices: An empirical study of some AMEX options. In: JoF, Vol. 39 (1984), S. 23 - 45.

Ho, Thomas S. Y. und Ronald F. Singer
Bond indenture provisions and the risk of corporate debt. In: JoFE, Vol. 10 (1982), S. 375 - 406.

Ho, Thomas S. Y. und Ronald F. Singer
The value of corporate debt with a sinking-fund provision. In: JoB, Vol. 57 (1984), S. 315 - 336.

Hsia, Chi-Cheng
On binomial option pricing. In: JoFR, Vol. 6 (1983), S. 41 - 46.

Hsia, Chi-Cheng
Optimal debt of a firm: An option pricing approach. In: JoFR, Vol. 4 (1981), S. 221 - 231.

Hull, John und Alan White
The pricing of options on assets with stochastic volatilities. In: JoF, Vol. 42 (1987), S. 281 - 300.

Ingersoll, Jonathan E., Jr.
A contingent-claims valuation of convertible securities. In: JoFE, Vol. 4 (1977), S. 289 - 322.

Ingersoll, Jonathan E., Jr.
A theoretical and empirical investigation of the dual purpose funds. In: JoFE, Vol. 3 (1976), S. 83 - 123.

Ingersoll, Jonathan E., Jr.
An examination of corporate call policies on convertible securities. In: JoF, Vol. 32 (1977), S. 463 - 478.

Ingersoll, Jonathan E., Jr.
Discussion. In: JoF, Vol. 37 (1982), S. 540 f.

Jacquillat, Bertrand
Les processus de diffusion et leur utilisation dans l'évaluation des actifs financiers conditionnels. In: ES, Vol. 15 (1981), S. 1483 - 1511.

Jagannathan, Ravi
Call options and the risk of underlying securities. In: JoFE, Vol. 13 (1984), S. 425 - 434.

Jarchow, Hans-Joachim
Der Bankkredit in einer Theorie der "portfolio selection". In: WA, Vol. 104 (1970), S. 189 - 210.

Jensen, Michael C. und William H. Meckling
Theory of the firm: Managerial behaviour, agency costs and ownership structure. In: JoFE, Vol. 3 (1976), S. 305 - 360.

Jensen, Michael C. und Clifford W. Smith, Jr.
Stockholder, manager, and creditor interests: Applications of agency theory. In: Recent advances in corporate finance, Hrsg. Edward I. Altman und Marti G. Subrahmanyam, Homewood, Ill. 1985, S. 93 - 131.

Johnson, Herbert E.
Options on the maximum or the minimum of several assets. In: JoFQA, Vol. 22 (1987), S. 277 - 283.

Johnson, Herbert E. und David Shanno
Option pricing when the variance is changing. In: JoFQA, Vol. 22 (1987), S. 143 - 151.

Johnson, Herbert E. und René M. Stulz
The pricing of options with default risk. In: JoF, Vol. 42 (1987), S. 267 - 280.

Jones, E. Philip und Scott P. Mason
Valuation of loan guarantees. In: JoBF, Vol. 4 (1980), S. 89 - 107.

Jones, E. Philip, Scott P. Mason und Eric Rosenfeld
Contingent claims analysis of corporate capital structures: An empirical investigation. In: JoF, Vol. 39 (1984), S. 611 - 625.

Kalaba, Robert E., Terence C. Langetieg, Nima Rasakhoo und Mark I. Weinstein
Estimation of implicit bankruptcy costs. In: JoF, Vol. 39 (1984), S. 629 - 642.

Köhler, Helmut
Vorvertrag, Optionsvertrag und Festofferte. In: Jura, 1. Jg. (1979), S. 465 - 470.

Kraus, Alan und Robert H. Litzenberger
A state-preference model of optimal financial leverage. In: JoF, Vol. 28 (1973), S. 911 - 922.

Krümmel, Hans-Jacob
Die Begrenzung des Kreditrisikos im Kreditwesen aus der Sicht der Kredittheorie. In: ÖBA, 24. Jg. (1976), S. 181 - 199.

Krümmel, Hans-Jacob
Finanzierungsrisiken und Kreditspielraum. In: ZfB, 36. Jg. (1966), Ergänzungsheft 1, S. 134 - 157.

Krümmel, Hans-Jacob
Finanzierungsrisiken und Kreditspielraum. In: HdF, Hrsg. Hans Egon Büschgen, Stuttgart 1976, Sp. 491 - 503.

Kruschwitz, Lutz
Bezugsrechtsemissionen in optionstheoretischer Sicht. In: KuK, 19. Jg. (1986), S. 110 - 121.

Kruschwitz, Lutz und Rainer Schöbel
Die Bewertung europäischer und amerikanischer puts. In: Wisu, 13. Jg. (1984), S. 378 - 386.

Kruschwitz, Lutz und Rainer Schöbel
Eine Einführung in die Optionspreistheorie. In: Wisu, 13. Jg. (1984), S. 68 - 72 (Teil I), S. 116 - 121 (Teil II), S. 171 - 176 (Teil III).

Lee, C. Jevons
The pricing of corporate debt: A note. In: JoF, Vol. 36 (1981), S. 1187 - 1189.

Lee, Wayne Y., Ramesh K. S. Rao und J. F. Auchmuty
Option pricing in a lognormal securities market with discrete trading. In: JoFE, Vol. 9 (1981), S. 75 - 101.

Leland, Hayne E.
Option pricing and replication with transactions costs. In: JoF, Vol. 40 (1985), S. 1283 - 1301.

Levy, Haim
Upper and lower bounds of put and call option value: Stochastic dominance approach. In: JoF, Vol. 40 (1985), S. 1197 - 1217.

Lintner, John
Security prices, risk, and maximal gains from diversification. In: JoF, Vol. 20 (1965), S. 587 - 615.

Lintner, John
The valuation of risk assets and the selection of risky investments in stock portfolios and capital budgets. In: RoEStat, Vol. 47 (1965), S. 13 - 37.

Lipfert, Helmut
Optimale Risikopolitik für das Gesamtengagement von Genossenschaftsbanken im Kreditgeschäft. In: Schriftenreihe des Bundesverbands der deutschen Volksbanken und Raiffeisenbanken, Bd. 4: Bankpraxis '78, S. 122 - 132.

Lo, Andrew W.
Semi-parametric upper bounds for option prices and expected payoffs. In: JoFE, Vol. 19 (1987), S. 373 - 387.

Lo, Andrew W.
Statistical tests of contingent-claims-asset-pricing models: A new methodology. In: JoFE, Vol. 17 (1986), S. 147 - 152.

Long, John B., Jr.
Discussion. In: JoF, Vol. 29 (1974), S. 485 - 488.

Marcus, Alan J. und Israel Shaked
The valuation of FDIC deposit insurance using option-pricing estimates. In: JoMCB, Vol. 16 (1984), S. 446 - 460.

Margrabe, William
The value of an option to exchange one asset for another. In: JoF, Vol. 33 (1978), S. 177 - 186.

Markowitz, Harry M.
Portfolio selection. In: JoF, Vol. 7 (1952), S. 77 - 91.

Marsh, Terry A. und Eric R. Rosenfeld
Non-trading, market making, and estimates of stock price volatility. In: JoFE, Vol. 15 (1986), S. 359 - 372.

Mason, Scott P. und Sudipto Bhattacharya
Risky debt, jump processes, and safety covenants. In: JoFE, Vol. 9 (1981), S. 281 - 307.

Mason, Scott P. und Robert C. Merton
The role of contingent claims analysis in corporate finance, in: Recent advances in corporate finance, Hrsg. Edward I. Altman und Marti G. Subrahmanyam, Homewood, Ill. 1985, S. 7 - 54.

Mattern, Erhard
Rating im internationalen Kreditgeschäft. In: Bank, o. Jg. (1984), S. 374 - 378.

McConnell, John J. und Eduardo S. Schwartz
LYON taming. In: JoF, Vol. 41 (1986), S. 561 - 576.

Meisner, James F.
Commentary. In: RoRiFM, Vol. 4 (1985), S. 77 f.

Merton, Robert C.
An analytic derivation of the cost of deposit insurance and loan guarantees: An application of modern option pricing theory. In: JoBF, Vol. 1 (1977), S. 3 - 11.

Merton, Robert C.
On the mathematics and economics assumptions of continuous-time models. In: Financial economic essays in honour of Paul Cootner, Hrsg. William F. Sharpe, Englewood Cliffs, N. J. 1982, S. 19 - 51.

Merton, Robert C.
On the pricing of contingent claims and the Modigliani-Miller theorem. In: JoFE, Vol. 5 (1977), S. 241 - 249.

Merton, Robert C.
On the pricing of corporate debt: The risk structure of interest rates. In: JoF, Vol. 29 (1974), S. 449 - 470.

Merton, Robert C.
Option pricing when underlying stock returns are discontinuous. In: JoFE, Vol. 3 (1976), S. 125 - 144.

Merton, Robert C.
The relationship between put and call prices: Comment. In: JoF, Vol. 28 (1973), S. 183 f.

Merton, Robert C.
Theory of finance from the perspective of continuous time. In: JoFQA, Vol. 10 (1975), S. 659 - 674.

Merton, Robert C.
Theory of rational option pricing. In: BJoEMS, Vol. 4 (1973), S. 141 - 183.

Modigliani, Franco und Merton H. Miller
The cost of capital, corporation finance, and the theory of investment. In: AER, Vol. 48 (1958), S. 261 - 297.

Morse, Joel N.
Banking in a volatile world: Setting country lending limits. In: Lecture notes in economics and mathematical systems, Vol. 209: Essays and surveys on multiple criteria decision making, Proceedings of the fifth international conference on multiple criteria decision making, Mons, Belgium, August 9 - 13, 1982, Hrsg. Pierre Hansen, Berlin - Heidelberg - New York 1983, S. 269 - 279.

Mossin, Jan
Equilibrium in a capital asset market. In: Econometrica, Vol. 34 (1966), S. 768 - 783.

Nicoll, Alexander
$ 200 m bond from GMAC designed to calm tax fears. In: FT, Nr. 30281 vom 10.7.1987.

O'Brien, Thomas J.
A discrete time option model dependent on expected return: A note. In: JoF, Vol. 41 (1986), S. 515 - 520.

O'Brien, Thomas J. O. und Michael J. P. Selby
Option pricing theory and asset expectations: A review and discussion in tribute to James Boness. In: FR, Vol. 21 (1986), S. 399 - 418.

Omberg, Edward
A note on the convergence of binomial-pricing and compound-option models. In: JoF, Vol. 42 (1987), S. 463 - 469.

O'Rourke, John J.
Training commercial loan officiers. In: BCR, Vol. 63 (1979), Nr. 4, S. 14 f.

Parkin, M.
Discount house portfolio and debt selection. In: RoES, Vol. 37 (1970), S. 469 - 497.

Peers, Alexandra
Increasing research casts doubt on the value of U.S. Bond ratings. In: WSJ, Nr. 161 vom 18.9.1987.

Perrakis, Stylianos und Peter J. Ryan
Option pricing bounds in discrete time. In: JoF, Vol. 39 (1984), S. 519 - 525.

Phillips, Susan M. und Clifford W. Smith, Jr.
Trading costs for listed options: The implications for market efficiency. In: JoFE, Vol. 8 (1980), S. 179 - 201.

Pitts, C. G. C. und Michael J. P. Selby
The pricing of corporate debt: A further note. In: JoF, Vol. 38 (1983), S. 1311 - 1313.

Pratt, John W.
Risk aversion in the small and in the large. In: Econometrica, Vol. 32 (1964), S. 122 - 136.

Pringle, John J.
The capital decision in commercial banks. In: JoF, Vol. 29 (1974), S. 779 - 793.

Rao, Ramesh K. S.
Modern option pricing models: A dichotomous classification. In: JoFR, Vol. 4 (1981), S. 33 - 44.

Rendleman, Richard J., Jr. und Brit. J. Bartter
Two-state option pricing. In: JoF, Vol. 34 (1979), S. 1093 - 1110.

Ritchken, Peter
On option pricing bounds. In: JoF, Vol. 40 (1985), S. 1219 - 1233.

Roll, Richard
A critique of the asset pricing theory's tests - Part I: On past and potential testability of the theory. In: JoFE, Vol. 4 (1977), S. 129 - 176.

Ross, Stephen A.
A simple approach to the valuation of risky streams. In: JoB, Vol. 51 (1978), S. 453 - 475.

Ross, Stephen A.
Debt and taxes and uncertainty. In: JoF, Vol. 50 (1985), S. 637 - 657.

Ross, Stephen A.
Mutual fund separation in financial theory: The separating distributions. In: JoET, Vol. 17 (1978), S. 254 - 286.

Ross, Stephen A.
Return, risk and arbitrage. In: Risk and return in finance, Bd. 1, Hrsg. Irving Friend und James L. Bicksler, Cambridge, Mass. 1977, S. 189 - 218.

Ross, Stephen A.
The Arbitrage theory of capital asset pricing. In: JoET, Vol. 13 (1976), S. 341 - 360.

Ruback, Richard
Discussion. In: JoF, Vol. 39 (1984), S. 643 - 645.

Rubinstein, Mark
Displaced diffusion option pricing. In: JoF, Vol. 38 (1983), S. 213 - 217.

Rubinstein, Mark
Nonparametric tests of alternative option pricing models using all reported trades and quotes on the 30 most active CBOE option classes from August 23, 1976 through August 31, 1978. In: JoF, Vol. 40 (1985), S. 455 - 480.

Rubinstein, Mark
The valuation of uncertain income streams and the pricing of options. In: BJoEMS, Vol. 7 (1976), S. 407 - 425.

Rubinstein, Mark und Hayne E. Leland
Replicating options with positions in stock and cash. In: FAJ, Vol. 37 (1981), Nr. 4, S. 63 - 72.

Rudolph, Bernd
Betriebswirtschaftliche Überlegungen bei der Risikoplanung im Kreditgeschäft der Banken. In: VuB, 46. Jg. (1976), S. 261 - 265.

Rudolph, Bernd
Kreditsicherheiten als Instrumente zur Umverteilung und Begrenzung von Kreditrisiken. In: ZfbF, 36. Jg. (1984), S. 16 - 43.

Rzepczynski, Mark S.
Commentary. In: RoRiFM, Vol. 4 (1985), S. 74 - 76.

Samuelson, Paul A.
Rational theory of warrant pricing. In: IMR, Vol. 6 (1965), Nr. 2, S. 13 - 32.

Santomero, Anthony M.
Modeling the banking firm: A survey. In: JoMCB, Vol. 16 (1984), S. 576 - 602.

Schmidt, Hartmut
Anteilsmärkte und Kreditmärkte - gegenseitige Ergänzung oder Substitute? In: JfS, Bd. 37 (1986), S. 354 - 367.

Schmidt, Hartmut
Einzelkredit und Kreditportefeuille. In: Bankpolitik, finanzielle Unternehmensführung und die Theorie der Finanzmärkte, Festschrift für Hans-Jacob Krümmel zur Vollendung des 60. Lebensjahres, Hrsg. Bernd Rudolph und Jochen Wilhelm, Berlin 1988, S. 245 - 259.

Schmidt, Hartmut
Liquidität von Finanztiteln als integrierendes Konzept der Bankbetriebslehre. In: ZfB, 49. Jg. (1979), S. 710 - 722.

Schmidt, Hartmut
Marktorganisationsbestimmte Kosten und Transaktionskosten als börsenpolitische Kategorien. In: KuK, 16. Jg. (1983), S. 184 - 204.

Schmidt, Hartmut
Termingeschäfte. In: Bank-Lexikon, 10., völlig neu bearb. und erw. Aufl., Wiesbaden, im Druck.

Schmidt, Hartmut
Wege zur Ermittlung und Beurteilung der Marktzinsrisiken von Banken. In: KuK, 14. Jg. (1981), S. 249 - 286.

Schmidt, Reinhard H.
Ein neo-institutionalistischer Ansatz der Finanzierungstheorie. In: Unternehmensführung aus finanz- und bankwirtschaftlicher Sicht, Hrsg. Edwin Rühli und Jean-Paul Thommen, Stuttgart 1981, S. 135 - 154.

Schmidt, Reinhart
Neuere Entwicklungen der modellgestützten Gesamtplanung von Banken. In: ZfB, 53. Jg. (1983), S. 304 - 318.

Schmoll, Anton
Theorie und Praxis der Kreditprüfung unter besonderer Berücksichtigung der Klein- und Mittelbetriebe. In: ÖBA, 31. Jg. (1983), S. 87 - 106 (Teil I), S. 165 - 191 (Teil II), S. 212 - 232 (Teil III).

Scholes, Myron
Taxes and the pricing of options. In: JoF, Vol. 31 (1976), S. 319 - 332.

Schwartz, Eduardo S.
The pricing of commodity-linked bonds. In: JoF, Vol. 37 (1982), S. 525 - 539.

Scott, Louis O.
Option pricing when the variance changes randomly: Theory, estimation, and an application. In: JoFQA, Vol. 22 (1987), S. 419 - 438.

Selby, Michael J. P. und Stewart D. Hodges
On the evaluation of compound options. In: MS, Vol. 33 (1987), S. 347 - 355.

Sharpe, William F.
Capital asset prices: A theory of market equilibrium. In: JoF, Vol. 19 (1964), S. 425 - 442.

Sieger, Gerd
Die Finanzierung deutscher Industrieaktiengesellschaften bei vollkommenem und unvollkommenem Markt. Bonn 1984.

Smith, Clifford W., Jr.
Alternative methods for raising capital: Rights versus underwritten offerings. In: JoFE, Vol. 5 (1977), S. 273 - 307.

Smith, Clifford W., Jr.
Applications of option pricing analysis. In: Handbook of financial economics, Hrsg. James L. Bicksler, Amsterdam - New York - Oxford 1979, S. 79 - 121.

Smith, Clifford W., Jr.
On the theory of financial contracting: The personal loan market. In: JoME, Vol. 6 (1980), S. 333 - 357.

Smith, Clifford W., Jr.
Option pricing: A review. In: JoFE, Vol. 3 (1976), S. 3 - 51.

Smith, Clifford W., Jr. und Jerold B. Warner
On financial contracting: An analysis of bond covenants. In: JoFE, Vol. 7 (1979), S. 117 - 161.

Sosin, Howard B.
On the valuation of federal loan guarantees to corporations. In: JoF, Vol. 35 (1980), S. 1209 - 1221.

Stapleton, Richard C. und Marti G. Subrahmanyam
Notes on multiperiod valuation and the pricing of options: A comment. In: JoF, Vol. 39 (1984), S. 303 - 308.

Stapleton, Richard C. und Marti G. Subrahmanyam
The valuation of options when asset returns are generated by a binomial process. In: JoF, Vol. 39 (1984), S. 1525 - 1539.

Steiner, Peter
Wertgrenzen bei geschützten Kaufoptionen. In: ZfB, 58. Jg. (1988), S. 373 - 380.

Stoll, Hans R.
The relationship between put and call prices. In: JoF, Vol. 24 (1969), S. 802 - 824.

Storck, Ekkehard
Neue Instrumente am Euromarkt. In: Bank, o. Jg. (1984), S. 504 - 508.

Stulz, René M.
Options on the minimum or the maximum of two risky assets. In: JoFE, Vol. 10 (1982), S. 161 - 185.

Stulz, René M. und Herbert E. Johnson
An analysis of secured debt. In: JoFE, Vol. 14 (1985), S. 501 - 521.

Süchting, Joachim
Risikoüberlegungen bei der Kreditfinanzierung von Unternehmen. In: BI, o. Jg. (1976), Heft 2, S. 20 - 27 (Teil I), Heft 3, S. 20 - 25 (Teil II).

Swoboda, Peter und Margherita Kamschal
Die Bewertung deutscher Wandelanleihen und die Optimierung des Umwandlungstermins bei steigenden Zuzahlungen (unter Anwendung der Black-Scholes-Methode). In: ZfbF, 31. Jg. (1979), S. 295 - 321.

Tabatoni, Olivier
Modèle opérationnel d'évaluation de contrats conditionnels. In: ES, Vol. 15 (1981), S. 1513 - 1552.

Thakor, Anjan V.
Toward a theory of bank loan commitments. In: JoBF, Vol. 6 (1982), S. 55 - 83.

Thakor, Anjan V., Hai Hong und Stuart J. Greenbaum
Bank loan commitments and interest rate volatility. In: JoBF, Vol. 5 (1981), S. 497 - 510.

Thorp, Edward
Extensions of the Black-Scholes option model. In: BoISI, Vol. 45 (1973), Nr. 2, S. 522 - 529.

Turnbull, Stuart M.
Debt capacity. In: JoF, Vol. 34 (1979), S. 931 - 940.

Varian, Hal R.
The arbitrage principle in financial economics. In: JoEP, Vol. 1 (1987), Nr. 2, S. 55 - 72.

Walter, Ingo
Country risk, portfolio decisions and regulations in international bank lending. In: JoBF, Vol. 5 (1981), S. 77 - 92.

Weinstein, Mark I.
The systematic risk of corporate bonds. In: JoFQA, Vol. 16 (1981), S. 257 - 278.

Wiggins, James B.
Option values under stochastic volatility. Theory and empirical estimates. In: JoFE, Vol. 19 (1987), S. 351 - 372.

Wilhelm, Jochen
A consistent model for the pricing of derivative assets in a discrete time framework. In: Lecture notes in economics and mathematical systems, Vol. 227: Risk and capital, proceedings of the 2nd summer workshop on risk and capital held at the University of Ulm, West Germany, June 20 - 24, 1983, Hrsg. Günter Bamberg und Klaus Spremann, Berlin - Heidelberg - New York - Tokio 1984, S. 122 - 137.

Wilhelm, Jochen
Die Bereitschaft der Banken zur Risikoübernahme im Kreditgeschäft. In: KuK, 15. Jg. (1982), S. 572 - 601.

Wilhelm, Jochen
Die Risikostruktur der Zinssätze - eine Anwendung der Theorie der Finanztitelmärkte. In: Marktorientierte Unternehmensführung, Hrsg. Josef Mazanec und Fritz Scheuch, Wien 1983, S. 111 - 131.

Wilhelm, Jochen
Risikohorizont und Kreditspielraum. In: ZfbF, 29. Jg. (1977), S. 117 - 127.

Wilhelm, Jochen
Zum Verhältnis von capital asset pricing model, arbitrage pricing theory und Bedingungen der Arbitragefreiheit von Finanzmärkten. In: ZfbF, 33. Jg. (1981), S. 891 - 905.

Wilhelm, Jochen
Zur Bewertung von Optionen und Optionsscheinen (warrants). In: KuK, 11. Jg. (1978), S. 497 - 516.

o.V.
Die Großaktionäre ziehen bei der Kapitalerhöhung nicht voll mit. In: HB, Nr. 77 vom 17.4.1984.

o.V.
Dividende rückt in weite Ferne. In: Welt, Nr. 162 vom 14.7.1979.

o.V.
Forderungsverzicht des Großaktionärs. In: HB, Nr. 103 vom 31.5.1985.

o.V.
Gildemeister hat einen neuen Aktionär gefunden. In: FAZ, Nr. 105 vom 6.5.1980.

o.V.
The world's futures and options contracts. In: CF, Nr. 40 (März 1988), Ergänzungsheft, S. 14 - 32.

C. Arbeitspapiere, Sonstiges

Baltensberger, Ernst und Timothy M. Devinney
Credit rationing theory: A survey and synthesis. Diskussionspapier, Volkswirtschaftliche Abteilung der Hochschule St. Gallen, Nr. 32, St. Gallen 1985.

Beenstock, Michael
The robustness of the Black-Scholes option pricing model. Arbeitspapier, City University of London, Business School, Nr. 42, London 1982.

Bergman, Yaacov Zvi
A characterization of selffinancing portfolio strategies. Diskussionspapier, University of California, School of Business Administration, Berkeley 1981.

BGH
Urteil vom 5.11.56 (III ZR 139/55). In: WM, 6. Jg. (1957), S. 67 - 70.

Bleymüller, Josef und Günther Gehlert
Statistische Formeln und Tabellen. 2., überarb. Aufl., München 1982.

Boyle, Phelim P.
A lattice framework for option pricing with two state variables. Arbeitspapier, University of Waterloo, Ontario 1986.

Bühler, Wolfgang
Rationale Bewertung von Optionsrechten auf Anleihen. Arbeitspapier, Universität Dortmund, 2. Fassung, Dortmund 1987.

Cox, John C.
Notes on option pricing I: Constant elasticity of variance diffusions, Arbeitspapier, Stanford University, Stanford, Ca. 1975.

Cox, John C. und Stephen A. Ross
The pricing of options for jump processes. Diskussionspapier, Rodney L. White Center for Financial Research, University of Pennsylvania, The Wharton School, Nr. 2 - 75, Philadelphia 1975.

Deutsche Gesetze. Loseblatt-Sammlung des Zivil-, Straf- und Verfahrensrechts. Begründet von Heinrich Schönfelder. 68. Aufl., Stand 15.4.1987, München 1987.

Döhrmann, Andreas
Die Bewertung von Verkaufsoptionen. Dipl.-Arb., Institut für Geld- und Kapitalverkehr, Universität Hamburg, Hamburg 1986.

Dresdner Bank
Instrumente des Eurowertpapiermarktes. 8. Aufl., o. O. 1987.

Geske, Robert und Kuldeep Shastri
The effects of the payouts on the rational pricing of American options, Arbeitspapier, University of California, Nr. 12/82, Los Angeles 1982.

Geske, Robert und Kuldeep Shastri
The stockholder - bondholder conflict regarding corporate investment and payout policy. Diskussionspapier, präsentiert auf dem 3. Symposium Geld, Banken und Versicherungen an der Universität Karlsruhe vom 12. - 15. Dez. 1984, Karlsruhe 1984.

Institut der Wirtschaftsprüfer in Deutschland e.V. (Hrsg.)
Wirtschaftsprüfer-Handbuch 1985/86. Handbuch für Rechnungslegung, Prüfung und Beratung. Bd. 1, Düsseldorf 1985, Bd. 2, Düsseldorf 1986.

Jones, E. Philip, Scott P. Mason und Eric Rosenfeld
Contingent claims valuation of corporate liabilities: Theory and evidence. Arbeitspapier, National Bureau of Economic Research, Nr. 1143, Cambridge, Mass. 1983.

Kruschwitz, Lutz und Rainer Schöbel
Die Bewertung von Options- und Wandelanleihen mit Hilfe der Optionspreistheorie. Diskussionspapier, Technische Universität Berlin, Wirtschaftswissenschaftliche Dokumentation, Nr. 92, Berlin 1985.

Mason, Scott P.
The numerical analysis of certain free boundary problems arising in financial economics, Arbeitspapier, Harvard University, Graduate School of Business Administration, Nr. 78 - 52, o. O. 1978.

Mason, Scott P.
The numerical analysis of risky coupon bond contracts, Arbeitspapier, Harvard University, Graduate School of Business Administration, Nr. 79 - 35, o. O. 1979.

Merton, Robert C.
Dynamic general equilibrium model of the asset market and its application to the pricing of the capital structure of the firm. Arbeitspapier, Massachusetts Institute of Technology, Sloan School of Management, Nr. 449 - 70, Cambridge, Mass. Dezember 1970.

Müller, Klaus und Stephan Steuer (Bearb.)
Das deutsche Optionsgeschäft. Köln 1987.

Schwark, Eberhard
Börsengesetz. Kommentar zum Börsengesetz, zu den börsenrechtlichen Nebenbestimmungen und zu den Insider-Richtlinien. München 1976.

Treynor, Jack L.
Toward a theory of the market value of risky assets. Unveröffentlichtes Manuskript, o. O. 1961.

GPSR Compliance

The European Union's (EU) General Product Safety Regulation (GPSR) is a set of rules that requires consumer products to be safe and our obligations to ensure this.

If you have any concerns about our products, you can contact us on ProductSafety@springernature.com

In case Publisher is established outside the EU, the EU authorized representative is:

Springer Nature Customer Service Center GmbH
Europaplatz 3
69115 Heidelberg, Germany

Batch number: 10815964

Printed by Printforce, the Netherlands